SONG HONGBING

WÄHRUNGSKRIEGE IV
Auf dem Kriegspfad

Song Hongbing

Song Hongbing ist ein junger Wirtschaftsforscher, der in die Vereinigten Staaten ausgewandert ist. Dort arbeitet er als Berater für die amerikanischen Pensionsfonds Freddie Mac und Fanny Mae, Pensionsfonds, die während der Finanzkrise 2008 verschwinden werden.

货币战争④战国时代

WÄHRUNGSKRIEGE IV
Auf dem Kriegspfad

Aus dem Chinesischen übersetzt und veröffentlicht von Omnia Veritas Limited

www.omnia-veritas.com

© Omnia Veritas Ltd - 2022

Alle Rechte vorbehalten. Kein Teil dieser Veröffentlichung darf ohne vorherige Genehmigung des Herausgebers in irgendeiner Form vervielfältigt werden. Das Gesetz zum Schutz des geistigen Eigentums verbietet Kopien oder Vervielfältigungen zur gemeinsamen Nutzung. Jede Wiedergabe oder Reproduktion, ganz oder teilweise, mit welchen Mitteln auch immer, ist ohne die Zustimmung des Herausgebers rechtswidrig und stellt eine Verletzung des Urheberrechts dar, die strafrechtlich geahndet wird.

VORWORT **13**

KAPITEL I **19**
   DER EHRGEIZ BEGINNT, DER DOLLAR SCHEITERT AN DER EXPEDITION 19
      Pound ist überglücklich, als Mark seine Arme um ihn wirft 20
      Großbritanniens Währung "zu Öl gewordenes Wasser":
      Devisenreserven gelandet 26
      Der Dollar hat die Macht übernommen, und Mark ist verliebt in das
      neue große Geld 29
      Keynes entdeckt, dass der Dollar den Goldstandard aufhebt 37
      Handelsabkommen, Dollar-Flankenschlag 41
      Die USA wollen die Länder zur Rückkehr zum Goldstandard zwingen
      und "das Gold als Geisel der Vasallen halten". 46
      Gold Exchange Standard: Die Hauptursache der Liquidität 50
      Wechselkursschockwelle und der Kampf um den Franken 52
      Abrutschen in den wirtschaftlichen Graben, ein Vakuum der
      Geldmacht 62

KAPITEL II **70**
   DIE REGENTSCHAFT, DAS PFUND STERLING 70
      Der Goldstandard bricht zusammen und der Pfund Sterling Distrikt
      wird unabhängig 71
      Die Fed brach fast zusammen, und der Dollar stand 48 Stunden lang
      unter Schock 77
      Drei Runden der quantitativen geldpolitischen Lockerung und die
      USA haben die Große Depression noch nicht überwunden 84
      "Mein Schicksal, ich habe das Sagen!" 92
      Die vergessene Wahrheit über Amerikas Aufstieg 97
      Die USA nehmen britische Vermögenswerte auf eigene Gefahr ... 103
      "The Lease Act", "The Butcher's Solution to the British Empire 108
      Die Bretton-Woods-Dynastie: Gold ist schwach, der Dollar regiert
      die Welt 111
      Ein Killer für das Pfund, ein giftiger Dollar, kein Ehemann 117

KAPITEL III **120**
   WÄHRUNG KALTER KRIEG: WER DEN DOLLAR ABLEHNT, LEHNT DEN FRIEDEN AB. 120
      Stalin lehnt den Dollar ab, Kenan verfasst eine Hetzrede auf den
      Kalten Krieg 121
      Die Goldenen Rubel und die neue Wirtschaftspolitik 129
      Das Entwicklungsmodell der Sowjetunion ist umstritten 135
      Deutsche Macht, sowjetische Industrialisierung beschleunigt 139
      Die Ausdehnung des Rubelreiches 145
      Die Nahrungsmittelkrise, die Folgen der rasanten Industrialisierung
      .... *153*

Peak Oil, Sowjetunion stürzt in den Abgrund 157
Der Dollar hat seinen Öl-Dolch verloren und der Rubel ist in den
Westen zurückgekehrt 160

KAPITEL IV **167**
DER AUFSTIEG UND DIE VERWIRRUNG DER EUROPÄISCHEN WÄHRUNG 167
Die deutsche Industrie wurde fast "kastriert", Roosevelts Tod rettete
Deutschland! 168
Die Mark hat sich verändert, die Sowjetunion hat ihr Gesicht
verändert 174
Kohle- und Stahlunion, die Wiege der EU- und Euro-Träume 182
"Schattenregierung" hinter dem "Vater Europas" 187
Der Dollar wird vom Mangel zum Überschuss, die Goldwaage kippt
zugunsten Europas 193
Der europäische Dollar, ein neues Finanzland 196
Die Währungsunion: der Anfang oder das Ende der europäischen
Integration? 202
Die Schlacht um Gold 207
1971 hat der Dollar das Gold "usurpiert" und das amerikanische
Schuldenimperium begründet 213

KAPITEL V **215**
DER OSTEN WILL ES WISSEN, TAUZIEHEN ZWISCHEN CHINA UND JAPAN UM DIE
INDUSTRIALISIERUNG 215
China erhält den sowjetischen Marshallplan 216
Der Große Sprung nach vorn und die Große Rezession 223
Der "materielle Standard" des Yuan hat die Ausbreitung der
Hyperinflation wieder einmal eingedämmt 227
Der Wandel und die Beschleunigung der Industrialisierung: Chinas
verpasste Chance 235
Japans Industrieversicherung wird "kastriert", MacArthurs
"Landreform" 240
Kippung des Produktionsplans, Kohle und Stahl und Inflation 246
Die Dodge-Route, der Yen in die Arme des Dollar-Imperiums 250
"Plan zur Verdoppelung des Nationaleinkommens", der Wandel und
die Beschleunigung der Industrialisierung in Japan 257

KAPITEL VI **263**
DER SERPENTINENVERLAUF, DER WEG ZUM EURO IN DEN VEREINIGTEN STAATEN VON
EUROPA 263
De Gaulles Untergang; die europäische Integration beschleunigt
sich, während sich die Wolken verziehen 264
Das US-Schuldenimperium erschließt sich nicht gut, der Verkauf von
Getreide und Gras "verliert die Frau und die Armee" 270

Oktober 1973, die Ölkrise lässt die Industrienationen entgleisen 274
Europas Wechselkurse stabilisieren sich, der Dollar schwimmt und schlägt Wellen 278
Der "Monnet-Kreis" löst sich auf und die Europäische Union schwächelt 283
Erneut die Monnet-Flagge hissen, "Europäisches Aktionskomitee" in Aktion 288
Die Delors-Kommission, ein Tritt in den Hintern der Europäischen Währungsunion 293
Zwei Fronten: Deutsche Wiedervereinigung und Währungsunion 300
Euro Empire Genesis 306

KAPITEL VII **312**
DIE SCHULDENMACHEREI, DIE ZERBRECHLICHKEIT DES AMERIKANISCHEN ZEITALTERS
.... 312
Schuldenwährung, das "Krebsgen" des Wirtschaftswachstums ... 313
Das "alternative SZR-Konto": ein unblutiger Finanzputsch 318
Neoliberalismus, der Schrei der 1% Reichen 323
Volckers Währungs-"Chemotherapie", das US-Schuldenimperium wird zum Frieden 326
Geliehener Wohlstand 333
Dollar auf Eis und Feuer 339
Greenspan: Der letzte Retter der Finanzmärkte 345
Die Informationsrevolution, warum ist das Leben kurz? 352

KAPITEL VIII **358**
DER DRACHE BEREUT ES, CHINA MODEL 3.0 UPGRADE 358
"Schwieriger Start für den Wurf" 359
Chinas Rakete der ersten Stufe des wirtschaftlichen Aufschwungs - die Industrialisierung des ländlichen Raums 364
Chinas zweite Stufe der Rakete für den wirtschaftlichen Aufschwung - Globalisierung 370
Die beiden wichtigsten Exportkategorien Chinas: Rohstoffe und Ersparnisse 375
Das China-Modell 3.0: Der größte Verbrauchermarkt der Welt entsteht! 379
Chinas Rakete der dritten Stufe des wirtschaftlichen Aufschwungs - die zweite Industrialisierung der Landwirtschaft 384
Das zweite Schlachtfeld für die Schaffung von Arbeitsplätzen und die Ausweitung des Marktes 391
Sind Immobilien eine Vermögensblase oder eine Stütze des Wirtschaftswachstums? 395
Weg mit dem Dollar, der Yuan braucht eine Kur 400

KAPITEL IX **405**
  DAS ZEITALTER DER KRIEGFÜHRENDEN STAATEN, DIE SUBALTERNEN AM HORIZONT
 405
   Das "sino-amerikanische" Dilemma *406*
   10 Jahre der Gefahr nach 2012 ....*413*
   Wer kann den Euro retten? *418*
   Chinas nahe und ferne Sorgen *427*
   Asiatische Wirtschaftsgemeinschaft *431*
   Aufbau des asiatischen Dollar-Marktes: Hongkong ist ein
   Brückenkopf...*436*
   Asiatische Währungsunion: Strategische Ausrichtung des
   Asiatischen Währungsfonds (AMF) *439*
   RMB oder asiatischer Dollar? Das ist ein Problem........................*443*
   Die Ära der Streitenden Staaten, des Dollars, des Euros und des
   asiatischen Dollars..*447*
  ZEUGNISSE UND DANKSAGUNGEN 451

ANDERE TITEL **455**

VORWORT

Im September 2008 ließ die weltweite Finanzkrise die Träume der Menschen von dauerhaftem Wohlstand platzen, und die Globalisierungswelle erlebte ihren schlimmsten Rückschlag seit fast 30 Jahren. 2009 ergriffen die Regierungen auf der ganzen Welt beispiellose fiskalische Anreize und akkommodierende geldpolitische Maßnahmen, um das Blatt zu wenden und das frühere Wirtschaftswachstum fortzusetzen, und die Weltwirtschaft scheint in den letzten drei Jahren Anzeichen einer deutlichen Erholung gezeigt zu haben. So machte sich in der "Nach-Krisen-Ära" eine gewisse Aufbruchstimmung breit. Erst 2011, als die Schuldenprobleme der USA und die europäische Schuldenkrise erneut die Alarmglocken für die Wirtschaft läuteten, wurde den Menschen plötzlich klar, dass wir nicht in einer gesunden wirtschaftlichen Erholung lebten, sondern die lange Reise von einer "akuten Krankheit" zu einer "chronischen Krankheit" der Wirtschaft begonnen hatte.

Der Mangel an historischer Nachsicht ist ein häufiges Phänomen in der heutigen kurzsichtigen, ungeduldigen und schlagfertigen Gesellschaft, in der es den Menschen schwer zu fallen scheint, sich aus dem hohen Tempo der Geschäfte und der Hektik der Angelegenheiten zu lösen und in Ruhe über die Wurzel des Problems nachzudenken. Wenn die Medien mit schockierenden Schlagzeilen aller Art gefüllt sind, wenn Verwirrung und Angst in unseren Köpfen herrschen, sind nur wenige bereit, sich die kostbare Zeit zu nehmen, um einen umfassenden Blick auf die Ursachen der Probleme zu werfen, die unseren Tag prägen.

Wird die US-Wirtschaft erneut in eine Rezession geraten, und wird sich der Kampf um die Obergrenze für US-Staatsanleihen 2012 wiederholen? Wird die europäische Schuldenkrise in vollem Gange sein? Steht das Euro-System vor dem Zusammenbruch? Sollte China Europa retten? Steht Chinas Immobilienblase kurz vor dem Platzen? Wird Chinas Wirtschaft hart oder weich landen? Kann die Inflation wirksam kontrolliert werden? Was genau sollte China mit seinen riesigen Devisenreserven tun? Wo liegt die Obergrenze für die Aufwertung des Yuan? Kann die Internationalisierung des Renminbi funktionieren?

Wenn wir uns nicht auf ein historisches Referenzsystem stützen, reicht die Konfrontation mit einer solchen Vielzahl und Komplexität von Themen aus, um das empfindliche Gehirn in die Knie zu zwingen.

In der Tat gibt es nichts Neues unter der Sonne, auf alle oben genannten Fragen hat die Geschichte seit langem Antworten gegeben, und es ist unsere Aufgabe, sie zu finden und sie aus der Geschichte zu entdecken. Die Bedeutung des Studiums der Geschichte spiegelt sich in der klaren Formulierung des heutigen Problems wider. Auch wenn die Geschichte keine einfache Wiederholung ist, so gibt es doch eine auffallende Ähnlichkeit in der sich ständig wiederholenden Natur der Menschheit in der Geschichte. Schließlich ist die Geschichte der Wirtschaft und des Geldes die Geschichte des ständigen Strebens der Menschheit nach dem großen Wert des Reichtums und des Versuchs, die Macht zu dessen Verteilung im Rahmen begrenzter Ressourcen zu kontrollieren.

In diesem Buch wird die Hauptlinie der Hegemonie der Weltreservewährung nachgezeichnet, beginnend mit dem absichtlichen Sturz der Hegemonie des Pfund Sterling durch den US-Dollar. Es wird gezeigt, wie die geldpolitischen Strategen der USA die Macht des Pfund Sterling allmählich ausgehöhlt, den Status des Pfund Sterling als internationale Reservewährung und die Preisgestaltungsmacht bei der Handelsabwicklung beschnitten haben und wie die Macht des Pfund Sterling den US-Dollar durch das "imperiale Präferenzsystem" angriff und den US-Dollar in seine ursprüngliche "isolationistische" Form zurückbrachte. Der erbitterte Kampf zwischen dem Dollar und dem Pfund Sterling schuf in den 1930er Jahren ein Vakuum der Weltfinanzmacht, das die Große Depression weltweit verschärfte.

Der Zweite Weltkrieg bot dem Dollar eine historische Chance, das Pfund zu vernichten, und die Atlantik-Charta und der Lend-Lease Act waren allesamt scharfe Skalpelle in Roosevelts Händen, die darauf abzielten, das Pfund des britischen Empire zu zerstückeln. Schließlich errichteten die Vereinigten Staaten eine "Bretton-Woods-Dynastie" mit einem auf dem Dollar basierenden System als Regent, indem sie "Gold als Geisel für die Vasallen hielten".

Roosevelts Wachsamkeit gegenüber dem Wiedererstarken des Pfund Sterling übertraf bei weitem seine Befürchtungen gegenüber der

Sowjetunion. Der Ausbruch des Kalten Krieges hatte seine Wurzeln in Trumans radikaler Abkehr von Roosevelts großer Strategie. Die Verfolgung der Sowjetunion durch die USA zwang Stalin dazu, die Hoffnung auf einen Beitritt zum Dollar-Imperium und eine Zusammenarbeit mit den Vereinigten Staaten zur Aufteilung der Welt aufzugeben. Der Auslöser für den Kalten Krieg war die plötzliche Abkehr der Sowjetunion von ihren Plänen, dem IWF und der Weltbank beizutreten, was der unmittelbare Anlass für George Kenans 8.000 Wörter lange Tirade über den Kalten Krieg war. Von da an begann ein spannender Showdown zwischen dem Dollar und dem Rubel.

Nach dem Ende des Zweiten Weltkriegs besetzten die Franzosen das Ruhrgebiet und das Saarland, und die Vereinigten Staaten begannen mit dem "Morgenthau-Plan" zur vollständigen "Kastration" der deutschen Industrie. Die Weigerung der Sowjetunion, sich dem Dollar-Imperium anzuschließen, gab Deutschland die Chance, wieder aufzusteigen, und die deutsche Währungsreform von 1948, die die Sowjetunion direkt stimulierte, löste die Berlin-Krise aus. Anfang der 1950er Jahre, als sich der deutsch-französische Streit um das Ruhrgebiet und das Saarland immer mehr zuspitzte, sahen Franzosen und Deutsche sogar die Gefahrensignale, dass ein Krieg zwischen den beiden Ländern unvermeidlich sein würde, doch die "Kohle-Stahl-Allianz" des "Supersouveräns" rettete die Kriegskrise, und erst dann begann die große historische Versöhnung zwischen Deutschland und Frankreich. Für beide Seiten würde die Unterstellung von Kohle und Stahl unter eine "überstaatliche" Autorität künftige Kriege "undenkbar und unmöglich" machen. Dieses institutionelle Arrangement einer eng verbundenen Interessengemeinschaft ist der Ausgangspunkt für die heutige EU und den Euro. Zur Zeit der Gründung der Montanunion plante die europäische Führungselite bereits den Fahrplan für die "Vereinigten Staaten von Europa". Wenn wir uns ansehen, wie der europäische Elitenblock die Europäische Währungs- und Wirtschaftsunion in den letzten rund 60 Jahren betrieben hat, werden wir verstehen, dass die heutige europäische Schuldenkrise nicht zum Zerfall des Euro und der EU führen wird, sondern die Geburt der "Vereinigten Staaten von Europa" beschleunigen wird.

Der Konflikt zwischen den USA und Europa begann in den 1960er Jahren während der Ära de Gaulle, als Frankreichs Goldrausch gegen den US-Dollar den Zusammenbruch des Bretton-Systems direkt beschleunigte, und Anfang der 1970er Jahre, als der US-Dollar und die europäischen Währungen in eine Ära des Konflikts und der

Konfrontation eintraten, und Ende der 1970er Jahre, als das US-Dollar-Imperium fast vor dem endgültigen Zusammenbruch stand, bereiteten die USA bereits vor, den US-Dollar durch ein Sonderziehungsrecht (SZR) zu ersetzen, und der US-Dollar kündigte sein Worst-Case-Szenario des "Power Down" an. Schließlich wurde der Dollar durch die Schnelligkeit des neuen Vorsitzenden der Federal Reserve, Volcker, gerettet, als die Vereinigten Staaten ab den 1980er Jahren ein Modell des schuldengetriebenen Wirtschaftswachstums einführten, bei dem ein Prozent der Reichen die Verteilung des gesellschaftlichen Reichtums von der Regierung zurückeroberte und damit eine beispiellose Ära des "Neoliberalismus" begann, in der sich der Reichtum in den Händen einer winzigen Minderheit konzentrierte, sowie durch die "Occupy Wall Street"-Bewegung im Jahr 2011, in der 99 Prozent der US-Bevölkerung dieses irrationale System der Reichtumsverteilung formell in Frage stellten.

Der Finanz-Tsunami von 2008 war die totale Liquidierung von 30 Jahren des falschen Wirtschaftsmodells in den Vereinigten Staaten und des Dollarsystems seit der Gründung des amerikanischen Schuldenimperiums im Jahr 1971. Die hoch verschuldete US-Wirtschaft wird in den nächsten drei langen, sich stark überschneidenden Zyklen mit schmerzhaftem wirtschaftlichem Unleveraging, schrumpfendem Konsum der "Babyboomer" und Engpässen im Produktivitätswachstum ein "verlorenes Jahrzehnt" erleben.

In dem rauen äußeren Umfeld eines anhaltenden wirtschaftlichen Abschwungs in den Industrieländern im nächsten Jahrzehnt stehen China und Asien vor großen Herausforderungen für ihre Entwicklungsmodelle. In den 30 Jahren der Reform und Öffnung hat sich Chinas Wirtschaft bis heute mit dem Antrieb einer zweistufigen Rakete entwickelt, nämlich der Industrialisierung des ländlichen Raums in den ersten 15 Jahren und der Globalisierung der chinesischen Industrie in den letzten 15 Jahren. Die erste Stufe der Rakete wurde Mitte der 1990er Jahre gezündet, was zu einer Abkühlung der Wirtschaft und einer Deflation in den späten 1990er Jahren führte. Jetzt, da die zweite Stufe der Rakete gezündet wird, muss die dritte Stufe der Rakete gestartet werden, damit Chinas Wirtschaftswachstum auch in Zukunft anhält. Die dritte Stufe der Rakete muss und kann nur die zweite Industrialisierung des ländlichen Raums sein, die Explosion einer neuen Agrarwirtschaft, in deren Mittelpunkt Information, Intensivierung, Hochtechnologie und Urbanisierung stehen, ist die richtige Wahl für China, um aus seinen drohenden wirtschaftlichen Schwierigkeiten herauszukommen.

Amerikas Probleme sind wirtschaftlicher Natur, Europas Probleme sind politischer Natur, und Asiens Probleme sind historischer Natur!

Die Basis des Interesses an der "China-Amerika"-Wirtschaftsehe zerbricht und löst sich auf. Amerikas Toleranz gegenüber Chinas boomender Wirtschaft basierte ursprünglich auf dem Modell "chinesische Produktion, amerikanische Freude, chinesische Ersparnisse, amerikanischer Konsum". Chinas künftiger wirtschaftlicher Wandel wird unweigerlich eine Verlagerung der Hauptressourcen der Volkswirtschaft von den Überseemärkten hin zu den Binnenmärkten erfordern, wodurch die Sparexporte in die Vereinigten Staaten zurückgehen werden. Dieser Prozess würde die grundsätzliche Position der USA, das Wirtschaftswachstum Chinas weiterhin zu tolerieren, verändern. Gegenwärtig signalisiert Hillarys Erklärung "Amerikas pazifisches Jahrhundert" einen grundlegenden Wandel in der strategischen Haltung der Vereinigten Staaten, und die sich zuspitzenden Probleme im Ostchinesischen Meer und im Südchinesischen Meer sind die Vorboten dieses Wandels.

Der Schlüssel zu Chinas Fähigkeit, die Belagerung durch die USA zu entschärfen, liegt in seiner Fähigkeit, die asiatischen Länder zu einer soliden Interessengemeinschaft zu vereinen. Heute sollte China diese Weisheit unter Beweis stellen, indem es sich mutig auf das "Kohle- und Stahlbündnis" stützt, das zur historischen Annäherung zwischen Deutschland und Frankreich geführt hat, indem es die Lunte an den Schießpulverfässern des Krieges im Ost- und Südchinesischen Meer vollständig entfernt, indem es das überstaatliche "Ölbündnis" als Ausgangspunkt nimmt, indem es die Errichtung einer asiatischen Wirtschaftsgemeinschaft fördert, indem es die Internationalisierung des Yuan durch eine asiatische Dollarstrategie ersetzt, indem es die wirtschaftliche Integration in Asien erreicht und indem es die Interessen der asiatischen Länder eng miteinander verknüpft, so dass ein Krieg zwischen den asiatischen Ländern "weder vorstellbar noch möglich" ist. Nur wenn China sich auf ein geeintes Asien stützt, kann es eine solide Grundlage für seinen Vorstoß in die Welt schaffen.

Wie heißt es so schön: Wenn du aufgibst, wie sollst du es schaffen?

Die Deutschen haben die Mark zugunsten eines stärkeren Euro aufgegeben; die Deutschen haben den Schutz ihres eigenen Marktes zugunsten eines größeren gemeinsamen europäischen Marktes aufgegeben! Die große Weisheit der Chinesen sollte den Deutschen nicht verloren gehen.

Manche würden sagen, dass die asiatischen Fragen zu komplex und die Geschichte zu verworren sind. Das Problem ist, dass, wenn ein vereinigtes Asien Chinas Interessen grundlegende Sicherheit gibt, der Weg einen Versuch wert ist, egal wie schwierig er ist. Fragen Sie nicht, ob die Vereinigung Asiens machbar ist, fragen Sie, wie viel kreative Anstrengungen China zu diesem Zweck unternommen hat!

Chinas Globalisierung ist keine Europäisierung, sondern sollte in erster Linie eine Asiatisierung sein.

Nur wenn China in Asien Fuß fasst, kann es sich globalisieren; nur wenn Asien geeint ist, kann Chinas Wirtschaft erfolgreich umgestaltet werden; nur mit einer einheitlichen asiatischen Währung kann es international mit dem Dollar und dem Euro konkurrieren und schließlich eine Ära der drei Währungen bilden!

Autor.

Xiangshan, Peking,

November 10, 2011

KAPITEL I

Der Ehrgeiz beginnt, der Dollar scheitert an der Expedition

Als ultimativer Herausforderer der globalen Hegemonie des britischen Empire drängten die Vereinigten Staaten Deutschland im Kampf um die Hegemonie mit Großbritannien an die Spitze, während sie bei der Entmachtung der europäischen Länder am Rande standen. Nach dem Ersten Weltkrieg stürzten die Vereinigten Staaten tief in den Dollar-Schuldensumpf, indem sie Europa hohe Kriegsschulden aufbürdeten und die Länder zwangen, ihre Schatzkammern zu leeren. Die Vereinigten Staaten nutzten das Problem der deutschen Kriegsreparationen geschickt aus, indem sie den Dollar erfolgreich in das deutsche Währungssystem einführten, der dann nach und nach in die Währungsreserven anderer europäischer Zentralbanken eindrang.

Die Kriegsschulden Amerikas entzogen Europa auch den für die wirtschaftliche Entwicklung notwendigen Kredit und schufen so ein vom Dollar abhängiges Europa. Auf den riesigen Überseemärkten des alten Kolonialreichs nutzten die Vereinigten Staaten den Kapitalvorteil, erschlossen Territorien, randalierten und dehnten in der Handelsabwicklung das Gebiet des Dollar-Imperiums ständig aus.

Unter den Bedingungen der Monopolisierung der weltweiten Goldreserven entwickelten die Vereinigten Staaten die Strategie, "Gold als Geisel zu halten, um die Herren zu machen". Sie nutzten den Eifer der Briten, den Goldstandard wiederherzustellen, um die Hegemonie des britischen Pfunds wiederherzustellen, und ermutigten, finanzierten und erzwangen sogar, dass das britische Pfund so schnell wie möglich an Gold gebunden wurde, um so die Vormachtstellung in der wirtschaftlichen Entwicklung des britischen Empire zu übernehmen.

Aber die Vereinigten Staaten sind nun einmal ein aufstrebender Hegemon, der auf plötzliche und historische Gelegenheiten schlecht vorbereitet ist. Während die Strategie der Dollar-Hegemonie klar ist, sind die Mittel, um sie zu erreichen, grob und die Instrumente widersprüchlich, und die Große Depression der 1930er Jahre war das Ergebnis der inhärenten Widersprüche der Dollar-Strategie.

Der Versuch der Vereinigten Staaten, den Goldstandard, den das Vereinigte Königreich in 200 Jahren etabliert hatte, in 20 Jahren durch ein auf dem Dollar basierendes System zu ersetzen, stößt zwangsläufig auf das Dilemma, mehr als ein Herz zu haben. Das Vereinigte Königreich hingegen war in seinen Bemühungen erschöpft, seine finanzielle Vormachtstellung durch die Verteidigung seines Goldstandards zu verteidigen. Während der Dollar in einer globalen Kontraktion zusammenbricht, liegt das Pfund in Trümmern und kann nicht mehr zurückkehren. Nachdem die Welt ihren Kreditgeber der letzten Instanz verloren hatte, entstand ein Vakuum in der Macht des Geldes und die Welt wurde in eine dunkle Depression gestürzt.

Das globale Handelssystem ist zerbrochen, die weltweiten Kapitalströme sind erschöpft, und der Wille, die friedliche Entwicklung der Nationen zu unterstützen, ist verloren gegangen. Die Vereinigten Staaten hingegen haben sich in den Isolationismus zurückgezogen, heilen sich selbst und warten auf die Zeit, in der sie wieder aufstehen können...

Die erste Expedition des Dollars zur Eroberung der Welt endete mit einem Fehlschlag.

Pfund überglücklich, als Mark seine Arme um sie wirft

Am 31. Dezember 1923 um 22.00 Uhr rast ein vollbesetzter Schacht von Berlin nach London. Eine neblige, kalte Winternacht tut nichts, um die Begeisterung der Briten für das neue Jahr zu bremsen. In den Bars der Straßen und Gassen amüsieren sich die Menschen und genießen den Frieden, nachdem sie den beispiellosen Krieg vor fünf Jahren vergessen haben.

Zu dieser Zeit war Schachts Herz ungewöhnlich schwer, und sein Heimatland, Deutschland, kämpfte mit Armut, Hunger und Wut. Der große Schatten der Niederlage im Ersten Weltkrieg, die groteske Demütigung, ein Zehntel des Territoriums abtreten zu müssen, die Erpressung der riesigen Kriegsreparationen in Höhe von 12,5 Milliarden Dollar (das entspricht dem deutschen Bruttoinlandsprodukt im Jahr vor dem Krieg) durch Großbritannien und Frankreich, die jüngste brutale gewaltsame Besetzung des Ruhrgebiets durch die französische Armee und vor allem die Superinflation, die Deutschland in diesem Jahr überrollte und den Reichtum des deutschen Mittelstandes vollständig plünderte. Die Deutschen weinten und seufzten, als sie sahen, wie der Wert der Deutschen Mark in die Hölle gestürzt wurde. Schacht war sich der Bedeutung dieser Reise für das Schicksal der D-Mark sehr wohl bewusst, denn er war gekommen, um sich von den Briten Geld zu leihen.

Erst vor anderthalb Monaten, am 12. November, wurde Schacht im Eilverfahren zum Vorsitzenden des Deutschen Währungsrats ernannt und genoss damit den Status eines Kabinettsministers mit letztem Vetorecht über die deutsche Währung, einen Status, den man als Wirtschaftszar des Landes bezeichnen könnte. Schacht, der sich in Gefahr befand, stürzte sich sofort in die Aufgabe, die D-Mark zu retten.

Die Deutsche Mark ist von 1 Dollar für 9.000 Mark vor einem Jahr auf 1,3 Billionen Mark für 1 Dollar gefallen! Der Kredit der Mark ist völlig kaputt und nicht mehr zu reparieren. Schacht und die deutsche Regierung mussten anders denken. Aufgrund der Goldknappheit in Deutschland erfanden sie eine neue Mark, die "Landrentenmark", die durch deutschen Grund und Boden und alle darauf befindlichen Vermögenswerte besichert war, um das Vertrauen in das Papiergeld wiederherzustellen. Auf diese Weise würde Deutschland beide Marks im Umlauf haben, und der Schlüssel zum Erfolg der neuen Mark würde darin bestehen, den richtigen Zeitpunkt zu finden, um das Verhältnis zwischen der alten und der neuen Mark festzulegen und dann die alte Mark schnell aus dem Verkehr zu ziehen.

Als die Grundrentenmark herauskam, hatten die bereits verblüfften Deutschen kein Vertrauen in die beiden gleichzeitig im Umlauf befindlichen Mark, und die Menschen gaben die Mark immer noch verzweifelt für Dollar auf. Bis zum 14. November fiel der Schwarzmarkt-Wechselkurs der Mark auf 1,3 Billionen Dollar, die Beamten drängten den Schacht, sich zu beeilen, um den Wechselkurs der Erbpachtmark an die alte Mark zu binden, der Schacht bewegte sich nicht. am 15. November fiel die Mark auf 1: 2.Am 20. November, als die alte Mark auf 1: 4,2 Billionen Dollar fiel, ordnete der Schacht sofort an, den Wechselkurs der Grundrente an die alte Mark von 1: 1 Billion festzulegen. Schacht hat sorgfältig berechnet, dass dieses Gleichgewicht irgendwann wieder hergestellt sein wird, wenn sich die Panik der Menschen vollständig gelegt hat. Tatsächlich fielen die alte und die neue Mark aufgrund der Trägheit des Marktes weiter, bis zum

26. November sogar auf 11 Billionen Mark pro Dollar. Doch wie ein überdehntes Gummiband erlebte der Markt auf wundersame Weise eine Markerholung. Am 10. Dezember stabilisierte sich der Dollar schließlich bei einem Gleichgewicht von 1:4,2 Billionen Mark gegenüber der Mark. Schachts Einschätzung erwies sich als zutreffend und sein Timing als goldrichtig. Die Märkte begannen auszurufen, dass Schacht ein Wirtschaftszauberer sei! In der Zwischenzeit gelang es der deutschen Regierung im Januar 1924 mit aller Macht, einen ausgeglichenen Haushalt zu erreichen.

Die Bodenrentenmarke hat sich schließlich behauptet und sich an der Linie von 1:4,2 Billionen Dollar Bodenrentenmarke eingependelt.

Schacht war sich jedoch im Klaren darüber, dass die Grundrentenmarke nur eine Notlösung war. Seiner Ansicht nach ist die Ausgabe von Geld gegen Land ein reines Glaubensspiel. Wer würde wirklich glauben, dass ein Bauernhof in Bayern oder eine Fabrik im Ruhrgebiet irgendeine reale Verbindung zu der von ihnen gehaltenen Erbbauzinsmarke hatte? Die Sicherheiten für Geld müssen seiner Meinung nach drei Kernelemente haben: hohe Liquidität, leichte Austauschbarkeit und volle internationale Anerkennung, und die einzige Sicherheit für Geld, die auch diese Bedingungen erfüllt, ist Gold!

Aber gerade in Deutschland fehlt es an Gold. Vor dem Krieg verfügte Deutschland über Gold im Wert von 1 Milliarde Dollar, um die 1,5 Milliarden Dollar schwere Reichsmark zu stützen, die von den vier Wirtschaftsmächten USA, Großbritannien, Deutschland und Frankreich recht gut gestützt wurde. Doch durch die Kriegsauszahlungen und die Hyperinflation in den fünf Jahren nach dem Krieg sind die deutschen Goldreserven auf nur noch 150 Millionen Dollar geschrumpft, und das Land ist nicht mehr in der Lage, seinen riesigen Wirtschaftsapparat zu stützen.

Die Lösung des Schacht'schen Problems bestand darin, Gold oder Devisen mit ausreichenden Goldreserven zu leihen, die bei Bedarf frei in Gold getauscht werden konnten, und nur Gold und Devisen konnten den Wert der D-Mark schließlich stabilisieren. Die Frage ist nur, von wem man sich etwas leihen sollte.

Natürlich haben die USA das meiste Gold, denn sie verfügen über 4,5 Milliarden Dollar der gesamten Goldreserven der Großen Vier in

Höhe von 6 Milliarden Dollar![1] Aber die Vereinigten Staaten waren zu dieser Zeit in Europa notorisch geizig und wurden von den Franzosen und Engländern als "Onkel Shylock" beschimpft. Die Industrien der britischen und französischen Verbündeten wurden durch den Krieg schwer geschädigt, und Millionen von Soldaten und Zivilisten wurden getötet und verwundet; infolgedessen schuldete Großbritannien den Vereinigten Staaten 5 Milliarden Dollar und Frankreich 4 Milliarden Dollar.[2] Ein Geschäft ist ein Geschäft, und kein Pfennig kann weniger sein! Die Rücksichtslosigkeit der Vereinigten Staaten verärgerte Großbritannien und zwang Frankreich zu offener Plünderung. Selbst für die Alliierten war Schacht der Meinung, dass es unhaltbar sei, als besiegte Nation Geld von den Amerikanern zu leihen.

Von Frankreich ganz zu schweigen. Die naiven Franzosen dachten immer, sie würden von den Deutschen einen harten Schlag einstecken müssen, und anfangs schloss sich der französische Kanzler dem britischen Löwenanteil an und verlangte von Deutschland mindestens 100 Milliarden Dollar an Kriegsreparationen, was acht Jahren des deutschen BIP zusammen entspricht! Das erschien mir im Nachhinein nicht richtig, aber der 55-Milliarden-Dollar-Happen war der Preis! Oder kamen die Amerikaner, um aufzurunden und Großbritannien und Frankreich davon zu überzeugen, die Entschädigung auf 12,5 Milliarden zu reduzieren. In der Tat war es angesichts der damaligen Lage der deutschen Wirtschaft einfach nicht realistisch, diese astronomische Entschädigungssumme zurückzuzahlen. Da die Franzosen davon überzeugt waren, dass die enormen Reparationszahlungen Deutschlands unmittelbar bevorstanden, wurden nach der Rückgabe der Provinzen Lothringen und Elsass, die Deutschland im Deutsch-Französischen Krieg von 1870 erobert hatte, 4 Milliarden Dollar für den Wiederaufbau ausgegeben, was der Regierung ein hohes Haushaltsdefizit bescherte. Die Franzosen drohten Deutschland wiederholt, das Geld sofort zu nehmen, aber Deutschland verzögerte die Aushändigung des Geldes, woraufhin die Franzosen in einem Wutanfall einen bewaffneten Raubüberfall begingen und Truppen schickten, um das deutsche Ruhrgebiet zu besetzen. Zu diesem

---

[1] Liaquat Ahamed, *Lords of Finance*, The Penguin Press, New York, 2009. S. 162.

[2] Michael Hudson, *Superimperialismus - Neue Ausgabe: The Origin and Fundamentals of U.S. World Dominance*, Pluto Press; New Edition (21. März 2003), Kapitel eins.

Zeitpunkt ging er zu den Franzosen, um sie um Geld zu bitten, und Schacht hatte das Gefühl, dass er von den Franzosen sofort von seinem Platz verdrängt werden könnte.

Die einzige Hoffnung sind die Briten. Außerdem wusste Schacht, dass er ein Angebot machen konnte, das Großbritannien nicht ablehnen konnte, und er hatte den kleinen Verstand des Engländers gut durchdacht. Er macht eine Reise nach England und wird es bekommen!

Ein großer, bärtiger englischer Herr mit einem scharfen Blick stand in der kalten Nachtbrise, als Schacht aus dem Bahnhof Liverpool Street in London trat. Er trat an Schachts Ferse heran und reichte ihm die Hand, um sich vorzustellen. Zu Schachts Überraschung stellte sich heraus, dass es sich um den weltberühmten Gouverneur der Bank of England, Montagu Norman, handelte. Schacht fühlte sich etwas geschmeichelt, von Norman persönlich begrüßt zu werden.

Norman hatte, obwohl er weit von England entfernt war, die Hyperinflation in Deutschland verfolgt, und die bösartige Währungsabwertung, die 1923 in Deutschland stattfand, war der schlimmste und dramatischste Zusammenbruch einer Papierwährung, den die Menschheit je erlebt hatte, und für alle Zentralbanker, die die Inflation als das Übel Nummer eins ansahen, war die Erfahrung mit der D-Mark augenöffnend. Die Tatsache, dass Schacht, der noch nie eine Zentralbank geleitet hatte, es geschafft hatte, die Hyperinflation, die alle verzweifelt und verängstigt zurückgelassen hatte, in etwas mehr als zwei Wochen einzudämmen, konnte Norman nur beeindrucken.

Am nächsten Tag war Neujahrstag und die Stadt London war mitten im neuen Jahr leer, und Norman führte Schacht durch die Bank of England und anschließend in Normans Büro. Nach einer kurzen Höflichkeitsfloskel kam Schacht gleich zur Sache, als er die Hoffnung äußerte, dass die Bank of England der deutschen Zentralbank ein Pfund Sterling-Darlehen im Wert von 25 Millionen Dollar gewähren würde. Das ist nicht wirklich eine große Zahl, und Schacht ist bereit, dieses Geld als Startkapital zu verwenden, es mit 25 Millionen Dollar von deutschen Überseebanken zu ergänzen, und mit 50 Millionen Dollar als Kernkapital hat er die Gewissheit, einen Kredit in Höhe von 200 Millionen Dollar auf den Londoner Finanzmärkten zu erhalten und damit das solide Fundament für die neue Deutsche Mark zu legen. Es ist eindeutig eine Meisterleistung, mit wenig Geld einen großen Schritt zu machen, und der Schlüssel dazu ist, dass die ersten 25 Millionen

Dollar vorhanden sein müssen, damit die späteren Schritte durchführbar sind.

Norman hörte sich Schachts Bitte leise an, leicht überrascht, dann schweigend. Norman dachte bei sich: "Willst du dir Geld leihen? Für was? Ein bankrottes Land mit riesigen 12,5 Milliarden Dollar Kriegsreparationen auf dem Buckel, und Schacht, der erst seit anderthalb Monaten im Amt und noch kein ernstzunehmender Zentralbanker ist, kommt daher und hat eine große Klappe.

In der Tat gab es innerhalb der deutschen Regierung viele Kontroversen über den arroganten und unverschämten Schacht, und der amtierende Gouverneur der Deutschen Zentralbank, Rudolf von Havenstein, war sehr unzufrieden mit ihm, und im Mai 1922 verabschiedete das siegreiche Land ein Gesetz, das die Deutsche Zentralbank von der Regierungskontrolle unabhängig machte, und wenn Havenstein sich weigerte, zurückzutreten, hätte Schacht nicht das Amt des Gouverneurs übernehmen können. Gerade weil die deutsche Regierung Havenstein nicht versetzen konnte, mußte sie einen "Währungsausschuß" auf Kabinettsebene einrichten, bei dem es sich in Wirklichkeit um ein separates Gremium handelte, und so entstanden in Deutschland gleichzeitig zwei Zentralbanken, die jeweils ihre eigene Mark ausgaben, was ein weltweites Spektakel war. Natürlich hat Schacht bei der Bekämpfung der Hyperinflation gute Arbeit geleistet, und es gibt keinen Ersatz für Kompetenz und Prestige. Havensteins schlechte Leistungen bei der Bekämpfung der Hyperinflation sind ebenfalls weltbekannt, und ich fürchte, es ist ihm selbst peinlich, sich unter dem enormen Druck der Regierung und der Bevölkerung weiterhin auf das Amt des Zentralbankpräsidenten zu verlassen.

Gerade als Norman darüber nachdachte und nicht wusste, wie er seine Ablehnung formulieren sollte, schien Schacht Normans Gedanken zu lesen. Es gab eine kurze Pause, und Schacht warf einen Trumpf aus, den er so lange erwogen hatte, eine Versuchung, die Norman nicht ablehnen konnte. Schacht erklärte im Namen der währungspolitischen Entscheidungsträger der deutschen Regierung, dass die deutsche Zentralbank bereit sei, das Pfund als Währungsreserve einzusetzen! Und nicht nur das, auch die gewährten Kredite lauten auf Pfund!

Das ist ein Volltreffer von Schacht! Norman zögerte nicht, ja zu sagen - um sich Geld zu leihen.

Großbritanniens Währung "zu Öl gewordenes Wasser": Devisenreserven gelandet

Nach dem Ende des Ersten Weltkriegs bestand Normans größte Sorge darin, wie er das Pfund in die Währungsreserven anderer Zentralbanken einbringen könnte. Mit diesem Ziel vor Augen sorgte Schacht dafür, dass die scheinbar unmögliche Aufgabe mit Leichtigkeit bewältigt wurde.

Heute mag es vernünftig erscheinen, Devisenreserven als Währungsreserven der nationalen Zentralbanken zu halten und nationale Währungen als Sicherheiten zu emittieren, aber 1922 war dieses Konzept absolut undenkbar! Im traditionellen Goldstandard besteht die wichtigste Währungsreserve der Zentralbank aus dem überwiegenden Teil von Gold und kurzfristigen inländischen Papieren, und nur Goldwerte können die drei Merkmale hohe Liquidität, leichter Umtausch und internationale Anerkennung erfüllen.

Beim Goldstandard-Mechanismus kümmern sich die Zentralbanken in erster Linie um die Goldreserven und greifen selten, wenn überhaupt, aktiv in die Finanzmärkte ein, es sei denn, es kommt zu massiven Marktturbulenzen (wie etwa massiven Goldabflüssen). In einem Goldstandard regulieren sich die Preise, Zinssätze, Kredite, Steuer- und Handelsbilanzen weitgehend selbst. Die Währungen der einzelnen Länder haben ihre eigene Rechtsgrundlage für den Goldgehalt, alle Währungen sind dem Gold gleichgestellt, und Wechselkursschwankungen gibt es praktisch nicht. Vom Beginn des 19. Jahrhunderts bis zum Ausbruch des Ersten Weltkriegs erleichterte das vom britischen Empire festgelegte Goldstandard-Währungssystem den Welthandel und die wirtschaftliche Entwicklung erheblich. Die industrielle Revolution und die Urbanisierung, die erste Welle der Globalisierung, trugen die Früchte der westlichen Zivilisation schnell in alle Teile der Welt. Da es fast ein halbes Jahrhundert lang keine Kriege und Revolutionen gab, entwickelten sich die neuen Technologien wie Eisenbahn, Schifffahrt und Telegrafie rasch weiter, der internationale Handel blühte auf und das weltweite Kapital floss ungehindert. Der Goldstandard brachte den Westen an die Spitze der Zivilisation wie nie zuvor.

Die Entwicklung wird jedoch ungleichmäßig sein. Deutschland ist aufgestiegen, die Vereinigten Staaten haben die Vorherrschaft übernommen, und das britische Empire des frühen 20. In den scheinbar stabilen Schichten baut sich ein zunehmender Rissdruck auf, und die Feuer der Erde schreien auf. Der Erste Weltkrieg war der totale Ausbruch dieser gewaltigen wirtschaftlichen Zerrüttungsenergie. Die Produktionskapazitäten der Gesellschaft wurden weitgehend auf die Rüstungsindustrie umgelenkt und dann im Eifer des Gefechts gegenseitig zerstört. Der Welthandel brach zusammen, die Weltmärkte wurden zersplittert, und, was noch wichtiger war, die globalen Kapitalströme, die das Räderwerk der Weltwirtschaft am Laufen hielten, kamen zum Stillstand. Das Scheitern des Goldstandards führte zu einer erheblichen Überemission von Papiergeld in verschiedenen Ländern, was wiederum zu steigenden Preisen und einem extremen Ungleichgewicht bei den Goldreserven der Länder führte, die sich in etwa die Waage hielten.

Im Jahr 1913 verfügten die vier Wirtschaftsmächte der Vorkriegszeit - die Vereinigten Staaten, Großbritannien, Deutschland und Frankreich - über Goldreserven in Höhe von insgesamt 5 Mrd. $, wobei die Vereinigten Staaten mit 2 Mrd. $, Großbritannien mit 800 Mio. $, Deutschland mit 1 Mrd. $ und Frankreich mit 1,2 Mrd. $ die höchsten Goldreserven aufwiesen.[3] Es ist zu beachten, dass sich nicht alle diese Goldreserven in den Händen der Zentralbanken befinden, sondern dass auch die Geschäftsbanken und der Bargeldumlauf einen großen Teil ausmachen. Interessanterweise ist die Verteilung der Goldreserven der vier Länder in etwa mit der Größe ihrer Volkswirtschaften vergleichbar, mit der kleinen Ausnahme Frankreichs, dessen Gesamtgoldreserven 1923 auf 6 Milliarden Dollar stiegen, da die Goldproduktion zunahm, aber die Verteilung stark verzerrt war. Infolge der Risikoscheu während des Krieges flossen insgesamt 2 Mrd. $ Gold aus Europa in die Vereinigten Staaten, deren Goldreserven auf 4,5 Mrd. $ anstiegen, während sie im Vereinigten Königreich leicht zurückgingen, Frankreich mehr verlor und Deutschland den größten Verlust erlitt.

Die europäischen Nachkriegsländer bereiten sich nacheinander auf die Rückkehr zum Goldstandard vor, und das britische Empire befindet sich in der schwierigsten Lage. Wenn London seine Stellung als Finanzzentrum der Welt zurückgewinnen will, muss das Pfund wieder den Wert der Vorkriegszeit erreichen, und nur dann ist es glaubwürdig,

---

[3] Ebd.

denn der Eckpfeiler des Finanzwesens ist der Kredit. Die britische Währung hat sich jedoch verdoppelt, und im Vergleich zu den Goldreserven gibt es offenbar einen Überschuss an Pfundnoten. Im Vergleich zu den Vereinigten Staaten, in denen Gold absolut dominierend ist, kann man sagen, dass die finanzielle Hegemonie des Vereinigten Königreichs in doppelter Hinsicht unter Druck steht. Wenn das Pfund weiter schwächelt, werden sich die Weltwirtschaft und die Handelsfinanzierung früher oder später auf einen stärkeren Dollar umstellen, das globale Kapital wird sich auf New York konzentrieren, und das Finanzimperium, das 200 Jahre lang so mühsam geführt wurde, wird nie wieder dasselbe sein. Der Verlust der finanziellen Hegemonie, der Status des britischen Empires als Organisator des Welthandels, das Monopol der international abgerechneten Währungen und die Preisbildungsprivilegien der Rohstoffmärkte werden sich allmählich auflösen, und selbst das kontinentale Commonwealth-System wird in der Lage sein, sich selbst zu erhalten, und die kaiserliche Marine wird immer noch über die finanzielle Macht verfügen, die Ozeanpassagen der Welt zu schützen, die allesamt in schrecklichem Zweifel stehen.

Norman, der an der Spitze des britischen Finanzwesens stand, überlegte lange und gründlich, wie er das Dilemma der Goldknappheit lösen könnte. Letztlich sah er den einzigen Ausweg darin, die Pfundnote streng wie Gold zu behandeln und die Nationen zu überzeugen und zu zwingen, sie zu akzeptieren, indem sie das Pfund zusätzlich zum Gold in ihre Zentralbankgeldreserven aufnahmen. Von dieser Denkweise geleitet, empfahl der Finanzausschuss des Völkerbundes, einer Organisation unter britischer Führung, den Nationen auf der Konferenz von Genua 1922 offiziell die neue britische Währung, die Pfundnote, die mit Gold identisch war. In der Welt des Geldes ist es wie mit dem "Wasser zu Öl". Wasser kann nicht Öl sein, und Papierpfund kann nicht Gold sein! Schließlich werden die Staaten in Absatz 9 der Resolution der Konferenz von Genua ausdrücklich aufgefordert, "eine neue internationale Praxis einzuführen, wonach Devisen zum Zweck der Goldeinsparung in Währungsreserven gehalten werden können". [4]

---

[4] Jacques Rueff, *Die monetären Sünden des Westens*, MACMILLAN COMPANY, 1972, S. 22.

Zum ersten Mal in der Geschichte der Weltwährungen hat das Konzept der Devisenreserven seinen großen Auftritt.

Norman erfand einen neuen Währungsmechanismus, nämlich den Goldstandard. Wie der Name schon sagt, handelt es sich dabei um das System des Gold- und Devisenstandards (konvertierbares Gold). Von nun an werden die Zentralbanken und Geschäftsbanken aller Länder Geld und Kredite mit Gold und Devisen als Sicherheiten schaffen.

In der Tat kann jeder, der ein gutes Auge hat, verstehen, dass dies kein Ort ist, an dem es kein Silber für 300 Tael gibt? Wenn das Vereinigte Königreich genug Gold hat, warum dann noch mehr Devisen als Währungsreserve? Verwenden Sie einfach das Gold, und das war's. Aus diesem Grund ist das von den Normannen propagierte Konzept der Devisenreserven nicht glatt, und jeder wird dem Konzept dieser Währung "Wasser zu Öl" misstrauen. Nach mehreren Versuchen kaufte sich der Rest Europas nicht sofort ein, mit Ausnahme der kolonialen Besitzungen des britischen Empire und der kleinen Volkswirtschaften Österreichs und Ungarns, die nach dem Krieg von einer Hyperinflation geplagt wurden.

Wie konnte Norman nicht überglücklich sein, als Schacht als Vertreter Deutschlands, der größten europäischen Volkswirtschaft, Mark aufforderte, sich zu einem Bruchteil der Kosten von 25 Millionen Dollar in die Arme des britischen Pfunds zu werfen?

Allerdings hat Norman noch einen Schimmer von Besorgnis, der Mangel an Gold hat zur Schwäche des Pfunds geführt, während der Dollar mit Goldreserven fünfmal so hoch wie das Pfund ist der König der Währung begehrt.

Die Amerikaner sind wirklich hier.

Der Dollar hat die Macht übernommen, und Mark ist verliebt in das neue große Geld

Am 30. November 1923, gerade als Schachts Kampf um die Verteidigung der Bodenmiete Früchte zu tragen begann, witterte die scharfe Nase der Amerikaner eine Gelegenheit und die amerikanischen Bankiers Dawes und Owen Young stolperten nach Europa. Als amerikanische Vertreter der alliierten "Entschädigungskommission" waren sie gekommen, um zu untersuchen, warum die einfache

Angelegenheit der Schuldentilgung durch die Europäer so kompliziert war.

Dawes war ein berühmtes Kanonenrohr, das während des Ersten Weltkriegs für die logistische Versorgung der American Expeditionary Force in Europa zuständig war. Nach dem Krieg hielt der US-Senat eine Anhörung ab, um die unklare und kostspielige Abrechnung der US-Logistiklieferungen zu untersuchen. Bei der Anhörung war Dawes von den Fragen der Senatoren überwältigt und brach schließlich in Wut aus: "Zum Teufel damit, wir sind nicht dorthin gegangen, um eine perfekte Buchführung zu bekommen, wir haben geblutet, um den Krieg zu gewinnen!"[5] Dawes' Prahlerei verblüffte bei den Anhörungen und hat seitdem Berühmtheit erlangt. Tatsächlich ist er von Beruf Banker.

Im September 1915 führte Morgan ein "anglo-französisches Darlehen" in Höhe von 500 Millionen Dollar [6] für die anglo-französischen Alliierten an, was an der Wall Street wohl beispiellos war, aber die amerikanische Anti-Kriegsstimmung war stark und die europäischen Kriegsanleihen verkauften sich nicht gut. Vor allem im Mittleren Westen war nur eine Bank in Chicago bereit, sich an der Zeichnung von Kriegsanleihen durch die Wall Street zu beteiligen, und das war die Bank von Dawes. Seitdem wurde er von Morgan liebevoll als "einer der Seinen" bezeichnet. Dawes ist in den Schlagzeilen, seit er in den europäischen Medien war, aber der Mann hinter ihm, Owen Young, ist derjenige, der auf den Boden der Tatsachen zurückkehrt und seine Arbeit macht.

Vor Dawes lag eine schwindelerregende Aufstellung der Staatseinnahmen und -ausgaben vor, an der sich die Entwicklung von Plänen zur Rückzahlung der Kriegsschulden orientieren sollte. Vor dem Krieg waren die USA die größte Volkswirtschaft mit einem BIP von etwa 40 Milliarden Dollar, was der Summe von Großbritannien, Frankreich und Deutschland entsprach. Durch den Krieg verringerte sich die Wirtschaft Frankreichs und Deutschlands um 30 Prozent, die Großbritanniens um weniger als 5 Prozent, und die Vereinigten Staaten verdienten Kriegsgeld. Bis 1919 war die US-Wirtschaft um 50 Prozent

---

[5] Charles Gates Dawes, Wikipedia, Teilnahme am Ersten Weltkrieg.

[6] Ron Chernow, *The House of Morgan, An American Banking Dynasty and the Rise of Mordern Finance*, Grove Press, New York, 1990. S. 197.

größer als die der drei Nationen zusammen. Da Deutschlands Vorkriegs-BIP 12 Milliarden Dollar betrug, können wir versuchen, die Größe der Volkswirtschaften der vier Länder im Jahr 1913 bzw. 1919 zu berechnen. Jeden Tag treiben diese schläfrigen Zahlen an Dawes' Augen vorbei.

Noch mehr Komplexität liegt vor uns. Großbritannien gab insgesamt 43 Milliarden Dollar für den Krieg aus, von denen 11 Milliarden Dollar zur Finanzierung dieser armen Freunde Frankreichs, Russland, verwendet wurden. Es nahm 9 Milliarden Dollar durch Steuererhöhungen auf, etwa 20 Prozent der Kriegskosten, und nahm 27 Milliarden Dollar im In- und Ausland auf, von denen der Rest nur gedruckt werden konnte. Bei Kriegsausgaben von insgesamt 30 Milliarden Dollar sind die Franzosen als das steuerresistenteste Volk der Welt bekannt, das lieber stirbt, als die Steuern zu erhöhen, und somit weniger als 5 Prozent der Steuereinnahmen beisteuert. Die französische Mittelschicht hasst Steuern, spart aber gerne, und sie hat die 15 Milliarden Staatsschulden gezeichnet. Angesichts des Ausmaßes der französischen Verluste hatten die Vereinigten Staaten und Großbritannien die moralische Verpflichtung, etwas Blut zu vergießen und Frankreich insgesamt 10 Milliarden Dollar zu leihen und den Rest der Differenz für den Druck von Rechnungen zu verwenden. Deutschlands Krieg kostete 47 Milliarden Dollar, von denen 10 Prozent durch Steuern aufgebracht wurden, und da Deutschland nicht über die hochentwickelten Finanzmärkte und die starken Finanzierungskapazitäten Großbritanniens und der wohlhabenden Mittelschicht Frankreichs verfügte, war es schließlich auf das Drucken von Geld angewiesen. Während des Krieges war doppelt so viel britisches Geld im Umlauf wie vor dem Krieg, dreimal so viel in Frankreich und viermal so viel in Deutschland!

Insgesamt gab Europa im Ersten Weltkrieg erstaunliche 200 Milliarden Dollar aus!

Endlich hat Dawes die Schulden in den Griff bekommen: 16 europäische Verbündete schulden den Vereinigten Staaten insgesamt 12 Milliarden Dollar, wobei Großbritannien 5 Milliarden Dollar und Frankreich 4 Milliarden Dollar schuldet. Weitere 17 Länder schulden

Großbritannien 11 Mrd. $, Frankreich 3 Mrd. $ und Russland 2,5 Mrd. $, [7]eine Schuld, die nach der Oktoberrevolution den Bach runterging.

Deutschland, das wichtigste besiegte Land, zahlte insgesamt 12,5 Milliarden Dollar an Kriegsreparationen.

Die Europäer würden aus diesem Zahlenvergleich leicht den Schluss ziehen, dass die deutschen Kriegsreparationen fast die gesamten Schulden Europas bei den Vereinigten Staaten ausmachten, und dass wir, solange die Deutschen sie zurückzahlen konnten, sie den Amerikanern zurückzahlen konnten. Da Deutschland natürlich nicht zahlen konnte, mussten wir es hinauszögern.

Die Amerikaner sind deprimiert, wenn sie darüber nachdenken: Warum kämpft ihr Europäer und wir zahlen dafür? Die Vereinigten Staaten spenden kein Geld für wohltätige Zwecke, sondern für Geschäftskredite. Wie kann man ein Geschäftsdarlehen mit Kriegsreparationen verwechseln, ein Unternehmen ist ein Unternehmen. Es ist Ihr Problem, wenn Sie von Deutschland nicht bezahlt werden. Sie schulden uns Geld, nicht einen Pfennig weniger! Sie können den Kredit nicht zurückzahlen, Sie haben keinen Kredit, schämen Sie sich!

Das britische Empire hat als Finanzzentrum der Welt mehr Kredit als Leben, und es ist schlimmer, als die Briten zu töten, weil sie ihr Wort nicht halten. Vor dem Krieg waren die amerikanischen Banker in den Augen der hochgesinnten britischen Banker Drecksäcke mit Geld und ohne Geschmack. Nach dem Krieg verfluchten die wohlhabenden Amerikaner die Briten dafür, dass sie ihr Geld und ihre Kredite nicht zurückzahlten, was bei den Briten sowohl Wut als auch Unmut hervorrief. In den britischen Medien wurde beklagt, dass die Vereinigten Staaten den Kriegseintritt verzögert und absichtlich Geld für den Krieg ausgegeben hatten, während ihre Verbündeten so große Opfer für die Sache der Freiheit bringen mussten, und dass die Vereinigten Staaten, wenn sie Moral und Gewissen hätten, die Initiative zum Schuldenabbau hätten ergreifen müssen. Jetzt haben Sie die Dreistigkeit, Ihre Kameraden in der Nachkriegsdepression anzurufen, das ist ein moderner "Sherlock"! So wurde "Uncle Sam" von den

---

[7] Michael Hudson, *Superimperialismus - Neue Ausgabe: The Origin and Fundamentals of U.S. World Dominance*, Pluto Press; New Edition (21. März 2003), Kapitel eins.

Europäern als "Uncle Sherlock" verulkt. "Neunzig Prozent der Franzosen halten die Vereinigten Staaten für ein egoistisches, herzloses und gieriges Land", berichtet die New York Times in Paris. Amerikanische Diplomaten in London stellten fest, dass die große Mehrheit der Briten die amerikanische Politik als egoistisch, niederträchtig und beschämend empfindet.

Die Vereinigten Staaten sind seit jeher ein Land, in dem der Pragmatismus regiert, und die moralische Bewertung bedeutet den Pragmatikern nichts. Wenn jemand Schulden hat, nehmen die Vereinigten Staaten nur ungern das Messer in die Hand und schneiden dieser Person ein Pfund Fleisch ab, aber wenn sie an der Reihe sind, Geld zu schulden, dann drucken sie einfach so viel Geld, wie sie können. Im Vergleich dazu ist der alte Gentleman Großbritannien ein wenig großzügiger.

Es sind die Amerikaner, die darunter leiden, wenn sie sich streiten und nicht bezahlt werden. Dawes ist nur aus einem Grund auf dieser Reise: um Europa mit Dollars an den Hosenbund zu fesseln!

Obwohl sich die Vereinigten Staaten offiziell weigern, anzuerkennen, dass das Geld, das Europa den Vereinigten Staaten schuldet, irgendetwas mit den deutschen Reparationen zu tun hat, kann in Wirklichkeit jeder wesentliche Durchbruch bei der Eintreibung von Schulden nur durch die deutschen Reparationen erreicht werden, was wirklich ein Rätsel ist, das sich in Luft auflösen lässt. Die Siegernation zwang Deutschland eine Entschädigungssumme auf, die es sich einfach nicht leisten konnte, und das Ergebnis dieses Zwangs war, dass die deutsche Wirtschaft bankrott ging, und das tat sie auch. In den vier Jahren nach dem Krieg hielten die Alliierten 88 deutsche Reparationsversammlungen ab, und alle wurden schließlich in die Länge gezogen. An diesem Punkt führte Dawes ein völlig neues Konzept ein, nämlich dass die "Zahlungsfähigkeit" das Wichtigste sei. Wie definiert man Deutschlands Fähigkeit zur Rückzahlung? Es ist die Steuerlast. Die Steuerlast der von den Deutschen getragenen Kriegsschuld sollte mit der von England und Frankreich vergleichbar sein. Die Strategie von Dawes, "den Gesamtbetrag der Rückzahlung mit einer ungefähr gleichen Steuerlast zu versehen", hat die Sackgasse endgültig geöffnet.

Frankreich wurde nun jedoch zu einem klaren Stolperstein. Die Franzosen waren ungewöhnlich verstrickt und besessen von den deutschen Reparationen, da die Niederlage im Deutsch-Französischen

Krieg zu einer riesigen französischen Reparationszahlung von 5 Milliarden Francs an Deutschland geführt hatte, eine Schuld, die wie ein scharfes Messer in die Herzen der Franzosen gestoßen worden war, eine Demütigung, die sich zu einem Nationalgefühl ausgeweitet hatte. Die Deutschen mussten zuerst zahlen, sonst würden sich die Franzosen niemals aus dem deutschen Ruhrgebiet zurückziehen. Es liegt auf der Hand, dass ohne dieses Zentrum der Kohle- und Stahlproduktion in Deutschland die gesamte Wirtschaft ihren Motor verliert, und von Auszahlung kann noch keine Rede sein.

Dieses Mal haben es die Amerikaner wirklich eilig! Morgan, Dawes' "eigener Mann", hatte schließlich die Geduld mit der französischen Hartnäckigkeit verloren. Zu diesem Zeitpunkt war Morgan nicht mehr die kleine Ferse der britischen Bankiers aus der Vorkriegszeit, sondern das finanzielle Schwergewicht der hegemonialen Seite. Stärke diktiert Mentalität, Morgan klopft sich auf die Schulter, der Franzose muss nachgeben! Bald ist es um den Franc geschehen!

Vor dem Krieg stand der Dollar zum Franc bei 1:5, 1920 bei 1:15, und Anfang 1924 fiel der Franc auf 1:20, und als Frankreich darauf beharrte und sich weigerte, sich zurückzuziehen, stürzte der Franc am 14. Januar um 10 Prozent pro Tag ab! Frankreich gab immer noch nicht nach, und am 8. März sank der Kurs auf 1:27. Die französischen Finanzmärkte gerieten in Aufruhr, als Händler, Banken und die Mittelschicht begannen, in großem Umfang aus Franken-Anlagen zu fliehen. Die französische Regierung warf den schamlosen Devisenspekulanten vor, sie seien Verbündete bei der Verschwörung, und am 13. März musste sie sich an JPMorgan wenden, um 100 Millionen Dollar zu leihen, um die Situation zu stabilisieren. JPMorgan ließ jedoch durch die Gerüchteküche verlauten, dass die französische Regierung den Dowis-Plan akzeptieren müsse. Als die französische Regierung gezwungen war, nachgiebig zu sein, stieg der Franc sofort von 1:29 auf 1:18, ein wilder Anstieg von 60% in zwei Wochen! Zum ersten Mal haben die Menschen die enorme Macht der finanziellen Waffen in der internationalen Politik erkannt.

Der Dawes-Plan liegt endlich vor. Die Amerikaner boten recht großzügige Bedingungen an: Der Gesamtbetrag der Entschädigung würde beiseite gelassen, 250 Millionen Dollar für das erste Jahr, und dann Jahr für Jahr auf 600 Millionen Dollar pro Jahr bis Ende der 1920er Jahre erhöht. In der Praxis bedeutet dies eine Verringerung der deutschen Gesamtentschädigung von 12,5 Mrd. $ auf 8 bis 10 Mrd. $.

Darum geht es eigentlich nicht. Der Gegner in den Köpfen der Amerikaner sind eigentlich die Briten!

Unter dem Motto "keine Destabilisierung der Mark" schlug der Dawes-Plan vor, dass die Reparationen von der deutschen Regierung in Mark aufgebracht und auf einem speziellen Überwachungskonto der Deutschen Bundesbank deponiert werden sollten, das von einem von der Wiedergutmachungskommission ernannten Kommissar überwacht werden sollte, der darüber zu entscheiden hatte, ob es möglich war, die Mark "sicher" in ausländische Währung zu konvertieren oder deutsche Produkte zu kaufen, um die Schulden zu begleichen, und dass das Geld sogar für Kredite an deutsche Unternehmen verwendet werden konnte! Offensichtlich ist die Position dieses Kommissars das Äquivalent zu Deutschlands wirtschaftlichem Oberbefehlshaber! Wer wird auf diesem Stuhl sitzen? Großbritannien, Frankreich und Deutschland stehen in einem Schuldenverhältnis, und es ist unfair, wer auch immer es ist, nur die Amerikaner haben keine vorgefassten Meinungen, also ist es sehr angemessen. Gleichzeitig versprachen die Amerikaner, 200 Millionen Dollar der im ersten Jahr zurückzuzahlenden deutschen Schulden in Höhe von 250 Millionen Dollar zu finanzieren, wovon ein Teil zur Aufstockung der Währungsreserven der Bundesbank verwendet wurde, um den Wert der Mark zu stabilisieren.

Als der Engländer von diesem Plan erfuhr, konnte er nicht anders, als wütend zu sein und nach Herzenslust zu schimpfen! Mark war kurz davor, sich in die Arme des Pfunds zu stürzen, aber im entscheidenden Moment tötete er einen Dollarschein und beraubte die deutschen Währungsreserven ihrer Macht. Diese Demütigung ist wie die Entführung einer Ehefrau! Gerade als es losgehen sollte, fragten die Vereinigten Staaten Deutschland mit einem Grinsen im Gesicht: Wem möchten Sie folgen?

Schacht hielt sofort an der Dollar-Runde fest und verhandelte mit den USA über eine möglichst große Unabhängigkeit von der Mark. Das endgültige Szenario sah vor, dass die Reichsbank von der Regierung unabhängig sein und die Regierung keine Befugnis haben sollte, während der Amtszeit des Gouverneurs Personalanpassungen vorzunehmen; dass die Reichsmark die Rentenmark ersetzen sollte; dass die Dawesianer planten, 800 Millionen Reichsmark bereitzustellen, um das Kapital der Bundesbank aufzufüllen; und dass die Währungsreserven der Bundesbank zu 3/4 aus Gold und zu 1/4 aus Devisen bestehen sollten, wobei die Währungsreserven nicht weniger als 40% des gesamten Bargeldumlaufs und der gesamten Bankeinlagen betragen sollten. Bei den Devisen regiert der natürliche Dollar. Die deutsche Zentralbank in Goldreserven zu engagieren, die Vereinigten Staaten nicht widersetzen, weil die Gold-Chips in den Händen der Amerikaner konzentriert sind, ist der Dollar gleich Gold, "die Han zu senken ist die Cao zu senken", unterworfen zu Gold ist auch gleich zu unterwerfen, um die Vereinigten Staaten. Mehr noch, sobald der Dawes-Plan in Kraft tritt, wird es einen massiven Zustrom von US-Kapital nach Deutschland geben, und das deutsche Geschäftsbankensystem wird mit Dollars überschwemmt werden.

Was die Briten noch wütender macht, ist die Tatsache, dass es sich nicht um ein Entschädigungspaket handelt, sondern eindeutig um einen Plan zur Finanzierung des Wiederaufstiegs Deutschlands! Deutsche Reparationen, die in Mark gesammelt und bei der Deutschen Bundesbank hinterlegt werden, können, wenn sie in Devisen umgetauscht werden, "sicher" umgetauscht werden, sagen die Amerikaner. Die Amerikaner hätten jedes Recht, diese sogenannte Auszahlung wieder an die deutsche Industrie zu verleihen und damit die deutsche Wirtschaft zu stärken. Hat Großbritannien nicht deshalb vier Jahre lang Krieg gegen Deutschland geführt, weil Deutschland das hegemoniale System des britischen Empire herausfordern wollte? Was in aller Welt tun die Vereinigten Staaten, um Deutschland auf diese Weise zu verteidigen?

Die Amerikaner hatten noch eine weitere Berechnungsebene, und ich fürchte, Großbritannien hat damals nicht reagiert. Die USA stellten Deutschland Dollars zur Verfügung, die Deutschland zunächst zur Entwicklung seiner Wirtschaft und dann zur Entschädigung Großbritanniens und Frankreichs nutzte; Großbritannien und Frankreich verwendeten die Dollars dann zur Begleichung der US-Schulden. Der Dollar verlässt die Vereinigten Staaten, reist um die Welt und kehrt dann in die Vereinigten Staaten zurück, was überflüssig erscheinen mag, aber in Wirklichkeit die strategische Ausrichtung der Vereinigten Staaten darstellt. Das grundlegende Ziel des internationalen Marsches auf den Dollar ist die Dollarisierung der Deutschen Mark, die Durchdringung der europäischen Volkswirtschaften mit dem Dollar und die schrittweise Entwicklung der Abhängigkeit vom Dollar.

Was die USA wirklich wollen, ist, Europa mit Dollars an ihren eigenen Gürtel zu binden!

Keynes entdeckt, dass der Dollar den Goldstandard aufhebt

> „Die Macht der Wirtschaft, ob richtig oder nicht, ist oft unerwartet. Was die Welt tatsächlich beherrscht, sind genau diese Gedanken. Viele von denen, die glauben, dass sie den Einfluss einer Ideologie nicht akzeptieren, sind oft lange Sklaven irgendeines verstorbenen Ökonomen."[8]
>
> -Keynes

Das Vereinigte Königreich verfügt nicht über genügend Gold und ist natürlich ein aktiver Verfechter des Goldstandards. Die Amerikaner sind dem Goldstandard nicht abgeneigt, sind aber optimistisch, was seinen Erfolg angeht, denn das US-Gold dominiert bei weitem, der Dollar ist stärker als das Pfund, und der Dollar ist sicherlich beliebter als das Pfund, wenn die Länder ihre Devisen als Währungsreserven aufstocken, was natürlich dazu führt, dass der Dollar den Anteil des Pfunds an den Währungsreserven der Länder übersteigt und damit die künftige Hegemonie des Dollars begründet.

Der massive Zustrom von Gold hat jedoch auch eine "Last des Glücks" für die Vereinigten Staaten mit sich gebracht. Denn im Rahmen des traditionellen Goldstandards würde eine starke Zunahme des Goldbestandes zu einem Problem der erzwungenen Erhöhung der Dollarkredite führen, was eine Inflation auslösen würde. Dies ist dasselbe wie das derzeitige Überangebot an Devisenreserven in China, das zu einer erzwungenen Überemission des Yuan geführt hat.

Das Wesen der Geldemission der Zentralbanken und der Kreditschöpfung der Geschäftsbanken besteht darin, dass sie Vermögenswerte kaufen. Wenn Gold im Wert von 2 Milliarden Dollar aus Europa in die Vereinigten Staaten geflossen ist, wird das US-Bankensystem das Gold aktiv oder passiv "fressen" und in Form von Dollarscheinen oder Bankkrediten "ausspucken". Wenn diese Banknoten und Kredite in Umlauf kommen, werden sie die Preise in die Höhe treiben, weil das Angebot an Rohstoffen noch keine Zeit hatte, sich zu erhöhen. So waren es während des Ersten Weltkriegs nicht die durch den Krieg verursachten materiellen Verluste, sondern der Anstieg der Geldmenge, der die Preise in den Vereinigten Staaten um 60

---

[8] John Maynard Keynes, *Die Allgemeine Theorie der Beschäftigung, des Zinses und des Geldes*.

Prozent in die Höhe trieb. Und nach dem Krieg, als sich die europäische Wirtschaft in einer Flaute befand und weiterhin Gold in die USA floss, konnte die US-Notenbank schließlich nicht mehr stillsitzen.

Und die tatsächliche Macht der Federal Reserve liegt in den Händen von 12 Federal Reserve Banken, vor allem der Federal Reserve Bank of New York, an deren Spitze der große Name Benjamin Strong steht. Strang war der Chef von JPMorgan und arbeitete eng mit dem Gouverneur der Bank of England, Norman, und dem Gouverneur der Deutschen Bundesbank, Schacht, zusammen, die in den 1920er Jahren als die "Drei Musketiere" der Finanzwelt bekannt waren.

Strang beobachtete, wie eine Ladung Gold per Schiff aus Europa in New York eintraf und dann wie eine Flut in die Tresore der New Yorker Banken strömte, was zu einer Überschwemmung der Kredite und einem sprunghaften Anstieg der Preise führte. Er ist entschlossen, nicht zuzulassen, dass der Goldrausch den Dollardeich so stark trifft, dass er die Geldmenge verringern muss, um den Preisdruck zu mindern.

Als die Fed noch in den Kinderschuhen steckte, bestand ihr wichtigstes Mittel darin, das Kreditumfeld durch die Anpassung des Diskontsatzes zu beeinflussen. Jede Bank, die sich dem Federal Reserve System anschließt, kann bei der Zentralbank einen Kredit über das Diskontfenster beantragen, und der Diskontsatz ist der Satz, zu dem die Zentralbank bereit ist, einen solchen Kredit zu gewähren. Wenn die Zentralbank den Diskontsatz anhebt, bremst sie den Drang der Geschäftsbanken, Geld von der Zentralbank zu nehmen, weil die Kosten höher sind.

Aber diese Methode hat in den frühen 1920er Jahren nicht gut funktioniert. Da Gold in Europa so stark nachgefragt wird, wurden die Banken in New York mit Goldbarren überschwemmt, und mit Gold verdienen die Banker ihr Geld, so dass bereits zu viel Geld auf dem Markt ist, als dass die Banken zum Diskontsatz der Zentralbank gehen müssten, um Geld zu leihen. Strang passte den Diskontsatz an, konnte aber die Kreditflut nicht eindämmen, die immer wieder neu entstand.

Er muss wirksamere Wege finden, um die Geldmenge direkt zu kontrollieren. Daher entwickelte Strang eine Methode, mit der die Zentralbanken die Währung zurückziehen können, indem sie ihre Staatsanleihen auf dem Markt verkaufen. Wenn auf dem Markt zu wenig Geld vorhanden ist, schafft die Zentralbank Geld, um Vermögenswerte zu kaufen und dem Markt Dollar zuzuführen. Diese Vorgehensweise ist heute als Offenmarktgeschäfte bekannt.

Was Strang damals getan hat, gilt definitiv als Verrat. Im Goldstandard ist Gold der zentralste Vermögenswert, und sein Anteil sollte einen absoluten Vorteil haben, während andere Vermögenswerte (z.B. Staatsanleihen, Handelspapiere) nur untergeordnete Vermögenswerte sind. Das Ergebnis dieser "Operation" von Strang wird jedoch ein zunehmender Anteil von Staatsanleihen an den Zentralbankaktiva sein, was die grundlegende Definition der Währungsreserven grundlegend umkehren wird.

Warum müssen die Zentralbanken für ihre Geldreserven in erster Linie auf Gold zurückgreifen? Beim Goldstandard ist der Goldgehalt des Geldes gesetzlich festgelegt, und wenn die Zentralbanken Geld schaffen, um Vermögenswerte zu kaufen oder Vermögenswerte zu verkaufen, um Geld zurückzugeben, sind die Vermögenswerte und das Geld beim Umtausch immer gleich viel wert, wenn die Vermögenswerte aus Gold bestehen. Dieser Grundsatz, dass der Austausch von Vermögenswerten und Geld gleichwertig sein muss, ist in der Tat der Eckpfeiler des Gleichgewichts und der Stabilität der Aktiva und Passiva der Zentralbank. Würde man Gold durch Staatsschulden ersetzen, die immer direkt oder indirekt ausfallen können, würde man den Kern der Geldwertstabilität grundlegend zerstören, was zu einer potenziellen Schieflage des realen Preises des Zentralbankgeldes im Austausch gegen Vermögenswerte und zu einer natürlichen Tendenz zur Währungsabwertung führen würde.

Natürlich begrüßt das Bankensystem eine solche Innovation. Auch als Bankaktivum ist Gold stabil, hat aber keine Zinserträge; Staatsschulden sind instabil, haben aber einen Cashflow. Die Staatsschulden sind die Sicherheit für die künftige Besteuerung der gesamten Bevölkerung. Solange die Menschen arbeiten, hat der Staat Steuereinnahmen, und wenn die Steuereinnahmen die Steuerausgaben übersteigen, ist der Cashflow der Staatsschulden garantiert. Die Banker befürworten die Staatsverschuldung als Ersatz für Gold von ganzem Herzen, und die Staatsverschuldung als Kernbestandteil des Bankensystems bietet sowohl eine Grundlage für die Kreditvergabe als auch ein Zinseinkommen. Auf diese Weise haben sie zwei Gewinnquellen: zum einen die Zinsen, die durch die Kreditvergabe erhoben werden, und zum anderen die Zinsen auf die Staatsschuld, die einen Teil der Universalsteuer an das Finanzsystem weitergeben.

Wenn sich Goldgeld in Schuldgeld umwandelt, gibt es wiederum einen schwerwiegenden Nebeneffekt des umlaufenden Geldes, nämlich das Problem der doppelten Zinskosten. Die Menschen mussten nicht nur Zinsen für das geliehene Geld zahlen, sondern auch noch einmal Zinsen für die Sicherheiten für das Geld. Unter dem Schuldgeldsystem wird das Geld zu einer Belastung für die wirtschaftliche Entwicklung. Die Gesellschaft muss einigen wenigen Leuten Zinskosten zahlen, damit sie öffentliches Geld verwenden können. Die Bindung der Staatsschulden an die Währung ist eine Konstruktion, die logisch nicht überzeugen kann. Gleichzeitig ist es auch ein Geldsystem, das "Krebsinformationen" in seinen Genen hat. Je größer die Währungsemission, desto größer die Schulden, desto höher die Zinskosten und desto größer der Druck auf die Bevölkerung, "verschuldet" zu sein. Da Zinsen nur zeitabhängig sind, stellt die Geldmengenausweitung eine endogene, starre Nachfrage dar, die eine natürliche Tendenz zur Abwertung der Währung mit sich bringt, was letztlich zur Inflation führt. Die "unsichtbare Hand" der Inflation, die zu einer Umverteilung des Reichtums in der Gesellschaft führt, ist für die weltweite Polarisierung zwischen Arm und Reich verantwortlich.

Es gibt keine Liebe auf der Welt ohne Grund, und keinen Hass ohne Grund. Der Hass der Banker auf Gold ist gewinnorientiert und logisch. Sie verkünden der Gesellschaft als Ganzes über die Medien ständig die Nutzlosigkeit von Gold und verbreiten in den Schulen die Idee, dass Gold nur ein barbarisches Relikt ist. Ihre Abneigung gegen Gold und ihre Liebe zu Schulden ist in Wirklichkeit in den erstaunlichen Vorteilen begründet, die sie im Schuldgeldsystem genießen.

Strangs Manipulationen auf dem offenen Markt zielten genau darauf ab, die absolute Überlegenheit Amerikas beim Gold auszunutzen, und ebneten den Weg für die letztendliche Aufhebung des Goldstandards.

Auf der anderen Seite des Atlantiks ist es der scharfsinnige Keynes, der Strongs Neuerungen ebenfalls aufmerksam verfolgt. Keynes sah in Strongs Vorstoß nicht nur die Gefahren eines Goldstandards, sondern auch die Gefahren einer finanziellen Hegemonie im britischen Empire. Ab 1922 warnte Keynes wiederholt und stellte in seinem 1923 veröffentlichten "A Tract on Monetary Reform" klar:

> *„Ein Dollar-Standard wird aus dem Fundament des materiellen Wohlstands gerissen. In den letzten zwei Jahren scheinen die*

USA den Goldstandard zu verteidigen, aber in Wirklichkeit haben sie einen Dollarstandard eingeführt."⁹

Nach Ansicht von Keynes halten die Vereinigten Staaten "das Gold als Geisel für ihre Vasallen". Während die Vereinigten Staaten 75 Prozent der gesamten Goldreserven der vier Wirtschaftsmächte besitzen und die Währungen anderer Länder Goldmangel leiden, begraben die Vereinigten Staaten die Rolle des Goldes durch Offenmarktgeschäfte, und der Dollar macht sein eigenes Ding, je nach seiner wirtschaftlichen Situation. Der eigentliche Zweck der Aufforderung der USA, den Goldstandard beizubehalten, besteht darin, die Währungen des Vereinigten Königreichs und anderer europäischer Länder dazu zu bringen, dem Stab der Fed zu folgen und schließlich eine Abhängigkeit vom Dollar zu entwickeln. Wenn das so weitergeht, wird dann nicht die finanzielle Hegemonie des britischen Empire an die Wall Street fallen?

Es sollte erwähnt werden, dass Keynes' heftiger Angriff auf den Goldstandard auch Bedenken hinsichtlich des Schicksals des britischen Empire enthielt.

In der Tat untergräbt der Dollar nicht nur das Pfund an der Front der Reservewährung, sondern er entfernt sich auch von der Flanke der Handelsabwicklung.

Handelsabkommen, Dollar-Flankenschlag

Das britische Empire der Vorkriegszeit war ein wahrer "Weltbankier", obwohl das gesamte Wirtschaftsvolumen der Vereinigten Staaten 40 Milliarden Dollar erreicht hat, was in etwa der Summe von Großbritannien, Deutschland und Frankreich entspricht, aber Großbritannien kontrolliert ein riesiges Auslandsvermögen von bis zu 20 Milliarden Dollar, einschließlich einer großen Anzahl von Investitionen in den Vereinigten Staaten, Großbritannien ist der größte Gläubiger der Welt. Berlin, Paris und New York sind nicht die gleichen Finanzzentren wie London. Darüber hinaus verfügte Großbritannien über ein ausgedehntes koloniales Wirtschaftssystem in Afrika, dem Nahen Osten, Asien, Amerika und Ozeanien, mit riesigen natürlichen

---

[9] John Maynard Keynes, *Ein Traktat über die Währungsreform*, 1923.

Ressourcen, die den Briten zur Verfügung standen, und einem riesigen kolonialen Markt, der für britische Industriegüter völlig offen war. Großbritannien verfügt außerdem über die mächtigste Marine der Welt und kontrolliert fast alle großen Wasserstraßen der Welt. Die Schiffe des Welthandels fuhren unter dem Schutz der britischen Empire Navy über die Ozeane. Der Finanzkredit, der den internationalen Handel antreibt, wird zu 2/3 in London gebündelt, wobei die Hälfte der langfristigen Auslandsinvestitionen der Welt ihren Ursprung im Vereinigten Königreich hat.

Aufgrund der Größe des internationalen Handelsmonopols des Vereinigten Königreichs hat London ein Monopol auf den weltweiten Handel mit Schuldscheinen. Der Handel zwischen den Ländern wird im Allgemeinen in Pfund Sterling abgewickelt, so dass Zahlungsanweisungen in London schnell und billig in Bargeld umgewandelt werden können. Die Regulierung der Kreditmärkte durch die Bank of England basiert genau auf dem Re-Diskontsatz für Commercial Paper. In den ersten Jahren des Bestehens der Fed, als der internationale Handel der USA viel kleiner war als der des Vereinigten Königreichs und sich der Markt für Handelswechsel noch nicht entwickelt hatte, diente ihr Diskontfenster hauptsächlich der Kreditvergabe der Mitgliedsbanken, einer der größten Unterschiede zwischen der britischen und der amerikanischen Zentralbank.

Aufgrund des frühen Beginns und der Größe des britischen Marktes für kommerzielle Geldanweisungen und seiner offensichtlichen Kosten- und Reputationsvorteile scheint es keinen Ersatz für das Pfund Sterling als Handelsabwicklungswährung zu geben. Doch der Ausbruch des Ersten Weltkriegs stellte dieses Muster sofort auf den Kopf. Da die industriellen und landwirtschaftlichen Produktionskapazitäten der großen europäischen Länder durch den Krieg zunehmend zerstört wurden, stieg ihre Nachfrage nach amerikanischen Industrie- und Agrarprodukten sprunghaft an. Gleichzeitig führte der Krieg zu einer massiven Verlagerung von Finanzkapital in die Rüstungsindustrie der kriegführenden Länder und zu einer zunehmenden Verknappung von Handelskrediten, so dass sich die europäischen Länder zur Diskontierung von kommerziellen Schuldscheinen an den gut finanzierten New Yorker Markt wandten. Nach 1915, als kostspielige Kriege den Wert des Pfunds dramatisch schwanken ließen und die riesigen Goldreserven des Dollars diesen stabiler machten, begannen die Händler, die instinktiv

Währungsschwankungen verabscheuten, die Pfundabrechnung in eine Dollarabrechnung umzuwandeln.

Die Vereinigten Staaten haben diese seltene Gelegenheit in den letzten hundert Jahren genutzt, um ihre Banken aktiv zur Expansion ins Ausland zu ermutigen. Die Regierung schreibt vor, dass jede US-Bank mit einem Kapital von 1 Million Dollar oder mehr berechtigt ist, eine Zweigstelle in Übersee zu gründen, und dass US-Banken den US-Handel auf globaler Ebene unterstützen müssen. Das Gesetz erlaubt es diesen Banken, bis zu 50% ihres Eigenkapitals für den Ankauf von Handelswechseln einzusetzen.

Auf Initiative der Regierung begaben sich die amerikanischen Banken auf einen beispiellosen internationalen Marsch. Die National City Bank of New York (die Vorgängerin der Citibank) war als erste an der Reihe, und sobald der Krieg ausbrach, verschickte sie sofort einen Fragebogen an ihre 5.000 Firmenkunden, in dem sie diese aufforderte, vorzuschlagen, wo die Auslandsfilialen der Bank ihnen bei der Ausweitung ihrer Geschäfte vor Ort am meisten helfen würden. DuPont interessierte sich für das riesige Waffengeschäft und war bereit, ein Werk in Chile zu errichten, wo die National City Bank sofort eine Filiale eröffnete, ebenso wie Filialen in Brasilien und Kuba und weitere Expansionen in europäische und asiatische Märkte durch Übernahmen. Andere US-Banken folgten diesem Beispiel, und bis Mitte der 1920er Jahre brauchten die US-Banken nur 10 Jahre, um 181 Auslandsfilialen [10]mit Finanztentakeln auf der ganzen Welt zu errichten. Diese Zweigstellen in Übersee überzeugten die lokalen Importeure und Exporteure, die zuvor in Pfund Sterling abgerechnet hatten, aktiv davon, stattdessen in Dollar abzurechnen und auf dem New Yorker Markt Rabatte zu gewähren. Zu diesem Zeitpunkt verwendeten nicht nur die europäischen Länder den Dollar für die Abwicklung ihres Handels, sondern auch viele Länder in Südamerika, Asien und Afrika begannen, auf Dollar lautende Handelswechsel zu verwenden.

Massive Mengen kommerzieller Solawechsel überschwemmten schließlich New York, um diskontiert zu werden, und überstiegen bei weitem die Kapazität der New Yorker Banken, das Geld zu

---

[10] Barry Eichengreen, *Exorbitant Privilege, The Rise and Fall of the Dollar and the Future of the International Monetary System*, Oxford University Press, 2011. S. 27-28.

transportieren. Der so genannte Diskont, d. h. der Inhaber eines kommerziellen Wechsels bei der Bank, um den Wechsel gegen Bargeld mit einem Abschlag zu erhalten, die Bank akzeptiert den kommerziellen Wechsel, in der Tat ist die US-Bank in Übersee Filialen der Garantie nicht fällig und zahlbar gewesen. Die Bank in New York kauft den Wechsel mit einem Abschlag, kann ihn bis zur Fälligkeit halten und sich dann an die Bürgschaftsbank wenden, um den vollen Betrag zu kassieren, wobei der abgezinste Teil des Wechsels ein Gewinn ist. Hier ergibt sich jedoch ein großes Problem: Die New Yorker Banken müssen sich auch Geld leihen, um ein so großes Volumen an Zahlungsanweisungen zu erhalten, und die Kosten für die Kreditaufnahme sind oft höher als der Gewinn aus dem Kauf mit Abschlag. Da die US-Anleger in der Regel mit traditionellen kommerziellen Zahlungsanweisungen vertraut sind, bei denen es sich um Wechsel handelt, deren Wert von Käufer und Verkäufer selbst bestimmt wird und deren Wert von der Kreditwürdigkeit beider Parteien abhängt, besteht ein größeres Ausfallrisiko, und die Anleger neigen dazu, höhere Abschläge zu verlangen, was zu höheren Investitionskosten für Zahlungsanweisungen führt. Da das Risiko eines neuartigen kommerziellen Wechsels, bei dem die Bank als Drittgarantie fungiert, nur von der Kreditwürdigkeit der Bank abhängt und das Risiko des Anlegers von der Bank getragen wird, dürften die Investitionskosten eines solchen Wechsels geringer sein als die eines herkömmlichen Wechsels. Infolge dieser Wahrnehmungslücke hat sich das Problem, dass Wechsel nicht angenommen werden, weit verbreitet, was die Bildung eines Marktes für diskontierte Wechsel stark behindert.

Paul Warburg, der Gründer der Federal Reserve, erkannte das Problem sehr genau. Warburg gründete die "American Promissory Note Association", um die Anleger darüber aufzuklären, dass bankfähige Handelswechsel ein sehr lohnendes neues Produkt sind, das weniger risikoreich ist als herkömmliche US-Handelswechsel ohne Bankgarantie, und dass die Kosten für Investitionen in ein solch risikoarmes, ertragreiches Produkt niedriger sein sollten. Warburg hat sich zum einen mit dem Umfang und den Kosten des Eintritts von Kapital in den Markt für kommerzielle Geldanweisungen und zum anderen mit der Liquidität des Geldanweisungsmarktes beschäftigt. Der Gouverneur der Federal Reserve Bank of New York, Herr Strang, ist der Mann, den er handverlesen und zu einem großen General aufgebaut hat, und Warburg riet Herrn Strang dringend, sich in diesem Markt zu engagieren. Nach einer sorgfältigen Untersuchung von Handelswechseln stellte Strang fest, dass es bei seinen

Offenmarktgeschäften möglich war, neben dem Kauf und Verkauf von Staatsanleihen auch Handelswechsel als neues Geldinstrument einzusetzen, um die Geldmenge flexibler steuern zu können.

Die Federal Reserve Bank of New York gab Vollgas und fraß die auf dem Markt aufgestauten Wechsel in großem Umfang auf, so dass die Banken die Wechsel schnell loswerden konnten und der Geldumschlag stark beschleunigt wurde, was den Appetit der Banken auf Wechsel steigerte. Der von Strang festgelegte Rediskontsatz ist der Diskontsatz, zu dem die Zentralbank den Banken Geldanweisungen abnimmt, um eine solide Gewinnbasis für den Geldanweisungsmarkt zu schaffen. Solange die Banken Wechsel zu einem niedrigeren Diskontsatz kaufen als sie sie an die Zentralbank verkaufen, ist die Differenz in der Mitte der Gewinn der Bank. Das Eingreifen der Federal Reserve Bank of New York hat zu einem schnelleren Umschlag der Bankguthaben geführt, was die Rentabilität der Banken beim Kauf und Verkauf von Wechseln erheblich gesteigert hat. Sogar die nationalen Zentralbanken haben Gefallen an diesem Anlagebereich gefunden, und die niederländische Zentralbank hat auf Ersuchen ihrer eigenen Blumen- und Diamantenexporteure 10 Millionen Dollar der Einnahmen aus den Ausfuhren in die Vereinigten Staaten in den Markt für Zahlungsanweisungen gesteckt. [11]

Der rasante Aufstieg des Marktes für kommerzielle Zahlungsanweisungen in den USA hat dazu geführt, dass der US-Dollar zu einer Schlüsselwährung auf dem internationalen Markt geworden ist. Mitte der 1920er Jahre wurde mehr als die Hälfte des amerikanischen Im- und Exporthandels mit auf Dollar lautenden Handelswechseln abgewickelt. Durch die starke Beteiligung der Federal Reserve Bank of New York, die dafür sorgte, dass die Wechselkosten in New York um einen ganzen Prozentpunkt niedriger waren als in London, floss ein stetiger Strom von Wechseln wie Schneeflocken nach New York.

Nach nur 10 Jahren ist der ehemals geschäftige Londoner Markt für Handelswechsel kalt vor der Tür, während der ehemals unbedeutende New Yorker Markt mit einer florierenden Menge boomt. Bis 1924 war der Gesamtbetrag der auf Dollar lautenden

---

[11] Ebd.

Handelswechsel mehr als doppelt so hoch wie der auf Pfund Sterling lautende.

Vor dem Krieg war der Wechselkurs des Dollars auf den Finanzmärkten der einzelnen Länder nicht einmal so exponiert wie die italienische Lira und der österreichische Schilling, geschweige denn das Pfund, und zehn Jahre später hat der Dollar alle anderen Währungskonkurrenten überholt. [12]

Das Jahr 1924 war ein wichtiger Wendepunkt in der Geschichte der Währungen, als der Dollar die Verteidigung des Pfunds an der Front der Reservewährungen vollständig durchbrach und zum ersten Mal der Anteil des Dollars an den Devisenreserven der Zentralbanken der Länder das Pfund überstieg. An der Flanke der Preisfestsetzungsrechte für den Handel wurde die Hartnäckigkeit des Pfunds besiegt. Seitdem hat der Dollar seinen Rückstand gegenüber dem Pfund aufgeholt.

Die USA wollen die Länder zur Rückkehr zum Goldstandard zwingen und "das Gold als Geisel der Vasallen halten".

> *„Falsches wirtschaftliches Denken macht es schwer zu erkennen, wo die eigenen Interessen liegen. Gefährlicher als der Nutzen sind daher die Ideen."*
>
> -Keynes

Keynes erkannte bereits, dass das ultimative Ziel der Amerikaner darin bestand, die monetäre Hegemonie des britischen Empire durch einen Dollarstandard zu untergraben. Gold ist nur ein "Han Xian Imperator" in den Händen der Vereinigten Staaten. Sobald die Bedingungen reif sind, wird der Dollarstandard das Gold abschaffen und das Empire selbst erobern!

Das Motiv der Vereinigten Staaten, die Länder nachdrücklich aufzufordern und sogar zu zwingen, so bald wie möglich zum Goldstandard zurückzukehren, ist eindeutig nicht einfach. Im Jahr 1925 nahm Großbritannien den Goldstandard kaum wieder auf, tappte aber in die amerikanische Falle.

---

[12] Ebd.

In nur vier Jahren des Krieges hat sich die Welt dramatisch verändert. Während Großbritannien seinen hegemonialen Herausforderer Deutschland besiegte, erschöpfte es die wirtschaftlichen Ressourcen für die Weltherrschaft. Jahrhundert exportierte Großbritannien als "Weltbankier" Kapital in die Welt, wobei es sich auf die Handelsvorteile und Kapitalüberschüsse stützte, die durch die starke Wettbewerbsfähigkeit der britischen Industrie entstanden. Langfristig stabile industrielle Kapitalakkumulation ist die Garantie für die britische Kreditvergabe an die Welt, d. h. langfristige Ersparnisse zur Unterstützung der langfristigen Kreditvergabe und der fortschreitenden Kontrolle über die weltweiten Ressourcen, die Produktionskapazitäten und den breiteren Markt, wodurch ein positiver Kreislauf entsteht. Der industrielle Aufstieg der Vereinigten Staaten und Deutschlands im späten 19 . Jahrhundert schwächte jedoch die industrielle Wettbewerbsfähigkeit Großbritanniens und ließ Londons Potenzial für den Kapitalexport in die Welt versiegen. Der Erste Weltkrieg wiederum erschütterte den britischen Hegemon des Kapitalexports grundlegend. Nach dem Krieg musste sich das Pfund festigen, um seine Position als Finanzzentrum der Welt zu halten, und die Wettbewerbsfähigkeit der britischen Industrie nahm weiter ab. Gleichzeitig sind die militärischen Kosten für die Aufrechterhaltung der Hegemonie im Ausland nach wie vor hoch und die Haushaltsbilanz hat sich verschlechtert. Das Erbe der kriegsbedingten Währungsüberziehung und der unzureichenden Wirtschaftsleistung hat dazu geführt, dass die Preise im Vereinigten Königreich 10% höher sind als in den USA, was die weltweite Wettbewerbsfähigkeit britischer Produkte weiter untergraben hat. Einfach ausgedrückt: Die Kosten für die Aufrechterhaltung der imperialen Hegemonie haben die Vorteile, die sie mit sich bringt, überwogen.

Die Wiedereinführung des Goldstandards in Großbritannien im Jahr 1925 hat diesen grundlegenden Widerspruch noch verschärft. Der Umfang der britischen Kapitalexporte ins Ausland hat wieder das Vorkriegsniveau erreicht, aber in einer Zeit, in der sich die "Weltbanker" in hohem Maße auf kurzfristige Ersparnisse in heißem Geld verlassen, um die langfristige Kreditvergabe an das Ausland zu stützen, ist das Risikopotenzial viel höher. Das "Bully Pound" ist bis auf die Knochen ausgehöhlt.

Genau zu diesem Zeitpunkt spielten die Vereinigten Staaten eine wichtige Rolle dabei, Großbritannien zur Rückkehr zum Goldstandard zu drängen und zu zwingen.

Ein realisierbarer Plan ist ein Ideal, ein weniger realisierbarer wird als Traum bezeichnet, und ein machtloser ist eine Fantasie. Norman, der Gouverneur der Bank von England, konnte offenbar nicht zwischen Idealen, Träumen und Phantasien unterscheiden. Der Versuch, die weltweite Vorherrschaft des Pfunds wiederzuerlangen, war nur sein Traum, und der Versuch, ihn durch die Wiedereinführung des Goldstandards abzurunden, ließ Norman nichts als Fantasie übrig.

Aber Normans Fantasien wurden von den Amerikanern stark gefördert.

Am 28. Dezember 1924 kam Norman unbemerkt in New York an. Um nicht von den Medien entdeckt zu werden, benutzte er an Bord des Passagierschiffs einen falschen Namen, und später beschrieben amerikanische Zeitschriften seine Reise als "von niemandem bemerkt, wie eine Gestalt im Dunkel der Nacht".[13] Es gibt jedoch keine undurchlässige Mauer unter dem Himmel. Als ein britischer Journalist einen Sprecher der Bank of England fragte, warum Norman in New York aufgefunden worden sei und zu welchem Zweck er nach New York gereist sei, waren die Beamten der Bank of England fassungslos, und es stellte sich heraus, dass sie keine Ahnung hatten, dass der Gouverneur das Verschwinden nach New York gespielt hatte.

Als Norman die Docks von New York betrat, wartete sein alter Freund Strong dort schon längst. In den zwei Wochen, die seitdem vergangen sind, war Norman von den Bankiers Strang und Morgan umringt, die eine gewaltige Offensive starteten, um Großbritannien zu drängen, so bald wie möglich zum Goldstandard zurückzukehren. Neben den Bankiers schloss sich auch die US-Regierung dem Druck auf Großbritannien an, und Finanzminister Mellon erklärte Norman im Januar 1925 unmissverständlich, dass "die Zeit gekommen" sei, den Goldstandard wiederherzustellen.

Wie wichtig es für das Pfund war, dass Strang sich nicht bei Norman für eine Rückkehr zum Goldstandard einsetzen musste, denn das war Normans "Ideal". Strang hat nur immer wieder betont, dass das Vereinigte Königreich schnell handeln müsse und dass es "höchstens ein paar Wochen, bestenfalls Monate" Zeit habe. Strang argumentierte, dass der Zeitpunkt für die Rückkehr des Pfunds zum Goldstandard

---

[13] Liaquat Ahamed, *Lords of Finance*, The Penguin Press, New York, 2009.

genau richtig war, mit politischer Unterstützung aus dem Vereinigten Königreich selbst und einer helfenden Hand des amerikanischen Kapitals, und um das Vereinigte Königreich zu unterstützen, hatte die Fed die Kreditvergabe bis Mitte 1924 gelockert. Gleichzeitig warnte Strong Norman, dass das Zeitfenster für die Wiedereinführung des Goldstandards nicht sehr groß sei und dass Großbritannien in Kürze mit der Zahlung seiner Schulden an die USA beginnen würde, was zwangsläufig zu einer Schwächung des Pfunds führen würde. Und da die Lockerung der Kreditvergabe in den USA ausläuft, wird es für das Vereinigte Königreich teuer werden, internationales Kapital zur Wiederherstellung des Goldstandards anzuziehen.

Strangs Rezept für Norman ist "Schocktherapie", der lange Schmerz ist schlimmer als der kurze Schmerz, der Goldstandard wird die britische Wirtschaft kurzfristig schmerzhafter machen, aber langfristig wird das Pfund gezwungen sein, sich anzupassen und seinen Preis im Wettbewerb auf dem Weltmarkt anzupassen, die Zukunft der britischen Wirtschaft ist rosig.

Um Norman von seinen Sorgen abzulenken und sofort zu handeln, bot Strong auch großzügige Bedingungen an: Wenn das Pfund in Schwierigkeiten gerät, ist die Federal Reserve Bank of New York bereit, ein Darlehen von 200 Millionen Dollar zu gewähren, zusätzlich zu JPMorgan und anderen US-Bankern, die ebenfalls versprachen, 300 Millionen Dollar an Reserveunterstützung bereitzustellen.

Da Norman befürchtete, dass das amerikanische Geld nicht umsonst genommen worden war und in Zukunft als Geisel gehalten werden würde, stellte er die Bedingung, dass sich die Vereinigten Staaten nicht in die Wirtschaftspolitik der Bank of England einmischen sollten, wie z. B. in den Umfang der Kredite oder die Festlegung der Zinssätze.

Die Amerikaner sind voll von Versprechungen, herunterzukommen.

Die amerikanischen Bankiers haben ihre eigene Rechnung. Bis zum Ersten Weltkrieg waren sie nur Handlanger der britischen Banker und folgten dem Chef um die Welt. Aber nach einer Nacht des Reichtums hat sich die Mentalität drastisch geändert, die alten Bosse waren schwach, jetzt sind die Lakaien stark wie Ochsen. Der Kaiser ist an der Reihe und kommt heute zu mir nach Hause. Da sich nun die Gelegenheit bietet, der Boss zu sein, warum sollte man sich nicht bewegen? Wie bei den Triaden ist es üblich, dass neue Bosse die alten ausnutzen, wenn sie sich einen Namen machen wollen.

Keynes war ein bisschen wie Qu Yuan, der die Folgen der Wiedereinführung des Goldstandards für Großbritannien beschrieb. Sein zentraler Punkt war, dass die Größe der US-Goldreserven überwältigend dominierte, die Bindung des Pfunds an Gold gleichbedeutend damit war, das Schicksal des Pfunds an den Dollar zu binden, und das Endergebnis konnte nur darin bestehen, die Kontrolle über die britische Wirtschaft an die Wall Street zu übergeben.

Infolgedessen schluckte Norman die amerikanische Goldstandard-"Schocktherapie"-Pille, die Wirtschaft stand 15 Jahre lang unter Schock, der fünfjährige Wirtschaftsexpress des europäischen und amerikanischen Wohlstands von 1924 bis 1929 holte nicht auf, und nach 1929 verzögerte das Jahrzehnt der Großen Depression das Schiff der Diebe nicht.

Gold Exchange Standard: Die Hauptursache der Liquidität

Das System des Goldstandards war ursprünglich ein Rettungsversuch Normans, vor allem um dem Dilemma zu begegnen, dass Großbritanniens Goldreserven nicht mehr ausreichten, um seine Position als Weltfinanzzentrum zu stützen, aber es verursachte große Probleme für die Volkswirtschaften aller Länder.

Der Goldstandard ist von Natur aus ein instabiles Währungssystem. Der berühmte französische Wirtschaftswissenschaftler Jacques Rueff, der als Berater des französischen Präsidenten Charles de Gaulle tätig war, erlebte aus erster Hand die dramatischen Auswirkungen des Goldstandards auf die französische Wirtschaft in den 1930er Jahren. Diese Innovation hat die derzeitige Situation in der Welt geschaffen", so Rueff. Dieses Währungssystem, der so genannte Goldstandard, wurde in vielen europäischen Ländern auf Drängen des Finanzausschusses des Völkerbundes eingeführt. Bei diesem System ist die Zentralbank befugt, nicht nur Gold und auf Landeswährung lautende Gutscheine in die Währungsreserve aufzunehmen, sondern auch die Devisen zu erhöhen. Letztere gehen zwar in das Vermögen der Zentralbank des

Aufnahmelandes ein, werden aber natürlich im Herkunftsland hinterlegt. "Und genau im letzten Satz liegt die Erkenntnis [14]von Luff.

Das eigentliche Killerproblem bei der Verwendung von Pfund und Dollar als Reserven für die Währungen anderer Länder besteht darin, dass diese Fremdwährungen, wenn sie in das Land fließen, automatisch wieder in die Bankensysteme des Vereinigten Königreichs und der USA eingezahlt werden. Mit anderen Worten, die reale Devisenposition verlässt nie das ausgebende Land, und die Devisenzuflüsse in die Länder sind lediglich eine Erhöhung der Zahlen auf einem Schattenkonto. Es ist ein sehr unauffälliges und ziemlich umständliches Konzept.

Beim traditionellen Goldstandard werden die Kapitalabflüsse schließlich in Gold beglichen, was zwangsläufig zu Goldabflüssen im Inland führt. Und beim Goldstandard kann die Liquidation in Devisen erfolgen und bedeutet nicht unbedingt den Abfluss von Gold. Das Devisenclearing hingegen beruht hauptsächlich auf dem Kontenclearing, es sei denn, das Land, in das das Kapital fließt, verlangt einen Bargeldtransport.

Wie funktioniert also die Kontoliquidation? Das Kapitalzuflussland richtet ein Bankkonto im Exportland ein, das Kapitalexportland zieht eine Zahl von einem Konto ab und fügt dem Konto im Importland eine Zahl hinzu, und schon ist man fertig. Obwohl das Konto des Einfuhrlandes im Bankensystem des Entsendelandes geführt wird, ist es Eigentum des Einfuhrlandes. Das Bankensystem des Einfuhrlandes kann also auf der Grundlage dieses "Schattenkontos" der Devisenreserven seine eigene Geldmenge schaffen. Das Problem besteht jedoch darin, dass es sich bei dem Geld lediglich um eine Zunahme oder Abnahme zwischen zwei Konten handelt, die sich im selben Bankensystem befinden, wobei eine Abnahme auf dem einen Konto eine Zunahme auf dem anderen Konto mit derselben Gesamtkapitalisierung impliziert. Kapital exportierende Länder können also Geld auf der Grundlage desselben Geldes neu erschaffen. Dies ist das Problem der endogenen doppelten Kreditschöpfung im Goldstandard.

---

[14] Jacques Rueff, *Die monetäre Sünde des Westens*, THE MACMILLAN COMPANY, 1972

Sowohl Import- als auch Exportländer verwenden dasselbe Kapital als Grundlage für die Kreditschöpfung, was bedeutet, dass sich das Ausmaß der Kreditvergabe weltweit erheblich ausgeweitet hat. Je weiter der Goldstandard verbreitet ist, desto größer ist das Ausmaß der Kreditausweitung, und das Ergebnis ist eine Verschlechterung der Kreditvergabestandards, Spekulation und die Ausweitung von Vermögensblasen. Die "wilden Zwanziger" in Europa und den Vereinigten Staaten basierten auf der Ära der durch dieses Geldsystem geschaffenen Kreditblasen, und die Große Depression der 1930er Jahre war ihr Preis!

Als Großbritannien 1925 widerwillig den Goldstandard wiederherstellte, waren sowohl das Pfund als auch der Dollar frei in Gold konvertierbar, sie wurden als harte Devisenwährung bekannt und bildeten den Währungskernstaat. Andere Länder, für die das Pfund Sterling und der Dollar die wichtigsten Währungsreserven darstellten, gaben ihre eigenen Währungen heraus und wurden so zu anglo-amerikanischen Währungssatellitenländern. In diesem Währungssystem ist Gold wie die Sonne, während das Pfund und der Dollar Planeten sind, die das Gold umkreisen, und ihre Satellitensysteme verlassen sich auf die Anziehungskraft des Geldes, um sich in der Umlaufbahn der angloamerikanischen Wirtschaft zu bewegen.

Im Jahr 1926 war Frankreich die einzige Großmacht in dieser Galaxie, die noch nicht zum Goldstandard zurückgekehrt war, und die Krise des Franc begann, als der Franc seine eigene Umlaufbahn nicht mehr finden konnte.

Wechselkursschockwelle und der Kampf um den Franken

> *Lafayette, wir kommen! Jetzt ist es an der Zeit, unsere Schulden einzutreiben.*
> Französische Cartoons, die in den 1920er Jahren beliebt waren.

Im Jahr 1777 kam der junge französische Aristokrat Lafayette, der von der amerikanischen Unabhängigkeitserklärung stark beeinflusst war, im Alter von 20 Jahren in die Neue Welt, engagierte sich im amerikanischen Unabhängigkeitskrieg und schloss eine lebenslange Freundschaft mit dem amerikanischen Gründervater Washington. Er kämpfte in vielen Schlachten mit großen Verdiensten und wurde von den Vereinigten Staaten in den Rang eines Generalmajors erhoben. Nach dem Sieg im Amerikanischen Unabhängigkeitskrieg erlangte

Lafayette europäischen Ruhm und wurde von den Vereinigten Staaten zweimal mit dem Titel "Ehrenbürger der Vereinigten Staaten von Amerika" ausgezeichnet. Lafayettes Selbstlosigkeit und sein Heldentum sind zu einem Symbol der amerikanisch-französischen Freundschaft geworden. Als der amerikanische General Pershing im Ersten Weltkrieg die alliierten Truppen in Paris einmarschieren ließ, kam er zu Lafayettes Grab, um ihm mit seinem "Lafayette, wir kommen!" die Ehre zu erweisen. "Dieser berühmte Satz verbreitete sich in den Vereinigten Staaten und in Europa und rief in den Herzen von Amerikanern und Franzosen ein lang anhaltendes historisches Echo hervor.

Am 11. Juli 1926 strömen mehr als zwei behinderte französische Veteranen in Rollstühlen oder mit Hilfe von Krankenschwestern vor das Tor der amerikanischen Botschaft in Paris am Fuße der Statue des ersten Präsidenten der Vereinigten Staaten, Washington, mit Kränzen, die die Veteranen mitgebracht haben. Sie sind nicht hier, um Amerika ihren Respekt zu erweisen, sondern um zu protestieren! Die unentschuldbare Kriegsschuld Amerikas hat die Franzosen mit einem Groll erfüllt. Was ist falsch an dem Satz von Präsident Colin Coolidge: "Wir zahlen dafür, dass sie in den Krieg ziehen? "Es ist eine erschreckende Gleichgültigkeit gegenüber den Millionen von toten und verwundeten Soldaten der europäischen Verbündeten wie Frankreich. Was die Franzosen noch wütender machte, war die Tatsache, dass die dramatische Abwertung des Franc die Amerikaner dazu veranlasste, in Scharen ins Land zu kommen, um französische Schlösser, Gemälde, teuren Schmuck und andere wertvolle Schätze zu kaufen, die seit Jahrhunderten weitergegeben worden waren. In Paris lebten zu dieser Zeit sage und schreibe 45.000 Amerikaner, und für 100 Dollar konnte man in Frankreich Luxus genießen. Im Juli wurde ein Bus voller amerikanischer Touristen in Paris von einem Mob angegriffen, und amerikanische Touristen wurden oft von Hunderten von Menschen in der Innenstadt verspottet und provoziert. Die französischen Medien haben die Amerikaner mit "schädlichen Heuschrecken" verglichen. Der Antagonismus in der öffentlichen Meinung zwischen den Vereinigten Staaten und Frankreich reichte aus, um eine diplomatische Krise auszulösen.

Die französische Regierung fühlt sich gegenüber Großbritannien und den Vereinigten Staaten nicht besser als gegenüber dem Volk, und obwohl Frankreich endlich sein Abkommen über die Rückzahlung der Kriegsschulden mit den Vereinigten Staaten abgeschlossen hat, ist es immer noch empört darüber, dass Großbritannien und die Vereinigten Staaten es nicht für angebracht hielten, die Frankenkrise zu Beginn des Jahres zu retten.

1926 waren die wirtschaftlichen Fundamentaldaten Frankreichs stärker als die Großbritanniens, die Finanzen waren wieder im Gleichgewicht, und alles schien sich in eine gute Richtung zu entwickeln, aber der Franc war wie ein Drachen mit einem gerissenen Draht, der auf dem Markt für Devisenspekulationen untergegangen war. Da der Franken die einzige Währung der großen westlichen Länder ist, die noch nicht zum Goldstandard zurückgekehrt ist, wurde er zum Objekt einer konzentrierten internationalen spekulativen Kapitaljagd. Im Sommer 1926 fiel der Franc wieder auf 1:30, und der Druck auf den Franc wurde durch die häufigen Umsätze des französischen Staates, der kurzfristige französische Schulden im Wert von über 10 Milliarden Dollar hatte, noch verstärkt.

Die dramatische Abwertung des französischen Franc hat die wohlhabende französische Mittelschicht alarmiert, und es war der freie Fall der Mark vor drei Jahren, der die deutsche Hyperinflation auslöste, die ihren Wert in Wasser verwandelte und den deutschen Reichtum in Wasser verwandelte, und die Vergangenheit ist noch frisch in unseren Köpfen! Die Franzosen sind sehr sparfreudig, und ein großer Teil dieser Ersparnisse ist in französischen Staatsanleihen angelegt, deren Kursverfall bedeutet, dass das in Staatsanleihen angelegte Vermögen im Vergleich zum Dollar und Gold dramatisch schrumpft. Die französischen Sparer begannen, sich von den spekulativen Kräften mitreißen zu lassen und verkauften den Franc wie verrückt.

Die bösartige Abwertung der Landeswährung gegenüber Gold und Devisen ließ die Inflationsbombe direkt hochgehen. Die Preise begannen um 2% pro Monat zu steigen, und der Alptraum der deutschen Hyperinflation von 1923 stand uns bevor!

Moro, der Gouverneur der Banque de France, der kurz vor seiner Ernennung steht, rätselt über einen Ausweg aus der Krise des Franc. Er argumentiert, dass sich der Franc von der D-Mark von 1923 unterscheide, dass Deutschland als besiegtes Land ein Haushaltsdefizit habe, das sich bis zur Unkenntlichkeit verschlimmert habe, dass das Ruhrgebiet unter französischer Besatzung stehe, dass die Geldmenge stark aufgebläht sei und dass die Wirtschaft extrem unter Druck stehe. Und das Problem mit dem Franc war vor allem ein Vertrauensproblem. Frankreich hatte mit den USA bzw. Großbritannien über die

Begleichung der Kriegsschulden neu verhandelt, die Amerikaner akzeptierten schließlich das französische Angebot, die Schulden in Höhe von 4 Milliarden Dollar wurden um 60% gesenkt und Großbritannien erklärte sich bereit, die Schulden in Höhe von 3 Milliarden Dollar auf 1,2 Milliarden Dollar zu reduzieren. Frankreichs Finanzen haben jahrelange hartnäckige Defizite, die Rückkehr der Investitionen im Elsaß und in Lothringen, die Erholung der Industrie in den kriegszerstörten Regionen Nordfrankreichs, den Abschluß dieses gewaltigen 4-Milliarden-Dollar-Projekts, eine starke Senkung der Staatsausgaben und künftige Gewinne, die erheblich steigen dürften, beseitigt. Die französische Zentralbank hat eine gesetzliche Obergrenze von 41 Milliarden Francs für den Bargeldumlauf festgelegt, um die Wertstabilität des Francs zu gewährleisten. Das eigentliche Problem ist die kurze Laufzeit der französischen Anleihen, die durch die wiederkehrenden politischen Skandale und Regierungswechsel immer wieder zu Vertrauenskrisen führen.

Um das Problem des Vertrauens zu lösen, dachte Moreau zunächst an seine eigene gerade übernahm die Bank von Frankreich, Frankreichs Goldreserven von bis zu 1 Milliarde Dollar ist hier, das ist die zweitgrößte Goldreserven der Welt nach der Federal Reserve ah, einmal verwendet, ist Vertrauen Krise nicht schwer zu ertragen. Allerdings hatte die französische Regierung die Bank von Frankreich schon vorher angefleht, und die Antwort war - auf keinen Fall!

Die im Jahr 1800 gegründete Bank von Frankreich ist im Gegensatz zur Bank von England und der Federal Reserve ein wahrer Tempel der Aristokratie, mit 200 angesehenen französischen Familien als Hauptaktionären, von denen 44 dominieren, die so genannten "gotischen" Familien, deren Macht sich direkt aus der Familiennachfolge ergibt. Aus ihrer Mitte wurden 12 weitere Direktoren gewählt, die die eigentliche Macht der Bank von Frankreich ausüben. Unter ihnen haben die Familien Mallet, Mirabeau und Rothschild ihre Positionen seit über 100 Jahren felsenfest inne. In diesen 120 Jahren brachen in Frankreich drei Revolutionen aus, das Staatswesen wechselte fünfmal, das Staatsoberhaupt wurde Kaiser, drei Könige, zwölf Präsidenten und einer wurde vom Präsidenten zum Kaiser, aber alle Kaiser, Präsidenten, Parlamentarier und Revolutionäre kamen vor den Toren der Bank von Frankreich zum Stillstand, was in der Tat ein historisches Rätsel darstellt.

Die Franc-Krise brennt, und die französische Zentralregierung hat die Bank von Frankreich angefleht, ihre Staatsschulden mit

Goldreserven zu tilgen, um die Ausbreitung der Währungskrise einzudämmen, was die Bank von Frankreich verächtlich abgelehnt hat. Von der eigenen Zentralbank blockiert, blieb der französischen Regierung nichts anderes übrig, als die USA und Großbritannien um Kredite zu bitten, um den Franc zu retten, und Strang und Norman haben nicht einmal mit der Wimper gezuckt. Die verzweifelten Franzosen mussten bei JPMorgan und anderen großen internationalen Investmentbanken um Kredite betteln, und die Banker johlten und brüllten, ließen aber einfach nicht locker.

Moreau hatte immer das Gefühl, dass irgendetwas seltsam war, er traf sich allein mit dem Gouverneur der Federal Reserve Bank of New York, Strang, und fand schließlich die Antwort. Strang stellte zwei Bedingungen: erstens, dass die französische Regierung die Unabhängigkeit der Bank von Frankreich ausdrücklich respektiert, und zweitens, dass das französische Parlament die neue Vereinbarung über die Rückzahlung der Kriegsschulden so schnell wie möglich ratifiziert. Moreau wendet sich erneut an Norman, den Gouverneur der Bank von England, und die Antwort fällt einstimmig aus. Schließlich wird Moreau klar, dass Frankreichs Wirtschaft zwar besser ist als die Großbritanniens, aber in der Finanzwelt immer noch ein Bürger zweiter Klasse ist. Für das Vereinigte Königreich und die Vereinigten Staaten ist die Finanzhilfe eine "Ware", deren Preis in Krisenzeiten in die Höhe schießen wird. Im Juli 1926 hatte der Franc gegenüber dem Dollar auf 1:50 abgewertet, und der Franc war in Gefahr!

Am 21. Juli kam Raymond Poincaré an die Macht und bildete mit Unterstützung der französischen Industriellen ein Kabinett, in dem er auch als Finanzminister fungierte. Dieser Poincaré ist kein unbeschriebenes Blatt, denn er ist seit mehr als 40 Jahren in der Politik tätig und damit der älteste aller französischen Politiker. Er war sieben Jahre lang Kriegspräsident im Ersten Weltkrieg und bildete dreimal ein Kabinett als Premierminister. Er war ein starker Herrscher mit einer ausgeprägten nationalistischen Ader und wurde zum standhaftesten der wichtigsten Kriegsparteien Frankreichs im Ersten Weltkrieg. In seine Amtszeit fiel die französische Militärbesetzung des Ruhrgebiets in Deutschland im Jahr 1923. Poincaré ist in den Herzen der Franzosen sehr beliebt und kann als der Bismarck Frankreichs bezeichnet werden.

Die Nachricht von Poincarés dritter Amtszeit als Premierminister gab dem Franken auf dem Devisenmarkt einen enormen Aufschwung, und die französische Mittelschicht glaubte an ihn, ja verehrte ihn sogar. Infolgedessen erholte sich der Franc gegenüber dem Dollar innerhalb weniger Tage stark von 1:50 auf 1:35 und wertete um bis zu 40% auf! Alle ausländischen Spekulanten, die auf den Franken gesetzt hatten, waren fassungslos!

Unmittelbar danach kündigte Poincaré eine Reihe von Steuersenkungen an, die die Panik des französischen Proletariats stabilisierten. Er beschwichtigte die Interessen der Großkapitalisten, indem er Programme zur Förderung der industriellen Entwicklung und zur Senkung der Staatsausgaben ankündigte. Das französische Kapital, das in den letzten zwei Jahren abgewandert war, begann in großem Umfang nach Frankreich zurückzufließen, und die Franzosen waren nicht mehr auf die Hilfe des ausländischen Kapitals angewiesen und gewannen die Initiative zur finanziellen Unabhängigkeit. Erst nachdem sich die Lage stabilisiert hatte, begann Poincaré, die Steuern schrittweise zu erhöhen und die französische Haushaltslage zu verbessern.

Angesichts der plötzlichen Aufwertungstendenz des Franc war Moreau ratlos, was er tun sollte. Die Tatsache, dass der schwache Franc, der lange Zeit von England und Amerika belächelt worden war, weitaus imposanter erscheint als das Pfund, überrascht nicht nur England und Amerika, sondern macht es auch den Franzosen selbst schwer, sich anzupassen. Um das neue Problem der Aufwertung des Franc zu bewältigen, beauftragte Moreau den berühmten französischen Ökonomen Lister und seinen Schüler Quesnay damit, der Bank von Frankreich bei der Entwicklung einer Strategie zur Stabilisierung des Franc zu helfen.

Ende 1926 hatte der Franc bereits die Marke von 1:25 gegenüber dem Dollar überschritten, und in nur sechs Monaten hatte sich der Wert des Franc verdoppelt! Die Abwertung des Franc und die Stärkung der Wettbewerbsfähigkeit französischer Industriegüter führten zu einem wirtschaftlichen Aufschwung und einem Beschäftigungswachstum, aber eine zu schnelle Abwertung erschütterte das Vertrauen in den Franc, stimulierte die Kapitalflucht und führte zu einer Hyperinflation. Eine zu schnelle Aufwertung des Frankens beeinträchtigt die französischen Exporte und schwächt die französische Wirtschaft. Welcher Wechselkurs ist der beste Stabilitätszustand, der die wirtschaftliche Entwicklung fördert und gleichzeitig das Vertrauen in die Währung stabilisiert? Lister und Quesnay sind genau die intellektuellen Motoren der Bank von Frankreich. Das damalige Dilemma Frankreichs ist auch das heutige Problem Chinas.

Sollte der Wechselkurs von 1:25 steigen, müsste die französische Zentralbank intervenieren! Lister und Quesnay begannen, über den Tellerrand hinauszuschauen, und forderten nachdrücklich, dass die Bank von Frankreich die Aufwertung des Franc begrenzt. Da ihre Ideen so weltfremd sind, gibt es keinen Präzedenzfall für derartige Interventionen der Zentralbanken auf dem Devisenmarkt, und Moreau ist nicht bereit, die Krabbe zu essen. Zu diesem Zeitpunkt ist der Zustrom von Devisen nach Frankreich nicht mehr ein Rinnsal, sondern ein reißender Fluss, der Franc ist gezwungen, jeden Tag zu steigen, und da die französische Wirtschaft kurz davor steht, die britische Überbewertung des Pfunds zu wiederholen, die durch die Depression und die Deflation verursacht wurde, zögern Liszt und Quesné nicht, als Erpresser zurückzutreten, und drängen Moreau, entschiedene Maßnahmen zu ergreifen.

Oder hat Keynes das Problem als das erkannt, was es war?

> *„Die Höhe des Franc (Wechselkurses) wird nicht von Spekulanten oder der Handelsbilanz oder gar der Risikobereitschaft des Ruhrgebiets bestimmt, sondern davon, wie viel von ihrem eigenen Einkommen der französische Steuerzahler bereit ist, für die französischen Gewinnfresser (Anleihegläubiger) auszugeben."*

Wenn Reichtum als die Umwandlung natürlicher Ressourcen in Endprodukte und Dienstleistungen durch menschliche Arbeit definiert wird, dann bildet die Gesellschaft notwendigerweise zwei Arten von Menschen: die Werktätigen und die Gewinnabnehmer. Die Werktätigen schaffen durch ihre Arbeit Reichtum, und die Profiteure partizipieren am Reichtum der Werktätigen, indem sie Land, produktive Ressourcen, Monopolgüter, öffentliche Einrichtungen und Kapital vermieten.

Die Beschaffenheit des Wechselkurses ist kein externes Problem, sondern ein externes Merkmal der institutionellen Regelungen für die Verteilung der internen Vorteile. Hier gibt es zwei Extreme: Das eine Extrem besteht darin, dass die Verteilung der Vorteile stark zugunsten der Arbeitnehmer, aber nicht zu Lasten der Vermögensbesitzer ausfällt, dann werden die Vermögensbesitzer dazu neigen, Vermögenswerte ins Ausland zu verlagern, das internationale Kapital ist eher zurückhaltend, was zur Bildung des Devisenmarktes führt Kapitalabfluss als Kapitalzufluss, das Ergebnis ist die Abwertung der lokalen Währung; Das andere Extrem ist, dass, wenn die Verteilung des Nutzens stark zugunsten der Eigentümer von Vermögenswerten geneigt ist, inländisches Kapital nur ungern abfließt und internationales Kapital aktiv eintritt, um an dieser vorteilhaften Verteilung des Nutzens teilzuhaben; zu diesem Zeitpunkt gibt es mehr internationale Kapitaleintritte als inländische Kapitalabflüsse, was letztlich die Aufwertung der Landeswährung widerspiegelt. Und der Unterschied zwischen inländischer und internationaler Produktivität spiegelt nur die Größe des aufteilbaren Wohlstandskuchens wider, nicht den Anteil, und letztlich das Ausmaß der Kapitalzuflüsse und -abflüsse, nicht den Trend.

Beide Extreme würden die wirtschaftliche Entwicklung behindern, wobei ersteres zu Kapitalabflüssen führen und die Grundlagen der wirtschaftlichen Entwicklung schwächen würde, während letzteres die Motivation der Arbeitskräfte beeinträchtigen und die soziale Kaufkraft verringern würde, und das Wachstum wäre nicht nachhaltig. Jedes der beiden Extreme würde zu einer Depression und zum Verfall des Wertes der Landeswährung führen.

Der optimale Wechselkurs liegt in einem stabilen Gleichgewicht zwischen den beiden Extremen. Auf diesem Niveau ist die Verteilung des Nutzens zwischen Arbeitnehmern und Gewinnstrebenden in etwa ausgeglichen, wobei die Arbeitnehmer leidenschaftlich gerne Wohlstand schaffen und die Gewinnstrebenden aktiv mehr investieren und internationales Kapital einfließt, um den Umfang der Ressourceninvestitionen zu erweitern und so den entsprechenden Nutzen zu teilen. Gleichzeitig suchen die inländischen Vermögensbesitzer, nachdem sie reichlich Kapital angehäuft haben, aktiv nach neuen Gewinnmöglichkeiten im Ausland, wodurch sich ein allgemeines Gleichgewicht zwischen Kapitalzuflüssen und -abflüssen einstellt und letztlich ein stabiles Gleichgewicht zwischen Arbeit und Kapital erreicht wird.

Einfach ausgedrückt: In einem Staat mit freiem Kapitalverkehr und ohne Interventionen spiegelt die Aufwertung der Landeswährung wider, dass die Profiteure bei der Verteilung des Reichtums die Oberhand haben, während die Abwertung der Landeswährung bedeutet, dass die Verteilung des Nutzens zugunsten der Arbeit verzerrt ist.

Nach dem Krieg sind Großbritannien und Deutschland in zwei Extreme verfallen: Ersteres schützte die Gläubiger mit einem überbewerteten Pfund, erstickte aber die Wirtschaft; letzteres richtete ein Blutbad unter dem heimischen Proletariat mit einer bösartig abgewerteten Mark an, was wiederum die Wirtschaft zerstörte.

Frankreich hingegen hat ein Gleichgewicht zwischen den beiden Extremen gefunden.

Am 21. Dezember 1926 begann die Bank von Frankreich, in großem Umfang Devisen in Landeswährung zu kaufen, um die Aufwertung des Franc zu bremsen. Listers Bemühungen, die übermäßige Aufwertung des Franc einzudämmen, stoßen auf den erbitterten Widerstand Rothschilds und anderer Direktoren der Bank von Frankreich, und in den 1920er Jahren kursieren in Frankreich Gerüchte, dass "jede Partei, die ein Kabinett bildet, vorher Rothschild konsultieren muss. "Poincaré ist [15]jedoch nicht abgeneigt und unterstützt als Moreaus General hinter den Kulissen nachdrücklich die Deviseninterventionspolitik von Moreau und Lister. Moreau kauft unter enormem Druck in den Jahren 1927 und 1928 weiterhin Devisen auf und hält den Franc im Verhältnis zum Dollar auf 1:25 fest. Das französische Finanzministerium verpflichtete sich gegenüber der Banque de France, dass alle finanziellen Verluste, die sich aus den Devisenmarktinterventionen ergaben, vom französischen Schatzamt erstattet werden würden. Rothschild und andere griffen zu verschiedenen Mitteln, um Moreaus Pläne zu untergraben, und im August 1928 stellte Moreau überrascht fest, dass seine Telefongespräche mit dem Büro des Gouverneurs der Banque de France abgehört worden waren. Moreaus Beziehung zu Rothschild verschlechterte sich zusehends.

Als sich die französische Wirtschaft aufgrund der Erwartung eines stabilen Frankens stark erholte und die Exporte das Vereinigte Königreich überflügelten, kam es zu einer Spaltung im Verwaltungsrat der Bank von Frankreich, wobei die von Rothschild und dem französischen Stahlmagnaten Wendell angeführte Fraktion der Frankenaufwertung schließlich nicht die Unterstützung der Mehrheit der Direktoren erhielt. Die beiden Männer brachen daraufhin mit der Praxis der Bank von Frankreich und äußerten sich öffentlich zur Geldpolitik, in der Hoffnung, internationales Spekulationskapital in großem Umfang nach Frankreich zu locken und so Moreau zu zwingen, auf Interventionen am Markt zu verzichten und eine Aufwertung des Frankens zuzulassen. Rothschild wies sogar persönlich die größte

---

[15] Liaquat Ahamed, *Lords of Finance*, The Penguin Press, New York, 2009. S. 245-246.

französische Eisenbahngesellschaft der Familie an, den Franc kräftig zu kaufen, um eine Aufwertung zu erzwingen, da er bereits im Verdacht stand, gegen die Beschränkungen des Insiderhandels von Direktoren der Bank von Frankreich zu verstoßen. In den mehr als zwei Jahren der Intervention auf dem Devisenmarkt ist der Wert der französischen Devisenreserven, bei denen es sich größtenteils um Pfund Sterling handelt, auf 600 Millionen Dollar angestiegen.

Was für eine Wendung der Ereignisse, jetzt ist Großbritannien an der Reihe, sich zu schämen. Die Strategie des festen Wechselkurses des französischen Franc, französische Produkte sind weltweit am wettbewerbsfähigsten, der traditionelle britische Markt wurde von französischen Waren durchbrochen; und Frankreichs inländische Preisstabilität, wirtschaftlicher Wohlstand, eine große Szene. Die Situation für das Pfund verschlechtert sich mit einer schweren Rezession, begleitet von hoher Arbeitslosigkeit und zunehmenden Kapitalströmen aus dem Vereinigten Königreich nach Frankreich. Norman forderte Moreau nachdrücklich auf, praktische Maßnahmen zu ergreifen, um die Erwartungen der Märkte in Bezug auf die Aufwertung des Frankens zu senken und den Druck auf die Kapitalabflüsse aus dem Vereinigten Königreich zu verringern. Morrow hingegen schlug vor, dass das Vereinigte Königreich die Zinssätze anheben sollte, um Kapital anzuziehen, was den Niedergang des Vereinigten Königreichs eindeutig noch verstärken würde. Moreau drängte weiter und bereitete den Umtausch der Devisenreserven des Pfunds in britisches Gold vor, und das Pfund wurde zu einer sofortigen Überraschung. Norman war wütend und bereit, den Franzosen die sofortige Rückzahlung ihrer Kriegsschulden in Höhe von 3 Milliarden Dollar anzubieten. Die Briten und Franzosen lieferten sich einen Zermürbungskampf.

Da haben die Amerikaner die Sache wieder schöngeredet. Als Friedensstifter, die im anglo-französischen Währungsstreit vermittelten, schlugen die Amerikaner einen Waffenstillstand zwischen den beiden Seiten vor. Strang unterbreitete den amerikanischen Vorschlag, dass Frankreich einen Teil seiner Sterling-Reserven behält und dass der andere Teil von der Federal Reserve Bank of New York und der Bank of England gemeinsam auf dem Londoner Markt gegen Gold an Frankreich getauscht wird. Es gibt nur wenige Bedingungen, nur eine, und zwar eine künftige Erhöhung der französischen Devisenreserven, die vom Pfund in den Dollar umgeschichtet werden müssen. Die Amerikaner nutzen jede Gelegenheit, um die Dollarreserven in der Welt zu fördern.

Die wirtschaftliche und finanzielle Stärke Frankreichs wurde durch die korrekte Anwendung der Stabilisierung des Franc-Wechselkurses, losgelöst von der traditionellen Währungstheorie, erheblich gestärkt.

Bis 1929 hatten sich Frankreichs Finanzen dramatisch verbessert, die Regierung hatte alle ihre Schulden bei der Bank von Frankreich zurückgezahlt und der Wert ihrer Anleihen hatte sich verdoppelt; 1926 hatte die französische Regierung einen Überschuss von nur 1 Million Francs, und 1929 hatte der kumulierte Steuerüberschuss 17 Milliarden Francs erreicht. Frankreichs Währungsreserven umfassen bis zu 1,45 Milliarden Dollar in Gold und Devisen im Wert von 1 Milliarde Dollar. Moreau und Lister waren siegreich im Kampf um die Verteidigung des Francs. Frankreichs Wirtschaftswachstum widersetzte sich in den ersten beiden Jahren der Weltwirtschaftskrise hartnäckig, und erst in der zweiten Hälfte des Jahres 1931 wurde das Land in eine weltweite Rezession hineingezogen.

Abrutschen in den wirtschaftlichen Graben, ein Vakuum der Geldmacht

> *„Solange die Vereinigten Staaten weiterhin großzügig Kredite an die Welt vergeben und sie damit mit Kaufkraft versorgen, die sie selbst nicht besitzen, kann Großbritannien weiterhin aus den Vereinigten Staaten importieren und Exporte in andere Länder aufrechterhalten. Sobald jedoch irgendetwas geschieht, das amerikanische Investoren und Bankiers dazu veranlasst, ihre Kreditvergabe an das Ausland einzustellen, wird die Lage des Vereinigten Königreichs prekär werden. Wenn Großbritanniens Kredit ausläuft, wird seine Kaufkraft unter die Gleichgewichtsgrenze von Exporten und Schuldendienst fallen, und andere Länder werden dann die vollen Folgen der Verarmung des deutschen Volkes zu spüren bekommen."*[16]
> -Giorgio Pia

Die Wirtschaftskrise, die die Welt in den 1930er Jahren erschütterte, hatte nur eine Ursache: eine beispiellose Schuldenblase,

---

[16] Michael Hudson, *Superimperialismus - Neue Ausgabe: The Origin and Fundamentals of U.S. World Dominance*, Pluto Press; New Edition (21. März 2003), Kapitel 3.

die durch eine beispiellose Geldmengenausweitung entstanden war, und das ultimative Mittel zur Rückzahlung war Gold. Die Verwendung von Gold mit begrenztem Wachstum zur Bewältigung von unendlich aufgeblähten Krediten und Schulden wird früher oder später zur Liquidation führen. Je stärker die Währungsflut ist, desto drastischer wird die Schuldenimplosion ausfallen. Es ist nicht die Frage, ob man es will oder nicht, sondern wann und auf welche Weise eine Krise ausbrechen wird.

Der Goldstandard, den das Vereinigte Königreich eingeführt hat, um das Defizit an Goldreserven auszugleichen, trägt wesentlich zur Ausbreitung des Geldkredits bei. Im Rahmen dieses Systems sind der Dollar, das Pfund Sterling und Gold direkt konvertierbar, während andere Währungen hauptsächlich in Dollar und Pfund Sterling als Reserve gehalten werden, die indirekt an Gold gebunden sind. Das grundlegende Problem, das sich aus der Einbeziehung von Devisenreserven in die nationale Währungsemission ergibt, ist der doppelte Kreditschöpfungseffekt: Devisen exportierende Länder und Devisen importierende Länder können mit demselben Kapital ihren eigenen Kredit schaffen, wodurch sich der Gesamtumfang des weltweiten Geldkredits stark erhöht. Die diesem Mechanismus innewohnende Instabilität spiegelt sich in der Tatsache wider, dass bei Ausbruch einer Krise in den am stärksten gefährdeten Ländern der Peripherie die Anleger in einen Wettlauf um die knappen Gold- und Devisenreserven geraten; wenn das Gold zur Neige geht und die Devisen knapp werden, löst dies unweigerlich eine Panik in den Ländern des Währungszentrums aus, was diese wiederum dazu veranlasst, Vermögenswerte gegen Bargeld zu verkaufen. Da der Umfang der Vermögensblase viel größer war als der reale Cashflow, würde ein starker Preisverfall einen wilden Run auf Bargeld auslösen, dem die bereits stark fremdfinanzierten Banken nicht standhalten könnten, was zu massiven Bankenzusammenbrüchen und Liquiditätsengpässen führen würde. Bankinsolvenzen verstärken den Eindruck, dass Bargeld unsicher ist, und erhöhen damit den Druck auf das gesamte Bankensystem, sich auf Gold zu stürzen, und das Bankensystem, das seine Währungsreserven verliert, wird in Ketten reagieren und andere Banken in Stücke reißen. Dies führte zu einer großen Depression, in der Unternehmen in Konkurs gingen und sich die Arbeitslosigkeit erheblich verschlimmerte.

Die Vereinigten Staaten stehen zwangsläufig vor dem Dilemma, mehr als genug zu haben, wenn sie versuchen, den Goldstandard, den das Vereinigte Königreich in 200 Jahren aufgebaut hat, durch ein auf dem Dollar basierendes System zu ersetzen, das 20 Jahre gedauert hat. Das Vereinigte Königreich hingegen hat sich in seinen Bemühungen erschöpft, seine finanzielle Vorherrschaft durch die Verteidigung seines Goldstandards zu verteidigen. Während die Dollar-Offensive in eine weltweite Krise mündete, gab es für das Pfund keinen Weg zurück. Mit dem Verlust des weltweiten Kreditgebers der letzten Instanz ist ein Vakuum in der Macht des Geldes entstanden, das globale Handelssystem ist zerbrochen, die weltweiten Kapitalströme sind erschöpft, und der Wille, die friedliche Entwicklung der Nationen zu unterstützen, ist verloren gegangen. Wie eine Gesellschaft, die ihre Regierung verloren hat, die in ihrer gegenseitigen Unterstützung eingeschränkt ist, die sich in sich selbst verschließt, die ausgeraubt wird und die darum kämpft, ihren Raum zu erhalten, befindet sich die Welt in einem Zustand des totalen Chaos. Die Herzen und Köpfe der Globalisierung haben sich zerstreut, und die Gesellschaft konnte lange Zeit nicht zur normalen Ordnung zurückkehren. Erst mit dem Ausbruch des Zweiten Weltkriegs wurden der Wille und die Leidenschaft der Alliierten wiederbelebt.

Die Einführung des Dollar-Standards setzt voraus, dass die Nationen eine Nachfrage nach Dollars entwickeln, und diese Nachfrage wird in erster Linie durch das Beharren auf der Begleichung der Kriegsschulden Europas gegenüber den Vereinigten Staaten entwickelt. Die Vereinigten Staaten hatten in der Tat die moralischen Prinzipien der Teilnahme von Präsident Wilson am Ersten Weltkrieg aufgegeben, als Wilsons ursprüngliche Worte lauteten: "Wir wollen keine egoistischen Ziele erreichen, wir wollen nicht erobern, wir wollen nicht herrschen, wir verlangen keine Reparationen, wir verlangen keine materielle Entschädigung für die Opfer, die die Freiheit gebracht hat. "Es wird geschätzt, dass die kriegführenden Verbündeten Europas zu Tränen gerührt waren, als sie diese Erklärung der Rechtschaffenheit hörten. Es geht nicht so sehr darum, dass die Vereinigten Staaten von einem moralischen Engel zu "Onkel Shylock" verkommen sind, sondern vielmehr darum, dass die Vereinigten Staaten sich selbst als das Ergebnis einer cleveren Dollarstrategie betrachten. Mit einem anfänglichen Nennwert von bis zu 20 Milliarden Dollar übersteigen diese Schulden bereits jetzt bei weitem den Gesamtwert der weltweiten Goldreserven, eine Schuld, die in der Praxis theoretisch unbezahlbar wäre. Und der strategische Kern des Dollar-Standards besteht darin, es Europa unmöglich zu machen, seine Dollar-Schulden jemals zurückzuzahlen, um die US-Staatsschulden in Zukunft in den nationalen Währungssystemen zu verankern.

Um die US-Schulden zurückzuzahlen, werden Dollars benötigt, die auf verschiedene Weise beschafft werden können: (1) Direktinvestitionen durch die USA; (2) heiße Dollarzuflüsse; (3) Exportüberschüsse in die USA; (4) Kreditaufnahme bei den USA, wodurch eine größere Dollarverbindlichkeit entsteht. Das Dilemma für die europäischen Länder besteht darin, dass Direktinvestitionen in den Dollar in einem Europa, das extrem knapp an Mitteln ist, bedeuten, dass der Dollar die europäische Industrie billig überschwemmt und Europa in Zukunft zu einem Vasallen der Vereinigten Staaten macht, was daher unerwünscht ist. Und das heiße Geld des Dollars wird die finanzielle Stabilität der Länder untergraben und sogar die Sicherheit der nationalen Währungen gefährden, was ein selbstmörderischer Akt ist, um den Durst zu stillen. Als die ersten beiden Optionen ausschieden, hätte sich Europa auf Exporte in die Vereinigten Staaten stützen und Waren gegen Dollar tauschen können, um seine Schulden zu begleichen, aber die raffinierten Amerikaner hatten dies bereits kommen sehen, so dass die Vereinigten Staaten von 1921 bis 1923, als Europa bereit war, seine Schulden zu begleichen, die Zölle nicht nur nicht senkten, sondern immer weiter anhoben; im Mai 1921 erhöhten die Vereinigten Staaten den Notzoll auf landwirtschaftliche Erzeugnisse, und im Mai 1922 wurde der Forney-Tarif eingeführt, der die Zölle auf langlebige Güter auf 38 Prozent anhob, mehr als das Doppelte von 1920. Dadurch werden europäische Waren vom Markt ferngehalten und eine dritte Option für Europa blockiert. Das letzte und für die Vereinigten Staaten hoffnungsvollste Szenario besteht darin, dass Europa immer mehr Dollar von den Vereinigten Staaten leiht.

Privatpersonen oder Unternehmen können bankrott gehen, aber der Staat nicht, zumindest waren die Amerikaner von Anfang an davon überzeugt. Der Dawes-Plan war eine ausgeklügelte US-Schuldenfalle für Deutschland. Das Darlehen der Vereinigten Staaten an Deutschland in Höhe von 200 Millionen Dollar im ersten Jahr diente als Startkapital, das nicht nur die alleinige Kontrolle über die deutschen Währungsreserven sicherte, sondern auch die währungs- und finanzpolitische Vormachtstellung Deutschlands festigte. Die 3 Milliarden Dollar an privatem Kapital, die in den nächsten zwei Jahren folgten, führten zu einem großen Sprung in die deutsche Industrie. Die Einführung des Dollars und des Pfunds im Rahmen des neuen Systems des Goldstandards wurde zu einem wichtigen Eckpfeiler des deutschen

Bankensystems zur Ausweitung des Markenkredits, und je größer der Devisenzufluss, desto erstaunlicher die deutsche Kreditexpansion. Hinter dem durch die massive Kreditschöpfung ausgelösten Boom steht eine enorme Schuldenlast. Um mehr Kreditmöglichkeiten zu finden, unternahmen amerikanische Banker "große Anstrengungen", um nach Deutschland vorzudringen, und überredeten die Städte, auf Dollar lautende Schulden aufzunehmen und Schwimmbäder, Kinos, Stadien und sogar Opernhäuser zu bauen. Als der deutsche Zentralbankpräsident Schacht das Anwachsen der Dollar-Schulden und die massive Verschwendung für Projekte sah, die einfach keine Dollar-Einnahmen generieren können, um sie zu tilgen, war er besorgt, denn er wusste, dass Deutschlands kurzlebiger falscher Wohlstand in Wirklichkeit durch die Dollar-Schuldenblase hervorgerufen wurde und dass von Deutschlands wirklicher industrieller Kapitalakkumulation unter dem Druck der Kriegsreparationen und der Auslandsschulden nicht die Rede sein konnte. Das alles wird im wirtschaftlichen Ruin enden. Deutschland, der "Subprime-Kreditgeber", ist inzwischen zu einem wichtigen Auslöser der Krise geworden.

Der grundlegendste Unterschied zwischen dem Dollar-Standard und dem Gold-Standard ist die Art und Weise, in der die einheimische Währung nach den internationalen Geldflüssen verrechnet wird. Bei einem Goldstandard würden Dollarabflüsse zu Goldabflüssen führen, was den Umfang der US-Geldreserven schwächen und die inländische Kreditschöpfung in den Vereinigten Staaten hemmen würde. Der Dollar-Standard würde dieses Gleichgewicht stören, da Dollar-Abflüsse die inländische Kreditschöpfungsbasis nicht verringern, während Dollar-Zuflüsse die Devisenreserven in den Ländern erhöhen und damit deren Geldmenge ausweiten.

Das Dawes-Projekt, das 1924 begann, eröffnete einen Dollarkreislauf. Der Dollar fließt nach Deutschland, die Mark wird aufgebläht, und es kommt zu einem kurzen Wirtschaftsboom, während die deutsche Verschuldung zunimmt. Deutschland kompensierte den Dollar an Anglo-Frankreich, das seine Devisenreserven erhöhte und gleichzeitig seine Kredite und Schulden ausweitete. Durch die Rückzahlung von US-Schulden in Dollar würden die USA wieder mehr Kapital und Zinsen erhalten, was wiederum die inländische Kredit- und Schuldenschöpfung erhöhen würde. Dann fließt der Dollar wieder ins Ausland und ein neuer Zyklus beginnt. Jeder Zyklus führt in den Ländern, durch die der Dollar fließt, zu einer größeren Geldmenge und damit zu einer höheren Verschuldung, und die USA selbst bilden da keine Ausnahme.

Es scheint eine wunderbare Idee des Perpetuum Mobile zu sein. Solange amerikanische Banker bereit sind, der Welt großzügig Geld zu leihen, kann die Weltwirtschaft weiter florieren, und niemand kümmert sich darum, dass die Länder, die das Geld geliehen haben, eigentlich nicht in der Lage sind, es zurückzuzahlen. Dies ist ein Spiel der internationalen "Subprime"-Kredite in den 1920er Jahren.

Am 7. Juli 1927 berief Strong eine geheime Sitzung der Federal Reserve Bank of New York auf Long Island, New York, ein. Er lud niemanden vom Fed-Hauptquartier in Washington ein, wo er die wichtige Entscheidung treffen wird, die Zinssätze von 4 Prozent auf 3,5 Prozent zu senken, was den Goldfluss nach Großbritannien auslöst. Zu diesem Zeitpunkt waren die britischen Goldreserven erschöpft und der Goldstandard stand auf wackligen Beinen. Und die USA durften den Zusammenbruch des britischen Goldstandards nicht dulden. Die einseitige Entscheidung, die Zinssätze zu senken, verärgerte die Federal Reserve in Washington, die zwar ein Vetorecht gegen die Entscheidung der Federal Reserve Bank of New York hat, die Fed aber nicht zwingen kann, ihre Politik zu ändern, was zu einer Spaltung innerhalb der Fed führte. Strang ignorierte die Querelen innerhalb der Fed nicht und handelte direkt, indem er von Juli bis September 200 Millionen Dollar für Offenmarktgeschäfte bereitstellte und damit den Diskontsatz auf 35 Prozent senkte. Die Wall Street kochte über, der Aktienmarkt stürzte in seinen letzten Rausch, und im vierten Quartal 1927 schrieb der Verkauf ausländischer Anleihen in den Vereinigten Staaten Geschichte, und der Dollar stürmte in noch größerem Umfang ins Ausland.

Alle Finanzkrisen sind Verschuldungskrisen, und alle Verschuldungskrisen sind das Vorspiel für einen Bruch in der Finanzierungskette.

Im Juli 1928 war der US-Aktienmarkt in einen Rausch verfallen, und die Wall Street gewährte Aktienanlegern fremdfinanzierte Kredite in Höhe von bis zu 7 Milliarden Dollar zu einem schwindelerregenden Zinssatz von 10 bis 20%! Als die Federal Reserve Bank of New York erkannte, dass die Blase einen unkontrollierbaren Punkt erreicht hatte, musste sie die Zinssätze sofort um 1,5 Prozentpunkte anheben, und die Zinssätze stiegen auf 5%. Zu diesem Zeitpunkt war der Dollar in Übersee fassungslos, die Zinssätze in den Vereinigten Staaten sind so hoch, der Wucher an der Wall Street ist noch verlockender, der Dollar begann stark zurückzufließen. Der Ring des Dollars, der den Wohlstand der Welt stützte, ist endgültig gebrochen.

Das nackte Deutschland wurde sofort entlarvt und die deutsche Wirtschaft stürzte sofort in den Abgrund der Rezession. Deutschland musste damit beginnen, die Kapitalabflüsse zu kontrollieren und die Einfuhren zu begrenzen. Sofort gerieten die Londoner Finanzmärkte in Panik, da Großbritannien, das bis zu 1 Billion Dollar in Deutschland und Mitteleuropa investiert hatte, nun mit einem Einfrieren konfrontiert war. Die plötzlichen hohen Zinssätze in den USA lösten sofort einen massiven Abfluss von Gold aus London aus, und das Vereinigte Königreich war gezwungen, die Zinssätze zu erhöhen, um diesen Druck zu mildern. Der Rückgang im Vereinigten Königreich war sogar noch gravierender.

Im Oktober 1929 waren die Vereinigten Staaten schließlich an dem Punkt angelangt, an dem ihre eigene Schuldenblase zusammenbrach. Zu diesem Zeitpunkt hat die Gesamtverschuldung der amerikanischen Wirtschaft 300 Prozent des BIP erreicht. Diese Schuldenpyramide muss anschwellen, um sich über Wasser zu halten, und das Ausmaß dieser Schuldenzahlung übersteigt bei weitem die Zahlungsmittel, die Gold bieten kann, und das amerikanische Schuldenspiel ist zu einem klassischen Ponzi-Schema geworden. Als die Länder der Peripherie nacheinander in die Krise und Rezession stürzten, fanden die US-Banken heraus, dass das Problem nicht gut war, und als sie bereit waren, mit der Eintreibung einer solch riesigen Schuldenpyramide zu beginnen, stürzten die Aktienkurse ab. Die US-Wirtschaft befindet sich in einer langen Rezession.

Nach der ersten Krisenrunde im Jahr 1929 trat die Weltwirtschaft in eine kurze Zeit der Stille ein, eine noch beängstigendere Stille, mit nur einem Riss im schuldengeschädigten See, und im Mai 1931 brach der allgemeine Deich. Mit dem Zusammenbruch der größten Bank Österreichs wurde das deutsche Bankensystem sofort von einer Flut von Abflüssen überschwemmt. Unmittelbar danach brach der britische Goldstandard zusammen, Frankreich wurde von der Krise endgültig in einen Strudel des Niedergangs gerissen, und eine Krise nach der anderen brach in Japan, Italien, Mitteleuropa, Südamerika und anderen Ländern des Commonwealth aus.

Von 1914 bis 1933 scheiterte der erste Versuch des Dollars, die Weltwährungshegemonie zu erlangen. Der Dollar besiegte zwar die globale Hegemonie des Pfunds, war aber nicht in der Lage, ein neues

Währungssystem zu etablieren. Nach der Großen Depression setzten die Länder die Rückzahlung der Kriegsschulden aus, was zu einem dramatischen Rückgang der Kontrolle des Dollars in Europa führte; der Bruch in der Welthandelskette, so dass der Dollar in der internationalen Abrechnung der Einfluss der schweren Schrumpfung; obwohl der Dollar das Gold "Han Xian Kaiser" kontrolliert, aber das Pfund ist des Goldes entledigt, nicht mehr erkennen die "Han-Dynastie".

Das Pfund war zwar nicht mehr der König des Geldes, aber immer noch ein wichtiger Vasall mit einer eigenen Armee. Nachdem Großbritannien den Goldstandard aufgegeben hatte, folgten die über alle Kontinente verstreuten Commonwealth-Länder, darunter Schweden, Dänemark, Norwegen, Finnland, Portugal und Griechenland in Nordeuropa, Ägypten in Afrika und Japan in Asien sowie südamerikanische Länder, die wichtige Handelsbeziehungen zu Großbritannien unterhielten, dem Beispiel Großbritanniens und lösten sich vom Gold, was faktisch einen riesigen "Pfund Sterling-Raum" bildete. Sie hören nicht mehr auf das Diktat des amerikanischen Gold-"Kaisers Han Xian", sondern haben das frei schwimmende Pfund als Verbündeten, um ein starkes intraregionales Handelssystem aufzubauen. Sie kontrollieren nach wie vor die weltweite Versorgung mit Rohstoffen und Energie, monopolisieren einen großen Teil des Weltmarktes, halten die wichtigsten Seewege der Ozeane, und die mächtige britische Marine bleibt ihr Beschützer. Als Amerika zur Vernunft kam, war es nicht der Dollar, der das Pfund umgab, sondern das Pfund, das den Dollar weltweit umgab! Das Pfund ist jetzt freier und stärker.

Die aufkeimenden Ambitionen des Dollars haben einen schweren Rückschlag erlitten! Die Amerikaner haben endlich begriffen, dass der Dollar die Welt nicht endgültig beherrschen kann, ohne das mächtige System der Pfund-Zone vollständig zu zerschlagen!

KAPITEL II

Die Regentschaft, das Pfund Sterling

Im Jahr1931 wurde das britische Pfund von den Fesseln des Goldstandards befreit und stützte sich auf das "kaiserliche Präferenzsystem". Es bildete eine starke Pfund-Sterling-Macht, die sich von den drei britischen Inseln bis nach Afrika, Nordamerika, Asien und Ozeanien ausbreitete, die riesigen kolonialen Besitzungen, wenn man die wichtigsten Handelspartner Großbritanniens einbezieht, wie Schweden, Dänemark, Norwegen und Finnland in Nordeuropa, Portugal und Griechenland in Südeuropa, Irak im Nahen Osten, Ägypten in Afrika, Asien und Südamerika, stellt die enorme Größe, Bevölkerung und Ressourcen des Pfund Sterling-Gebietes eine ernsthafte Herausforderung für die weltweite Hegemonie des Dollars dar.

Seit der Großen Depression sind die Vereinigten Staaten auf sich allein gestellt, und Isolationismus war für die USA eher eine realistische Option als ein aktiver Verzicht auf die Weltmarktführerschaft. Als Roosevelt 1933 an die Macht kam, sah er sich mit 13 Millionen Arbeitslosen konfrontiert, während er 1941, am Vorabend der Teilnahme der USA am Zweiten Weltkrieg, immer noch mit 10 Millionen Arbeitslosen konfrontiert war. Die quantitative Lockerung der Geldpolitik (QE) war keine Erfindung des heutigen Bernanke; die USA hatten 1930, 1932 und 1933 drei Runden von QE-Anreizen und warteten nach einem kurzen Wirtschaftsboom auf eine zweite Rezession im Jahr 1937. Das Problem der Arbeitslosigkeit in den Vereinigten Staaten hätte noch lange fortbestehen können, wenn der Krieg nicht 30% der erwerbstätigen Bevölkerung in den Krieg eingezogen und für die Rüstungsindustrie eingesetzt hätte.

Der Zweite Weltkrieg bot eine gute Gelegenheit für den Wiederaufstieg des Dollars. Während des Krieges schwächten die Vereinigten Staaten bewusst das wirtschaftliche Potenzial Großbritanniens, und ihre Furcht vor einem Wiedererstarken des britischen Empire übertraf sogar die Furcht vor einer sowjetischen Expansion. Mit dem Lend-Lease-Act haben die Vereinigten Staaten das britische "imperiale Präferenzsystem" ausgehebelt und eine Generaloffensive gegen die Pfund-Sterling-Zone gestartet, indem sie die tödlichen Bedingungen der Nachkriegskredite an Großbritannien ausnutzten. Sogar die Briten selbst geben zu, dass Großbritannien ohne die bewussten und geplanten Vorkehrungen der amerikanischen Politik nicht so schnell und so vollständig untergegangen wäre.

Schließlich übernahm der Dollar die Kontrolle über die Währungen der Welt und begründete eine Bretton-Woods-Dynastie, in der "der goldene schwache Herrscher den Thron bestieg und der Dollar die Welt regierte".

Der Goldstandard bricht zusammen und das Pfund Sterling wird unabhängig

Im Sommer 1931 herrschte in der Londoner City eine außerordentlich bedrückende Atmosphäre, denn aus aller Welt kamen schlechte Nachrichten, und man hatte bereits das Gefühl, dass ein finanzieller Sturm aufziehen würde.

Seit Anfang des Jahres wird die Welt von einer Welle deutscher Bankenzusammenbrüche überrollt. Das ungarische Bankensystem wurde vollständig geschlossen, große Banken in Rumänien und Polen gingen in Konkurs, in Ägypten brach ein massiver Bank-Run aus, in Istanbul brach eine Finanzpanik aus, Anleihen in Bolivien und Peru fielen aus, Chiles Auslandsschulden begannen auszufallen, und Mexiko war gezwungen, zum Silberstandard überzugehen, da sein Goldstandard zusammenbrach. Londons alteingesessene Investmentbanken wie Longyear und Schroeder sind in Schwierigkeiten und warten auf eine Rettungsaktion der Bank of England.

Am 13. Juli veröffentlichte die britische Regierung den Macmillan-Report, der die Probleme des britischen Bankensystems offenlegte: Die kurzfristige Auslandsverschuldung des Vereinigten Königreichs belief sich auf bis zu 3 Milliarden Dollar! Dies war ein schwerer Schlag, der die Londoner Finanzmärkte sofort in helle Aufregung versetzte. Man bedenke, dass die britischen Direktinvestitionen in der Welt nur 500 Millionen Dollar pro Jahr betrugen, was der Hälfte der gesamten Investitionen der Welt vor dem

Krieg entsprach! Wie konnte ein so großes Defizit geschuldet sein? Als "Weltbankiers" waren die Briten seit langem daran gewöhnt, Kapital in die Welt zu exportieren, und hatten nicht damit gerechnet, so hoch verschuldet zu sein.

Die schlechten Nachrichten werden durch die Bankenkrise in Deutschland und den mitteleuropäischen Ländern verstärkt, die die Regierungen gezwungen hat, die Kontrollen der Devisenflucht zu verschärfen, und durch die Tatsache, dass sich fast 1 Milliarde Dollar an britischen Investitionen in uneinbringliche Forderungen verwandeln könnten, die nur schwer einzutreiben sind.

In Panik geratene Anleger in der ganzen Welt begannen sofort damit, Geld aus London abzupumpen. In nur zwei Wochen hat die Bank of England Gold im Wert von 250 Millionen Dollar verloren, das ist die Hälfte der gesamten Goldreserven! Die Bank of England sah sich gezwungen, die Zinssätze drastisch von 2,5% auf 4,25% zu erhöhen, konnte aber trotzdem nicht verhindern, dass das Gold abfloss. In aller Eile wandte sich Norman mit 250 Millionen Dollar an die Vereinigten Staaten und Frankreich um Hilfe, nur um festzustellen, dass das Geld wie ein Stein ins Meer geworfen wurde und schnell in einer Flut von Bargeld unterging. Sowohl die amerikanische als auch die französische Regierung haben das Ende ihrer Rettungsaktion erreicht, nur um zuzusehen, wie der Bank of England das Gold ausgeht.

Normans Körper und Nerven waren schließlich völlig am Ende. Er musste London müde verlassen, um sich zu erholen.

Am Abend des 22. August brach der englische König abrupt seinen dreiwöchigen Urlaub ab und kehrte heimlich in den Buckingham-Palast zurück. Die Kabinettsminister der britischen Regierung haben alle auf ihre Wochenenden verzichtet, um sich in der Residenz des Premierministers in der Downing Street zu versammeln, das erste Mal seit dem Ersten Weltkrieg. In dem kleinen Garten schritten der Premierminister und die Minister hin und her, die Aschenbecher mit Zigarrenstummeln gefüllt, verschiedene Zeitungen auf dem Boden verstreut, alle warteten gespannt auf eine Antwort des amerikanischen JPMorgan-Konsortiums.

Es waren die US-Regierung und JPMorgan, die darauf gedrängt haben, dass Großbritannien zum Goldstandard zurückkehrt, und nun, da die goldene Festung des Pfunds zu fallen droht, ist die US-Regierung rechtlich daran gehindert, neue Mittel bereitzustellen. Stattdessen machten die Franzosen ihre Bereitschaft zur Kreditaufnahme davon abhängig, dass der Kredit auf Francs lautet. Nach all den Jahren haben die Franzosen begriffen, dass der Franc eine internationale Reservewährung ist, wie das Pfund oder der Dollar, und dass alle Transaktionen in Franc abgewickelt werden, wie schön wäre das doch! Daraufhin sagten die Briten: "Träumt nicht davon, Großbritannien wird niemals einen Kredit in Franken aufnehmen!

Die letzte Hoffnung ist Morgan. In diesem Moment ist es, als ob das Schicksal des gesamten britischen Empire von der Laune der Wall Street abhängt. Keynes' Prophezeiung ist tatsächlich eingetreten, und der Goldstandard hat das Schicksal des Pfunds und sogar des gesamten Empire in die Hände der Amerikaner gelegt.

Die amerikanische Rettungsaktion war an die Bedingung geknüpft, dass das Vereinigte Königreich 350 Millionen Dollar an Staatsausgaben, einschließlich lebensrettender Mittel für die Arbeitslosen, und 300 Millionen Dollar an Steuererhöhungen einsparen muss, und wie dieses Geld ausgegeben wird, hängt von Morgans Rat ab. Die britische Regierung hat noch nie in ihrer Geschichte einen solchen Hungerlohn erlitten, der eher den Bedingungen einer Auszahlung für eine Niederlage als den Bedingungen einer Hilfe entspricht! Aber heutzutage muss man den Kopf einziehen, wenn man unter dem Dach ist. Nach langem Feilschen unterbreitete der britische Premierminister ein letztes Hilfsangebot. Wegen der Kontroverse hat der Premierminister nicht einmal alle Kabinettsmitglieder informiert. Zu diesem Zeitpunkt blieb ihm nichts anderes übrig, als das amerikanische Urteil über das Schicksal des Pfunds abzuwarten.

Um 20:45 Uhr erreichte Morgans Telegramm schließlich die Bank of England. Der bereits ungeduldige Vizepräsident ergriff das Telegramm und eilte in die Downing Street 10. Als er in den kleinen Garten der Residenz des Premierministers eilte, waren alle Augen sofort auf das Telegramm in seiner Hand gerichtet. Der Premierminister trat vor, schnappte sich das Telegramm und eilte in sein Büro, gefolgt von anderen Beamten. Wenige Minuten später zerschmetterte der Lärm im Haus fast die Fensterscheiben, und die Minister, die den Inhalt der Artikel noch nicht kannten, kippten fast den Tisch um. Das Kabinett war so tief gespalten, dass der Premierminister den König über Nacht um seinen Rücktritt bitten musste, und das Labour-Kabinett brach zusammen. Am nächsten Tag prangerte die britische Presse unter der

Überschrift "Banker's Extortion" die amerikanischen Banker an, weil sie sich den Übeln der britischen Arbeiterklasse entgegenstellten. [17]

Das neue Kabinett führte noch immer Steuerreformen unter Morgans Bedingungen durch, und das Vereinigte Königreich geriet in eine tiefere Rezession, wobei die Kürzungen der Arbeitslosenunterstützung den Inlandsverbrauch noch mehr drückten. Die 400 Millionen Dollar Rettungspaket der amerikanischen und französischen Bankiers kamen an, hielten aber nur drei Wochen an.

Am 19. September hatte die Bank of England 1 Milliarde Dollar an Goldreserven verloren, das Gold des Vereinigten Königreichs war endgültig aufgebraucht und der Goldstandard zusammengebrochen! Was folgte, war der geplatzte Traum von der Wiedererlangung der weltweiten Währungshegemonie durch das Pfund.

Day, ist nicht zusammengebrochen.

Obwohl das Pfund auf den internationalen Märkten eine enorme Talfahrt hinter sich hat und der Wechselkurs um 30 Prozent abgewertet wurde, ist die britische Wirtschaft von den Fesseln des Goldstandards befreit und das Pfund hat seine Freiheit zurückgewonnen. Die Wettbewerbsfähigkeit der britischen Industrie hat sich stark erholt, und amerikanische und französische Produkte wurden auf den internationalen Märkten von britischen Waren heftig herausgefordert. Als die Briten 1926 die französische Abwertung des Franc zu schmecken begannen, waren die Amerikaner und Franzosen an der Reihe zu murren.

Als sich die internationale Wettbewerbsfähigkeit verbesserte und die Investitionsmöglichkeiten in Übersee abnahmen, begann das britische Kapital, sich auf interne Investitionen zu verlagern, eine große Zahl neuer Fabriken wurde gebaut, Maschinen und Ausrüstungen wurden in beschleunigtem Tempo erneuert, die Konsumgüterindustrie florierte und die Nachfrage nach Wohnungen stieg sprunghaft an, und die britische Wirtschaft erlebte nach einer langen und bitteren Kälte einen "Mini-Frühling". Die Politik des billigen Geldes und der Rückführung von Geldern führte zu einer deutlichen Senkung des Niveaus der kurzfristigen Zinssätze im Vereinigten Königreich auf 2%,

---

[17] Liaquat Ahamed, *Lords of Finance*, The Penguin Press, New York, 2009.

und die Kosten für langfristige Kredite von bis zu 8 Mrd. $ wurden von 5% auf 3,5% gesenkt, was den Kostendruck auf die enorme Verschuldung erheblich minderte. Erst mit dem Ausbruch des Zweiten Weltkriegs fielen die Finanzierungskosten für britische Staatsanleihen weiter unter 3%. Im Gegensatz zu den hohen Finanzierungskosten des Ersten Weltkriegs setzte sich dieser Rückgang der Finanzierungskosten während des Zweiten Weltkriegs fort. Das Vereinigte Königreich hat durch die Finanzierung seiner Staatsverschuldung praktisch einen "Krieg gegen die 3-Prozent-Zinsen" geführt.

Kurz nach der Abkehr des Pfund Sterling vom Goldstandard veranlasste das britische Empire seine großen kolonialen Abhängigkeiten und wichtigen Handelspartner dazu, eine beeindruckende Sphäre der Vorherrschaft über das Pfund Sterling zu errichten, das "imperiale Präferenzsystem", das 1932 auf der British Empire Conference in Ottawa eingeführt wurde. Innerhalb der "Pfund-Sterling-Zone" gibt es gegenseitige Zollsenkungen oder -befreiungen auf Einfuhren zwischen den Mitgliedsländern und hohe Zölle auf Einfuhren von außerhalb der Mitgliedsländer, um zu verhindern, dass der riesige Markt der Pfund-Sterling-Zone von der Exportmacht der Vereinigten Staaten und anderer Länder durchdrungen wird.

Großbritannien war einst als das Reich der Sonne bekannt. Ein Viertel der Weltbevölkerung war Untertan des Reiches und ein Fünftel der Landfläche der Erde gehörte zu seinem Territorium. Von den Britischen Inseln über Gambia, Neufundland, Kanada, Neuseeland, Australien, Malaysia, Hongkong, Singapur, Myanmar, Indien, Uganda, Kenia, Südafrika, Nigeria, Malta und zahllose andere Inseln erstreckt sich das britische Empire über 24 Zeitzonen der Erde.[18] Die internationale Ordnung unter britischer Hegemonie wurde als "Frieden unter britischer Herrschaft" bezeichnet. Die von Großbritannien herausgegebene Weltkarte des Britischen Weltreichs, auf der das Territorium des Reichs in der Regel rot eingezeichnet ist, vermittelt ein klares Bild von der globalen Reichweite dieses riesigen Reichs. Wenn man die wichtigsten Handelspartner des Vereinigten Königreichs wie Schweden, Dänemark, Norwegen und Finnland in Skandinavien, Portugal und Griechenland in Südeuropa, den Irak im Nahen Osten, Ägypten in Afrika, Asien und Südamerika einbezieht, sind Marktgröße,

---

[18] Britisches Königreich, Wikipedia.

Umfang, Bevölkerung und Ressourcen des Pfund Sterling-Raums groß genug, um eine ernsthafte Herausforderung für die Hegemonie des Dollars darzustellen.

Der britische Wirtschaftswissenschaftler Jevons beschrieb den wirtschaftlichen Einfluss des britischen Empire einmal so: Die Ebenen Nordamerikas und Russlands sind unsere Maisfelder, Kanada und die Ostsee unsere Wälder, Australien unsere Weiden, Peru unsere Silberminen, Südafrika und Australien unsere Goldminen, Indien und China unsere Teebasis, die Ostindien liefern uns Zuckerrohr, Kaffee und Gewürze, und der Süden der Vereinigten Staaten unsere Baumwollplantagen. Auch die neuen strategischen Kernressourcen des 20. Jahrhunderts wie Öl, Eisen, Aluminium, Blei, Zink, Kupfer, Nickel, Kautschuk und andere Rohstoffvorkommen werden weitgehend vom britischen Empire kontrolliert.

Nach dem Ersten Weltkrieg nutzte der Dollar den Moment des großen Reichtums und der relativen Schrumpfung Europas, um mit dem Stab der Kriegsschulden einen heftigen Angriff auf das Pfund von der Front der Reservewährung und der Flanke des Handelsausgleichs aus zu starten, der zwar letztlich das globale System des Pfunds besiegte, aber weit davon entfernt war, das Wirtschafts- und Wohlstandspotenzial des britischen Empire vollständig zu zerstören. Strategisch gesehen ist es nicht der Dollar, der das Pfund umgibt, sondern das Pfund, das den Dollar in der Welt umgibt.

Als sich das Pfund von den Goldfesseln befreite, bedeutete dies auch, dass das Pfund die Fesseln des Dollars abstreifte und die strategische Initiative gewann. Das Pfund basierte auf dem "kaiserlichen Präferenzsystem", das einen dominierenden Einfluss im Sterling-Gebiet begründete. Die starke Abwertung des Pfunds ermöglichte es dem Vereinigten Königreich, auf verschiedenen Handelsfeldern einen mächtigen Gegenangriff auf den Dollar zu starten.

Der Dollar musste einen strategischen Rückzug auf globaler Ebene antreten. Amerikas Rückfall in den Isolationismus ist nicht auf einen Mangel an Bereitschaft zurückzuführen, die Welt zu führen, sondern vielmehr auf eine lang anhaltende wirtschaftliche Depression, die seine Fähigkeit, dies zu tun, beeinträchtigt hat.

Die Fed brach fast zusammen, und der Dollar stand 48 Stunden lang unter Schock

Seit dem Zusammenbruch des Goldstandards für das Pfund im September 1931 begann die Welt zu befürchten, dass auch der Dollar aus dem Goldstandard gezwungen werden würde. Die massive Abwertung des Pfunds kostete die Bank von Frankreich sofort unglaubliche 125 Millionen Pfund an Devisenreserven in Höhe von 350 Millionen Pfund, das Siebenfache ihres Eigenkapitals! Wäre sie eine gewöhnliche Geschäftsbank, wären solche Verluste ein Vielfaches davon. Die holländische Zentralbank verlor ihr gesamtes Kapital, während Schweden und Belgien, Länder, die die normannischen "Wasser zu Öl" Pfundreserven waren, jetzt in Tränen aufgelöst sind. In Europas mächtiger Bank of England Gouverneur Norman, die Bank of Europe Zentralbanken haben damit geprahlt, dass das Pfund und Gold ist so gut wie Gold und lullte alle in das Sparen von Gold ist nicht so gut wie die Rettung der Pfund, diesmal ist es wirklich "nackten Hintern schieben Mühle - umdrehen, um Schande".

Die Europäer, die davon schockiert sind, befinden sich in einem Schwebezustand, und das Pfund ist so unzuverlässig, wie gut kann da der Dollar sein? Es ist das schwere Gold, das sich in der Hand fest anfühlt. Am Tag, nachdem das Pfund seinen Austritt aus dem Goldstandard bekannt gegeben hatte, fragte die französische Zentralbank bei der Federal Reserve Bank of New York höflich an, ob sie einen Teil ihrer Dollarreserven in Gold umtauschen könne, da sie nun knapp bei Kasse sei. Die Amerikaner antworteten, kein Problem, wir haben amerikanisches Gold. Daraufhin wandelten die Franzosen sofort 100 Millionen Dollar an Reserven in Gold um. Die Schweizer Zentralbank sah sich die Vorreiterrolle der Franzosen an und verlangte ebenfalls 200 Millionen Dollar in Gold, was den Amerikanern aber nichts ausmachte. Unmittelbar danach tauschte die belgische Zentralbank 130 Millionen ein, und die niederländische Zentralbank wollte 77 Millionen, wobei sie mehr und mehr nach Gold aus den Vereinigten Staaten rief. In nur fünf kurzen Wochen haben die Europäer 750 Millionen Dollar ihrer Dollarreserven in Gold umgetauscht.

Diesmal hat das amerikanische Volk kein gutes Gefühl.

Gold in dieser Größenordnung wurde aus dem US-Geldsystem herausgepumpt, wodurch die Kreditbasis der amerikanischen Banken stark geschwächt wurde. Ohne Kreditsicherheiten musste die große

Zahl der ausgelösten Kredite sofort zurückgezahlt werden, und jetzt, da alle knapp bei Kasse sind, können die Kreditgeber den Kredit einfach nicht zurückzahlen, sondern sind gezwungen, vom Gebäude abzuspringen, um den Vermögenswert zu verkaufen, alle werfen sich zusammen, und als Ergebnis kann niemand laufen. Und so kam es, dass innerhalb von 5 Wochen, nachdem die Europäer das Gold abgeschöpft hatten, 522 amerikanische Banken in großem Stil zusammenbrachen! Bis Ende 1931 stieg die Zahl der Bankenzusammenbrüche auf die schwindelerregende Zahl von 2.294! 20.000 US-Banken, die um 1/10 bankrott gegangen und dabei 1,7 Billionen Dollar an Ersparnissen der einfachen Leute verloren haben.

Angesichts einer beispiellosen Pleitewelle wurde den amerikanischen Sparern plötzlich klar, dass ihr Leben jeden Moment von der totalen Zerstörung bedroht war, und sie begannen sofort, ihre Einlagen von verschiedenen Banken abzuziehen. In nur sechs kurzen Monaten flossen 500 Millionen Dollar an Bargeld von den Banken auf die Matratzen tausender Haushalte. Die Krise des Bankensystems steht kurz vor dem Ausbruch, und die Bankkredite in den Vereinigten Staaten sind im Vergleich zu 1931 um 20 Prozent geschrumpft. Die dramatische Schrumpfung des Geldkredits hat zu fallenden Preisen, erhöhter Verschuldung, Unternehmensinsolvenzen, zunehmender Arbeitslosigkeit, schleppendem Konsum, vermehrten Forderungsausfällen und Abwicklungen und einem Teufelskreis im US-Finanzwesen geführt.

Ausgehend von der Dollar-Schuldenblase löste der Nachhall dieser Vertrauenskrise den Börsenkrach von 1929 in den USA aus, nachdem Deutschland 1928 den Weg für den Zusammenbruch geebnet hatte. Nachdem die Panik vorübergehend für mehr als ein Jahr abgeklungen war, kam es in Österreich und Deutschland zu einem weiteren Zusammenbruch des Bankensystems. Die zweite Runde der Finanzkrise war weitaus tödlicher als die erste, die den britischen Goldstandard-Deich durchbrach und dann erneut den Atlantik überquerte und 1931-1932 das amerikanische Bankensystem erfasste.

Im Februar 1933 begann sich die Wolke der Dollarkrise über New York zu bilden. Im Zentrum dieses Sturms steht das Herz des Dollarsystems - die Federal Reserve Bank of New York!

Seit Ende Februar hat die Federal Reserve Bank of New York innerhalb von zwei Wochen 250 Millionen Dollar in Gold verloren, ein Viertel ihrer gesamten Reserven, obwohl die Fed insgesamt über mehr als genug Goldreserven verfügt, aber da diese Goldressourcen auf 12 separate Fed-Banken verteilt sind, die mit einem Run auf die Banken in ihrem jeweiligen Zuständigkeitsbereich konfrontiert sind, haben die Banken längst das Nachsehen. In Verbindung mit dem langjährigen Stil der Federal Reserve Bank of New York ist nicht nur die Fed-Zentrale in Washington, D.C., voller Beschwerden, auch andere Fed-Banken sind empört. Die Federal Reserve Bank of New York befindet sich in Zeiten der Krise bereits in der Zwickmühle, allein zu sein.

Die Flut von Bankkonkursen nimmt nicht ab, sondern wird immer schlimmer.

Am 2. März waren die Goldreserven der Federal Reserve Bank of New York unter die gesetzlich festgelegte Untergrenze von 40 Prozent ihrer geldschöpfenden Reserven gefallen.

In den folgenden 48 Stunden verschärfte sich die Krise stündlich. Das Federal Reserve Board in Washington hat gespürt, dass das gesamte US-Zentralbanksystem vom Zusammenbruch bedroht ist!

Nach Strangs krankheitsbedingtem Tod im Jahr 1928 erbte Harrison den Posten bei der Federal Reserve Bank of New York. Aber sein Glück ist zu schlecht, die Kulisse anständig guten Tag nicht leben, jeden Tag damit beschäftigt, in der "Katastrophe und Brandbekämpfung" an der Frontlinie. Die letzte Möglichkeit, die Federal Reserve Bank of New York und sich selbst zu retten, besteht darin, alle Banken des Landes zu schließen! Aber ein Schritt dieser Größenordnung ist doch etwas, das es seit der Gründung der Vereinigten Staaten noch nie gegeben hat.

Zu diesem kritischen Zeitpunkt kommt der Regierungswechsel zwischen der alten und der neuen Regierung in eine heikle Phase. Roosevelt ist zwar gewählt, wird aber erst am 4. März vereidigt. Präsident Hoover ist bereits eine lahme Ente an der Macht. Harrison konnte den Federal Reserve Board in Washington sowie Präsident Hoover, der enge Beziehungen zur Wall Street unterhielt, überzeugen, nicht aber Roosevelt. Es ist nicht so, dass Roosevelt sich der Ernsthaftigkeit des Problems nicht bewusst war, sondern dass er zu diesem Zeitpunkt mit dem Rücken zur Wand stehen musste.

Angesichts der Bankenkrise ist Präsident Hoover längst aufgesprungen: Wenn das Bankensystem der Nation nicht stillgelegt wird, wird die Federal Reserve zusammenbrechen und die US-Wirtschaft zusammenbrechen! Er, Hoover, wird auch in die Geschichte eingehen als der erste Präsident in der amerikanischen Geschichte, der die Wirtschaft der Nation in den Bankrott treibt, aus Angst, einen schlechten Namen in den Geschichtsbüchern zu hinterlassen! In seiner Besorgnis drängte Hoover Roosevelt wiederholt dazu, so schnell wie möglich mit ihm an Notfallplänen zu arbeiten, aber Roosevelt ließ sich nicht beirren.

Roosevelt war im Moment nicht in einer belasteten Stimmung, die Wirtschaft lag in Trümmern, das war die Inkompetenz seines Vorgängers, und deshalb war er gewählt worden, "das Volk braucht Veränderung". Es wäre politisch unklug, sich mit Hoover auf irgendeinen Plan einzulassen, und sich jetzt in einen solchen Schlamassel einzumischen, würde es ihm in Zukunft schwer machen, da wieder herauszukommen, und er würde so etwas Dummes nicht tun, um jemandem den Hintern abzuwischen. Wenn die Situation völlig verfahren ist, wird er, sobald er die Zügel in die Hand nimmt, den ganzen Ruhm ernten, oder man kann die Schuld auf den unglücklichen Präsidenten Hoover schieben, während Roosevelt selbst unbesiegt bleibt.

Am 3. März verlor die Federal Reserve Bank of New York an einem einzigen Tag 350 Millionen Dollar! Davon entfielen 200 Mio. $ auf einen internationalen Run und 150 Mio. $ auf einen Bargeld-Run der breiten Bevölkerung. Es fehlen nun satte 250 Millionen Dollar an Reserven! Die Federal Reserve Bank of New York stellte schließlich ihre Regale ab und sah sich nach Hilfe um. Andere Federal-Reserve-Banken brachen in schallendes Gelächter aus. Der Zerfall der Federal Reserve ist keine ferne Vorstellung mehr, sondern eine harte Realität, die unmittelbar bevorsteht. Da es sich bei der Federal Reserve Bank of New York um ein privates Unternehmen und nicht um eine Regierungsbehörde handelt, ist das Risiko eines Konkurses real.

Dieser Tag und der letzte Arbeitstag von Präsident Hoover ist der morgige Tag der Roosevelt-Ära. Wie üblich lud ein ruhiger Roosevelt an diesem Nachmittag Präsident Hoover zu sich nach Hause zu einer Tasse Tee und einem Gespräch ein. Wie konnte Hoover in einer solchen Stimmung sein, war er doch hier, um einen letzten Versuch zu unternehmen. Nach einigen offiziellen Höflichkeiten bot Hoover an, mit Roosevelt unter vier Augen zu sprechen. Roosevelt lächelte und wies Hoover den Weg ins Arbeitszimmer, wo der Vorsitzende der Federal Reserve, der Finanzminister und Roosevelts Berater warteten. Es war eine mühsame Verhandlung, und Hoover flehte Roosevelt fast an: "Werden Sie und ich heute Abend gemeinsam eine Erklärung unterzeichnen, in der wir die Schließung der Bank ankündigen? "Roosevelt seinerseits antwortete kompromisslos: "Wenn Sie nicht den Mut haben, die Konsequenzen selbst zu tragen, werde ich warten, bis der Präsident vereidigt ist, um es zu tun (was Sie hätten tun sollen). " Als ich das sah, musste Hoover einfach gehen.

Hoover ist besorgt, die Fed ist noch besorgter, und JPMorgan ist am meisten besorgt. Die Federal Reserve Bank of New York ist das Hauptinstrument der internationalen Bankiers, die Herren der Welt zu nennen, und es ist auf jeden Fall inakzeptabel, dass der Zusammenbruch der letzten hundert Jahre des Traums von der Macht des Goldes zu zerschlagen ist.

In der Nacht zum 4. März waren die Telefongespräche in Roosevelts Haus keinen Augenblick zu unterbrechen. Im Jahr 1922 war er an der Gründung und dem Vorsitz der United European Investment Company als Direktor beteiligt, internationalen Finanzgiganten wie dem deutschen Finanzgiganten, dem Oberhaupt der Warburg-Familie, Max Warburg, dessen Bruder Paul Warburg als "Vater der Federal Reserve" bekannt ist, und Pauls Sohn James, ist der wichtigste Finanzberater nach der Roosevelt-Administration. Der andere Bruder von Max war Partner bei der damaligen Nummer 1 der Wall Street Investmentbank, Kuhn Loeb & Co., die ein wichtiger Knotenpunkt in einem Netzwerk jüdischer Finanzbeziehungen in der ganzen Welt war. Es war während seiner Amtszeit, dass der ehemalige deutsche Bundeskanzler Cuno, ebenfalls ein Berater Roosevelts, die deutsche Hyperinflation auslöste. Roosevelt, der größte Einzelaktionär des Unternehmens, hatte ein Vermögen gemacht, als die D-Mark abstürzte. Auch die Bankiers von JPMorgan waren Roosevelt im Allgemeinen nicht fremd, und es war Ramon, der Scharfschütze von JPMorgan, mit dem Roosevelt eine tiefe persönliche Freundschaft verband, und es war Ramon, der für Roosevelts Unterkunft sorgte und Roosevelt in verschiedene Beziehungen einführte, als der junge Roosevelt zu Beginn seiner politischen Karriere in Washington ankam. [19]

Die Götter und Göttinnen sprachen alle, aber die Frage der Schließung des Bankensystems beschäftigte Roosevelt so sehr. Der Fed-Vorsitzende war sogar ein wichtiger Lobbyist, der die ganze Nacht

---

[19] Kapitel V von *Der Währungskrieg*.

lang verzweifelt auf beiden Seiten anrief, um die Kluft zwischen Hoovers und Roosevelts Positionen zu schließen. Am Ende war Roosevelt so verärgert, dass er dreimal mit Hoover sprechen musste und bis 1.00 Uhr nachts die Differenzen zwischen den beiden Standpunkten darlegte, ohne einen Kompromiss erzielen zu können. Roosevelt musste es schließlich dabei belassen, und es war Zeit, ins Bett zu gehen.

Während Roosevelt schlief, konnte der Vorsitzende der Fed nicht schlafen. Um sich in der Geschichte zu profilieren, beschloss der Präsident, die Ratssitzung über Nacht einzuberufen. Diejenigen, die bereits zu Hause schliefen, krank in ihren Betten lagen oder an Cocktailpartys teilnahmen, trotzten dem Wind und dem Regen, um auf den glatten Straßen anzukommen. Die Sitzung dauerte bis 2 Uhr morgens und gipfelte in einer schriftlichen Erklärung, in der der Präsident die sofortige Schließung aller Banken im Lande empfahl. Da alle wussten, dass Roosevelt zu Bett gegangen war, ließen sie sich die Erklärung durch die Tür des Roosevelt-Hauses schieben. Sie wurde pünktlich zugestellt. Am nächsten Morgen wollte Roosevelt gerade zur Amtseinführung gehen, als er diese Ankündigung an der Tür fand und so wütend war, dass er fast in Ohnmacht fiel. Ist es nicht offensichtlich, dass sich die Fed darauf vorbereitet hat?

Auch die Federal Reserve wird an den Rand des Abgrunds gedrängt. Wenn die Banken nicht schließen, wird die New Yorker Fed Bank am Montag keine Reserven mehr haben! Wenn die Zentralbank der Vereinigten Staaten von Amerika von der Bevölkerung und den Ausländern geschlossen wird, wird der Kredit des Dollars zusammenbrechen! Jedes Gerede über eine globale Strategie für den Dollar oder einen Wettbewerb mit dem Pfund um die Vorherrschaft wäre dann sinnlos. Man muss sich beeilen, die Türen der Banken der Nation zu schließen, bevor die Federal Reserve Bank of New York gezwungen wird, zu schließen. Das ist eine andere Geschichte, die Fed wurde geführt und geschlossen und verwandelte sich in die Regierung, die das Bankensystem zur Umstrukturierung zwang. Aus dem Beklagten wurde der Kläger! Die Fed wird als Ausführende der Sanierung von oben agieren, nicht als Objekt der Sanierung!

Banker machen Dinge und müssen nie einen Plan B vorbereiten, schon gar nicht für ein so großes Ereignis.

Plan B sieht vor, dass Roosevelt, wenn es nicht sinnvoll ist, die Banken der Nation zu schließen, zuerst die Banken im Bundesstaat New York und im zentralen Finanzdistrikt von Chicago schließt. Dadurch wird wertvolle Zeit gewonnen und der Druck auf die beiden großen Fed-Banken, New York und Chicago, verringert. Die Anordnung zur Schließung der Bank musste vom Gouverneur erlassen werden, und der Gouverneur von Illinois, wo sich Chicago befand, scheute sich nicht, selbst den Kopf hinzuhalten, und bot an, dem Beispiel zu folgen, solange der Staat New York zuerst handele. Die Horden von Bankern machten sich erneut auf den Weg zum Sitz des Gouverneurs des Staates New York. Der Gouverneur war kein anderer als einer aus der berühmten Bankiersfamilie Lehman, Herbert Lehman. Die Lehman Brothers Company, damals noch ein Hegemon der Wall Street, war im März 1933, dem kritischsten Moment, an der Rettung der Federal Reserve Bank of New York beteiligt. Infolgedessen unternahm die Federal Reserve Bank of New York im September 2008 nichts, um Lehman Brothers zu retten. Daran zeigt sich die Heimtücke der Finanzunterwelt und die Heimtücke der Herzen der Banker!

Erst um 2.30 Uhr morgens, als die Nachricht von Roosevelts Weigerung, sich zu bewegen, eintraf, gab Gouverneur Lehman offiziell bekannt, dass alle Banken im Staat New York ab Montag für drei Tage geschlossen würden. Eine Stunde später kündigte der Gouverneur von Illinois eine weitere Maßnahme an. Massachusetts und New Jersey, mit denen ursprünglich verhandelt worden war, verkündeten die Anordnung zur Schließung der Banken in den frühen Morgenstunden des nächsten Tages. Der Gouverneur von Pennsylvania erklärte sich einverstanden, konnte aber zu diesem Zeitpunkt niemanden finden. Er wollte der Amtseinführung des Präsidenten beiwohnen, der Mann war in Washington, übernachtete aber bei einem Freund und war für einen Moment nicht zu erreichen. Die Bundespolizei musste notgedrungen jemanden zur Tür schicken, um den Gouverneur zu wecken, und schlief erst wieder ein, nachdem der schläfrige Gouverneur von Pennsylvania den Befehl erteilt hatte. [20]

Am 4. März wurde Roosevelt als Präsident der Vereinigten Staaten in sein Amt eingeführt. An diesem Tag wurden die Banken der Nation angewiesen, für zehn Tage zu schließen und zu konsolidieren. Dies ist das erste Mal in der Geschichte der USA und in der Geschichte des

---

[20] Liaquat Ahamed, *Lords of Finance*, The Penguin Press, New York, 2009. S. 448.

Weltgeldes, dass die größte Volkswirtschaft der Welt innerhalb von zehn Tagen völlig ohne Banken und Geld auskommen muss.

Drei Runden der quantitativen geldpolitischen Lockerung und die USA haben die Große Depression noch nicht überwunden

Kann in einem entwickelten, industrialisierten Land das Wirtschaftssystem noch funktionieren, wenn die Währung verloren geht, so wie eine moderne Stadt plötzlich von fließendem Wasser und Strom abgeschnitten ist?

Die Antwort lautet: kann!

Die menschlichen Gesellschaften sind so anpassungsfähig, dass sie oft die Vorstellungskraft der Menschen übersteigen!

Als das amerikanische Bankensystem zusammenbrach, kam es nicht wie erwartet zu Massenunruhen in der Gesellschaft. Im Gegenteil, die soziale Ordnung ist erstaunlich gut organisiert. Das ist zum einen die Hoffnung von Roosevelts New Deal, zum anderen die natürliche Widerstandskraft der Menschen.

Amerikanische Einkaufszentren sind flexibel und bieten den Kunden weiterhin Waren auf Kredit an. Ärzte, Anwälte, Autowerkstättenbesitzer akzeptieren persönliche Schuldscheine als Zahlungsmittel. Die Vorlesungen an der Universität finden wie üblich statt, und die Mensa ist für die Studenten zum Essen reserviert. Die Kasse einer Broadway-Show, die ebenfalls persönliche Schuldscheine annimmt, muss ein Sparbuch vorlegen, um zu beweisen, dass sie über Geld verfügt, das sie in Zukunft zurückzahlen kann. Hunderte von Kommunalverwaltungen haben lokale Gutscheine ausgestellt, und die Bundesstaaten haben bereits im amerikanischen Unabhängigkeitskrieg ihre eigenen Erfahrungen mit der Ausgabe von "Kolonialgutscheinen" gemacht. An anderen Orten wurde die direkte Abholung von Waren als Zahlungsmittel eingeführt. Ein Boxkampf, wie der in New York, kostete 50 Cent, und die Zuschauer konnten die Eintrittskarten mit Hüten, Seife, Zigaretten und sogar Schuhen von vergleichbarem Wert kaufen. Allerdings gibt es Grenzen für Kredite, kleine Beträge sind in Ordnung, zu große Beträge können Probleme verursachen. Auch ohne die Währung lassen sich die Amerikaner nicht davon abhalten, sich zu amüsieren, und so sind mehr als 5.000 Touristen in Florida gestrandet, weil ihr Überziehungsrahmen überschritten wurde.

Als Roosevelt an die Macht kam, lag der Schwerpunkt natürlich auf der Rettung der Wirtschaft, aber sein New Deal war die falsche Medizin; 1933 hatte Roosevelt bei seinem Amtsantritt 13 Millionen Arbeitslose, und Ende 1941, bevor die Vereinigten Staaten in den Zweiten Weltkrieg eintraten, hatte er immer noch mehr als 10 Millionen Arbeitslose zu verzeichnen, und hätte der Weltkrieg nicht ein Drittel der amerikanischen Arbeitskräfte direkt in die Kriegsanstrengungen oder in das Kriegssystem gebracht, so wäre die Arbeitslosigkeit vermutlich bis Mitte oder Ende der 1940er Jahre fortgesetzt worden.

Roosevelt stellte fest, dass die Krise in den sinkenden Preisen begründet war. Er argumentierte, dass die sinkenden Preise zu Gewinneinbußen in der Industrie, einer erhöhten Schuldenlast, geringer Investitionsbereitschaft, unzureichenden Produktionsanläufen und hoher Arbeitslosigkeit geführt hätten. Gleichzeitig sind die Verkaufspreise für landwirtschaftliche Erzeugnisse im Laufe der Jahre stark gesunken, wodurch die Landwirte Geld verloren haben und ihre Kaufkraft eingeschränkt wurde. Der Zusammenbruch der Vermögenspreise hat die Wall Street in einen Schockzustand versetzt, der das Bankensystem lähmt, die Finanzierungskapazitäten stark schwächt und die Finanzierung des wirtschaftlichen Aufschwungs erschwert.

Roosevelts zentraler Gedanke war also, alles zu tun, um die Preise wieder in die Höhe zu treiben und das Elend der Deflation zu überwinden. Achtzig Jahre später folgten die Regierungen Bernanke und Obama weitgehend Roosevelts Denken und reagierten auf den Finanz-Tsunami mit einer "Reflationierung der Vermögenswerte". Dies ist auch der Hauptgrund dafür, dass die Vereinigten Staaten immer noch nicht aus der Krise herauskommen. Roosevelt fiel nach einer kurzen Phase des Wohlstands mit dem New Deal in seinem vierten Amtsjahr in die Rezession von 1937-1938 zurück, während Obama in seinem vierten Amtsjahr mit der gleichen Gefahr einer zweiten Rezession konfrontiert war. Roosevelts Unfähigkeit, die Arbeitslosigkeit zu beseitigen, ist für Obama ein ebenso großer wirtschaftlicher Albtraum wie für ihn selbst.

Der Fehler, den beide begehen, ist fast derselbe: eine Herzkrankheit zu gebären und Medikamente gegen Kopfschmerzen zu nehmen. Eine Schuldenkrise auf dem Dollar zu haben, aber ein Haushaltsdefizit zu haben, um sie zu lösen, und mehr Schulden zu haben, um eine Krise zu lösen, die durch Schulden verursacht wurde, ist an sich schon eine Rechnung. Ob Preisinflation oder

Vermögensinflation, die einzige Möglichkeit, den Schuldendruck zu mindern, ist die Abwertung der Währung. Das extremste Beispiel hierfür ist die deutsche Hyperinflation von 1923, bei der der totale Zusammenbruch der Mark nicht nur die deutschen Staatsschulden, sondern auch den Wert des Geldes und das Vertrauen der Bevölkerung in die Regierung vernichtete. Am Ende bezahlte die Weimarer Republik diese Schuld des guten Willens mit dem Preis ihres Zusammenbruchs. Heute nutzen die Vereinigten Staaten den Status des Dollars als Reservewährung als Spiel, um die internationalen Gläubiger des Dollars und die inländischen Steuerzahler zu zwingen, sich an den Verlusten und Strafen zu beteiligen, die eigentlich der Wall Street hätten auferlegt werden müssen. Wenn die Abwertungsstrategie des Dollars zu weit geht, wird das Ergebnis eine weltweite Hyperinflation und der vollständige Bankrott der Integrität des Dollars sein.

Der Preisverfall ist das Ergebnis, nicht die Ursache, der durch die massive Schuldenimplosion verursachten Schrumpfung der Bankkredite. Versuche, die Preiserholung als Schlüssel zur Lösung der Krise zu nutzen, können nur die Tür zu billigem Geld und Defizitfinanzierung öffnen. Billiges Geld wird die Ersparnisse und die reale Kaufkraft der Menschen zerstören, während die Defizitfinanzierung den Druck auf die Verbraucher erhöht, sich zu verschulden, was einem gesunden Wirtschaftsaufschwung und einem Anstieg der Beschäftigung völlig zuwiderläuft. Wie kann eine solche Wirtschaftspolitik, deren Logik umgekehrt ist und die das Pferd von hinten aufzäumt, nachhaltige Ergebnisse erzielen?

Hoover hatte bereits zweimal mit QE experimentiert, bevor Roosevelt mit seiner Politik der geldpolitischen Lockerung begann.

In dem Bemühen, den Aktienmarkt an der Wall Street vor dem Oktober-Crash und der Vertrauenskrise zu retten, führte die Federal Reserve Bank of New York von November 1929 bis Juni 1930 ihre erste Runde von QE durch, indem sie die Zinsen steil von 6 Prozent auf 2,5 Prozent senkte und 500 Millionen Dollar in das Bankensystem pumpte. Der kühne Schritt der Fed war auch ziemlich unorthodox, mit der so genannten antizyklischen Geldpolitik, einer damals noch unerhörten Idee. Die Fed befindet sich auch in einem Schlamassel aus internen Streitigkeiten. Aufgrund des Mangels an Theorie und Praxis können wir uns nur auf verschwommene und plausible Metaphern verlassen, was natürlich dazu führt, dass die Lippen des Esels nicht mit dem Maul des Pferdes übereinstimmen.

Das Gelddrucken der Fed führte in Verbindung mit den fallenden Preisen zu einem Anstieg der realen Geldwerte, die in der ersten Hälfte des Jahres 1930 um 50 Prozent kräftig zulegten. Die Wirtschaftskrise schien nicht mehr so beängstigend zu sein, das Vertrauen war wiederhergestellt, und die Theorie der Hausseanpassung begann von vielen akzeptiert zu werden. Doch die guten Zeiten waren nur von kurzer Dauer, die Wirtschaft setzte ihren Abwärtstrend fort, und in der zweiten Jahreshälfte war der Aktienmarkt wieder rückläufig.

Im Februar 1932 setzte sich die Federal Reserve im Kongreß für die Verabschiedung eines Gesetzes ein, das die Verwendung von US-Staatsanleihen als Währungsreserve erlaubte und damit die starre Bindung von Gold an den Dollar aufhob. Seit der Gründung der Federal Reserve im Jahr 1913 unterliegt die Ausgabe von Dollars weiterhin dem Bann des Goldes, wobei eine Emission von 100 Dollar mit 40 Dollar Gold besichert ist und die verbleibenden 60 Dollar in erster Linie durch kurzfristige Handelspapiere gedeckt werden. Die Fed kann zwar Staatsanleihen auf dem offenen Markt kaufen und verkaufen, wobei sie Staatsanleihen als primären Vermögenswert einsetzt und die gekauften Staatsanleihen faktisch dazu verwendet, dem Bankensystem Liquidität zuzuführen, doch dienen US-Staatsanleihen rechtlich nicht als Währungsreserve für den Dollar. US-Treasuries können den Commercial Papers in Bezug auf die Dollar-Emissionen nicht einmal das Wasser reichen. Der Grund dafür ist, dass der US-Kongress den geldpolitischen Befugnissen der Fed sehr misstrauisch gegenübersteht und sehr besorgt darüber ist, dass die Fed eines Tages die Staatsschulden monetarisieren, zum Haushaltsdefizit der Regierung beitragen und die Regierung durch das Streben nach monetärer Macht korrumpieren und binden könnte, wodurch der innere Wert des Dollars untergraben würde. Diese "geheime Anordnung" des Kongresses, die geldpolitische Macht der Federal Reserve zu kontrollieren, wurde jedoch in der Krise von der Federal Reserve geschickt außer Kraft gesetzt.

Die Fed kann durch massive Offenmarktgeschäfte endlich die Staatsanleihen auffressen und damit die Staatsanleihen in den Mittelpunkt der Dollar-Emissionen stellen. Die Staatsverschuldung als Kernreserve des Dollars würde diesen objektiv dazu zwingen, mit der wirtschaftlichen Entwicklung zu wachsen, was nur durch Haushaltsdefizite erreicht werden kann. Die Fed nutzte die vermehrte Ausgabe von Staatsanleihen, um die unersättliche Lust der Regierung auf übermäßige Ausgaben zu fördern und sie zu einer längeren Periode von Defiziten zu zwingen, die andernfalls zu den wirtschaftlichen Härten einer monetären Kontraktion führen würden. Diese Abhängigkeit von Schulden war die Quelle der Macht der Fed und das Mittel, mit dem die USA später gegen das Vereinigte Königreich vorgingen. Wie einfallsreich von den Bankern, sich eine solch subtile monetäre Falle auszudenken! Der Kongress hat sich die Wirtschaftskrise zunutze gemacht, um die ausgeklügelte geldpolitische "Maginot-Verteidigungslinie" der Fed, die von den Bankern entworfen wurde, leicht zu umgehen.

Nach der Verabschiedung des neuen Gesetzes begann die Federal Reserve sofort mit dem Gelddrucken, startete QE2, den massiven Aufkauf von Staatsanleihen, spritzte weitere Billionen Dollar in das Bankensystem, der US-Aktienmarkt im Jahr 1932 nach dem Start von QE2, sollte fast doppelt so hoch sein!

Als das neue Gesetz im Februar 1932 verabschiedet wurde, war dies der Zeitpunkt, an dem der amerikanische Aktienmarkt den tiefsten Stand seit dem 20!

Der Aktienmarkt hat die Talsohle erreicht, aber die wirtschaftliche Erholung ist noch lange nicht abgeschlossen. Was Roosevelt vorhat, ist genau QE3.

Roosevelt hatte ursprünglich einen hochrangigen Finanzberater, nämlich James Warburg - den "Vater der Federal Reserve", den Sohn von Paul Warburg, der, wenn man nach Generationen zählt, die Brudergeneration der Fed sein sollte. James war 25 Jahre alt, als er als Vizepräsident der International Acceptance Bank diente, folgte seinem Vater Paul und eröffnete eine neue Welt auf dem Markt für kommerzielle Schuldscheine, begründete die dominante Position des Dollars in der internationalen Handelsabwicklung und führte eine gigantische Schlacht; im Alter von 37 Jahren wurde er der jüngste Finanzriese an der Wall Street und diente als stellvertretender Vorstandsvorsitzender der Manhattan Bank (der Vorgängerin der heutigen JP Morgan Chase Bank). Es stellte sich heraus, dass Roosevelt bereit gewesen war, ihm die Schlüsselposition des Finanzministers als Brücke zwischen Roosevelt und der Wall Street zu geben, aber er zog es vor, der persönliche Berater des Präsidenten zu sein. James' Charakter war nicht sehr gefestigt, was wahrscheinlich auf seinen verfrühten jugendlichen Ehrgeiz zurückzuführen war, und er entwickelte später eine heftige emotionale Konfrontation mit

Roosevelt, wobei er sogar den Zustand von Roosevelts New Deal in der Presse offen anprangerte, worunter seine politische Zukunft stark litt. [21]

Nachdem der Präsident James, das Schwergewicht der Roosevelt-Ära, verprellt hatte, empfahl Finanzminister Morgenthau seinen Lehrer George Warren, einen Professor für Agrarwirtschaft an der Cornell University, als Wirtschaftsberater des Präsidenten. Roosevelt schätzte Warrens Theorie der Preisinflation sehr, und obwohl der Präsident selbst nichts von Wirtschaft verstand, sagte ihm sein eher fragwürdiger Instinkt, dass steigende Preise der Weg aus der Krise seien. Warrens Denken passte perfekt zu Roosevelts Erwartungen.

Warren verbrachte ein Jahrzehnt damit, die Ursachen des Preisverfalls bei landwirtschaftlichen Erzeugnissen seit den 1920er Jahren akribisch zu untersuchen, und veröffentlichte 1932 sein Hauptwerk, "Wholesale Prices from 1720 to 1932": 213 Jahre danach". Darin kommt er zu dem Schluss, dass es einen eindeutigen Zusammenhang zwischen Gold und Rohstoffpreisen gibt: mehr Gold bedeutet einen Preisanstieg, weniger Gold einen Preisrückgang. Diese Schlussfolgerung ist an sich nichts Besonderes, denn Gold ist der Eckpfeiler der Kreditexpansion, und ein Anstieg des Goldpreises führt zu einer Ausweitung des Geldkredits und einem natürlichen Anstieg der Rohstoffpreise. Aber in den frühen 1930er Jahren waren monetaristische Ideen noch nicht aufgetaucht, und Roosevelt fand sie sehr erfrischend zu hören. Brisanter ist, dass Warren ein "Geheimrezept" zur Lösung des Preisverfalls vorschlug: Da die Zunahme des Goldes den Preis steigen lassen kann, ist die Abwertung des Dollars auf den Goldpreis gleichbedeutend mit einer Erhöhung der Gesamtmenge des Goldes, ist die Krise nicht gelöst? Mit einem solch einfachen Ansatz fand Roosevelt sofort einen Sinn für wirtschaftliche "Prophezeiungen". Der Präsident ist entschlossen und bereit, das Problem der Großen Depression mit einem Schlag zu lösen, indem er den Dollar gegenüber dem Goldpreis abwertet.

Die beiden Währungserhöhungen von 1930 und 1932 und Roosevelts Abwertung des Dollars gegenüber dem Gold, die beide versuchten, das ernste Schuldenproblem durch Manipulation des

---

[21] Ron Chernow, *The Warburgs, The Twenty Century Odyssey of a Remarkable Jewish Family*, Random House, New York, 1993. Kapitel 27.

Geldwertes unter zwei Gesichtspunkten (erstens unter dem Gesichtspunkt der Quantität und zweitens unter dem der Qualität) zu lösen, hatten leider keine Aussicht auf Erfolg. In einer schweren Schuldenkrise war es am wirksamsten, die Schulden vollständig abzuschreiben, die großen Banken in Konkurs gehen zu lassen und die Regierung die Geldmacht zu übernehmen und das Geld direkt in die Wirtschaft zu pumpen, so dass sich die wirtschaftliche Lage praktisch ohne Schulden rasch verbessern würde, und dann die Banken sich allmählich aus eigener Kraft erholen können. Im Jahr 1933 hat der deutsche Schacht diese Therapie angewandt, um die deutsche Wirtschaft, die weitaus schlechter war als die der Vereinigten Staaten, in nur vier Jahren vollständig zu sanieren, indem er 30% der Arbeitslosigkeit beseitigte und praktisch Vollbeschäftigung erreichte.

Das Wesen der Großen Depression bestand darin, dass auf der einen Seite enorme Ressourcen und Produktionsanlagen im Leerlauf waren und auf der anderen Seite eine große Zahl von Arbeitskräften im Leerlauf war, und solange das Geld beide miteinander verband, musste der Wirtschaftsmotor wieder anspringen. Das Bankensystem ist jedoch nicht in der Lage und nicht bereit, Kredite zu gewähren, wenn sie am dringendsten benötigt werden, da es ein ernstes Problem mit uneinbringlichen Forderungen gibt. Das Dilemma, wie das Geld in die Realwirtschaft gelangt, lässt sich nicht einfach dadurch lösen, dass die Währung abgewertet wird, um die Geschäftsbanken zu finanzieren. Da die Banken Kredite unter der Prämisse schaffen, dass jemand Geld verleihen muss und es niemand tut oder dass die Banken Angst haben, Geld zu verleihen, fließen die von den Zentralbanken billig geschaffenen Dollars nicht automatisch in die Realwirtschaft. Die Massenarbeitslosigkeit in der Großen Depression führte dazu, dass die Verbraucher ohne Kaufkraft waren und die Banken Angst hatten, ihnen Verbraucherkredite zu gewähren, während die Unternehmen Angst hatten, Mitarbeiter einzustellen, um die Produktion in großem Umfang aufzunehmen, weil der Verbrauchermarkt träge war. Der Ausweg aus diesem toten Zyklus besteht in einer massiven Erhöhung der Beschäftigung, denn nur so kann der Konsum gesteigert werden. Der New Deal von Roosevelt unternahm zwar einige Anstrengungen in dieser Hinsicht, blieb aber weit hinter dem Enthusiasmus für die Abwertung der Währung zurück.

Das von Roosevelt initiierte QE3 beinhaltete den Ausstieg aus dem Goldstandard, den Absturz des Dollars von $20,67 auf $35 für eine

Unze Gold und die dramatische Abwertung des Dollars gegenüber Gold!

Die Franzosen können sich nicht erklären, warum ein Land, das über das meiste Gold der Welt verfügt, den Goldstandard aufgeben will. Die Briten greifen nach Strohhalmen, das Pfund wurde aus dem Goldstandard gezwungen und die USA geben ihn freiwillig auf, was haben die USA vor? Für die Amerikaner ist die Frage sehr einfach: Da die meisten Länder das Gold nicht als "authentisch für die Han-Dynastie" anerkennen, nehme ich Gold immer noch als Bodhisattva, warum? Gold ist ursprünglich ein Instrument der Vereinigten Staaten, um andere zu beschränken, wenn jeder loszuwerden Gold, dann der Dollar besteht auf dem Goldstandard, kann nicht nur nicht kontrollieren, sondern unterliegt den Menschen. Allerdings sind die Vereinigten Staaten, nachdem alle, die Vereinigten Staaten hat ein zusätzliches Herz, wenn auch vorübergehend aufgegeben, den Goldstandard, sondern aufgrund der überwältigenden Dominanz der Vereinigten Staaten Goldreserven, vielleicht in der Zukunft wieder verwenden können Gold zu halten anderen Ländern. Roosevelt schaffte also angeblich den Goldstandard ab, erlaubte den Menschen aber nicht, Gold zu halten, und zwang die einfachen Leute, ihr gesamtes Gold zum niedrigen Preis von 20,67 Dollar an die Federal Reserve zu verkaufen und es dann aufzuwerten, was gleichbedeutend damit ist, die Menschen ihres Geldes zu berauben und die Gewinne dann in das Bankensystem zu leiten.

Später, als das Bretton-Woods-System eingeführt wurde, brachten die Vereinigten Staaten tatsächlich den goldenen "Kaiser Han Xian" hervor, und alle Länder mussten sich erneut beugen. Selbst nachdem die USA 1971 den Dollar vom Gold entkoppelt hatten, lagerten noch bis zu 8.000 Tonnen Gold. Die Vereinigten Staaten sind ein Land, das immer etwas dem Zufall überlässt.

Als Roosevelts QE3 angekündigt wurde, applaudierte die Wall Street und die Aktien stiegen um 15%. Ein weiteres Mitglied von JPMorgan, Großadmiral Ruffinwell, zollte Roosevelt im Namen der Wall Street Anerkennung: "Ihre Abkehr vom Goldstandard hat eine Nation gerettet, die am Rande des totalen Zusammenbruchs stand". Wenn es um Gold geht, sollten der Präsident und die Wall Street auf derselben Seite stehen.

Angestachelt durch QE3 stiegen die US-Großhandelspreise um 45%, die Lagerbestände verdoppelten sich, und die Schuldenkosten wurden erheblich gesenkt. Der wirtschaftliche Aufschwung hat das Licht der Welt erblickt, mit einem 100-prozentigen Anstieg der Aufträge für schwere Maschinen, einem 200-prozentigen Anstieg der Autoverkäufe und einem 50-prozentigen Anstieg der Industrieproduktion.

Roosevelt genießt in diesem Moment die wunderbare Freude des Erfolgs. Aber, so vergaß der Präsident, kann ein Aufschwung im arbeitslosen Wachstum von Dauer sein? Die Banker sind gerettet, die Kapitalisten sind glücklich, und das gemeine Volk? Ohne eine substanzielle Steigerung ihrer Konsummöglichkeiten ist das alles letztlich eine Illusion. Und tatsächlich sah sich Roosevelt 1937 erneut mit einer "Rezession" inmitten einer Depression konfrontiert.

„Mein Schicksal, ich habe das Sagen!"

Im Juni 1933 wurde die Londoner Wirtschaftskonferenz zu einem internationalen Ereignis von weltweitem Interesse. Länder auf der ganzen Welt, die in einem Sumpf des Niedergangs kämpfen, haben ihre Hoffnungen auf den Strohhalm gesetzt, an dem die Londoner Konferenz hängt. Es war eine Konferenz, die dazu bestimmt war, bergab zu gehen. Denn anstatt sich zu überschneiden, konzentrieren sich die USA und das Vereinigte Königreich auf einander.

Für das britische Empire bedeutete die Abspaltung des Pfund Sterling, dass die britische Wirtschaft auf festen Füßen stand. Um die Vorherrschaft über das Pfund wiederzuerlangen, musste der internationale Handel ausgeweitet werden, da der britische Außenhandel mehr als 20 Prozent des nationalen Einkommens ausmacht und der Finanzsektor stark vom Handel abhängig ist. Wenn der internationale Handel nicht gut funktioniert und der Finanzsektor nicht wiederhergestellt wird, wird die Wirtschaft instabil sein. Es ist daher notwendig, die Handelskarten der Dollar- und der Franc-Zone unter das Dach der Sterling-Zone zu bringen. Die schlechte Nachricht ist jedoch, dass der US-Dollar ebenfalls den Goldstandard verlassen hat und noch stärker abwertet als das Pfund, während der Franken keine Angst hat, weil er die Situation nicht versteht und sich immer noch an den Goldstandard klammert. Der Wechselkurs zwischen dem Pfund, dem Dollar und dem Franken muß unbedingt so bald wie möglich stabilisiert werden. Nur durch eine Stabilisierung der Währung kann die Erholung des internationalen Handels und die Stärkung der Position des Pfundes gewährleistet werden. Natürlich müssen auch die

Kriegsschulden erlassen werden. Für Großbritannien gibt es daher nur zwei Punkte: erstens, daß Währungsstabilität eine Voraussetzung für die Erholung der Weltwirtschaft ist, und zweitens, daß Kriegsschulden abgebaut werden können, wenn sie abgebaut werden.

Die Vereinigten Staaten denken an etwas ganz anderes. Die Vereinigten Staaten sind der Ansicht, dass der Dollar derzeit schwach ist, da Tausende von Banken zusammenbrechen und sich die Rezession verschlimmert, so dass sie zunächst die Wirtschaft wieder ankurbeln und ihre Stärke ausbauen müssen und dann warten, bis der Dollar wieder steigt. Im Gegensatz zu Großbritannien und anderen europäischen Ländern ist der US-Markt autark, und der Außenhandel macht nur 2 bis 3 Prozent des nationalen Einkommens aus, so dass Roosevelt den Schwerpunkt auf die Erholung der Binnenwirtschaft und nicht auf die externe Stabilität des Dollars legte. Was ist falsch an einem abwertenden Dollar, der sinkenden Inlandspreisen entgegenwirkt und gleichzeitig die Exporte ankurbelt, die Beschäftigung steigert und das Pfund angreift? Und was den Erlass der Kriegsschulden angeht: Denken Sie nicht einmal daran!

Bei der anglo-amerikanischen Konversation ging es darum, wer der Währungsstabilität und dem wirtschaftlichen Aufschwung höhere Priorität einräumt, während die beiden Seiten am Tisch das schattenlose Bein der Währung traten.

Am Eröffnungstag der Konferenz nahm der britische Premierminister Macdonald in seiner Begrüßungsrede ablenkend auf die Kriegsschulden der Alliierten Bezug, was die Amerikaner sofort als Verstoß gegen die früheren Verpflichtungen Großbritanniens beanstandeten.

Als die Briten die Währungsstabilität erwähnten, wies Roosevelt die amerikanische Delegation an, sich nicht mit diesem Thema zu befassen und sich auf die wirtschaftliche Erholung zu konzentrieren. Doch die Briten ließen nicht von dem Problem ab, dass der Dollar nicht übermäßig abwerten konnte. Daher musste Roosevelt die Briten mit reinen Fakten aufklären.

Vor dem Treffen erhielten die Briten die Nachricht, dass die USA den Dollar bis auf 1:3,50 Pfund abwerten könnten, aber während des Treffens fiel der Dollar stark auf 1:4,18 und die Briten begannen, lautstark zu protestieren. Am 27. Juni war der Dollar weiter auf 1:4,3 gefallen, den niedrigsten Wechselkurs seit dem amerikanischen Bürgerkrieg, und die Briten schrien laut auf. Am nächsten Tag fiel der

Dollar auf 1:4,43, und diesmal war der Protest der Briten nicht mehr zu hören.

> „Roosevelts Verhandlungsstrategie zwischen dem 17. und 20. Juni war erfolgreicher, als er es sich hätte vorstellen können. Sie müssen dies einfach als Tatsache akzeptieren. Alles, was sie jetzt verlangen, ist eine Art Geste der USA, und sei es eine unbedeutende Geste, eine Geste, die ihre Handlungsfreiheit in Bezug auf den Dollar in keiner Weise einschränkt, aber dennoch die wilden Wechselkursspekulationen der letzten drei Wochen eindämmt."[22]

Trotz Roosevelts Dominanz auf der Konferenz musste er feststellen, dass einige Mitglieder der amerikanischen Delegation nicht auf seiner Seite waren! Dazu gehören sein Finanzberater James Warburg und Harrison, der Gouverneur der Federal Reserve Bank of New York. Roosevelt bekräftigte wiederholt: "Reden Sie nicht von Währungsstabilität, ich werte den Dollar ab, hebe die Preise wieder an, und ich will, dass derjenige, der meine Abwertungspolitik disziplinieren will, gut aussieht!

Aber internationale Banker haben eine einzigartige Vorliebe für private "kleine Treffen". Der Gouverneur der Bank von England, Norman, der Gouverneur der Bank von Frankreich, Monnet (Morrows Nachfolger), der Gouverneur der New Yorker Fed, Harrison, und andere mieden das Rampenlicht der Generalversammlung und suchten sich heimlich einen Ort, an dem sie weiter über Optionen für die Währungsstabilität diskutierten. Sie einigten sich fast unter vier Augen darauf, dass das Pfund im Verhältnis zur 30-prozentigen Abwertung des Goldes unverändert bleiben sollte, dass der Dollar sich erholen und im Verhältnis zur 20-prozentigen Abwertung des Goldes auf demselben Niveau bleiben sollte, und dass der Franc weiterhin am Gold festhalten und seinen Wert behalten sollte. Ein solches Arrangement ist relativ günstig für das Pfund, während es gleichzeitig die Voraussetzungen für die vom Franken befürchtete unendliche Abwertung schafft, wobei der Dollar eher moderat als stark abwertet. Es war ein kompromittierter Konsens der Zentralbanker auf mehreren Seiten.

---

[22] Michael Hudson, *Superimperialismus - Neue Ausgabe: The Origin and Fundamentals of U.S. World Dominance*, Pluto Press; New Edition (21. März 2003), Kapitel 3.

Aber eine solche private Vereinbarung verstößt gegen Roosevelts großes Tabu! Was Roosevelt am meisten hasste, war nicht das, was sie besprachen, sondern die Art und Weise, in der diese geheime Vereinbarung getroffen wurde. Es ist das Äquivalent zu den Zentralbankern, die den Ton angeben und dann zurückgehen, um ihre jeweiligen Regierungen zu überzeugen oder zu zwingen, diesen Vereinbarungen zuzustimmen. Was hat Roosevelt mit einer solch perversen Handlung zu tun? Von allen Chefs gibt es nichts Widerlicheres, als wenn einer der eigenen Leute heimlich mit anderen hinter ihrem Rücken konspiriert und ihren eigenen Worten widerspricht. Das ist, als würde man von innen nach außen essen!

Die geheime Vereinbarung über die Währungsstabilität ist bekannt geworden!

In einem Wutanfall veranlasste Roosevelt das Weiße Haus zu einer öffentlichen Erklärung darüber, was Harrison und Co. taten, von dem die US-Regierung weder wusste noch es zulassen würde! Um seine Empörung zu unterstreichen, ließ Roosevelt einige wirklich harte Worte fallen, und ein Sprecher des Weißen Hauses betonte gegenüber Reportern absichtlich, dass Harrison kein Vertreter der US-Regierung sei, sondern lediglich die Federal Reserve Bank of New York vertrete, die eine von der US-Regierung getrennte Einheit sei!

Als privates Unternehmen ist die Federal Reserve Bank of New York natürlich nicht Teil der US-Regierung, und Roosevelt wusste dies seit langem; aber indem er in diesem Moment so harte Worte sagt, klopft er eindeutig auf den Berg und warnt Harrison und die Federal Reserve Bank of New York, wer der wahre Boss ist!

Roosevelt war kein Kind aus einer armen Familie, das durch persönliche Anstrengung zum Präsidenten aufstieg. Diejenigen Präsidenten, die keine Wurzeln haben, sind nicht wirklich das Establishment, und sie müssen sich auf die Interessengruppen stützen, die sie an der Macht halten. Aber in der amerikanischen Geschichte gibt es starke Präsidenten mit echter Macht in ihren Händen, und Roosevelt war einer von ihnen.

Roosevelts Urgroßvater, James Roosevelt, gründete 1784 die Bank of New York, wohl eine der ältesten Bankiersfamilien der Vereinigten Staaten, die von seinem Cousin George geleitet wurde, bis Roosevelt für das Präsidentenamt kandidierte. Roosevelts Vater, der ebenfalls James hieß, war ein amerikanischer Industriemagnat, der eine Reihe von Großbetrieben wie Kohleminen und Eisenbahnen besaß und

Gründer der Southern Railway Securities Company war, der ersten Wertpapierholding in den Vereinigten Staaten, die sich mit der Eisenbahnindustrie zusammenschloss. Roosevelt selbst ist Harvard-Absolvent und ausgebildeter Jurist, und zu seinen wichtigsten Kunden gehört JPMorgan & Co. Mit seinem fundierten Hintergrund im Bankwesen wurde Roosevelt im Alter von 34 Jahren stellvertretender Sekretär des US-Marineministeriums. Roosevelt hatte auch einen Onkel, der Präsident war, Leonardo Roosevelt. Sein anderer Cousin, George Emmanuel Roosevelt, war ebenfalls eine prominente Persönlichkeit an der Wall Street, der in der Ära der großen Eisenbahnfusionen mindestens 14 Eisenbahngesellschaften reorganisierte und Direktor der Guaranty Trust Investment Company unter JPMorgan, der Hanover Bank und der New York Savings Bank war; die Liste weiterer Unternehmen, in denen er tätig war, ließe sich in einer Broschüre abtippen. Roosevelts Mutter, die Familie Delano, war ebenfalls eine Haarnadel-Familie und neun Präsidenten waren mit ihrer Familie verwandt. Kein Präsident in der jüngeren amerikanischen Geschichte verfügte über größere politische und Bankressourcen als Roosevelt.

Harrison sah die Nachricht und war fassungslos, so ein Spektakel hatte er noch nie jemandem vorgeworfen. Er hatte kein Gesicht mehr, um in London zu Sitzungen zu bleiben. Das Gefühl, so erzählte er später einem Freund in New York, war "wie von einem Esel ins Gesicht getreten zu werden".

Als er mit ansehen musste, wie Harrison von Roosevelt eine Ohrfeige verpasst bekam, musste Warburg sich selbst zum Narren machen. Diesmal schaltete er sich persönlich ein, indem er erneut die Briten mit den Franzosen zusammenbrachte, um die Gespräche über die Währungsstabilität fortzusetzen.

Diesmal ist Roosevelts Lunge kaputt! Er begreift es einfach nicht, erst Harrison, dann Warburg, und dann ein paar Mal ganz unverhohlen gegen ihn. Er hat beschlossen, die gesamte Londoner Wirtschaftskonferenz komplett umzuwerfen! Offensichtlich war der Ton dieses Treffens von den internationalen Bankiers vorher festgelegt worden, und diese Leute in der US-Delegation waren nicht die eigenen Leute des Präsidenten, sie wollten nicht für den Präsidenten verhandeln, sie wollten in seinem Namen für sich selbst verhandeln!

Am 2. Juli schickt Roosevelt eine persönlich verfasste Kampfschrift gegen die Währungsstabilität an die Delegation der

Vereinigten Staaten in London: "Sie [die Währungsstabilität] scheint mir eine Katastrophe zu sein, eine Tragödie universellen Ausmaßes... Wenn das Ziel der Nationen bei diesem großen Ereignis darin besteht, den Massen aller Nationen eine realere und dauerhafte finanzielle Stabilität zu bringen, dann ist das rein künstliche und experimentelle Programm zur Währungsstabilität, das von diesen wenigen ausgearbeitet wurde, der antiquierte Weg der internationalen Bankiers". Der Inhalt dieses Telegramms wurde allen Teilnehmern öffentlich mitgeteilt, und die Londoner Wirtschaftskonferenz war zum Scheitern verurteilt. Warburg schlug sich mit Roosevelt auf eine Seite. [23]

Roosevelt hat die gleiche Charaktereigenschaft wie alle starken Persönlichkeiten, nämlich immer die Kontrolle über sein eigenes Schicksal zu haben.

Die vergessene Wahrheit über Amerikas Aufstieg

Der Nachteil der Smith-Doktrin besteht darin, dass es sich in Wirklichkeit um eine privatwirtschaftliche Doktrin handelt, die nur Einzelpersonen in einem Land oder in der Welt betrifft, und dass sich diese Privatwirtschaft in einer bestimmten Situation auf natürliche Weise bilden und entwickeln wird. Dabei wird von einer Situation ausgegangen, in der es keine Nationalitäten oder nationalen Interessen mit klaren Grenzen, keine ausgeprägte politische Organisation oder kulturelle Stufen, keine Kriege oder Hass zwischen den Nationen gibt. Die Doktrin ist nichts weiter als eine Werttheorie, nichts weiter als die Theorie eines einzelnen Händlers oder Geschäftsmannes. Sie ist keine wissenschaftliche Lehre, und sie zeigt nicht, wie die Produktivkräfte einer Nation im besonderen Interesse des kulturellen Wohlergehens, der Macht, des Überlebens und der Autonomie der Nation erzeugt, entwickelt und erhalten werden können.

Der Weg zum Aufstieg Amerikas ist gerade die Entscheidung, sein eigenes Schicksal stark zu beherrschen.

Roosevelt konnte die externe Stabilität des Dollars ignorieren und sich auf die Erholung der Binnenwirtschaft konzentrieren, da die

---

[23] Ron Chernow, *The Warburgs, The Twenty Century Odyssey of a Remarkable Jewish Family*, Random House, New York, 1993. Kapitel 27.

Vereinigten Staaten nur in geringem Maße vom Ausland abhängig sind und der Außenhandel nur 2 bis 3 Prozent des amerikanischen Nationaleinkommens ausmacht. In Europa hatte die Währungsstabilität Vorrang vor innenpolitischen Fragen, da der Außenhandel 20 bis 30 Prozent des Einkommens der großen europäischen Länder ausmacht. Das instabile außenwirtschaftliche Umfeld und das Ausbleiben einer raschen Erholung des internationalen Handels haben es unmöglich gemacht, von einer wirtschaftlichen Erholung innerhalb Europas zu sprechen.

Roosevelts Hegemonie beruhte auf der Tatsache, dass die Vereinigten Staaten nicht auf den europäischen Markt angewiesen waren und Europa um amerikanisches Geld betteln musste. Letztlich ist es die enorme Größe des amerikanischen Marktes, die die Grundlage für die wirtschaftliche Unabhängigkeit der USA bildet. Der Aufstieg der amerikanischen Wirtschaft ist als ein Wunder in der Geschichte der Weltwirtschaft bezeichnet worden. Eine rückständige, überwiegend landwirtschaftlich geprägte ehemalige Kolonie, weit entfernt von der europäischen Zivilisation, übertraf in hundert Jahren überraschend die Volkswirtschaften der europäischen Großmächte zusammen. Es ist nicht auszuschließen, dass dabei auch eine Portion Glück im Spiel war, aber der wichtigste Faktor sind die politischen Entscheidungen der USA selbst. Unter ihnen ist die Überzeugung, dass man sein Schicksal niemals einem anderen überlassen darf, die wichtigste Grundlage für den Aufstieg Amerikas.

Der Weg des Aufstiegs der Vereinigten Staaten unterscheidet sich deutlich von dem des Vereinigten Königreichs. Großbritannien war das erste Land, das kolonisierte, dann den Handel entwickelte, die industrielle Revolution einleitete und schließlich die Weltherrschaft erlangte. Die koloniale Eroberung brachte dem britischen Empire eine riesige Reserve an Arbeitskräften und eine Fülle natürlicher Ressourcen, der Überseehandel brachte das für die Industrielle Revolution benötigte Rohkapital und potenzielle Märkte, was wiederum eine beispiellos effektive Integration von Arbeitskräften, natürlichen Ressourcen, globalen Märkten und industriellem Kapital zur Folge hatte, wodurch eine ganze Reihe von Grundsätzen und Doktrinen für die Organisation der Produktion, die Grundsätze des Handels, Markttransaktionen und Kapitalströme festgelegt wurden. Dies ist die Idee des Freihandels, die Großbritannien den anderen Nachzüglern zu verkaufen versucht, und im Kern geht es darum, die Vorteile, die die ersten Länder bereits erlangt haben, zu verewigen und zu institutionalisieren. Im Rahmen eines solchen institutionellen Arrangements würden die Briten die Maschinerie der Weltwirtschaft und des Welthandels kontrollieren: Die Rohstoffe und Grunderzeugnisse der Welt würden von den Briten eingepreist; die wichtigsten Industrieprodukte der Welt würden von britischen Fabriken geliefert; die Halbfertig- und Hilfsprodukte der Welt würden von Großbritannien für die Produktion in anderen Ländern nach dem Prinzip des komparativen Vorteils arrangiert; und der Verkauf der verschiedenen Produkte auf dem Weltmarkt würde von Großbritannien auf der Grundlage des Gewinns verteilt werden. Gleichzeitig wird das Vereinigte Königreich Mittel bereitstellen, um das gesamte System am Laufen zu halten. Darüber hinaus würde die kaiserliche Marine in Bereitschaft stehen, um alle potenziellen Herausforderer des etablierten Systems zu bekämpfen.

Für die Amerikaner ging es im Unabhängigkeitskrieg vor allem darum, sich aus der Abhängigkeit von Großbritannien zu befreien. Konkret ging es um die Befreiung von der Abhängigkeit vom Weltmarkt unter britischer Kontrolle, von der Abhängigkeit vom britischen Kapital und von britischen Industrieprodukten.

Nach dem Unabhängigkeitskrieg wurde den Gründervätern der Vereinigten Staaten klar, dass die Hauptquelle für das künftige Wachstum des gesellschaftlichen Wohlstands die industrielle Kapazität des Landes sein würde. Doch bis 1800 blieben die Vereinigten Staaten ein typisches Agrarland, in dem nur 8 von 326 Aktiengesellschaften in die verarbeitende Industrie investierten, was gerade einmal 2,4 Prozent der Gesamtzahl entsprach. Für die Entwicklung der Industrie sind Technologie, Ausrüstung, Talent und Kapital das Wichtigste, und das Vereinigte Königreich hat die Abwanderung von Maschinen und Technikern schon vor langer Zeit verboten. Angesichts des Dumpings britischer Industrieprodukte stecken die Vereinigten Staaten noch in den Kinderschuhen, die verarbeitende Industrie steht vor einer Katastrophe.

Die Napoleonischen Kriege brachen 1807 aus, als Großbritannien, das gegen Napoleon kämpfte, die Zwangsrekrutierung aller Briten an Bord eines neutralen Schiffes anordnete und im Juni die USS Chesapeake vor der Küste der Vereinigten Staaten abfing und beschoss, um deren Seeleute zu rekrutieren. Dies rief in den Vereinigten Staaten eine starke antibritische Stimmung hervor, und im Dezember 1807 verabschiedete der Kongress der Vereinigten Staaten den Embargo Act, der es allen Schiffen untersagte, die Vereinigten Staaten in Richtung ausländischer Häfen zu verlassen. Während das Embargo den amerikanischen Exporten und der maritimen Industrie bescheidene Verluste bescherte, eröffnete es dem verarbeitenden Gewerbe wertvolle Wachstumschancen. Durch die Embargowinde konnte sich die amerikanische Industrie vorübergehend dem Wettbewerbsdruck durch britische Industrieerzeugnisse entziehen, und die Gewinne des verarbeitenden Gewerbes stiegen sprunghaft an. Gleichzeitig musste das Finanz- und Handelskonsortium im Norden der Vereinigten Staaten aufgrund der Depression der Schifffahrt und des Handels eine große Menge an Kapital in die verarbeitende Industrie investieren, was zu einer raschen Entwicklung der industriellen Produktion in den Vereinigten Staaten führte; bis 1810 erreichte das verarbeitende Produkt 120 Millionen US-Dollar. Im Jahr 1812, dem Ausbruch des zweiten Krieges zwischen Großbritannien und den Vereinigten Staaten, die britische Industrieprodukte in den Vereinigten Staaten Markt stark reduziert, noch einmal auf die Vereinigten Staaten Fertigung weiterhin eine natürliche Gelegenheit für die Entwicklung bieten. [24]

In dieser Zeit begannen sich die größten Schwierigkeiten, mit denen die amerikanische Fertigungsindustrie in ihren Anfängen konfrontiert war, nämlich die Probleme mit fortschrittlichen Ausrüstungen, Technologien und Talenten, zu lösen. Die Verbreitung der industriellen Technologie im Vereinigten Königreich ist schwer genug zu regeln. Nach dem Krieg von 1815, mit der Wiederaufnahme des Handels mit Großbritannien und Europa und dem Wiederaufleben britischer Waren, blieb das verarbeitende Gewerbe in den USA anfällig, mehr als die Hälfte der Fabriken wurden geschlossen und eine große Zahl von Arbeitern verlor ihren Arbeitsplatz, was die wirtschaftliche Rezession in den USA von 1818 auslöste.

Die Unterbrechung des britischen Handels durch die beiden Kriege und der große Einfluss britischer Produkte auf die amerikanische Industrie in der Nachkriegszeit veranlassten die Amerikaner schließlich zu der Überzeugung, dass ausländische Industrieprodukte durch hohe Zölle vom amerikanischen Markt ferngehalten werden müssen, um gute

---

[24] Michael Hudson, *America's Protectionist Takeoff 1815-1914, The Neglected American School of Political Economy*, Garland Publishing, Inc, New York & London, 1975.

äußere Bedingungen für den Aufstieg der amerikanischen Industrie zu schaffen.

Auf Drängen des amerikanischen Industriekomplexes verabschiedete der Kongress 1824 den Tariff Act, mit dem die Zölle auf Produkte wie Textilien, Wolle, Roheisen und Flachs erhöht wurden. Die Harrisburger Konvention hingegen sieht niedrigere Zölle auf die Einfuhr von Produkten vor, die nicht im Land hergestellt werden können, und höhere Zölle auf bestimmte Spezialprodukte, wie etwa bis zu 90 Prozent auf Wolle und bis zu 95 Prozent auf Roheisen.

In den 100 Jahren des industriellen Aufstiegs Amerikas im 19. Jahrhundert lag der US-Zollsatz in den meisten Jahren bei über 40% und in den schwachen Jahren bei 20%. Um 1900 dominierte die amerikanische Industrie die Welt. Ohne den Schutz durch hohe Zölle wäre dieses Wunder nicht denkbar!

Neben den hohen Zöllen gibt es noch ein weiteres bemerkenswertes Merkmal des Aufstiegs der amerikanischen Industrie, nämlich die hohen Löhne! In der Freihandelstheorie ist das eine unglaubliche Verrücktheit. Hohe Löhne bedeuten hohe Kosten, und Produkte mit hohen Kosten bedeuten nach der Doktrin des komparativen Vorteils den Ausschluss vom Weltmarkt. Aber die Amerikaner glauben das nicht! Denn der Hauptzweck der amerikanischen Produktion von Industriegütern ist nicht die Befriedigung des Genusses ausländischer Verbraucher, sondern die Verbesserung des Lebensstandards der eigenen Bevölkerung.

Seit der Kolonialzeit waren die Arbeitskosten in den USA um mehr als ein Drittel höher als in Kontinentaleuropa, eine natürliche Folge der Knappheit an Arbeitskräften, die den neuen Kontinent für europäische Einwanderer attraktiv gemacht hat. Als die Vereinigten Staaten begannen, die Industrialisierung voranzutreiben, hatte die Frage der hohen Löhne eine 30 Jahre andauernde Debatte zwischen der pro-britischen Schule in den Vereinigten Staaten und der amerikanischen Schule ausgelöst. Die pro-britische Denkschule, die stark an die britische Freihandelstheorie glaubt, ist der Ansicht, dass Industrialisierung und hohe Löhne unvereinbar sind. Am Beispiel der europäischen Industrialisierung weist sie darauf hin, dass die Arbeitnehmer in den europäischen Ländern niedrige Kosten und schwierige Lebensbedingungen haben und dass die Vereinigten Staaten ohne einen Preisvorteil bei den Arbeitskräften nicht erfolgreich sein könnten, wenn sie mit europäischen Produkten konkurrierten. Aber die amerikanische Denkschule war eine Gleichmacherei,

> *„Der Erfolg der amerikanischen Industrie wurde nicht durch die Senkung der Löhne ihrer Arbeiter erreicht, sondern durch ein fortschrittlicheres organisatorisches Management und eine größere Effizienz der Arbeitskräfte, die einen höheren Lebensstandard aufrechterhalten haben. Höhere Löhne bedeuten bessere Ernährungs- und Lebensbedingungen für die Arbeitnehmer, was dazu führt, dass Amerikas Arbeitnehmer arbeitswütiger werden und mehr kreative Energie haben. Die Hochlohnländer schlagen ihre 'Billiglohn'-Rivalen in allen Bereichen."*

Die amerikanische Denkschule geht davon aus, dass Arbeit ein Kapital und nicht nur ein Kostenfaktor ist. Investitionen in die Arbeitskräfte werden zu produktiveren Erträgen führen. Eine höhere Lebensqualität, eine bessere Ausbildung und eine größere körperliche, energetische und intellektuelle Kraft werden bessere Produkte und Dienstleistungen hervorbringen, die zu mehr Erfindungen und Kreativität anregen! Dieser Gedanke unterscheidet sich deutlich von der statischen Betrachtung der Arbeit als Kosten im Gegensatz zum Gewinn, die Li Jia Tu verwendete. [25]

Sind es die Arbeitskosten oder das Humankapital? Die große Debatte zwischen der pro-britischen und der amerikanischen Schule hat dazu geführt, dass sich die amerikanische Politik am Ende für die Option der Hochlohnstrategie entschieden hat.

Der Schutz des Handels hat die amerikanische Industrie von einer schwachen zu einer starken Industrie werden lassen. Es ist die Idee der Arbeit als eine Form des Kapitals, die dazu führt, dass amerikanische Arbeiter viel höhere Löhne zahlen als in Europa, und höhere Produktivität und mehr Erfindungen geben dem Kapital eine Rendite, die seinen Einsatz weit übersteigt. Es ist die Entwicklung einer eigenen mächtigen Industrie, die die größte Anzahl von Industriegütern und Dienstleistungen in der Welt hervorgebracht hat, und es ist die große Mittelschicht mit hohen Löhnen, die den größten Verbrauchermarkt der Welt geschaffen hat. Dank der enormen Größe des amerikanischen

---

[25] Ebd.

Binnenmarktes sind die Vereinigten Staaten endlich in der Lage, ihr Schicksal selbst in die Hand zu nehmen!

Der Aufstieg der amerikanischen Industrie beruht auf einer Strategie mit hohen Zöllen, hohen Löhnen, einer starken Industrie, schwerer Technologie und großen Märkten.

Die USA nehmen britische Vermögenswerte auf eigene Gefahr

Nach der unglücklichen Londoner Wirtschaftskonferenz von 1933 trennten sich die Wege des Vereinigten Königreichs und der Vereinigten Staaten; das Vereinigte Königreich konzentrierte sich auf das Funktionieren seines eigenen riesigen Pfund-Sterling-Gebiets, während die Vereinigten Staaten weiterhin in ihren eigenen wirtschaftlichen Schwierigkeiten "isoliert" waren.

Mit dem Ausbruch des Zweiten Weltkriegs im Jahr 1939 wurde das fragile und triste Gleichgewicht der Welt endgültig zerstört. Der Krieg entflammte sofort das Blut aller Nationen. Der Sieg der Nazis in Deutschland, der Europa auslöschte, bot den Vereinigten Staaten die perfekte Gelegenheit für ein Comeback.

Die Amerikaner hätten nie gedacht, dass diese Straßenpunks aus den deutschen, italienischen und japanischen Achsenländern wirklich eine große Sache aus der Tatsache machen könnten, dass das BIP der Vereinigten Staaten allein 50 Prozent höher ist als das der drei Länder zusammen. Schließlich werden Kriege mit Geld und Lebensmitteln geführt. Die Achsenmächte waren Spätentwickler, denen die Militärbasen und die Rohstoffe der Kolonien in Übersee fehlten, und die letzte Schlacht der Weltkriege war der Ressourcenverbrauch. Die britischen, französischen, sowjetischen und chinesischen Mächte allein würden ausreichen, um die menschlichen, materiellen und finanziellen Reserven der Achsenmächte aufzubrauchen, während die riesigen überseeischen Ressourcen des Britischen Empire unaufhörlich für Kriegsnachschub sorgen würden, und ein längerer Krieg wäre für die Alliierten immer vorteilhafter, und schließlich würden die Vereinigten Staaten einen überwältigenden Vorteil haben, wenn sie in den Krieg eintreten.

Wie ein gewiefter Geschäftsmann wägen die Vereinigten Staaten das Kräfteverhältnis ab und kalkulieren, wann ein Kriegseintritt im Interesse Amerikas liegt. Die Amerikaner waren nicht wirklich besorgt über einen eventuellen Sieg Deutschlands oder die Expansion der Sowjetunion, im Gegenteil, die Vereinigten Staaten waren eher besorgt über die Stärke des britischen Empire nach dem Krieg. Daher wollten die Vereinigten Staaten Großbritannien im Krieg so weit wie möglich schwächen, damit die Nachkriegswelt ein einziges Amerika sein würde.

Das britische Weltreich, das von Deutschland gleich zweimal herausgefordert wurde, hatte es zunehmend schwerer, damit fertig zu werden. So wie Großbritannien nicht damit gerechnet hatte, dass Frankreich den Krieg so ungeschlagen überstehen würde, waren auch die Vereinigten Staaten überrascht, dass der Niedergang Großbritanniens weitaus gravierender ausfiel, als die Vereinigten Staaten angenommen hatten. Das Vereinigte Königreich war das erste der Industrieländer, das aus der Rezession herauskam, was zum großen Teil dem großen Markt im Pfundbereich zu verdanken war. Bis 1938 verfügte Großbritannien über satte 4 Milliarden Dollar an Gold- und Dollarreserven, viermal mehr als in den frühen 1930er Jahren! Doch nur ein Jahr nach Ausbruch des Krieges sanken die britischen Gold- und Devisenreserven bis September 1940 auf 1 Milliarde Dollar. Im November musste Churchill Roosevelt unter vier Augen mitteilen, dass "die Zeit für eine Unterbrechung des britischen Geldflusses nicht mehr fern war". Obwohl Roosevelt insgeheim von der Geschwindigkeit überrascht war, mit der sich der Krieg aufbrauchte, wollte er Großbritanniens Geschichte nicht so einfach glauben. Während Roosevelt erklärte, dass "die Vereinigten Staaten das große Arsenal der Demokratien" seien, deutete er an, dass es immer noch Geld koste, Waffen zu kaufen.

Angesichts der schreienden Armut Churchills hatte es Roosevelt nicht eilig, den Kongress davon zu überzeugen, dass die Briten tatsächlich alle ihre Ressourcen ausgeschöpft hätten und die Vereinigten Staaten sofort helfen müssten. Wenn die Lage im Vereinigten Königreich wirklich dringend ist, gibt es einen schnellen Ausweg, nämlich den Verkauf der britischen Beteiligungen an großen amerikanischen Industrieunternehmen.

Die Banker wissen, dass das Vereinigte Königreich zig Milliarden Dollar an "ungenutzten Vermögenswerten" in Übersee hat, und es ist an der Zeit, dass das Vereinigte Königreich das Geld nutzt, um das Vereinigte Königreich zu zwingen, vom Block zu springen und zu verkaufen, und die Banker werden ein Vermögen machen.

Im März 1941, als der Kongress gerade über den Tenant Frontier Act beriet, teilte Roosevelt Großbritannien mit, dass einige seiner wichtigsten Unternehmensanteile sofort an die Amerikaner verkauft werden müssten. Zu den Unternehmen, die Großbritannien verkaufen musste, gehörte die American Viscose Company, die Super-Geldmaschine des Courtaulds-Textilimperiums in den Vereinigten Staaten, die 18.000 Beschäftigte und sieben Fabriken in den Vereinigten Staaten hatte und zu dieser Zeit das größte Viskoseunternehmen der Welt war. Die Amerikaner gaben der britischen Regierung nur 72 Stunden Zeit, um den Verkauf des Unternehmens anzukündigen. Als der Vertreter der britischen Regierung Cortez diese Entscheidung schweren Herzens mitteilte, fragte der altgediente englische Gentleman einfach: "Ist diese Entscheidung im nationalen Interesse, ungeachtet des Schmerzes, den sie mir und meinem Unternehmen zufügen wird?" Als der alte Herr die Frage bejahte, sackte er in seinem Sitz zusammen. Er hatte nur 36 Stunden Zeit, um den Vorstand einzuberufen und die Pläne für den Verkauf des Unternehmens bekannt zu geben. Das ist wohl der kürzeste Rekord in der Geschichte der Unternehmensfusionen und -übernahmen in der Welt. Das Unternehmen ging natürlich an JPMorgan, das dem Engländer 54 Millionen Dollar gab und auf dem Markt für 62 Millionen Dollar den Besitzer wechselte. Nach dem Krieg behauptete Churchill in seinen Memoiren, dass allein die Sachanlagen des Unternehmens mehr als 128 Millionen Dollar wert waren und dass "Cortez, das Vermögen dieses großen britischen Unternehmens in den Vereinigten Staaten, auf Wunsch der amerikanischen Regierung billig verkauft wurde, und dann wieder zu einem hohen Preis auf den Kapitalmärkten, wovon Großbritannien nicht profitierte." Als J.P. Morgan diesen Bericht sah, war es so schockiert, dass es sich beeilte, über verschiedene Verbindungen die Verbindung zu lösen, in der Hoffnung, dass Churchill nicht so hart sein würde. [26]Zu Churchills Entsetzen ist dies nur die Spitze des Eisbergs britischer Vermögenswerte, die von den USA erpresst werden.

Zur Unterstützung des Krieges gegen Demokratie und Freiheit verbreitete sich in den Vereinigten Staaten die Nachricht von der

---

[26] Ron Chernow, *The House of Morgan, An American Banking Dynasty and the Rise of Mordern Finance*, Grove Press, New York, 1990. S. 462-463.

amerikanischen Forderung, dass die Briten ihr Vermögen billig verkaufen sollten, und eine große Anzahl amerikanischer Spekulanten schlief aufgeregt die Nacht durch, darunter der erstaunliche Dr. Hamer. Als Student der Columbia Medical School wurde Hamelbon dank des natürlichen Geschäftssinns von Juden, die während seines Studiums mit dem Verkauf von Medikamenten begannen, zum Millionär. Später reiste er kurz nach der Oktoberrevolution allein in die Sowjetunion, wo er sich mit seinem großen Mentor Lenin anfreundete und seitdem in der Roten Sowjetunion Handel betrieb. Nachdem er ein Vermögen gemacht hatte, machte er erneut ein Vermögen, indem er viele Kunstwerke aus der Sowjetunion aufkaufte und sie in den Vereinigten Staaten zu einem günstigen Preis zurückkaufte. Als er hörte, dass britische Vermögenswerte veräußert werden sollten, dachte er sich schnell ein großes Geschäft aus, an das selbst eine große internationale Investmentbank wie JPMorgan nicht zu denken wagte. Das ist der Verkauf britischer Militärbasen in der westlichen Hemisphäre!

Hammer rechnete vor, dass sich die Kriegsschulden Großbritanniens bei den Vereinigten Staaten 1925 auf 5 Milliarden Dollar beliefen und dass 1940 noch 3,5 Milliarden Dollar unbezahlt waren. Die Vereinigten Staaten waren so erschrocken über diese Schulden, dass sie 1934 den Johnson Act verabschiedeten, der vorsah, dass jedes Land, das seine Schulden aus dem Ersten Weltkrieg nicht bezahlte, keinen weiteren Penny von den Vereinigten Staaten erhalten würde. In der Tat, die Vereinigten Staaten hat die härteste zu Großbritannien, auch die Achsenländer wie Italien, die Vereinigten Staaten hat die Hälfte der Schuldenerlass Großzügigkeit erhalten, Deutschland erhielt sogar eine große Investition in Dollar, Frankreich wurde auch stark reduziert Schulden, nur nach Großbritannien ist besonders geizig, die Vereinigten Staaten zu Großbritannien Skrupel, wie aus der Tiefe der gesehen werden kann. Es waren der Johnson Act und der Neutrality Act, die die Vereinigten Staaten daran hinderten, Großbritannien im Zweiten Weltkrieg direkt zu unterstützen. Das ist auch der Grund dafür, dass es für Hammer möglich ist, einen großen Wurf zu landen. Hammer argumentierte, dass Großbritannien die 3,5 Milliarden Dollar, die es zur Begleichung der US-Schulden benötigte, auf keinen Fall zuerst nehmen könne, der Krieg aber Geld verschlinge. Daher muss das Vereinigte Königreich nur seine Vermögenswerte veräußern, um die US-Schulden auszugleichen.

Was er im Sinn hatte, war, dass Großbritannien sein Kolonialgebiet zur Begleichung seiner Schulden verwendet. Natürlich hat sich Amerika nie für Kolonien interessiert, denn die Herrschaft kostet Geld, und anstatt einen so großen Stand zu errichten, wie es England tat, ist es besser, Produkte an diese Orte zu verkaufen, um trotzdem Geld zu verdienen. Der Geschmack der Hammer-Kaufleute entsprach genau dem amerikanischen Geschäftsgebaren. Nach einer sorgfältigen Analyse listete Hammer Gebiete auf, die für die Vereinigten Staaten von Interesse sein könnten, wie Honduras, die Falkland-Inseln, Guyana, einige Inseln vor der Küste Neufundlands, usw. Die USA haben kein Interesse an einer direkten Herrschaft, können aber nicht uninteressiert sein, diese Gebiete zu pachten und Militärstützpunkte einzurichten. Es drohte ein Krieg, und die Vereinigten Staaten würden nach dem Krieg ebenfalls Militärbasen auf der ganzen Welt benötigen, wenn sie unweigerlich den Platz des Vereinigten Königreichs einnehmen würden, wie es jetzt der Fall ist, und die globale Ordnung könnte ohne Militärbasen in Übersee nicht aufrechterhalten werden.

Hammer überlegte, ob er Großbritannien die gleiche Behandlung wie Italien zuteil werden lassen sollte, wodurch sich die britischen Schulden halbieren würden, und dann eine Reihe von Inseln für 99 Jahre zu je 25 Millionen Dollar pachten sollte, wodurch die britischen Schulden getilgt würden und das zusätzliche Geld für den Kauf amerikanischer Waffen zur Verfügung stünde, z. B. für die 50 Zerstörer, die ausgemustert werden sollten. Später nannte Hammer den Plan "einen Zerstörer für eine militärische Basis". [27]

Handeln Sie sofort, wenn Sie einen Plan haben. Hammer sieht sich nach Verbindungen um, treibt seine Programme voran und ist jeden Tag erschöpft, aber aufgeregt. Schließlich wurde sein Vorschlag, britische Inselgebiete "durch Pacht oder auf andere Weise" zu erwerben, ins Parlament eingebracht. Der Gesetzentwurf wurde jedoch auf Eis gelegt, weil der Kongress die öffentliche Meinung im Inland nicht gegen den Krieg aufbringen wollte. Hammer lässt sich nicht entmutigen, so einfach ist es in einem Geschäft dieser Größenordnung nicht. Um "Beweise" für die öffentliche Meinung zugunsten der Hilfsverbündeten der Vereinigten Staaten zu finden, stellte er eine Sammlung von Leitartikelseiten großer Zeitungen der letzten Zeit ein und fand heraus,

---

[27] Armand Hammer, *Hammer*, G. P. Putnam's Sons, New York, 1987, Kapitel 16.

dass 92 Prozent der Leitartikelseiten für die Hilfsverbündeten waren. Das ist ein Beweis für die öffentliche Meinung!

Durch seine Zeitungsausschnitte lernte Hammer Roosevelt über Beziehungen kennen; schließlich hatte er Geld für die Roosevelt-Kampagne gespendet. Roosevelt blätterte mit Interesse in den Zeitungsausschnitten und hörte sich Hammers Rhetorik an, wie wichtig sein "Zerstörer für die Militärbasis" für die Zukunft der Vereinigten Staaten sein würde. Roosevelt erkannte den Wert des Hammer-Programms, d. h. Amerikas künftige Pläne für eine globale Hegemonie. Roosevelt verstand, dass ein echter Hegemoniestaat mit einem Zuckerbrot in der Hand nicht ausreicht, sondern dass er eine große Peitsche braucht. Später sagte Roosevelt bekanntlich: "Sei sanft in deinen Worten, aber halte einen großen Stock in der Hand."

Hammers Plan ging auf! Großbritannien erhielt 50 amerikanische Zerstörer, die entscheidend dazu beitrugen, dass Großbritannien in der Seeschlacht von 1941 bestehen konnte.[28] In seinen Memoiren erwähnt Hammer jedoch nie, wie viel er von diesem riesigen Geschäft profitiert hat. Die Tatsache, dass die Vereinigten Staaten in der Lage waren, das nationale Territorium und die Kriegsmaschinerie zu manipulieren, ist eine Schande für Chinas Maoisten.

Der Lease Act, die Lösung des Schlächters für das britische Empire

Am 11. März 1941 verabschiedeten die Vereinigten Staaten schließlich den Lease Act. Dieses Gesetz ist wohl darauf zugeschnitten, das Wirtschaftssystem des Britischen Empire zu zerschlagen. Die zentrale Frage, mit der sich der Kongress von Anfang an befasst hat, ist das Gegenangebot des Lease! Was die Amerikaner wollen, ist eine Verpflichtung Großbritanniens und anderer Empfängerländer zur Zusammenarbeit beim Wiederaufbau des multilateralen Handels nach dem Krieg. Diese Verpflichtung ist, um es ganz offen zu sagen, die Abschaffung des "imperialen Präferenzsystems" und die Auflösung des Pfund-Sterling-Raums. Die Amerikaner vergessen den multilateralen Handel nicht, denn die Pfund-Sterling-Zone ist zu mächtig, wenn die

---

[28] Ebd.

Briten nicht die Tatsache ausnutzen, dass die Briten von Deutschland in die Knie gezwungen werden, werden die Briten leicht nachgeben? Die Amerikaner vergessen nicht einmal das Geschäft, wenn sie in den Krieg ziehen, oder besser gesagt, Amerika zieht für das Geschäft in den Krieg.

Schon vor der Verabschiedung des Lend-Lease-Gesetzes hatte Churchill ein Auge auf Roosevelts Pfund-Sterling-Zone geworfen, da er wusste, wie wichtig es für das Pfund sein würde, künftigen Aggressionen des Dollars mit dem "imperialen Präferenzsystem" als Eckpfeiler zu widerstehen. Aber Churchill war schließlich ein Stratege, und er hätte sich nicht dafür entscheiden können, zwei gewaltige Feinde auf verschiedenen Schlachtfeldern gleichzeitig zu bekämpfen; Hitlers Druck auf dem militärischen Schlachtfeld hatte Großbritannien fast überwältigt, und Roosevelt auf dem wirtschaftlichen Schlachtfeld zu bekämpfen, wäre zu diesem Zeitpunkt das Ende Großbritanniens gewesen. Daher hielt er bewusst an seinem vagen Engagement gegenüber den Vereinigten Staaten fest. Churchill betonte die Öffnung der Rohstoffmärkte der europäischen Kolonien für alle Verbündeten, die Beendigung der diskriminierenden Bestimmungen auf den Importmärkten und die "volle Achtung der Präferenzen, die wir jetzt genießen". Für Churchill war dies ein Ausweg, der darin bestand, das "imperiale Präferenzsystem" und das britische Monopol auf die Rohstoffressourcen der Kolonien beizubehalten. Roosevelt konnte sich nicht durchmogeln und ließ diesen Satz im Pachtvertrag weg.

Infolgedessen wurde in Abschnitt 7 des Pachtgesetzes der Grundstein für den Streit zwischen den Parteien gelegt. Dieser Artikel sieht vor, dass "① die Ausweitung der Produktion, der Beschäftigung, des Austauschs und des Verbrauchs von Gütern, die die materielle Grundlage für die Freiheit und das Wohlergehen aller Völker bilden, durch geeignete internationale und nationale Maßnahmen, ② die Beseitigung aller Formen der diskriminierenden Behandlung im internationalen Handel, ③ den Abbau von Zöllen und anderen Handelshemmnissen. "Als Keynes diesen Artikel sah, empörte er sich darüber, dass es sich um "Mr. Hulls törichten Vorschlag" handelte und dass er glaubte, Großbritannien könne erst nach dem Krieg strengere Finanz- und Handelskontrollen einführen. [29]

Der Preis für den Lend-Lease Act war eindeutig die Beendigung der Abtretung von Pfunden durch das Britische Empire.

Ende 1943 betonten US-Finanzminister Morgenthau und White, dass Großbritanniens Reserven "so stark angewachsen waren, dass Großbritannien nun für einige der Artikel, die es von seinen Mietkonten erhielt, in bar bezahlen musste. Als britische Beamte auf die Notwendigkeit hinwiesen, ausreichende Reserven für die Nachkriegszeit zu halten, versicherte ihnen Morgenthau, dass Großbritanniens Nachkriegsbedarf später durch besondere Maßnahmen gedeckt werden würde. "In der Tat zwangen die Vereinigten Staaten das Vereinigte Königreich, sich immer in einem Zustand des "Auslöschens seines Familiengeldes" zu befinden, die Reserven des Vereinigten Königreichs dürfen die Vorkriegsmenge von 1 Milliarde Dollar nicht überschreiten. Die Strategie der USA bestand darin, dass das Vereinigte Königreich in Zukunft umso abhängiger von den USA sein würde, je geringer seine Devisenreserven aus der Kriegszeit sind, und dass es umso leichter sein würde, das Vereinigte Königreich zur Aufgabe des "imperialen Präferenzsystems" zu zwingen. Das bedeutet, dass sich das Vereinigte Königreich in Zukunft immer wieder an die USA wenden muss, und Gott weiß, welchen Preis die USA dann wieder bieten werden. Die Kehle des britischen Schicksals steckte bereits fest in der amerikanischen, und je mehr es sich wehrte, desto fester wurde die amerikanische Hand.

Nicht nur die US-Regierung drückte Großbritannien den Hals zu, auch der US-Kongress war nicht untätig und versetzte den Briten einen weiteren harten Tritt in den Rücken. Der Leiter des Kriegsuntersuchungsausschusses des Senats und spätere Präsident Truman erklärte, dass "der Zweck des Leasings niemals darin bestand, den Verbündeten die Abwälzung der Kriegskosten auf die Vereinigten Staaten zu ermöglichen. Wenn das begünstigte Land nicht in der Lage ist, in Dollar zu zahlen, können sie einen Teil ihrer internationalen Bestände, wie Öl- und Metallreserven, an dieses Land übertragen.

---

[29] Michael Hudson, *Superimperialismus - Neue Ausgabe: The Origin and Fundamentals of U.S. World Dominance*, Pluto Press; New Edition (21. März 2003), Kapitel 3.

"[30]Großbritannien hatte es verdient, als es auf einen wirtschaftlichen Rivalen wie die Vereinigten Staaten traf. Hitler war der geborene Kämpfer, aber doch nicht so sehr ein Diebesauge.

In der Endphase des Krieges wurde Großbritannien zunehmend unruhig, da der Tenancy Act mit dem Ende des Krieges in die Liquidation übergehen würde. Die Liquidation wäre für die Briten eine wirtschaftliche Bombe gewesen, und die große Entbehrung des Krieges zwang Großbritannien, vor dem endgültigen Sieg große Mengen an Kriegsmaterial zu horten, die nach Kriegsende in die Schulden Großbritanniens bei den Vereinigten Staaten umgewandelt werden sollten. Angesichts eines erheblichen Defizits an Devisenreserven muss das Vereinigte Königreich nach dem Krieg einen gewaltigen Wiederaufbau bewältigen, der überall Geld kostet. Noch düsterer ist, dass sich die Schulden Großbritanniens bei den Vereinigten Staaten zusammen mit den Kosten des Krieges für die kolonialen Vasallenstaaten zu einer katastrophalen Summe summieren müssen. Großbritannien wird wieder einmal vom Sieger des Krieges zum Verlierer der Schulden werden.

Großbritannien hatte damit gerechnet, dass Japan im Pazifik noch ein Jahr lang zögern würde, und die britische Regierung war zuversichtlich, dass "die Japaner uns nicht im Stich lassen würden", eine Zeitspanne, die Großbritannien ein wenig finanziellen Spielraum verschaffen würde. Leider hielt Japan nach dem Ende des Krieges in Europa nur drei Monate lang durch, bevor es kapitulierte.

Das britische Empire stürzte sofort in einen bodenlosen Abgrund von Schulden.

Die Bretton-Woods-Dynastie: Gold ist schwach, der Dollar regiert die Welt

Die Amerikaner hatten sich seit 1941, als sie gerade in den Krieg eingetreten waren, Gedanken über das künftige Dollarzeitalter gemacht, und die Zuversicht der Amerikaner, den Krieg zu gewinnen, stand außer Frage. In zahlreichen akademischen Seminaren, politischen Beratungen und Anhörungen im Kongress wurde nach und nach

---

[30] Ebd.

Amerikas finanzpolitischer Strategieplan für die Nachkriegszeit ausgearbeitet, der in dem 1944 gegründeten Bretton-Woods-System bestand.

Das Bretton-Woods-System ist einfach: ein Zentrum, zwei grundlegende Punkte.

Ein Zentrum wäre ein Weltwährungszentrum mit Gold als dem schwachen Herrn und dem Dollar als der wahren Macht. Der US-Dollar ist an das Gold gekoppelt, während die nationalen Währungen an den US-Dollar gekoppelt sind, und wir alle das Reich des Goldes umarmen. In einem solchen System würden der US-Dollar und das Gold zusammen als Währungsreserve dienen, damit jedes Land seine eigene Währung ausgeben kann, und der Dollar wäre tief in den Währungskredit jedes Landes eingebettet, und solange sich die Weltwirtschaft entwickelt, würde die Nachfrage nach dem Dollar natürlich steigen, und der Dollar würde die Früchte der Entwicklung jedes Landes durch die vermehrte Ausgabe von Währungen ernten. Es handelte sich um nichts anderes als eine Verbesserung des Goldstandards von 1922, wobei der Dollar das Pfund verdrängte und seine Anwendung auf den gesamten Globus ausgedehnt wurde. Das Problem der doppelten Kreditschöpfung ist nicht gelöst, und es wird zwangsläufig zu einer erneuten Liquiditätsschwemme und einer größeren Währungskrise in der Welt führen.

Da die Vereinigten Staaten nach dem Zweiten Weltkrieg bereits die Hälfte der Weltwirtschaft auf sich vereinigt haben und ihre militärische Macht noch arroganter ist, warum errichten die Vereinigten Staaten nicht direkt eine Dollar-Dynastie, und warum müssen sie immer noch das abgeschaffte Gold vom Thron einladen, um Marionettenkaiser zu werden? Cao Cao hat es nie gewagt, die Han-Dynastie aus Gründen der Eigenständigkeit an sich zu reißen. Es ist nicht so, dass Cao Cao nicht genug Kraft hätte, und es ist auch nicht so, dass er diesen Ehrgeiz nicht hätte, aber die Zeit ist für ihn noch nicht reif, dies zu tun. Die Vereinigten Staaten teilen ähnliche Bedenken, dass die universelle Legitimität des Goldes, die immer noch von allen Völkern anerkannt wird, nicht kurzfristig ausgelöscht werden kann. Der Zweite Weltkrieg war noch nicht vorbei, und der Wiederaufbau nach dem Krieg war umso notwendiger, um die Herzen und Köpfe zu mobilisieren. Die Vereinigten Staaten sind auch ein traditionell isolationistisches Land, das zum ersten Mal als Protagonist auf die Bühne der Welthegemonie aufsteigt, dem es noch an Führungserfahrung mangelt, um zu diesem Zeitpunkt das Gold abzuschaffen und einen eigenen Dollar einzuführen, damit sich der Trick nicht als Fehler erweist. Die tiefere Befürchtung ist, dass die verborgene Gefahr der Zersplitterung des Pfund Sterling noch nicht beseitigt ist, dass die Macht der Sowjetunion wächst und dass, wenn der Welt sofort die Einführung des Dollarstandards vorgeschlagen wird, die komplexe Situation nicht auszuschließen ist, dass das Pfund Sterling sich wieder als König durchsetzt, der Rubel sich aufspaltet und der Franc sich selbst überwältigt.

Wenn man sich auf Gold einlässt, ist das Problem viel einfacher, da es einerseits die monetäre Dominanz der Vereinigten Staaten und andererseits die Selbstlosigkeit der Vereinigten Staaten, die Herzen und Köpfe der Welt zu erobern, nicht beeinträchtigt. Die Vereinigten Staaten besaßen nach dem Krieg 70% der weltweiten Goldreserven, und ein Rückgang des Goldes ist ein Rückgang in Amerika. Die Vereinigten Staaten kontrollieren die reale Macht der Weltwährung, Großbritannien ist stark von den amerikanischen Schulden abhängig, und es ist nur natürlich, Großbritannien zu bitten, Gold zu unterstützen; Frankreichs Goldreserven sind an zweiter Stelle nach den Vereinigten Staaten, die Franc-Zone in den 1920er Jahren ist eine Gruppe von goldliebenden europäischen Ländern und ihre Kolonien bildeten ein Handelssystem, Frankreich ist verpflichtet, Gold zu unterstützen; der sowjetische Rubel hat immer einen Goldstandard angenommen, unter dem Köder der amerikanischen Hilfe, hat eine Delegation zur Bretton Woods Konferenz geschickt. Würde man den Sowjets direkt sagen, dass die Welt in Zukunft den Dollarstandard einführen würde, würde Stalin sofort ausflippen, während Gold die Sowjetunion in das von den USA dominierte Weltwährungssystem ziehen könnte. Auf diese Weise wird es nicht schwer sein, die Welt des Geldes zu vereinheitlichen. Wenn es an der Zeit ist, die Bindung des Dollars an das Gold wieder zu kappen, wird sich die Welt schon längst an den Dollar gewöhnt haben und die Rallye wird viel leichter zu kontrollieren sein.

Der Dollar entschied sich für die Denkweise von Cao Cao, indem er die Eitelkeit aufgab und nur den echten Profit suchte. Warten Sie auf den richtigen Zeitpunkt, Altgold, um auf eigenen Füßen zu stehen!

Der durch Bretton Woods geschaffene Goldstandard ist ein Dollarstandard im Namen des Goldstandards.

Neben dem monetären Zentrum des "Goldrausches, der Dollar-Regentschaft", ist der erste grundlegende Punkt der Internationale Währungsfonds (IWF).

In den 1920er Jahren sind die "Drei Musketiere" der Weltwährung - Strang von der Federal Reserve Bank of New York, Norman von der Bank of England, Schacht von der Deutschen Bundesbank und später Moreau von der Bank of France - das Herzstück der Stabilisierung der Wechselkurse der Länder. In Form privater Parteien arbeiten sie hinter den Kulissen das Geldwertverhältnis zwischen den Ländern aus und verlangen dann die Akzeptanz durch die jeweiligen Regierungen. Nach dem Zweiten Weltkrieg wollten die USA, dass der IWF eine Rolle spielt, die die Funktionen der Großen Vier in jenem Jahr durch ein legaleres, reguliertes und standardisiertes Verfahren zur Erreichung der Wechselkursstabilität in jedem Land ersetzen sollte.

Warum ist die Wechselkursstabilität, die Roosevelt 1933 verachtete, heute zu einem wichtigen Thema geworden, dem sich die Vereinigten Staaten stellen müssen? Im Zweiten Weltkrieg haben die Vereinigten Staaten zur Unterstützung eines Krieges, der sie so viel gekostet hat, die Wirtschaftsmaschinerie voll aktiviert, im Wesentlichen Vollbeschäftigung erreicht und die hohe Arbeitslosigkeit der Großen Depression überwunden. Wenn der Frieden kommt, werden die Vereinigten Staaten mit einem enormen Überkapazitätsproblem zu kämpfen haben, und der Krieg hat sie stark von ausländischen Bedürfnissen abhängig gemacht. Am Ende des Krieges hatten die Vereinigten Staaten erkannt, dass 60 Millionen Arbeitsplätze erhalten werden müssen, um eine Grundbeschäftigung in der Gesellschaft zu erreichen, und dass der Alptraum der hohen Arbeitslosigkeit die Vereinigten Staaten erneut heimsuchen würde, wenn es keine Märkte in Übersee gäbe, die die enormen Produktionskapazitäten im Inland aufnehmen könnten. An diesem Punkt ist die Wiederaufnahme des internationalen Handels für die Vereinigten Staaten von strategischer Bedeutung.

Um ein stabiles Währungssystem zu erreichen, müssen die nationalen Währungen eine zentrale Beziehung zum US-Dollar aufbauen, der 35 Dollar für eine Unze Gold bindet, so dass die nationalen Währungen indirekt über den Dollar eine feste Beziehung zum Wert des Goldes herstellen. Und der IWF ist die Art von Fonds, die die Stabilität dieser Währungsparitätsbeziehung gewährleistet. Wenn die Währung eines Landes zu stark vom festgelegten Wechselkurs abweicht, kann es einen Teil seiner eigenen Mittel beim Fonds überziehen, um in seiner Währung zu intervenieren und den Wechselkurs wieder in den festgelegten Bereich zu bringen.

Bei der ursprünglichen Einrichtung dieses Fonds haben die Vereinigten Staaten natürlich den größten Teil des Geldes beigesteuert, nämlich 2,8 Milliarden Dollar (27%) und das gesamte Britische Empire (25%), da verschiedene Beschlüsse eine 80%ige Mehrheit erfordern, um angenommen zu werden, so dass sowohl Großbritannien als auch die Vereinigten Staaten ein Vetorecht haben, was auch eine Möglichkeit für die Vereinigten Staaten ist, Großbritannien ein Gesicht zu geben und alle gemeinsam das Weltwährungssystem zu beherrschen, aber die Vereinigten Staaten sind sich darüber im Klaren, dass es für Großbritannien unmöglich ist, die Stimmen aller autonomen Staaten des Empires zum Zeitpunkt der Abstimmung zu bündeln. Daher sind es immer noch die Vereinigten Staaten, die das Sagen haben.

Die Briten hatten anfangs ihre eigenen Überlegungen zur Rolle des IWF. Für den Währungsstandard schlug der britische Unterhändler Cairns vor, anstelle von Dollar und Gold eine internationale Währungseinheit, den Bancor, zu schaffen, und dass jeder sich Geld leihen sollte, um den Weltdollar zurückzuzahlen. Außerdem soll der IWF eine Weltzentralbank sein, die die Rolle des Kreditgebers der letzten Instanz übernimmt, d.h. in Krisenzeiten unbegrenzte Geldschöpfung. Der kleine Abakus des Vereinigten Königreichs klappert, und da das Vereinigte Königreich überschuldet ist und verzweifelt Geld braucht, möchte es den IWF als Geldautomaten haben, der Überziehungen vornehmen und Geld ausgeben kann, aber es möchte nicht speziell an eine nationale Währung gebunden sein, also sucht es sich einen zweideutigen Bankier. Und derjenige, der am Ende die Rechnung für diese unscharfen Währungsschulden bezahlt, sind offenbar die Vereinigten Staaten, die einen massiven Überschuss erwirtschaften.

Das ist ein Tagtraum, denkt der amerikanische Verstand. Keine Dollars mehr, also waren all die Jahre amerikanischer Arbeit umsonst? Das Gold abschaffen? Der Dollar ist nicht einmal so mutig. Glaubt irgendjemand an diesen halb menschlichen, halb göttlichen Banker, den Keynes erfunden hat? Willst du die Weltzentralbank ficken? Die Fed soll also den Nordwestwind trinken? Sie wollen den IWF als Geldautomaten benutzen, und die Amerikaner sollen am Ende dafür bezahlen? Das ist doch zu sehr Wunschdenken, oder?

Die Amerikaner wiesen den Vorschlag von Keynes Artikel für Artikel zurück und bestanden darauf, dass der IWF keine Bank, sondern ein Fonds sei. Jeder muss im Voraus Geld einzahlen, kann sich bei Bedarf Überweisungen leihen und muss diese dann zurückzahlen, oder die Anteile werden entsprechend gekürzt. Das Vereinigte Königreich musste die Bedingungen der USA, des damaligen Währungsbosses, akzeptieren, aber jetzt ist es ein Phönix aus der Asche, schlimmer als ein Huhn.

Der zweite grundlegende Punkt des Systems von Bretton Woods ist die Weltbank. Die ursprüngliche Absicht der Weltbank war die Finanzierung des Wiederaufbaus nach dem Krieg, später wurde auch die Finanzierung der Entwicklung in weniger entwickelten Ländern in Betracht gezogen.

In der Praxis benutzen die Vereinigten Staaten die Kredite der Weltbank als Lutscher, um die Länder zu belohnen, die bereit sind, sich der Bretton-Woods-Dynastie zu unterwerfen, die Idee der Selbstversorgung in der wirtschaftlichen Entwicklung aufzugeben, Zölle und Handelsschutzmaßnahmen abzubauen und gute Bürger des Dollar-Imperiums zu sein. Jeder, der sich diesem von den Vereinigten Staaten dominierten globalen System nicht anschließt, entscheidet sich wirtschaftlich für ein "selbstgewähltes Exil".

Zu diesem Zeitpunkt hatten die Vereinigten Staaten den Übergang von einem entschiedenen Verfechter des Handelsschutzes zu einem aggressiven Verfechter des Freihandels vollzogen. Das grundlegende Wesen der Vereinigten Staaten sind Geschäftsleute, Geschäftsleute sind pragmatisch, glauben nicht an die so genannte Doktrin, was gut für mich ist, entschlossen nutzen, was nicht gut für mich ist, entschlossen aufgeben, Verachtung für alle anderen zu beurteilen!

Gerade weil der Aufstieg der Vereinigten Staaten auf dem Schutz des Handels beruht, ist es für die Vereinigten Staaten ein besonderes Tabu, dass andere Länder zu "ihren alten Wegen" zurückkehren. Das ist wie beim Kaiser der Song-Dynastie, Zhao Kuang Yin, der den Kaiserthron in einem gelben Gewand bestieg, und wer vor ihm in einem gelben Gewand herumlaufen will, muss sich seines großen Fehlers schuldig machen.

Obwohl die Vereinigten Staaten ihre Regentschaft abgeschlossen hatten, war die versteckte Gefahr der Spaltung des Pfunds noch nicht gebannt. Der Dollar hat noch Arbeit vor sich, um den Feudalismus zu beenden.

Ein Killer für das Pfund, ein giftiger Dollar, kein Ehemann

> *„Es ist empörend, dass wir als Gegenleistung für den Verlust eines Viertels unseres nationalen Reichtums in der gemeinsamen antifaschistischen Sache ein halbes Jahrhundert lang Weihrauch für jene Länder verbrennen sollen, die durch den Krieg reich geworden sind."*[31]
>
> -The Economist (UK)

Das ausgedehnte Kolonialsystem des Britischen Weltreichs verschaffte Großbritannien während des Krieges eine nahezu unbegrenzte Überziehungsmöglichkeit, die Kolonial- und Commonwealth-Länder versorgten die britische Armee mit allen Arten von Ressourcen, Lebensmitteln und Rohstoffen und trugen auch die Kosten für die in Ägypten und Indien kämpfende britische Armee, selbst die Kosten für die amerikanische Armee vor Ort wurden Großbritannien angerechnet, ebenso wie die Kosten für die indische Armee, die die in Übersee kämpfende britische Armee unterstützte, usw. Sie zeichneten das britische Schatzamt und legten große Reserven an Pfund Sterling an, was ein wichtiger Grund dafür war, dass Großbritannien die Erschöpfung des Krieges verkraften und schließlich gewinnen konnte. Das britische Kolonialsystem und andere Handelspartner versorgten Großbritannien mit Gütern im Tausch gegen Pfund Sterling-Reserven, während Großbritannien und seine Verbündeten die Dollar-Reserven aufbrauchten, um Waffen von den Vereinigten Staaten zu kaufen, mit dem Ergebnis, dass der Gesamtumfang des Pfunds in den nationalen Reserven nach dem Krieg doppelt so hoch war wie die Dollar-Reserven. Auf den ersten Blick verfügt das Pfund über größere Reserven als der Dollar und ist nach wie vor die wichtigste Währung der Welt, aber 2/3 dieser Reserven sind auf das Pfund konzentriert und unterliegen einem hohen Maß an Instabilität.

Das Pfund hat sich in den Ländern der Pfund-Zone stark angehäuft, nicht etwa, weil es wertvoller wäre, sondern weil Großbritannien während des Krieges die Möglichkeiten zum Umtausch des Pfunds in andere Währungen eingefroren hat. Durch die Präsenz des US-Dollars ist das Pfund der großen Gefahr ausgesetzt, von den Ländern der Pfund-

---

[31] *Wirtschaftswissenschaftler* 1945.

Zone jederzeit verkauft zu werden. Vor dem Ersten Weltkrieg waren die Auslandsaktiva des Vereinigten Königreichs viel höher als seine Verbindlichkeiten, so dass die Wertstabilität des Pfunds unbestritten war. Jetzt aber hat das Vereinigte Königreich eine Nettoauslandsverschuldung von 15 Milliarden Dollar, das Sechsfache seiner Gold- und Devisenreserven! Würde das Pfund seine Devisensperre aufheben, würden sich die Länder darum reißen, ihre Pfund-Reserven in Dollar umzutauschen, und das Pfund würde sofort eine katastrophale Wertlawine lostreten.

Großbritannien sollte weiterhin ausländische Sterling-Reserven einfrieren, und dann die britischen Exporte verwenden, um allmählich diese Auslandsschulden zurückzuzahlen, kann dies die britische Beschäftigung zu ziehen, aus dem Schatten der Nachkriegs-Rezession, sondern auch, um den Wert des Pfundes zu stabilisieren, ist das Wichtigste, um die Existenz des Pfund Sterling-Zone zu erhalten, solange es diese wirtschaftliche Basis, steigen wieder später ist nicht unmöglich. Wenn das Einfrieren aufgehoben wird, wird sich die Pfund Sterling-Zone dem Dollar zuwenden, nicht nur, um den Vereinigten Staaten zu helfen, die Exporte auszuweiten und den Einflussbereich der Dollar-Zone zu stärken, sondern auch die Pfund Sterling-Zone wird grundlegend zerfallen und dem Untergang geweiht sein.

Kurz nach dem Ende des Zweiten Weltkriegs, Keynes, als das Kernhirn der britischen Wirtschaft, ging in die Vereinigten Staaten im Namen von Großbritannien, um die Nachkriegsanleihe Frage zu verhandeln, aber in dieser großen Frage des Überlebens des Pfund Sterling Bereich hat einen schweren Lapsus des Urteils, fiel in die Falle von den Vereinigten Staaten gesetzt, damit persönlich begraben das Pfund Sterling 200 Jahre Hegemonie.

Die Amerikaner schlugen Keynes vor, dass die Vereinigten Staaten Großbritannien eine Kreditlinie in Höhe von 3,75 Milliarden Dollar zur Verfügung stellen könnten, zusätzlich zu den 1,25 Milliarden Dollar, die Kanada bereitstellen könnte, also insgesamt 5 Milliarden Dollar. Allerdings unter einer Bedingung: Das Vereinigte Königreich muss seine Pfundreserven bis zum 15. Juli 1947 auftauen!

Der eingebildete Keynes, der ursprünglich davon ausging, dass die Vereinigten Staaten und Großbritannien Verbündete und Brüder derselben Sprache und desselben Blutes seien und dass die Vereinigten Staaten bei der Lockerung der Darlehensbedingungen großzügig sein würden, war bereit, mit den Amerikanern die wunderbare Idee einer künftigen gemeinsamen Weltherrschaft Großbritanniens und der Vereinigten Staaten zu erörtern, aber er war völlig unvorbereitet darauf, dass die Vereinigten Staaten eine solche "zu früh für einander"-Bedingung vorbringen würden. Keynes verstand die politischen Machenschaften Amerikas wirklich nicht, und er sagte tatsächlich ja!

In einem Kommentar zu diesem keynesianischen Darlehen wies der britische Economist mit Nachdruck darauf hin,

> *„Nicht viele Menschen in diesem Land würden die Theorie der Kommunisten glauben, dass die Zerstörung Großbritanniens und dessen, wofür es in der Welt steht, ein vorsätzliches, bewusstes Ziel der amerikanischen Politik sei. Aber die vorliegenden Beweise lassen sich wie folgt lesen: Wenn jede Gewährung von Hilfe an Bedingungen geknüpft ist, wird Großbritannien in die unausweichliche Lage geraten, wieder um mehr Hilfe bitten zu müssen, die nur um den Preis der weiteren Selbstverleugnung und Selbstzerstörung Großbritanniens zu erhalten ist. Das Ergebnis ist also eindeutig das, was die Kommunisten spekuliert hatten."*[32]

Am 15. Juli 1947 brach die Vorherrschaft des Pfunds vollständig zusammen.[33] Nach dem Krieg hatte Großbritannien mit dem Wiederaufleben der Pfund-Zone gerechnet, aber die Amerikaner wollten dem britischen Empire keine Chance zum Sterben geben.

Deutschlands mächtige Pfund-Hegemonie, die in beiden Weltkriegen unantastbar war, wurde von den Vereinigten Staaten mit einem Bruchteil des Kredits von 3,75 Milliarden Dollar leicht zerstört.

Man fragt sich, ob sich die Vereinigten Staaten Illusionen darüber machen können, dass Großbritannien, ein Verbündeter, der einst in den Schützengräben kämpfte und immer noch ein Bruder desselben Volkes ist, so verbittert ist, für die Macht zu töten, und ob andere Länder überhaupt Illusionen haben.

---

[32] Ebd.

[33] Barry Eichengreen, *Exorbitant Privilege, The Rise and Fall of the Dollar and the Future of the International Monetary System*, Oxford University Press, 2011. S. 40-41.

KAPITEL III

Währung Kalter Krieg: Wer den Dollar ablehnt, lehnt den Frieden ab

Die Ablehnung des Bretton-Woods-Systems durch die Sowjetunion war nicht das Ergebnis des Kalten Krieges, sondern gerade die Ursache des Kalten Krieges. Roosevelts Skrupel wegen des Wiederauflebens des Pfunds im Zweiten Weltkrieg überwogen bei weitem die Bedenken wegen der Expansion des Rubels. Um nach dem Krieg ein für die Vereinigten Staaten möglichst günstiges internationales Umfeld zu schaffen, war Roosevelt entschlossen, alle Handelsschranken in der Welt abzubauen, die jeweiligen Währungszonen vollständig zu beseitigen, die unter britischer und französischer Kontrolle stehenden kolonialen Rohstoffbasen zu befreien, die Ressourcen und das Arbeitskräfteangebot der Sowjetunion und Osteuropas miteinander zu verbinden, China, Japan und andere asiatische Länder in den Weltmarkt zu integrieren und einen "dauerhaften Frieden unter amerikanischer Herrschaft" mit den Vereinigten Staaten als Kern der politischen Macht, dem Dollar als Währungs- und Finanzbasis und dem Ziel der Vereinheitlichung des Weltmarktes zu schaffen. Nach Roosevelts Tod kippten die Urheber des Kalten Krieges in den Vereinigten Staaten seine allgemeine Politik und zwangen Stalin, das Bretton-Woods-System endgültig abzulehnen und stattdessen sein eigenes Rubel-Imperium zu errichten, womit der Kalte Krieg begann.

In Lenins Neuer Ökonomischer Ära etablierte der Rubel den Goldstandard, der als "Goldener Rubel" bekannt wurde. Während der stalinistischen Ära entwickelte sich der Rubel zu einem "Plansystem", das nicht länger ein Medium für die aktive Teilnahme an Warentransaktionen war, sondern ein passives Maß für den Umsatz von "Tauschgeschäften" im Rahmen der Planwirtschaft.

Stalins 10-Jahres-Plan, um in den 1930er Jahren zu den westlichen Industriemächten aufzuschließen, wäre ebenso wie die 156 wichtigen

Industrieprojekte, die China in den 1950er Jahren mit sowjetischer Hilfe aufbaute, ohne die massive Verbreitung von Technologie und die vom Lande bereitgestellte Rohakkumulation nicht erfolgreich gewesen. Und das einzige Land, das damals die Verbreitung westlicher Technologie gewährleisten konnte, war Deutschland, das im Ersten Weltkrieg besiegt worden war. Tatsächlich konnte die Sowjetunion mit der Unterstützung und Finanzierung des deutschen Militärs von der modernen industriellen Spitzentechnologie lernen.

Nach dem Krieg führte die Sowjetunion mit ihrer großen militärischen und nationalen Macht einen erbitterten Kampf gegen den Dollar im weltweiten Währungsraum. Erst Mitte der 1960er Jahre entwickelte sich der Rubel aufgrund der Stagnation der sowjetischen Wirtschaft allmählich zu einer dauerhaften Konfrontation mit dem Dollar.

Die Ölkrise der 1970er Jahre führte zur Entdeckung einer mächtigen Wirtschaftswaffe in den Vereinigten Staaten, nämlich des Ölhandels. Es war der effektive Einsatz von Öl, dem tödlichen "Dolch des Dollars", durch die Vereinigten Staaten Mitte der 1980er Jahre, der dem Rubelimperium ein Messer ins Herz stieß.

Stalin lehnt den Dollar ab, Kenan verfasst eine Hetzrede auf den Kalten Krieg

> *Das Bretton-Woods-System ist nichts anderes als ein "Wall Street Outlet.* [34]
> -Vertreter der UdSSR, Generalversammlung der Vereinten Nationen, 1947

Im Februar 1946 herrschte in Moskau kaltes und trockenes Wetter, und eine schwere Grippe breitete sich überall aus. Auch der amerikanische Diplomat George Kennan erkrankte an Schüttelfrost, hohem Fieber, Zahnschmerzen und Nebenwirkungen von Medikamenten, die Kennan schwächten. In Abwesenheit des US-Botschafters in der Sowjetunion, Harriman, wurden die großen und kleinen Angelegenheiten der Botschaft vorübergehend von Kennan

---

[34] Edward S. Mason und Robert E. Asher, *The World Bank since Bretton Woods*, The Brookings Institution, Washington, D.C., 1973, S. 29.

geleitet, der sich trotz seiner Krankheit um verschiedene Angelegenheiten kümmern musste. Eine der Hauptaufgaben ist die Bearbeitung von Telegrammen, die von verschiedenen Stellen der US-Regierung ein- und ausgehen.

Am 22. Februar ließ sich der bettlägerige Kenan von seiner Sekretärin die Anrufe aus Washington in sein Schlafzimmer bringen, und als er die Anrufe durchging, erregte ein Telegramm des Außenministeriums an das Finanzministerium seine Aufmerksamkeit. Die Beamten des Finanzministeriums scheinen zunehmend besorgt zu sein über die Verzögerung der Sowjetunion bei der Zustimmung zu den Satzungen des Internationalen Währungsfonds (IWF) und der Weltbank und hoffen, dass die US-Botschaft bald die wahren Absichten des Kremls herausfinden wird. [35]

Auf der Konferenz von Bretton Woods im Jahr 1944 entsandten auch die Sowjets eine Delegation, und die Begeisterung für das neue Weltwährungssystem war groß. In der Ausgabe der Bolschewiki vom August 1944 argumentieren die Sowjets: "Die Sowjetunion ist an dieser Nachkriegskooperation interessiert, weil sie es den Vereinigten Staaten ermöglicht, den Prozess der Erholung unserer Volkswirtschaft zu fördern und zu erleichtern, und uns erlaubt, auf dem Weg zu einer größeren sozioökonomischen Entwicklung schnell voranzukommen. Gleichzeitig sind auch unsere Verbündeten und die neutralen Länder an der Entwicklung des Handels mit unserem Land interessiert, da die Sowjetunion in der Lage war, große Mengen an überschüssigen Industriegütern aus diesen Ländern zu kaufen und zu verbrauchen. Die Sowjetunion hat ihre Verpflichtungen bekanntlich immer peinlich genau erfüllt. "Ein 1944 in der Zeitschrift Planned Economy veröffentlichter Artikel veranschaulicht die sowjetische Haltung in ähnlicher Weise,

> „Unser Land importiert Waren aus dem Ausland und exportiert unsere Produkte. Nach dem Krieg wird unser Handel mit dem Ausland erheblich zunehmen. So identifiziert sich die Sowjetunion mit der Stabilität der kapitalistischen Währung und der Wiederherstellung des Wirtschaftslebens in anderen Ländern. Sowohl die kurzfristigen Kredite des IWF als auch die

---

[35] George F. Kennan, *Memoirs 1925-1950*, Pantheon Books, New York, 1967. S. 292-295.

> *langfristigen Kredite der Weltbank werden zur Entwicklung der Handelsbeziehungen zwischen der Sowjetunion und anderen Ländern beitragen. Daran war die Sowjetunion ebenso interessiert wie jedes andere Land."*[36]

Die anfängliche Begeisterung der Sowjets für das Bretton-Woods-System war verständlich, da sie die geistige Substanz von Roosevelts großer Dollarstrategie nicht wirklich verstanden.

Nach Roosevelts Ansicht war das, was Bretton Woods etabliert hatte, in Wirklichkeit eine Dollar-Dynastie, und während der nominale Status des Goldes beibehalten wurde, würde der Dollar de facto zum Herrscher über die Währungsmacht in der Welt werden. In Zukunft werden Länder in der ganzen Welt ihre Währungsreserven auf den Dollar ausrichten und ihre nationalen Währungsemissionen auf Dollarreserven stützen. Wie Keynes in den 1920er Jahren feststellte, sollte dieses System unweigerlich dazu führen, dass das Schicksal der wirtschaftlichen Entwicklung der Nationen letztlich in den Händen der Wall Street liegt. Die größte potenzielle Bedrohung für diese Dynastie ging Roosevelt zufolge nicht von der wirtschaftlich bankrotten Sowjetunion nach dem Krieg aus, sondern vom Britischen Empire, das jederzeit in die Knie gehen konnte.

Seit seinem Amtsantritt 1933 hat Roosevelt einen Großteil seiner Amtszeit damit verbracht, die Wirtschaftskrise zu bekämpfen, wobei die 12-jährige Große Depression und der Alptraum der Arbeitslosigkeit für über 10 Millionen Menschen seine bitterste Erfahrung war. Der Zweite Weltkrieg, der die europäische Wirtschaft zur gleichen Zeit zerstörte, in der die US-Wirtschaft um 90 Prozent anstieg, und das künftige Schicksal von Amerikas überschüssigen Produktionskapazitäten und der großen beschäftigten Bevölkerung werden an den Nachkriegs-Welthandelsboom gebunden sein. Zu diesem Zweck ist er entschlossen, alle Handelsschranken in der Welt niederzureißen, die jeweiligen Währungszonen vollständig zu beseitigen, die kolonialen Rohstoffbasen unter britischer und französischer Kontrolle zu befreien, die Ressourcen und das Arbeitskräfteangebot der Sowjetunion und Osteuropas miteinander zu

---

[36] Michael Hudson, *Superimperialismus - Neue Ausgabe: The Origin and Fundamentals of U.S. World Dominance*, Pluto Press; New Edition (21. März 2003), Kapitel 6.

verbinden, China, Japan und andere asiatische Länder in den Weltmarkt aufzunehmen und einen "dauerhaften Frieden unter amerikanischer Herrschaft" mit den Vereinigten Staaten als Kern der politischen Macht, dem Dollar als Währungs- und Finanzbasis und dem Ziel der Vereinheitlichung des Weltmarktes zu schaffen.

Roosevelt war davon überzeugt, dass das britische Empire, das auf ein Comeback wartete, ein großes Hindernis für die amerikanische Strategie darstellte, und dass die Sowjetunion, deren Wirtschaft durch den Krieg fast vollständig zerstört war, ganz anders war als Großbritannien. Die Sowjetunion hatte kein Kolonialsystem in Übersee, ihre Industrie war bei weitem nicht ausreichend, um mit den Vereinigten Staaten zu konkurrieren, die Landwirtschaft war ein riesiger Markt für amerikanische Agrarprodukte, und die Sowjetunion stellte keine Bedrohung in Bezug auf ausländische Investitionen dar. Während des Krieges sah Roosevelt in Stalin eine vertrauenswürdige Führungspersönlichkeit ohne unmittelbare Bestrebungen, das kapitalistische Weltsystem zu untergraben; im Gegenteil, Roosevelt war von Churchills Engstirnigkeit und seinen häufigen kleinlichen Aktionen unbeeindruckt. In diesem Sinne steht es im Einklang mit den ultimativen strategischen Zielen der Vereinigten Staaten, der Sowjetunion die notwendigen politischen Kompromisse und wirtschaftlichen Hilfen zu gewähren und sie in das amerikanische Weltsystem zu integrieren.

Amerikanische Bankiers glauben, dass das Phänomen, dass die USA und die Sowjetunion riesige Kontinente an jedem Ende des Planeten besetzen und riesige Ressourcen in Gebieten kontrollieren, in denen sie nicht miteinander konkurrieren, als eine dominierende und beherrschende Kraft im Verlauf der zukünftigen Geschichte angesehen werden muss. Sowohl die sowjetische Regierung als auch die amerikanischen Finanziers haben ein bleibendes Interesse an der Aufrechterhaltung eines kontrollierten Goldstandards, da sowohl die Vereinigten Staaten als auch die Sowjetunion über die größten Goldreserven verfügen und potenziell die größten Goldproduzenten sind. Obwohl die Wirtschaft der Sowjetunion vom Staat kontrolliert wurde, war sie kein expansionistisches Gebilde. Im Gegensatz zum Vereinigten Königreich bedrohte die Sowjetunion in keiner Weise die US-Exporte und internationalen Investitionspläne. Die enorme Binnennachfrage in der Sowjetunion würde dazu führen, dass ihre

Ressourcen in erster Linie für den heimischen Bedarf und nicht für die wirtschaftliche Durchdringung anderer Länder genutzt würden. [37]

Doch Kenan und die meisten amerikanischen Politiker sind weit von der strategischen Vision und dem Elan Roosevelts entfernt. Roosevelts Tod durch Krankheit am Vorabend seines Kriegssieges im April 1945 unterbrach die etablierte strategische Planung der USA. Vizepräsident Truman, der im Schatten des großen Präsidenten gelebt hatte, wurde endlich "zurechtgerückt", sensibel und paranoid, besonders zimperlich, wenn es darum ging, seine Politik mit der von Roosevelt zu vergleichen, und ungewöhnlich eifrig, seine Entschlossenheit und sein Selbstvertrauen zu demonstrieren. Truman tauschte nicht nur die gesamte Inneneinrichtung des Weißen Hauses aus, die ihn Roosevelts Anwesenheit spüren ließ, sondern wechselte im Gegenzug auch die Beamten aus, die Roosevelts Strategie verfolgten.

Kennan konnte nicht verstehen, warum die Amerikaner in den höchsten Entscheidungsgremien der Alliierten in Europa immer sehr zurückhaltend gegenüber den Briten und stattdessen freundlicher gegenüber den Sowjets waren; warum General Patton, der radikalste der antisowjetischen Kräfte, von den Spitzen des amerikanischen Militärs immer wieder ins Abseits gestellt wurde.

Was Kenan noch mehr erzürnt, ist die Tatsache, dass die amerikanische Hilfe für die Sowjetunion viel besser war als für Großbritannien. Am 13. August, noch vor Kriegsende, stellte das US-Militär die Lieferung von Militärgütern an Großbritannien ein, ohne den Befehl des Präsidenten abzuwarten; an dem Tag, an dem Japan seine Kapitulation ankündigte, beendete es einseitig und ohne Großbritannien vorher zu konsultieren die im Lease Act vorgesehene Hilfe für Großbritannien und begann mit deren Liquidierung, wodurch die in Großbritannien verbliebenen Lieferungen in Schulden in Höhe von 532 Millionen Dollar umgewandelt wurden, und die Lieferungen, die sich noch auf dem Transportweg befanden, führten dazu, dass die Briten weitere 118 Millionen schuldeten. Die Vereinigten Staaten hingegen waren sehr nachsichtig mit der Sowjetunion und gewährten ihr bis Ende Oktober, als der Krieg längst vorbei war, Hilfen in Höhe von 250 Millionen Dollar.

---

[37] Ebd.

Am unangenehmsten war für Kenan die prosowjetische Politik des US-Finanzministeriums, das der Sowjetunion im Juni 1943 einen Anteil von 763 Millionen Dollar am künftigen Internationalen Währungsfonds (IWF) anbot und später von 1,2 Milliarden Dollar sprach. Die USA begannen mit einem Anteil von 2,5 Milliarden, Großbritannien war etwa zur Hälfte beteiligt, und die Sowjetunion und China standen an dritter und vierter Stelle. Finanzminister Morgan Sow schlug Roosevelt vor, das Nachkriegshilfedarlehen an die Sowjetunion auf bis zu 6 Milliarden Dollar zu erhöhen, mit einer 30-jährigen Rückzahlungsfrist und einem Zinssatz von nur 2,5%, was weitaus besser ist als das schändliche Hilfedarlehen von 3,75 Milliarden Dollar, das Keynes für Großbritannien ausgehandelt hatte. Später schlugen Morganzos Männer, White, der US-Chefunterhändler für das Bretton-Woods-Programm, in einem Memorandum an Roosevelt vor, dass die USA der Sowjetunion ein Hilfskredit in Höhe von 10 Milliarden Dollar gewähren sollten, mit einer Rückzahlungsfrist von 35 Jahren und einem auf 2 Prozent reduzierten Zinssatz.

Da er die pro-sowjetischen Tendenzen der US-Regierung nicht verstehen konnte, schrieb Kennan wiederholt an die Regierung und erklärte, er könne nicht auf die Sowjetunion hoffen, und kam zu dem Schluss, dass die Sowjetunion zwangsläufig expansiv sei. Doch während der Roosevelt-Regierung waren Kennans Ansichten gleichbedeutend mit Kurzsichtigkeit und Oberflächlichkeit und wären sicherlich nicht ernst genommen worden.

Der Wandel im internationalen strategischen Denken während der Truman-Ära bot Kenan jedoch eine historische Chance, sich einen Namen zu machen.

Im Rahmen des von der Troika aus Roosevelt, Stalin und Churchill im Februar 1945 geschaffenen Jalta-Systems schlug Stalin vor, Osteuropa in die Einflusssphäre der Sowjetunion einzubeziehen, während Churchill zuvor nach Moskau geeilt war, um mit Stalin eine Vereinbarung zu treffen, nach der Großbritannien die sowjetischen Einflusssphären in Rumänien und Bulgarien anerkannte, während die Sowjetunion die britischen Vorrechte in Griechenland anerkannte, da das Mittelmeer die maritime Lebensader des britischen Empire und Osteuropa die sowjetische Sicherheitspufferzone war. Als Roosevelt diese Nachricht hörte, war er überrascht. Großbritannien tat dies offensichtlich, um das riesige System des Britischen Reiches aufrechtzuerhalten, während die Sowjetunion durch die Unterstellung Osteuropas unter ihren Schutz eine weitere dominante Macht schaffen würde. Würde auf diese Weise nicht Roosevelts Ideal, die Währungsvorherrschaft zu zerstören und einen einheitlichen Weltmarkt zu schaffen, auf einen Schlag zunichte gemacht? Der Widerspruch konzentrierte sich auf Polen, wo die Angloamerikaner natürlich eine prowestliche Regierung an der Macht haben wollten, die Sowjetunion aber Polen befreite und besetzte, und Stalin verlangte, dass die polnische Regierung den Sowjets gehorchen müsse. Der endgültige Kompromiss zwischen den beiden Seiten bestand darin, dass Stalin versprach, pro-westliche Beamte in die polnische Regierung zu entsenden, um die westlichen Stimmen zu vertreten. Roosevelt war unzufrieden, konnte den Kompromiss aber gerade noch akzeptieren, schließlich gibt es einen Unterschied zwischen einem Ideal und der Realität. Solange die Sowjetunion dem Bretton-Woods-System beitritt, werden die Vereinigten Staaten letztlich der Gewinner sein, und dafür ist ein gewisser Teilkompromiss erforderlich.

Das Problem war, dass Truman nach Roosevelts Tod den Spieß umdrehen wollte. Ohne Roosevelts Prestige begann sich eine Opposition gegen die amerikanische "Beschwichtigungspolitik" gegenüber der Sowjetunion zu formieren, und Truman, der auf keinen Fall ein zweiter Chamberlain werden wollte, beschloss, dass er gegenüber der Sowjetunion hart sein musste. Harriman, der US-Botschafter in der Sowjetunion, begann sich auszutoben und brachte die Wirtschaftshilfe für die Sowjetunion und Polen mit den Problemen Osteuropas in Verbindung. War es da nicht unangebracht, dass Stalin vorsichtig wurde? Wird sich die amerikanische Politik nach dem Tod Roosevelts ändern? Stalin lehnte Truman mit dem Hinweis ab, dass die amerikanischen Forderungen dem Geist der Jalta-Resolution widersprächen. Natürlich wollte Stalin die Angelegenheit nicht auf die lange Bank schieben und schlug schließlich vor, die Quote der polnischen pro-westlichen Beamten um einige weitere zu erhöhen. Truman stimmte widerstrebend zu.

Doch die darauf folgende sowjetisch-amerikanische Fehde über eine Reihe von Themen, darunter die Türkei und der Iran, ließ Stalin tiefe Zweifel an den endgültigen Absichten der Amerikaner aufkommen. Viele der ursprünglichen sowjetischen Zweifel am Bretton-Woods-System gären nun wieder auf. "In den Diskussionen über das Bretton-Woods-Abkommen äußerten die Sowjets ihre Befürchtungen über den White-Plan, der angeblich vorschlug, in naher Zukunft alle Handels- und Währungsbeschränkungen abzuschaffen. Es scheint ihnen sehr klar zu sein, dass ein solcher Weg unter den heutigen kapitalistischen Bedingungen, insbesondere in der Nachkriegszeit, für viele Länder unmöglich zu beschreiten ist. Denn ihre wirtschaftliche Unabhängigkeit ist ernsthaft bedroht, wenn keine staatlichen Regelungen getroffen werden. "Der sowjetische Vertreter stellte klar: "Sie beteiligen sich nicht an diesem brutalsten Krieg, der je geführt wurde, um die Welt für die amerikanischen und britischen Exporte sicherer zu machen. "Stalin erkannte schließlich, dass der von den Vereinigten Staaten ausgeübte Druck, den Freihandel zu forcieren, letztlich darauf abzielte, die wirtschaftliche Kontrolle über Osteuropa und sogar die Sowjetunion in die Hände der Amerikaner zu legen. Die Sowjetunion weigerte sich nicht, dem IWF beizutreten, "nur um den US-Beamten zu sagen, dass Moskau mehr Zeit braucht, um die Bedingungen des Abkommens zu prüfen".

Die Sowjetunion wartet und beobachtet die amerikanische Haltung.

Am 22. Februar schickte das US-Finanzministerium ein Telegramm an Kenan, in der Hoffnung, die wahren Gründe für die Verzögerung des Beitritts der Sowjetunion zum IWF zu erfahren.[38] Kenan wiederum nutzte die Gelegenheit, um ein 8.000 Wörter umfassendes Telegramm zu verfassen, in dem er sein negatives persönliches Urteil über die Sowjetunion im Laufe der Jahre auf die theoretische Ebene der "zwei Seiten der Medaille" hob und die ideologische Munition für Trumans dringende politische Geste lieferte, sich zu weigern, "Chamberlains Sekundant" zu sein, was ihm in der plötzlich veränderten politischen Atmosphäre in Washington eine Ovation einbrachte. Kenan wurde ebenfalls ein Hit und wurde später als "der Begründer des Kalten Krieges" bezeichnet.

In den folgenden Monaten warteten die Sowjets statt auf amerikanische Hilfskredite auf Churchills "Rede zum Eisernen Vorhang". Enttäuscht erklärte die Sowjetunion ihre Weigerung, dem IWF und der Weltbank beizutreten, und trennte sich vom Bretton-Woods-System.

Amerikas Traum, die Sowjetunion über Währung und Handel in das Dollar-Imperium einzubinden, ist endgültig geplatzt. Ein kalter

---

[38] George F. Kennan und John Lukacs, *George F. Kennan and the origins of Containment, 1944-1946*, University of Missouri Press Columbia, 1997. S. 9-10.

Krieg, der mehr als 40 Jahre dauerte, 8 Billionen Dollar kostete, Hunderttausende von Menschenleben forderte und Millionen von Familien entzweite, ist zu Ende.

Von da an trennte sich die Sowjetunion von der Dollar-Dynastie und begann mit dem Aufbau ihres eigenen Rubel-Imperiums.

Der Goldene Rubel und die neue Wirtschaftspolitik

Die Finanzgeschichte des zaristischen Russlands ist eine Geschichte der langfristigen Abwertung des Rubels und der immer wieder aufflammenden Inflation.

Vom 17. bis zum Ende des 19. Jahrhunderts wurde der Rubel von Kupfer zu Silber, von Silber zu Papiergeld und von Papiergeld schließlich zu Gold gewechselt. Mit der Einführung des zaristischen Goldstandards im Jahr 1897 wurde der Goldrubel zu einer der fünf stärksten Währungen der Welt und überstand erfolgreich die beiden Schocks des Russisch-Japanischen Krieges von 1904-1905 und der Russischen Revolution von 1905-1906. Der Ausbruch des Ersten Weltkriegs zwang das zaristische Russland, den Goldstandard aufzugeben, und das zaristische Russland verbrannte im Ersten Weltkrieg insgesamt 67 Milliarden Rubel, von denen 25 Prozent durch Steuern und 29 Prozent durch langfristige Kredite aufgebracht wurden, wobei die britischen Kredite an das zaristische Russland einen erheblichen Anteil ausmachten, aber nach der Oktoberrevolution weigerte sich die sowjetische Regierung, die britischen Kredite zurückzuzahlen, was ein wesentlicher Grund für die späteren Kriegsschulden Großbritanniens bei den Vereinigten Staaten war. Darüber hinaus wurde die Staatsverschuldung zu 23% finanziert, so dass der Rest des Geldes gedruckt werden musste. Von 1914 bis 1917 stieg der Geldumlauf im zaristischen Russland um das 15-fache, und damit auch die Warenpreise!

Von 1914, als Russland am Ersten Weltkrieg teilnahm, bis 1921 war Russland in einen siebenjährigen Krieg verwickelt und erlebte eine beispiellose Hyperinflation. Nach dem Ausbruch der Oktoberrevolution 1917 schlossen sich die 14 westlichen Länder mit einheimischen Rebellen zu einem bewaffneten Angriff auf das junge Sowjetregime zusammen und besetzten bald große Teile des sowjetischen Territoriums, wodurch die wichtigsten Lebensmittel- und Brennstoffquellen in Russland abgeschnitten wurden. Die Fabriken in der Sowjetunion wurden stillgelegt, die Menschen hungerten, die Vorräte waren knapp und das neue Regime war in Gefahr. Um den Krieg zu gewinnen, musste das sowjetische Regime die gewaltige Größe der 4,5 Millionen Mann starken Roten Armee unter äußerst schwierigen wirtschaftlichen Bedingungen aufrechterhalten. Um den kostspieligen Krieg zu finanzieren, begann das sowjetische Regime einerseits, eigene Rubel auszugeben, und musste andererseits zu den extremen Maßnahmen des Kriegskommunismus greifen: Dazu gehörten die Bereitstellung sämtlicher Lebensmittel auf dem Land mit Ausnahme der Rationen, die dem Staat zur Unterstützung des Krieges überlassen werden mussten, die Bereitstellung von Lebensmitteln, Gütern des täglichen Bedarfs und Konsumgütern für die städtische Bevölkerung, die alle durch staatliche Quoten geliefert wurden, die obligatorische Beteiligung der Bürger, die es sich leisten konnten zu arbeiten, und die vollständige Verstaatlichung von Industrie und Handel. Die kommunistische Politik der Kriegszeit sah Quoten für fast alle Produkte der Industrie und der Landwirtschaft vor.

Nach drei Jahren Bürgerkrieg hatte der stark überstrapazierte sowjetische Rubel seine Glaubwürdigkeit völlig verloren. Von 1913 bis 1921 stiegen die Preise in Russland insgesamt um das 49.000-fache! Am schlimmsten war die Abwertung des Sowjetrubels mit 5 Prozent pro Stunde.

Als Russland 1921 endlich einen entscheidenden Sieg im Krieg errang, sah es sich mit einer schweren wirtschaftlichen Depression, Rohstoffknappheit, Hungersnot und einem Beinahe-Zusammenbruch des Rubels konfrontiert. Der Amerikaner Hammer erlebte diese kritische Zeit mit Berichten aus erster Hand. In diesem Jahr kam Hammer im Alter von 23 Jahren nach großen Schwierigkeiten endlich in Moskau an. Die Sowjetunion, die er unterwegs sah, war baufällig und heruntergekommen; der Schienenverkehr war fast lahmgelegt, die öffentlichen Verkehrsmittel überfüllt und schmutzig; die Menschen waren in Lumpen gekleidet und hungrig; die Geschäfte waren leer und die Straßen verstreut. Der Absolvent der Columbia University School of Medicine, der neugierig war und sich für das erste sozialistische Land der Welt begeisterte, meldete sich freiwillig, um den Menschen vor Ort bei der Bekämpfung der Typhusepidemie zu helfen, doch die Realität war wie eine Schüssel mit Eiswasser, die ihn aus seinem Traum aufweckte.

Als Hammer in Moskau ankam, hatte er eine große Menge an Dollars bei sich, von denen er erwartet hatte, dass sie ihm keine Sorgen bereiten würden, aber in Moskau fand er seine Dollars völlig nutzlos. Mit der Schließung der Nationalbank durch einen Regierungserlass im Jahr 1920 und der Übertragung aller Bankgeschäfte auf das Finanzministerium hörte das offizielle Finanzsystem auf zu existieren. Hammer wollte etwas kaufen, konnte aber die Dollars nicht bezahlen, also wurde er zum Finanzministerium gebracht, um einen Ersatzschein zu erhalten. Was Hammer bekam, war ein großes Stück Papier im Wert von 10 Dollar, auf das mehrere kleine Gutscheine gedruckt waren. Hammer verbrachte den halben Tag in den Straßen Moskaus und kaufte nichts außer Knöpfen, Schnürsenkeln und Äpfeln, die von den Verkäufern angeboten wurden. Müde und hungrig kehrte Hammer in die Herberge zurück, wo ihn Mäuse- und Wanzenschwärme erwarteten, und dann waren da noch das schmierige, dreckige Bett und die Bettdecke. Das Hotel bietet keine Mahlzeiten an, und er muss sich eine Lebensmittelkarte besorgen. Mit diesen Lebensmittelkarten kann man zu einer staatlichen Versorgungsstelle gehen und etwas Brot, Fleisch und Gemüse abholen, sofern diese verfügbar sind. Als Hammer an der Verpflegungsstelle ankam, stellte sich heraus, dass Hunderte von Menschen für das so genannte Essen anstanden, bei dem es sich anscheinend nur um Schwarzbrot aus einer Mischung aus Dreck und Sägemehl und ein paar verschimmelte Kartoffeln handelte.

So war das Leben in der Hauptstadt Moskau zu dieser Zeit!

Als Hamer im Ural ankam, war er schlichtweg fassungslos. Die schwere Dürre hatte die Lebensmittelversorgung in der Region fast völlig zunichte gemacht, und Tausende von Bauern strömten an die Bahnlinie, bestiegen die Züge, sobald sie sie sahen, und füllten sogar die Dächer. Die Kinder waren bis auf die Knochen ausgehungert, ihre Bäuche waren vom Verzehr unverdaulicher Gräser und Blätter aufgebläht. Im Bahnhof von Jekaterinburg stapelten sich im Wartesaal die Leichen derjenigen, die an Krankheiten und Hunger gestorben waren. Sie wurden zur Beerdigung auf einen nahe gelegenen Friedhof gebracht, und die Kleidung der Leichen wurde ausgezogen, da sie zu schade zum Verschwenden war. Die wilden Hunde und Krähen fraßen in jenen schrecklichen Tagen Fett. Hamer war verwundert über den Reichtum an Bodenschätzen im Ural, und er hatte mit eigenen Augen gesehen, wie die Region, die über viele wertvolle Rohstoffe wie Platin, Edelsteine und Pelze sowie eine große Anzahl hochwertiger Asbestminen verfügte, durch die Hungersnot, die ihre großen Schätze bewachte, in die Verzweiflung getrieben wurde. Das Geschäftsgen in Hammers Knochen entfachte sofort Reichtum, und er schlug der örtlichen Regierung vor, dass sein Unternehmen in den Vereinigten Staaten Getreide im Wert von 1 Million Dollar aufkaufte, es in das örtliche Katastrophengebiet verschiffte und im Gegenzug die örtlichen Spezialitäten der Rohstoffe gegen deren Verkauf durch ihn zurück in den Vereinigten Staaten eintauschte, was die örtliche sowjetische Regierung sofort zusagte.

Als Hamer nach Moskau zurückkehrte, um das Geschäft "Nahrungsmittel gegen Rohstoffe" auszuhandeln, hatte Lenins neue Wirtschaftspolitik bereits begonnen zu greifen. Händler durften freien Handel treiben, Landwirte konnten ihr überschüssiges Getreide nach Zahlung von Steuern verkaufen, kleine Unternehmen wurden an private Eigentümer zurückgegeben, und Ausländer wurden zu Investitionen ermutigt. Später erreichte die Geschichte von Hammers Lebensmittelgeschäft, das eine große Zahl von Katastrophenopfern rettete, Lenins Ohren als Paradebeispiel, und Lenin empfing und ermutigte Hammer als ersten amerikanischen Geschäftsmann, die Rechte an der Asbestmine im Ural zu erwerben. [39]

Mit der Umsetzung der neuen Wirtschaftspolitik ist der Markt in Moskau wie ein Jonglierakt, eine Vielzahl von Waren in den Regalen, zusätzlich zu einer Vielzahl von Lebensmitteln und köstliche, die besten Französisch Wein, reinen Havanna Zigarren, die Qualität der englischen Wolle, der Preis der Französisch Parfüm, in einem gesäumten Schalter.

Eine stabile Währung ist eine Grundvoraussetzung für die Umsetzung der neuen Wirtschaftspolitik und die Förderung des Handels. Der sowjetische Rubel, in den die Bevölkerung kein Vertrauen mehr hat, ist eindeutig nicht in der Lage, die Last der neuen Wirtschaftspolitik zu tragen. Im Oktober 1921 wurde die Sowjetische Nationalbank Russlands reorganisiert und 1923 in Nationalbank der UdSSR umbenannt, und die Zentralbank wurde neu gegründet. Um die Währung zu stabilisieren, war jedoch eine starke Finanzkraft erforderlich, und zu diesem Zeitpunkt war es unmöglich, das Vertrauen der Menschen in die Währungsstabilität wiederherzustellen, weder in die Produktionskapazitäten der Industrie und der Landwirtschaft noch in die inländischen Ersparnisse, Devisen und Gold.

---

[39] Armand Hammer, *Hammer, G. P. Putnam's Sons*, New York, 1987, Kapitel 12.

In diesem Krisenmoment machte das Sowjetregime, das ohnehin schon arm und klirrend war, plötzlich ein Vermögen.

Nach der russischen Oktoberrevolution marschierte die zaristische Armee in Sibirien unter der Führung von Admiral Gorczak auf Moskau und eroberte Kasan, die Schatzkammer der zaristischen Zentralbank, mit einer rasanten Erbeutung von Goldreserven im Wert von 80 Millionen Pfund. Dann wurde er beim Vormarsch auf Moskau besiegt und floh schließlich mit dem Gold entlang der sibirischen Eisenbahn nach Osten. Im Winter zerstörte die Kälte in Sibirien die Moral dieser besiegten Armee, die gerade nach Irkutsk gelaufen war und in Unordnung geriet, völlig. Unter der besiegten Armee befand sich auch eine große Anzahl von Söldnern aus den mitteleuropäischen Ländern, die, um lebend und sicher nach Hause zurückzukehren, bereit waren, mit der sowjetischen Regierung eine Vereinbarung zu treffen, Koltschak und das Gold an die sowjetische Regierung zu übergeben, die im Gegenzug ihre persönliche Sicherheit garantierte und ihnen erlaubte, mit dem Schiff von Wladiwostok nach Europa zurückzukehren. [40]

Am Ende erhielten die Sowjets Gold im Wert von etwa 50 Millionen Pfund. Zu dieser Zeit entsprach ein Pfund etwa 10 Tael Silber, was eine riesige Summe von 500 Millionen Tael Silber bedeutete! Die Japaner erpressten im Chinesisch-Japanischen Krieg 230 Millionen Taels Silber von China und konnten ein Yen-System mit Goldstandard einführen, nachdem die Briten es teilweise in Gold umgetauscht hatten. Diese riesigen Goldreserven bildeten für die sowjetische Regierung eine solide Grundlage für die erfolgreiche Stabilisierung der Währung.

1922 hielten die angloamerikanischen, französischen, deutschen und anderen Länder eine Wirtschaftskonferenz in Genua ab, und Sowjetrussland entsandte eine Delegation. Am 11. Oktober 1922 ermächtigte das Volkskomitee die Nationalbank, Banknoten mit der Bezeichnung "Chevron" auszugeben, die mindestens 25 Prozent Gold und Devisen als Währungsreserven enthielten. Trotz des gravierenden Devisenmangels in der Sowjetunion konnte dies die Einführung eines Goldstandards nicht verhindern. Jeder Chevron enthält 7,74234 Gramm

---

[40] Maurice, Collis, *A Centennial History of HSBC*, China Books, 1979, S. 109.

Gold, was in der zaristischen Ära 10 Goldrubel entsprach. Gleichzeitig waren [41]alte Rubel im Umlauf, die zuvor von der Sowjetregierung ausgegeben und stark abgewertet worden waren, und die Regierung veröffentlichte regelmäßig den Wert des Chevron im Verhältnis zum Papierrubel.

Es wird oft gesagt, dass "schlechtes Geld gutes Geld verdrängt", aber diese Schlussfolgerung beruht auf der Tatsache, dass sich schlechtes Geld durchsetzt, wenn die Menschen keine Wahl haben. Es gibt keine Wahl, d.h. die Regierung zwingt das Volk, keine Wahl zu haben, und wenn die Kontrolle des Regimes nachlässt und es keine Möglichkeit gibt, das Gesetz durchzusetzen, ist eine Situation vorprogrammiert, in der der Markt bereit ist, gutes Geld zu akzeptieren, aber nicht schlechtes Geld. Als beispielsweise die Kuomintang in der zweiten Hälfte des Jahres 1949 eine schwere Niederlage erlitt, weigerten sich die Menschen in den südlichen Provinzen, die goldenen Gutscheine der nationalen Regierung anzunehmen, und begannen automatisch, Yuan Dao in Umlauf zu bringen. Wenn die Regierung entschlossen ist, die Interessen des Volkes zu schützen, und die Initiative zur Einführung stabiler, guter Münzen ergreift, dann werden die schlechten Münzen schneller verschwinden.

Anfang 1923 machte der Chevron nur 3% des gesamten Geldumlaufs in Sowjetrussland aus, der bis Februar 1924 schrittweise auf 83,6% anstieg. Im Jahr 1924 gab die Sowjetunion neue Rubel aus, und die Währungsreform wurde abgeschlossen, wobei der Chevron die Rechnungswährung und die neuen Rubel im Umlauf waren, wobei ein Chevron 10 neuen Rubeln entsprach.

Der neue sowjetische Goldrubel ist geboren!

Der stabile Goldrubel beseitigte bald die grassierende Inflation, beschleunigte die Entwicklung des Rohstoffhandels erheblich und trug zum Erfolg von Lenins neuer Wirtschaftspolitik bei.

---

[41] Xu Xiangmei, *A Study on the Transformation of the Russian Banking System*, China Finance Press, 2005, S. 33-37.

Das Entwicklungsmodell der Sowjetunion ist umstritten

Lenins neue Wirtschaftspolitik war zweifellos ein großer Erfolg: Sie rettete 1921 die Vertrauenskrise in das Regime, verhinderte den Zusammenbruch des bäuerlich-industriellen Bündnisses, fand breite Unterstützung bei Bauern, Arbeitern, Handwerkern, Kaufleuten und ausländischen Investoren und führte zu einer starken Entwicklung von Produktion und Handel. Das Ansehen des Sowjetregimes wurde in den Herzen der Menschen gefestigt. Im Jahr 1927 erreichte die sowjetische Wirtschaft schließlich wieder das Vorkriegsniveau von 1913.

Nach Lenins Tod im Jahr 1924 entfachte jedoch die Frage, welches Entwicklungsmodell die Sowjetunion übernehmen sollte, eine grundlegende Kontroverse, die schließlich in einen erbitterten Machtkampf ausartete.

Die Wirtschaftspolitik eines jeden Landes ist naturgemäß die Kunst der Maximierung der Wirtschaftsleistung und der rationellen Verteilung innerhalb der Grenzen der begrenzten menschlichen, materiellen und finanziellen Ressourcen. Gleichzeitig müssen Wirtschaftsleistung und -verteilung unterschiedliche Prioritäten und Schwerpunkte in verschiedenen historischen Epochen und in unterschiedlichen externen Umfeldern widerspiegeln. Die Wahl der Wirtschaftspolitik, die weitgehend den Willen des Staates und der Regierung widerspiegelt, ob es sich nun um die Etablierung der britischen Hegemonie, den industriellen Aufstieg der Vereinigten Staaten oder den wirtschaftlichen Aufholprozess Deutschlands handelt, zeigt deutlich den großen Einfluss des Staates auf die wirtschaftliche Entwicklung. In der Tat hat es in der Welt nie eine absolute Marktwirtschaft und einen freien Handel gegeben, und diese Art von wirtschaftlichem Umfeld, das spontan von unabhängigen Individuen gebildet wird, existiert in der realen Welt nicht wirklich; die so genannte Marktwirtschaft ist im Wesentlichen eine nationale Marktwirtschaft.

Die Sowjetunion stand nun vor der Entscheidung, ob sie die Marktwirtschaft weiter ausbauen oder zu einer Planwirtschaft übergehen sollte.

Bis 1926 waren 82 Prozent der sowjetischen Bevölkerung noch in der Landwirtschaft tätig und nur 7-8 Prozent der Arbeitskräfte arbeiteten in der Industrie, was die Bolschewiki mit ihrer starken Arbeiterführung im Zentrum unerträglich machte! In den Augen der

Amerikaner und Briten war die Sowjetunion nur ein typisches Entwicklungsland, nicht einmal so gut wie Brasilien und Argentinien, mit einem wirtschaftlichen Rückstand von 50 bis 100 Jahren gegenüber den großen westlichen Ländern. [42]

Als erstes sozialistisches Land waren die sozialen Ziele und das Wirtschaftsprogramm der Sowjetunion für die herrschende Klasse in der ganzen Welt nicht akzeptabel. Seit 1918 waren ausländische bewaffnete Interventionen und Wirtschaftsblockaden an der Tagesordnung, und es war für die Sowjetunion fast unmöglich, ihre Wirtschaft normal zu entwickeln.

Wie kann die Wirtschaft entwickelt und das Land in einem anormalen Zustand gestärkt werden, um das Überleben und die Entwicklung des Sowjetregimes wirksam zu sichern? In der Sowjetunion haben sich zwei Denkschulen herausgebildet.

Eine Denkschule: Lenins neue Wirtschaftspolitik sollte keine kurzfristige Maßnahme sein, sondern eine grundlegende Strategie für die wirtschaftliche Entwicklung der Sowjetunion. Unter der Prämisse der kontinuierlichen Verbesserung des Lebensstandards des Volkes ist die koordinierte Entwicklung von Landwirtschaft, Leicht- und Schwerindustrie zu berücksichtigen, die Behandlung der Landwirtschaft als "einheimische Kolonie" abzulehnen und die für die rasche Entwicklung der Industrie notwendige primitive Akkumulation auf Kosten der Bauern zu erreichen.

Die andere Denkschule vertritt die Auffassung, dass die Entwicklung der Schwerindustrie und der Erwerb der notwendigen Basis für die Rüstungsindustrie zum frühestmöglichen Zeitpunkt Vorrang haben müssen, wenn es gelingen soll, angesichts der Belagerung durch die kapitalistische Welt einen sozialistischen Staat aufzubauen. Sie hatten aus den Lehren vergangener bewaffneter Interventionen und Wirtschaftsblockaden des Westens gelernt, dass künftige Kriege unvermeidlich sein würden, und dass die Schwerindustrie zu diesem Zeitpunkt kaum sichtbare Fortschritte in der Neuen Wirtschaftspolitik gemacht hatte und dass eine starke Schwerindustrie nicht in kurzer Zeit aufgebaut werden konnte, ohne die menschlichen, materiellen und finanziellen Ressourcen des Landes zu

---

[42] Armand Hammer, *Hammer, G. P. Putnam's Sons*, New York, 1987.

konzentrieren. Daher muss die Neue Wirtschaftspolitik zugunsten eines Modells der schnellen Industrialisierung mit einem Fünfjahresplan als Kernstück aufgegeben werden.

Aus den späteren historischen Fakten geht hervor, dass die Sowjetunion ohne die Beschleunigung der Industrialisierung sicherlich nicht in der Lage gewesen wäre, den starken Angriffen Nazi-Deutschlands standzuhalten, mit dem Ergebnis, dass das sowjetische Regime zusammengebrochen und die Sowjetunion zu einer deutschen Besatzungszone geworden wäre. Mit den Ressourcen der Sowjetunion im Rücken wäre die deutsche Kriegsmacht weiter gestärkt worden. Es ist zu befürchten, dass der gesamte Ausgang des Zweiten Weltkriegs, ja der Weltgeschichte bis zum heutigen Tag, anders verlaufen wäre. Vielleicht würde die britische Regierung ins Exil gehen, die Vereinigten Staaten müßten Nord- und Südamerika halten, und China würde dauerhaft von Japan besetzt werden.

Schließlich wurde Stalins Strategie der raschen Industrialisierung zum Vorbild für die Entwicklung der Sowjetunion. Er schlug vor, dass die Sowjetunion innerhalb von 10 Jahren zu den westlichen Industriemächten aufschließen sollte. Aus mikroökonomischer Sicht ist die Entwicklung der sowjetischen Industrie relativ ineffizient, aber aus makroökonomischer Sicht kann die sowjetische Industrialisierung als schneller Fortschritt bezeichnet werden. Am Ende der drei Fünfjahrespläne hatte die Sowjetunion ein starkes Industriesystem mit Flugzeugen, Automobilen, Traktoren, Stahl, Chemie und Rüstungsindustrie aufgebaut und war zur zweitgrößten Industriemacht der Welt nach den Vereinigten Staaten geworden. Es muss betont werden, dass der kurze und umfassende industrielle Aufstieg der Sowjetunion in der Geschichte der Weltwirtschaft beispiellos war und dass es sich dabei um einen erstaunlichen Sprung nach vorn handelte, und zwar unter den äußeren Bedingungen der Großen Depression der Weltwirtschaft und unter den Bedingungen der völligen Abhängigkeit von inländischen Ressourcen. In den 1930er Jahren, vor Ausbruch des Krieges, produzierte die Sowjetunion 4.000 Flugzeuge pro Jahr, während des Krieges waren es sogar 30.000. Selbst die starken Produktionskapazitäten der deutschen Industrie waren allmählich nicht mehr in der Lage, der wachsenden industriellen Macht der Sowjetunion zu widerstehen, die in Bezug auf die militärischen Produktionskapazitäten fast die Stärke der Vereinigten Staaten erreicht hatte.

Aber die potenziellen Fallstricke der Industrialisierung der Sowjetunion sind ebenso entmutigend.

Vor der Industrialisierung der Sowjetunion gab es weder genügend inländische noch kreditfähige ausländische Ersparnisse, und das einzige, was für die Kapitalakkumulation sorgen konnte, war die Landwirtschaft, die einen großen Teil der Volkswirtschaft ausmachte. Die Hochgeschwindigkeitsindustrialisierung verlangte von den Landwirten Arbeit und Nahrungsmittel, aber die Strategie, der Schwerindustrie den Vorrang zu geben, führte dazu, dass die Leichtindustrie den Landwirten keine Konsumgüter im Austausch für ihre Nahrungsmittel liefern konnte. Die massive Verlagerung von Arbeitskräften aus der Landwirtschaft in die Industrie und die Städte machte es erforderlich, dass die Landwirte mehr Nahrungsmittel bereitstellten und einen kleineren Teil für sich selbst behielten. Gleichzeitig galt es, die immer größer werdende Rote Armee zu ernähren, und die Lage der Bauern verschlechterte sich immer mehr.

Unter normalen marktwirtschaftlichen Bedingungen könnten die Bauern, die Land besaßen, einen solchen ungleichen Austausch ablehnen und angemessene Preise verlangen, was auch geschah; zwischen 1923 und 1927 waren die Preise für Industrieprodukte erheblich höher als die für landwirtschaftliche Erzeugnisse, was die Bauern dazu veranlasste, nur ungern Lebensmittel an den Staat zu verkaufen; 1927 verkauften die Bauern nur 13 Prozent der Gesamternte, während es 1913 noch 26 Prozent waren. Auf diese Weise behielten die Bauern einen hohen Lebensstandard bei, aber die zunehmende Industrialisierung schnitt ihnen die Quelle ab.

Unter diesen Umständen entschied Stalin, dass das traditionelle Agrarmodell nicht ausreiche, um den kumulativen Anforderungen der Industrialisierung gerecht zu werden, und dass obligatorische Kolchosen und Staatsbetriebe mit Vergemeinschaftung von Land, Produktionsmitteln und Vieh notwendig waren, um die Bauern zur Produktion zu zwingen und einen niedrigeren Lebensstandard zu tolerieren. Dies führte dazu, dass die Bauern ihr Vieh lieber töteten, als es entschädigungslos an die Kolchosen abzugeben. Von 1928 bis 1933, in der Zeit der Einführung der Kolchose, sank die Zahl der in der Sowjetunion gezüchteten Rinder von 30,7 Millionen auf 19,6 Millionen, die Zahl der Schafe von 146 Millionen auf 50 Millionen und die Zahl der Pferde von 33,5 Millionen auf 16,6 Millionen, und die

Produktionsfreude der Bauern wurde ernsthaft gebremst.[43] Von da an bis zum Zusammenbruch der Sowjetunion wurde die Landwirtschaft zu einem großen Problem für die Sowjetunion, die oft nicht in der Lage war, ihre eigene Bevölkerung auf einem so großen Gebiet zu ernähren. Aus einem großen Exporteur von Nahrungsmitteln in der Zarenzeit wurde in der mittleren und späten Sowjetzeit zunehmend ein Importeur von Nahrungsmitteln. Nach den 1970er Jahren wurde das Ausmaß der sowjetischen Lebensmittelimporte zu einer ernsthaften Bedrohung für die Stabilität der sowjetischen Volkswirtschaft. Letztlich wurde die Nahrungsmittelkrise zu einer der Hauptursachen für Rohstoffknappheit, Privilegien, Unzufriedenheit in der Bevölkerung, Handelsungleichgewichte und wirtschaftlichen Zusammenbruch.

Deutsche Macht, sowjetische Industrialisierung beschleunigt

In der Industrie, insbesondere in der Schwerindustrie und in der Rüstungsindustrie, sind neben den enormen finanziellen Investitionen vor allem eine komplexe Produktionstechnologie, eine fortschrittliche Organisation und Verwaltung, eine umfassende unterstützende Ausrüstung, alle Arten von Fachkräften, die Geschwindigkeit, die Tiefe und die Breite des Eindringens der industriellen Revolution in die Länder der Welt von Bedeutung, die das Schicksal dieser Länder im 20.

Noch Mitte der 1920er Jahre war die Sowjetunion ein typisches Agrarland und ein sozialistisches Land, das unter einer strengen Wirtschaftsblockade durch den Westen stand. Nach sieben Jahren schweren internationalen und innerstaatlichen Krieges hat sich die Wirtschaft gerade erst ein wenig erholt, und die industrielle Basis verfügt nur noch über einige fast verlassene Industrieanlagen und längst veraltete Technologie aus der Zeit des zaristischen Russlands.

Als Hamer in den frühen 1920er Jahren in der Sowjetunion mit dem Asbestabbau begann, konnte er sich nicht vorstellen, wie weit die russische Industrietechnik und -ausrüstung zurückgeblieben war.

> *„Ich habe noch nie in meinem Leben gesehen, wie der Bergbau auf so archaische Weise betrieben wurde. Die Arbeiter bohrten*

---

[43] Carroll Quigley, *Tragedy and Hope: A History of The World in Our Time*, The Macmillan Company, New York, 1966. S. 392-402.

> mit ungeschickten Händen durch das Erz, und es dauerte in der Regel etwa drei Tage, bis ein Loch groß genug war, um den Sprengstoff zu platzieren. Das gebrannte Erz wurde in Körbe gepackt und auf dem Rücken der Menschen über hohe Stufen getragen, wo die Arbeiter in Reihen saßen und mit kleinen Hämmern die Steine zerschlugen. Nachdem die Erze gereinigt worden sind, werden sie von den Bauern in kleinen Karren zu einem zehn Meilen entfernten Bahnhof transportiert."

Der primitive handwerkliche Bergbau entsprach dem damaligen Stand der Industrie in der Sowjetunion, die Tausende von Kilometern von der modernen Industrie entfernt war! Das erste, was Hammer tat, war, die Ausrüstung zu aktualisieren, er brachte einen Generator und eine pneumatische Bohrmaschine aus den Vereinigten Staaten mit, ersetzte den kleinen Hammer durch eine Schlagmaschine und der mechanisierte Betrieb wurde zu einer lokalen Sensation. Er benutzte eine Kettensäge, um die traditionelle Gehrungssäge zu ersetzen, ein paar Minuten, um die Arbeit des Vortages zu vervollständigen, um die Fällung von Bäumen Sägebrett, 50 Meilen rund um die russischen Menschen kommen, um das Treiben zu sehen, schleppten sie das Holz von zu Hause, nur um für sich selbst zu sehen, was die "Tafelmesser schneiden Creme" Kettensäge ist etwas seltsam versteckt.

Die Verbreitung von Technologie besteht erstens in der Einführung von Ausrüstung und zweitens in der Kultivierung von Humanressourcen. Hammer brachte Traktoren von Ford mit und ließ die Russen von Ford-Ingenieuren darin schulen, wie man mit den Traktoren Wasser pumpt, Holz sägt, Generatoren antreibt und das Land pflügt. Als die 50 Traktoren planlos vom Hafen ins Stadtzentrum fuhren und eine große Panik auslösten, nahmen die Russen an, dass amerikanische und britische Panzer die Invasion begonnen hatten. Als sich später herausstellte, dass die Traktoren zum Pflügen des Landes bestimmt waren, versammelten sich Tausende von Landwirten entlang des Weges, um zu beobachten, wie die Neuheiten aus den Vereinigten Staaten angeliefert wurden.

Kein Wunder, dass Lenin sagte, die russische Industrie sei 50 bis 100 Jahre hinter dem Westen zurück.

Die sowjetische Wirtschaft im Jahr 1927 entsprach in etwa der chinesischen im Jahr 1953. Die 156 industriellen Großprojekte, die die Sowjetunion in den 1950er Jahren errichtete, legten eine solide Grundlage für die Industrialisierung in China. Für ein Agrarland sind die Technologie und die Ausrüstung der Industrie und die immense

Produktivität, die sie mit sich bringen, magisch und unglaublich, und das Erlernen und Anwenden dieser technologischen Geräte erfordert bereits eine beträchtliche Zeit, um sie zu verdauen und zu verinnerlichen, ganz zu schweigen von der Produktion und Herstellung dieser komplexen industriellen Geräte. Dies erfordert nicht nur fundierte theoretische Kenntnisse, sondern auch praktische Erfahrung in der Massenproduktion und die Fähigkeit, die Produktion zu organisieren und zu verwalten. Hätte China ohne das Darlehen in Höhe von 2,4 Milliarden Dollar, das die Sowjetunion und die sozialistischen Länder Osteuropas damals zur Verfügung gestellt haben, und ohne die mehr als 18.000 Experten, die von der Sowjetunion mit Zeichnungen aller Maschinen und Ausrüstungen aller Fabriken nach China geschickt wurden und diese über einen Zeitraum von 13 Jahren an chinesische Ingenieure und Facharbeiter weitergegeben haben, in zehn Jahren die Grundlagen für Schwerindustrien wie Eisen- und Stahlmetallurgie, Nichteisenmetalle, Petrochemie, Maschinenbau, Automobil- und Schiffbau, Elektronikindustrie, Flugzeugbau usw. legen können? Die Bedeutung dieser Hilfe für die Verbreitung von Industrietechnologien nach sowjetischem Vorbild liegt darin, dass sie China geholfen hat, seine eigene industrielle Blutbildungsfunktion zu entwickeln, was weitaus bedeutender ist als 2,4 Milliarden Dollar oder gar 10 Milliarden Dollar an Bargeldhilfe!

Umgekehrt wäre auf der Grundlage der Sowjetunion Mitte der 1920er Jahre Stalins Ziel, innerhalb von 10 Jahren zu den westlichen Industrienationen aufzuschließen, ohne die massive Verbreitung ausländischer Technologie nicht zu erreichen gewesen. Wer also war unter den damaligen historischen Bedingungen in der Lage, diese Hilfe zu leisten?

Die Antwort ist Deutschland, das nach dem Ersten Weltkrieg stets bereit war, die Ungerechtigkeit des Versailler Vertrags zu überwinden und einen Neuanfang zu machen.

Bereits Anfang der 1920er Jahre betrachteten die deutschen Militärs die Beschränkungen, die der Versailler Vertrag der deutschen Armee auferlegte, als Schande; Deutschland konnte keine Luftwaffe, keine Marine, keine schwere Ausrüstung wie Panzer, großkalibrige Artillerie und Panzerabwehrkanonen entwickeln, und die Armee war auf 100.000 Mann beschränkt. Die dem deutschen Volk innewohnende Arroganz, gequält von der Niederlage und der Demütigung durch ungleiche Verträge, führte unweigerlich zu einer starken Rebellion gegen den eigenen Willen. Und die deutschen Militär- und

Rüstungsindustriegiganten sind ein direkter Ausdruck dieses rebellischen Willens. Aber sie haben verstanden, dass die anglo-französische Macht zu dieser Zeit überwältigend war und dass eine Konfrontation eindeutig nicht funktionieren würde, aber insgeheim hat Deutschland keinen Moment lang aufgehört zu versuchen, "das Land in der Kurve zu retten". In diesem Moment wurde die Sowjetunion zum besten Partner.

Auf der Wirtschaftskonferenz von Genua 1922 versuchte der Völkerbund unter britischer Führung, den Zentralbanken der Welt den von Norman erfundenen Goldstandard zu verkaufen, und Deutschland und die Sowjetunion schickten ihre eigenen Delegationen zur Konferenz von Genua. Die beiden Waisenkinder der internationalen Gemeinschaft waren jedoch nicht in der Lage, auf der Konferenz zu intervenieren, da sie sich "wie der Rest der Welt" fühlten und miteinander sympathisierten. Auf diesem Treffen wurde der deutsch-sowjetische Vertrag von Rapallo unterzeichnet, der die gegenseitigen Reparationsforderungen aufhob, die diplomatischen Beziehungen zwischen den beiden Ländern vollständig wiederherstellte und ein enges Handelsbündnis schuf.[44] Großbritannien und Frankreich waren darüber schockiert.

Deutschland wurde bald der größte Handelspartner der Sowjetunion.

Deutschland wurde von Großbritannien und Frankreich unterdrückt und sah sich einer starken Feindseligkeit seitens Polens gegenüber. Die Freundschaft mit der Sowjetunion kam nicht nur dem gegenseitigen Handel zugute, sondern spielte auch eine wichtige Rolle bei der Schwächung Polens und der Verringerung des politischen und militärischen Drucks von Großbritannien und Frankreich.

General Hans von Seeckt, später als "Vater der Wehrmacht" bekannt, war der Initiator der militärischen und industriellen Zusammenarbeit mit der Sowjetunion. Sektor wurde nach dem Ersten Weltkrieg faktisch zur Seele der deutschen Armee. Obwohl das deutsche Stabshauptquartier unter britischem und französischem Zwang abgeschafft wurde, behielt Sektor das Stabshauptquartier, die Essenz der überlegenen Kampfkraft der deutschen Armee, im Namen

---

[44] Vertragsreihe des Völkerbundes, Band 19 327 L 1923.

des Amtes für militärische Angelegenheiten bei. Seine Antwort auf die 100.000 Mann starke IDF war, aus jedem Soldaten den Keim einer zukünftigen Armee zu machen, aus jedem Offizier die Fähigkeiten eines zukünftigen Generals und Marschalls, und sobald die Kriegsmaschine aktiviert war, würden die 100.000 Mann sofort in der Lage sein, eine Millionenarmee auszubilden und aufzubauen. Viele der berühmten Generäle des Zweiten Weltkriegs, wie z. B. die Marschälle Rommel, Burke und Longstedt, wurden von Sektor ausgebildet. Später reiste er auch nach China und wurde Militärberater von Chiang Kai-shek. Er vertrat drei wichtige Ideen für den Aufbau einer Armee, die sein Leben beeinflussten: die Armee als Grundlage für die Herrschaft, die Macht der Armee liegt in ihrer hervorragenden Qualität und das Kampfpotenzial der Armee entsteht durch die Ausbildung des Offizierskorps.

In der Tat war die 100.000 Mann starke Wehrmachts-Elitetruppe des Sektors in der Zeit der Weimarer Republik ein entscheidender Faktor für die Konsolidierung des Regimes. Selbst Hitler, der die Macht der Nationalsozialisten konsolidieren wollte, als er an die Macht kam, musste mit der Wehrmacht zusammenarbeiten und sogar seine eigenen Truppen vernichten. Weil Hitler der Wehrmacht nicht vertraute und sie letztlich nicht kontrollieren konnte, bildeten die Nationalsozialisten ihre eigene SS, um die Macht der Wehrmacht zu kontrollieren.

So beurteilte Sektor den sowjetisch-deutschen Vertrag von Rapallo,

> *„Obwohl (der Handel mit der Sowjetunion) für Deutschland gut war, war sein (des Vertrages) wirtschaftlicher Wert nicht der Hauptaspekt, die politische Bedeutung war der Schlüssel. Der Fortschritt in den sowjetisch-deutschen Beziehungen ist der größte und einzige Machtzuwachs, den der Frieden in Deutschland bisher erreicht hat. Der Fortschritt dieser Beziehungen verdient es im Allgemeinen, mit der wirtschaftlichen Zusammenarbeit zu beginnen, aber die Stärke der (sowjetisch-deutschen) Zusammenarbeit besteht darin, dass diese wirtschaftliche Interaktion den Weg für die künftige politische und militärische Zusammenarbeit ebnen wird."*[45]

---

[45] Wheeler-Bennett John, *Die Nemesis der Macht*, London: Macmillan, 1967, S. 133.

Anfang 1921 bildete Sektor eine Abteilung in der Wehrmacht mit dem Codenamen "Gruppe R", die von einem engen Freund, von Schleicher (der 1932 Bundeskanzler wurde und Hitler und die Nazis führte), geleitet wurde, um eine geheime deutsche Hilfe für die sowjetische Militärindustrie einzurichten. Er dockte an den Vorsitzenden des sowjetischen Volkskomitees für Außenhandel, Grazin, an, und im September 1921 begannen sowjetische und deutsche Vertreter geheime Gespräche in Schleichers Wohnung und einigten sich auf die Einzelheiten der Umsetzung der deutschen finanziellen und technischen Hilfe für die sowjetische Militärindustrie. Natürlich musste die sowjetische Seite auch etwas an die Wehrmacht zurückgeben, was es dem deutschen Militär ermöglichen sollte, die für die Rüstungsindustrie in der Sowjetunion benötigten Arsenale und Ausbildungsstätten zu errichten.

Im März 1922 kamen die ersten deutschen Militärindustriellen in die Sowjetunion. Einen Monat später begann die deutsche Flugzeugfirma Junker mit dem Bau einer modernen Flugzeugfabrik in der Region Fili am Rande Moskaus, und Krupp Arms begann mit dem Bau einer Produktionsstätte für schwere Artillerie im Süden der Sowjetunion. In der Folgezeit wurden in der Sowjetunion nacheinander deutsche Flugschulen, Panzerprüfstellen, Chemiewaffenproduktionsstätten und U-Boot-Bauanlagen errichtet. [46]

Eine große Zahl deutscher Militärtechnologen wurde in die Sowjetunion entsandt, um sowjetischen Ingenieuren zu helfen, Hand in Hand eine Reihe von Produktionsanlagen für Flugzeuge, Panzer, großkalibrige Artillerie, Chemikalien und mehr zu errichten. Die Errichtung und der Betrieb dieser Fabriken ermöglichte es der Sowjetunion einerseits, äußerst wertvolle fortschrittliche Industrietechnologie zu erwerben und eine große Zahl von Ingenieuren für die Rüstungsindustrie auszubilden, während sie sich gleichzeitig die raffinierten Produktionsmanagementfähigkeiten der deutschen Industrie aneignete, wodurch der technologische Abstand zwischen der Sowjetunion und den Industrieländern erheblich verringert wurde; Andererseits ermöglichten diese Fabriken Deutschland, neue Technologien und Erfindungen in der Praxis zu erproben, alle Arten von schwerem Gerät und Militärflugzeugen zu produzieren, die durch

---

[46] Ebd.

den Versailler Vertrag verboten waren, und das weltweit führende Niveau der deutschen Militärtechnologie auf einem nicht veralteten Stand zu halten. Unter dem Deckmantel der Sowjetunion entzog sich Deutschland während einer fünfjährigen militärisch-industriellen Zusammenarbeit den Kontrollen der anglo-französischen Inspektoren über die Übereinstimmung der deutschen Rüstungsindustrie mit den Anforderungen des Versailler Vertrags.

Die mehr als fünf Jahre während Flitterwochenzeit der sowjetisch-deutschen militärisch-industriellen Zusammenarbeit von 1922 bis 1927 war auch eine entscheidende Zeit in der Sowjetunion, in der der Weg zur Industrialisierung im Land diskutiert wurde. Mit Hilfe der deutschen Militärindustrie erwarb die Sowjetunion die für die Industrialisierung erforderlichen Technologien, Ausrüstungen, Erfahrungen und Talente. Als die Sowjetunion 1928 ihren ersten Fünfjahresplan aufstellte, brauchte es nur ein paar Dutzend Mal die Verbreitung dieser wertvollen industriellen Technologien, um die Räder der Industrialisierung in Gang zu setzen.

Die Ausdehnung des Rubel-Imperiums

> *„Moskaus Ablehnung der Teilnahme am Währungssystem von Bretton Woods und der Abbau von Handelsschranken in den von ihm kontrollierten Gebieten ist nicht das Ergebnis des Kalten Krieges, sondern seine Ursache."*[47]
>
> -Gaddis

Nach dem Krieg zerschlug sich der amerikanische Traum, die Sowjetunion und Osteuropa auf die Landkarte des Dollarimperiums zu bringen. Die Vereinigten Staaten beschlossen, die Sowjetunion und Osteuropa zu "wirtschaftlichem Exil" und "lebenslänglicher Haft" zu verurteilen, um sie politisch und militärisch einzudämmen. Als die Vereinigten Staaten 1947 ihre "Dollarisierungsstrategie" gegen Europa einleiteten, wurden die Sowjetunion und Osteuropa im Verborgenen zurückgewiesen.

---

[47] Michael Hudson, *Superimperialismus - Neue Ausgabe: The Origin and Fundamentals of U.S. World Dominance*, Pluto Press; New Edition (21. März 2003), Kapitel 6.

Der "Marshall-Plan" war im Wesentlichen ein Ersatz für die deutschen Kriegsreparationen, der dem Prozess des Wiederaufbaus der sowjetischen Wirtschaft einen schweren Schlag versetzte und gleichzeitig die Beherrschung des europäischen Wiederaufbaus durch amerikanische Finanzblöcke bewirkte. Das Abkommen von Jalta und die Potsdamer Proklamation stellten klar, dass die Sowjetunion Kriegsreparationen von Deutschland erhalten würde, die in Form von deutschen Maschinen und Ausrüstungen, Industrieunternehmen, Autos, Schiffen, Rohstoffen usw. gezahlt werden konnten, und zwar zu einem Zeitpunkt, als die Sowjetunion so große Kriegsschäden erlitten hatte, dass sie kaum noch in der Lage war, Devisen durch Exporte zu erwirtschaften, so dass die deutschen Kriegsreparationen zur wichtigsten externen Ressource im Prozess des sowjetischen wirtschaftlichen Wiederaufbaus werden würden. Kernstück des "Marshall-Plans" war die verdeckte Abschaffung der deutschen Kriegsreparationen an die Sowjetunion und ihre Ersetzung durch Finanzhilfen der Vereinigten Staaten an Europa. Obwohl die Hilfe angeblich sowohl der Sowjetunion als auch Osteuropa offenstand, legte der Marshallplan Bedingungen für die wirtschaftliche Liberalisierung fest, die mit dem planwirtschaftlichen System der Sowjetunion unvereinbar waren und sie somit "zwangen", die Sowjetunion und Osteuropa aus seinem Geltungsbereich auszuschließen.

Die Sowjetunion hingegen hat durch die groß angelegte Demontage der Schwerindustrie in Deutschland und die Beseitigung aller wertvollen Gegenstände etwa 66 Milliarden Mark an Kriegsreparationen "zurückerhalten". Vor allem aber haben die Sowjets den schöpferischsten Reichtum bei der Verbreitung industrieller Technologie nicht vergessen - das Talent, obwohl die Amerikaner den ersten Schritt unternommen haben, um sich der besten 120 deutschen Raketenexperten zu entledigen, ist es der Sowjetunion dennoch gelungen, die verbleibenden 3.500 Ingenieure und hervorragenden technischen Mitarbeiter zu behalten, die das Rückgrat des Raketengeschäfts bilden, auf das die Sowjetunion stolz ist.

Ohne die Hilfe des Dollars erreichte die Sowjetunion aus eigener Kraft in nur fünf Jahren eine rasche wirtschaftliche Erholung, und 1950 überstieg die Industrieproduktion das Vorkriegsniveau. Mit der Wiedererlangung der wirtschaftlichen Stärke begann die Sowjetunion angesichts der US-Politik des "wirtschaftlichen Exils" den Gegenangriffskrieg "die Mauer zu graben". Ab Anfang der 1950er

Jahre startete die Sowjetunion eine Wirtschaftsoffensive gegen die schwächsten Regionen einer Reihe von Dollar-Imperien.

Jedes Mal, wenn die Sowjetunion ihre wirtschaftliche Macht auf eine andere Region oder ein anderes Land ausdehnte, verloren die Vereinigten Staaten einen weiteren normalen Markt für das Dollarimperium.

Die Gründung eines neuen Chinas beraubte die Vereinigten Staaten des größten vom Dollar besetzten Gebiets an der Westküste des Pazifiks, und die massive sowjetische Hilfe für China in den frühen 1950er Jahren bedeutete, dass sich Chinas Industrialisierung erheblich beschleunigen würde, was eine potenzielle Bedrohung für das Dollarimperium darstellte.

Gleichzeitig begann die Sowjetunion eine subversive Offensive im Pfund Sterling-Gebiet des Nahen Ostens, und 1956 wurde die anglo-französische Macht in Ägypten durch die Suezkanal-Krise von den Vereinigten Staaten stark geschwächt, die nicht zögerten, alle anglo-französischen Versuche, das imperiale Kolonialsystem wiederherzustellen, mit schweren Sanktionen zu belegen. Doch bevor der Dollar nach dem Schlag gegen Anglo-Frankreich wieder anziehen konnte, stürzte der Rubel in rasantem Tempo nach oben. Bis 1958 hatte die Sowjetunion in Ägypten, Syrien und im Jemen einen Keil in den Rubel getrieben.

Für Ägypten liegt die Rubelhilfe im langfristigen Interesse seiner wirtschaftlichen Entwicklung. Ägypten hatte seinen eigenen Fünfjahresplan entwickelt, der alle Bereiche der modernen Wirtschaft abdeckte, und die Sowjetunion war immer zur Stelle, wenn Ägypten Hilfe brauchte. Natürlich gab es kein kostenloses Mittagessen, und die Sowjetunion war kein Wohlfahrtsverband. Da die Vereinigten Staaten durch das Bretton-System ein Dollar-Imperium aufgebaut hatten, musste die Sowjetunion ihr eigenes Rubel-Imperium aufbauen, um die Blockade der Dollar-Zone zu durchbrechen. Im Mittelpunkt der Wirtschaftshilfe steht die Ausweitung des Einflussbereichs des Rubels und die Aushöhlung der Dollarzone. So gewährte die Sowjetunion Ägypten ein langfristiges Darlehen in Rubel in Höhe von 178 Millionen Dollar mit einer Laufzeit von 12 Jahren und einem Zinssatz von nur 2,5%, der halb so hoch ist wie bei westlichen kommerziellen

Darlehen.[48] Die Sowjetunion scheute keine Kosten, um die Rubel-Brückenköpfe in Nordafrika zu besetzen. In der ägyptischen Wüste produzieren bereits moderne sowjetische Ölplattformen, und die Pläne für künftige Ölraffinerien in Ägypten sind in vollem Gange. Um Ägypten wirtschaftlich in die Rubelzone einzugliedern, öffnete die Sowjetunion auch für Ägyptens Hauptexportprodukt, die devisenbringende Baumwolle, die Tür zum heimischen Markt, und das zu einer Zeit, in der Ägyptens Baumwollexporte vom Westen abgelehnt werden, was man als Segen für Ägypten bezeichnen kann. Und nicht nur das: Die Sowjetunion schickte Lebensmittel und Treibstoff, die Ägypten dringend benötigte. Für die Ägypter war das kein Verlust, sondern eine wertvolle Technologieverbreitung, ein Exportmarkt für die Sowjetunion, ein akuter Mangel an lebenswichtigen Gütern und gleichzeitig der politisch-militärische Schutz durch die Sowjetunion.

Der sowjetische Einfuhrpreis für ägyptische Baumwolle lag erheblich über dem Weltmarktpreis, wodurch der westliche Markt für Ägypten weniger attraktiv wurde. Nachdem die Sowjetunion Baumwolle in großen Mengen gehortet hatte, verfügte sie über die Energie, die westlichen Märkte zu stören und die normale Wirtschaftsordnung des Dollar-Imperiums durch den Verkauf der Baumwolle zu stören. Die Vereinigten Staaten tragen die Last der Aufrechterhaltung der Weltmarktordnung, während die Sowjetunion mit ihrem Marktguerillakrieg die Vereinigten Staaten in Aufruhr versetzt hat. Die wirtschaftlichen Berechnungen der Sowjetunion waren nicht weniger beeindruckend als die der Vereinigten Staaten, wo Baumwolle zu einem hohen Preis eingekauft und dann durch die Gewinne der zu einem hohen Preis verkauften Industrieanlagen kompensiert wurde.

In Syrien waren sowjetische Ingenieure damit beschäftigt, das gesamte Land zu vermessen und Standorte für künftige Produktionsstätten von Hilfsflugzeugen auszuwählen. Sowjetische Ölexperten treffen bereits letzte Vorbereitungen für die Ölförderung in der Wüstenregion des Nordostens. Noch mehr zur Freude des Nahen Ostens war die Sowjetunion bereit, Kernreaktoren in der Region zu

---

[48] Howard K. Smith, *The Rubble War: A Study of Russia's Economic Penetration versus U.S. Foreign Aid*, Columbia Broadcasting System, Inc. 1958.

installieren und einen großen Rubelkredit für künftige Kernkraftwerke bereitzustellen. [49]

Nicht nur die Sowjetunion war auf dem Vormarsch, sondern auch die osteuropäischen Länder folgten der Expansionsstrategie des sowjetischen Rubels genau. Die Tschechische Republik baute für Ägypten die größte Waffenproduktionsanlage Afrikas und eröffnete in der Nähe von Kairo den Standort des größten Keramikproduktionsunternehmens Afrikas. Im Jemen bauen sowjetische Ingenieure den größten modernen Hafen am Roten Meer, das erste große öffentliche Projekt in der Geschichte des Jemen. Auch China war mit Unterstützung der Sowjetunion nicht untätig und half beim Bau der Straße durch den Jemen von Sana'a nach Hodeida.

In Jordanien kam es zu einer direkten Konfrontation zwischen dem Rubel und dem Dollar. Seit dem Entzug der Macht des Pfunds im Jahr 1957 ist der Dollar geblieben. Aber wie viel Rolle die Vereinigten Staaten in einem so kleinen Jordanien spielen können, bleibt ungewiss. Für die Sowjetunion ist auch Fliegenfleisch Fleisch, und jedes Stückchen des Territoriums der Dollarzone im Nahen Osten aufzustechen, würde für den Rubel eine weitere Landekopfposition bedeuten, und es bestünde in der Zukunft immer die Möglichkeit, diese verstreuten Rubelbasen zu einer großen Rubelzone zu verbinden. Jordanien selbst hat einen großen Traum von der Industrialisierung, und der Schlüssel zur Erfüllung dieses Traums ist eine Verkehrsader, die das Land miteinander verbindet. Während die Vereinigten Staaten zögerten, sprangen Jugoslawien und Polen mit dem Rubel ein, und Jordanien war schließlich mit seiner Geduld am Ende, als es den langen Prozess der Genehmigung von Hilfskrediten in den Vereinigten Staaten abwarten musste. Das Rubelgebiet ist die nächste Stadt.

Asien spielt im Kampf zwischen dem Dollar und dem Rubel eine zentrale Rolle. Asien ist nicht nur eine riesige Region mit einem Viertel der Weltbevölkerung, sondern auch das größte europäische Kolonialsystem, reich an Ressourcen und Rohstoffen, es ist sowohl ein strategischer Schwerpunkt der Vereinigten Staaten, um das Wiedererstarken des Pfund Sterling zu verhindern, als auch die vorderste Front des Widerstands gegen die wirtschaftliche

---

[49] Ebd.

Unterwanderung durch den Rubel. Seit dem Wiederaufbau nach dem Krieg haben die Vereinigten Staaten keine Kosten in der asiatischen Region gescheut und 1 Milliarde Dollar an Hilfe bereitgestellt. Die Vereinigten Staaten leisten nicht nur Wirtschaftshilfe, sondern öffnen ihre Märkte für die asiatischen Länder zu dem einzigen Zweck, China, Japan, Südkorea und die südostasiatischen Länder unter der Führung der Kuomintang an die Dollarzone zu binden. Mitte der 1950er Jahre war Asien zu einer regelrechten Dollar-Besatzungsregion geworden. Kein Wunder, dass die Vereinigten Staaten nach dem Rückzug der Kuomintang vom Festland ausriefen, "wer China verloren hat", was eigentlich besser ausgedrückt ist als "wer das chinesische Territorium des Dollarimperiums verloren hat". [50]

Als die Sowjets ihre wirtschaftlichen Schwierigkeiten in der Erholungsphase des Krieges überwunden hatten, begannen sie Mitte der 1950er Jahre eine große Rubeloffensive in Asien. Von China bis Nordkorea, von Südostasien bis Afghanistan waren die sowjetischen Experten und Ingenieure überall präsent.

Das neutrale Indien wurde zum Hauptkampffeld für den Dollar und die Rupie in Asien. Obwohl die Sowjetunion weniger als halb so viel Geld wie die USA einbrachte, konnte sie mit ihrer erfolgreichen Operation zur Beeinflussung des Rubels die Stärke des Dollars weitgehend ausgleichen. Indiens größtes Stahlunternehmen, Bilai Steel, plant, seinen zweiten Fünfjahresplan abzuschließen, um 1 Million Tonnen Stahl oder ein Fünftel der nationalen Stahlproduktion Indiens zu produzieren und bis zu 50.000 Menschen zu beschäftigen. Die Amerikaner zahlten das meiste Geld, aber die Inder erweckten den Eindruck, dass die Sowjets den Hauptbeitrag zu dem Projekt leisteten. Der Grund dafür war, dass eine große Zahl sowjetischer Ingenieure vor Ort war, die im Gegensatz zu den amerikanischen Experten, die sich über die harten Lebensbedingungen beklagten und nur halb so viel wie die Amerikaner bezahlten, ihren indischen Kollegen mit Begeisterung und Geduld halfen, die technischen Schwierigkeiten so schnell wie möglich zu meistern und zu verarbeiten. In den meisten Fällen waren die sowjetischen Ingenieure nicht nur beratend tätig, wie es der Vertrag verlangte, sondern arbeiteten direkt mit den Indern an bestimmten technischen Details. Es ist nicht übertrieben zu sagen, dass die

---

[50] Ebd.

Sowjetunion bei der Offensive zur Durchbrechung der Dollar-Belagerung das größte Potenzial und die größte Initiative mobilisiert hat.

Der Rubel hat nicht nur eine "Gegenzirkulationskampagne" gegen den Dollar in Eurasien und Afrika gestartet, sondern auch seine "schwarze Hand" direkt in den Hinterhof der Vereinigten Staaten - Mittel- und Südamerika - gelegt. Seit der Monroe-Erklärung haben die Vereinigten Staaten Mittel- und Südamerika in ihre eigene Einflusssphäre gezogen. Später schlug die Sowjetunion in Amerikas Hinterhof zu, und zwar verdeckt. Um die Vereinigten Staaten nicht so sehr zu verärgern, wurde der Wille der Sowjetunion in mehreren Fällen durch tschechische und polnische Hilfe manifestiert. 1958, als der chilenische Präsident bereit war, die Vereinigten Staaten in gutem Glauben zu besuchen, um mehr Marktchancen zu suchen, ließen die Vereinigten Staaten kaltschnäuzig die Nachricht fallen, dass sie im Begriff seien, wieder hohe Zölle auf die Einfuhr von Kupferprodukten, dem Lebenselixier des chilenischen Handels, zu erheben. Ohne Gnade zwangen die Vereinigten Staaten den chilenischen Präsidenten, seinen geplanten Besuch in den Vereinigten Staaten abzusagen. Der chilenische Handel befand sich in einer schweren Krise, als die Sowjetunion und die DDR gerade noch rechtzeitig aufgetaucht waren, um chilenische Kupfererzeugnisse in großen Mengen zu kaufen, und angedeutet hatten, dass noch weitere Aufträge folgen würden. Obwohl die Sowjetunion keine weiteren Käufe versprach, hat sie in Chile bereits eine große sowjetische Begeisterung ausgelöst. Es war ein brillanter Schachzug der Sowjetunion, um die Hebel des Einflusses zu spielen.

Als Argentinien dringend 15 Millionen Barrel Öl benötigte und sich nicht traute, es von den Vereinigten Staaten in Dollar zu kaufen, spielte die Sowjetunion die Rolle des Märchenprinzen und versprach, ihr Öl nicht nur an Argentinien zu verkaufen, sondern auch unter den internationalen Marktpreisen zu verkaufen. Keine Dollars? Das machte nichts, denn die Sowjetunion akzeptierte die Zahlung für Rohstoffe, und Argentinien hatte Angst, dass sie nicht verkaufen würden. Die Sowjetunion wurde einfach zum großen Retter Argentiniens.

Argentiniens Nachbarland Uruguay steht vor dem wirtschaftlichen Bankrott, und sein größtes Exportgut, Wolle, wird durch hohe US-Sonderzölle auf Wolle aus dem Geschäft gedrängt. Gleichzeitig hat das Dumping der Vereinigten Staaten auf dem Lebensmittelmarkt dazu geführt, dass die Landwirtschaft Uruguays in arge Bedrängnis geraten ist. Und das Erdöl, die moderne Industrieausrüstung und die

Verkehrsinfrastruktur, die Uruguay dringend benötigt, können wegen des Mangels an Dollars nicht gekauft werden. Uruguay wirft den Amerikanern vor, im Vorfeld der Wahlen versucht zu haben, die derzeitige Regierung zu stürzen und durch eine eher proamerikanische Regierung zu ersetzen. Die Sowjets kamen nun wie der Bodhisattva der Göttin der Barmherzigkeit herab, kauften zunächst Wolle im Wert von 18 Millionen Dollar, die sie nicht in Rubel, sondern in der harten Währung Pfund bezahlten, und verkauften dann 1,25 Millionen Barrel Erdöl an Uruguay, um dessen Kohleverbrennungsproblem zu lösen, und zwar immer noch unter dem internationalen Marktpreis.[51] Die uruguayische Nation begrüßte die Sowjets für ihre Gerechtigkeit.

Unmittelbar danach gab es ein weiteres großes Spektakel in Brasilien: Vor den Wahlen war Brasiliens wichtigstes Exportgut, Kaffee, plötzlich ins Stocken geraten, die Lagerbestände waren überfüllt und die Devisenbilanz verschlechterte sich dramatisch. Kaffee ist für Brasilien das, was Kupfer für Chile und Wolle für Uruguay ist. Und die Macht, die Preise für diese Rohstoffe festzulegen, liegt in den Händen der Vereinigten Staaten, und wenn der Präsident eines Landes in Mittel- und Südamerika nicht darauf hört, müssen die Vereinigten Staaten nur zu wirtschaftlichen Mitteln greifen, die ausreichen, um die Wirtschaft des Landes dramatisch zu verschlechtern und die Wahlen zu verlieren. Aber die Sowjetunion kam und hat die Dinge so sehr aufgewühlt, dass die USA die Show platzen ließen. Brasilien ist, wie andere Länder im Süden und in der Mitte der Vereinigten Staaten, reich an einer Vielzahl von landwirtschaftlichen Erzeugnissen und Rohstoffen, aber es fehlt an Öl und Dollars, und die heimische Wirtschaft erstickt, sobald sie ein Handelsbilanzdefizit aufweist. Die Sowjetunion tauschte, wie üblich, Öl gegen Kaffee, Kakao, Baumwolle und Rohstoffe Brasiliens ein und wendete so die wirtschaftliche Misere des Landes auf einen Schlag. Zu diesem Zeitpunkt hatte Brasilien noch nicht einmal volle diplomatische Beziehungen zur Sowjetunion aufgenommen. Seither ist die Begeisterung Brasiliens für die Sowjetunion groß.

Der Zweck der Diplomatie besteht darin, den Einflussbereich eines Landes zu erweitern. Die so genannte Einflusssphäre ist die Grenze der Reichweite einer Währung, innerhalb derer sie die lokale Wirtschaft

---

[51] Ebd.

und Politik wirksam beeinflussen kann. In den internationalen Beziehungen gibt es niemals einen rein politischen Einfluss, sondern nur einen wirtschaftlichen Einfluss im politischen Sinne, d. h. die Macht des Geldes!

Wirtschaftshilfe und Rubeldiplomatie waren zu den Massenvernichtungswaffen der Sowjetunion gegen das Dollarimperium geworden.

Die Nahrungsmittelkrise, die Folgen der rasanten Industrialisierung

Die stärkste Zeit des Rubels gegenüber dem Dollar waren die 1950er Jahre, als die erfolgreiche und rasche wirtschaftliche Erholung der Sowjetunion nach dem Krieg die Voraussetzungen für eine massive Ausweitung des Rubelgebiets schuf. Der sowjetischen Wirtschaft ging es jedoch nicht lange gut, und zu Beginn der 1960er Jahre verlangsamte sich das sowjetische Wirtschaftswachstum, was die Expansionsdynamik des Rubels bremste. Der Dollar trat in eine strategische Haltephase mit dem Rubel ein, während der Dollar in den 1980er Jahren einen entscheidenden Gegenangriff startete.

Der erste Bereich der sowjetischen Wirtschaft, der sich als problematisch erwies, war die Landwirtschaft. Es ist in der Tat unvorstellbar, dass ein Reich, das so groß ist wie ein Sechstel der Landmasse der Erde, mit einer Bevölkerung von weniger als 300 Millionen Menschen in den meisten Jahren nach den 1960er Jahren auf steigende Lebensmittelimporte angewiesen war, um sich zu ernähren. Russland ist nicht unfähig, sich selbst zu versorgen; bis zum Beginn des 20. Jahrhunderts war es sogar der größte Lebensmittelexporteur der Welt mit einem Anteil von 45% an den gesamten Lebensmittelexporten der Welt. Die Mitte der 1960er Jahre war ein wichtiger Wendepunkt für die Verschlechterung des Nahrungsmittelproblems in der UdSSR. [52]

In der Tat waren die 1930er und 50er Jahre die goldenen Jahre der wirtschaftlichen Entwicklung in der Sowjetunion, und die Industrialisierung des gesamten Landes war ein bemerkenswerter

---

[52] E. T. Gaidar, *The Demise of Empire: Lessons from Contemporary Russia*, Social Science Documentation Press, 2006, Kapitel 4.

Erfolg. Um Churchills Einschätzung Stalins zusammenzufassen: "Als er an die Macht kam, war die Sowjetunion lediglich eine landwirtschaftliche Rückständigkeit, bei seinem Tod jedoch eine mit der Atombombe ausgestattete Weltsupermacht". Eine extrem schiefe Entwicklung birgt jedoch zwangsläufig extreme Wachstumsfallen.

Gaidar, der amtierende Ministerpräsident der russischen Regierung, fasste das Problem der sowjetischen Landwirtschaft so zusammen:

> „Die Kollektivierung, der Entzug der Freizügigkeit, der Wahl des Arbeitsplatzes und des Wohnsitzes, die erzwungene unbezahlte Arbeit und die Notwendigkeit, die Familie durch persönliche Nebentätigkeiten zu unterstützen, kommen einer Rückkehr zur Leibeigenschaft gleich. Der Unterschied besteht lediglich darin, dass der Staat nicht mehr als einer der Leibeigenen auftritt, sondern zum alleinigen Herrn wird. In Ermangelung moralischer Zügel und im Besitz moderner Kontroll- und Gewaltmittel ist die Regierung überzeugt, dass das, was auf dem Lande geschieht, im Vergleich zu den steigenden Investitionen in die industrielle Infrastruktur irrelevant ist. All dies ist ein Durchbruch bei der Maximierung der Ressourcen der Landwirte, die es nur in Agrargesellschaften gibt, und das Ausmaß der Umverteilung von Mitteln vom Land in die Städte ist in der Weltgeschichte beispiellos. Wenn die Arbeit auf dem Lande obligatorisch ist, wenn sie zu einer Art untertäniger Landpacht wird, dann wird sie unweigerlich den moralischen Standard der Arbeit in Russland vor der Abschaffung der Leibeigenschaft wiederherstellen, wie er in der russischen Literatur beschrieben wird."[53]

"Nur Dummköpfe lieben die Arbeit" ist ein wahres Spiegelbild des sowjetischen Arbeitsethos auf dem Lande, und die Begeisterung, mit der die Menschen für sich selbst und ihre Familien arbeiten, und die Langsamkeit, mit der sie für die Allgemeinheit arbeiten, wurden in vielen Ländern und Gesellschaften wiederholt getestet. Die faule Arbeitseinstellung, die gesellschaftliche Behandlung als Bürger zweiter Klasse und das karge Einkommensniveau haben die am besten ausgebildeten, fähigsten und stärksten Arbeitskräfte der Landbevölkerung gezwungen, um jeden Preis in die Städte zu rennen,

---

[53] Ebd.

und dieser Impuls und Druck, "über das Drachentor zu springen", hat die ländlichen Gebiete ihres produktivsten Wesens beraubt.

Im Zeitalter der industriellen Revolution hängt die Entwicklung eines Landes vor allem vom Ausmaß der Verbreitung industrieller Technologien ab, und das Kernelement der Verbreitung industrieller Technologien sind Talente. Nur durch das kreative Engagement der Menschen können Technologie, Ausrüstung, Kapital und Rohstoffe in das Endprodukt integriert werden. Bei der Industrialisierung der Sowjetunion war es gelungen, sich auf die Auswirkungen der industriellen Technologiediffusion zu konzentrieren; bei der Entwicklung der Agrarwirtschaft hatte man vernachlässigt, dass das landwirtschaftliche Wachstum ebenfalls eine Technologiediffusion erforderte und dass die landwirtschaftliche Technologiediffusion nur von landwirtschaftlichem Personal mit der gleichen Qualität wie in der Industrie durchgeführt werden konnte, um die gleichen Investitionsvorteile zu erzielen. Der Verlust zahlreicher aktiver und passiver landwirtschaftlicher Talente führte zu dem Dilemma, dass das sowjetische Agrarproblem nicht durch höhere Investitionen gelöst werden konnte.

In den Vereinigten Staaten oder Westeuropa gibt es kein Klassen- oder Einkommensgefälle zwischen Landwirten und der städtischen Bevölkerung, und die Entscheidung zwischen Landwirtschaft und städtischer Ansiedlung wird häufig durch persönliche Lebenspräferenzen bestimmt, so dass die Qualität der landwirtschaftlichen Bevölkerung in den entwickelten Ländern es ihr ermöglicht, die hohen Renditen zu tragen, die von hohem Kapitaleinsatz erwartet werden.

Als die sowjetische Regierung erkannte, dass sie die Landwirtschaft nicht länger ausbeuten konnte, hatte die Akkumulation der Industrie auch die Kapazität, sie zu ernähren. Die sowjetische Regierung begann, ihre Investitionen in die Landwirtschaft seit Anfang der 60er Jahre Jahr für Jahr zu erhöhen, von 14,3 Prozent der Gesamtinvestitionen in der sowjetischen Wirtschaft im Jahr 1960 auf 20 Prozent im Jahr 1980. Aufgrund der Expansion der Gesamtwirtschaft erreichte der Umfang der Investitionen in den ländlichen Gebieten sowohl absolut als auch relativ gesehen ein ziemlich alarmierendes Niveau, aber in den meisten Jahren war die Sowjetunion nicht in der Lage, die Inlandsnachfrage nach Nahrungsmitteln zu befriedigen; 1960 konnte die Sowjetunion einige Nahrungsmittel exportieren, aber 1970 musste sie 2,2 Millionen Tonnen importieren, und 1982 stieg sie dramatisch auf 29,4 Millionen Tonnen, und 1984 erreichte sie 46 Millionen Tonnen!

Wie Andropow in den 1960er Jahren sagte: "Die Landwirtschaft ist besonders schlecht, und es wird nicht länger geduldet werden können, dass auch der Staat sich nicht selbst ernähren kann und Jahr für Jahr immer mehr Lebensmittel importieren muss. Wenn das so weitergeht, werden wir bald für unseren Lebensunterhalt verhungern. "1963 musste die UdSSR aufgrund einer schlechten landwirtschaftlichen Ernte und eines schweren Devisenmangels 372,2 Tonnen Gold verkaufen, um auf dem internationalen Markt Getreide zu kaufen. Die Sowjetunion verlor auf einen Schlag fast ein Drittel ihrer Goldreserven, was Chruschtschow als eine große Schande empfand. 1965 musste die Sowjetunion erneut 335,3 Tonnen Gold verkaufen, um Lebensmittel zu kaufen, und dieses Mal waren alle daran gewöhnt. Danach ist es wie betäubt.

Warum hatte die Sowjetunion ein so großes Nahrungsmitteldefizit? Die unmittelbare Ursache für diese Situation war die rasche Industrialisierung und Verstädterung in den 1930er Jahren. Durch die Industrialisierung stiegen die Lohneinkommen der Menschen ständig an, und die Nachfrage der Stadtbevölkerung nach Nahrungsmitteln in Menge und Qualität nahm ebenfalls zu, insbesondere das Streben nach Fleisch, Eiern, Milch und anderen Nahrungsmitteln mit hohem Nährwert, was dazu führte, dass mehr Nahrungsmittel durch Viehfutter verdrängt wurden, was das Problem der Nahrungsmittelknappheit noch verschärfte.

Mitte der 1960er Jahre gab es in den staatlichen Geschäften kein billiges Fleisch mehr, Anfang der 1970er Jahre bildeten sich in den Großstädten immer häufiger Warteschlangen für Lebensmittel, und in den 1980er Jahren waren sogar Lebensmittel, die mit Fahrkarten geliefert wurden, schwer zu bekommen. All dies hat das Vertrauen der Bevölkerung in die Regierung ernsthaft erschüttert. In Verbindung mit den verschiedenen Privilegien, die bei der Verteilung entstanden sind, hat dies die Unzufriedenheit der Bevölkerung noch verstärkt.

Einerseits hat die Industrialisierung der Sowjetunion zu einer langen Periode der Schwäche der Agrarwirtschaft und der Unfähigkeit, sich selbst zu ernähren, geführt; andererseits hat die deformierte Industrialisierung die Ressourcen des Leichtindustriesektors verknappt, so dass es schwierig ist, Produkte herzustellen, die auf dem internationalen Markt wettbewerbsfähig sind und nicht gegen Devisen getauscht werden können. Um die Krise der Nahrungsmittelknappheit zu lindern, war die Sowjetunion daher hauptsächlich auf die Ölexporte angewiesen, um harte Devisen zu erhalten.

Endlich hat die Sowjetunion ihre wirtschaftliche Schwäche gegenüber den Vereinigten Staaten offengelegt, die auf eine Gelegenheit zum Handeln gewartet haben.

Peak Oil, Sowjetunion stürzt in den Abgrund

Die Sowjetunion war schon immer ein bedeutender Erdöl- und Goldproduzent. Da die jährliche Goldproduktion nicht ausreicht, um das wachsende Nahrungsmitteldefizit zu decken, ist Erdöl die letzte Hoffnung der Sowjetunion im Austausch gegen ausländische Nahrungsmittel geworden. Ich habe nicht erwartet, dass dieser Weg das Ende eines Dollar-Hinterhalts sein würde, um den Stolperstein zu begraben!

Die starke Abhängigkeit der Sowjetunion vom Erdöl sowohl für die Industrie als auch für die Landwirtschaft machte es unmöglich, in großem Umfang zu exportieren, um Devisen zu erwirtschaften, da die Produktionskapazität der ursprünglichen sowjetischen Erdölfelder nur den Bedarf des eigenen Landes und der Satellitenländer im Rubelgebiet decken konnte.

Die Entdeckung der großen sibirischen Ölfelder im Jahr 1960 wurde zum Ausgangspunkt für den Traum der Sowjetunion von einem Weg zu Nahrungsmittelüberfluss und politischer Stabilität. In den siebziger Jahren wurde das sibirische Öl wie ein Gottesgeschenk in die sowjetische Staatskasse gestopft, und der Zerfall des Bretton-Woods-Systems im Jahr 1971, die Abkopplung des Dollars vom Gold, erschütterte die internationalen Märkte schwer, und die starke Abwertung des Dollars beschleunigte den Höhenflug der Gold- und Ölpreise. Der Ausbruch der beiden Ölkrisen ließ die Ölpreise in die Höhe schnellen wie wilde Pferde auf der Flucht. Die Sowjetunion war wie ein reicher Mann, der den Jackpot geknackt hatte, unendlich viel Silber ausgab und unendlich viel Ruhm genoss. Der Petrodollar hat vorübergehend ein riesiges Defizit an Nahrungsmitteln ausgeglichen. In Erwartung einer unendlich besseren Zukunft für die Ölpreise ging die Sowjetunion auf eine Atomwaffenkonfrontation mit den Vereinigten Staaten ein, verschärfte das Wettrüsten und stürzte damit in den Sumpf des Afghanistankrieges.

In den 1970er Jahren lieferte sich der Rubel das letzte Mal ein Kopf-an-Kopf-Rennen mit dem Dollar. Als die Vereinigten Staaten die erdölexportierenden Länder wie Saudi-Arabien übernahmen, die grundlegende nationale Politik des Petrodollars festlegten und dann den Trick mit den hohen Zinssätzen anwandten, um die beiden Tiger der Inflation und der Dollarkrise zu unterdrücken, setzten sich die Dollarschwierigkeiten schließlich durch.

Die USA machen endlich ihre Hände frei und sind bereit, den Rubel einzupacken.

Im März 1977 legte die U.S. Central Intelligence Agency (CIA) der US-Regierung ein geheimes Memorandum mit dem Titel The Impending Soviet Oil Crisis (ER 77-10147) vor, in dem die CIA feststellte, dass "der Höhepunkt der sowjetischen Ölproduktion Anfang der 1980er Jahre erreicht sein wird und die Sowjetunion im nächsten Jahrzehnt [gemeint sind die 1980er Jahre] nicht nur nicht in der Lage sein wird, Ausfuhren in der derzeitigen Größenordnung nach Osteuropa und in den Westen zu tätigen, sondern auch gezwungen sein wird, mit den OPEC-Ländern um ihre eigenen Öllieferungen zu konkurrieren. Dies bedeutet eine Umkehrung der gegenwärtigen Situation (unter Bezugnahme auf den riesigen sowjetischen Ölhandelsüberschuss), in der die Ölexporte in den Westen 40 Prozent der sowjetischen Hartwährungseinnahmen ausmachten. "In dem Memorandum heißt es eindeutig: "Wenn die Ölproduktion nicht mehr wächst, und sogar schon vorher, werden die Binnenwirtschaft und die internationalen Handelsbeziehungen der Sowjetunion tiefgreifend beeinträchtigt werden. " [54]

Das Memo der CIA stützt sich auf die Peak-Oil-Theorie. "Peak Oil" soll auf die so genannte "Glockenkurve" der Bodenschätze zurückgehen, die der berühmte amerikanische Erdölgeologe Harbert 1949 entdeckt hatte. Im Jahr 1956 sagte Harbert kühn voraus, dass die Ölförderung in den USA zwischen 1967 und 1971 ihren Höhepunkt erreichen und dann zurückgehen würde. Seine Aussage stieß auf viel Kritik und Spott, als die US-Ölindustrie boomte, doch dann erreichten die USA 1970 den Peak Oil und die Geschichte bewies, dass seine Vorhersage richtig war.

---

[54] CIA, *Intelligence Memorandum: The Impending Soviet Oil Crisis*, März 1977.

Das Erreichen des Ölfördermaximums in den Vereinigten Staaten Anfang der 70er Jahre machte die beiden Ölembargos im Nahen Osten für die amerikanischen Wirtschaftszweige in einem weitaus größeren Ausmaß tödlich, als sich die US-Regierung jemals vorstellen konnte. Wenn die hohe Widerstandsfähigkeit der amerikanischen Marktwirtschaft es schwierig macht, den enormen Auswirkungen der Ölknappheit zu widerstehen, wird die geschlossene und starre Wirtschaft der Sowjetunion von den Auswirkungen der Ölkrise zwangsläufig noch härter getroffen werden. Insbesondere wegen der großen Bedeutung der Ölexporte für die sowjetische Lebensmittelversorgung könnte das Öl zu einer strategischen Waffe werden, die die sowjetische Politik ernsthaft destabilisieren könnte.

Es geht nicht darum, ob die "Peak Oil"-Theorie richtig ist, sondern darum, dass die Vereinigten Staaten erkannt haben, dass sie nicht nur die Markterwartungen beeinflussen können, sondern dass diese Erwartungen von den Vereinigten Staaten genutzt werden können, um ihre eigenen wichtigen strategischen Ziele zu erreichen.

Anfang der 1980er Jahre, als die Reagan-Regierung an die Macht kam, beeinflusste das CIA-Memorandum eindeutig die Überlegungen der US-Regierung zu politischen Entscheidungen, die darin bestanden, die Ölstrategie zur Bekämpfung des fragilen wirtschaftlichen Gleichgewichts und der politischen Stabilität der Sowjetunion einzusetzen.

Im Jahr 1979 begann die Sowjetunion, um sich auf dem Landweg Zugang zum Indischen Ozean zu verschaffen, die Hegemonie über die Vereinigten Staaten zu erlangen und sich die reichen Ölvorkommen am Persischen Golf anzueignen, dreist den Krieg in Afghanistan und übernahm innerhalb einer Woche die Kontrolle über die wichtigsten Städte und Verkehrsadern des Landes und schnitt die wichtigsten Korridore an den Grenzen Afghanistans zu Pakistan und Iran ab. Angesichts des starken Drucks durch die sowjetische Armee waren die Erdöl produzierenden Länder des Nahen Ostens alarmiert und begannen, ihre Beziehungen zu den Vereinigten Staaten rasch anzupassen.

Im April 1981 stattete der CIA-Direktor Casey Saudi-Arabien einen geheimen Besuch ab. Casey arbeitete produktiv an der wirtschaftlichen Kriegsführung gegen Deutschland im Zweiten Weltkrieg mit. Beide Seiten begannen zu planen, wie man Ölwaffen gegen die Sowjetunion einsetzen könnte.

1985 begann die sowjetische Ölproduktion zum ersten Mal in der Geschichte zu sinken, und der lang erwartete Zeitpunkt des "Peak Oil" in den Vereinigten Staaten war endlich gekommen.

Auf Geheiß der Vereinigten Staaten kündigte Saudi-Arabien eine Verdoppelung der Erdölförderung an, was sofort zu einem beispiellosen Einbruch der Erdölpreise führte, und die Einnahmen aus den sowjetischen Erdölexporten fielen ins Bodenlose. Die Ölhilfen für die osteuropäischen Länder waren nicht mehr tragbar, und das hoch verschuldete Osteuropa wurde sofort in eine wirtschaftliche Rezession und politische Instabilität gestürzt. Die Hoffnungen der Sowjetunion auf die Einfuhr von Dutzenden Millionen Tonnen Lebensmitteln zerschlugen sich; der extreme Mangel an sozialen Nahrungsmitteln verstärkte die Wut der Bevölkerung auf die Regierung; die in großem Umfang angelegten Neubauten wurden durch die Schwierigkeit, ohne Devisen ausländische Ausrüstungen einzuführen, gelähmt, was zusammen mit dem enormen Verbrauch durch den Krieg in Afghanistan zu einer ernsthaften Verschlechterung der Haushaltsbilanz führte; Die massive Auslandsverschuldung, die zur Unterstützung des neuen Aufbaus aufgenommen wurde, brachte die Sowjetunion in eine schwierige Rückzahlungsposition; dem militärisch-industriellen Komplex gingen plötzlich die Mittel aus, die für das Wettrüsten mit den Vereinigten Staaten dringend benötigt wurden, was zu einem Anstieg der militärischen Unzufriedenheit führte.

Die Sowjetunion ist in einem gefährlichen Umfeld interner und externer Krisen, hoher Verschuldung, gefährdeter Finanzen und Entfremdung an den Rand einer ausgewachsenen Regimekrise gerutscht.

Der Dollar hat seinen Öl-Dolch verloren und der Rubel ist in den Westen zurückgekehrt

Nach 1971 hat sich der Dollar-Standard vom nominalen Gold auf die US-Staatsanleihe verlagert, während der Rubel seit den 1930er Jahren einen "geplanten Standard" im Namen des Goldes hat.

In der Welt des Dollars besteht das Wesen aller wirtschaftlichen Aktivitäten aus einer Reihe von Tauschvorgängen, und der stattfindende Tausch ist der Prozess, bei dem Geld den Besitzer mit Waren tauscht. Geld ist also tief in alle Bereiche der

Wirtschaftstätigkeit eingebettet, und es sind die Warentransaktionen, die die Nachfrage nach Geld schaffen.

In den Anfängen der einfachen Transaktionen basierten Käufer und Verkäufer auf dem Prinzip, Geld in einer Hand zu bezahlen und in einer Hand zu liefern, und die Ausweitung des Umfangs der Transaktion erfolgte parallel zum Wachstum der Währung. Zu diesem Zeitpunkt weist das Geld eine "starre" Qualität auf, hinter der sich eine bereits existierende Ware verbirgt, die hauptsächlich in Form von Gold und Silber vorliegt. Mit zunehmender Entfernung der Transaktion akzeptieren Käufer und Verkäufer aus Gründen des Transports und der Bequemlichkeit allmählich die Kreditmethode, aus der der Handelskredit hervorgeht, d. h. die Transaktion ist erfolgt und das Geld wurde nicht bezahlt. Der Handelskredit dient als Ersatz für Geld, um die Transaktion zu erleichtern, und diese aufgeschobene Zahlung erfolgt in Form einer kommerziellen Zahlungsanweisung. Mit der Ausweitung des kommerziellen Kredits bilden kommerzielle Wechsel und Geld zusammen die Geldmenge zur Erleichterung von Warentransaktionen, und das Geld weist zunehmend "elastische" Eigenschaften auf. Dies ist das Hauptmerkmal der ersten Ära des westlichen Kapitalismus - der Geldkredit des kommerziellen Kapitalismus.

Mit dem Aufkommen der industriellen Revolution begann die zweite Ära des Kapitalismus - der Industriekapitalismus. Die industrielle Technologie hat zu einem explosiven Wachstum der Rohstoffproduktion geführt, der lange und umfangreiche Kapitalkreislauf, der für die industrielle Entwicklung erforderlich ist, der Krieg um Ressourcen und Märkte hat eine größere Nachfrage nach Geld erzeugt, Industriekredit, Staatskredit, Handelskredit und Geld bilden zusammen eine größere Geldmenge, um den riesigen Rohstoffhandelsprozess des Industriezeitalters zu erleichtern. Da sowohl Industrie- als auch Staatskredite eine Verpflichtung zu künftigen Zahlungen darstellen und einen größeren Zeithorizont umfassen als Handelskredite, ist die "Schuldenkomponente" der Geldmenge stärker ausgeprägt.

Das von der Sowjetunion eingeführte planwirtschaftliche Modell lehnte jedoch institutionell das Privateigentum ab und schloss indirekt den Gedanken des Warenhandels aus. Der Bedarf an Rubel ergibt sich nicht mehr aus dem Geschäft, sondern ist ein Produkt des Plans.

Wenn der Staat für alle Wirtschaftszweige einheitliche Produktionspläne aufstellen würde, die hinreichend genau wären und alle Einzelheiten der Wirtschaftstätigkeit abdecken würden, dann würden alle von den Produktionssektoren erzeugten Produkte den Bedarf des Verbrauchers decken und die Wirtschaftstätigkeit wäre so genau wie eine Uhr. Das Wesen des Geldes ist die Erleichterung von Transaktionen, und wenn die Menge und Vielfalt der Produkte, die von den Parteien einer Transaktion benötigt werden, im Voraus vollständig berechnet wird, dann wird das Wesen der Transaktion zum Tauschhandel, und Geld ist lediglich eine statistische Maßeinheit, in der Transaktionen stattfinden.

Auf der Grundlage der Idee der Planwirtschaft wird der Rubel streng nach der vorherigen Planung der Wirtschaftstätigkeit geschaffen, von den Nationalbanken geschaffen und direkt in die Kette des wirtschaftlichen Funktionierens eingefügt, nicht als aktiver Teilnehmer, sondern als passiver Aufzeichner. Was der Rubel zählt, ist lediglich der Gesamtbetrag des Warenumsatzes.

Was die Ausgabe betrifft, so ist der Rubel eine typische "geplante Standardwährung".

Anfang der 1930er Jahre, als die Sowjetunion das Modell der Planwirtschaft vollendete, wurde im Finanzbereich zunächst der kommerzielle Kredit zwischen Unternehmen abgeschafft und der direkte Bankkredit eingeführt, da der kommerzielle Kredit ein Akt der "privaten Transaktion" zwischen Unternehmen war und die kreditausweitende Wirkung solcher Transaktionen die genaue Berechnung des Produktumsatzes in der Planwirtschaft beeinträchtigte. Gleichzeitig schaffte die Regierung den Umlauf von Handelspapieren zwischen den alten Wirtschaftsorganisationen ab und beließ die Nationalbank als einzige Institution für die bargeldlose Abrechnung von Unternehmen, da die früheren Organisationen für die Abrechnung von Handelspapieren die Unternehmen gezwungen hätten, eine beträchtliche Menge an Geld für die Abrechnungsvorbereitungen zu hinterlegen, und diese verstreute Währung auch das genaue Funktionieren der Wirtschaftsuhr beeinträchtigt hätte; 1931 wurden die Gelder der verschiedenen Sektoren der inländischen Wirtschaft allmählich auf dem Verrechnungskonto der Nationalbank konzentriert, über das die Nationalbank 73 Prozent ihrer kurzfristigen Kredite abwickelte.

Im Rahmen des planwirtschaftlichen Modells sind die Funktionen des Geldes und der Banken stark geschrumpft, so dass das Muster "große Finanzen, kleine Banken" entstanden ist. In der Sowjetunion gab es neben der Nationalbank nur noch vier Spezialbanken für langfristige Anlagen, und die Zentralbank wurde im Wesentlichen zu einer Superkasse, die für einfache Operationen wie die Ausgabe von Geld, kurzfristige Kredite und die Abwicklung zuständig war.

Im ersten Fünfjahresplan steigerte das Bankensystem die langfristigen Investitionen in der Volkswirtschaft um den Faktor 1 und die kurzfristigen Kredite um den Faktor 1,4, was zu einem 1,3-fachen Anstieg der Industrieproduktion und einem 1,4-fachen Anstieg der gesamten Warentransaktionen im gleichen Zeitraum führte. Der Rubel ist im Wesentlichen mit der wirtschaftlichen Uhr synchronisiert.

Mit der Entwicklung des Wirtschaftssystems ist jedoch die Zahl der Industriekategorien gewachsen und die Zusammenhänge sind komplexer geworden, und die Schwierigkeit der Planung ist geometrisch gestiegen. Die Staatliche Planungskommission der UdSSR plant nur für die wichtigsten Produkte, erstellt aber auch einen komplexen, ausgewogenen Plan für mindestens 2.000 Produkte, auf dessen Grundlage andere untergeordnete Abteilungen detaillierte Pläne für 20.000 Produkte berechnen, die dann in der Kette weitergegeben werden.[55] Die Variablen der Wirtschaftstätigkeit sind so zahlreich und die praktischen Schwierigkeiten, mit denen die Unternehmen konfrontiert sind, so vielfältig, dass die Planer nicht in der Lage sind, Prognosen für alle Einzelheiten der Wirtschaftstätigkeit zu erstellen, geschweige denn die Produktivität und Qualität aller Unternehmen zu überwachen. Stattdessen konzentrieren sich die Unternehmen darauf, Pläne zu erfüllen, und es fehlt ihnen an der grundlegenden Motivation, die Prozesse zu verbessern, die Qualität zu steigern, die Gewinne zu erhöhen und die Wettbewerbsfähigkeit zu stärken.

Zu Stalins Zeiten war ein Plan das Gesetz, und die Folgen der Nichteinhaltung eines Plans waren die gleichen wie bei einer Gesetzesübertretung, mit der Möglichkeit der Bestrafung, Verurteilung oder sogar Erschießung, so dass die Disziplin bei der Ausführung des

---

[55] Xu Xiangmei, *A Study on the Transformation of the Russian Banking System*, China Finance Press, 2005, S. 26.

Plans einigermaßen gewährleistet war. Doch ab der Chruschtschow-Ära nahm die Autorität der Regierung ab, die Ausführung der Pläne wurde zu einem Prozess des "Feilschens", und die wirtschaftliche Uhr wurde immer ungenauer.

Das Scheitern des Plans spiegelt sich nicht nur in der Schwierigkeit wider, den Plan selbst umzusetzen, sondern auch in der Unfähigkeit, die der Wirtschaft innewohnenden evolutionären Züge im Vorfeld wirksam zu gestalten.

Das Problem besteht darin, dass der Rubel unter strikter Einhaltung des Plans ausgegeben wird, obwohl der Produktionsplan häufig schwer zu erfüllen ist. So spiegeln sich die unvollendeten Pläne der Wirtschaftstätigkeit in der Knappheit von Waren und Dienstleistungen wider, während die "exakte Ausweitung" der Geldmenge gemäß dem Plan einen Überschuss an Rubel ohne physische Entsprechung schafft. Die Inflation in der Sowjetunion äußerte sich zunächst nicht in Form steigender Preise, sondern in erster Linie in Form von materieller Knappheit. Oberflächlich betrachtet stieg das Einkommensniveau der Sowjets, aber in Wirklichkeit reichte das Geld nicht aus, um die benötigten Lebensmittel und Konsumgüter zu kaufen. Gleichzeitig wurde der überschüssige Rubel zu einer noch größeren politischen Belastung, da es der Sowjetunion an verschiedenen Anlageprodukten auf den Finanzmärkten mangelte.

Der Widerspruch zwischen dem "planmäßigen" System des Rubels und dem Scheitern des Plans war die eigentliche Ursache für die unheilbare sowjetische Währungskrise.

Der US-Dollar als weltweit zirkulierende Währung ermöglicht es den Vereinigten Staaten, globale Ressourcen effektiv zu integrieren. Die Verwendung des Dollars für die meisten internationalen Handelsabrechnungen zwang die Sowjetunion und die Länder der Rubelzone, Öl und Rohstoffe zu exportieren, um harte Währung für den Import von Lebensmitteln und westlicher technischer Ausrüstung zu erhalten.

Als 1985 die sowjetische Erdölproduktion zurückging, drückten die Vereinigten Staaten absichtlich die Weltmarktpreise für Erdöl und schufen eine künstliche sowjetische Devisenknappheit, die die Länder der Rubelzone zwang, in großem Umfang Kredite im Westen aufzunehmen, um den Importbedarf zu decken. Die starre Nachfrage nach Importen spiegelt sich in der Tatsache wider, dass eine Kürzung der Lebensmittelimporte soziale Widersprüche auslösen und die Krise des Regimes verschärfen würde, während ein Stopp der Importe ausländischer Ausrüstungen die technologische Kluft zum Westen vergrößern und das Wirtschaftspotenzial der Rubelregion grundlegend schwächen würde. Noch wichtiger ist, dass der wichtigste Motor des Wirtschaftswachstums in der Sowjetunion und in Osteuropa nicht die durch technologische Innovation erzeugte Wettbewerbsfähigkeit ist, sondern die Expansionskraft, die durch die ständige Ausweitung des Produktionsumfangs durch neue Bauprojekte entsteht, Großprojekte, die die Einführung riesiger ausländischer Ausrüstungsimporte erfordern, und die Einstellung der Importe bedeutet eine unerträgliche Verschwendung riesiger Investitionen. Selbst Ende 1989, als die Finanzen der Sowjetunion am Ende waren, erreichte der Umfang der unvollendeten Projekte 180,9 Milliarden Rubel, was vor dem Hintergrund der tiefen Finanz- und Währungskrise des Landes 4/5 der Steuereinnahmen verschlang.

Die Krise der Öleinnahmen in der Sowjetunion wirkte sich rasch auf die Nahrungsmittelimporte und die Haushaltsbilanz aus, und das Haushaltsdefizit löste Schwierigkeiten bei der Auslandsverschuldung und eine wirtschaftliche Kontraktion aus, was wiederum zu einem Rückgang der sowjetischen Auslandshilfe für die Länder der Rubelregion führte und die Zentrifugalkräfte innerhalb der Länder verstärkte.

Die "Öl-Dolch" der Vereinigten Staaten, um mit der Sowjetunion, nur ein Messer in den Rubel auf den Schlüssel, auch die Vereinigten Staaten selbst nicht erwarten, dass die Wirkung wäre so gut.

1988, als die sowjetische Ölproduktion erneut zurückging, wiederholten die Vereinigten Staaten diese Taktik, diesmal mit fatalen Folgen.

Im Jahr 1988 hatte die gesamte Auslandsverschuldung der Sowjetunion und Osteuropas 206 Milliarden Dollar erreicht, und ihr Gesamtumfang war so groß, dass selbst ohne die Aufnahme neuer Auslandsschulden die bloßen Kosten der Verschuldung zu einer eskalierenden Gesamtverschuldung geführt hätten. Bis 1990 hätte die Sowjetunion alle Erlöse aus den Energieexporten aufbrauchen müssen, um Kapital und Zinsen für ihre Auslandsschulden zurückzuzahlen.

Die Sowjetunion hatte den Zauberstab der Ölhilfe verloren, steckte selbst in einer tiefen Nahrungsmittelkrise, hatte keine harte Währung mehr und war nicht mehr in der Lage, andere Länder in der Rubelregion zu unterstützen, die Nothilfe benötigten. Als sich die Affen zerstreuten, zerfiel die ein halbes Jahrhundert währende, hart erarbeitete wirtschaftliche Zusammenarbeit der Sowjetunion, und gleichzeitig brach die Hälfte des sowjetischen Außenhandelsmarktes zusammen. Die Satellitenstaaten haben wieder in den Westen geheiratet.

Die politischen Reformen im Zuge der Wirtschaftskrise schwächten die zentripetale Kraft der Zentralisierung und beschleunigten die souveräne Unabhängigkeit der Republiken der Sowjetunion. Der einheitliche Markt, der durch die ursprünglich stark integrierte Binnenwirtschaft gebildet wurde, versorgte die Sowjetunion mit der Hälfte ihres gesamten Wirtschaftsumsatzes, und mit der sukzessiven Unabhängigkeit der Länder wurde das wirtschaftliche Band, das die Sowjetunion als Ganzes verband, künstlich durchtrennt, der Binnenmarkt wurde gelähmt und die Wirtschaft brach schließlich vollständig zusammen.

Die Sowjetunion, ein einst unbesiegbares Imperium, das an internen wirtschaftlichen Problemen litt, brach schließlich unter dem verheerenden externen Schlag des Dollars zusammen.

KAPITEL IV

Der Aufstieg und die Verwirrung der europäischen Währung

Heute gibt es eine schwindelerregende Vielzahl von Problemen mit dem Euro und eines nach dem anderen mit den europäischen Schulden. Müssen die Chinesen den Euro retten? Wie ist die Haltung der amerikanischen Finanziers zum Euro? Wird sich der Euro auflösen? Werden wir die Vereinigten Staaten von Europa sehen? Welche Rolle spielt der Yuan zwischen dem Euro und dem Dollar? Der Zweck des Geschichtsstudiums besteht nicht darin, Menschen und Dinge, die vergangen sind, auswendig zu lernen, sondern in diesen vergangenen historischen Erfahrungen eine lebendige Weisheit zu finden.

Um einen Einblick in das heutige Europa zu bekommen, muss man die deutsche und französische Vergangenheit kennen; um die Zukunft des Euro zu verstehen, muss man zu den Ursprüngen der Europäischen Währungsunion zurückblicken; um die heutigen Initiativen der EZB zu verstehen, muss man sich mit den Besonderheiten der deutschen Zentralbank beschäftigen.

Nach dem Zweiten Weltkrieg gab es in Europa so genannte Schattenregierungen, ohne die die EU und der Euro nicht das wären, was sie heute sind, und der Euro wurde nicht als Ergebnis der europäischen Integration geboren, sondern als Mittel zum Aufbau einer Weltwirtschaft, mit dem Endziel, die "Vereinigten Staaten von Europa" zu schaffen. Der Euro oder die europäische Schuldenkrise, die wir derzeit erleben, ist der Prozess, der durchlaufen werden muss, um diese Vereinigten Staaten zu schaffen.

Die Haltung der Vereinigten Staaten gegenüber den "Vereinigten Staaten von Europa" (die immer noch in vollem Umfang verwirklicht sind) war in verschiedenen Zeitabschnitten völlig unterschiedlich, von starker Unterstützung in den 1950er und 1960er Jahren bis hin zur allmählichen Verhinderung. Die USA brauchten die europäische Macht, um die Sowjetunion abzuschirmen, und die USA brauchten ebenso die europäische Marktmacht, um ihre Exporte anzukurbeln, vorausgesetzt, Europa war ein fügsamer kleiner Absatz. Es war de Gaulles Unzufriedenheit mit der amerikanischen Tyrannei, die es ihm ermöglichte, sich mit anderen Nationen zusammenzuschließen, um den Dollar anzugreifen und schließlich das gesamte Bretton-Woods-System zu kippen.

Nach 1971 begann für die Weltwährung die Ära des Dollarstandards. Wie der vollständige Wechselkursstandard des Bretton-Woods-Systems weist auch der Dollarstandard dieselben unüberwindbaren Widersprüche auf.

Die Geschichte ist die Realität von heute, und die Realität ist die Geschichte von morgen! Wer sich auf die Realität konzentriert, gestaltet die Geschichte von morgen.

Die deutsche Industrie war fast "kastriert", Roosevelts Tod rettete Deutschland!

1945, kurz vor Kriegsende, beschäftigte Roosevelt unter anderem die Frage, was nach dem Krieg mit Deutschland geschehen sollte, um sicherzustellen, dass der künftige "dauerhafte Frieden unter den Vereinigten Staaten von Amerika" nicht durch das Wiedererstarken Deutschlands in Frage gestellt würde.

Bei der Aufrechterhaltung der Weltordnung unter ihrer Herrschaft sind sowohl der frühere britische Hegemon als auch die späteren amerikanischen Führer am meisten über die "Friedenszerstörer" wie Deutschland besorgt, die ein "Rückgrat" mit explosivem Potenzial haben. In den 25 Jahren von 1914 bis 1939 hat Deutschland die Weltordnung zweimal herausgefordert, und beide Male hat es der Welt das Rückgrat gebrochen, und Roosevelt musste sorgfältig abwägen, ob es ein drittes Mal geben würde. Wenn die ersten beiden Male das britische Empire zu Fall gebracht hatten, würde sich das dritte Mal gegen die Vereinigten Staaten richten. Nach dem Ersten Weltkrieg wurde Deutschland in die Fesseln der Kriegsreparationen gelegt, aus denen es sich nie befreien konnte, und die strengen Beschränkungen des Versailler Vertrages verschärften den Griff der deutschen Rüstungsindustrie. Unter diesen harten Bedingungen brauchte Deutschland gerade einmal 20 Minuten, um die alten britischen und französischen Kolonialreiche wieder zu besiegen, und Roosevelts Herz schmerzt bei dem Gedanken daran.

Nach Roosevelts Plan für die Nachkriegszeit sollte das britische Empire zerschlagen und die Sowjetunion Handelspartner der Vereinigten Staaten werden, und was war mit dem unruhestiftenden Deutschland? Es wäre besser, eine "industrielle Kastration" vorzunehmen und keine Konsequenzen zu haben. Gerade als Cao Cao Lv Bu im Haus am Weißen Tor gefangen genommen hatte, schrie Lv Bu, dass die Stricke zu eng seien, und Cao Cao antwortete: "Der Tiger muss schnell gefesselt werden. "Auf Geheiß von Roosevelt entwarf Finanzminister Morgenthau den "Morgenthau-Plan", um die schwerindustrielle Basis Deutschlands vollständig zu zerstören und die deutsche Wirtschaft in die landwirtschaftliche Ära von vor 100 Jahren zurückzuführen.

Nach Roosevelts plötzlichem Tod im April 1945 schlossen sich Präsident Truman und zahlreiche Gegner von Roosevelts Strategie zusammen, um einen Nachkriegs-"Revisionismus" zu fördern, der Roosevelts Nachkriegsstrategie untergrub und begann, die Sowjetunion unter Druck zu setzen, was Stalin dazu zwang, die Hoffnung auf eine Zusammenarbeit mit den Vereinigten Staaten aufzugeben und sich zu weigern, dem von Bretton Woods dominierten Dollarsystem beizutreten, wodurch er auf den Weg des Kalten Krieges gezwungen wurde.

Wer ist die treibende Kraft der amerikanisch-sowjetischen Konfrontationsstrategie? Es ist offensichtlich England! Churchill war immer eine Vorhut gegen die Sowjetunion, weil er verstanden hat, dass, wenn Roosevelt auf der Zerschlagung des Kolonialsystems des britischen Empire besteht, die britische Macht auf die britischen Inseln zurückgedrängt wird, die Weltherrschaft nicht mehr verhandelbar ist und selbst der Status eines europäischen Verbündeten unhaltbar ist. Kurz gesagt, das Vereinigte Königreich würde völlig an den Rand gedrängt. Wenn der sowjetische Baum zum Hauptziel der USA wird und die Sowjetunion an die Stelle Deutschlands tritt, dann wird Großbritannien zum wichtigsten Verbündeten der USA, und die Interessen Großbritanniens werden verhandelbar sein.

Churchills Plan war es, Deutschland durch die Vereinigten Staaten zu vernichten und dann, wie nach dem Ersten Weltkrieg, die amerikanische Macht allmählich zu verdrängen. Mit genügend Zeit und den Ressourcen des riesigen Pfund-Sterling-Gebiets würde sich

Großbritannien schließlich erholen und die Welt würde immer noch das Britische Empire sein. Zumindest sah Churchill 1941 die Richtung, in die sich die Nachkriegswelt entwickeln sollte, so.

Roosevelt konnte nicht über die kleine Neunundneunzig in Churchills Bauch hinwegsehen, als Roosevelt und Churchill am 13. und 14. August 1941, noch vor dem Kriegseintritt der Vereinigten Staaten, in Argentinien über die Atlantik-Charta diskutierten, wobei der Schwerpunkt auf dem durch die britische imperiale Präferenz geschaffenen Pfund-Sterling-Gebiet lag. Eliot Roosevelt, Roosevelts Sohn, hat die Argumente beider Seiten anschaulich festgehalten.

sagte Churchill ernst:

„Die Handelsvereinbarungen des britischen Empire waren..."

Roosevelt unterbrach Churchill sofort,

„Ja, das imperiale Präferenzsystem ist ein Beispiel dafür. Die kolonisierten Völker in Indien und Afrika sowie im gesamten Nahen und Fernen Osten befinden sich (gerade wegen der imperialen Bevorzugung) in ihrem heutigen rückständigen Zustand."

Churchills Hals wurde rot und er streckte die Hand aus, um zu fragen,

„Herr Präsident, Großbritannien hat derzeit nicht die Absicht, die Frage der Vorzugsbehandlung innerhalb des imperialen Systems zu diskutieren. Der Handel macht das britische Empire stark, und diese Politik sollte fortgesetzt werden, und das ist die Bedingung, die die britischen Minister vorschreiben."

erwiderte Roosevelt langsam,

„Sehen Sie, in dieser Frage gibt es eine Meinungsverschiedenheit. Ich bin der festen Überzeugung, dass wir, wenn wir einen stabilen Frieden haben wollen, die Entwicklung der rückständigen Länder fördern müssen ... und der (kolonialistische) Ansatz aus dem 18. Jahrhundert hat mit Sicherheit nicht funktioniert ... egal, welche Politik Ihre Minister vorschlagen, dieser Ansatz, Rohstoffe aus den Kolonien zu plündern und sie im Gegenzug der einheimischen Bevölkerung zu verweigern, funktioniert nicht ... der Ansatz des 20. Jahrhunderts war es, diesen Ländern bei der Industrialisierung zu helfen ..."

knurrte Churchill verärgert,

> *„Sie meinen Indien!"*

sagte Roosevelt ruhig,

> *„Ja. Ich glaube nicht, dass wir einen Krieg gegen die faschistische Sklaverei führen können, ohne die Menschen in den Kolonien auf der ganzen Welt zu emanzipieren, die durch eine rückständige Kolonialpolitik versklavt wurden."*

Danach unterrichtete Roosevelt seinen eigenen Sohn,

> *„Wir werden den Briten von Anfang an klar machen, dass wir nicht der 'hilfreiche Charlie' sein werden, der von den Briten ausgenutzt wird und sie für immer hinter sich lässt."*[56]

Roosevelt hatte offenbar das Gefühl, dass seine Politik gegenüber Großbritannien und der Sowjetunion auf starken Widerstand im Außenministerium stieß, und Ende 1943 äußerte er seinen Verdacht auf diese Weise:

> *„Ich habe oft festgestellt, dass die Männer des Außenministeriums versucht haben, Informationen vor mir zu verbergen, indem sie sie entweder verzögerten oder behinderten, weil die Diplomaten dieser Berufsgruppen meine Ansichten nicht teilen. Sie sollten gehen und für Churchill arbeiten. In der Tat haben sie den Briten lange Zeit geholfen... Vor 6 Jahren wurde mir geraten, das Außenministerium vollständig zu säubern. Es ähnelt zu sehr dem Außenministerium des britischen Empire."*[57]

Nach Roosevelts Tod setzten die Briten ihren Willen durch! Truman, angespornt von den Kräften des Außenministeriums, nahm schließlich die Sowjetunion als Feind Nummer eins der Vereinigten Staaten ins Visier.

Die Deutschen hingegen erhielten eine unerwartete Chance zur Wiedergeburt. Von 1945 bis 1946 führten die US-Besatzungstruppen in Deutschland den "Morgenthau-Plan" zur "Kastration" der deutschen Industrie durch, der die Demontage von mehr als 1.600 Fabriken, die Beladung von Militärstützpunkten mit Sprengstoff und dumpfe

---

[56] Jacques Cheminade, *FDR und Jean Monnet*, Sommer/Herbst 2000 der Zeitschrift FIDELIO.

[57] Elliott Roosevelt, *Wie er es sah*, Duell, Sloan und Pearce, 1946.

Explosionen vorsah; eine große Zahl von Fabriken wurde demontiert und Ausrüstungen wurden abtransportiert; die Docks in Hamburg, die Krupp-Rüstungsindustrie, die Mercedes-Benz-Autofabrik, die Junkers-Kampfjet-Produktionslinie, die Chemiebasis der IG Farben und sogar das gesamte Ruhrgebiet waren in Gefahr. Der Morgenthau-Plan war viel umfassender als die Zerstörung der deutschen Industrie durch die schweren Bomber der Alliierten. [58]

1947 kam es zu einem abrupten Wechsel in der amerikanischen Politik gegenüber Deutschland. Die Demontage deutscher Industrieanlagen wurde im Wesentlichen gestoppt, die "Entnazifizierung" von Nazis unter ehemaligen Regierungsbeamten wurde überprüft, das Auswahlverfahren zur Aufnahme der Führungselite des Dritten Reiches in die neue Regierung wurde in ein Auswahlverfahren umgewandelt, die Bestrafung deutscher Kriegsverbrecher wurde stark abgeschwächt, Rüstungsbarone wie Krupp wurden amnestiert, Finanzkader wie Schacht wurden aufgenommen, und die rollenden Dollars des Marshall-Plans der Hilfe würden den Rauch der Zerstörung der deutschen Industrie durch Morgenthau ersetzen.

Wie viel Industriekraft war also im kriegszerstörten Deutschland noch vorhanden, insbesondere inmitten der massiven und kontinuierlichen alliierten Bombardierung der Ruinen?

Bei ihren strategischen Bombenangriffen auf Deutschland zielten die Alliierten in erster Linie auf den Transportsektor und nicht auf die deutschen Fabriken selbst. Der Grund dafür war, dass Hitler die Produktionskapazitäten der deutschen Industrie so weit abgebaut hatte, dass es endlich möglich war, Rüstungsgüter einfach durch zentrale Montage in den Krieg zu bringen. Die Alliierten hielten die Kosten einer dezentralen Bombardierung für unerschwinglich und äußerst ineffizient, und eine einfache Bombardierung des deutschen Transportsystems hätte die mögliche Exportfähigkeit der deutschen Rüstungsindustrie verhindert - ein offensichtliches und leicht zu zerstörendes Transportziel.

---

[58] Frederick H. Gareau, *Morgenthau's Plan for Industrial Disarmament in Germany*, The Western Political Quartely, Vol. 14, No.2, 1961, S. 517-534.

Nach Schätzungen des US-Bombardierungskommandos zerstörte die Bombardierung nur 6 Prozent der deutschen Stahlproduktion, die Kohleproduktion nur 2 Prozent, die Koksproduktion 4 Prozent, den Maschinenbau 15 Prozent und die metallverarbeitenden Maschinen 6,5 Prozent, und am 12. Dezember 1945 berichtete Oberst Burstein vor einem Gremium des Streitkräfteausschusses des US-Senats, dass "die deutsche Industrie zu 75 Prozent sicher und gesund ist und unter allen Umständen leicht wiederhergestellt werden kann. "

Im Falle von Volkswagen beispielsweise schenkte Hitler dem Projekt "Nationales Automobil" große Aufmerksamkeit und beteiligte sich sogar an der Entwicklung der "Käfer"-Autos, die während des Krieges zwar nicht in großen Stückzahlen produziert wurden, aber die Größe des Werks und die hochmoderne Ausstattung mit einem Kostenaufwand von zwei Milliarden DM gehörten zu den größten der Welt und waren damit 50 Prozent größer als das Kriegswerk der Ford Motor Company.

Ende 1939 hat Volkswagen die erste Phase der 80-prozentigen Investitionen in Anlagen, Maschinen und Ausrüstungen abgeschlossen. Trotz der vollen finanziellen Unterstützung des Projekts durch die deutsche Regierung scheinen Investitionen dieser Größenordnung immer noch finanziell unzureichend zu sein, und die Regierung musste ein Viertel der Deutschen dazu verpflichten, 25 DM pro Monat für den Kauf von nicht produzierten "nationalen Autos" in Raten zu zahlen. Bis zum Ende des Zweiten Weltkriegs hatten 336.000 Deutsche 2,67 Milliarden DM vorgestreckt und bekamen kein Auto, weil VW gezwungen war, sich auf die Produktion von Militärfahrzeugen zu verlegen. Der Bau von Megafabriken mit solch erstaunlichen Investitionen ist für Unternehmer in ganz Europa und sogar in den Vereinigten Staaten unvorstellbar.

Der Schaden, der dem VW-Megawerk durch die strategischen Bombenangriffe der Alliierten zugefügt wurde, wurde bei weitem überschätzt, und die Schäden an der Produktionskapazität waren nicht gravierend. Die Aliiierten demontierten das Werk nicht, so dass die Produktionskapazität von VW schnell wiederhergestellt werden konnte. In den Jahren 1946 und 1947 wurden durchschnittlich fast 30 Käfer pro Tag produziert, 1950 mehr als 300 pro Tag, 1955 mehr als 1.000 und Ende 1960 insgesamt 8.000. Zu diesem Zeitpunkt hatte Volkswagen fast eine halbe Million Fahrzeuge in die Vereinigten Staaten exportiert. Ohne das moderne Werk, das vor dem Krieg in fünf Jahren mit großem Aufwand errichtet worden war, hätten die

Deutschen in den Nachkriegsjahren kein so großes und gut ausgestattetes Werk aufbauen können. Weder der Marshallplan noch der Oxfam-Plan können als wirtschaftliche Wiederbelebung bezeichnet werden ohne die starke industrielle Kraft, die Deutschland im Laufe der Jahre aufgebaut hat.

Der Morgenthau-Plan hat die deutsche Industrie nicht allzu sehr geschädigt, vor allem weil die amerikanischen Besatzungstruppen die schwere tägliche Arbeit der Instandsetzung der städtischen Infrastruktur, der Trümmerbeseitigung, der Rettung von Zivilisten, der Aufrechterhaltung der Ordnung usw. übernehmen mussten und nicht genügend Arbeitskräfte für die Demontage deutscher Industrieanlagen freigesetzt hatten. Es wird geschätzt, dass nur ein kleiner Prozentsatz der mehr als 1.600 auf der schwarzen Liste stehenden Fabriken irreparable Schäden erlitten hat, und die meisten sind nach einigen Monaten der Reparaturen bereit für eine normale Produktion. Letztendlich wurde die deutsche Industrie mit weniger als 1/10 ihrer Produktionskapazität demontiert.

So behielt Deutschland während des Krieges und in der Nachkriegszeit etwa 70 Prozent seiner industriellen Stärke, von der Produktionsorganisation bis hin zu den Ingenieuren und Facharbeitern, die, nachdem sie sich satt gegessen, ihre Rohstoffvorräte aufgefüllt und sich ausreichend mit Energie versorgt hatten, bereit waren, ihre Maschinen und Anlagen einzuschalten und technologisch fortschrittliche und qualitativ hochwertige Industrieprodukte zu produzieren, sobald Aufträge eintrafen.

Das ist die eigentliche Grundlage der deutschen Wiederbelebung!

Ein dringenderes Problem, das angegangen werden muss, bevor die deutsche Wirtschaft in Schwung kommen kann, sind die Währungsprobleme.

Die Mark hat sich verändert, die Sowjetunion hat ihr Gesicht verändert

Während die Vereinigten Staaten, Großbritannien und Frankreich den westlichen Teil Deutschlands besetzten, kontrollierte die Sowjetunion den östlichen Teil Deutschlands, wobei die vier Großmächte das deutsche Staatsgebiet und die Hauptstadt Berlin unter vierfacher Verwaltung aufteilten. Das von der Sowjetunion besetzte Gebiet ist eine traditionelle Basis für die Lebensmittelversorgung in

Deutschland, und das tägliche Leben in der ostdeutschen Region ist ziemlich gut. Als die USA ihren Griff verschärften, schwebte bereits die Wolke des Kalten Krieges über Deutschland, und die Sowjetunion begann in dem Bemühen, den aggressiven USA entgegenzuwirken, die Lebensmittelexporte von Ostdeutschland nach Westdeutschland zu drosseln, was den unteren Westen in eine schwierige Lage brachte.

Im Februar 1946 löste das von Kenan von seinem Moskauer Krankenhausbett aus verfasste "Telegramm des Kalten Krieges" nicht nur einen Wirbelsturm der Konfrontation zwischen Washington und Moskau aus, sondern ließ auch die Deutschen hungern. Im Winter 1946, dem kältesten Winter des 20 . Jahrhunderts, erlebten die Deutschen schließlich, wie es war, wenn die Menschen in Leningrad 900 Tage lang von Hunger und Kälte belagert wurden, wenn die Arbeiter im Ruhrgebiet nur 1.000 Kalorien pro Tag bekamen, weniger als die Hälfte der üblichen Norm.

Wie in der Sowjetunion zu Beginn des Jahres 1921 herrschte auch auf dem deutschen Markt 1946 eine außerordentliche Warenknappheit, und zwar aus denselben Gründen, nämlich der Rationierung von Grundbedarfsgütern und der starken Abwertung der Währung; gleichzeitig verschärfte die Abwertung der Währung die Schwierigkeiten des Rationierungssystems. In der wirtschaftlichen Knappheit der Nachkriegszeit verschwanden Waren und Lebensmittel aus den Regalen, nicht weil es sie nicht mehr gab, sondern weil sie gehortet wurden. Der so genannte Koochie ist das Streben nach Profit, und in einem Umfeld starker Geldentwertung wird der Koochie die Währung umgehen und sich direkt auf den Tauschhandel einlassen, um das Beste daraus zu machen.

So wurde der Schwarzmarkt zur aktivsten Form des Handels außerhalb der Rationierung.

In Westdeutschland, wo Lebensmittel zweifellos das knappste Gut sind, ist jeder Reichtum eine schwebende Wolke im Vergleich zum Hungertod. Bauern, die weniger unter dem Krieg gelitten hatten und noch Lebensmittel im Haus hatten, wurden natürlich zu großen Gewinnern im Schwarzmarkthandel. Die Reichen und die Mittelschicht der Stadt strömten in die Stadt und tauschten ihre Häuser gegen Gold- und Silberschätze, Gemälde und sogar Möbel und Kleidung gegen Mehl, Eier, Fleisch und Butter ein, und die Bauern waren plötzlich verschwenderisch mit goldenem Porzellan und edlen Möbeln. Auch der Schwarzmarkt in der Stadt war hoch entwickelt, und selbst die alliierten

Besatzungstruppen beteiligten sich begeistert an diesem beliebten Handel. Die Regierung lieferte Nachschub für die US-Armee, und Zigaretten, Seife, Rasierapparate, Kaffee, Dosen und Schokolade waren auf dem Markt sehr begehrt. Unter diesen Waren war die Zigarette die bekannteste, und mit ihrer hohen Währungsakzeptanz, Liquidität, Tragbarkeit, leichten Teilbarkeit und hohen Homogenität begann die kaiserliche Marke eine formale Rolle als Währung zu spielen in einer Zeit, in der sie ein Stück Papier war. Das US-Militär wurde natürlich neugierig auf dieses äußerst knappe Geldgut. Sie kauften im Army Supply House Zigaretten für einen Dollar pro Stück, die auf dem Markt in verschiedene Arten von Gold- und Silberschmuck im Wert von Tausenden von Reichsmark umgetauscht werden konnten.[59]

Die US-Armee tauschte billige Zigaretten gegen die teuren Lycra-Kameras und Flügel der Deutschen ein, was im Wesentlichen dasselbe ist, wie wenn die USA heute wertvolle Güter der Nationen gegen Dollar-Papierstücke eintauschen, die weniger wert sind als Zigaretten. Damals waren die amerikanischen Besatzungstruppen überraschenderweise ein wenig verlegen, denn dieser räuberische Handel ließ die feierlichen Prozesse gegen die Nazi-Kriegsverbrecher in Nürnberg eher wie den Anteil der Sieger an der Beute aussehen.

Es war klar, dass die "Zigarettennorm" nicht ausreichen würde, um eine normale Marktordnung in Deutschland wiederherzustellen, und da der Reichstag seine Glaubwürdigkeit völlig verloren hatte, wurde eine Währungsreform zur obersten Priorität. Noch in Anlehnung an die sowjetische Währungsreform von 1922-1924 sollte die alte Währung durch eine neue, stabilere Währung ersetzt werden, aber in diesem Jahr verfügte die Sowjetunion über eine Goldreserve von 50 Millionen Pfund, und die Chevron- und Goldrubel wurden für weniger umgetauscht und ersetzten erfolgreich den sowjetischen Papierrubel. Das Problem war, dass in Deutschland 1948 die Wirtschaft bereits bankrott war, dass es kein Gold gab, dass der Dollar noch nicht da war und dass das Dritte Reich eine hohe Staatsverschuldung hinterlassen hatte, die sich auf 400% des deutschen BSP von 1939 belief!

---

[59] Vincent Bignon, *Zigarettengeld und Schwarzmarktpreise während des deutschen Wirtschaftswunders von 1948*, 2009.

Die Währungsreform von 1948, wieder mit dem Dilemma des Schachts von 1923 konfrontiert, wird die neue Markreform erneut die "leere Stadt" der Währungsreserven besingen, aber diesmal wurde der Generaldirektor durch einen Amerikaner ersetzt. Die Amerikaner waren den Deutschen auf dem Gebiet des Geldes bereits voraus, deshalb gingen sie nicht zum ehemaligen deutschen "Wirtschaftszaren" Schacht. Die amerikanische Strategie besteht aus drei Akten, nämlich dem Währungsgesetz, dem Emissionsgesetz und dem Tauschgesetz.

Das Währungsgesetz legt den Status der Deutschen Mark (DM) als gesetzliches Zahlungsmittel fest, das an die Stelle der Reichsmark tritt; das Emissionsgesetz legt den Zentralbankstatus der westdeutschen Bundesbank (Bank Deutscher Lander) fest, die nach 1957 zur berühmten Bundesbank wurde; und das Umtauschgesetz regelt den Wechselkurs zwischen der alten und der neuen Mark sowie die Einzelheiten der Durchführung.

Die erste Frage, die sich bei der Währungsreform stellt, ist, welcher Wechselkurs für die alte und die neue Mark am besten geeignet ist. Dies bedeutet, dass die Währung um das Fünffache überdehnt wurde, während die Gesamtmenge der auf dem Markt befindlichen Waren und Dienstleistungen um fast die Hälfte schrumpfte und das Verhältnis von Geld zu Waren und Dienstleistungen fast 10:1 betrug. Wenn der Preisindikator auf das Vorkriegsniveau von 1935 gesetzt würde, müsste der Geldumlauf also um 90 Prozent schrumpfen, weshalb die Amerikaner beschlossen, den Wechselkurs zwischen alter und neuer Mark auf 1:10 festzulegen.[60]

Das Hauptproblem liegt im Bankensystem. Die Bank ist wie eine flache Last, die auf der einen Seite die Ersparnisse der einfachen Leute aufnimmt und auf der anderen Seite die Kredite freigibt, die Ersparnisse sind eine Verbindlichkeit für die Bank, denn wenn die Leute Geld abheben, ist die Bank verpflichtet, den vollen Geldbetrag bereitzustellen. Der Kredit ist der Vermögenswert der Bank, der Kredit generiert Zinserträge und die Bank verdient damit Geld, das verdiente Geld wird zu Kapital für die Bank. Banker sind wie Zupfer, die Aktiva und Passiva auf beiden Seiten ausgleichen, mit ihrem eigenen Kapital

---

[60] Martin Pontzen und Franziska Schobert, *Episodes in German Monetary History - Lessons for Transition Countries*, 2007-04-13.

in der Tasche. Wenn Sie fertig sind, nehmen Sie etwas Silber von der Aktivseite und stecken es in Ihre eigene Tasche; wenn Sie Geld verlieren, nehmen Sie etwas Silber aus Ihrer Tasche und stecken es in die Passivseite. Kurz gesagt, gleichen Sie immer die Enden einer abgeflachten Trage aus. Nach der Währungsreform sind 10 alte Mark für 1 neue Mark auf der Sparenseite um 90 Prozent geschrumpft, und die Last war aus dem Gleichgewicht, also musste auch die Kreditseite im gleichen Verhältnis schrumpfen. Hier gibt es ein großes Problem, denn während des Krieges wurden viele Bankkredite an die Nazi-Regierungen auf allen Ebenen vergeben, und jetzt sind diese Regierungen nicht mehr da und die Kredite sind uneinbringlich, was dazu führt, dass die Verbindlichkeiten hoch und die Vermögenswerte niedrig sind und die Lasten der Banken unausgeglichen sind, was bedeutet, dass das gesamte Bankensystem aufgrund von Zahlungsunfähigkeit bankrott gehen könnte. Die Amerikaner sagten, dass dies nichts ausmache, dass die Kredite an die Nazi-Regierung annulliert würden und dass das Loch in der Mitte durch die Staatsverschuldung der zukünftigen, neu geschaffenen Bundesregierung gedeckt werden würde, wodurch garantiert würde, dass alle ausgeglichen wären und etwas Geld in ihren Taschen hätten. So freuten sich die Amerikaner und die Bankiers.

Die Bevölkerung ist verpflichtet, innerhalb eines bestimmten Zeitraums alle alten Mark in bar auf ein Sparkonto bei einer Bank einzuzahlen und nach Ablauf der Frist zu entwerten. Die Bankangestellten teilen jedes Sparkonto in zwei Hälften auf, wobei die eine Hälfte der Ersparnisse sofort für 10 alte Mark in 1 neue Mark umgetauscht wird, während die andere Hälfte 90 Tage lang je nach den Preisen wartet, bevor sie sich entscheidet, wie. Um den normalen Geschäfts- und Lebensablauf zu gewährleisten, versorgten die Besatzungsbehörden die Deutschen außerdem mit den für das tägliche Leben notwendigen neuen Mark, indem sie 40 alte Mark im Verhältnis 1:1 pro Person in neue Mark umtauschten, und der Arbeitgeber erhielt 60 neue Mark für die grundlegenden Lebenshaltungskosten eines jeden Arbeitnehmers.

Diejenigen, die das Geheimnis nicht verstehen, mögen denken, dass dieser Ansatz gerecht ist, aber in Wirklichkeit liegt in der Plünderung des Reichtums ein tiefes Lernen.

Das Hauptvermögen der Reichen und des Proletariats in Deutschland besteht aus Aktien, Immobilien, Goldbarren, Schmuck, Gemälden und anderen Formen von Sachwerten, während das

Hauptvermögen der Armen und der Mittelschicht in Bankguthaben besteht. Wenn Sie reich sind, herzlichen Glückwunsch, Ihre Kaufkraft wird durch die Währungsreform nicht geschädigt, wenn Sie ein Industrieller oder ein Großunternehmer sind, der einen großen Kredit bei einer Bank aufgenommen und Land, Immobilien, Waren oder Rohstoffe gekauft hat, dann noch mehr Glückwunsch, Ihre Schulden wurden auf 10% reduziert und der Rest wird für Sie von den Armen bezahlt. Wenn Sie arm sind und zur Mittelschicht gehören, tut es Ihnen leid, dass der größte Teil Ihres Vermögens an die Reichen übertragen wurde. Mit den hohen Marktpreisen für Rohstoffe, Immobilien und Vermögenswerte hat die Währungsreform den Armen und der Mittelschicht 90 Prozent ihrer Kaufkraft geraubt, also eine Umverteilung des gesellschaftlichen Reichtums bewirkt, die den Reichtum der Reichen auf Kosten der Armen und der Mittelschicht vermehrt.

Kein Wunder, dass Schacht bösartig schrie:

> *„Dies ist ein bewusster Versuch, das soziale Gefüge Deutschlands zu untergraben, mit noch schlimmeren Folgen als die Superinflation von 1923... Es ist ein Versuch, eine Geißel zu beherbergen."*[61]

Ich frage mich, ob der alte Schacht so verbittert war, weil er an der Ermordung Hitlers beteiligt war und von den Nazis ins Gefängnis geworfen wurde, wodurch das Vermögen der Familie beschlagnahmt wurde und ihm nichts außer seinen Ersparnissen blieb.

Um die Unternehmen, die ihre Vorräte aufgestockt hatten, zu zwingen, ihre Produkte so schnell wie möglich auf dem Markt zu verkaufen, um den Markt zu stabilisieren, stellten die Besatzungsbehörden den Unternehmen nur den Gegenwert von 17% der an die Bevölkerung ausgegebenen neuen Marke zur Verfügung, was in der Tat dazu diente, das Marktangebot zu erhöhen und den Kredit der neuen Marke zu festigen.

Nach Abschluss der Umstellung der alten und der neuen Mark schrumpfte die umlaufende Geldmenge um 93,5 Prozent und wich damit geringfügig vom angestrebten Ziel ab.

---

[61] Hjalmar Schacht, *Die Magie des Geldes,* Oldbourne, 1967.

Viele sehen in den Währungsreformen vom Juni 1948 und der Einführung der freien Marktwirtschaft die Hauptursache für den Aufschwung der deutschen Wirtschaft, obwohl die Komplexität des modernen Industriesystems nicht so einfach ist wie der freie Handel auf dem Parkett, und während Marktprinzipien in relativ kurzer Zeit eingeführt werden können, erfordert eine starke industrielle Produktionskapazität eine lange Akkumulation. Das wirtschaftliche Umfeld des Freihandels kann niemals ein Ersatz für das Fundament einer produktiven Wirtschaft sein.

Die Hauptursache für das deutsche Wirtschaftswunder war die starke industrielle Basis, während die Währungsstabilität, die Marktwirtschaft und der Marshallplan günstige äußere Bedingungen schufen, und selbst unter diesen Bedingungen benötigte das Wirtschaftswunder starke äußere Gelegenheiten. 1949 erlebte Deutschland erneut eine schwere Inflation von 38 Prozent, die die neu gegründete Zentralbank dazu zwang, die Wirtschaft mit einer Notbremse zu versehen. Anfang 1950 hatte sich das deutsche Zahlungsbilanzdefizit so stark verschlechtert, dass die Vereinigten Staaten die OECD anführen mussten, um Deutschland zu retten. Erst der Ausbruch des Koreakriegs 1950, der drei Jahre dauerte und mit riesigen Aufträgen für militärische Güter verbunden war, brachte die deutsche Wirtschaft wirklich auf Hochtouren und brachte die deutsche Industrie endlich in eine Hochgeschwindigkeitsstartbahn. Andernfalls wird sich die deutsche Industrie auf die langsame Erholung der inländischen und europäischen Märkte verlassen müssen.

Als die Amerikaner am 20. Juni 1948 in Westdeutschland offiziell die Neue Mark einführten, erkannte die Sowjetunion sofort die Absicht der Vereinigten Staaten, Deutschland einseitig aufzuteilen. Obwohl Westdeutschland noch keine Bundesregierung gebildet hat, haben die neue Währung und die neue Zentralbank signalisiert, dass eine neue Regierung kommen wird.

Zumindest bis dahin hatte die Sowjetunion noch Illusionen über eine Zusammenarbeit mit den Vereinigten Staaten, und nach vier Jahren brutalen Krieges brauchte die Sowjetunion dringend eine Atempause und hatte weder die Fähigkeit noch den Wunsch, sich erneut in einen größeren Krieg zu stürzen. Stalin war kein Fanatiker, der eine globale "Exportrevolution" wollte, sondern ein kalter Realist. Stalins konsequentes Eintreten für den Aufbau des Sozialismus in einem Land unterscheidet sich grundlegend von Trotzkis Auffassung, dass er die Idee einer globalen Revolution insgesamt hasste. Stalin unterstützte auch die kommunistische Bewegung in China und anderen Ländern, aber der Ausgangspunkt war die Schaffung eines größeren strategischen Sicherheitspuffers für die Sowjetunion, nicht der globale Umsturz des kapitalistischen Systems. Der Realismus ließ ihn erkennen, dass sich die Sowjetunion angesichts der fortschrittlicheren und entwickelteren Produktivitätsvorteile des Westens zunächst strategisch verteidigen, dann entwickeln und schließlich stark werden musste.

Roosevelt verfolgte die Huairou-Strategie gegen die Sowjetunion und Stalin zeigte sich kooperativ; Roosevelt erkannte den Einflussbereich der Sowjetunion an und Stalin stimmte dem Bretton-Woods-System zu. Stalin stellte die nationalen Interessen der Sowjetunion stets über die Aufgabe des Sozialismus. Indem er in den 1920er Jahren die Nordexpedition von Chiang Kai-shek mit 30 Millionen Goldrubel finanzierte und die Macht von Feng Yuxiang von der Nordwestarmee förderte, versuchte er, die prowestlichen Kriegsherren in Nordchina und den projapanischen Zhang Zuolin im Nordosten zu schwächen und den imperialistischen Druck auf den sowjetischen Fernen Osten zu verringern. Während des sowjetischen Bürgerkriegs 1918-1921 drangen japanische und westliche imperialistische Streitkräfte gerade von Osten her nach Sibirien ein und stellten eine große Bedrohung für das Überleben des sowjetischen Regimes dar - ein bedrohliches Schauspiel, das Stalin noch immer in Erinnerung ist. Durch die Unterstützung der Kuomintang bei gleichzeitiger konsequenter Unterdrückung der Entwicklung der eigenen Militärmacht durch die Kommunistische Partei befürchtete er, seine Gesamtstrategie zu untergraben. Zhang Xueliang ermahnte Chiang Kai-shek, und Stalin, der davon ausging, dass Chinas Widerstand Japan aufhalten und es am Vormarsch nach Norden hindern könnte, bestand darauf, dass Chiang nach Nanking entlassen wurde. Selbst als die PLA im Begriff war, den Fluss zu überqueren, um das Land zu befreien, dachte Stalin immer noch an sein Versprechen gegenüber Roosevelt aus demselben Jahr und schlug vor, dass China über den Fluss regieren sollte.

Stalin war ein so kalter Realist, dass er kein eifriger Pionier in der Herausforderung der amerikanischen Hegemonie sein wollte. Allerdings war Stalin auch kein negativer Verteidiger, und er glaubte fest daran, dass die beste Verteidigung die Offensive sei. Das Wesen der sowjetischen Verteidigung spiegelte sich in einer harten offensiven Haltung unter Trumans Führung wider.

Die deutsche Währungsreform ohne vorherige Absprache mit der Sowjetunion war ein einseitiger Akt, der die stillschweigende Übereinkunft zwischen Roosevelt und Stalin untergrub und die Sowjetunion in Osteuropa zunehmend passiv gemacht hätte, wenn man sie Trumans Launen überlassen hätte. Daher musste Stalin Truman einen Schlag ins Gesicht versetzen.

Die Sowjetunion sandte sofort eine Protestnote an die Vereinigten Staaten, um den Beginn der Ausgabe der neuen Mark in Westdeutschland zu bestätigen und zu erklären, dass die Einführung separater Währungsreformen im Westen dazu dienen sollte, Deutschland zu spalten. Als Westdeutschland mit der Ausgabe neuer D-Mark begann, waren die alten D-Mark in der Sowjetunion noch gesetzliches Zahlungsmittel, und die alten D-Mark flossen nach Ostdeutschland, die Ersparnisse der Menschen in der Sowjetunion wurden sofort vernichtet, die Inflation schoss sofort in die Höhe, und auf den Märkten herrschte Chaos. Wenige Tage später kündigte Sokolowski, der sowjetische Militärkommandant in Deutschland, an, dass die sowjetisch besetzten Bezirke und Groß-Berlin eine Währungsreform einleiten und Mark mit speziellen Symbolen aus Ostdeutschland ausgeben würden, um die sowjetisch besetzte Wirtschaft vor der Zerstörung durch das Währungssystem der westlichen Besatzung zu schützen. Mit dem Aufkommen der beiden von den beiden Besatzungsbehörden in Deutschland ausgegebenen Mark war die Teilung des Landes unvermeidlich.

Am vierten Tag der westdeutschen Währungsreform in den Vereinigten Staaten kündigte die Sowjetunion die weltbewegende "Berlin-Blockade" an, die ab dem 24. Juni 1948 den gesamten Land- und Wasserverkehr zwischen Westdeutschland und Berlin abschneiden sollte. In der Praxis ließ die Sowjetunion nur die Unterbrechung des Land- und Wasserverkehrs zu, und die drei Luftkorridore von Hamburg, Hannover und Frankfurt nach Berlin blieben offen.

Deutschlands Währungskrieg, der schließlich einen echten Kalten Krieg auslöste.

Kohle- und Stahlunion, die Wiege der EU- und Euro-Träume

Als sich die deutsche Wirtschaft nach der Berlin-Krise im Mai 1949 zu beschleunigen begann, wurde die rasche Ausweitung der

Industrieproduktion durch eine immer drängendere Realität behindert, nämlich durch einen enormen Engpass bei der Versorgung der deutschen Industrie mit Energie und Rohstoffen.

Deutschlands industrielle Energie hängt hauptsächlich von der Kohle ab, während gleichzeitig die industrielle Entwicklung dringend Stahl benötigt, ohne den sich die deutsche Industrie nicht entwickeln könnte, und Kohle und Stahl kommen hauptsächlich aus dem Ruhrgebiet und dem Saarland. Das Saargebiet wurde Frankreich bereits 1947 weggenommen, und das Ruhrgebiet wurde zu dem fetten Fleisch, das Frankreich unbedingt schlucken wollte. Aber die Amerikaner konnten einen wirtschaftlichen Zusammenbruch in Deutschland, das an der Spitze des Kalten Krieges stand, nicht zulassen. Das Ergebnis dieses Interessenkompromisses war, dass der Industriepark Ruhrgebiet von der IAR (International Authority for the Ruhr) mitverwaltet wurde, die von den Alliierten eingerichtet wurde, um zu bestimmen, wie viel des Kohle- und Stahlanteils Deutschland erhalten konnte. Auf diese Weise war der Lebensnerv der deutschen Wirtschaft fest in den Händen der Franzosen verankert.

Deutschlands vordringlichste Aufgabe war es, so schnell wie möglich eine eigene Bundesregierung zu gründen, ohne die es keine Entwicklung in Deutschland geben konnte, ohne dass die Herrschaft der Besatzungsmächte über alles in Deutschland beendet wurde. Und die Franzosen machten die Ruhrkommune zu einer wichtigen Bedingung für die Zustimmung zur Gründung eines föderalen Deutschlands, die die Deutschen nur akzeptieren konnten. Je stärker die deutsche Wirtschaft wurde, desto mehr verschärfte sich der Konflikt zwischen Deutschland und Frankreich. Es war, als ob man die deutsch-französischen Spannungen nach dem Ersten Weltkrieg wieder riechen konnte.

Der Grund für die Angst Frankreichs vor Deutschland liegt in der Tatsache, dass Frankreich in den mehr als 70 Jahren seit 1870 dreimal von Deutschland überfallen wurde und Deutschland nie aus eigener Kraft besiegt hat. Die industrielle Revolution begann in Frankreich viel früher als in Deutschland, aber die häufigen Revolutionen und Kriege, die die Entwicklung der französischen Industrie ständig unterbrachen, führten dazu, dass die deutsche Industrie später die Führung übernahm. Die strengen Stereotypen der Deutschen scheinen besser zu den strengen, komplexen und präzisen Abläufen in der Großindustrie zu passen als die romantischen, lässigen Franzosen. Obwohl die Franzosen in beiden Kriegen als politische und militärische Sieger hervorgingen, wurde Frankreich in wirtschaftlicher Hinsicht bald wieder zum Außenseiter Deutschlands. Frankreich hat nicht mehr den Ehrgeiz und die Kühnheit der napoleonischen Ära des europäischen Kontinents, wenn nicht für die Allianz von Großbritannien und den Vereinigten Staaten, die Französisch und Deutschland, der Tiger als Nachbarn, wird immer besorgt sein.

Frankreich unterstützte nachdrücklich den Morgenthau-Plan zur dauerhaften "Kastration" der deutschen Industrie und schottete persönlich die beiden größten Probleme Saarland und Ruhrgebiet ab. Als sich jedoch die Atmosphäre des Kalten Krieges zuspitzte, begannen die Vereinigten Staaten, sich mehr und mehr auf Deutschland zu stützen, während sie im Gegenteil Frankreich immer unangenehmer ansahen, insbesondere die in Frankreich vorherrschende "de Gaulle-Doktrin", die für Großbritannien und die Vereinigten Staaten noch abstoßender war. Der Kern der de Gaulle-Doktrin ist die Vorstellung, dass Frankreich sein Schicksal selbst in die Hand nehmen muss.

Als sich die politische Waage in den Vereinigten Staaten allmählich auf die deutsche Seite neigte, fühlte sich Frankreich zunehmend überfordert, einem immer mächtigeren Deutschland allein gegenüberzustehen. Frankreich muss sich eine umfassende Strategie ausdenken, die sowohl die Folgen des Krieges beseitigen als auch den Tiger wirksam eindämmen soll. Nach langen Überlegungen kamen die Franzosen schließlich zu einem brillanten Plan, dem Schumann-Plan!

Am 9. Mai 1950 schlug der französische Außenminister Schumann auf einer Pressekonferenz überraschend die Schaffung eines "überstaatlichen" Wirtschaftsgebildes vor, in dem die französischen und deutschen Kohle- und Stahlproduktionskapazitäten untergebracht, die Ressourcen geteilt, gemeinsam entwickelt und verwaltet werden sollten, wobei die Struktur völlig offen wäre und jedes europäische Land den Beitritt beantragen könnte. Dies wurde als "Koalition für Kohle und Stahl" (EGKS, Europäische Gemeinschaft für Kohle und Stahl) bekannt. Da sowohl Kohle als auch Stahl unverzichtbare Ressourcen für Staaten sind, um Kriege zu führen, würde die Übergabe von Kohle und Stahl an ein neues Gebilde, das die Befugnisse des deutschen und des französischen Staates übersteigt, die Absicht und die Fähigkeit beider Seiten, Krieg zu führen, grundlegend beseitigen. Kein Wunder, dass Schumann die Kohle-Stahl-Allianz als etwas bezeichnete, "das den Krieg nicht nur undenkbar, sondern auch materiell unmöglich macht". [62]

Der Schumann-Plan erhielt zunächst die starke Unterstützung der Vereinigten Staaten, um mit der Sowjetunion umzugehen, das westliche Lager von Deutschland und Frankreich wiedervereinigt, zog die Sicherung der künftigen Kriege in Europa, die Kohle-Stahl-Allianz durch den gemeinsamen Markt gebildet, auch dazu beigetragen, die Erholung der europäischen Wirtschaft, insgesamt förderlich für die strategischen Ziele der Vereinigten Staaten, die Vereinigten Staaten im Jahr 1950, ist die Ära der nationalen Macht, ist es jetzt ängstlich europäischen wirtschaftlichen Erholung ist nicht schnell genug, die Vereinigten Staaten nicht genug Waren exportieren, ist der europäische Widerstand gegen die Sowjetunion Stärke zu schwach. Die USA haben nicht darüber nachgedacht, welche Art von Herausforderung die EU und ihre Währung, der Euro, in 60 Jahren für den Dollar darstellen werden.

Die öffentliche Meinung in Frankreich, Deutschland und dem übrigen Europa applaudiert auch der allgemeinen Furcht vor einem künftigen Krieg zwischen Deutschland und Frankreich, die in Frankreich schon 1950 weit verbreitet war, aber jetzt ist alles klar. Ursprünglich waren die Deutschen über die gewaltsame Inbesitznahme des Ruhrgebiets und des Saargebiets durch die Franzosen empört, und die von den Franzosen initiierte Kohle-Stahl-Allianz hat die Herzen der Deutschen sofort besänftigt. Die deutsch-französische Annäherung hatte den Europäern viel Vertrauen in die Aussichten auf Frieden und Wohlstand gegeben, nur Großbritannien stand abseits und sah kalt zu.

Im April 1951 wurde der Vertrag von Paris unterzeichnet, und die Montanunion war geboren. Neben Deutschland und Frankreich schlossen sich Italien, Belgien, Luxemburg und die Niederlande der "Gemeinschaft der sechs Bestimmungsländer" an. Sechs Jahre später unterzeichneten die sechs Länder den Vertrag von Rom, mit dem die Europäische Wirtschaftsgemeinschaft und die Europäische Atomgemeinschaft auf der Grundlage der Montanunion gegründet

---

[62] Vertrag über die Gründung der Europäischen Gemeinschaft für Kohle und Stahl, EGKS-Vertrag.

wurden, und legten damit den Grundstein für die künftige Europäische Union.

Im Gegensatz zu allen bisherigen Formen internationaler Organisationen oder Unternehmen ist die Koalition einzigartig, weil sie "überstaatlich" ist. Mit der "Übersouveränität" tritt der souveräne Staat einen Teil der ultimativen nationalen Entscheidungsbefugnis, sowohl in wirtschaftlicher als auch in politischer Hinsicht, an die neue Einheit ab, die in erheblichem Maße den Charakter eines Staates haben wird.

Die Autorität der Montanunion ist die "Hohe Behörde", die sich aus einem Präsidenten und acht Mitgliedern zusammensetzt, die zwar aus Regierungen stammen, aber nicht die nationalen Interessen ihrer Länder vertreten und darauf vereidigt sind, die Interessen der "Gemeinschaft" und nicht die nationalen Interessen zu wahren. Der Oberste Rat kann drei Befugnisse ausüben: erstens "Beschlüsse" mit Rechtskraft, zweitens "Empfehlungen" mit rechtsverbindlichen Endzielen, wobei die Staaten jedoch flexibel sein können, wie diese erreicht werden sollen, und drittens "Stellungnahmen", die keine rechtliche Bedeutung haben.

Auch die Montanunion hat eine "Gemeinsame Versammlung", die den "Obersten Rat" überwacht. Ihre "Parlamentarier" müssen von den Staaten gewählt werden, die ebenfalls "das Volk" und nicht den "Staat" vertreten. In Anlehnung an die Gewaltenteilung hat die Montanunion auch einen eigenen "Gerichtshof" eingerichtet, um Rechtsstreitigkeiten zu schlichten, die im Falle eines Fehlverhaltens der Mitgliedsstaaten entstehen.

Im Falle einer Streitigkeit zwischen der Montanunion und ihren Mitgliedstaaten würde diese durch einen völkerrechtlich verbindlichen Vertrag geregelt werden. Das Wesentliche dieser Form ist der Staat im Staat.

Es ist keine Übertreibung zu sagen, dass es ohne die Montanunion weder die EU in ihrer heutigen Form noch den Euro in seiner heutigen Form geben würde. Aus diesem Grund hat die Europäische Union den 9. Mai, das Datum der Ankündigung des "Schumann-Plans", zum jährlichen "Europatag" erklärt.

Der "Schumann-Plan" stammt nicht von Schumann, sondern von einem anderen großen Mann, Jean Monnet, der als "Vater Europas" bekannt ist.

"Schattenregierung" hinter dem "Vater Europas"

In der politischen Arena Frankreichs, wo es überall Präsidenten und Premierminister gibt, gab es in den kurzen 12 Jahren von 1945 bis 1957, also allein in der Zeit der Vierten Republik, 24 Regierungen, die im Durchschnitt alle sechs Monate wechselten. Bei solch häufigen und chaotischen politischen Situationen ist es schwer vorstellbar, dass die Regierung die Kapazität und die Zeit hat, eine wirtschaftliche Strategie zu verfolgen. Außerhalb des öffentlichen Interesses sind jedoch einige der Personen, die die große Politik des Landes betreiben, nicht so auffällig. Jean Monnet ist einer der schwergewichtigsten strategischen Akteure Frankreichs. Unter seiner Leitung wurde die berühmte Montanunion zu einem großen Erfolg, der von der Nachwelt als der wichtigste Architekt der europäischen Integration der Nachkriegszeit anerkannt wird.

Monnet stammt aus einer wohlhabenden Kaufmannsfamilie und ist gut vernetzt. Lange vor dem Ausbruch des Ersten Weltkriegs lernt Monnet, der Anfang 20 ist, mit Hilfe seines Vaters viele wichtige Leute kennen. Dazu gehören.

Lord Kindersley, Direktor der Bank of England, Partner der Longyear Brothers, Vorstandsvorsitzender der Hudson's Bay Company. Die Familie Lange ist eine der ältesten Investmentbanken, und die Hudson's Bay Company war eine der ersten Gesellschaften der Welt, die die Briten in einem großen Gebiet in Nordamerika vertrat, dem Status der East India Company.

Eric Drummond, späterer Generalsekretär des Völkerbundes und einer der Führer des britischen Oberhauses.

John Dulles, der spätere Außenminister der Vereinigten Staaten, und sein Bruder Alan Dulles, Direktor der CIA.

Douglas Dillon, der spätere Finanzminister der Vereinigten Staaten, und die Familie Dillon sind in der Finanzwelt der Vereinigten Staaten ebenfalls sehr bekannt.

John J. McCloy, später Präsident der Weltbank, Oberster Militärbefehlshaber der Vereinigten Staaten in Deutschland und Vorsitzender des Verwaltungsrats der Chase Manhattan Bank.

Und dann ist da noch das älteste Mitglied der Familie Astor in Amerika.

Man kann sagen, dass Monnet mit dem Kern der anglo-amerikanischen Führungselite befreundet war. Bei Ausbruch des Ersten Weltkriegs wurde Monnet dem französischen Premierminister von einem "schwergewichtigen Freund" vorgestellt. Der junge Monnet schlug vor, die einheitliche Bewegung und den Transport strategischer Güter zwischen Großbritannien und Frankreich zu stärken, und wurde als französischer Vertreter in das Internationale Komitee für die Versorgung mit Gütern mit Sitz in London nach Großbritannien geschickt, um die Organisation im Namen Frankreichs zu koordinieren. Der britische Vertreter, der mit ihm in England zusammenarbeitete, war sein alter Freund Arthur Salter, der später an den Verhandlungen über den Vertrag von Versailles und der Gründung des Völkerbundes beteiligt war und dessen Idee von den "Vereinigten Staaten von Europa" den Lebensweg von Monet nachhaltig beeinflusste.

Nach dem Ersten Weltkrieg wurde Monnet im Alter von 31 Jahren zum stellvertretenden Generalsekretär des Völkerbundes ernannt, um im Rahmen der Beförderung von Sir Caddesley die laufenden Geschäfte des Generalsekretärs zu führen. Der Völkerbund war ursprünglich das Ergebnis des Lodz-Clubs, dessen oberstes Ziel es war

> *„die Herrschaft des Britischen Reiches auf die ganze Welt auszudehnen; das System der Ausdehnung des Britischen Reiches nach außen hin zu vervollkommnen; alle lebensfähigen Orte durch britische Staatsangehörige zu kolonisieren ... eine koloniale Vertretung im Reichsrat einzuführen, die verstreuten Mitglieder des Reiches zu vereinen und so eine Welt zu errichten, die frei von Krieg und im Einklang mit dem Wohl der Menschheit ist."*

Die Rhodes-Gesellschaft hat Niederlassungen in den Vereinigten Staaten, Kanada, Indien, Australien, Neuseeland, Südafrika und anderen selbstverwalteten Gebieten, Kolonien und ehemaligen Kolonien des britischen Empire. Der prestigeträchtige amerikanische "Council on Foreign Relations" (CFR) ist der amerikanische Zweig der Rhodes-Gesellschaft. Der Lodz-Club traf sich von Zeit zu Zeit heimlich in den autonomen Gebieten des Britischen Weltreichs, plante und setzte einheitlich ein, beeinflusste hinter den Kulissen die Formulierung und Umsetzung politischer und wirtschaftlicher Maßnahmen und kontrollierte die Presse, das Bildungswesen und die Propagandaeinrichtungen mit dem vorrangigen Ziel, die englischsprachigen Länder in Form einer Föderation zu vereinen und schließlich eine Art Weltregierung zu errichten und "eine Welt" zu schaffen.

Als Franzose, der aktiv an der Einigung des britischen Empire beteiligt war, genoss Monnet sicherlich hohes Ansehen. Im Jahr 1935 wurde Monnet vom Völkerbund als Finanzberater von Chiang Kai-shek nach China entsandt, um die wirtschaftliche und finanzielle Lage des Landes zu untersuchen. Zu dieser Zeit führte Chiang Kai-shek eine Reform des französischen Währungssystems durch, und nach dem Zusammenbruch des chinesischen Silberstandards war die Frage, ob die französische Währung auf das britische Pfund oder den Dollar umgestellt werden sollte, sowohl für Großbritannien als auch für die Vereinigten Staaten von großer Bedeutung. Daher entschied sich Chiang Kai-shek für die Strategie, sich auf beiden Seiten des Bootes zu bewegen.

Noch in Schanghai, China, schloss George Murnane, ein Partner der Gebrüder Lange, Geschäfte mit den Wallenbergs in Schweden, den Boschs in Deutschland, den Solvays in Belgien, den Dulles-Brüdern und den Rockefellers in den Vereinigten Staaten ab.

Monnet, in den späten 1930er Jahren, gilt als der internationalste Franzose seiner Generation.

Bei Ausbruch des Zweiten Weltkriegs und angesichts des Niedergangs Frankreichs schlug Monnet Churchill vor, Frankreich und Großbritannien zu einem einzigen Land, einer einzigen Regierung, einem einzigen Parlament und einer einzigen Armee zu vereinen und ihre Anstrengungen gegen Deutschland zu vereinen. Churchill akzeptierte die Idee im Namen der britischen Regierung, und auch Charles de Gaulle, der damals keine andere Wahl hatte, stimmte dem Zusammenschluss zu, wurde aber vom französischen Premierminister, Feldmarschall Pétain, entschieden abgelehnt, der später vor der deutschen Armee kapitulierte und zum Marionettenkaiser des Vichy-Regimes wurde. Nach dem Fall Frankreichs wurde er von Churchill zum leitenden Mitglied der britischen Kriegsmaterialkommission ernannt und ging nach Amerika, um dort Hilfe zu suchen. In den Vereinigten Staaten wurde Monnet erneut Berater von Roosevelt, der ihm riet, die konventionelle Weisheit zu ändern und den Bedarf nicht auf der Grundlage der bereits vorhandenen Ressourcen zu bestimmen. In einer Zeit, in der Europa vor dem Aussterben stand, sollten die Vereinigten Staaten nach Ressourcen suchen, um den Kriegsbedarf bestmöglich zu decken. Zu diesem Zweck begann Roosevelt mit dem

"Victory Plan" der allgemeinen Militärproduktion, bei dem Monnet eine wichtige Rolle spielte, die selbst die Briten nicht erreichen konnten. Nach dem Krieg argumentierte Keynes, dass Monnet Amerika auf die Bedeutung der allgemeinen militärisch-industriellen Mobilisierung aufmerksam gemacht habe und dass Monnets Beitrag für Großbritannien im Mai und Juni 1941 äußerst wichtig gewesen sei.[63]

Aufgrund seiner weitreichenden anglo-amerikanischen Beziehungen wurde Monnet mit der Überwachung der Umsetzung des Marshallplans in Frankreich betraut, und Charles de Gaulle musste Monnets Verbindungen nutzen, um Zugang zu amerikanischen Ressourcen zu erhalten und Monnet mit der Ausarbeitung eines Fünfjahresplans für die wirtschaftliche Erholung Frankreichs nach dem Krieg zu beauftragen. Trotz des grundlegenden Unterschieds zwischen den nationalistischen und internationalistischen Werten von de Gaulle und Monnet brauchte Frankreich die amerikanische Hilfe zu dringend.

In der frühen Nachkriegszeit war Monets "Monnet-Plan", der sich an amerikanischen Überlegungen orientierte, faktisch eine Replik auf den "Morgenthau-Plan", der im Falle Deutschlands die vollständige "Kastration" der deutschen Industrie vorsah. Mit der Wende in den USA begann Monnet mit der Planung des "Schumann-Plans" der Kohle- und Stahlallianz. Als Monnet mit dem Schumann-Plan nach Großbritannien eilte, war die britische Haltung sehr lauwarm. Die Briten dachten sich, dass die Kohle- und Stahlallianz die deutschen und französischen Interessen stärken und den britischen Einfluss auf dem Kontinent schwächen würde, und die Briten waren nicht in der Stimmung für erwachsene Schönheit. Monnet musste umkehren und zurückkehren, um die deutsch-französische Koalition zu unterstützen und der erste Präsident des "Obersten Rates" der Koalition zu werden.

Auch zwischen Deutschland und Frankreich hat sich allmählich ein kleiner Kreis zentraler Persönlichkeiten gebildet, darunter auf französischer Seite der ehemalige Premierminister Antoine Pinay, Jean Violet, der Chef des französischen Geheimdienstes, Monnet und Außenminister Schumann. Auf deutscher Seite kamen Konrad Adenauer, der erste deutsche Bundeskanzler, Otto von Habsburg,

---

[63] Jacques Cheminade, *FDR und Jean Monnet*, Sommer/Herbst 2000 der Zeitschrift FIDELIO.

ehemaliger Kronprinz von Österreich-Ungarn, Oberhaupt der Habsburger-Dynastie und Präsident der Paneuropäischen Union, und später Carlo Pesenti, ein italienischer Bankier mit engen Verbindungen zur Vatikanbank, hinzu. [64]

David Rockefeller, das Oberhaupt der Rockefeller-Familie, beschreibt in seiner Autobiographie diesen kontroverseren europäischen Zusammenschluss als den Bilderberg Club

> *„Im Oktober 1967 stellte mich Carlo Pesenti, ein Bankier, der viele wichtige italienische Unternehmen besaß, ... seinem kleinen Kreis vor, in dem hauptsächlich über aktuelle Trends in Europa und der Weltpolitik diskutiert wurde... Jean Monnet, Robert Schumann und Konrad Adenauer waren die Initiatoren dieses Kreises... Die Diskussionen wurden auf Französisch geführt, und normalerweise war ich der einzige Amerikaner, der an den Treffen teilnahm, obwohl manchmal, wenn sich diese Gruppe in Washington traf, der nationale Sicherheitsberater von Präsident Nixon, Kissinger, zum gemeinsamen Essen kam. Alle Mitglieder des Pesenti-Kreises sind aktive Befürworter der europäischen politischen und wirtschaftlichen Integration."*[65]

Es besteht kein Zweifel daran, dass Monnet derjenige ist, der sich am meisten für die europäische Integration eingesetzt hat. Nach dem Erfolg der ersten Schlacht um die "wirtschaftliche Überlegenheit" der Kohle- und Stahlallianz begann er, einen größeren Schritt zu machen, um die Verteidigung der europäischen Länder zur "militärischen Überlegenheit" zu machen. Wenn ein souveräner Staat seine wirtschaftliche Autonomie, seine Währungsautonomie und schließlich sogar seine nationale Verteidigungsautonomie verliert, ist der souveräne Staat am Ende. Monets Europäische Verteidigungsgemeinschaft wurde schließlich von den französischen de Gaullisten abgelehnt. Die europäischen Länder blieben auf der Ebene der zwischenstaatlichen Verteidigungszusammenarbeit, die damals die neu gegründete Nordatlantikvertragsorganisation (NATO) war.

---

[64] Balint Szele, *Die europäische Lobby: Das Aktionskomitee für die Vereinigten Staaten von Europa*, European Integration Studies, Miskolc, Band 4, Nummer 2, 2005, S. 109-119.

[65] David Rockefeller, *Memoirs*, Random House Trade Paperbacks, 2003, S. 412-413.

Monnet trat einfach von seinem Amt als Präsident der Allianz für Kohle und Stahl zurück und verdoppelte seine Bemühungen, eine eher unauffällige Organisation namens ACUSE (Aktionskomitee für die Vereinigten Staaten von Europa) zu gründen. Diese Organisation übte in enger Zusammenarbeit mit dem Außenministerium der Vereinigten Staaten hinter den Kulissen Druck auf die verschiedenen Organisationen aus, damit diese energisch Lobbyarbeit leisteten, was zur Unterzeichnung der Römischen Verträge im Jahr 1957 und zur Gründung der "Europäischen Wirtschaftsgemeinschaft" führte.

Max Kohnstamm, Vizepräsident des Aktionskomitees der Vereinigten Staaten von Europa, wurde 1973 der erste Präsident des europäischen Zweigs der von Rockefeller finanzierten Trilateralen Kommission.

Das Endziel des Monnet-Kreises ist klar: die Schaffung einer "Europäischen Republik". Diese Idee des "Internationalismus" muss zwangsläufig mit dem "Nationalismus" der Staaten in Konflikt geraten, der an der Idee der Souveränität festhält, und es liegt auf der Hand, dass die öffentliche Erklärung ihrer politischen Ansprüche auf die Beseitigung souveräner Staaten in den 1950er Jahren in den europäischen Ländern, von den Regierungen bis zur Bevölkerung, heftigen Widerspruch hervorgerufen hätte. Daher können die Eliten im Umfeld von Monet diesen Prozess nur im Stillen vorantreiben, und angesichts einer starken Gegenreaktion souveräner Staaten und sozialer Bevölkerungen ist es sogar notwendig, auf große Krisen zurückzugreifen, um Reformen "zurückzudrängen" und die Regierungen zu zwingen, ihre Souveränität in den Bereichen Industrie, Handel, Währung, Steuern und sogar Verteidigung ständig aufzugeben.

Die Kohle-Stahl-Allianz ist erst der Anfang, die anhaltende Eurokrise ist nur ein "Krisenhebel" und die guten Nachrichten kommen erst noch.

Eine derartig luxuriöse Ansammlung von Bankern, Politikern, Meinungsmachern, Akademikern und Informanten mit außerordentlicher Energie steht hinter den Kulissen und treibt die Drehung der internationalen politischen Arena in all ihrer Seltsamkeit unaufhaltsam voran, und sie und die Politiker auf der Bühne arbeiten manchmal miteinander zusammen, manchmal stoßen sie aufeinander, und die Menschen in den Ländern unter der Bühne schauen nebelverhangen und aufgeregt zu.

Es ist kein Wunder, dass die amerikanische Zeitschrift Time den Monnet-Kreis 1969 als "die Schattenregierung Europas" bezeichnete.

Im Dezember 1963 wurde Monnet von Präsident Johnson in Anerkennung seiner "herausragenden Beiträge" mit der Freiheitsmedaille des Präsidenten der Vereinigten Staaten ausgezeichnet. Monnet starb 1979, und 1988 wurden Monets Reliquien von der französischen Regierung ins Pantheon "eingeladen", wo sie über Generationen hinweg zu sehen waren.

Der Dollar wird vom Mangel zum Überschuss, die Goldwaage kippt zugunsten Europas

In der frühen Nachkriegszeit erwirtschafteten die Vereinigten Staaten weiterhin einen Handelsüberschuss, wobei Dollar und Gold in die Vereinigten Staaten flossen, die zu einem bestimmten Zeitpunkt über 2/3 der weltweiten Goldreserven verfügten, und Dollar in einem stetigen Strom in die Vereinigten Staaten zurückflossen, während Europa sich in einer ernsten Krise der Dollarknappheit befand. Das ist eine große Sache für die Vereinigten Staaten.

Das Bretton-Woods-System wurde in der Hoffnung entwickelt, dass die Dollars aus den Vereinigten Staaten in die Welt fließen und den Vereinigten Staaten potenziell unbegrenzten Reichtum und Kontrolle im großen Kreislauf des internationalen Handels verschaffen würden. Der Export des Dollars ist ein integraler Bestandteil der Währungsstrategie der Vereinigten Staaten, für die die USA den Marshall-Plan für Europa, den Dodge-Plan für Japan und zahlreiche Pläne für den wirtschaftlichen Wiederaufbau entwickelt haben, einschließlich der Pläne der Weltbank und des Internationalen Währungsfonds. Weitere wichtige Mittel der Ausfuhr des Dollars, auch die US-multinationalen Unternehmen in Übersee Direktinvestitionen, die steigende Flut von Übersee-Investitionen Dollar, in der kapitalarmen Nachkriegs-Europa rampage, die Belagerung der Stadt zu verschmelzen Vermögenswerte, löste die Europäer in Schock zu schreien. Der Dollar der Vereinigten Staaten war zu diesem Zeitpunkt in der besten Position, und zwar in Europa.

Seit den 1950er Jahren hat sich die europäische Wirtschaft allmählich von den Nachkriegsruinen erholt. Der Marshallplan brachte rollende Dollars, das Bretton-Woods-System schuf ein stabiles monetäres Umfeld, die Kohle- und Stahlunion bildete den

Europäischen Gemeinsamen Markt, und zu allem Überfluss flossen nach dem Ausbruch des Koreakriegs die amerikanischen Militäraufträge wie Schneeflocken und ließen die europäische Wirtschaft auf Hochtouren laufen. Von 1950 bis 1953 gaben die USA etwa 30 Milliarden Dollar für den Koreakrieg aus, nicht annähernd so viel wie im Zweiten Weltkrieg, aber genug, um Europa und Japan ein kleines Vermögen zu bescheren.

Die Vereinigten Staaten haben zur Finanzierung des Koreakrieges nicht auf die traditionellen Methoden zurückgegriffen, wie z. B. eine erhebliche Erhöhung der Steuern, sondern haben vielmehr "Geld gedruckt". Aufgrund des einzigartigen Status des Dollars als Weltreservewährung müssen sich die Vereinigten Staaten nicht mehr in großem Umfang bei den Vereinigten Staaten verschulden, wie es das Britische Empire im Ersten und Zweiten Weltkrieg getan hat, als die Vereinigten Staaten den Koreakrieg führten, sondern die Federal Reserve hat die Initiative ergriffen, die Staatsschulden zu "monetarisieren" und Dollarscheine in die Weltwirtschaft zu pumpen, und dann ihr Bestes getan, um sich auf die Schulden zu verlassen.

Die große Menge an "schlechten Dollars", die durch die Monetarisierung der Staatsschulden entstanden ist, hat mit den jährlichen Militärausgaben der Vereinigten Staaten in Höhe von 3 Milliarden Dollar in Übersee sowie den Fusionen und Übernahmen in Europa durch multinationale Unternehmen die Saat der Inflation in ganz Europa gelegt. Ob es den Menschen nun bewusst ist oder nicht, und ob aktiv oder passiv, solange sie Dollars halten, sind sie die Unglücklichen, die Amerikas Kriegsschulden finanziert haben.

Es ist, als ob wir uns in die 1920er Jahre zurückversetzt fühlen, als die dem Goldstandard innewohnende doppelte Kreditschöpfung im Rahmen des Bretton-Systems weltweit ausgeweitet wurde. Wie der Wirtschaftswissenschaftler Trayvon 1947 entdeckte, stellen die Vereinigten Staaten der Welt zwei Währungsreserven zur Verfügung, Gold und den Dollar, und der feste Preis von 35 Dollar für eine Unze Gold bindet beide aneinander, wobei das Goldangebot langsam und der Dollar schnell wächst. Der eigentliche Grund für die Dollar-Expansion liegt darin, dass, wenn Dollars nach Deutschland exportiert werden, Deutschland aufgrund des Anstiegs der Devisenreserven das Angebot an Mark erhöhen muss; gleichzeitig wird Deutschland automatisch wieder Dollars in das US-Bankensystem einzahlen, und die USA können sich aufgrund der Rückgabe von Dollars wieder im Lande kreditieren. Der Prozess kann auch immer weitergehen. Rufus, ein

Wirtschaftsberater des französischen Präsidenten Charles de Gaulle, beschrieb den Prozess mit einem anschaulicheren Beispiel: Die wiederholte Kreditschöpfung des Dollars sei wie "eine Schar von Soldaten, die auf der Bühne marschieren und zwischen den Szenen hin- und hergehen können. "Das Ergebnis waren zwangsläufig immer mehr Dollars, immer mehr Liquidität, immer mehr Schuldenblasen und immer schwerwiegendere Folgen der Wirtschaftskrise; das Platzen der Schuldenblase, die durch das Goldstandardsystem in den 1920er Jahren verursacht wurde, führte zur Weltwirtschaftskrise der 1930er Jahre, zur Dollarblase, die durch das Bretton-System in den 1950er und 1960er Jahren entstand, und zur Dollarkrise und Hyperinflation, die die Welt in den 1970er Jahren verwüstete; das System des Dollar-Standards, das nach den 1970er Jahren nach mehr als 30 Jahren der Kreditexpansion und der Verschuldung eingeführt wurde, führte zu der gegenwärtigen weltweiten Staatswährungskrise.

Aufgrund des genetischen Fehlers des Goldstandards wird der Dollar zwangsläufig stärker wachsen als das Gold, und die Aufrechterhaltung eines festen Preises zwischen Dollar und Gold wird zu einer logisch unhaltbaren Illusion. Dieses von Triffin 1947 entdeckte Problem ist in einer Zeit extremer Dollarknappheit, in der die Vereinigten Staaten bis zu 2/3 der weltweiten Goldreserven besitzen, von den Politikern weitgehend unbemerkt geblieben. Das so genannte "Triffin-Puzzle" wird einfach als "interessante" akademische "Denksportaufgabe" abgetan.

Als internationale Währungsreserve muss der Dollar ständig exportiert werden, um den Bedarf des Wirtschaftswachstums der Länder an einer Ausweitung ihrer Währungen zu decken; gleichzeitig erfordert die Entwicklung der Weltwirtschaft auch, dass der Umfang des Dollarexports ständig ausgeweitet wird, um die Abwicklung des internationalen Handels zu gewährleisten. Der Engpass besteht darin, dass, wenn die Produktion des Dollars größer ist als seine eigenen Goldreserven, automatisch eine Krise ausgelöst wird, in der die Welt die Goldreserven der USA mit Dollarscheinen auspresst.

Das Problem einer schweren Dollarschwemme in Europa wurde deutlich, als Anfang der 1960er Jahre der Dollar in den Händen der europäischen Länder zum ersten Mal die gesamten Goldreserven der Vereinigten Staaten überstieg. Wie soll man mit dem Dollarüberschuss umgehen? Die Probleme, mit denen Europa in den 1960er Jahren konfrontiert war, waren genau die gleichen wie die, mit denen China heute konfrontiert ist.

Der europäische Dollar, ein neues Finanzland

Der Dollar wurde von einem knappen Gut zu einer heißen Kartoffel. Angesichts des ständig wachsenden Handelsüberschusses und der großen Dollarreserven, die durch den massiven Zustrom von internationalem Kapital entstanden sind, haben die europäischen Regierungen die Wahl, neben dem Kauf von US-Staatsanleihen diese in Gold umzutauschen. Der Umtausch von Dollar in Gold, der den Amerikanern ähnlich feindselig erscheint, hat jedoch niemanden in Europa dazu gebracht, dem Beispiel Frankreichs offen zu folgen, außer de Gaulle, der das Herz eines Bären gegessen hat. Aber wie können die europäischen Länder dazu bereit sein, wenn sie auf den US-Staatsschulden sitzen und riesige Mengen an Dollar in den Händen halten?

Damals hatten die Banker ein Strohfeuer und entdeckten ein neues Finanzland, den Dollarmarkt in Europa. Mit den europäischen Dollars sind die Dollars gemeint, die nach Europa flossen und sich dort als erstes herumtrieben, und sie waren riesig und unterlagen keiner Regulierung. Später deponierten auch die Sowjetunion, der Nahe Osten und andere Länder Dollars aus Ölexporterlösen im europäischen Bankensystem, die ebenfalls Teil des europäischen Dollars waren. Von da an werden alle Dollars außerhalb der Vereinigten Staaten als europäische Dollars bezeichnet.

Eine so große Menge an "freiem Geld", abgesehen vom Kauf von US-Schatzanleihen, um einen kleinen Betrag an Zinserträgen zu erhalten, befindet sich in einer verzweifelten Situation in Bezug auf Investitionen! Der internationale Bankier Sigmund Warburg ist entschlossen, dieses riesige und fruchtbare neue Finanzland zu erschließen.

Sigmund war ein aufsteigender Stern der Warburg-Familie, vor allem in London und New York, und war Seniorpartner bei einer der renommiertesten Investmentbanken der Wall Street, Kuhn Loeb und Co. die in der ersten Hälfte des 20. Jahrhunderts so berühmt wurde wie Goldman Sachs heute. Die Warburg-Familie war einst an der Wall Street begabt und beliebt. Max Warburg, die Vorgängergeneration von Max Warburg, war Finanzberater des deutschen Kaisers Wilhelm II., vertrat Deutschland bei den Friedensverhandlungen von Versailles, beherrschte nach dem Ersten Weltkrieg als jüdischer Direktor der Deutschen Reichsbank die Finanz- und Wirtschaftsmacht

Deutschlands, stellte sich nach der Machtübernahme der Nazis fünf Jahre lang Hitler in der Zentralbank entgegen; Paul Warburg, der Chefarchitekt der Federal Reserve, einer der wichtigsten Entscheidungsträger der Finanzpolitik der Vereinigten Staaten; Felix Warburg, ebenfalls Seniorpartner von Kuhn Loeb and Co. einer der Großen der Wall Street; Fritz Warburg, Vorsitzender der deutschen Hamburger Metallbörse, vertrat Deutschland nach dem Ersten Weltkrieg in einem Geheimfrieden mit Saudi-Russland. Man könnte sagen, dass die Macht der Familie Warburg in Deutschland, England, Frankreich und den Vereinigten Staaten verteilt war.

Sigmund war auch ein Anhänger der europäischen Integration und hatte enge Verbindungen zum Monnet-Kreis. Für den internationalen Bankier ist der freie Kapitalverkehr das ewige Ideal und die Reduzierung staatlicher Eingriffe der Mindestvorschlag. In den 1920er Jahren erkannte er, dass der Nationalismus in Europa überholt war, und schlug sogar vor, dass die gesamteuropäische Bewegung mit der Abrüstung, der Zusammenlegung der militärischen Souveränität der Nationen und der Einrichtung eines Schiedsgerichts zur Beilegung von Streitigkeiten beginnen sollte. Nach dem Ausbruch des Zweiten Weltkriegs hoffte er auf ein politisches Bündnis in Europa, das zunächst Großbritannien und Frankreich vereinigen und dann eine Union europäischer Staaten mit Großbritannien als Kernland gründen sollte, in der die Souveränität in den Bereichen Militär, Währung, Verkehr und Kommunikation unter eine einheitliche Verwaltung mit "höchster Autorität" gestellt werden sollte.

Nach dem Zweiten Weltkrieg ermahnte er die britische Regierung, dem Gemeinsamen Europäischen Markt beizutreten, und sprach sich gegenüber Monnet und Adenauer dafür aus, dass London als Finanzzentrum des Gemeinsamen Europäischen Marktes eine führende Rolle bei der europäischen Finanzintegration spielen sollte. Als die Allianz für Kohle und Stahl gegründet wurde, sprach er sich für eine finanzielle Unterstützung durch die Londoner City aus, die leider nicht angenommen wurde. Sigmund war sehr enttäuscht von Leuten wie Monnet und Adenauer, "die England später sicher dankbar gewesen wären, wenn der von ihnen geleitete Plan der europäischen Einigung in den ersten Kriegsjahren London als Zentrum gehabt hätte. "Seiner Ansicht nach konnte die europäische Einheit nur durch eine finanzielle Integration erreicht werden.

Im Falle der Vereinigten Staaten ist er der Ansicht, dass die Zusammenarbeit mit den USA Hand in Hand mit der europäischen

Integration geht und dass man, um die europäische Integration zu beschleunigen, sogar die Finanzkraft der Vereinigten Staaten in Anspruch nehmen könnte, um die europäischen Empfängerländer zu zwingen, ihre Handelsschranken aufzugeben.

Sigmund hat mehr von der fachlichen Tiefe eines Bankiers als jemand wie Monet. Er erkannte die Bedeutung von Monets Kohle-Stahl-Allianz für die Förderung der wirtschaftlichen Integration und war in der Lage, praktische Probleme aus konkreter finanzieller Sicht anzugehen. Er hat der Kohle- und Stahlallianz lange und unermüdlich geraten, sich auf den internationalen Kapitalmärkten zu finanzieren, sowohl um ihre Ressourcen und ihren Umfang zu erweitern als auch um private Investoren aus den Vereinigten Staaten für den Wiederaufbau Europas zu gewinnen. Nach langen Bemühungen ging seine Idee schließlich auf, und in den Jahren 1957, 1958, 1960 und 1962 begab die Allianz für Kohle und Stahl Anleihen im Wert von mehr als 120 Millionen Dollar auf dem New Yorker Kapitalmarkt. [66]

Als der Umfang des Dollar-Poolings auf dem europäischen Markt zunahm, wurde Sigmund schlagartig klar, warum die Dollar-Finanzierung für europäische Unternehmen nach New York gehen musste. Ist der europäische Dollar nicht zum Greifen nah?

Während sich die EG in erster Linie auf die Währungsunion konzentriert, denkt Sigmund darüber nach, wie die europäischen Kapitalmärkte integriert werden können. Als Mitarbeiter von Kuhn Loeb and Co. in New York wusste er aus erster Hand, wie die mächtigen Finanzsyndikate der Wall Street die Zeichnung von Anleihen im großen Stil organisierten und koordinierten, aber Paris und Frankfurt hatten eindeutig nicht die finanzstrategische Vision, um dies zu tun.

Viermal für die groß angelegte Finanzierungspraxis der Coal and Steel Alliance auf den New Yorker Kapitalmärkten, was Sigmunds Glauben an die Bildung eines mächtigen Finanzkonsortiums in Europa untermauert. Die Schwierigkeiten liegen auf der Hand, und obwohl die europäischen Länder einen gemeinsamen Markt haben, ist dieser in erster Linie ein Handelsmarkt und kein Kapitalmarkt. Angesichts der

---

[66] Niall Ferguson, *High Finance: The Lives and Time of Siegmund Warburg*, The Penguin Press, 2010, S. 201-212.

unterschiedlichen nationalen Politiken in Bezug auf Kapitalverkehrskontrollen und Wechselkursanpassungen sowie der unterschiedlichen Rechtsvorschriften in Währungs- und Finanzangelegenheiten ist es keineswegs einfach, so viele regulatorische Hindernisse rechtlich zu umgehen, um eine einheitliche Emission auf den europäischen Kapitalmärkten zu erreichen, um prähistorische Dollar-Anleihen in Europa zu begeben. Was Sigmund tut, ist in der Tat die Verknüpfung aller geteilten europäischen Kapitalmärkte zu einem gemeinsamen Kapitalmarkt!

Um einen auf Dollar lautenden europäischen Anleihemarkt zu schaffen, ist es unabdingbar, dass sich genügend Dollar in europäischen Händen befinden, wofür in der US-Dollarexportstrategie durch europäische Handelsüberschüsse, multinationale Investitionen und Ausgaben für US-Militärbasen in Übersee bereits gesorgt ist. Darüber hinaus verfügt eine große Zahl wohlhabender Privatpersonen in Europa über große Dollareinlagen sowie über Deviseneinlagen aus der Sowjetunion, den sozialistischen Ländern Osteuropas usw., die aus Angst, im Extremfall vom amerikanischen Bankensystem eingefroren zu werden, ebenfalls hauptsächlich in Europa gehalten werden. Diese Dollar befinden sich auf den Konten großer Unternehmen, der Europäischen Handelsbank, nationaler Zentralbanken und internationaler Organisationen (wie der Bank für Internationalen Zahlungsausgleich).

Man könnte sich fragen, warum diese Dollars nicht direkt auf ein Konto der Bank of America in New York eingezahlt werden? Zusätzlich zu den Bedenken der Sowjetunion und der osteuropäischen Länder beschränkte die "Q-Klausel" des Finanzsektors, die während der Großen Depression in den Vereinigten Staaten bestehen blieb, die Zinszahlungslimits der amerikanischen Finanzinstitute auf höchstens 1 Prozent für 30 Tage und 2,5 Prozent für 90 Tage für kurzfristige Ersparnisse.

Die nächste wichtige Frage lautet: Wo soll das Pilotprojekt für europäische Dollar-Anleihen beginnen? Sigmund bevorzugt London. Das liegt nicht nur an der Geschichte Londons als Weltfinanzzentrum, sondern auch daran, dass die Bank of England eine aufgeklärtere Politik gegenüber dem heißen Geld verfolgt, von dem die EZB spricht. Dieses heiße Geld hat eine relativ kurze Einlagezeit, die Banken können oder wagen es nicht, langfristige Kredite zu vergeben, und gleichzeitig können große Ein- und Auszahlungen sehr leicht die Stabilität des Devisenmarktes beeinträchtigen, so dass die Zentralbank als eine Flut von Bestien angesehen wird. Aber wo ist das Geld, das die Weigerung der Bank of England rechtfertigt, Einlagen zu tätigen, wenn sie sich für eine internationale Bank hält? Der Schlüssel liegt darin, wie man mit dem Konflikt zwischen kurzfristiger Bevorratung und langfristiger Kreditvergabe umgeht. Die Antwort der Bank of England besteht darin, eine Brandmauer für inländische und internationale Kapitalströme zu errichten, kurz gesagt, eine finanzielle Sonderzone, ähnlich dem Konzept einer "freien Zone", die natürlich eine abstrakte Sonderzone ist. Die Bank of England schreibt vor, dass die Briten keine ausländischen Anleihen kaufen dürfen, es sei denn, es handelt sich um Dollar-Anleihen für "reale Investitionszwecke": In diesem streng getrennten Markt, in dem britische Pfund von Briten und ausländische Dollar von Ausländern gehalten werden, ist niemand in Schwierigkeiten. Ausländer können auf dem völlig unregulierten Dollarkapitalmarkt tun und lassen, was sie wollen, und alle Aktivitäten auf diesem Markt haben keinerlei Auswirkungen auf den inländischen Kapitalmarkt im Vereinigten Königreich. Diese Regelung ähnelt eher dem chinesischen Aktienmarkt, wo A- und B-Aktien für inländische bzw. ausländische Anleger zugänglich sind.

Sigmund griff auch auf Drohungen und Verlockungen zurück, um die Bank of England davon zu überzeugen, ein Pilotprojekt für europäische Dollar-Anleihen in London zu unterstützen. Er behauptet, dass er Eurodollar-Anleihen nach Luxemburg oder auf andere Märkte mit lockererer Politik verlagern wird, wenn die Bank of England die hohe Stempelsteuer auf Erträge aus ausländischen Anleihen nicht abschafft. Er betonte jedoch auch, dass, sobald London zum Zentrum für europäische Dollar-Anleihen wird, ein ständiger Strom von Dollars in die Londoner City fließen und diese wieder zum Finanzzentrum der Welt werden wird. Dieser zweite Teil des Satzes war für die Bank of England zu verlockend, um ihm zu widerstehen. Gerade als sich gute Dinge anbahnten, schaltete sich die Londoner Börse mit einem Paukenschlag ein und lehnte die Notierung von Eurodollar-Anleihen an der Börse ab. Wenn sie nicht zum Handel zugelassen werden können, ist die Abrechnung der Anleihe für die Lieferung nach dem Handel ein großes Problem. Später macht die Börse zwar Zugeständnisse, besteht aber darauf, dass die Dollaranleihen auf Pfund Sterling lauten müssen und der Vorkriegskurs des Pfund Sterling gegenüber dem Dollar gilt, dass der eigentliche Kauf der Anleihen nur in Luxemburg erfolgen kann und dass die verwendeten Dollars von staatlich kontrollierten Devisenlinien bezogen werden müssen. Sigmund fragt deprimiert, wie Finanzinnovationen so schwierig sein können.

Bei der Wahl des Pilotunternehmens zog Sigmund die Ausgabe von Dollaranleihen für die Coal and Steel Alliance vor, nicht nur um Geld zu verdienen, sondern auch wegen seines lang gehegten Traums von der europäischen Einheit. In einer Notiz an die Bank von England erwähnte er,

> *„Dabei handelt es sich um eine einfache Dollaranleihe ohne Währungsoptionen. Aufgrund der Devisenkontrollen im Vereinigten Königreich handelt es sich um eine Fremdwährungsanleihe, für deren Erwerb Einwohner des Vereinigten Königreichs eine zusätzliche Gebühr entrichten müssen. Infolgedessen werden die Einwohner des Landes keine Anleihe zeichnen. Sie werden jedoch ein Angebot in London erhalten, und dieser Preis wird der Basispreis für den gesamten europäischen Markt sein, was sie ermutigen wird, über London zu handeln."*[67]

Gerade als das Wasser zu fließen drohte, intervenierte das britische Außenministerium mit dem Argument, dass es unangemessen wäre, Anleihen der Europäischen Wirtschaftsgemeinschaft in London auszugeben, um zu ihrer Finanzierung beizutragen, während Großbritannien aus dem Europäischen Gemeinsamen Markt ausgeschlossen wurde. Die Bank of England unterstützte dies, und obwohl die Anleihen nicht auf Pfund Sterling lauteten, wurde der Handel in London abgewickelt - bedeutet das nicht, dass London wieder zum Finanzzentrum der Welt wird?

Gerade als Sigmund die britischen Aufsichtsbehörden davon überzeugte, die Emission vorzubereiten, traten neue Probleme auf, da alle Mitglieder der Europäischen Kommission einstimmig zustimmen mussten, um die Emission zu genehmigen, ein Prozess, der Monate dauern würde. Infolgedessen war die erste Eurodollar-Anleihe nicht die Kohle-Stahl-Allianz, die Sigmund vorschwebte, sondern ein italienisches Unternehmen, das mit einer sechsjährigen Anleihe im Wert von 15 Millionen Dollar mit einem Kupon von 5,5 Prozent, die zu 98,5 Prozent des Nennwerts ausgegeben wurde, einen Rekord für ein Debüt aufstellte. Sigmund führte europäische Finanzinstitute zu erfolgreichen Anleiheverkäufen. Von da an begann der europäische Dollar-Anleihemarkt mit einem Paukenschlag!

---

[67] Ebd.

Der europäische Dollar hat neben den mageren Gewinnen bei den US-Treasuries endlich einen großen Investitionsraum gefunden. Seine Bedeutung liegt in der Tatsache, dass die Europäer begannen, Dollar-Ressourcen zu nutzen, um ihre Stärken zu nutzen und sich selbst zu entwickeln, ohne in die Niedrigzinsfalle der auf Dollar lautenden Staatsanleihen zu tappen und zu passiven Zahlern für die Finanzierung des US-Defizits zu werden. Dies bietet einen strategisch wertvollen Ausweg für das heutige China und für Asien insgesamt mit seinen riesigen Dollarreserven.

Sigmunds Versuche haben ihn zum wohlverdienten Vater der "Eurodollar-Anleihe" gemacht.

Die Währungsunion: der Anfang oder das Ende der europäischen Integration?

In den 1950er und 1960er Jahren war Monnet zweifellos die Seele der Bewegung für die europäische Integration, und das von ihm gegründete "Aktionskomitee der Vereinigten Staaten von Europa" vereinte viele der europäischen Eliten. In der Kampagne zur Einigung Europas erkannte Monnet allmählich, dass die wirtschaftliche Integration an erster Stelle stehen musste und dass die Schaffung einer Europäischen Währungsunion der mächtigste Hebel war, um die wirtschaftliche Integration voranzutreiben.

Was die Währungsunionen betrifft, so gibt es in Europa zwei Denkschulen: die eine ist die vom Monnet-Kreis nachdrücklich befürwortete Währungsunion, in der die Länder ihre Währungssouveränität aufgeben und eine überstaatliche Einrichtung einen einheitlichen Plan für ihre wirtschaftliche Entwicklung umsetzt; die andere ist das Beharren auf Währungsunionen, in denen die Länder lediglich einen ständigen Mechanismus zur Stabilisierung der Wechselkurse einrichten, die Befugnis zur Geldausgabe jedoch beim Staat verbleibt. Im Wesentlichen repräsentieren diese beiden Denkschulen zwei Kräfte innerhalb Europas, wobei die Kräfte der Währungsunion die internationalistische Ideologie Europas vertreten, deren ultimatives Ziel es ist, die Souveränität der Nationen abzuschaffen und eine einheitliche Regierung der Vereinigten Staaten von Europa zu errichten, während die Befürworter der Währungsunion überzeugte Anhänger des Nationalismus sind und glauben, dass das nationale Interesse den höchsten Wert darstellt. Der Kampf der Währungen zwischen Internationalisten und Etatisten steht seit einem halben Jahrhundert im Mittelpunkt der Euro-Kontroverse. In der heutigen Euro-Krise wird der endgültige Ausgang dieser beiden Machtspiele über das Schicksal des Euro entscheiden.

Die dollarzentrierte bretonische Dynastie hatte ein "genetisches Krebsgen", das sich bereits Mitte der 1960er Jahre abzeichnete. Die verheerenden Auswirkungen der anhaltenden Abwertung des Dollars stellen einen äußeren Druck zur Schaffung einer europäischen Währungsunion dar. In den Augen der Europäer hat sich der Dollar vom Schirm für die wirtschaftliche Gesundheit und Stabilität Europas zum Verursacher von Handelsturbulenzen und Währungskrisen gewandelt, und die Londoner Wirtschaftskonferenz von 1933 war das Zentrum der Rivalität zwischen den USA und Europa und bleibt für beide Seiten ein schwer zu lösendes Rätsel. Währungsstabilität ist eine Voraussetzung für die wirtschaftliche Entwicklung in Europa. Da die Bevölkerung der europäischen Länder klein ist und es ihnen an wirtschaftlicher Tiefe und Marktkapazität mangelt, um dem Druck einer nachhaltigen wirtschaftlichen Entwicklung standzuhalten, ist die Entwicklung des internationalen Handels und die Ausweitung des gemeinsamen Marktes in Europa zur größten Hoffnung der Europäer geworden. Aber die unverantwortliche Politik des Dollars hat sowohl das externe Handelsumfeld der Europäer bedroht als auch den internen gemeinsamen Markt gestört. Das Ergebnis des wiederholten Umgangs der Europäer mit den Amerikanern ist ein berühmtes Zitat von US-Finanzminister Connelly: "Der Dollar ist unsere Währung, aber er ist Ihr Problem. "

Die Auswirkungen der Abwertung des Dollars auf Europa waren zuerst in Deutschland zu spüren.

Mit der deutschen Währungsreform von 1948 wurde ein einzigartiges Zentralbanksystem geschaffen, das als Modell für die Unabhängigkeit der Bundesbank gilt. Das Ideal der Überwindung staatlicher Zwänge, auf das die amerikanischen und britischen Zentralbanken in ihren Ländern kaum hoffen konnten, bot Deutschland schließlich ein ideales Testfeld in der Nachkriegswüste. Das amerikanisch-britische Konzept der Deutschen Bundesbank, das der Entstehung der westdeutschen Bundesregierung vorausging und damit gegen die Gründungsprinzipien und Präzedenzfälle aller Nationen der Welt verstieß, sollte also die völlige Unabhängigkeit der Deutschen Bundesbank von der Regierung gewährleisten.

Die deutsche Zentralbank hat zu Beginn weder Gold noch Devisen, der Kredit ist noch ein unbeschriebenes Blatt Papier. Angesichts eines völlig zahlungsunfähigen Bankensystems im Lande müssen die Vermögenswerte der Bank vollständig liquidiert werden, während die neue Mark im Verhältnis 1:10 gegen die alte Mark getauscht wird. In der Zeit des Nationalsozialismus war die Volkswirtschaft vollständig militarisiert, und die wirtschaftlichen Ressourcen wurden in großem Umfang in die Kriegsmaschinerie investiert, so dass die Privatwirtschaft kaum Bedarf an Krediten hatte, während die deutsche Kriegswirtschaft rationiert war und die Menschen nichts mit Geld kaufen konnten. Die Banken hatten zwar nichts zu verleihen, konnten es aber nicht unterlassen, da sie sonst ihre Einnahmequelle verloren hätten und in ein Defizit oder einen Zusammenbruch geraten wären. Die NS-Regierung nutzte die überschüssigen Ersparnisse der Banken in vollem Umfang und führte auf allen Ebenen eine große Zahl von Staatsanleihen ein, so dass die Banken keine andere Wahl hatten, als die Ersparnisse der Bevölkerung zum Kauf von Staatsanleihen zu verwenden und damit indirekt den Krieg zu finanzieren. Nach dem Krieg gab es in Deutschland keine Nazi-Regierung mehr, und die von den Banken gehaltenen Staatsanleihen wurden zu faulen Krediten. In diesem Fall sorgte die Deutsche Bundesbank für eine Abschreibung aller Schulden, die die NS-Regierung bei den Banken hatte. Erhebliche Vermögensverluste der Banken werden teilweise zwischen der Zentralbank und der künftigen Bundesregierung aufgeteilt, indem sie durch von der Zentralbank ausgegebene "Ausgleichsforderungen" wieder aufgefüllt werden. Die "Ausgleichsnote" ähnelt der "Zentralbanknote" der People's Bank of China, da sie durch den Kredit der künftigen neuen Regierung gesichert ist und durch die eigenen Gewinne der Zentralbank zurückgezahlt wird, was wiederum den der künftigen Regierung zustehenden Gewinnanteil verringert. Im Wesentlichen ist der "Ausgleichsschein" der Ersatz der alten Schulden der Nazi-Regierung durch die Staatsschulden der neuen, zukünftigen deutschen Regierung, nur um von der Zentralbank in deren Namen ausgegeben zu werden, wenn die Regierung noch nicht existiert.

So basierte das Vermögen der deutschen Zentralbank und des gesamten Geschäftsbankensystems in der frühen Nachkriegszeit auf reinen Staatsschulden, wobei die Deutsche Mark 1948 der reinste "Staatsschuldenstandard" der Welt war.

In der Tat ist der Kredit-Eckpfeiler der nationalen Währung weder der Goldstandard noch der Staatsschuldenstandard, sondern der "Produktionsstandard"! Der Kredit der nationalen Währung ist natürlich stark und solide, solange das Land über eine starke Produktionskapazität verfügt, um einen Reichtum an Waren und hochwertigen Dienstleistungen zu schaffen. Der Goldstandard oder Staatsschuldenstandard ist nur eine symbolische Form des "Produktionsstandards"! Die Stärke der Währung eines Landes wird letztlich durch seine Fähigkeit bestimmt, Wohlstand zu schaffen.

Wenn Deutschland voller industrieller Maschinen ist, wird unaufhörlich riesiger gesellschaftlicher Reichtum geschaffen, hochwertige Rohstoffe strömen auf den Markt der Vereinigten Staaten und den gemeinsamen europäischen Markt und lassen Dollar und Gold in die deutsche Staatskasse fließen. 1950 hatte Deutschland keine Goldreserven, nur sechs Jahre, die deutsche Zentralbank der Goldreserven leicht übertroffen die historische Goldmacht Frankreich, sondern auch eine riesige Menge von Dollar-Reserven angehäuft.

Während die D-Mark gepriesen und umkämpft wird, treten die deutschen Zentralbanker als Verteidiger der D-Mark auf und streiten sich häufig mit der deutschen Regierung. Bundeskanzler Adenauer protestiert lautstark, dass die deutsche Zentralbank "eine Institution ist, die niemandem Rechenschaft schuldet, weder dem Parlament noch einer Regierung ... die Guillotine (der Geldpolitik) fällt auf den Kopf eines jeden auf der Straße". Adenauers Zorn ist berechtigt, denn der Grund für die Festigkeit der Mark ist nicht die Zinspolitik der Zentralbank, sondern die starke industrielle Kraft, die von Millionen deutscher Ingenieure und Facharbeiter geschaffen wurde.

Anfang der 1960er Jahre geriet die D-Mark zunehmend unter Aufwertungsdruck. Um die Forderung nach Währungsstabilität im Bretton-Woods-System aufrechtzuerhalten, sah sich die deutsche Zentralbank gezwungen, "Mark zu drucken", um große Mengen an Dollars zu kaufen, um den Aufwertungsdruck auf die Mark gegenüber dem Dollar zu verringern. Vor dem gleichen Problem steht derzeit China, das mehr Yuan ausgeben muss, um Dollar zu kaufen, damit der Yuan-Wechselkurs stabil bleibt. Der Anstieg der Mark hat das Gebäude des Dollarsystems ins Wanken gebracht, da er in Deutschland einen Inflationsdruck erzeugt hat, ob man nun die Zinssätze gegen die Inflation anheben oder die Mark gegen die Inflation aufwerten soll, was einen heftigen Streit zwischen der deutschen Zentralbank und der Regierung ausgelöst hat.

Es sollte klargestellt werden, dass die Aufwertung der Mark die Wachstumsrealität der deutschen Industriemacht widerspiegelt und dass das durch Bretton gefestigte Wechselkurssystem den Stand der wirtschaftlichen Entwicklung der Länder vor und nach 1945 repräsentiert. Als die deutsche Wirtschaft von Ruinen zu Giganten aufstieg, war klar, dass die Größenbestimmung nicht geeignet war, die Schuhe eines 8-Jährigen für einen 20-jährigen Strichjungen zu verwenden. Eine Aufwertung würde jedoch zu einem beträchtlichen potenziellen Verlust der deutschen Währungsreserven führen, insbesondere des Dollars, obwohl dieser Verlust in einer Zeit, in der der Dollar an den Goldpreis gebunden ist, nicht oberflächlich wäre. Zum Glück für Deutschland ist der Anteil des Goldes an den Währungsreserven höher als der des Dollars, so dass der Verlust der Dollarreserven wesentlich geringer ausfallen würde. Da der Wert der D-Mark innerhalb von 30 Jahren zweimal vernichtet wurde, hat Gold immer einen bedeutenden Anteil an den Geldreserven der deutschen Zentralbank gehalten. [68]

Die Aufwertung der Marke hat jedoch eine Kettenreaktion in Europa ausgelöst. In dem Maße, wie die Mark an Wert gewann, stieg auch der niederländische Gulden. Frankreich und andere EG-Länder begannen zu befürchten, dass die Wechselkursschwankungen zwischen den Ländern des Gemeinsamen Marktes das Handels- und Wirtschaftsgleichgewicht in der Region beeinträchtigen und letztlich das politische Gleichgewicht stören würden. Daher schlug die EG 1965 vor, dass die Entwicklung der EG unweigerlich die Bildung einer Währungsunion mit dem Ziel der Wechselkursstabilität und eines schrittweisen Übergangs zu einer einheitlichen europäischen Währung erfordern würde.

Dies hat zu einem ein halbes Jahrhundert andauernden Streit zwischen den beiden Denkschulen geführt, angeführt von Deutschland, der Denkschule, dass eine einheitliche Währung ein langer Prozess ist, dass die Integration der nationalen Volkswirtschaften eine Voraussetzung ist, dass wir zuerst eine gemeinsame Handelspolitik, eine gemeinsame Steuer- und Fiskalpolitik, eine gemeinsame Wirtschaftspolitik, eine gemeinsame Politik für den Lebensunterhalt

---

[68] Martin Pontzen und Franziska Schobert, *Episodes in German Monetary History - Lessons for Transition Countries*, 2007, S. 4-13.

haben müssen, bevor wir über eine einheitliche Währung sprechen können. Die Deutschen sahen in der Existenz einer Währungsunion jenseits der Souveränität nicht viel Lebensfähiges. Die andere Fraktion, angeführt von Frankreich, besteht darauf, dass die Währungsintegration der Ausgangspunkt für die wirtschaftliche Integration ist und dass es ohne einen stabilen Wechselkurs keine europäische Wirtschaft geben kann. Der Kern des Streits ist die Frage, ob die Währungsunion der Anfang oder das Ende, das Mittel oder das Ziel der europäischen Einigung ist.

Mit der Eskalation des Vietnamkriegs und der starken Abwertung des Dollars wurde die Dringlichkeit der europäischen Bestrebungen für eine Währungsunion inmitten einer sich rasch verschärfenden Währungskrise erheblich verstärkt.

Die Schlacht um Gold

> *„Frankreich wird nicht Frankreich heißen, wenn es nicht an der Spitze steht; Frankreich wird nicht Frankreich heißen, wenn es nicht groß ist. Frankreich groß zu machen, ist das einzige Ziel in meinem Herzen und der edelste Zweck meines Lebens."*
> - De Gaulle

1958 kam Charles de Gaulle an die Macht, und für Frankreich begann die Ära der Fünften Republik. Man kann sagen, dass Charles de Gaulle die Eigenschaften der Franzosen verkörperte: leidenschaftlich, arrogant und impulsiv, idealistisch und fanatisch. Seit der Zeit Napoleons ist die französische Psyche so aus dem Gleichgewicht geraten, dass die Ära des Ruhmes und des Glanzes für immer vorbei zu sein scheint, und die kalte Realität hat den Wunsch der Franzosen, ihr großes Land wiederherzustellen, von Zeit zu Zeit unterdrückt. Frankreich ist der Sieger, aber es siegt ohne Ruhm; Frankreich ist stark, aber nicht stark genug, um europäisch zu sein. De Gaulle, dessen Herz höher war als der Himmel, war entschlossen, Frankreich wiederzubeleben.

Starke nationalistische Gefühle und unverhohlene nationalistische Tendenzen führen dazu, dass de Gaulle keine gemeinsame Sprache mit Monnets Kreisen hat. Die Europäer scherzen oft über Monnet und nennen ihn "den einflussreichsten Franzosen, außer in Frankreich". Bei de Gaulles Wiedervereinigung mit Adenauer ging es nicht darum, "die französische Souveränität" für die Vereinigten Staaten von Europa aufzugeben, wie es Monets Kreis befürwortete; was er brauchte, war eine starke Europäische Union unter französischer Führung, mit dem Ziel, die amerikanische Welthegemonie herauszufordern, und in einer solch großartigen Vision war sogar die Sowjetunion ein Spielball, den de Gaulle gegen die Vereinigten Staaten einzusetzen bereit war. Nach de Gaulles Vorstellung sollte "die Vereinigung Europas durch Frankreich und Deutschland erfolgen, mit Frankreich als Fänger und Deutschland als Pferd".

Was de Gaulle am meisten störte, war das Muster der amerikanischen und britischen Vorherrschaft in der Welt. Im Zweiten Weltkrieg mochte Roosevelt de Gaulle nicht, weil auch de Gaulle sein Schicksal selbst in die Hand nehmen wollte, und wenn alle so waren wie de Gaulle, wen konnte Amerika dann noch kontrollieren? Churchill hasste de Gaulle ebenfalls, und selbst nach seiner Flucht nach England waren de Gaulles Arroganz, Sturheit und kompromisslose Sturheit nichts anderes als das Essen von weißem Essen in einem fremden Haus. De Gaulle hingegen hasste den angelsächsischen Versuch, Frankreich zu dominieren, vor allem auf der Konferenz von Jalta, wo De Gaulle von den Angloamerikanern ins Abseits gestellt wurde und keine Eintrittskarte zu dieser wichtigen Konferenz erhielt, was De Gaulles stolzes Herz schmerzte.

Nachdem de Gaulle an die Macht gekommen war und Großbritannien zweimal aus der Europäischen Gemeinschaft ausgeschlossen hatte, bezeichnete der britische Premierminister "die Länder Kontinentaleuropas als einen wütenden Wirtschaftsblock. Dies ist das erste Mal seit den Napoleonischen Kriegen". De Gaulle verhöhnte den britischen Premierminister vor Beamten als "einen armen Mann, dem ich nichts zu bieten habe".

Warum sollte die angelsächsische Währung als Pfeiler betrachtet werden, während die anderen Währungen nur auf ihr Gesicht schauen? Solange man den Dollar vom Pferd holen kann, auch wenn es ein Todesurteil ist. De Gaulle hat das nicht nur gedacht, er hat es auch getan.

Nach zwei Abwertungen des Franc in den Jahren 1957 und 1958 verbesserten sich die französischen Exporte und die Dollarreserven stiegen an. Die einzige Möglichkeit, dem Bretton-Woods-System auf den Grund zu gehen, ist das Gold, das der Schlüssel zum Dollar ist. Zu dieser Zeit erheben sich die Großen und Mächtigen, und der Franc führt die Brüder der Mark, der Lira und andere in den Thronsaal des Geldes, um zu sehen, wer der Welt gewachsen ist.

Von 1958 bis 1966 nutzte Frankreich seine Dollarreserven, um von den Vereinigten Staaten durchschnittlich 400 Tonnen Gold pro Jahr zu verlangen, und die französischen Goldreserven übertrafen erneut die deutschen. Andere europäische Länder wagen es unter dem Druck des US-Finanzministeriums nicht, ohne weiteres den Umtausch von Dollar in Gold zu verlangen. Die USA begründen dies damit, dass dies der Finanzlage der Welt schaden würde, wobei der Subtext der Vereinigten Staaten sehr klar ist: Wer Dollar in Gold umtauscht, ist ein "potenzieller Feind" der Weltfinanzordnung. Natürlich, die Vereinigten Staaten auf der Französisch Akt des Hasses auf die Wurzel der Zähne, nur einen Moment, um Öl und Salz nicht in die de Gaulle kann nicht. Anfang der 1960er Jahre, die Vereinigten Staaten zwang die Europäische Zentralbank, um einen Teil der "Gold gegenseitige Hilfe insgesamt Pool", gemeinsam den Verkauf von Gold, um die untere Zeile von $ 35 für eine Unze Gold zu stabilisieren. Die Flutung des Dollars geht jedoch unvermindert weiter.

Als der amerikanische Präsident Johnson 1964 an die Macht kam, schlug er statt konkreter Maßnahmen zur Senkung der Haushaltsausgaben und zur Verbesserung der Zahlungsbilanz einen kostspieligen "Great Society"-Plan und ein kostspieliges Eskalationsprogramm für den Krieg in Vietnam vor. Johnsons "Great Society" umfasst alles, von der Schaffung einer besseren städtischen Umwelt bis zur Bekämpfung der Umweltverschmutzung, von der Bekämpfung der Armut bis zur Verbesserung der Beschäftigungsmöglichkeiten, von der Stärkung der sozialen Sicherheit und der Sozialhilfe, von der allgemeinen Bildung bis zu den Bürgerrechten, von der Entwicklung des ländlichen Raums bis zum Bau von Autobahnen, von der "Betreuung von Waisenkindern" bis zur Pflege älterer Menschen, und 115 Gesetze. Allein die Mittelzuweisungen für die Bereiche Gesundheit, Bildung und Entwicklung rückständiger Gebiete stiegen von 8,1 Milliarden Dollar im Jahr 1965 auf 11,4 Milliarden Dollar im Jahr 1966. Die Eskalation des Vietnamkriegs war ein Fass ohne Boden, das Geld verbrannte. 1965 begannen US-Flugzeuge, Nordvietnam massiv zu bombardieren, und am 8. März desselben Jahres landeten US-Bodentruppen in Vietnam, was den Vietnamkrieg beschleunigte, der 1968 mit 530.000 US-Truppen seinen Höhepunkt erreichte. Eine "große Gesellschaft" hätte die wirtschaftlichen Ressourcen Amerikas erschöpft, und der Vietnamkrieg kostete schließlich 400 Milliarden Dollar! Johnson entschied sich sowohl für die Kanone als auch für die Butter. Er ist überzeugt: "Schließlich waren unsere Gründerväter diejenigen, die den

Feind mit der Waffe in der einen Hand schlugen und mit der Axt in der anderen Hand Häuser bauten, um ihre Familien zu ernähren. "In der Tat machte sich Johnson keine Sorgen darüber, woher seine Kassen kommen würden, denn die USA konnten Geld drucken und die Europäer gehen lassen, um das amerikanische Defizit zu bezahlen.

Die ungezügelten Ausgaben des amerikanischen Schatzamtes verärgerten schließlich de Gaulle und alle europäischen Länder, und 1965 verkündete die französische Zentralbank offen, dass Frankreich bereit sei, von der amerikanischen Regierung alle neuen Zuflüsse von Dollarreserven und einen Teil seiner bestehenden Reserven gegen Gold zu verlangen. Früher tauschten die Franzosen Dollar gegen Gold, ganz im Stillen, um Amerika nicht zu sehr in Verlegenheit zu bringen. Diesmal war es eine völlige öffentliche Ohrfeige für Amerika. Die europäischen Gläubiger mit Dollarreserven klatschten im Stillen in die Hände. Charles de Gaulle schlug auch ein globales Währungsreformprogramm vor, um die Rolle des Goldes im globalen Währungssystem zu stärken, den Dollar und das Pfund Sterling als internationale Reservewährungen zu verbieten und die europäischen Länder direkt aufzufordern, die Macht zu übernehmen.

Nach Ansicht Frankreichs besetzen Großbritannien und die Vereinigten Staaten beide Seiten des Atlantiks, mit dem gleichen Geist und den gleichen Hörnern in den Händen. Um den starken Dollar zu brechen, muss der europäische Block zuerst das Pfund brechen und seine Arme brechen.

Und zu diesem Zeitpunkt befindet sich Großbritannien in einer Krise.

Nach dem Krieg wurden die ständigen Versuche Großbritanniens, die Sterling-Zone wiederherzustellen, von den Vereinigten Staaten ständig und mit aller Härte unterdrückt. Insbesondere während der Suezkanal-Krise 1956 wurde Großbritannien von den Vereinigten Staaten, die die Wiederherstellung ihres Kolonialreichs völlig ablehnten, mit kategorischen finanziellen Sanktionen belegt.

Im Zweiten Weltkrieg bildeten die massiven Exporte aus den britischen Kolonien nach Großbritannien eine riesige Pfundreserve. Die Amerikaner zwangen Großbritannien 1947, diese Pfundreserven freizugeben, was eine schwere Pfundkrise auslöste, die den Kredit des Pfunds vernichtete und die ehemaligen Kolonialmächte zum Dollar trieb. Das Vereinigte Königreich war gezwungen, seine Pfundreserven erneut einzufrieren, was zu einer enormen Auslandsverschuldung führte, die die Finanzen des Vereinigten Königreichs belastete und eine Vertrauenskrise in das Pfund auslöste, sobald die Weltwirtschaft ein wenig schwankte. Von 1948 bis 1982 wies die britische Kapitalbilanz in 34 Jahren 32 Mal ein Defizit auf, so dass das Vereinigte Königreich während der Nachkriegsboomzeit, in der die Industrieanlagen modernisiert und der technologische Fortschritt rapide vorangetrieben wurde, aufgrund der historischen Pfundreserven, des Drucks durch die Auslandsverschuldung und der enormen Militärausgaben in Übersee in Geldnot blieb und hinter den großen europäischen Ländern zurückblieb. Bis 1960 beliefen sich die britischen Währungsreserven auf 1 Milliarde Pfund, aber die Auslandsschulden in Pfund Sterling betrugen bis zu 3 Milliarden Pfund, und Ende der 1960er Jahre betrugen die Auslandsschulden sogar bis zu 6 Milliarden Pfund, was das Land zum "britischen Patienten" in der europäischen Wirtschaft machte.

Frankreich griff nicht nur Londons Sterling-Reserven mit Gold an und traf Großbritannien dort, wo es weh tat, sondern nutzte auch die Instrumente der französischen Staatsmedien, um das Pfund zu schwächen. Frankreichs fortgesetzte Praxis, das Pfund in Gold umzuwandeln, hat dazu geführt, dass die Vereinigten Staaten und andere Organisationen der "Zehnergruppe" und des IWF Kredite zur Verteidigung des Pfunds bis zum Gehtnichtmehr aufgenommen haben. In einem kritischen Moment weigerte sich Deutschland, eine Erklärung zugunsten des Pfunds abzugeben, mit der Begründung, dass "die deutsche Gemeinschaft davon überzeugt sei, dass das Pfund abgewertet werden sollte", und im November 1967, nach einer zermürbenden dreijährigen Kampagne zur Verteidigung des Pfunds, kapitulierte das Pfund und wurde um 14,3 Prozent abgewertet. Die Abwertung des britischen Pfunds löste sofort einen massiven Ausverkauf des Dollars auf den internationalen Märkten und einen Ansturm auf Gold aus.

Am 17. März 1968 brach die hart erarbeitete "Goldene Gegenseitigkeit" der Vereinigten Staaten zusammen, und Ende März hörten Millionen von Amerikanern, wie Präsident Johnson im Fernsehen ankündigte, dass er sich nicht um eine Wiederwahl bemühen würde. In der Zwischenzeit kam die Neujahrsoffensive der USA gegen Vietnam zu keinem Ende. Das *Wall Street Journal* beklagte sich,

> *„Die europäischen Finanziers zwingen uns den Frieden auf. Wir, die Gläubiger Europas, haben einen Präsidenten zum*

Rücktritt gezwungen, ein bahnbrechendes Ereignis in der amerikanischen Geschichte."[69]

In dem kritischen Moment, in dem Frankreich siegreich und bereit war, einen Generalangriff auf die amerikanischen Goldreserven zu starten, änderte ein plötzliches und dramatisches Ereignis den gesamten Verlauf des Goldkriegs. Nur fünf Tage nach dem Zusammenbruch der "General Mutual Aid Bank of Gold" in den Vereinigten Staaten am 17. März besetzten am 22. März plötzlich Studenten einer Pariser Universität den Campus, und immer mehr Universitäten schlossen sich an, so dass es in Paris zu einem "Maisturm" kam, der die Gesellschaft eine Zeit lang lähmte.

Auch wenn die Ursache des Vorfalls unklar ist, ist das Ergebnis offensichtlich: Das Gold, das Frankreich aus den Vereinigten Staaten mitgebracht hatte, musste in gutem Glauben an die Vereinigten Staaten zurückgegeben werden. Sogar de Gaulle selbst verlor infolgedessen die Präsidentschaft.

"Mai-Sturm" auf dem Devisenmarkt löste eine riesige Welle aus, der Franc war ein massiver Ausverkauf, ausgelöst eine Lawine der Abwertung. 29. Mai, der Gouverneur der Bank von Frankreich an die Federal Reserve um Hilfe gebeten, antwortete die Amerikaner: "Der Dollar ist nicht gut, um für nichts zu leihen, Frankreich hat keine Goldreserven? Es kann für Dollar verkauft werden. "In ihrer verzweifelten Lage waren die Franzosen bereit, zu einem Pauschalpreis von 35 Dollar an das US-Finanzministerium zu verkaufen. Die USA hatten in der Tat einen verzweifelten Mangel an Gold und der Goldpreis stieg, während das US-Finanzministerium von den Franzosen einen Preisnachlass von 10% verlangte. In der Tat sind der IWF und viele andere Käufer durchaus bereit, Gold für 35 Dollar zu kaufen. Die beiden Seiten einigten sich schließlich auf einen Kompromiss, das US-Finanzministerium zahlte 35 Dollar, um die Franzosen in Paris an den IWF zu liefern, der IWF in New York an die Federal Reserve Bank of New York ihr eigenes Gold, 1968 bis 1969 wurde Frankreich auf diese

---

[69] Michael Hudson, *Superimperialismus - Neue Ausgabe: The Origin and Fundamentals of U.S. World Dominance,* Pluto Press, 2003, Kapitel 12.

Weise gezwungen, den Vereinigten Staaten 925 Millionen Dollar Gold zur Parität zu verkaufen. [70]

Die Franzosen haben jahrelang umsonst Dollarreserven genommen und sie gegen amerikanisches Gold gepresst.

1971 hat der Dollar das Gold "usurpiert" und das amerikanische Schuldenimperium begründet

Die französische Goldoffensive scheiterte zwar, aber die Goldknappheit, die Frankreich weltweit verursachte, begrub die Bretton-Woods-Dynastie, die die Vereinigten Staaten aufgebaut hatten.

Am 15. August 1971 verkündete der amerikanische Präsident Nixon die Schließung des "Goldfensters" der Vereinigten Staaten und die Einstellung des Umtauschs des Dollars in Gold. Seitdem ist das Bretton-Woods-System zu einem altehrwürdigen Begriff geworden.

Ursprünglich konnten die Vereinigten Staaten wählen, um das Verhältnis von Gold und dem Dollar neu zu bewerten, so wie Roosevelt den Dollar gegenüber Gold im Jahr 1934 abgewertet, wurde vorgeschlagen, dass der Dollar auf $ 72 zu 1 Unze Gold abgewertet werden, um die wirtschaftliche Realität des Dollars in der Nachkriegszeit 25 Jahre übermäßiger Haarwuchs widerspiegeln, aber die Vereinigten Staaten ist zu weit weg von dem Anschein einer oberflächlichen. Denn Amerika braucht den nominellen Kaiser, der Gold ist, nicht mehr.

Der Dollar ist de facto zur Weltwährung geworden, und ob es den Menschen nun gefällt oder nicht, und egal, wie sehr sie sich beschweren, die Bretton-Woods-Dynastie hat den Dollar so tief in die Währungssysteme aller Länder eingebettet, dass die Menschen, je mehr sie sich dagegen wehren, umso tiefer in sie eindringen, umso heftiger der Widerstand sein wird und umso stärker die Reaktion, die sie erleiden werden.

Seit 25 Jahren ist es den Vereinigten Staaten gelungen, mit Hilfe des Dollars die Verbindung zwischen Gold und der Weltwirtschaft zu

---

[70] Charles A. Coombs, *The Arena of International Finance,* John Wiley and Sons, 1976, S. 177-178.

kappen, und mit Ausnahme der Zentralbanken haben sich die Menschen in ihrem täglichen Leben vom Gold entfernt und an den Dollar gewöhnt. Der Dollar als Ersatz für das Gold "Li für Pfirsich" Plan, jetzt ist es Zeit für die Melone zu fallen, das Wasser in den Kanal.

Die tiefgreifenden Auswirkungen, die das Dollarsystem, das den Goldstandard ablöste, auf die Welt haben würde, werden noch mehr als 40 Jahre später immer wieder durchgekaut. Die Wirtschaft machte Fortschritte und die Gesellschaft entwickelte sich weiter, doch die Krise folgte auf dem Fuße, und die Intensität, das Ausmaß und der Zeitpunkt der Großen Depression der 1930er Jahre rückten immer näher. Die Welt hat erkannt, dass es grundlegende Probleme mit dem heutigen globalen Währungssystem gibt.

Der Dollar als Weltwährungsreserve würde dazu führen, dass US-Treasuries de facto zu einem globalen Reserve-Kernwert werden. Je mehr sich die Weltwirtschaft entwickelt, desto mehr verlangen die Währungen der Länder nach US-Staatsanleihen; je mehr sich der internationale Handel ausweitet, desto mehr Druck entsteht auf die Exporte in US-Dollar. Der Dollar ist wie eine Pflanzmaschine, die die Samen der US-Staatsverschuldung in das Finanzsystem eines jeden Landes einbringt, diese Samen werden keimen und wachsen, und das Wachstum der Zinsen auf die Schulden wird mehr Nachfrage nach Dollar erzeugen. Der Dollar und die US-Schulden werden in gegenseitiger Nachfrage einen inhärenten, starren Drang zum Selbstwachstum haben, bis der Tag kommt, an dem man plötzlich einen riesigen See von Staatsschuldenwehren vorfindet, die auf den Kopf eines jeden drücken, und das ist der Moment, an dem jemand ausrufen wird, dass dieser See von Schuldenwehren dazu verdammt ist, zu brechen!

Als Trayvon den natürlichen Widerspruch zwischen dem Dollar und dem Goldschloss entdeckte, kümmerte sich niemand darum, denn das war eine Krise Jahrzehnte später, kein Problem von heute. Als dieser Tag früh kam, wurden die Menschen sich selbst überlassen.

Wenn wir nun feststellen, dass der Dollar genauso widersprüchlich ist wie die US-Schulden, wird sich immer noch niemand dafür interessieren. Aber das Studium der Geschichte macht uns klar, dass der Tag kommen wird!

KAPITEL V

Der Osten will es wissen, Tauziehen zwischen China und Japan um die Industrialisierung

Auf der heutigen Weltwirtschaftskarte hat sich die Grundhaltung der Vereinigten Staaten, Europas und Asiens allmählich auf drei Beine gestellt. Es heißt, das 19 Jahrhundert sei das Jahrhundert Großbritanniens, das 20. Jahrhundert sei das Jahrhundert der Vereinigten Staaten und das 21. Jahrhundert sei das Jahrhundert Asiens, und zumindest im Lichte der gegenwärtigen globalen Entwicklungen ist das auch durchaus möglich.

Amerikas Probleme liegen in der Wirtschaft, Europas Krise in der Politik und Asiens Probleme in der Geschichte.

China und Japan sind, wie Frankreich und Deutschland, sowohl Feinde in der Geschichte als auch Verwandte in der Realität. In dem 60 Jahre währenden Wirtschaftswettlauf der Nachkriegszeit hat Japan in der ersten Hälfte die Nase vorn, während China in der zweiten Hälfte allmählich an Fahrt gewonnen hat und die beiden Seiten nun in einer ziemlich engen Position sind. Kann China Japan endlich überholen? Oder handelt es sich um Japans wundersame Wiederauferstehung nach 20 Jahren wirtschaftlicher Stagnation?

Es war ein Rennen, das an die 1950er Jahre erinnerte, als beide Seiten gleichauf lagen.

Nachdem China 2,4 Milliarden Dollar Hilfe von der Sowjetunion erhalten hatte, leitete es mit dem massiven Bau von 156 wichtigen Industrieprojekten die vollständige Industrialisierung ein. Japan hingegen hat mit direkter und indirekter Hilfe der Vereinigten Staaten in Höhe von 4,1 Milliarden Dollar eine schwierige Nachkriegsrenaissance eingeleitet. Spätestens seit Mitte der 1950er Jahre waren beide Seiten nicht mehr auf demselben Entwicklungsstand. Japans Industrialisierung begann früh, und die Anhäufung von Talenten und Technologien war der chinesischen weit voraus, aber in der

Nachkriegszeit verlor die japanische Regierung ihre politische und wirtschaftliche Führungsrolle, und die Industrieproduktion und der Außenhandel machten immer noch eine schwierige Erholung durch. Chinas Industrialisierung hatte eine schwache Basis, aber die massive industrielle Unterstützung durch die Sowjetunion mit Technologie und neuen Ausrüstungen sowie die 18.000 sowjetischen Experten, die die technologische Verbreitung in China vertieften, führten in den 1950er Jahren zu einer dramatischen Verringerung des Abstands zwischen der chinesischen Wirtschaft und dem Weltniveau.

Der Wendepunkt im wirtschaftlichen Wettlauf zwischen China und Japan kam 1955, als eine große Lücke in der wirtschaftsstrategischen Vision entstand, die durch Chinas eigene Fehler vergrößert und durch Japans volle Nutzung der Ressourcen des Weltmarktes verstärkt wurde. China verlor 20 Jahre durch den dramatischen Wandel und die Beschleunigung der weltweiten Industrialisierung, die in den 1960er Jahren stattfand.

Wenn China nicht will, dass sich die Geschichte wiederholt, muss es sorgfältig prüfen, wie die strategische Kluft entstanden ist und wie sie sich verschlechtert hat.

China erhält den sowjetischen Marshallplan

Der Koreakrieg, der 1950 ausbrach, veränderte nicht nur die Landschaft in Europa, sondern führte auch zu einem Bruch im Schicksal Asiens. China entschied sich für die Sowjetunion, während die Vereinigten Staaten beschlossen, China ein "wirtschaftliches Exil" aufzuerlegen.

In der Tat ist die Entscheidung für China nicht kompliziert. Um eine rückständige Agrarnation zu einer starken Industrienation zu entwickeln, war China auf ausländische Hilfe angewiesen, und die einzigen externen Kräfte, die China unter den damaligen historischen Bedingungen bei der Industrialisierung in großem Umfang helfen konnten, waren die Sowjetunion und die Vereinigten Staaten. Angesichts der langjährigen Unterstützung der Kuomintang-Regierung durch die Vereinigten Staaten und des Beginns des Kalten Krieges mit der Sowjetunion ist die Erwartung, dass die Vereinigten Staaten China unter der Kommunistischen Partei mit der Technologie, der Ausrüstung, den Talenten und dem Kapital versorgen würden, die für eine groß angelegte Industrialisierung notwendig sind, natürlich sehr unzuverlässig. Infolgedessen wurde die Sowjetunion zur einzigen externen Kraft, die in der Lage war, die Industrialisierung Chinas zu unterstützen.

Seit dem Zweiten Weltkrieg haben alle Entwicklungsländer und ehemals kolonialisierten Länder der Welt sehr deutlich erkannt, dass die Industrialisierung der einzige Weg zu wohlhabenden und starken Nationen ist. Die industrielle Wirtschaft ist jedoch weitaus komplexer als die traditionelle Agrarwirtschaft, und die durch die industrielle Revolution herbeigeführte technologische Verbreitung ist nicht nur eine Frage des Baus von Fabriken, des Imports von Ausrüstungen, des Kaufs von Rohstoffen, der Organisation der Produktion und der Vermarktung, sondern beinhaltet auch ein riesiges soziales Projekt, das mit ihr einhergeht, wie die gleichzeitige Entwicklung von Energie und Elektrizität, Die gleichzeitige Entwicklung von Energie und Elektrizität, Stahl und Kohle, Ausrüstungsherstellung, Petrochemie, Elektronik, Infrastruktur, Verkehr, Handel und Gewerbe, Bankwesen und Finanzwesen, Bildung und Ausbildung und vielen anderen Industriezweigen übersteigt bei weitem die personellen, materiellen und finanziellen Ressourcen der meisten Agrarländer. Aus diesem Grund haben sich in den 60 Jahren seit dem Zweiten Weltkrieg nur sehr wenige aufstrebende Industriemächte wirklich herausgebildet.

Wie Stalins Sondergesandter Mikojan nach seinem Treffen mit den wichtigsten Führern der Kommunistischen Partei in Singapur im Februar 1949 beeindruckt feststellte, schrieb er in seinem Bericht an Stalin, dass die Kommunistische Partei nicht wisse, wie die Inflation zu stoppen sei, wie mit ausländischen Unternehmen umzugehen sei, wie ein staatliches Monopol auf Salz, Tabak und Alkohol durchzusetzen sei, wie das Vermögen der vier großen Familien und der Großabnehmer zu verstaatlichen sei und wie ein Monopol auf den Außenhandel durchzusetzen sei. Die kommunistischen Führer sind "sehr sachkundig und selbstbewusst" in allgemeinen politischen Fragen, Parteiangelegenheiten, internationalen Fragen, bäuerlichen Fragen und wirtschaftlichen Fragen, aber sie wissen nicht viel über Managementfragen, "haben vage Vorstellungen von Industrie, Verkehr und Bankwesen" und verstehen weder die Unternehmens- und Wirtschaftslage Chinas noch wissen sie, was zu tun ist. Kurz gesagt, "sie befinden sich auf dem Lande und haben keinen Kontakt zur Realität".

Während des langen und brutalen Guerillakriegs nach dem Krieg und der Entwicklung der ländlichen Hochburgen fernab der großen

Städte war die Qualität der Kader weit davon entfernt, den Anforderungen der Industrialisierung zu genügen. Laut Statistik gab es Anfang der 1950er Jahre in Nordchina 1,5 Millionen Parteimitglieder, von denen 1,3 Millionen Analphabeten oder Halbalphabeten waren. Nahezu 50% der führenden Kader (Bezirksausschüsse und darüber) sind ungebildet oder haben eine schlechte Schulbildung. Es dauert zwei bis drei Jahre, bis allein die Führer lesen und schreiben können, und mindestens fünf Jahre für die einfachen Parteimitglieder.

Es besteht auch ein ernsthafter Mangel an den wichtigsten Humanressourcen, die für die Verbreitung industrialisierter Technologien benötigt werden, und die Zahl der wissenschaftlichen Einrichtungen und Forscher, die aus der Kuomintang-Ära übrig geblieben sind, ist erbärmlich gering. Die der Kuomintang-Regierung unterstellte Zentrale Akademie der Wissenschaften verfügt nur über 13 Forschungsinstitute mit 207 Forschern, und nur Physik, Mathematik, Biologie, Geologie und Geisteswissenschaften sind abgedeckt. Die Pekinger Akademie der Wissenschaften hat neun Forschungsinstitute mit nur noch 42 Forschern. Es gibt weniger als 200 geologische Experten im Land, und die Gesamtzahl der Ingenieure und Techniker im Land beträgt nur 20.000, selbst in Schlüsselunternehmen wie Anshan Steel gibt es nur 70 Ingenieure, von denen 62 Japaner sind! Selbst mit diesen extrem knappen Humanressourcen war das Niveau der industriellen Technologie, mit der sie vertraut waren, noch Jahrzehnte von dem des Nachkriegsdeutschlands entfernt. Gleichzeitig besteht ein noch größerer Mangel an Fachkräften in anderen Bereichen, die mit diesen Talenten abgestimmt werden müssen, damit die Industrialisierungsmaschine funktioniert, wie die Planung von Wirtschaftssystemen, die Organisation der Produktion in der modernen Industrie und die Dienstleistungen der Handelsfinanzierung. Der Fachkräftemangel ist eindeutig die größte Schwierigkeit für Chinas Industrialisierung.

Darüber hinaus erfordert die Industrialisierung eine enorme Kapitalakkumulation, und das von den Agrarländern im Industrialisierungsprozeß benötigte Kapital kann nur aus der landwirtschaftlichen Akkumulation und der externen Finanzierung stammen. Der weit verbreitete Devisenmangel in den Entwicklungsländern ist darauf zurückzuführen, dass sie die langsame und dürftige natürliche Akkumulation der Landwirtschaft gegen die zu hohen Kosten der fortschrittlichen technologischen Ausrüstung im Ausland eintauschen müssen. Im Prozess der Industrialisierung liegt die

Hauptbedeutung der harten Devisen in der Einfuhr von Ausrüstungen und Rohstoffen für die Produktion von technologischen Erzeugnissen. Auslandshilfe, Auslandsinvestitionen und die Aufnahme von Auslandsschulden dienen alle der Verbreitung wertvoller Technologie.

Militärisch gesehen hat der Koreakrieg den Trend der Niederlage Chinas bei der Landesverteidigung im letzten Jahrhundert völlig umgekehrt, indem er den starken Feind am 38. Breitengrad abschreckte und die strategische Sicherheitszone der Industrialisierung im Nordosten und sogar in ganz China festigte. Die durch den Koreakrieg geschaffene militärische Abschreckung veranlasste die amerikanischen Streitkräfte im Vietnamkrieg, keinen halben Schritt auf das Minenfeld am 17. Breitengrad nördlich von Vietnam zu wagen, und zwang die mächtige Sowjetarmee, mit den Friedensdividenden dieser Abschreckung zu rechnen, die China in den nächsten 60 Jahren seiner Industrialisierung genoss.

In politischer und wirtschaftlicher Hinsicht änderte der Koreakrieg Stalins skeptische Haltung gegenüber der chinesischen Regierung grundlegend, und sein Enthusiasmus für die Unterstützung Chinas bei der Industrialisierung nahm deutlich zu. Zhou Enlai sagte einmal: "Erst als Stalin zum Widerstand gegen die USA kam, änderte er seine Meinung über China. "Mao argumentierte auch, dass "mehr oder weniger ein wichtiger Grund für Stalin, an die Kommunistische Partei Chinas zu glauben, der Eintritt der chinesischen Volksfreiwilligen in den Krieg war. "Nach Stalin übertraf Chruschtschows erheblicher Beitrag zur chinesischen Verteidigungsindustrie, insbesondere zu Raketen und Atomwaffen, Mitte bis Ende der 1950er Jahre sogar den der Stalin-Ära.

Insgesamt stellte die Sowjetunion China zu Beginn der Industrialisierung Chinas in den 1950er Jahren bis zu 6,6 Milliarden Rubel, umgerechnet 1,65 Milliarden Dollar, zur Verfügung, mehr als die gesamte Hilfe der Vereinigten Staaten für Deutschland im Rahmen des Marshallplans (1,45 Milliarden Dollar). Unter der Führung der Sowjetunion belief sich zudem die technische Ausrüstungshilfe der osteuropäischen Länder für China auf insgesamt 3,08 Milliarden Rubel. Insgesamt hat China also rund 2,4 Milliarden Dollar an industriellem Rohkapital aus dem sozialistischen Lager erhalten.

Mit dieser riesigen Menge an Industriekapital hat China einen in seiner Geschichte noch nie dagewesenen Industrialisierungsprozess eingeleitet und 156 Schlüsselprojekte (von denen 150 tatsächlich abgeschlossen wurden) in den Bereichen Energie, Metallurgie, Maschinenbau, Chemie und Verteidigung durchgeführt. Der Prozess der Umwandlung der Privatwirtschaft in eine Staatswirtschaft, der schrittweise 15 Jahre in Anspruch nehmen sollte, wurde durch den massiven Zufluss von externem Kapital, über dessen Gegenleistungen immer gestritten wird, auf fünf Jahre verkürzt. Natürlich gab es das Geld nicht zum Nulltarif, und China musste es gegen landwirtschaftliche Erzeugnisse und industrielle Primärrohstoffe eintauschen.

Als Agrarland, das die industrielle Revolution nie aus der Taufe gehoben hat, sind die Wechselbeziehungen, die Prioritätensetzung und die proportionale Koordinierung zwischen den verschiedenen Sektoren der komplexen industriellen Wirtschaft für China das erste Mal, dass ein großes Mädchen in die Sänfte steigt, und viele plausible Konzepte und unscharfe Urteile müssen schnell gelernt und verbessert werden. Für industrielle Systeme, die unter unnatürlichen Bedingungen entstanden sind, ist die Planung besonders wichtig. Der erste Fünfjahresplan wurde im Februar 1951 unter der Leitung eines sechsköpfigen Teams von Zhou Enlai, Chen Yun und Bo Yibo erörtert, und es bedurfte mehr als zwei Jahre wiederholter Untersuchungen und Überarbeitungen, bevor die Kernprinzipien des Fünfjahresplans herausgearbeitet und verfeinert waren. Dennoch ignorierten sie so wichtige Fragen wie den Anteil der Rüstungsindustrie an den Gesamtinvestitionen, den Druck, den übermäßige industrielle Wachstumsziele auf die konzentrierte Nutzung menschlicher und materieller Ressourcen ausüben, die Frage, wie die industrielle Entwicklung mit Chinas reichhaltigen Humanressourcen für das Handwerk kombiniert werden kann, die Frage, wie die Versorgung der Landwirtschaft mit Nahrungsmitteln und landwirtschaftlichen Rohstoffen sichergestellt werden kann, und die Frage, wie das Finanzwesen dafür sorgen kann, dass die Industrialisierung im Gleichschritt mit dem Lebensstandard der Menschen voranschreitet. Die Sowjetunion war zu diesem Zeitpunkt bereits ein Meister der Planwirtschaft, und mit Hilfe der sowjetischen Planungsexperten wurden diese Probleme nach und nach erkannt und gelöst.

Bei einem Plan geht es nur darum, die Grundsätze dessen zu verstehen, was die Industrialisierung tun muss, welche zuerst und welche später zu tun sind, welcher Prozentsatz an Investitionen angemessen ist, wie die Ketten zwischen den Industriesektoren verbunden sind, aber der Teufel steckt in den Details der Umsetzung.

Selbst die besten Pläne sind, wenn sie schwierig umzusetzen sind, am Ende weit weniger wirksam.

Ohne die industrielle Zusammenarbeit der Sowjetunion mit Deutschland von 1922 bis 1927 und ohne eine große Zahl deutscher Ingenieure und militärisch-industrieller Fachleute, die der Sowjetunion übergeben wurden, konnten Stalins Versuche, die Sowjetunion innerhalb von zehn Jahren von einem rückständigen Agrarstaat in einen mächtigen Industriestaat umzuwandeln, nur eine unrealistische Vorstellung sein.

Zehntausende chinesischer Ingenieure sahen sich mit komplexen Produktionsanlagen konfrontiert, die sie noch nie in ihrem Leben gesehen hatten, mit völlig unbekannten Produktionsverfahren, mit russischen technischen Daten und Zeichnungen, die einem himmlischen Buch glichen, mit unbekannten technischen Produktstandards, strengen Rohstoffanforderungen und präzisen Rezepturen, die einfach nur die Größe von zwei Köpfen hatten. Es ist nicht einfach, in nur drei bis fünf Jahren in Hunderten von neuen Unternehmen fortschrittliche Produkte wie hochlegierte Stähle, rostfreie Stähle, nahtlose Stahlrohre, Düsenflugzeuge, Panzer, großkalibrige Artilleriegeschütze, Warnradargeräte, Automobile, Traktoren, tonnenschwere Schiffe, komplette Wärme- und Wasserkraftanlagen mit großer Kapazität, großvolumige Hochofenanlagen, kombinierte Kohlebergwerke und neue Werkzeugmaschinen herzustellen! Schließlich ist es nicht so einfach, wie IKEA-Möbel von Hand zu montieren!

Aber die "Teufel" der Industrialisierung verstecken sich in diesen Millionen von Details. Wenn Chinas eigene Ingenieure und Techniker in der Lage gewesen wären, eine technische Schwierigkeit nach der anderen zu überwinden, befürchte ich, dass das Produkt zu dem Zeitpunkt, an dem sich die Maschine bewegen konnte, bereits veraltet gewesen wäre.

Den 18.000 Experten und Ingenieuren aus verschiedenen Industriezweigen, die die Sowjetunion in den 1950er Jahren nach China schickte, wird das Verdienst zugeschrieben, die Verbreitung der industrialisierten Technologie in China übernommen zu haben. In der Anfangsphase des wirtschaftlichen Aufbaus war das erste, was China als unzureichend empfand, die Konstruktionskapazität. Im Jahr 1953 gab es im Land nur 78 Konstruktionsabteilungen mit jeweils weniger als 500 Mitarbeitern, und eine solch magere Truppe konnte Chinas

Bedarf für einen vollständigen wirtschaftlichen Aufschwung und Aufbau nicht decken. Um China bei der Planung der nationalen Elektrifizierung, der Entwicklung der Stahlindustrie und der Festlegung der Produktvielfalt, der Anpassung der Maschinenindustrie und dem Bau neuer Anlagen, der Schiffsindustrie und des Eisenbahnverkehrs, der geologischen Erkundung usw. zu unterstützen, hat die UdSSR nicht weniger als 47 Expertenteams für die Planung entsandt. Bei 156 großen Industrieprojekten kann man oft die Figur der sowjetischen Experten sehen, sie sind nicht nur die "Berater", die sitzen und reden, sondern auch praktische Hilfe bei der Installation und Inbetriebnahme von praktischen Experten, chinesische Ingenieure sind in engem Kontakt, verstehen und entdecken die Details der Industrialisierung Probleme und ihre Lösungen. Aufgrund der Leichtigkeit, mit der sowjetische Experten mit ihrer eigenen Ausrüstung vertraut sind, werden viele große Projekte von der Inbetriebnahme bis zur Produktion mit einer erstaunlichen Geschwindigkeit gebaut! Die Erste Automobilfabrik in Changchun beispielsweise benötigte nur drei Jahre von der Inbetriebnahme bis zur Produktion. Kein Wunder, dass das Zentralkomitee für Finanzen und Wirtschaft die Lehre gezogen hat, dass

> *„Zwei Jahre Erfahrung haben bewiesen, dass kleine Fabriken, die von chinesischen Technikern entworfen wurden, oder kleine sanierte und umgebaute Fabriken bereits mit technischen Mängeln in der Konstruktion behaftet und verschwenderisch sind. Der Entwurf der riesigen komplexen Fabrik, die in keiner Weise gelungen ist, ging auf halbem Wege zurück in die Sowjetunion. Die Einstellung eines sowjetischen Designteams war also ein schneller, geldsparender und sehr sicherer Weg, um dies einige Jahre lang zu tun, wenn keine hochrangigen chinesischen Techniker ausgebildet wurden."*

Da der Wert der immateriellen Vermögenswerte bei der sowjetischen Hilfe für China nicht berücksichtigt wurde, wurde der Wert der tatsächlichen Technologieverbreitung, die China von der Sowjetunion erworben hat, stark unterbewertet. Zu diesen immateriellen Werten gehören die Kosten für die Patentierung von Hunderttausenden von Kerntechnologien in 156 Großprojekten, die Zeitvorteile, die von Industrieexperten bei der Lösung technischer Herausforderungen geschaffen wurden, die kombinierten Gesamtvorteile von Konstruktionssachverständigen bei der Gesamtplanung, die Vorteile bei der Entscheidungsfindung, die von Industrieexperten bei wichtigen Entwicklungsstrategien erzielt wurden, und die Vorteile bei der Wissensverbreitung, die von sowjetischen Experten bei der Ausbildung einer großen Zahl chinesischer Ingenieure und internationaler Studenten geschaffen wurden. Zu diesen Vorteilen gehören: In der Erdölindustrie haben sowjetische Experten die traditionelle chinesische Theorie der Erdölarmut verworfen und fortgeschrittene Methoden der Erkundung von Erdölfeldern gelehrt, was die Arbeitsproduktivität der chinesischen Erdölindustrie um das Dreifache erhöht hat; in der Elektrizitätswirtschaft wurden 16 fortgeschrittene Konstruktionsmethoden gefördert, die die Kosten erheblich gesenkt und die Bauzeiten verkürzt haben; in der Kohleindustrie wurde die Lebensdauer einer großen Anzahl von Bergwerken um 20 bis 40 Jahre verlängert; In der Stahlindustrie hat die neue sowjetische Technologie das Auslegungsniveau der Stahlproduktionskapazität bei weitem übertroffen und die Wartungszeit um die Hälfte verkürzt; in der Forstwirtschaft haben neue Programme sowjetischer Experten die Verlustrate des Holzflusses auf ein Zehntel der ursprünglichen Rate reduziert; darüber hinaus hat die sowjetische Technologie China in der Landwirtschaft und beim Wasserschutz große Vorteile gebracht.

Berücksichtigt man diese immateriellen Werte, so liegt der Gesamtnutzen der Verbreitung industrieller Technologien, die China von der Sowjetunion erhalten hat, weit über den 2,4 Milliarden Dollar, und ich fürchte, er liegt um eine Größenordnung höher!

Die Industrialisierung im China der 50er Jahre ist kein ferner Traum mehr, sondern eine Realität, die immer mehr an Fahrt gewinnt!

Der große Sprung nach vorn und die große Rezession

Wenn ein Mensch den Ehrgeiz hat, von arm zu reich und von schwach zu stark zu werden, hat er zwei Möglichkeiten: die eine ist, Kraft zu sammeln und sich stetig weiterzuentwickeln, und die andere ist, in ausgetrockneten Gewässern zu fischen und schnelle Gewinne zu machen. Wenn er zu sehr darauf bedacht ist, sich zu entwickeln, sein gesamtes gespartes Einkommen für seine Karriere einsetzt, jeden Tag hart arbeitet, ohne auf seine Gesundheit zu achten, chronisch unterernährt ist und schließlich einen Zusammenbruch seiner Gesundheit und eine schwere Krankheit erleidet, wird ein Großteil seiner Bemühungen umsonst gewesen sein.

China entschied sich 1957 jedoch für die zweite Variante.

Der frühe Abschluss des ersten Fünfjahresplans hat die chinesische Gesellschaft in rasantem Tempo in einen Zustand der Euphorie versetzt. Die sozialistische Überlegenheit wurde durch neue Fabriken, Werkstätten, emsig arbeitende Drehbänke, einen ständigen Strom von Industrieprodukten, eine Vielzahl von Märkten und immer reichere Tische für die Bauern demonstriert und gab einer von Krieg und Armut geplagten Gesellschaft echte Hoffnung. Der Wohlstand und die Prosperität, die durch die Industrialisierung entstanden sind, haben plötzlich den Eindruck erweckt, dass der Weg zum Aufholen der entwickelten Länder der Welt nicht mehr weit ist. Je schneller die Industrialisierung voranschreitet, desto realistischer wird der Traum von Wohlstand und Reichtum.

Die wichtigste Grundlage für die industrielle Entwicklung ist jedoch die anfällige Landwirtschaft. Die für die Schwerindustrie benötigten Ausrüstungen, die zu 85% im Ausland gegen landwirtschaftliche Erzeugnisse getauscht werden, und die für die Leichtindustrie benötigten Rohstoffe, die zu 90% aus der Landwirtschaft stammen, werden auch benötigt, um 100 Millionen Stadtbewohner und 500 Millionen Landwirte mit Nahrungsmitteln zu versorgen. Dies ist das übliche Phänomen, mit dem typische Agrarländer konfrontiert sind, wenn sie sich industrialisieren.

In China, wo die Industrialisierung noch in den Kinderschuhen steckt, hängt der Lebensunterhalt der Landwirtschaft noch weitgehend vom Himmel ab. Sowohl die natürlichen Bedingungen als auch der Klimawandel können die landwirtschaftlichen Ernten ernsthaft beeinträchtigen. Dies zeigte sich bereits während der ersten fünf Jahre. In den fünf Jahren von 1953 bis 1957 gab es zwei gute Jahre, zwei schlechte Jahre und ein schlechtes Jahr. Infolgedessen verringerte das Große Desolationsjahr 1954 die landwirtschaftliche Produktion, die Baumwoll- und Nahrungsmittelversorgung war unzureichend, und die Leichtindustrie wie die Textilindustrie wuchs nur um 1%. Da die Landwirtschaft und die Leichtindustrie fast die gesamte Quelle von Konsumgütern in China darstellen, geht mit dem Rückgang der Konsumgüter auch der Handel zurück, und die Steuereinnahmen des Landes schrumpfen mit ihnen. Unzureichende Steuereinnahmen beeinträchtigen wiederum die Investitionen und die Schwerindustrie. So wirkten sich die Katastrophenjahre 1954 und 1956 unmittelbar auf das Wirtschaftswachstum in den Jahren 1955 und 1957 aus.

Erst wenn die Industrialisierung ein gewisses Niveau erreicht hat, können die mit der Industrialisierung einhergehenden Landmaschinen,

Düngemittel, Pestizide und der groß angelegte Wasserbau der Landwirtschaft eine wesentliche Hilfe sein. Bis dahin waren die fragilen Grundlagen der Landwirtschaft unter der Last der Industrialisierung besonders pflegebedürftig.

Ein Land ist wie eine Familie, deren Einkommen nur für den Konsum oder zum Sparen verwendet wird. Arme Haushalte geben den größten Teil ihres Einkommens für die täglichen Ausgaben aus, nur ein kleiner Teil kann sparen, und ein armes Agrarland steht vor den gleichen Problemen der Akkumulation und des Konsums seines Volkseinkommens. Die Akkumulation ist das Potenzial für die künftige Entwicklung des Landes, der Konsum ist die reale Ausgabe der Massen, ohne die es keine Entwicklungsimpulse geben wird, während ein Mangel an Konsum die Nation daran hindert, ein normales Leben zu führen. Das Verhältnis von Akkumulation und Konsum ist ein kritischer Punkt. Wenn die Akkumulationsrate zu hoch ist, ist es so, als würde man mit einem hungrigen Magen arbeiten, und mit der Zeit wird die Gesundheit zwangsläufig zusammenbrechen, insbesondere in einem armen Land wie China, das nur ein Subsistenzleben führt.

Ein hohes Maß an industrieller Akkumulation zu erzwingen, würde bedeuten, dass die Landwirte ihre Nahrungsmittelrationen reduzieren müssten, was langfristig eine versteckte Gefahr darstellen würde! Wenn die Industrie nicht genügend Konsumgüter für einen gerechten Austausch bereitstellen kann, werden die Landwirte passiv nachlassen und die Nahrungsmittelproduktion reduzieren, was eine wirtschaftliche Katastrophe bedeuten würde! Wenn wir aufeinanderfolgende katastrophale Jahre einholen, werden die Landwirtschaft, die Leichtindustrie, die Schwerindustrie, der Handel und die Steuereinnahmen eine Katastrophe zum Quadrat erleben! Wenn die industrielle Akkumulation in dem stark deformierten Industriesektor mit großer Verschwendung eingesetzt würde, wäre die Situation kubisch für eine Katastrophe!

Leider wurden in den drei Jahren des Großen Sprungs nach vorn von 1958 bis 1960 diese drei "Was wäre wenn"-Ansätze alle drei aufgegriffen!

Im Jahr 1957 betrug die Akkumulation nur 24,9%, 1958 stieg sie auf 33,9%, 1959 erreichte sie erstaunliche 43,8% und 1960 immer noch 39,6%! Eine derart hohe Akkumulationsrate würde unweigerlich das fragile Gleichgewicht in der Landwirtschaft ernsthaft stören, und die Landwirte müssten ihre Nahrungsmittelrationen erheblich reduzieren, um die industrielle Entwicklung zu gewährleisten. Nach dem Höchststand von 410 Pfund pro Kopf im Jahr 1956 lagen die Rationen der Landwirte erst 1980, also 24 Jahre später, wieder über dem damaligen Niveau. Die lang anhaltende Stagnation in der Landwirtschaft hat zu einem langsamen Wachstum der gesamten chinesischen Wirtschaft geführt.

Die "Volkskommune" nahm den privaten Reichtum der Bauern, wie landwirtschaftliche Geräte, Rinder, Hühner, Enten und Schweine, gewaltsam in das Eigentum der Produktionsmannschaft und führte eine große Kantine ein, in der in großen Töpfen und Schüsseln ohne Geld gegessen werden konnte, was dazu führte, dass in einem Vierteljahr die Lebensmittel eines halben Jahres gegessen wurden. Die Begeisterung und Verantwortung der Bauern für die landwirtschaftliche Produktion, die fast identisch mit der der Kolchosen zu Stalins Zeiten war, war nicht mehr möglich. In Verbindung mit aufeinanderfolgenden schweren Naturkatastrophen kam es zu einem ernsthaften Rückgang der landwirtschaftlichen Produktion. 1958 betrug die tatsächliche Nahrungsmittelproduktion 400 Milliarden Kilogramm, 1959 ging sie auf 340 Milliarden Kilogramm und 1960 sogar auf 287 Milliarden Kilogramm zurück, wobei der Rückgang der Baumwollproduktion noch gravierender war. Der Hunger breitet sich in ländlichen und städtischen Gebieten in großem Umfang aus.

Umfangreiche industrielle Investitionen, die auf Kosten der Landwirtschaft getätigt wurden, sind auf spektakuläre Weise vergeudet worden. Die Stahlproduktion wurde als Zeichen der Industrialisierung hochgejubelt, und es wurde vorgeschlagen, die Stahlproduktion 1958 gegenüber 1957 von 5,35 Millionen Tonnen auf 10,7 Millionen Tonnen zu verdoppeln und 1959 gegenüber 1958 nochmals von 10,7 Millionen Tonnen auf 30 Millionen Tonnen zu verdoppeln. "Mit Stahl als Plattform" erschien der Anblick von zehntausend Pferden, die vorwärts galoppierten, und das war die Raserei der großen Stahlveredelung der Nation. Die Industrialisierung ist ein hochkomplexes technisches System, und selbst als Stalin industrialisierte, drückte er nur mehr Rohkapital aus der Landwirtschaft für die Entwicklung der Schwerindustrie heraus, aber die Investitionen in die Schwerindustrie erfolgten immerhin nach einem relativ rationalen Plan des industriellen Systems. Der "Große Sprung nach vorn" stellte die Grundlogik der gesamten industriellen Wirtschaftsentwicklung auf den Kopf, indem er den Stahl in den Vordergrund stellte und den Rest hinter sich ließ! Die Industrialisierung kann nur dann Vorteile bringen, wenn sie koordiniert und ausgewogen ist. Infolgedessen wurde die Stahlindustrie überstürzt tätig und musste plötzlich feststellen, dass es einen Mangel an Elektrizität gab, und als der Mangel an Elektrizität behoben war, sah sie sich mit Kohleengpässen konfrontiert. Der "Stahlmarschall" an der Spitze des Pferdes kehrte um, musste aber plötzlich feststellen, dass die große Gruppe von Männern dahinter nicht folgen konnte. Dies und die große Zahl minderwertiger Produkte, die bei der Stahlerzeugung auf Tonbasis hergestellt werden, haben zu einer enormen Verschwendung von menschlichen, materiellen und finanziellen Ressourcen und zu einer schwerwiegenden Zerstörung der Waldressourcen geführt, wodurch die Entwicklung der Schwerindustrie völlig deformiert und das Verhältnis zur Leichtindustrie völlig verzerrt wurde.

Die Wirtschaftskrise begann mit der abnormalen Expansion der Schwerindustrie, wobei die übermäßige Akkumulation zum Konkurs der Landwirtschaft führte, was unweigerlich die Leichtindustrie in Mitleidenschaft zog, die ihre Rohstoffquelle verloren hatte, gefolgt von einem bösartigen Rückgang des Einzelhandelsumsatzes aufgrund des Mangels an Konsumgütern, was zu einem enormen Defizit bei den Steuereinnahmen des Landes führte und es zwang, den Umfang der Investitionen zu verringern, was schließlich zu dem beispiellosen starken Rückgang der Schwerindustrie ab 1961 führte, wobei die Produktion der Schwerindustrie um 46.Die Produktion der Schwerindustrie ging 1961 im Vergleich zum Vorjahr um 46% und 1962 um 22,6% zurück. Die Stahlproduktion ging von 18,66 Millionen Tonnen im Jahr 1960 auf 6,67 Millionen Tonnen im Jahr 1962 zurück, und die Kohleproduktion sank von 397 Millionen Tonnen auf 220 Millionen Tonnen. Dies ist die erste schwere Wirtschaftskrise seit der Gründung des Landes!

Erst 1965 erholte sich die chinesische Wirtschaft allmählich wieder auf das Niveau von 1957, und für diesen Fehler hat China ganze acht Jahre kostbarer Zeit verschwendet!

Der "materielle Standard" des Yuan hat die Ausbreitung der Hyperinflation wieder einmal eingedämmt

Seit der Gründung des Landes hat sich die Ausgabe des Yuan in den Kriegsjahren an das Kernkonzept des "materiellen Standards" gehalten und sich dafür entschieden, weder an den Dollar und den Rubel noch an Gold und Silber gekoppelt zu sein und ein völlig unabhängiges Währungssystem zu bilden. In seinem Währungssystem hat China die äußeren Merkmale des "planbasierten" Systems des sowjetischen Rubels genutzt, um einen Mechanismus für eine "plangesteuerte" Geldmenge und eine "materielle Regulierung" des Geldumlaufs zu schaffen.

Die Kuomintang verschiffte den Großteil ihrer Gold- und Silberreserven, als sie das Festland verließ, so dass es unwahrscheinlich ist, dass China den inneren Wert einer an Gold gekoppelten Währung etablieren wird, wie es der sowjetische Rubel tat. Gleichzeitig benutzte die Kuomintang-Regierung nach der französischen Währungsreform von 1935 das Pfund Sterling und den Dollar als Sicherheit für die Ausgabe ihrer eigenen Währung, was zu einem allmählichen Verlust der finanziellen Souveränität und der daraus folgenden Unfähigkeit führte, Chinas wirtschaftliche Geschicke zu lenken. Daher wird der RMB nicht dulden, dass der Rubel, der Dollar oder andere Devisen die Ausgabe seiner eigenen Währung beeinflussen, unabhängig davon, ob es sich bei dem Land um einen Freund oder einen Feind handelt, und das Schicksal der chinesischen Währung muss ihm selbst überlassen bleiben!

Chinas Planwirtschaft liegt sowohl in Bezug auf die tatsächliche Erfahrung als auch auf die Präzision weit unter dem Niveau der Sowjetunion, und wenn die Geldmenge allein durch die Planung gesteuert wird, wird es keine geringe Abweichung geben, was zu einem erheblichen Preisanstieg führen wird. Entscheidend für die Geldmenge ist also letztlich nicht der Plan, sondern die Preise!

Nach dem endgültigen Zusammenbruch des dreijährigen Großen Sprungs nach vorn erlebte China eine schwere Inflation. Es besteht kein Zweifel daran, dass die Ursache für diesen Preisanstieg genau in der Überbewertung der Währung liegt.

Im Zuge der Selbstinflation des "Stahlmarschalls" ist das Ausmaß des chinesischen Kapitalbaus eine "große, trockene, schnelle" verrückte Situation, die gegen das Gesetz und das Streben nach sehr hohen Zielen verstößt und die grundlegenden Anforderungen an die Produktionsqualität senkt, was zu einer großen Zahl unvollendeter Projekte und einem Rückstau von Produkten geringer Qualität führt. Die für diese Projekte und die Produktion erforderlichen Mittel wurden jedoch von den Banken in riesigen Kreditsummen freigegeben, wie es der Plan der Regierung vorsieht. Chinas Bankensystem ist im Wesentlichen dem der Sowjetunion nachempfunden. Im Rahmen des Systems "große Finanzen, kleine Banken" sind die Banken nur die

Kassierer der Regierung, die Regierung gibt das Wort und die Banken zahlen das Geld. Die industriellen Produktionskapazitäten und ihre Produkte, die aus diesen Investitionen resultieren, hätten vom kommerziellen Sektor mit von den Banken geliehener Liquidität gekauft und dann verkauft werden müssen, und nach der Realisierung der kommerziellen Gewinne wären die Bankkredite zurückgezahlt worden. Die in den Lagern aufgestapelten Reste können jedoch nicht auf dem Markt verkauft werden, und das kommerzielle System hat sich unter dem Mantra "so viel wie möglich produzieren, so viel wie möglich kaufen" verschanzt. In den Banken gab es eine ernsthafte industrielle und kommerzielle Fäulnis, für die letztlich der Staat aufkommen musste.

Die Regierung räumt zwar ein, dass die unverkäuflichen Waren in den Lagern "fertiggestellt" sind, hat aber zwangsläufig durch die "steuerliche Untererfassung" schwindelerregende Defizite verursacht. Um das Ausmaß des Aufbaus des "Großen Sprungs nach vorn" zu gewährleisten, stiegen die Industriekredite 1960 um das Zwölffache gegenüber 1957! Anfang der 1960er Jahre verschlechterte sich das Haushaltsdefizit Chinas drastisch, und die drei Jahre des "Großen Sprungs nach vorn" führten zu einem kumulierten Haushaltsdefizit von 17 Milliarden Yuan, was mehr als dem Dreifachen des gesamten Geldumlaufs von 1957 entspricht!

Das Haushaltsdefizit zwang die Regierung, in großem Umfang Geld zu drucken, und während der drei Jahre des "Großen Sprungs nach vorn" belief sich der kumulative Anstieg der ausgegebenen Währung auf 7,289 Milliarden Yuan, während die Gesamtmenge des im Umlauf befindlichen Geldes von 5,28 Milliarden Yuan im Jahr 1957 auf 12,57 Milliarden Yuan im Jahr 1961 anstieg! In einer Zeit, in der die schwerindustrielle Produktion stark schrumpfte und das Angebot an Rohstoffen aufgrund des Zusammenbruchs der Landwirtschaft und der Leichtindustrie extrem knapp war, brachten die 25,5 Millionen zusätzlichen Beschäftigten des "Großen Sprungs nach vorn" weitere 10 Milliarden Yuan an Kaufkraft ein und verschärften den scharfen Widerspruch zwischen Geldüberschuss und Rohstoffknappheit.

Die extreme Knappheit an Lebensmitteln und Rohstoffen hat dazu geführt, dass das Angebot der staatlichen Lager völlig unzureichend ist, um den Mindestbedarf der Gesellschaft zu decken, und die Regierung musste die Beschränkungen des freien Bauernmarktes massiv lockern, und als eine riesige Menge an Bargeld auf dem Bauernmarkt vernichtet wurde, hat die Geldflut der verzweifelten Käufe von knappen Artikeln die Lebensmittelpreise um das 10- bis 20-fache in die Höhe getrieben! Eine Katzendose Reis kostet bis zu 2 Yuan, ein Ei 50 Cent, eine Katzendose Schweinefleisch 5 Yuan, ein Huhn frisst fast den halben Monatslohn eines Durchschnittsarbeiters!

Dies ist die schwerste landesweite Hyperinflation, seit die aus der Kriegszeit stammende Superinflation zu Beginn der Gründung des Landes befriedet wurde. Einer der Hauptgründe für die Niederlage der Kuomintang-Regierung war ihre Politik des Reichtums mit ihrer Superwährungsabwertung, die in der städtischen Mittelschicht einen Zusammenbruch des Vertrauens in die nationale Regierung auslöste. Die Lehren aus der Geschichte haben der Regierung bewußt gemacht, daß die Preisstabilisierung eine dringende und dringende Priorität geworden ist.

Damals gab es zwei Arten von Preisen auf dem chinesischen Warenmarkt: staatliche Geschäfte und Bauernmärkte. Das Angebot an Waren in den staatlichen Geschäften war geplant und kontrolliert, und die Preise waren nicht hoch, aber die Waren waren knapp. Auf den Bauernmärkten gibt es Waren, aber sie sind teuer. Die zentrale Frage bei der Kontrolle der Inflation besteht darin, die Preise auf den Bauernmärkten allmählich wieder auf ein etwas höheres Niveau als in den staatlichen Geschäften zu senken. Das wird die Gesellschaft stabilisieren und die Menschen beruhigen.

1961 begann China mit der Rationierung von 18 Warenkategorien, von Getreide, Baumwolle, Schweinefleisch, Seife bis hin zu Zigaretten und Streichhölzern, und auf dieser Grundlage führten die Lokalregierungen Dutzende und Hunderte von lokalen Rationierungsstandards für Waren ein, vielerorts sogar für Gemüse. Die Stadtbewohner erhalten zwei Taels Schweinefleisch pro Person und Monat, während die Rationen im Allgemeinen unzureichend sind, und die Landwirte liefern nur drei Fuß Baumwolle pro Person und Jahr. Diese Mindestrationen reichen natürlich nicht aus, um ein normales Leben zu führen, und können nur ein Minimum an Lebensunterhalt sichern. Aber diese Mindestmengen haben zumindest die Preise für die wichtigsten Rohstoffe stabilisiert.

Wenn die Überziehung der Währung und die Rohstoffknappheit den Status quo der steigenden Preise gebildet haben, dann gibt es zwei Lösungen: Die eine besteht darin, die Realität der Währungsüberziehung anzuerkennen und die Preise für kontrollierte Waren steigen zu lassen, um die enorme Preisdifferenz zwischen staatlichen Geschäften und Bauernmärkten zu verringern, in der Hoffnung, dass der Anstieg der quantitativen Warenpreise den Anreiz für die Bauernmärkte, die Preise zu erhöhen, abschwächt; die andere Möglichkeit ist die klassische Idee, die in der Kriegszeit und in den ersten Tagen der Befreiung erprobt wurde: Da der Preisanstieg durch die Währungsüberziehung verursacht wird, liegt der Schlüssel zur Senkung der Preise darin, die überschüssige Währung zurückzuholen und den Geldumlauf zu verringern, um sich an den Status quo der Materialknappheit anzupassen. In jedem Fall liegt der Schlüssel zum Erfolg oder Misserfolg darin, das Angebot an Rohstoffen zu erhöhen, den Druck auf die Öffentlichkeit zu verringern und die soziale Stimmung zu stabilisieren.

Der erste Ansatz, auf die Überbewertung der Währung mit Preiserhöhungen zu reagieren, kann vorübergehend das Angebot an höherpreisigen Gütern ankurbeln, wird aber zu einem weiteren Anstieg der Geldmenge führen, der möglicherweise nicht sozial stabil ist. Da der geplante Anstieg der Rohstoffpreise unweigerlich zu einer Verringerung der Kaufkraft der Bevölkerung führen wird, kann die Regierung, um sicherzustellen, dass das Leben der Menschen nicht schwieriger wird, nur die Löhne erhöhen, was zu einer Erhöhung der Geldmenge führen wird. Das Ergebnis ist wahrscheinlich ein Teufelskreis aus wiederholten Preiserhöhungen für mehr Wasser und mehr Nudeln, mehr Nudeln und mehr Wasser, und Lohnsteigerungen im Gegenzug. Daher werden Preiserhöhungen die Inflation nicht beseitigen, sondern wahrscheinlich zu einer höheren Inflation führen.

Der zweite Weg, die Inflation durch die Beseitigung überschüssiger Devisen zu bekämpfen, ist eindeutig das Heilmittel, und es ist eine einstufige, nie endende Lösung. Auf Anregung von Chen Yun wurde die Grundidee vorgeschlagen, hochpreisige Waren zur Rückführung von Devisen zu verwenden. Die zusätzliche Bereitstellung von "hochpreisigen Süßigkeiten, hochpreisigen Snacks, hochpreisigen Restaurants" bei unverändertem Preis der quantitativen Waren ermöglicht es den wohlhabenden Teilen der Gesellschaft, wie z. B. Landwirten, die vom Verkauf von Lebensmitteln zu hohen Preisen auf Bauernmärkten profitieren, Demokraten mit hoher Einkommenssicherheit, Hochlohnarbeitern und ehemaligen Kapitalisten mit festen Zinssätzen in Industrie und Handel, eine Möglichkeit zur Ergänzung ihrer Ernährung und zur Verbesserung ihres Lebens zu schaffen und dabei ihre überschüssige Währung in großen Mengen zu verbrauchen, ohne das Leben anderer Gruppen zu beeinträchtigen. Damals galt für hochpreisige Waren der Grundsatz "hoch genug, um zu verkaufen, niedrig genug, um nicht zu verkaufen". Nach drei Jahren der Umsetzung dieser Politik war der Staat in der Lage, die Liquiditätsschwemme in großem Umfang mit hochpreisigen Waren abzufangen, was sich erheblich auf die Stabilisierung der Preise und die Versorgung des Marktes ausgewirkt hat. Allerdings hat diese Politik auch zu erheblicher Unzufriedenheit bei den unteren Verbrauchergruppen der Gesellschaft geführt.

Unmittelbar danach schlug Liu Shaoqi zwei Preispolitiken für die Landwirte vor, "hoch gegen hoch und niedrig gegen niedrig". Das so genannte "low-to-low" bedeutet, dass der Staat zwar landwirtschaftliche Erzeugnisse zu den geplanten niedrigen Preisen erwirbt, im Gegenzug aber auch industrielle Konsumgüter zu niedrigen Preisen anbietet; "high-to-high" bedeutet, dass der Staat und die Landwirte miteinander verhandeln, indem sie hochpreisige industrielle Konsumgüter gegen hochpreisige landwirtschaftliche Erzeugnisse tauschen und die von den Landwirten auf den Bauernmärkten erwirtschafteten Devisenüberschüsse zurückerhalten.

Zwischen 1962 und 1964 belief sich der Gesamtbetrag der beiden Programme auf etwa 4,5 Mrd. Yuan über drei Jahre, und die Gesamtmenge des umlaufenden Geldes wurde von 12,67 Mrd. Yuan Ende 1961 auf 8 Mrd. Yuan Ende 1964 erheblich reduziert. Die Preise auf den Bauernmärkten begannen allmählich zu fallen, und die Preisstabilität zeigte deutliche Wirkung.

Die bloße Stabilisierung der Preise hat jedoch nur das unmittelbare Problem gelöst und die Ausbreitung des Preisanstiegs eingedämmt. Nur eine wesentliche Erhöhung des Warenangebots kann das Feuer der Inflation an der Wurzel löschen. Dies erfordert eine Anpassung des irrationalen Preissystems, das durch den "Großen Sprung nach vorn" geschaffen wurde.

Der Zusammenbruch der Agrarwirtschaft war eindeutig das Ergebnis der extremen Industrialisierungspolitik, bei der der landwirtschaftliche Reichtum durch übermäßig niedrige Preise verlagert wurde. Um den Verlust der Landwirtschaft zu kompensieren, begann der Staat 1961 damit, die Einkaufspreise für landwirtschaftliche Produkte deutlich anzuheben, den Umfang des industriellen Aufbaus zu verringern und die wirtschaftlichen Ressourcen des Landes auf die Landwirtschaft umzulenken, die 1961 um 28 Prozent höher lag als 1960 und um 34,8 Prozent höher als 1958.

Der sprunghafte Anstieg der Einkaufspreise für landwirtschaftliche Erzeugnisse wirkte sich fast unmittelbar auf die Produktionsbereitschaft der Landwirte aus. Ab 1962, mit Ostchina als Vorreiter, verzeichnete die Landwirtschaft in den meisten Gebieten einen Anstieg der Nahrungsmittelproduktion und einen Rückgang der Marktpreise für Agrarprodukte. Die Erholung der Landwirtschaft von der Talsohle führte zu einem Anstieg des Rohstoffangebots für die Leichtindustrie, zu einer Überschwemmung des Marktes mit einer Vielzahl von Konsumgütern, zu einem erneuten Aufschwung des Handels und zu einer Umkehrung des Trends der fiskalischen Verschlechterung. Bis 1965 erholte sich die Industrieproduktion allmählich und die meisten Unternehmen begannen, Gewinne zu erwirtschaften. Mit Ausnahme einiger weniger Produkte wie Kohle, deren Preise stiegen, blieb die große Mehrheit der Rohstoffpreise stabil. Die Preise für lukrative Düngemittel, westliche Medikamente und in Schanghai hergestellte Produkte des täglichen Bedarfs wurden im ganzen Land gesenkt: Der allgemeine Verbraucherpreisindex sank 1965 gegenüber 1962 um bis zu 12 Prozent, der durchschnittliche Rohstoffpreis fiel um 4,8 Prozent, und die Preise auf den Bauernmärkten kehrten in eine normale Spanne mit den Preisen in den staatlichen Geschäften zurück. Der "materialistische" Ansatz zur Bekämpfung der Hyperinflation war erneut ein großer Erfolg!

In den fünf Jahren des wirtschaftlichen Aufschwungs von 1961 bis 1965 schrumpfte die Geldmenge stark, während das Angebot an Waren rasch zunahm und die Wirtschaft insgesamt bei sinkenden Preisen wieder florierte. Der grundlegende Prozess besteht darin, die Währung zu kontrahieren, um die Preise zu stabilisieren, die Preise anzupassen, um die Produktion anzukurbeln, und die Preise weiter zu stabilisieren, wenn das Warenangebot allmählich die zu viel ausgegebene Währung wieder einholt. Die Praxis der älteren Generation von Finanzführern wie Chen Yun zeigt einmal mehr, dass wirtschaftlicher Wohlstand nicht zwangsläufig zu Inflation führt, sondern dass eine unverantwortliche Wirtschafts- und Geldpolitik die größten Komplizen der Inflation sind!

Sowohl Deutschlands Reaktion auf die Hyperinflation im Jahr 1948 als auch Chinas Ansatz zur Inflationsbekämpfung im Jahr 1961 bestand darin, den Bargeldumlauf drastisch zu reduzieren, um die Disparität zwischen Währungen und Rohstoffen angesichts der schweren Rohstoffknappheit und der extremen Störungen durch die Währungsproliferation zu verringern, was letztlich zu einer Stabilisierung der Preise führte. Die Instrumente, mit denen die

Liquidität in Deutschland und China gekürzt wurde, verkörpern jedoch im Wesentlichen die grundlegenden Unterschiede zwischen den beiden unterschiedlichen Währungskonfessionen. Deutschland ist eine Zentralbank mit einer "Balanced Note" als Kerninstrument, um den Umfang der Aktiva des Bankensystems zu reduzieren und gleichzeitig die Geldmenge zu verringern, und die "Balanced Note" ist faktisch das Äquivalent einer zukünftigen bundesdeutschen Staatsschuld. Dies stellt einen grundsätzlichen Ansatz zur Liquiditätsverknappung in einem "staatsschuldenbasierten" Geldsystem dar.

In den 1960er Jahren war der Umfang der chinesischen Staatsverschuldung jedoch vernachlässigbar, und 1965 war China das einzige Land der Welt, das "weder Inlands- noch Auslandsschulden" hatte. Ist es unmöglich, die Inflation ohne Staatsverschuldung mit monetären Mitteln zu steuern? Natürlich sind Staatsanleihen nicht das einzige Geldinstrument und vielleicht auch nicht die optimale Wahl. Der Einsatz von Waren und Gütern ist ebenso wirksam bei der Verringerung der Liquidität und der Beseitigung der Inflation, ohne die mit der Staatsverschuldung verbundenen Zinskosten. Ist es angesichts der gegenwärtigen Staatsverschuldung europäischer und amerikanischer Länder und der daraus resultierenden Währungskrise nicht lohnenswert, dass die Länder der Welt ernsthaft von den großen Erfolgen des "materiellen Standards" des chinesischen Yuan in Bezug auf Preisstabilität und Inflationsbekämpfung lernen und darüber nachdenken?

Was genau ist das Wesen des Geldes? Ist die Staatsverschuldung oder sind es die Devisen, auf deren Grundlage die Währung eines Landes ausgegeben werden muss? Wer hat diese Regel eigentlich aufgestellt? Gibt es eine bessere Alternative? Das alles sind grundlegende Fragen, über die die Welt in der heutigen Währungskrise ernsthaft nachdenken muss!

Nachdenken bedeutet nicht, dass wir zurückgehen müssen; die Geschichte hat uns die Antwort auf den Vergleich der Vor- und Nachteile von Plan- und Marktwirtschaft gegeben.

Strenge Planwirtschaft ist wie das Pflanzen eines Baumes in einem Becken, das Becken ist voneinander isoliert, die Wurzeln können nicht mit den Wurzeln verbunden werden, die Rebe kann nicht um die Rebe gewickelt werden, die Zweige und Blätter können nicht mit den Zweigen und Blättern verbunden werden, der gesamte Nährstoffaustausch in der Mitte kann nur unter strengen

Planungsvorschriften erfolgen, scheinbar ein üppiger Wald, aber die ökologische Umgebung hat keine evolutionäre Funktion. In diesen stereotypen, von Menschenhand geschaffenen Wäldern kann kein Unkraut wachsen, keine Blumen blühen, Vögel können nur hoch fliegen, Tiere werden in Gefangenschaft gehalten, Wölfe, Insekten, Tiger und Leoparden sind ausgestorben, Rehe und Hirsche verschwinden, und die von der Natur gegebene Verbindung zwischen den Arten wird künstlich unterbrochen, so dass der Wald natürlich ohne Leben ist und die Berge natürlich ohne materielle Produktion. Wenn die Planung nicht allen Gruppen von Menschen in der Gesellschaft einen instinktiven Überlebenstrieb verleiht, dann kann der Mangel nur das unvermeidliche Ergebnis einer Planwirtschaft sein.

Der Wandel und die Beschleunigung der Industrialisierung: Chinas verpasste Chance

Bis Anfang der 1960er Jahre stammten 90 Prozent der Rohstoffe für die chinesische Leichtindustrie aus der Landwirtschaft, und die meisten der von der Schwerindustrie bereitgestellten technischen Ausrüstungen dienten der Leichtindustrie zur Herstellung von Endverbraucherprodukten. Die von Natur aus niedrige Wachstumsrate der Landwirtschaft schränkt zwangsläufig das Potenzial für die Versorgung der Leichtindustrie mit Rohstoffen ein und hemmt nicht nur direkt die Entwicklung der Leichtindustrie, sondern auch indirekt die Expansion der Schwerindustrie, was zu einem geringen Wachstum des Handels und der Steuereinnahmen führt, und die Entwicklung der gesamten Volkswirtschaft ist durch die Landwirtschaft fest auf einen niedrigen Wachstumspfad festgelegt.

An diesem Punkt kann nur ein Durchbruch in der Leichtindustrie, insbesondere bei den Rohstoffquellen, den Engpass des Wirtschaftswachstums überwinden.

Die gleichen Probleme gab es auch bei der Industrialisierung in Europa und in den Vereinigten Staaten. Die deutsch-französische "Kohle- und Stahlallianz", die Stahl zum wichtigsten Industrierohstoff und Kohle zur wichtigsten Energiequelle machte, zeigte Anfang der 1950er Jahre die zentrale Bedeutung von Stahl und Kohle für die weltweite industrielle Entwicklung. Das schlummernde Ölmeer des Nahen Ostens hat jedoch den Verlauf der weltweiten Industrialisierung völlig verändert.

In nur fünf kurzen Jahren, von 1946 bis 1950, wurden im Nahen Osten durchschnittlich 27 Milliarden Barrel Öl pro Jahr entdeckt, was dem Neunfachen der damaligen Weltjahresproduktion (etwa 3 Milliarden Barrel) entspricht! Der Westen genoss einen beispiellosen wirtschaftlichen Wohlstand in einer Ära des großen Ölreichtums, in der das Öl aus dem Nahen Osten in die Welt strömte. Der Überfluss an Öl brachte supergünstige Preise mit sich: In den 1960er Jahren lagen die westlichen Ölpreise bei nur 1,50 Dollar pro Barrel.

Die massive und billige Versorgung mit Erdöl hat nicht nur die rasante Entwicklung der westlichen Automobilindustrie bewirkt, sondern vor allem die Derivate des Erdöls, die die Beschränkungen der leichtindustriellen Rohstoffe aus der Landwirtschaft grundlegend durchbrochen haben! Der plötzliche Aufstieg der petrochemischen Industrie führte zu einer Revolution in der chemischen Industrie: die großtechnische Produktion von synthetischem Ammoniak, die das rasche Wachstum von Düngemitteln ankurbelte und den Engpass der landwirtschaftlichen Produktion direkt durchbrach; die Verwendung chemischer Pestizide zur Vorbeugung und Bekämpfung von Schädlingen und Krankheiten in der Landwirtschaft spielte eine große Rolle; Nylon, Polyester, Acryl und andere chemische Fasern, die in der Textilindustrie eine große Anzahl von Alternativen zu Baumwolle und Tierhäuten darstellen; das Aufkommen von Kunststoffen, die das tägliche Leben ersetzen, von Töpfen und Pfannen bis hin zu Tischen, Stühlen, Bänken und anderen Haushaltsgeräten, in der Industrie Rohstoffe, von Autoteilen zu integrierten Schaltkreisen sind untrennbar mit Kunststoffen verbunden, in der Bauindustrie, Kunststoff ist eine große Anzahl von Alternativen zu Stahl, Holz und Zement, in der Verpackungsindustrie, Kunststoff-Folie, Plastiktüten auf dem gesamten Markt; synthetischer Kautschuk in einer Vielzahl von Reifen, Antriebsriemen, Schläuche und andere industrielle Lieferungen weit über die Naturkautschuk, Regenmäntel, Gummischuhe und andere Haushaltswaren, stark bereichern das Leben. Auch in der Beschichtungs- und Klebstoffindustrie sorgen neue Materialien für Furore.

Seit den 1950er und 1960er Jahren hat die Welt in Autos, Fernsehern, Kühlschränken, Waschmaschinen, "vier Stücke" der Konsumgüter Boom entstanden, sind diese Produkte unverzichtbar für die Petrochemie im Bereich der leichten industriellen Rohstoffen einen großen Durchbruch. Ethylen, das Grundprodukt der Petrochemie, ist zum Liebling der neuen Wirtschaftsära geworden. In den 40 Jahren von

1940 bis 1980 stieg die Ethylenproduktion in den USA von 400.000 Tonnen auf 13 Millionen Tonnen, ein Anstieg um das 32-fache!

Im modernen Leben ist unter all den Konsumgütern, die die Menschen sehen und anfassen können, das direkte Produkt der Landwirtschaft doppelt rar geworden. Es war einmal, in der Tat gute Hemden sind so selten, Acryl-Stoff ist sehr begehrt, Kunstlederjacken glänzende Mode, Befreiung Marke Gummischuhe alle über die Straßen und Gassen, Tri-Sperrholz großen stehenden Schrank anstelle von reinem Holz Möbel, synthetische Material Bodenbelag in das Haus in großem Maßstab, ultraweiße Farbe, um den Raum heller zu machen, Hartplastik-Schneidebrett in die Küche von tausend Haushalten, der Einkauf in den Händen der Hausfrau auf dem Gemüsemarkt ist entweder eine Netztasche oder eine Plastiktüte, all das wird es ohne die von der Petrochemie ausgelöste materielle Revolution nicht mehr geben. Die Verbrauchsrohstoffe aus agroforstlichen Kulturen sind vollständig durch Zehntausende neuer synthetischer Materialien ersetzt worden. Der revolutionäre Einfluss der Petrochemie auf die Leichtindustrie hat eine völlig neue Ära des sozialen Konsums eingeleitet! Sie hat den Prozess der Industrialisierung, der eine dramatische Wendung zum Schlechteren genommen hat.

Während China noch die große Rolle des "Stahlmarschalls" in der Industrie betonte, hatte die weltweite Industrialisierung eine Wende genommen, und im Bereich der Rohstoffe für die Leichtindustrie war ein großer Durchbruch erzielt worden, der das Verhältnis zwischen Industrie und Landwirtschaft grundlegend veränderte, die Volkswirtschaft aus ihrer starken Abhängigkeit von der Landwirtschaft und den natürlichen Rohstoffen befreite und das Niveau der Industrialisierung auf eine neue Stufe hob.

1965 hatte Chinas Wirtschaft gerade die große Depression überwunden, die auf den Großen Sprung nach vorn folgte, und fiel dann direkt in das Jahrzehnt der wirtschaftlichen Stagnation, das auf die Kulturrevolution von 1966-1976 folgte. Obwohl viele der Technologien und Ideen der Petrochemie nach China gelangt sind, haben sie in der chinesischen Industrie noch keine weite Verbreitung gefunden, und der Übergang von der industriellen zur landwirtschaftlichen Akkumulation ist bei weitem noch nicht abgeschlossen, so dass eine grundlegende Chance für einen Kurswechsel der Industrialisierung verpasst wurde.

Wenn die petrochemische Industrie die Abhängigkeit der Leichtindustrierohstoffe von der Landwirtschaft vollständig gelöst hat, was eine wesentliche Änderung der Industrialisierungsrichtung mit sich brachte, dann hat die industrielle Automatisierungsrevolution, die durch den raschen Fortschritt der Elektronikindustrie und der Computer ausgelöst wurde, die Industrialisierung in eine neue Umlaufbahn gebracht und plötzlich die Geschwindigkeit des ersten Universums erreicht!

Die Erfindung des Transistors in den Bell Labs in den Vereinigten Staaten im Jahr 1947 und die Einführung des integrierten Schaltkreises im Jahr 1958 brachten eine Welle der Automatisierung mit sich, bei der der integrierte Schaltkreis das Zentrum der nuklearen Explosion und das Mooresche Gesetz die Geschwindigkeit der Schockwelle darstellten, die alle Bereiche der Industrie erfasste.

Die Automatisierung sammelt, analysiert, beurteilt und speist Daten aus dem Produktionsprozess und steuert die Maschine, um schließlich die automatische kontinuierliche Produktion mit ultrahoher Geschwindigkeit, ultrapräzise und ultraintensiv zu vollenden, was für den Menschen unerreichbar ist, und die Geschwindigkeit und Qualität der industriellen Produktion wurde erheblich verbessert. Die Automatisierung hat zum ersten Mal die Information aus dem industriellen Prozess herausgelöst, und diese große Arbeitsteilung hat einen eigenen Industriezweig geschaffen, diesen Zweig mit dem Computer als Gehirn, dem integrierten Schaltkreis als Rückgrat, dem Netzwerk als Gliedmaße, der riesigen Informationsmenge als Körnchen, der im Bereich der Schwerindustrie intelligente und digitale technische Ausrüstungen geschaffen hat, die in der Leichtindustrie die Produktionseffizienz auf ein seit der industriellen Revolution noch nie dagewesenes Niveau gebracht haben. Der "Wald der Industrie" ist nicht länger ein Silo aus Maschinen und unabhängiger Produktion, sondern hat sich zu einer eng vernetzten, hochintelligenten und voll integrierten "ökologischen Umgebung" entwickelt. Die Automatisierung setzt nicht nur die physischen Kräfte des Menschen frei, sondern stimuliert auch das Potenzial des menschlichen Gehirns. Von der Steuerung des Produktionsprozesses bis zur Förderung der wissenschaftlichen Entwicklung des Managements, von der industriellen Produktion bis zur Durchdringung des sozialen Lebens - die durch die Automatisierung erzeugten Informationen werden alle Bereiche des gesellschaftlichen Lebens tiefgreifend verändern.

Mit 156 Großprojekten, die von der Sowjetunion in den 1950er Jahren unterstützt wurden, profitierte China von den enormen Vorteilen der fortschreitenden Industrialisierung und verringerte den Abstand zur Weltwirtschaft erheblich. Von 1957 bis 1970 jedoch, zu einem kritischen Zeitpunkt, als die Industrialisierung weltweit einen Kurswechsel und eine Beschleunigung erfuhr, kämpfte Chinas Wirtschaft mit Rezession und Erholung. Die Abschottung und Isolierung, die das "wirtschaftliche Exil" der Vereinigten Staaten gegen China mit sich brachte, hat der Dynamik der chinesischen Industrialisierung schweren Schaden zugefügt, und die Verschlechterung der chinesisch-sowjetischen Beziehungen hat den Zugang zu den neuesten technologischen Errungenschaften der Sowjetunion und anderer sozialistischer Länder weiter abgeschnitten. Da China nicht in der Lage war, sich aus den Fesseln der der Industrialisierung innewohnenden Beschränkungen der Landwirtschaft zu befreien, stagnierte die chinesische Wirtschaft lange Zeit, während politische Kämpfe den Verfall früherer Industrialisierungserfolge beschleunigten; Fabriken, die in den 50er Jahren fortschrittlich waren, wurden in den 60er Jahren, als die Weltindustrie eine Welle dramatischer Innovationen erlebte, veraltet und rückständig. Die große weltweite technologische Revolution hat in der chinesischen Industrie zu einem beschleunigten Wertverlust geführt. Die Unternehmen haben große Gewinne eingefahren, wodurch die für die technologische Modernisierung erforderliche Kapitalakkumulation erheblich verringert wurde. Wenn diese wertvollen Industriegewinne in ineffiziente und verschwenderische Expansionen auf der Grundlage alter Technologien fließen, wird das Verhältnis zwischen Schwerindustrie, Leichtindustrie und Landwirtschaft weiter gestört. Obwohl die Investitionen in einem geschlossenen Umfeld die Illusion von Wachstum erzeugen, ist das gesamte industrielle System in Wirklichkeit bankrott, sobald es in den externen Wettbewerb eintritt.

Für die Amerikaner ist China ein "isolierter, wütender Riese", was genau das ist, was die Vereinigten Staaten vom "wirtschaftlichen Exil" erwarten. Anfang der 1970er Jahre änderte sich die internationale Lage jedoch grundlegend und zu Chinas Gunsten. Die USA sahen sich zunehmend mit einer Niederlage in Vietnam konfrontiert, ihr internationales Ansehen war auf dem Tiefpunkt, die Antikriegsstimmung im Lande war groß, der Einfluss der Sowjetunion wuchs, und die Macht der USA stand vor dem Dilemma, weltweit dramatisch zu schrumpfen. Zu dieser Zeit führte die Verschlechterung der chinesisch-sowjetischen Beziehungen dazu, dass die Vereinigten

Staaten den Wert des Einsatzes Chinas erkannten, und die beiden Ölkrisen in den 1970er Jahren verursachten eine tiefe wirtschaftliche Rezession in den westlichen Industrieländern, so dass die Suche nach neuen überseeischen Märkten zur dringendsten Aufgabe der europäischen und amerikanischen Länder wurde.

China ergriff die Gelegenheit und schlug 1973 das "43er Programm" vor, um innerhalb von drei bis fünf Jahren in großem Umfang Ausrüstungen für die Petrochemie und die Stahlherstellung im Wert von 4,3 Milliarden US-Dollar einzuführen. China hat endlich verstanden, wie wichtig die Petrochemie für die Leichtindustrie ist, um sich von den Zwängen der Landwirtschaft zu befreien, und hat bei der Einführung von Ausrüstungen für Chemiefasern, Düngemittel und Chemieanlagen Vorrang eingeräumt.

Das "43er-Programm" der 1970er Jahre war nach den 156 Großprojekten, die in den 1950er Jahren von der Sowjetunion unterstützt wurden, der zweite groß angelegte Plan Chinas, um die Verbreitung von Technologie zu absorbieren. In der Folgezeit wurde das Programm um eine Reihe zusätzlicher Projekte erweitert, so dass sich die geplanten Importe auf insgesamt 5,14 Milliarden Dollar beliefen. Mit Hilfe dieser Einrichtungen wurden durch inländische Unterstützung und Renovierung Investitionen in Höhe von insgesamt etwa 20 Milliarden Yuan getätigt und 27 große Industrieprojekte gebaut, die alle bis 1982 in Betrieb genommen werden sollen. Mit der Umsetzung dieses Plans wurde die notwendige materielle Grundlage für Chinas Reform und Öffnung in den 1980er Jahren geschaffen.

In einer Zeit, in der die Industrialisierung Chinas in rasantem Tempo und mit ständigen Rückschlägen voranschreitet, beeilt sich Japan, Chinas Hauptrivale seit einem Jahrhundert, auf dem Weg zur Industrialisierung aufzuholen.

Japans Industrieversicherung wird "kastriert", MacArthurs "Landreform"

Im August 1945 erklärte Japan seine Kapitulation. Während des Krieges waren 40 Prozent des japanischen Volksvermögens direkt oder indirekt vernichtet worden, und die Wirtschaft war völlig bankrott. Als die amerikanischen Truppen in Japan einmarschierten, erhielt MacArthur, der Oberbefehlshaber der US-Besatzungsarmee, eine klare Anweisung aus Washington:

"Sie sind nicht verantwortlich für die Wiederbelebung und Stärkung der japanischen Wirtschaft. Machen Sie den japanischen Staatsbürgern klar, dass Sie auch nicht dafür verantwortlich sind, welchen Lebensstandard Japan beibehalten soll."

Im Gegensatz zu Deutschland, wo die USA, die Sowjetunion, Großbritannien und Frankreich eine direkte militärische Herrschaft über Deutschland ausübten, übten die Besatzungstruppen in Japan eine indirekte Herrschaft über die japanische Regierung aus, und nur in extremen Fällen konnte MacArthur die Macht haben, eine direkte Herrschaft über das japanische Volk auszuüben. Angesichts der Frage der Existenz oder Abschaffung des Kaisers überzeugte ihn MacArthurs unmittelbare Lebenserfahrung in Japan, dass die Beibehaltung des kaiserlichen Systems die "indirekte Herrschaft" in den Vereinigten Staaten begünstigen würde. Er studierte auch systematisch die historischen Erfahrungen mit der Militärherrschaft von Alexander, Cäsar und Napoleon und kam zu dem Schluss, dass "fast alle militärischen Besetzungen neue Kriege in der Zukunft hervorbringen" und dass der Kaiser in Japan als Gott verkörpert worden war und dass, obwohl Japan besiegt wurde, die Inspiration des Kaisers "größer war als 20 mechanisierte Divisionen". Wenn also der Kaiser abgeschafft wird, dann werden die Vereinigten Staaten die schwere Last der Feindseligkeit tragen und auf unbestimmte Zeit die 70 Millionen Menschen verwalten, die vor dem Zusammenbruch stehen.

Die japanische Regierung war seit langem daran gewöhnt, während des Krieges unter dem Kommando des Militärs zu stehen; sie war weniger ein Entscheidungsgremium als vielmehr ein ausführendes Organ, so dass die japanische Regierung, als die amerikanischen Besatzungstruppen das japanische Militär ablösten, ohne jegliche Hindernisse mit den Besatzungstruppen zusammenarbeitete.

Die anfängliche Haltung Amerikas gegenüber Japan ähnelte der gegenüber Deutschland, die darin bestand, Japans industrielles Potential und seinen Willen zum Krieg grundlegend zu zerstören, um einen neuen Krieg zu beginnen. Zu diesem Zweck haben die Vereinigten Staaten auch für Japan eine japanische Version des "Morgenthau-Plans" vorbereitet. Ziel der USA war es, den Produktionsumfang der japanischen Industrie nach dem Krieg weitgehend auf das Niveau zu begrenzen, das vor und nach den Ereignissen des "18. September" 1931 bestand, und die industrielle Kapazität Japans auf ein Niveau der Primärindustrialisierung zu reduzieren, das nur den niedrigen Betriebsgrad der eigenen Wirtschaft befriedigen würde, ohne die Besatzungskosten für die Amerikaner zu erhöhen. Um Japan zu zwingen, Entschädigungszahlungen an die in Asien überfallenen Länder zu leisten, sollte gleichzeitig eine große Anzahl von Industrieanlagen demontiert werden, um den betroffenen Ländern eine Entschädigung in Form von Sachleistungen zu bieten. Die US-Armee erstellte eine "Schwarze Liste" japanischer Industrieunternehmen, auf der insgesamt 1.100 Unternehmen aufgeführt waren, weniger als die 1.600 in Deutschland, was sowohl die gründlichere strategische Bombardierung Japans durch die US-Armee als auch die Tatsache widerspiegelt, dass die japanische Industrie schwächer war als die deutsche Industrie.

Neben der industriellen "Kastration" Japans sind die amerikanischen Besatzungsbehörden der Ansicht, dass eine weitere wichtige Quelle für die Fähigkeit der Warlords, in Japan Krieg zu führen, das Bildungssystem ist, das der Jugend seit vielen Jahren die Idee des "Militarismus" im Schulsystem vermittelt. Als die amerikanischen Besatzungstruppen mit einer großen Anzahl amerikanischer Pädagogen nach Japan kamen. Während die amerikanischen Besatzungsbehörden Kriegsverbrecher wie Tojo und andere Kriegsverbrecher verhafteten, gingen sie dazu über, das Bildungssystem sofort von den Verfechtern der Idee des "Militarismus" zu befreien. Amerikanische Pädagogen begannen, die Richtung des Inhalts ihrer Lehrbücher vorzugeben, indem sie deutlich machten, welche Art von Ideen von der japanischen Jugend akzeptiert werden sollten.

Gleichzeitig sind die US-Besatzungsbehörden bereit, dem plutokratischen System Japans eins auszuwischen. Das System hat jedoch viele Schwachstellen. Die vier großen Plutokraten, Mitsui, Mitsubishi, Sumitomo und Yasuda, sind eindeutig die wichtigste Stütze und finanzielle Basis des Militarismus, und die so genannte "Auflösung der Plutokraten" zerschlägt nur die Aktiengesellschaften der Plutokraten, aber die Plutokratenbank, das Herzstück des plutokratischen Systems, bleibt unversehrt. Diese Zaibatsu-Bankiersfamilien waren jahrhundertelang mit internationalen Bankiers an der Wall Street und in der Londoner City befreundet, und die Familie Mitsui unterhielt schon vor der Meiji-Restauration ungewöhnliche Beziehungen zu internationalen Bankiers. Wenn das Messer auf die Köpfe der Zaibatsu fiel, gab es immer eine unerwartete unsichtbare Hand, die die Härte des Gesetzes entschärfte, nicht nur von der japanischen Regierung, sondern auch von den Kräften hinter der Besatzung. So wie die deutschen Bankiers, während sie die Nazis unterstützten, die anglo-amerikanischen Bankiers in Basel heftig bekämpften, wurden sie nach dem Krieg in ähnlicher Weise zu Unrecht bestraft.

Während Kredite nur 12,8% der japanischen Finanzierungsquellen für die Unternehmensentwicklung vor dem Krieg ausmachten, erreichte die Abhängigkeit von Krediten für die Unternehmensentwicklung nach dem Krieg 1951 62,8%. Dies stärkt zweifellos den Einfluss der Zaibatsu Bank auf die Unternehmen erheblich. Als Japan nach der Unterzeichnung des San Francisco Compact mit den Vereinigten Staaten seine nationale Unabhängigkeit wiedererlangte, änderte es 1953 MacArthurs "Anti-Monopol-Gesetz", um Unternehmen, die miteinander konkurrierten, die Möglichkeit zu geben, Anteile aneinander zu halten, so dass Unternehmen, die von den Plutokraten aufgespalten worden waren, sich wieder zusammenschließen konnten. Das geänderte Gesetz erlaubte es den Banken, ihren Anteil an den Unternehmen von 5 auf 10 Prozent zu erhöhen und so eine strategische Allianz ehemaliger plutokratischer Unternehmen zu bilden, in deren Mittelpunkt plutokratische Banken standen, die nicht nur Anteile an diesen Unternehmen hielten, sondern auch günstigere Kredite an verbündete plutokratische Unternehmen vergaben, was das plutokratische System als Interessengemeinschaft erheblich stärkte. Tatsächlich ist die Zaibatsu Bank in gewisser Weise das Äquivalent der ehemaligen Zaibatsu-Holding und spielt eine zentrale Rolle bei der Strategieformulierung, der taktischen Koordinierung und der Interessendrehscheibe der Zaibatsu-Gruppe.

Die plutokratischen Banken nehmen nicht nur Mittel aus den Ersparnissen der Bürger auf, sondern leihen sich auch nach und nach Geld von der Zentralbank. Infolgedessen ist die Plutokratie in der Lage, mehr wirtschaftliche Ressourcen zu mobilisieren, in mehr Bereiche vorzudringen, weniger Konkurrenz zu haben und über ein flexibleres Organisationssystem zu verfügen als zuvor.

Das offensichtlichste Beispiel hierfür ist die Mitsui-Gruppe. Die Mitsui Bank, Mitsui Trust, Mitsui Life Insurance, Taisho Marine Fire Insurance und andere Finanzinstitute der Mitsui-Reihe haben sich zusammengeschlossen, um vorrangig Kredite an Unternehmen der Mitsui-Reihe wie Mitsui Mines, Mitsui Metals, Mitsui Mfg, Mitsui Shipbuilding, Mitsui Fudosan, Mitsui Petrochemical und Oji Paper zu vergeben. Obwohl die ehemalige Zaibatsu-Holding organisatorisch nicht mehr existierte, trafen sich die Führer der Mitsui-Familie regelmäßig im Namen der "Niki-kai", um Informationen auszutauschen, und standen sich ebenso nahe wie die ehemalige Zaibatsu-Gruppe.

Die vier größten Zaibatsu Japans, Mitsui, Mitsubishi, Sumitomo und Yasuda, verfügen zusammen über 25,4 Prozent des Gesamtkapitals des Landes, während die zehn größten Zaibatsu 35,2 Prozent ausmachen. Von den 325 Unternehmen, die ursprünglich ausgegliedert werden sollten, wurden schließlich nur 11 aufgelöst, wobei Mitsubishi Heavy Industries in drei Unternehmen aufgeteilt und dann wieder vereinigt wurde.

Der intakten Zaibatsu-Bank ist es zu verdanken, dass sich die ehemaligen Zaibatsu-Firmen nach dem Ende der japanischen Besatzung bald wieder um die Zaibatsu-Bank gruppierten und die wirtschaftliche und politische Szene Japans in der Nachkriegszeit erneut hinter den Kulissen dominierten.

1946 weigerte sich die Sowjetunion, dem Dollarsystem beizutreten, und der Kalte Krieg begann sich zu erhitzen. Die USA "kastrierten" die deutsche und japanische Industrie und traten gleichzeitig auf die Bremse.

Von 1947 bis 1950 wurde die japanische Industrie in wesentlich geringerem Umfang demontiert, wobei die Ausrüstungen insgesamt nur 160 Millionen Dollar betrugen. Japan war in der Lage, seine wichtigste industrielle Kraft zu bewahren. Die Situation war fast identisch mit der in Deutschland, und ohne diese erhaltenen industriellen Stärken wäre Japans schneller Wiederaufschwung nach dem Krieg nicht einfach gewesen. Da die Demontage von Industrieanlagen im Rahmen der Kriegsreparationen bis zur Bedeutungslosigkeit zusammengestaucht wurde, erhielten die asiatischen Länder nicht die notwendige Entschädigung für die enormen Kriegsverluste, was es Japan ermöglichte, eine schwere Last für seine wirtschaftliche Entwicklung abzuwerfen und leicht und schnell wieder aufzustehen.

Die andere wichtige Initiative MacArthurs in Japan war die Richtlinie zur Emanzipation von landwirtschaftlichen Flächen vom Dezember 1945, die eine weitreichende "Landreform" in Japan auslöste. Man kann sagen, dass ohne die Freigabe der landwirtschaftlichen Produktivität der spätere industrielle Aufstieg Japans nur schwer möglich gewesen wäre.

Die japanische Landwirtschaft befand sich in einer ähnlichen Zwangslage wie die chinesische, und auch Japans Vorkriegsindustrialisierung erforderte eine Kapitalakkumulation in der Landwirtschaft. Als die Produktion der eigenen Landwirtschaft die Versorgung mit Industrierohstoffen nicht mehr decken konnte, zwang die rasch wachsende kaiserliche Industrie die japanische Regierung zu einer aggressiven Expansion nach China und Südostasien, um sich mit Industrierohstoffen, Nahrungsmitteln und Öl zu versorgen und gleichzeitig einen Markt für japanische Industrieprodukte zu schaffen, die zu hohen Dumpingpreisen angeboten wurden. In der Nachkriegszeit, als Japan alle seine überseeischen Kolonien und Besetzungen verlor, war nicht nur die Quelle für Industrierohstoffe abgeschnitten, sondern auch der Markt für Konsumgüter ging verloren. Die Akkumulation der Industrialisierung seit der Meiji-Restauration wurde durch den Krieg aufgerieben. Ohne "Landreform" wird die anhaltende Trägheit der landwirtschaftlichen Produktion die Besatzungsbehörden dazu zwingen, sich mit einem Japan auseinanderzusetzen, das sich nicht selbst ernähren kann, was für die Amerikaner zu einer ständigen wirtschaftlichen Belastung werden wird.

MacArthurs "Landreform" in Japan, bei der die Regierung zwangsweise Land von Landbesitzern erwarb und es zu fairen Preisen an sie verkaufte, war eine lang erwartete Reform in Japan, aber in der kaiserlichen Ära, als japanische Plutokraten, Kriegsherren und Landbesitzer verbündet waren, war die Landreform nur ein ferner Traum. Erst nach dem Krieg hatten die amerikanischen Besatzungsbehörden die Motivation und die Kraft, Japans jahrtausendealtes Monopol der Grundbesitzer auf den Großteil des Landes mit einem Schlag zu zerstören. Zum ersten Mal bekamen die Pächter das Land ihrer Träume und mussten nicht mehr die Hälfte oder mehr ihrer jährlichen Getreidepacht an ihre Grundherren zahlen, was ihren Produktionswillen enorm steigerte und die landwirtschaftliche Produktion auf ein Rekordniveau hob. Nach dem Krieg waren die Landwirte für einige Zeit sogar produktiver als ihre städtischen Kollegen. Die Landwirte verkaufen ihre Lebensmittel zu hohen Preisen auf dem Markt und erwirtschaften so einen beträchtlichen Wohlstand und häufen ein gewisses Kapital an. Der Anteil der Landwirte, die die Hälfte der Bevölkerung ausmachen, wurde in den nächsten 20 Jahren schrittweise auf ein Drittel der Bevölkerung reduziert, aber die landwirtschaftliche Produktion hat sich verdoppelt. Es ist also klar, dass die Agrarreform der Landwirtschaft einen enormen Auftrieb gegeben hat.

Es war auch der Erfolg der Agrarreform, der 1948 und in den Folgejahren zu einem landwirtschaftlichen Aufschwung in Japan führte, der nicht nur die Nahrungsmittelknappheit und die Inflation linderte, sondern auch einen zehnjährigen Aufschwung der japanischen Leichtindustrie unterstützte.

Bevor es jedoch zu einer echten wirtschaftlichen Erholung kommt, muss Japan auch das Inflationsdilemma angehen.

Kippung des Produktionsplans, Kohle und Stahl und Inflation

Zu Beginn der Nachkriegszeit im Jahr 1945 befanden sich Japan und Deutschland in etwa in der gleichen wirtschaftlichen Situation. Während des Krieges wurden 119 Städte in Japan in Schutt und Asche gelegt, 2,36 Millionen Häuser wurden zerstört und 9 Millionen Menschen wurden vertrieben. Fast die Hälfte der Industrieanlagen, Straßen, Brücken und Hafenanlagen wurden in unterschiedlichem Ausmaß beschädigt. Die Industrieproduktion ging stark zurück und betrug 1946 nur noch 30 Prozent des Vorkriegsniveaus. Während des Krieges stieg der Geldumlauf in Japan um mehr als das 24-fache, die Schwarzmarktpreise stiegen im Durchschnitt um das 29-fache, und der Ausfall der Landwirtschaft im Jahr 1945 führte dazu, dass die Reisproduktion nur noch 60 Prozent des Niveaus der Vorjahre erreichte. Die schwere Nahrungsmittelkrise, die extreme Materialknappheit und die Hyperinflation haben eine Reihe von Großdemonstrationen und eine anhaltende politische Instabilität in Japan ausgelöst.

Als die US-Besatzungsbehörden die Einstellung der japanischen Militärproduktion ankündigten, gerieten zahlreiche Unternehmen der Militärindustrie sofort in eine Krise, und die unterstützenden Industriezweige wie Maschinenbau, Chemie, Metallurgie usw. kamen im Grunde zum Erliegen. Sobald das Militär und die unterstützenden Industrien, die die Hälfte der Volkswirtschaft ausmachen, nicht mehr funktionieren, kommt es zu einer Massenarbeitslosigkeit, die zusammen mit der Rückkehr der Truppen aus Übersee und der Einwanderer die Zahl der Arbeitslosen in Japan auf 11,3 Millionen ansteigen lässt. Materialknappheit, Lebensmittelknappheit und Inflation haben die Regierung gezwungen, eine strenge Rationierung einzuführen, eine Maßnahme, die die Schwarzmarktpreise zweifellos in die Höhe treiben wird.

Während des Krieges vergab das japanische Bankensystem Kredite an die Militärindustrie, die die Hälfte des gesamten Kreditvolumens ausmachten, insbesondere alarmierende 90 Prozent der militärisch-industriellen Kredite der sechs Großbanken, die dazu bestimmt waren, zu uneinbringlichen Krediten zu werden, und am Tag des Kriegsendes gingen diese Banken in Konkurs. In dem Bemühen, das Bankensystem und die allgemeine Wirtschaftslage zu retten, gab die japanische Regierung noch am Tag der Kapitulation eine Erklärung ab, die es den Finanzinstituten erlaubte, weiterhin neue Jumbo-Kredite an Unternehmen zu vergeben, während die Bankkunden weiterhin ungehindert Geld abheben konnten. Diese fortgesetzte Missachtung der Existenz uneinbringlicher Forderungen und die Vergabe von Riesenkrediten wird zweifellos die Inflation verschärfen.

1946 war die japanische Regierung bereits in Gefahr, in eine stürmische Situation zu geraten, und wenn die Hyperinflation nicht schnell eingedämmt wurde, würde die Möglichkeit einer Revolution und von Unruhen mit jedem Tag größer werden.

Bei einer derartigen bösartigen Inflation sind die Japaner verzweifelt, ihre Bankeinlagen abzuheben und schnell verschiedene Schwarzmarktwaren zu kaufen, um ihre hart verdienten Ersparnisse zu schützen, und eine Bankenkrise steht unmittelbar bevor! Wie können die Banken mit ihren sich stark verschlechternden Aktiva und Passiva einem Ansturm der Bevölkerung standhalten? Auf Drängen der Plutokraten bat die japanische Regierung die amerikanischen Besatzungsbehörden um eine dringende Antwort auf die Inflationskrise, und MacArthur befürchtete, dass eine weitere Verschärfung des Problems zu Massenunruhen in Japan und sogar zum Ausbruch der Zweiten Revolution führen könnte. MacArthur forderte daher die japanische Regierung unverzüglich auf, dringende Maßnahmen zur Beendigung der Krise zu ergreifen.

Im Februar 1946 führte die japanische Regierung "finanzielle Notmaßnahmen" ein, um neue Yen auszugeben und alte Yen zurückzuholen, und die Menschen mussten alle alten Yen in neue Yen umtauschen, indem sie sie innerhalb eines bestimmten Zeitraums auf ein Banksparkonto einzahlten, wobei jedoch nur maximal 500 Yen für die täglichen Ausgaben abgehoben werden durften, eine Summe, mit der man kaum ein Leben in extremer Armut führen konnte. Durch das Einfrieren der Einlagen milderte die Regierung vorübergehend die drohende Bankenkrise und dämpfte den Preisanstieg auf dem Schwarzmarkt durch einen starken Rückgang des Bargeldumlaufs, der sich aus dem Umtausch ergab. Kurzfristig konnte der Preisanstieg eingedämmt und damit eine Finanzkrise überstanden werden; langfristig wurden jedoch keine wesentlichen Probleme gelöst.

Im Gegensatz zur deutschen Währungsreform vom Juni 1948, als Deutschland eine neue Mark für zehn alte Mark eintauschte, die Banken ihre Aktiva und Passiva in beide Richtungen verzehnfachten und die Bankguthaben durch "Ausgleichsscheine" (künftige Staatsschulden) ersetzten, wurde die monetäre Ursache der Inflation mit einem Schlag beseitigt, auch wenn sie ernste Probleme bei der Umverteilung des gesellschaftlichen Reichtums verursachte. Das ist zwar tragisch, aber auch eine Art Radikaltherapie, die "besser für den langen Schmerz als für den kurzen Schmerz" ist. Die "finanziellen Notmaßnahmen" Japans hingegen dienten ausschließlich Notstandszwecken und haben den Inflationsdruck nicht grundlegend verringert, sondern den Ausbruch des Problems nur verzögert.

Wie kann diese seltene "Verzögerung" wirksam genutzt werden, um die Inflation zu bekämpfen? Wenn man nicht bereit ist, mit einer schrumpfenden Währung zu beginnen, muss ein Durchbruch durch eine Erhöhung des Warenangebots erzielt werden. Dies ist der "Tilt Production Plan" der japanischen Regierung. Das Hauptziel dieses Plans besteht darin, die begrenzten Ressourcen zu konzentrieren und die Kohle- und Stahlproduktion zu steigern. Da Kohle die Energiequelle für die Industrie und Stahl der Rohstoff für die Industrie ist, könnte die Verfügbarkeit dieser beiden Materialien zur Wiederbelebung anderer Industriesektoren führen.

1946 lag die Industrieproduktion Japans bei etwa 30% des Vorkriegsniveaus, und wenn es gelänge, die Produktion auf 60% zu steigern, so glaubte die japanische Regierung, würde ein starker Anstieg der Rohstoffpreise die Auswirkungen der überschüssigen Währung ausgleichen und damit die Inflation beenden. Nur wenn die Inflation gestoppt wird, kann die wirtschaftliche Erholung wirklich beginnen. Um dieses Ziel zu erreichen, müsste die Kohleproduktion von 20 Millionen Tonnen auf 30 Millionen Tonnen erhöht werden, was die Besatzungsbehörden dazu veranlassen würde, den Stahlsektor mit Schweröl und Eisensand zu versorgen und dann den Kohlesektor mit einer erhöhten Stahlproduktion zu versorgen, was eine erhöhte Kohleproduktion erleichtern würde, und dann den Stahl mit Kohle weiter zu fördern.

Von dieser Idee geleitet, begann die Regierung, alle ihre finanziellen Ressourcen zu bündeln, und richtete im Januar 1947 eine spezielle Staatskasse für die finanzielle Sanierung ein. Die Staatskasse wird durch den Kredit der Zentralbank finanziert, der sich letztlich im Haushaltsdefizit der Regierung niederschlägt. Zwischen 1947 und 1948 verlieh die Staatskasse insgesamt 125,9 Mrd. Yen, d. h. ein Drittel des gesamten Industriekredits, und die Regierung stellte einen enormen Betrag von 85 Mrd. Yen (12% des Gesamthaushalts) zur Verfügung, um die Ausbreitung von "produktionsfeindlichen" Unternehmen zu subventionieren. Die Kohleindustrie erhielt ein Darlehen in Höhe von 47,5 Milliarden Yen, was etwa 38 Prozent des Gesamtbetrags der Kredite aus der Staatskasse entspricht. Im Jahr 1948 zeigte die japanische Wirtschaft erste Anzeichen einer Verbesserung. Die Industrieproduktion erreichte wieder das Vorkriegsniveau von 54,6 Prozent, wobei 90 Prozent auf Kohle und 49,2 Prozent auf Stahl entfielen, womit die gesetzten Ziele weitgehend erreicht wurden.

Der Preis für diese "Hinwendung zur Produktion" war jedoch ein größeres Haushaltsdefizit und eine Flut von Geld, und während Stahl und Kohle verfügbar waren, waren die Rohstoffe für die Leichtindustrie zur Herstellung von Konsumgütern durch die Landwirtschaft von 1947 immer noch begrenzt. Japans Leichtindustrie ähnelte in jenem Jahr der chinesischen, und da die petrochemische Industrie noch nicht eingeführt war, stützte sie sich stark auf die Landwirtschaft als Rohstoffquelle. Zu diesem Zeitpunkt hatte Japans "Agrarreform" gerade erst begonnen, und die Auswirkungen der gesteigerten landwirtschaftlichen Produktion sollten sich erst nach 1948 allmählich bemerkbar machen, während das fragile Gleichgewicht zwischen der durch die "gekippte Produktion" verursachten größeren Geldvermehrung und dem Engpass der Leichtindustrie, die immer noch in einem Rohbau steckte, 1947 und 1948 erneut gestört wurde und die Inflation wie ein wildes Pferd wieder einmal die Kontrolle verlor. Der Anstieg der Großhandelspreise in Japan erreichte 1947 bis zu 193% und 1948 bis zu 167%.

Diese Politik hatte letztlich zur Folge, dass die Unternehmen des plutokratischen Systems mit den Mitteln des Staates und den Ersparnissen des Volkes die Kapitalakkumulation wieder aufnahmen, einen Teil der im Krieg verlorenen Kraft wiedererlangten und ihre Kreditlasten in der bösartigen Inflation schnell getilgt wurden, so dass die Katastrophe der Inflation letztlich dem Volk und den Sparern überlassen wurde. Dies ist im Grunde ein Raub des Reichtums, und zwar ein eklatanter Raub auf Anweisung des Staates! Daraufhin brach in Japan der "Märzkampf" von 1948 aus, mit einem landesweiten Streik von 1 Million Menschen in einem in der japanischen Geschichte noch nie dagewesenen Ausmaß. Zur gleichen Zeit kam es auch zu Massenprotesten von Staatsbediensteten in Regierungsbehörden und öffentlichen Einrichtungen.

Anstatt große Mengen an Konsumgütern zu dumpen, hat das "Kippen der Produktion" eine heftigere Inflation und massive politische Unruhen ausgelöst.

Die Amerikaner sind raus! Ist das nicht der Unsinn der Japaner? Das Spiel mit dem Feuer des Haushaltsdefizits wird am Ende unweigerlich zur Katastrophe einer bösartigen Inflation und sozialen Unruhen führen!

Die Dodge-Route, der Yen in die Arme des Dollar-Imperiums

Ende 1948 kam der amerikanische Bankier Dodge nach Japan. Dodge war gerade in Deutschland gewesen, um an der D-Mark-Reform im Juni mitzuwirken, und nun kam er nach Tokio, wo er angesichts der bösartigen Inflation und der Finanzpolitik des Landes nicht anders konnte, als Feuer zu fangen. Dies ist ein großer Unterschied zu den Überlegungen zur D-Mark-Reform, die er initiiert hatte.

Als japanische Regierungsbeamte ihm gegenüber schwärmten, wie ermutigend die Erholung der Industrieproduktion gewesen sei, bemerkte Dodge nonchalant: "Es wäre töricht, sich mit höheren Produktionsindizes und gestiegenen Exporten zu brüsten, wenn dies in Wirklichkeit nichts anderes ist als eine Manifestation von US-Hilfsgeldern, (Japans Finanzministerium) Subventionen und sich ausweitenden Defiziten. "Er machte eine berühmte Analogie: "Die japanische Wirtschaft ist wie ein Bambuspferd, mit US-Hilfe an einem Bein und einheimischen Finanzhilfeorganisationen am anderen. Wenn die Beine des Bambuspferdes zu lang sind, besteht die Gefahr, dass es fällt und sich das Genick bricht, und die Beine des Pferdes müssen jetzt schnell gekürzt werden. "

Auch in Japan haben sich in dieser Zeit zwei Auffassungen herausgebildet: die eine besagt, dass Stabilität eine notwendige Voraussetzung für den Aufschwung ist und dass die Inflation zunächst gestoppt werden muss, die andere, dass es ohne Aufschwung keine

Stabilität geben kann und dass die Produktion ausgeweitet werden muss, um die Wirtschaft wieder aufzubauen. Letzteres ist eigentlich eine inflationsfördernde Sichtweise. Die Plutokraten wollen offenbar, dass das Land weiterhin massive Haushaltsdefizite aufweist, damit sie weiterhin riesige Geldbeträge und Subventionen erhalten, um eine größere Kapitalakkumulation zu erreichen, und die Kosten der Inflation werden natürlich von der normalen japanischen Bevölkerung getragen. Unter dem Einfluss der Plutokraten hat die japanische Regierung das Haushaltsdefizit nur langsam abgebaut.

Die Amerikaner haben es endlich eilig!

Angesichts der starrköpfigen Haltung der japanischen zaibatsu ergriffen die Regierung der Vereinigten Staaten und die Besatzungsbehörden entschlossene Maßnahmen und traten offen in den Mittelpunkt der japanischen Politik. Ohne die japanische Regierung zu informieren, verkündeten sie am 18. Dezember 1948 im Namen des Generalkommandos der Besatzungstruppen den japanischen Bürgern die "Neun Prinzipien der wirtschaftlichen Stabilität", die berühmte "Dodge Line" der Geschichte. Die japanische politische Klasse war empört.

Der Kern der "Dodge-Linie" lautet: Haushaltsausgleich, Begrenzung der Kredite, Reform des Steuersystems und Einführung eines einheitlichen Wechselkurses.

In seinem "Brief" an den japanischen Premierminister Yoshida forderte MacArthur die japanische Regierung in äußerst scharfen Worten auf, die oben genannten Grundsätze buchstabengetreu umzusetzen, und da die Vereinigten Staaten, die Japan in großem Umfang unterstützten, der Meinung waren, dass sie das Recht hätten, von Japan zu verlangen, Härten zu ertragen und sogar einen Teil seiner Freiheiten und Rechte vorläufig aufzugeben, und dass keine ideologischen und politischen Aktivitäten gegen die "neun Grundsätze" zugelassen würden.

Die Plutokraten waren in Aufruhr, die politische Lage in Japan war turbulent, und das Kabinett Yoshida wurde durch die starke Opposition im japanischen Parlament völlig verunsichert. Daher gab Minister MacArthur grünes Licht für die Auflösung des Kongresses und die Abhaltung von Neuwahlen, Yoshidas neues Kabinett erhielt schließlich eine überwältigende Mehrheit im Repräsentantenhaus, und die "Dodge-Linie" wurde umgesetzt.

Da die Plutokraten während der Erholungsphase der Wirtschaft eine eiserne und brutale Kapitalakkumulation betrieben, waren die Löhne der japanischen Arbeiter so niedrig, dass bei den Wahlen zum Repräsentantenhaus die Kommunistische Partei Japans einen erdrutschartigen Sieg errang, bei dem nicht weniger als 35 Personen gewählt wurden, was in den Vereinigten Staaten und der japanischen Regierung Panik auslöste. So wurden die Eindämmung der Inflation, die Anhebung der Löhne der Arbeitnehmer und die Erhöhung der realen Kaufkraft des Geldes zu politischen Themen erhoben. Vor dem US-Repräsentantenhaus stellte Dodge fest, dass „das eigentliche Problem der wirtschaftlichen Stabilität darin besteht, wie die Menschen auf Politik und Gesellschaft reagieren. Die wichtige Frage für Japan ist derzeit, politische und Lohnstabilität zu gewährleisten und einen hohen Lebensstandard aufrechtzuerhalten, der die Entwicklung kommunistischer Kräfte verhindert, wofür es notwendig ist, die Reallöhne zu erhöhen und, was besonders wichtig ist, die Kaufkraft der Währung zu steigern und schließlich die Nahrungsmittelquote und den Verkauf von Baumwollprodukten zu erhöhen."

Hier ist Dodges Schwerpunkt auf Lebensmittel und Baumwollstoffe der Engpass für die Landreform und die Leichtindustrie. Die Schwierigkeiten der landwirtschaftlichen Produktion und der Leichtindustrie, mit denen China in den 1950er und 1960er Jahren konfrontiert war, standen auch in Japan zu dieser Zeit im Mittelpunkt der Widersprüche.

Ausgehend von den Erfahrungen, die Dodge mit der Währungsreform in Deutschland gemacht hatte, vertrat er die Auffassung, dass die eigentliche Ursache der Inflation das Haushaltsdefizit sei und dass die Ursache der Inflation nicht beseitigt werden könne, ohne das Defizit zu beseitigen. So untersuchte er zunächst die Gründe für das Defizit der japanischen Regierung und stellte fest, dass der Haushalt 1948 nur in der allgemeinen Buchführung ausgeglichen war, in der besonderen Buchführung aber ein riesiges Defizit von 150 Milliarden Yen aufwies. In dem von Dodge erstellten Haushalt 1949 wurden die Steuern erheblich angehoben und die Staatsausgaben so weit wie möglich gekürzt, was zu einem "superausgeglichenen Haushalt" führte, der nicht nur konsolidiert und ohne Defizite ausgeglichen war, sondern auch einen enormen Überschuss von 257 Milliarden Yen aufwies, ein Überschuss von bis zu 14% der Steuerausgaben. Dieser enorme Überschuss diente nicht nur der Schuldentilgung, sondern auch der Finanzierung der

Finanzinstitute, wodurch sowohl die Inflation eingedämmt als auch die Kapitalausstattung der Banken erhöht wurde.

Da sich die "Dodge Line" gegen die verdeckten Haushaltsdefizite der "Wiederbelebung des Finanzministeriums" wandte, stellte das Finanzministerium ab 1949 alle neuen Kredite ein und begann, frühere Kredite zurückzuholen. Damit wurde eine wichtige Quelle der Inflation beseitigt.

Dodge wies darauf hin, dass die US-Hilfen und die staatlichen Subventionen die "zwei Beine des Bambuspferdes" der japanischen Wirtschaft sind, wie also kann man sie kürzen? Dodge stoppte zunächst die Darlehen der Reconstruction Finance Corporation, wodurch 125,9 Milliarden Yen an Ausgaben eingespart wurden, aber die japanische Regierung verdoppelte die finanziellen Subventionen, um die Interessen der Plutokraten zu schützen und machte damit Dodges Bemühungen zunichte. Dodge kann über die US-Hilfe nur zweimal nachdenken.

Die gesamte US-Hilfe für Japan belief sich 1948 auf 460 Millionen Dollar und stieg 1949 auf 534 Millionen Dollar. Diese Hilfe bestand hauptsächlich aus amerikanischen Überschüssen an Nahrungsmitteln und Öl, medizinischen Produkten und Baumwolle, die auf dem japanischen Markt für leichte industrielle Konsumgüter und Energie, wo ein großer Mangel herrschte, mit einem erstaunlich hohen Gewinn verkauft werden konnten. Bei einem Wechselkurs von 1 Dollar zu 360 Yen entsprach die Hilfe der Vereinigten Staaten im Jahr 1949 einem Wert von 19,22 Milliarden Yen, weit mehr als der Betrag der "Reconstruction Finance Bank" und der finanziellen Subventionen.

Für eine so große Summe ließen die USA im Grunde die japanische Regierung entscheiden, wie sie sie ausgeben wollte, aber jetzt will Dodge dieses Druckmittel nutzen, um die Absicht der "Dodge Line" zu verwirklichen.

Daraufhin richteten die Vereinigten Staaten ein System von "Rückgabefonds" ein, das die japanische Regierung verpflichtete, die Erlöse aus dem Verkauf der von den Vereinigten Staaten unterstützten Güter auf ein spezielles Buchungskonto einzuzahlen, das von den Besatzungsbehörden verwaltet wird. Die japanische Regierung kann die "Rückgabefonds" nur mit Zustimmung der Vereinigten Staaten pauschal verwenden. Dodge legte den Rahmen für die Verwendung der Mittel auf direkte Investitionen zur Rückzahlung der Staatsschulden und zum Aufbau der Wirtschaft fest. Auf diese Weise haben die USA einen großen Teil der japanischen Steuereinnahmen fest im Griff und zwingen die japanische Regierung und die Plutokraten zu mehr politischer und wirtschaftlicher Unterwürfigkeit.

Von 1949 bis 1951 wurden insgesamt 316,5 Milliarden Yen für "Sanierungsfonds" ausgegeben, von denen 35 Prozent für die Rückzahlung von Staatsschulden und den Kauf von Staatsschulden und 65 Prozent für Unternehmensinvestitionen verwendet wurden.

Davon wurden 111,8 Mrd. Yen für die Rückzahlung von Staatsschulden und den Ankauf von Staatsanleihen verwendet, was eine Schlüsselrolle bei der Wiederherstellung der Liquidität und der Kontrolle der Inflation spielte. Das Wesen dieser Politik ähnelt der Strategie der "hochpreisigen Waren", "hoch gegen hoch, niedrig gegen niedrig", die von Chen Yun und Liu Shaoqi Anfang der 1960er Jahre vorgeschlagen wurde, um die Währung wieder anzuheben, Dodge nutzte einfach die von den USADodge nutzte einfach die von den USA unterstützten Lebensmittel, Öl, Medikamente, Baumwolle und andere knappe japanische Marktgüter als "hochpreisige Waren" und verkaufte die überschüssigen Yen, um mit den so eingenommenen Mitteln die Staatsschulden zu tilgen. Auf diese Weise wurde ein Teil der überschüssigen Währung beseitigt und der Inflationsdruck erheblich gemindert: Im September 1946 waren insgesamt 64,4 Milliarden Yen in Umlauf, Ende 1947 219,1 Milliarden Yuan. Die Auswirkung des Umfangs der "Umkehrung" zurück in Geld auf den Geldumlauf ist offensichtlich.

In der Unternehmensinvestitionen, "Return Capital" nicht weiterhin stark in der "Kohle und Stahl"-Industrie von den Plutokraten gesammelt zu investieren, sondern kräftig in Strom, Schifffahrt, Telegraf und Telefon, die nationale Eisenbahn und andere Infrastruktur investiert, in der strengen Sparmaßnahmen "Dodge Route", Finanzinvestitionen ist der Kopf des Unternehmens, um Mittel zu erhalten, und "Return Capital" entfielen 70% der finanziellen Mittel, kann gesagt werden, dass dieses Geld ein mächtiges Instrument für die Vereinigten Staaten geworden ist, um Japans Finanz-, Finanz-, Industrie zu kontrollieren.

Das Wesen der amerikanischen Hilfe besteht in der Tat darin, dass die Vereinigten Staaten Amerikas überschüssige Lebensmittel und Waren als "Geschenk" an Japan weitergeben, womit sie sich die Dankbarkeit der japanischen Regierung verdienen; sie verwenden dieses "Geschenk" an Waren, um die übermäßig ausgegebene Währung zurückzugeben, mit dem Ziel, die Hyperinflation zu kontrollieren und die Gunst des japanischen Volkes zu gewinnen; schließlich wird das "Geschenk" dann in eine "Rendite-Investition" umgewandelt, als politisches Druckmittel, um die politischen Kräfte in Japan zu unterdrücken und die übermäßige Gier der Plutokraten zu zügeln. Die Amerikaner haben die Hilfe auf das höchste Niveau von "ein Fisch, drei Mahlzeiten" gebracht!

Der andere Pfeiler der Dodge-Route ist der einheitliche Wechselkurs. Nach dem Krieg war Japans Wirtschaft eine Zeit lang fast vollständig von der Außenwelt abgeschottet, die Besatzungsbehörden kontrollierten alle außenwirtschaftlichen Aktivitäten, jeder Außenhandel bedurfte der vorherigen Zustimmung der Vereinigten Staaten, und jede Transaktion war mit einem anderen Wechselkurs verbunden, wodurch die Mittel für den massiven Export japanischer Waren abgeschnitten wurden.

Ein einheitlicher Wechselkurs würde die chaotische Wechselkurssituation vereinheitlichen und die japanische Exportwirtschaft integrieren. Aufgrund der mangelnden inländischen Konsumkraft, des kleinen Marktes und der Abhängigkeit Japans von ausländischen Rohstoff- und Ölquellen wird es für die japanische Wirtschaft schwierig sein, sich ohne eine Ausweitung des Außenhandels wirklich zu entwickeln. Die entscheidende Frage ist, bei welchem Verhältnis des Yen zum Dollar die japanische Wirtschaft wirklich profitiert.

1949 betrugen die Herstellungskosten von Nähmaschinen in Japan 24.000 Yen, während der FOB-Preis bei 40 Dollar lag, was sie international wettbewerbsfähig machte.

Im Dodge-Plan legten die Amerikaner jedoch einseitig einen einheitlichen Wechselkurs von 1 $:360 Yen fest, so dass der Preis einer japanischen Nähmaschine auf dem internationalen Markt 66,67 $ betragen würde, was weit weniger wettbewerbsfähig wäre. Unter diesen Umständen konnte die japanische Regierung die nachteiligen Auswirkungen des überhöhten Wechselkurses nur durch Subventionen ausgleichen und eine reibungslose Entwicklung des Exporthandels gewährleisten. Als der erste schwierige Schritt getan war und sich die Wirtschaft erholte, stieg die monatliche Produktion von Nähmaschinen innerhalb von zwei Jahren rasch von 30.000 auf 130.000 Stück, während die Produktionskosten weiter sanken, und als die Regierung die Subventionen einstellte, konnten die japanischen Unternehmen immer noch Gewinne erzielen. Bis 1960 sanken die Herstellungskosten von Nähmaschinen von 26.000 Yen auf 4.300 Yen, und es war immer noch rentabel, sie für mehr als zehn Dollar auf dem internationalen Markt zu verkaufen, als die Wettbewerbsfähigkeit der japanischen arbeitsintensiven Produkte auf dem internationalen Markt schwierig wurde.

Der einheitliche Wechselkurs ist zwar zunächst nicht sehr günstig für Japan, wird aber nach und nach die nachteiligen Auswirkungen des wachsenden Produktionsumfangs und der sinkenden Kosten ausgleichen, sobald Japan Zugang zum Weltmarkt hat, auf dem das Dollar-Imperium operiert, und dann wird der feste Wechselkurs für den japanischen Exporthandel immer günstiger.

Die Dodge-Route sah einen ausgeglichenen Haushalt vor, milderte den Inflationsdruck und führte einen einheitlichen Wechselkurs ein, was der japanischen Wirtschaft nur eine Startbahn verschaffte, und die für einen wirklichen Start erforderliche Beschleunigung kam durch den Koreakrieg von 1950-1953.

Der "koreanische Boom" hat Japan eine Superkriegsdividende von 2,3 Milliarden Dollar eingebracht. Die Gewinne der zehn größten Unternehmen in der Baumwollindustrie stiegen um das 9- bis 19-fache, wovon 90% auf Kapitalakkumulation entfielen, und die Stahl-, Chemiefaser- und Papierindustrie erzielten ein ähnliches Gewinnwachstum. Zusammen mit der US-Hilfe für Japan in Höhe von 1,8 Mrd. Dollar erhielt Japan in der zehnjährigen Phase der wirtschaftlichen Erholung von 1945 bis 1955 insgesamt 4,1 Mrd. Dollar an "Gefälligkeitszahlungen" als Teil seiner Entscheidung, sich dem Dollarimperium zu unterwerfen. Mit dem rasch expandierenden internationalen Markt wuchs die japanische Industrie jedoch rasch, und gleichzeitig absorbierte Japan eine große Menge an neuen Technologien aus der Welt, was die Rentabilität der japanischen Industrie weiter erhöhte, so dass die Abhängigkeit vom Dollar-Imperium, das durch Auslandsaufträge gewonnen wurde, eine "Dividende" erhielt, die weitaus höher war als die tatsächliche US-Silberhilfe.

"Plan zur Verdoppelung des Nationaleinkommens", die Veränderung und Beschleunigung der Industrialisierung in Japan

Der Grundstein für die Industrialisierung Japans wurde während der Meiji-Restauration gelegt, aber bis zum Ausbruch des Chinesisch-Japanischen Krieges 1937 war es von den beiden Fünfjahresplänen der Sowjetunion weit abgehängt worden, und am Ende des achtjährigen Krieges war Japans Volkswirtschaft vollständig in eine Kriegsmaschine umgewandelt worden, und die Tiefe und Breite seiner Industrialisierung war ernsthaft hinter der der Vereinigten Staaten und der westlichen Länder zurückgeblieben. Während des Koreakriegs zogen die USA in Erwägung, Japan mit der Produktion schwerer Waffensysteme zu beauftragen, um das nahe gelegene koreanische Schlachtfeld zu versorgen, aber US-Industrieexperten verwarfen diese Idee nach einer Rundreise durch Japan, weil die japanische Industrietechnologie so weit zurücklag, dass sie den Bedürfnissen der US-Streitkräfte einfach nicht gerecht werden konnte.

Als das Jahr 1955 kam, hatte sich Chinas Industrialisierung mit Hilfe der Sowjetunion rasch dem Weltniveau angenähert; Japan hatte sich zwar erfolgreich von den Ruinen der Nachkriegszeit erholt, aber es handelte sich um einen "seichten industriellen Aufschwung", der sich auf die Leichtindustrie konzentrierte, und das technologische Niveau der Schwerindustrie war nicht einmal so gut wie das der fortschrittlichsten sowjetischen Fabriken, die direkt von China eingeführt wurden. Betrachtet man die Hardware-Bedingungen, so befinden sich China und Japan ungefähr auf dem gleichen Stand der Industrialisierung.

Das Jahr markierte jedoch auch einen entscheidenden Wendepunkt in der strategischen Schieflage der Industrialisierungsentwicklung zwischen China und Japan. Während China immer noch Stahl als zentral für seine Industrialisierung ansieht, ist sich Japan der Bedeutung der Elektronikindustrie und der Petrochemie bewusst und hat die Automatisierung zu seinem neuen Entwicklungsziel erklärt. Dieser Unterschied in der strategischen Vision vergrößerte die Kluft zwischen China und Japan in den nächsten 15 Jahren so weit, dass es schwierig war, den Rückstand aufzuholen.

Die japanische Epiphanie über die neue Industrie ließ sie erkennen, wie töricht die ursprüngliche Kriegshandlung war, das reichliche

Angebot an Erdöl auf dem Weltmarkt machte die Besetzung von Chinas Kohle-Energie-Basis im Nordosten überflüssig, und der billige, reichlich vorhandene und qualitativ hochwertige synthetische Kautschuk, den die Petrochemie mitbrachte, machte die Militäroperation, nach Süden zu gehen und Südostasiens Naturkautschuk zu plündern, zu einem undenkbaren Abenteuer. In einem Meer von Tausenden von Derivaten aus der Petrochemie ist die Rohstoffquelle für die Leichtindustrie fast vollständig versiegt. Japan ist entschlossen, die Gründungstradition der militärischen Aggression aufzugeben, da sie weder notwendig noch nützlich ist.

Die Petrochemie löste die Landwirtschaft als Hauptrohstoffquelle für die Leichtindustrie ab, während Elektronik und Automatisierung die Industrialisierung beschleunigten. Mit diesen beiden Werkzeugen war es für Japan viel einfacher, die Welt mit Industrieprodukten zu erobern als mit Säbeln und Stiefeln, solange die Ölquelle durch die Vereinigten Staaten gesichert war.

China hat, wie Frankreich, den Krieg gewonnen, aber wirtschaftlich verloren.

Mit dieser Wirtschaftsstrategie im Hinterkopf führten die Japaner 1960 den "Plan zur Verdoppelung des Nationaleinkommens" ein. Das japanische Ministerium für internationalen Handel und Industrie (ITI) hatte eine weitaus strategischere Vision der Wirtschaft als die damalige chinesische Planwirtschaft, die zunächst die Arten der chemischen Schwerindustrie festlegte, die vorrangig entwickelt werden sollten. Dazu gehören: Erdölraffination, Petrochemie, Chemiefasern, Kraftfahrzeuge, Industriemaschinen, Flugzeuge, Elektronikindustrie usw. Diese Industrien erhalten dann absoluten Schutz und Entwicklungshilfe. Um einen scharfen Wettbewerb mit ausländischen Produkten in diesen strategischen japanischen Industrien zu vermeiden, hat das Ministerium für internationalen Handel und Industrie (MITI) eine Reihe von Handelsschutzmaßnahmen wie Einfuhrkontingente, Einfuhrlizenzen, hohe Zölle und Vorzugssteuern für inländische Produkte eingeführt.

Als Japan dem GATT beitrat, waren die direkten finanziellen Subventionen zu hoch, und das Ministerium für internationalen Handel und Industrie (MITI) wurde mit seltsamen Taktiken für die Entwicklung strategischer Industrien überschwemmt. Wenn die Schiffbauindustrie Subventionen benötigt, die Regierung aber nicht bereit ist, direkt zu zahlen, und die Zuckerpreise auf dem japanischen

Markt zu dieser Zeit hoch und profitabel sind, stellt die Regierung der Schiffbauindustrie Zuckereinfuhrlizenzen zur Verfügung, damit sie die Differenz auf dem heimischen Zuckermarkt als verdeckte staatliche Subvention verdienen kann. Allein dieser Schritt hat den Exportpreis des japanischen Schiffbaus um 20 bis 30% gesenkt.

Um die rasche Entwicklung strategischer Industrien zu beschleunigen, begann Japan mit einer Welle der rasanten Einführung fortschrittlicher Technologie und Ausrüstung. Im Rahmen des Subventionssystems für die Einfuhr der neuesten Maschinen wird die Hälfte des Einfuhrpreises von der Regierung gezahlt, die Kosten ähnlicher inländischer Hersteller und die Regierung zahlen ebenfalls die Hälfte der finanziellen Subventionen. Die Einführung eines speziellen Abschreibungssystems für Unternehmensausrüstungen, um die Erneuerung der Ausrüstung zu beschleunigen und die Kapitalakkumulation auszuweiten. Die japanische Regierung legt fest, dass ein Unternehmen in dem Jahr, in dem es neue Ausrüstungen erwirbt, eine Abschreibung in Höhe von 50% des Preises der Ausrüstung vornehmen kann, die vom Gesamtgewinn abgezogen wird und nicht steuerpflichtig ist. Mit Unterstützung der Regierung wetteifern die Unternehmen darum, ihre Investitionen zu erhöhen und ihre Ausrüstung zu verbessern, und 1961 betrug der Anteil der Ausrüstungsinvestitionen privater Unternehmen am Bruttosozialprodukt sogar 23%! Darüber hinaus stellen staatliche Finanzinstitute wie die Development Bank of Japan und die Export-Import Bank of Japan langfristige, zinsgünstige Darlehen für strategische Industrien zur Verfügung, deren Kosten im Voraus von den Gewinnen abgezogen werden, so dass sie ebenfalls nicht steuerpflichtig sind.

Dank verschiedener politischer und finanzieller Instrumente haben japanische Unternehmen die niedrigste Steuerlast unter den Industrieländern der Welt, mit einer Gesamtsteuerlast von 21,2% im Jahr 1972, verglichen mit 28,1% in den Vereinigten Staaten und 36% in Deutschland.

Die Regierung, Industrielle und Finanziers arbeiten eng zusammen, und die als national strategisch eingestuften Branchen werden von der Regierung sorgfältig geschützt und unterstützt. Für diese Sektoren geben die Ministerien von Tonkin und Großtibet den Unternehmen detaillierte Verwaltungsanweisungen und raten ihnen, die Produktion zu drosseln, wenn sie glauben, dass sie zu hoch ist, und die Investitionen anzupassen, wenn sie glauben, dass sie zu hoch sind.

Die Unternehmen sind auch bereit, diese Ratschläge anzunehmen, und sie scharen sich immer um die Regierung, um von ihr zu profitieren. Die Regierung ist gegenüber einigen Unternehmen extrem voreingenommen und gegenüber anderen sehr kalt. Selbst wenn es sich um eine Stellungnahme oder eine Mitteilung der Regierung handelt, hat jedes Unternehmen Angst, dass es ins Abseits gestellt wird, wenn es sich nicht daran hält.

Die "window guidance" der Bank of Japan bei der Kreditvergabe ist ebenfalls eine in Japan weithin akzeptierte Verwaltungsrichtlinie. Sie steht in engem Zusammenhang mit der Politik der Regierung gegenüber der Gesamtwirtschaft und stellt eine finanzpolitische Variante der Wirtschaftspolitik dar. Wenn die Banken zum Schalter der Zentralbank kamen, war die Anweisung ein "bloßer Hinweis" darauf, dass die Zentralbank eine Obergrenze für den Gesamtbetrag der von jeder Bank zu verleihenden Gelder festgelegt hatte, die aber immer bedingungslos akzeptiert wurde. Vorbehaltlich der administrativen Beschränkungen für die Gesamtkreditvergabe der Banken werden diese vorrangig an plutokratische Kunden vergeben. Für die Großtibetische Provinz erfolgt die Verfügbarkeit von Mitteln in Form einer Zuteilung auf der Grundlage spezifischer politischer Erwägungen, wobei die Zinssätze nur ein zweitrangiger Faktor sind.

In einem Jahrzehnt der Entwicklung hat sich Japans Industriestruktur stark in Richtung hoher Rentabilität verschoben. Im Industriesektor ist die Gewinnspanne der chemischen Schwerindustrie höher als die der Leichtindustrie, deren Anteil an der Gesamtwirtschaft Japans 1955 51%, 1965 64% und 1975 75% betrug, der höchste jemals in einem Industrieland verzeichnete Wert. Von 1950 bis 1969 wuchs Japans Industrieproduktion um das 17-fache, wobei der Anteil der alten Produkte nur 60% betrug, während der Anteil der neuen Produkte, insbesondere der Elektronik und der Petrochemie, dramatisch zunahm.

Japans wirtschaftliches Entwicklungsmodell unterscheidet sich drastisch von dem des freien Marktwettbewerbs im Westen und hat einen deutlich geplanten Charakter. Die Vision und der Mut der japanischen Regierung bei der Unterstützung strategischer Industrien in dieser kritischen Phase des Wandels und der Beschleunigung der Industrialisierung sind ein Erfolgsmodell. Richtige Strategie, perfekte Ausführung, aufmerksame Führung, starke Unterstützung und sorgfältiger Schutz sind die Schlüsselelemente für den großen Erfolg der strategischen Industrien Japans.

Was den Wettbewerb anbelangt, so unterscheidet sich die japanische Sichtweise stark von der des Westens. Japan ist eine Wettbewerbsgesellschaft, aber nicht zwischen Einzelpersonen, sondern zwischen Unternehmensgruppen. Die Harmonie unter den Mitarbeitern eines Unternehmens, das Engagement für das Unternehmen, wird von der japanischen Gesellschaft als förderungswürdig angesehen, während Wettbewerb unter den Mitarbeitern eines Unternehmens nicht erwünscht ist. Daher gibt es im Inland einen Wettbewerb zwischen japanischen Konzernen, während er sich im Ausland in der Zusammenarbeit zwischen japanischen Unternehmen und im harten Wettbewerb mit ausländischen Unternehmen niederschlägt.

Der japanische Wirtschaftswissenschaftler Doureihara verherrlichte einst stolz das japanische Wirtschaftswunder:

> *„Herr Keynes hat 1937 einmal gesagt, dass es nach den Erfahrungen der Vergangenheit unrealistisch ist, den Lebensstandard im Durchschnitt um mehr als 1 Prozent pro Jahr zu erhöhen. Auch wenn es viele Erfindungen gibt, die sich noch ein wenig mehr steigern lassen, kann sich unsere Gesellschaft nicht ohne weiteres mit einer Wachstumsrate von mehr als 1 Prozent abfinden. In den letzten paar hundert Jahren gab es wahrscheinlich ein oder zwei Mal, dass der Lebensstandard im Vereinigten Königreich mit einer jährlichen Rate von 1% gestiegen ist. Im Allgemeinen liegt der Anstieg des Lebensstandards jedoch im Durchschnitt bei insgesamt weniger als 1 Prozent. Keynes machte diese Bemerkungen in der düsteren Mitte der 1930er Jahre des 20. Jahrhunderts, und vielleicht war er zum Zeitpunkt seiner Rede psychologisch vom Pessimismus der damaligen Zeit beeinflusst. Wie die Geschichte jedoch bezeugen kann, wuchs das Realeinkommen pro Person während des glorreichen halben Jahrhunderts des britischen Empire, von 1860 bis 1913, mit einer durchschnittlichen jährlichen Rate von nur 0,9 Prozent. Kaum ein Wirtschaftswissenschaftler zweifelte also damals an dieser keynesianischen Sichtweise ... (aber) Japans Wachstumsrate des durchschnittlichen realen Pro-Kopf-Einkommens blieb zumindest bis 1973 fast konstant bei einer jährlichen Rate von über 8 Prozent, und das 20 Jahre lang. Was wird Keynes angesichts dieser Tatsache sagen?"*

Selbst wenn man das starke Pfund Sterling, den reinen Goldstandard, der in Großbritannien ein halbes Jahrhundert lang von 1860 bis 1913 durchgesetzt wurde, und den Faktor der Währungsabwertung zwischen 1945 und 1971, als der Goldstandard in

Kraft war, sowie den schwachen Dollar berücksichtigt, muss man anerkennen, dass die Wachstumsrate des japanischen Volkseinkommens tatsächlich viel höher war als in der britischen Ära. Ein objektiver Faktor ist jedoch, dass die industrielle Revolution jenes Jahres das Land nicht von seiner natürlichen Abhängigkeit von der Landwirtschaft befreite, und ein Einkommenswachstum von weniger als 1% spiegelte die Grenzen des Wachstumspotenzials wider. Ohne die industrielle Revolution hätte das reale Wirtschaftswachstum nur nach oben oder unten geschwankt, weshalb die Sozioökonomie der Agrargesellschaften über Jahrtausende hinweg im Wesentlichen zum Stillstand gekommen ist. Erst seit den 1950er Jahren, als die Petrochemie die landwirtschaftlichen Rohstoffe in großem Umfang ersetzte und damit den Wachstumsengpass in der Leichtindustrie durchbrach, wurde die Möglichkeit eines höheren Wachstums des Volkseinkommens eröffnet.

Die Industrialisierung hatte dem Westen Wohlstand und Reichtum gebracht, und der Prozess der Industrialisierung hatte der Welt Kriege und Katastrophen beschert, da die Länder um Rohstoffe und Märkte konkurrierten. Als sich die Industrialisierung im Osten auszubreiten begann, begannen sich die Waagschalen der Macht, der Weltwirtschaft und des Geldes, in Richtung Osten zu neigen. Der Weg nach vorn für China und Japan, egal welchen Weg man wählt und egal welche Rückschläge man hinnehmen muss, ist immer die Verwirklichung des Traums, durch Industrialisierung reich und mächtig zu werden. Alle Länder Asiens werden diesem Strom der Geschichte nach und nach folgen. Die Entwicklung und das Wachstum der übrigen Welt wird zunehmend mit dem Nachkriegsmonopol der Vereinigten Staaten brechen, und die Welt wird zunehmend den allgemeinen Trend der Ära der Streitenden Staaten aufweisen.

KAPITEL VI

Der Serpentinenverlauf, der Weg zum Euro in den vereinigten Staaten von Europa

Der Euro steckt derzeit in ernsten Schwierigkeiten: Die Schuldenkrise in Europa scheint entschärft zu sein, die EU-internen Streitigkeiten gehen weiter, die Theorien über den Zerfall des Euro sind weit verbreitet. Die Amerikaner sind etwas schadenfroh, die Chinesen scheinen um Worte verlegen, die internationalen Finanzmärkte werden von Bären überschwemmt, und die Ökonomen sind ratlos.

Wird sich der Euro auflösen? Wird es einen Bruch in der europäischen Integration geben? Wird die Weltwirtschaft aus den Fugen geraten?

Um die richtige Antwort zu finden, müssen wir die Geschichte der europäischen Integration Revue passieren lassen und uns die Entstehung des Euro genau ansehen.

Die Geschichte der europäischen Integration in der Nachkriegszeit ist die Geschichte des deutsch-französischen Kampfes um die Vorherrschaft auf dem Kontinent und die Geschichte des Versuchs Europas, unter dem Druck der amerikanisch-sowjetischen Hegemonie wieder aufzustehen. Parallel zu diesem Prozess hat es in Europa immer ein Spiel zwischen zwei großen Kräften gegeben, nämlich den Kampf zwischen Internationalismus und Etatismus.

Hinter dem Internationalismus steht die Macht des Geldes, wobei souveräne Grenzen den Willen zum freien Fluss des Kapitals blockieren. Der Statismus hingegen hat die traditionelle Idee der Souveränität geerbt und versucht, den Aufstieg der goldenen Macht einzudämmen. Die Europäische Währungsunion hat sich in einem immer wiederkehrenden Spiel zwischen überstaatlichen Ideen und nationalen Interessen mühsam und mit vielen Irrungen und Wirrungen entwickelt.

Das neue Paradoxon von politischer Demokratie und Finanzdiktatur, verflochten mit dem alten Paradoxon des Wiederaufstiegs Deutschlands und der Art und Weise, wie Frankreich es kontrolliert und ausgleicht, hat gemeinsam den komplexen Prozess der europäischen Integration vorangetrieben.

Von der Entstehung der Montanunion bis zum Start des Viner-Plans, von der Anwendung des Wechselkursmechanismus bis zur Einführung des Europäischen Währungssystems, von der Veröffentlichung des Delors-Berichts bis zur Unterzeichnung des Maastrichter Vertrags, von der Schaffung der Europäischen Währungseinheit bis zur Gründung der Europäischen Zentralbank - der Euro trägt nach einem halben Jahrhundert voller Stürme und Regenfälle endlich die richtigen Früchte.

Doch anstatt die Probleme Europas zu lösen, hat der Euro noch mehr Probleme gebracht.

Die derzeitige Euro-Krise kann ohne ein einheitliches europäisches Schatzamt nicht überwunden werden. Ohne die endgültigen Vereinigten Staaten von Europa ist das Ziel der EU-Integration nicht erreicht worden.

Der Euro entwickelt sich weiter!

De Gaulles Untergang; die europäische Integration beschleunigt sich, während sich die Wolken verziehen

Im März 1968 brach ein weltweiter Ansturm auf die US-Goldreserven aus, der von den Franzosen initiiert wurde. De Gaulle gelobte, den Dollar aus seiner Position als Weltwährungshegemon herauszuholen, die Bretton-Woods-Dynastie zu stürzen, das Weltwährungssystem zu reformieren und Europa unter französischer Führung mehr finanzielle Macht zu geben.

In dem Moment, als der "Gold-Pool" der USA völlig zusammengebrochen war und De Gaulle im Begriff war, einen Generalangriff auf die US-Goldreserven zu starten, kam es in Frankreich zu einem plötzlichen "Maisturm", und nicht nur der Franc wurde durch einen verzweifelten Angriff auf den US-Dollar zerschlagen, sondern auch De Gaulles Goldreserven.

Ende Mai, als die Krise am schlimmsten war, war der Staatsapparat nahezu lahmgelegt, als Studenten und Bürger in Paris mit der Parole "De Gaulle raus aus dem Amt" demonstrierten. De Gaulle, der die Kontrolle über die Situation verloren hatte, "verschwand" am 29. Mai plötzlich, ohne seinen Premierminister Georges Pompidou auch nur zu informieren, und floh über Nacht in eine französische Militärbasis in Deutschland. Es liegt auf der Hand, dass der plötzliche "Maisturm" nach Ansicht von de Gaulle ihn zum Rücktritt zwingen sollte, während die politische und wirtschaftliche Lage im Lande weitgehend stabil war. Es ist natürlich, dass die Amerikaner ihn hassen, aber bestimmte politische Kräfte im Lande, sogar innerhalb seiner eigenen Regierung, sind mit seiner Politik der "französischen Vorherrschaft" nicht zufrieden.

In den 10 Jahren, in denen Charles de Gaulle an der Macht war, waren die Ideale der Vereinigten Staaten von Europa weitgehend verwirklicht. Die supersouveräne "Montanunion" und die Europäische Wirtschaftsgemeinschaft wurden beide vom "Monnet-Kreis" ins Leben gerufen, bevor de Gaulle an die Macht kam. de Gaulle war nicht gegen die Europäische Union und befürwortete eine Annäherung an Deutschland, aber nicht durch den Verlust der französischen Souveränität, sondern dadurch, dass er Frankreich zum Fahrer des europäischen Wagens machte und die Deutschen ziehen ließ. Die "Monnet-Kreise" waren sogar noch wütender darüber, dass die beiden Angebote Großbritanniens, der Europäischen Gemeinschaft beizutreten, von Charles de Gaulle abgelehnt wurden. Das Problem war klar: Ohne den Rücktritt de Gaulles war das Ideal der Vereinigten Staaten von Europa einfach nicht zu verwirklichen.

Premierminister Georges Pompidou war ebenfalls ein aktives Mitglied des "Monnet-Kreises".

Pompidou besuchte in jungen Jahren das berühmte Lycée Louis le Grand in Paris, war ein Klassenkamerad des späteren Gründungspräsidenten des Senegal, Léopold Sédar Senghor, und ein Schüler des großen Guy Rothschild.[71] Guy Rothschild wurde später Leiter der Rothschild-Familienbank in Frankreich, erbte das Unternehmen seiner Vorfahren und wurde Direktor der Banque de France, hielt die Zentralbank sowie Anteile an zahlreichen

---

[71] Georges Pompidou, Wikipedia Biographie.

Unternehmen des französischen Industriesektors und war ein Gigant der französischen Finanz- und Industriewelt.

Pompidou machte seinen Abschluss an der École Normale Supérieure in Paris und wurde später Gymnasiallehrer. Als Pompidou 1944 erfuhr, dass einer seiner Klassenkameraden bereits Stabschef von Charles de Gaulle war, schrieb er ihm sofort und hoffte, ein halbes Dutzend Stellen zu bekommen. Bei der Vorstellung seiner Klassenkameraden bestand Pompidous erste Aufgabe darin, die verschiedenen politischen Ereignisse in Frankreich zusammenzufassen und eine einseitige Zusammenfassung der Lage zu verfassen, die er Charles de Gaulle täglich zur Information schickte. 1946 gründete de Gaulle seine eigene Partei, das Rassemblement Populaire Français, und Pompidou wurde zum wichtigsten Verbindungsmann zwischen de Gaulle und seiner Partei, die von der Macht zurückgetreten war.

De Gaulle hatte seit seinem Rücktritt 1946 auf eine Chance für ein Comeback im Ostblock gewartet, und er wartete schließlich ganze 12 Jahre. Während dieser ganzen Zeit war Pompidou der lautstarke und unausgesprochene Gefolgsmann de Gaulles. Trotz seiner Abwesenheit von der Bühne konnte de Gaulle dank seines immensen Ansehens in der französischen Bevölkerung die Geschicke Frankreichs jederzeit wieder in die Hand nehmen.

Die Rothschilds, die schon immer daran geglaubt haben, "immer mit dem König zu gehen", heizen nicht nur den heißen Ofen des Regimes an, sondern haben auch den kalten Ofen von De Gaulle, einem potenziellen "Qualitätsbestand", nicht vergessen. Die Krise in der französischen Überseekolonie Algerien spitzte sich zu, und die Führer der französischen Armee in Algerien waren fast alle dieselben wie de Gaulles alte Mannschaft, als er im Exil die Regierung des "Freien Frankreichs" bildete.

1954 traf Guy Rothschild auf seinen ehemaligen persönlichen Mentor, der nicht nur ein alter Freund Pompidous war, sondern auch bei der Bank Rothschild arbeitete, und Rothschild wollte Pompidou, den Schwarm von De Gaulle, abwerben. Pompidou zögerte zunächst ein wenig, schließlich war er nur Gymnasiallehrer und hatte keine Ahnung vom Bankwesen, so dass er befürchtete, der Aufgabe in der Bank der Familie Rothschild nicht gewachsen zu sein. Pompidou dachte jedoch einen Moment lang daran, dass er acht Jahre lang darauf gewartet hatte, dass De Gaulle an die Macht kam, und Gott weiß, ob es am Ende dazu kommen würde, er könnte genauso gut zur berühmten

Rothschild-Familienbank gehen, um sich einen guten Weg für sein zukünftiges Leben zu bahnen.

Es lässt sich nicht leugnen, dass Pompidou über einen außergewöhnlichen Intellekt und eine außergewöhnliche Lernfähigkeit verfügt. Er sollte in der Bank nur ein Müßiggänger sein, und Rothschild erwartete nicht, dass er im Finanzgeschäft viel erreichen würde; doch in nur zwei Jahren wurde Pompidou von einem Laien, der keine Bilanz lesen konnte, nach und nach in das Kerngeschäft einbezogen. So wie de Gaulle von Pompidou beeindruckt war, musste Rothschild von dem Absolventen beeindruckt sein. Pompidou ist nicht nur in der Lage, das Wesentliche eines Unternehmens schnell zu erfassen, sondern findet oft auch die Mittel, um das Problem schnell zu lösen. Infolgedessen wuchs Pompidous Position in Rothschilds Bank mit jedem Tag und er gewann Rothschilds Vertrauen. Von 1956 bis 1962 war Pompidou Generaldirektor der Rothschild-Bank und wurde von Rothschild zum Direktor mehrerer anderer großer Unternehmen ernannt, wo er im Namen der Rothschild-Bank das Sagen hatte.

1958 gab de Gaulle sein Comeback, und Pompidou wurde aufgefordert, an der Ausarbeitung der Verfassung der Fünften Republik mitzuwirken, und beriet de Gaulle weiterhin. 1962 schlug Präsident Charles de Gaulle Pompidou, der noch nie eine politische Karriere gemacht hatte, für das Amt des französischen Premierministers vor. Während frühere französische Premierminister entweder Wahlkampfikonen waren oder jahrelang als Minister in der Politik tätig waren, stieg Pompidou von seiner Position als Generaldirektor der Rothschild-Bank an die Spitze auf. Von da an wurde Pompidou zu einem wichtigen Vollstrecker der de Gaulle-Doktrin und hatte sechs Jahre lang das Amt des Premierministers inne - die längste Amtszeit in vier Generationen der französischen Politik. In diesen sechs Jahren hat Pompidou nach und nach die Kontrolle über die wichtigsten Kernressorts der französischen Regierung übernommen, indem er seine eigenen Ansprechpartner auswählte und einsetzte.

Als 1968 der "Maisturm" losbrach, stellte de Gaulle plötzlich fest, dass sich die Minister gegen den Präsidenten gewandt hatten, der nicht mehr die Kontrolle über die Regierung hatte, und Pompidou an der Macht war. In seiner Panik konnte de Gaulle nur noch "vermisst" spielen und wagte nicht, den Ministern seinen Aufenthaltsort mitzuteilen. Er lief zu den französischen Militärstützpunkten in Deutschland, um zu sehen, wen die französische Armee unterstützte, bevor er sich entschied, wohin er gehen wollte. Mit der Rückendeckung des französischen Militärs kehrte Charles de Gaulle nach Paris zurück und kündigte für Juni Neuwahlen zum Parlament an, die zu einem überwältigenden Sieg der de Gaullisten führten. Unmittelbar nachdem Charles de Gaulle seine Unterstützung zurückgewonnen hatte, enthob er Pompidou seines Amtes als Premierminister. Die [72]französische Politik stand unter Schock, und jeder dachte, dass Pompidou der treueste Anhänger des de Gaullismus war und dass die beiden immer ein gutes Verhältnis zueinander gehabt hatten, aber nur de Gaulle wusste, wer den "Maisturm" verursacht hatte und warum.

Pompidou "ärgerte" sich über seine Entlassung und behauptete, es sei ein Fehler von Charles de Gaulle gewesen. Zu diesem Zeitpunkt hatte Pompidou, der den "Maisturm" friedlich gelöst hatte, den sturen alten Charles de Gaulle in Sachen Image übertroffen, mit seiner Demütigung, seiner Loyalität und seinem Mangel an Rücksicht auf persönlichen Gewinn oder Verlust.

Obwohl der de Gaullismus die Parlamentswahlen gewann, hieß der Sieger nicht de Gaulle. Die Franzosen hatten begonnen, eine Ära des "de Gaullismus" ohne de Gaulle zu fordern, und 1969 wurden de Gaulles Ideen zur Reform des Parlaments und der Kommunalverwaltung in einem Referendum abgelehnt, woraufhin er entmutigt zurücktrat.

Georges Pompidou ist natürlich der neue Präsident, auf den die Franzosen gewartet haben. Mit seiner Schüchternheit und Taktik hat er die Herzen und Köpfe des Volkes gewonnen und seine eigene Zeit eingeläutet.

Die von Pompidou propagierte "de Gaulle-Doktrin" ist im Wesentlichen ein "Revisionismus", der dem Geist der "französischen Vorherrschaft" den Kern nimmt. Er und seine Mitstreiter aus dem "Monnet-Kreis", die sich von de Gaulle befreit hatten, begannen, die Vereinigten Staaten von Europa voranzutreiben.

Für Pompidou und die hinter ihm stehende Gruppe von Finanzkräften sind die Abschaffung der souveränen Grenzen, der freie Kapitalverkehr und das unregulierte Finanzwesen die größten Ideale!

---

[72] Dogan, Mattei, *How Civil War Was Avoided in France*, International Political Science Review/Revue Internationale de Science Politique (3), S. 245-277.

Das Kapital den Staat kontrollieren zu lassen, nicht den Staat das Kapital, ist der wichtigste Kerngedanke! Der Sinn der Übersouveränität besteht darin, sie abzuschaffen! Europäer vereint gegen amerikanische Unterdrückung war der überzeugendste Slogan.

Zu diesem Zeitpunkt hatten die drei Hauptakteure der europäischen Politik - der französische Staatspräsident Pompidou, der deutsche Bundeskanzler Brandt und der britische Premierminister Heath, allesamt Aktivisten des "Monnet-Kreises" - nie eine bessere politische Gelegenheit, die europäische Integration voranzutreiben.

Im April 1969, unmittelbar nach dem Sturz von Charles de Gaulle, versammelten sich die jubelnden britischen, deutschen und französischen Staatsoberhäupter im Dezember in Den Haag zum EG-Gipfel, auf dem beschlossen wurde, den europäischen Integrationsprozess zu beschleunigen.

Großbritannien wurde vom europäischen Kontinent plötzlich mit offenen Armen empfangen, und 1973 traten Großbritannien, Dänemark und Irland der EG bei, die sich von anfänglich sechs Ländern zu einer Union mit neun Nationen entwickelte.

Eine weitere wichtige Initiative der Haager Konferenz war die Ausarbeitung des strategischen Rahmens für die Europäische Wirtschafts- und Währungsunion (WWU), die 1970 in der Veröffentlichung des Wiener Berichts in der IO gipfelte. Pierre Werner, Premierminister und Finanzminister Luxemburgs, wurde vom Exekutivkomitee der Europäischen Gemeinschaft mit der Aufgabe betraut, nationale Experten zu organisieren, um die Kommission für die Europäische Währungsunion einzurichten, die eine umfassende währungspolitische Strategie zum Schutz der europäischen Interessen gegen die Gleichgültigkeit, ja sogar gegen die bewusste Konfrontation der Vereinigten Staaten und zum Ausgleich der wirtschaftlichen und industriellen Macht Deutschlands entwickeln sollte.

Im Wiener-Bericht wird vorgeschlagen, eine Europäische Wirtschafts- und Währungsunion zu schaffen, in der einige der wichtigsten Befugnisse der Mitgliedstaaten (einschließlich der Steuerhaushalte und der Geldpolitik) von den nationalen Parlamenten, Regierungen und Zentralbanken auf neue, innerhalb der Gemeinschaft geschaffene Institutionen übertragen werden sollen.

Der Bericht empfiehlt einen dreistufigen Ansatz für die Wirtschafts- und Währungsunion. In der ersten Phase geht es um die

Stabilisierung der Wechselkurse, die Festlegung gemeinsamer Leitlinien für die Volkswirtschaften der Mitgliedstaaten und die Koordinierung der nationalen Steuer- und Haushaltspolitiken. Die Aufgabe der letzten Phase ist ebenfalls klar, nämlich die dauerhafte Festsetzung der nationalen Wechselkurse, die Verwirklichung einer kohärenten Wirtschaftspolitik zwischen den Mitgliedstaaten und die Einrichtung einer einheitlichen Zentralbank der Europäischen Gemeinschaft. Der Bericht schweigt sich jedoch darüber aus, wie die mittlere Übergangsphase erreicht werden soll.

Die Bank of England kam nach der Prüfung des Wiener-Berichts zu dem Schluss, dass

> *„Der Plan der Europäischen Währungsunion ist sowohl in wirtschaftlicher als auch in politischer Hinsicht zutiefst revolutionär. Einfach ausgedrückt, geht es um die Schaffung einer europäischen Föderation mit einer gemeinsamen Währung als Hebel. Alle grundlegenden Instrumente der Wirtschaftsverwaltung in den Mitgliedstaaten, einschließlich der Steuer-, Geld-, Einkommensverteilungs- und Regionalentwicklungspolitik, werden letztlich auf die europäische Bundesbehörde übertragen."*

Dies ist der Ursprung der Idee einer "europäischen Wirtschaftsregierung" oder eines "europäischen Finanzministeriums", über die in den Nachrichten viel spekuliert wurde. Tatsächlich ist dies keine neue Idee, die nach dem Ausbruch der europäischen Schuldenkrise aufkam, sondern ein Plan, der bereits vor 40 Jahren formuliert wurde!

Gerade als der "Monnet-Kreis" jubelte, beschleunigte sich die europäische Integration und der Schlüsselmoment, die Entkopplung von Dollar und Gold, die ein totales wirtschaftliches Chaos verursachte. Der Prozess der europäischen Integration war gezwungen, erhebliche Anpassungen vorzunehmen.

Das US-Schuldenimperium erschließt sich nicht gut, der Verkauf von Getreide und Gras "verliert die Frau und die Armee"

Am 15. August 1971 verkündete Präsident Nixon die Abkopplung des Dollars vom Gold, und der Dollar "usurpierte das Gold, um auf eigenen Füßen zu stehen", womit eine Ära der großen Abwertung der Währung des amerikanischen Schuldenimperiums begann.

Seitdem der "Dollar" zum "Nicht-Geld" geworden ist, befinden sich die weltweiten Währungsmärkte in einem nie dagewesenen Aufruhr. Die Menschen flüchteten fluchtartig aus dem Dollar, und ein massiver Kapitalzufluss suchte Zuflucht in der Deutschen Mark und dem Schweizer Franken. Um dem gefährlichen Zusammenbruch des Vertrauens in den Dollar entgegenzuwirken, kündigte Nixon Steuersenkungen, ein 90-tägiges Einfrieren von Löhnen und Preisen sowie einen vorübergehenden Zoll von 10 Prozent auf alle Importe an, "um sicherzustellen, dass US-Waren nicht durch einen unfairen Wechselkurs einen Wettbewerbsnachteil erleiden."

Die durch die Überziehung des Dollars verursachte dramatische Abwertung, die wiederum zu einer weltweiten Wechselkursstörung führte, entpuppte sich in Nixons Augen als bewusste Manipulation des Wechselkurses durch andere Länder mit dem Ziel, den Amerikanern ihre Arbeitsplätze im Handel wegzunehmen. Es scheint, dass Amerikas Vorwürfe der Schwarz-Weiß-Wechselkursmanipulation keine Erfindung von heute sind! Aber diese Logik, das Pferd beim Schwanz aufzuzäumen, ist nicht einmal für die Amerikaner selbst sehr interessant. Als der Vorsitzende der Federal Reserve, Burns, den US-Finanzminister Connolly warnte, dass Amerikas Handelspartner Vergeltungsmaßnahmen ergreifen könnten, antwortete Connolly verächtlich: "Sollen sie doch, was können sie schon tun?"

Die Empörung in Europa war jedoch klar und deutlich, und die Europäer machten keinen Hehl daraus, dass ihre Zentralbanken bereits sehr zögerlich waren, den Dollar zu halten, und dass die Spannungen in Europa und den Vereinigten Staaten in eine Konfrontation münden würden, wenn die Vereinigten Staaten nicht zustimmen würden, ein stabiles Wechselkurssystem wiederherzustellen und gleichzeitig den ungerechtfertigten Einfuhrzoll abzuschaffen.

Die Absicht des Dollars, das Gold auf einen Schlag vollständig zu verdrängen, stieß auf heftige Gegenwehr in Europa. Die Vereinigten Staaten mussten eine Verzögerungstaktik anwenden, im Dezember 1971 fand in Washington, D.C., ein Treffen mit der Teilnahme von Finanzministern und Zentralbankgouverneuren statt, das "Smithsonian Agreement" bildete, den Dollar und Gold von $35 auf 1 Unze Gold, auf $38 abwertete, den Dollar gegenüber den wichtigsten Währungen der Welt 10% abwertete.

Die Weltwährungsmärkte kamen kurzzeitig wieder zur Ruhe, und 1972 setzten die Vereinigten Staaten, die das Smithsonian-Abkommen nicht verteidigt hatten, die Zinssenkungen zur Ankurbelung der Wirtschaft fort, was den Dollar erneut in eine Krise mit massiven Verkäufen stürzte. Im Februar 1973 hatte der Dollar gegenüber dem Goldpreis um weitere 10 Prozent auf 42,22 Dollar abgewertet. Die Welt befindet sich wieder einmal im Chaos.

In dem Bemühen, die Ängste der Welt vor dem Dollar zu beschwichtigen, sind die Vereinigten Staaten bestrebt, das Dilemma ihres Zahlungsbilanzdefizits zu lösen. Im Jahr 1972, als die sowjetische Landwirtschaft vor einer katastrophalen Ernte stand, griffen die Vereinigten Staaten unter vorübergehender Missachtung der Rivalität des Kalten Krieges in Panik nach dem Lebenselixier der Agrarexporte in die Sowjetunion.

Seit dem U.S. Agricultural Adjustment Act von 1933 subventioniert die Regierung Jahr für Jahr die Landwirtschaft, um die Interessen der Landwirte zu wahren, und erwirbt große Mengen landwirtschaftlicher Erzeugnisse zu hohen Preisen für die US-Hilfe im Ausland. Der landwirtschaftliche Misserfolg der Sowjetunion fiel mit einem Überschuss an US-Agrarerzeugnissen zusammen, und die beiden Seiten kamen am 8. Juli 1972 ins Gespräch, als die USA und die Sowjetunion ein Agrarabkommen ankündigten, in dem die Sowjetunion über einen Zeitraum von drei Jahren Agrarerzeugnisse im Wert von 750 Millionen Dollar von den USA kaufen würde.

Die landwirtschaftlichen Probleme der Sowjetunion sind tief verwurzelt und seit langem bekannt, und die landwirtschaftliche Katastrophe von 1972 war weitaus schwerwiegender, als die Regierung angenommen hatte, als die Sowjetunion allein im Sommer jenes Jahres landwirtschaftliche Erzeugnisse im Wert von 1 Milliarde Dollar von den Vereinigten Staaten kaufte, wobei der Kauf von Weizen einem Viertel der gesamten amerikanischen Produktion entsprach!

Es stellte sich heraus, dass die Amerikaner ihre eigenen kleinen Berechnungen anstellten: Die Sowjetunion verfügte nur über geringe Devisenreserven, so dass ein so großer Nahrungsmitteleinkauf die Sowjetunion unweigerlich dazu zwingen würde, in großem Umfang Gold zu verkaufen, wie sie es Mitte der 1960er Jahre tat. Entsprechend der sowjetischen Nachfrage nach Nahrungsmitteln müssten mindestens 800 Tonnen Gold auf dem Markt verkauft werden. Infolgedessen würden die Weltmarktpreise für Gold einbrechen und die Position des

Dollars würde erheblich gestärkt werden. Der Kauf von landwirtschaftlichen Erzeugnissen durch die Sowjetunion wurde daher immer vorteilhafter.

Was die Amerikaner jedoch nicht erwartet hatten, war, dass der überraschende Appetit der Sowjets auf die Einfuhr amerikanischer Agrarerzeugnisse weitaus stärkere Auswirkungen auf die Marktpreise in den Vereinigten Staaten haben würde, als man erwartet hatte. Die Lebensmittelpreise in den Vereinigten Staaten begannen in die Höhe zu schnellen, der Preisindex stieg stündlich, und die Inflation, die das Land erfasst hatte, setzte plötzlich ein.

Zum Leidwesen der Amerikaner verkauften die Sowjets nicht so viel Gold, wie die Amerikaner gehofft hatten, sondern wandten sich stattdessen an den europäischen Dollarmarkt, um Geld zu leihen. Im Februar 1972 lieh die Sowjetunion Italien 600 Millionen Dollar für sieben Jahre, der Zinssatz betrug nur 6%, und im Mai lieh sie den europäischen Banken 1 Milliarde Dollar, der Zinssatz war nur 3/8 Prozentpunkte höher als der Londoner Marktzins.[73] Der europäische Dollar, der Amerikas inflationäres Exportvehikel sein sollte, wurde diesmal zufällig von den Sowjets benutzt, um einen inflationären Dollar-Rückfluß zu spielen, indem sie für amerikanische Lebensmittel in europäischen Dollars bezahlten. Infolgedessen sind die Vereinigten Staaten in einem Teufelskreis aus weniger Nahrungsmitteln, mehr Inflation und einem schwächeren Dollar gefangen.

Der Verkauf von Nahrungsmitteln durch die Amerikaner an die Sowjetunion wurde tatsächlich zu einem "freiwilligen Akt" der Rückgabe von überschüssigen Dollars mit Nahrungsmitteln, was einen inländischen inflationären Abwärtsdruck auf die amerikanische Wirtschaft auslöste. Dies ist die Art von altruistischem Verhalten, das nur eine "verantwortungsvolle Macht" an den Tag legen würde, aber das war nie die Absicht der Regierung der Vereinigten Staaten! Im Juni 1973 stieg der Composite Price Index der Vereinigten Staaten um 15 Prozent, und die Lebensmittelpreise stiegen um 50 Prozent! Die Regierung der Vereinigten Staaten sah sich "auf Kosten ihrer Frau" gezwungen, die Ausfuhr von landwirtschaftlichen Erzeugnissen zu

---

[73] Michael Hudson, *Global Fracture, The New International Economic Order*, Pluto Press, 1977, S. 70-73.

kontrollieren, und das Landwirtschaftsministerium ordnete an, dass für alle nach dem 3. Juli bestellten Lebensmittel keine Ausfuhrgenehmigung mehr erteilt werden kann und man auf eine weitere Mitteilung warten muss, wenn die Ausfuhren wieder aufgenommen werden.

An diesem Punkt begann der Weltmarkt für Lebensmittel zu kochen. Die in die Höhe schießenden Lebensmittelpreise haben schließlich eine noch schlimmere Ölkrise ausgelöst!

Oktober 1973, die Ölkrise lässt die Industrienationen entgleisen

Die Abwertung des Dollars und der Anstieg der Lebensmittelpreise haben die Inflation in der ganzen Welt in Gang gesetzt. Lebensmittel importierende Länder, einschließlich der Organisation erdölexportierender Länder, wurden von den Schockwellen der Inflation erschüttert.

Eine weitere 10-prozentige Abwertung des Dollars im Jahr 1973 führte dazu, dass die arabischen Staaten 350 Millionen Dollar an Devisenreserven verloren, die Inflation die Kaufkraft ihrer Ersparnisse in Höhe von 525 Millionen Dollar aufzehrte und die Erdöl exportierenden Länder 1973 um 875 Millionen Dollar ihres Reichtums beraubt wurden. [74]

Die Erdöl exportierenden Länder, die verärgert sind, weil sie nicht zusehen wollen, wie ihre Ersparnisse von der Inflation aufgefressen werden, haben ihre Wut auf die Vereinigten Staaten und Israel mit dem Ausbruch des vierten Nahostkriegs im Oktober noch verstärkt. Sie verhängten kategorisch ein Ölembargo gegen die Vereinigten Staaten, die Niederlande und Dänemark, bis diese Länder Israel nicht mehr offen unterstützen, und erklärten gleichzeitig, dass jedes europäische Land, das Militärbasen der Vereinigten Staaten unterstützt, ebenfalls auf die schwarze Liste des Ölembargos gesetzt wird. So erlaubte Großbritannien nur noch den Start amerikanischer Flugzeuge vom Stützpunkt, aber keine Landungen mehr; Deutschland weigerte sich,

---

[74] Michael Hudson, *Global Fracture, The New International Economic Order*, Pluto Press, 1977, Kapitel 5.

Schiffe mit amerikanischen Waffen anlegen zu lassen, und Italien forderte von Israel die Rückgabe aller besetzten Gebiete. Die US-Militärstützpunkte in Europa sind völlig eingefroren.

Westeuropa braucht das Öl und die Länder des Nahen Ostens brauchen die Industrialisierung, und es ist nur logisch, dass die Volkswirtschaften beider Länder eng miteinander verflochten werden, so dass sich Europa allmählich aus der Umlaufbahn des von den Vereinigten Staaten festgelegten Wirtschaftsplaneten entfernt. In dem Maße, in dem die europäische Wirtschaft stärker mit den Erdöl exportierenden Ländern des Nahen Ostens und den rohstoffreichen Regionen Afrikas verflochten wird und sich eigenständig entwickelt, entsteht vor den Vereinigten Staaten eine gefährlichere Währungssphäre, als sie das britische Pfund je zu erobern vermochte. Das strategische Ziel der Vereinigten Staaten besteht darin, dass Europa sowie der Nahe Osten und Afrika direkt von den Vereinigten Staaten abhängig sind, und dass jede gegenseitige Abhängigkeit zwischen ihnen in gewissem Maße ein Hindernis für die amerikanische Kontrolle der Welt darstellt.

Der Schatten des britischen Empire war in jenem Jahr zu groß für die Vereinigten Staaten, und als Kissinger das Potenzial für eine unabhängige europäische Entwicklung erkannte, eilte er im Dezember 1973 nach Europa. Kissinger möchte nicht, dass Europa und der Nahe Osten ihre Beziehungen zu den Vereinigten Staaten überstrapazieren, und fordert daher nachdrücklich eine "gemeinsame Antwort auf die Energiekrise" sowie "senatorische" Befugnisse für die Vereinigten Staaten, bevor Europa mit dem Nahen Osten über irgendwelche Fragen verhandelt.

Die Europäer kauften Kissinger nicht ab, sondern betonten, dass "die zunehmende Konzentration von Macht und Verantwortung für die weltweite Entwicklung in den Händen einiger weniger mächtiger Länder bedeutet, dass Europa geeint sein und eine Stimme nach außen haben muss, wenn es die ihm zustehende Rolle auf der Weltbühne spielen will".

Um Europa wieder in die amerikanische Umlaufbahn zu ziehen, haben die Vereinigten Staaten vier Monate nach der Ölkrise die Internationale Energieagentur (IEA) ins Leben gerufen, eine Agentur, die von den Amerikanern als Äquivalent zur Organisation der erdölimportierenden Länder (OPEC) konzipiert wurde, um den Einfluss der OPEC auf die Ölpreise zu bekämpfen. Die Vereinigten Staaten sind sogar bereit, einen Krieg gegen die Erdöl exportierenden Länder des Nahen Ostens zu führen, wenn die politischen und wirtschaftlichen Mittel nicht zum Ziel führen. Die Länder des Nahen Ostens haben ihrerseits Europa und Japan gewarnt, dass sie im Falle eines Militärschlags Ölquellen, Pipelines und Hafenanlagen sabotieren werden, so dass die Ölversorgung des Westens für mindestens ein Jahr unterbrochen wird. Die europäischen Länder waren schockiert, und obwohl die Auswirkungen auf die USA groß sind, verfügen die USA selbst über eine große Anzahl von Ölfeldern, die erschlossen werden können, zusätzlich zu den steigenden Ölimporten in Mittel- und Südamerika, Afrika und anderen Regionen, um die Energielücke zu schließen. Doch die europäische Wirtschaft, die in hohem Maße vom Öl aus dem Nahen Osten abhängig ist, befindet sich in einer schwierigen Lage. Als das US-Verteidigungsministerium damit drohte, dass die Vereinigten Staaten bei einer Fortsetzung des Ölembargos militärische Gewalt gegen die Länder des Nahen Ostens einsetzen könnten, ergriffen die europäischen Länder sofort die Gelegenheit, ihre guten Dienste in Anspruch zu nehmen.

Außerdem kamen die Franzosen nach Kuwait, um sich im Gegenzug für die Unterstützung beim Bau von Petrochemie- und Raffinerieprojekten französische Erdölieferungen zu sichern. In Saudi-Arabien unterzeichneten die Franzosen ein Abkommen mit der saudischen Regierung über die Lieferung von 5,6 Milliarden Barrel Rohöl in den nächsten 20 Jahren im Gegenzug für die noch ausstehenden Petrochemie- und Raffinerieprojekte. Die französische Erdöldiplomatie hat sich einen Namen gemacht.

Als die Amerikaner die "Neue Atlantische Partnerschaft" vorschlugen, um Europa weiterhin in die von den Vereinigten Staaten entworfene Umlaufbahn zu zwingen, erhob Europa erneut geschlossen seine Stimme und würde umfassend mit den arabischen Staaten zusammenarbeiten. Die Vereinigten Staaten sind so beliebt, dass sie die Europäer wegen Verrats beschimpfen müssen.

Die Ölkrise hat einen tiefen Riss in das Nachkriegsbündnis zwischen Europa und den Vereinigten Staaten gerissen.

Eine nachhaltigere wirtschaftliche Auswirkung als das Erdölembargo hat der Erdölpreis. Die erdölexportierenden Länder haben den Ölpreis von 1,8 bis 2,48 Dollar pro Barrel zu Beginn des Jahres 1971 auf 10 Dollar pro Barrel am Ende des Jahres erhöht, und zwar nicht nur wegen der gegen den Westen verhängten Sanktionen, sondern auch, um die durch die Abwertung des Dollars verursachte Erschöpfung der Devisenreserven und insbesondere den starken Anstieg der Preise für Lebensmittelimporte auszugleichen.

Öl ist längst mehr als nur ein Energieträger, es ist eine neue Grundlage für das Wirtschaftswachstum in den Industrieländern. Die Vervierfachung des Ölpreises wird den Preis der Rohstoffe in der petrochemischen Industrie deutlich erhöhen, während die Rohstoffe der petrochemischen Produkte, sondern auch die Quelle der Rohstoffe für fast alle Endverbrauchsgüter, wie Autos, Elektronik, Elektrogeräte, Textilien, usw., die plötzliche Verknappung von Öl und den starken Anstieg der Preise, auf die entwickelten Länder, die entgleist wurden, um die Öl-Industrie Wirtschaft, sofort verursacht große wirtschaftliche interne Schäden. So wie die Nahrungsmittelkrise die Industrialisierung Chinas Ende der 50er Jahre erschütterte, wird die Ölkrise die Treibstoffkosten für Industrie und Transport in die Höhe treiben, die petrochemische Industrie einbrechen lassen, die Rohstoffpreise für die Leichtindustrie in die Höhe treiben, und die letztendliche Übertragung auf den Markt wird zu höheren Rohstoffpreisen, höherer Inflation und stagnierender wirtschaftlicher Entwicklung führen, und die globale Stagnation der 70er Jahre ist die Folge des wirtschaftlichen Engpasses der Ölindustrie.

Je stärker die chemische Schwerindustrie entwickelt ist, desto härter wird sie von der Ölkrise getroffen. Die Vereinigten Staaten waren das erste und größte Industrieland in der petrochemischen Industrie, und während der Krise ging die Industrieproduktion in den USA um 14% zurück; in den 1960er Jahren führte Japan den "Nationalen Plan zur Verdoppelung des Wohlstands" durch, der sich auf die petrochemische Industrie als strategische Industrie für die Entwicklung konzentrierte, und stieß bei der exportorientierten Produktion von Konsumgütern auf einen Engpass bei den Rohstoffen im Inland, während es auf internationaler Ebene mit der Notlage eines trägen Verbrauchermarktes konfrontiert war, was dazu führte, dass die japanische Industrieproduktion um bis zu 20% fiel. Alle Industrieländer sind in eine Rezession oder eine Phase geringen Wachstums eingetreten. Das rasche Wachstum und der wirtschaftliche Wohlstand des Westens in der Nachkriegszeit erlitten ihren ersten großen Rückschlag seit der Wende in der Industrialisierung.

Die Ölkrise hat die Länder gezwungen, nach sauberen Energiealternativen zum Öl zu suchen. Tatsächlich werden Energiedurchbrüche allein den Rohstoffengpass des westlichen

Wirtschaftswachstums, nämlich die Abhängigkeit der Leichtindustrie von petrochemischen Rohstoffen, nicht lösen. Die Erzeugung von Atom-, Solar-, Wind-, Wasser- oder Gezeitenkraft, die allein mit Energie beginnt, versucht, das Öl zu ersetzen und eine neue wirtschaftliche Revolution auszulösen, die leider keinen großen Durchbruch beim Wirtschaftswachstum bringen wird. Zwei volle Jahrzehnte lang, von Anfang der siebziger bis Mitte der neunziger Jahre, wurden die entwickelten Industrieländer wie Europa, Amerika und Japan von geringem Wachstum geplagt, was vor allem auf das Ausbleiben großer und grundlegender technologischer und rohstofftechnischer Durchbrüche und das Fehlen eines starken wirtschaftlichen Impulses zurückzuführen ist, wie er durch die großen Ölfunde der vierziger und fünfziger Jahre ausgelöst wurde.

Die industrielle Revolution der Menschheit war eigentlich nur eine Frage der Umwandlung von Energie aus Holz in Kohle und Öl und von Rohstoffen aus landwirtschaftlichen Produkten und natürlichen Materialien des Landes in synthetische Materialien, die hauptsächlich auf Öl basieren. Und eine neue wirtschaftliche Explosion wird durch eine neue technologische Revolution ausgelöst.

Europas Wechselkurs stabilisiert sich, der Dollar schwimmt und schlägt Wellen

In den frühen 1970er Jahren waren die häufigen Nahrungsmittelprobleme, die Inflation, die Ölkrisen, die wirtschaftlichen Rezessionen und die Kluft zwischen den Vereinigten Staaten und Europa im Wesentlichen auf die Abwertung des Dollars zurückzuführen.

Die Amerikaner haben endlich begriffen, dass der Dollar auch nach der Abschaffung des Goldthrons immer noch potenziell durch Gold bedroht ist. Mit Gold als Referenz wird die Abwertung des Dollars der Welt vor Augen geführt, der Goldpreis fällt immer wieder, die Peinlichkeit der Schwäche des Dollars wird der Welt immer wieder vor Augen geführt. Ein stabiler Wechselkursmechanismus, so dass die Wahrheit der Abwertung des Dollars nicht verborgen werden kann, so dass der Trick des Versteckens schwer zu verbergen ist. Daher sind die Vereinigten Staaten entschlossen, nicht nur das Gold für immer "einzuzäunen", sondern auch das System der festen Wechselkurse vollständig abzuschaffen und die Weltgeldmärkte völlig zu stören. Das komplexere wirtschaftliche Chaos, das durch den freien Wechselkurs entsteht, wird die Aufmerksamkeit von der Abwertung des Dollars ablenken und als Ablenkungsmanöver und Ausbruch dienen.

Was Amerika jetzt will, ist ein Durcheinander der Worte! Nehmen Sie das Währungstohuwabohu und betteln Sie um einen Ausbruch für den Dollar!

Die Vereinigten Staaten suchen das Chaos, Europa die Stabilität.

Das freie Floaten der Wechselkurse hat zu einem Auf und Ab der Währungen der Länder des Gemeinsamen Europäischen Marktes geführt und den Handel und die wirtschaftliche Entwicklung ernsthaft gestört. Um die Situation zu stabilisieren, führte die Gemeinschaft im Geiste des Wiener-Berichts im April 1972 den berühmten "Serpentinen-Wechselkursmechanismus" ein, der für jedes Währungspaar innerhalb der Gemeinschaft eine Obergrenze für das zulässige Floaten festlegte, sowie das "Smithsonian-Abkommen" vom Dezember 1971, das das Floaten der nicht internationalen Reservewährungen gegenüber dem US-Dollar von 1% in der Bretton-Woods-Ära auf 2,25% ausweitete. Grafisch gesehen sind die Wechselkursschwankungen innerhalb der Gemeinschaft wie eine Python in der Mitte dieses "Smithsonian"-Tunnels. Als jedoch 1973 der Dollar frei floaten konnte, schwamm der "schlangenförmige Wechselkurs" der Gemeinschaft nicht mehr in einem Tunnel, sondern in einer unruhigen See.

Die Europäer hofften, dass die Auswirkungen der Dollarabwertung angesichts des "Serpentinen-Wechselkursmechanismus" deutlich abgeschwächt würden. Aber in den Augen des US-Dollars stellten die europäischen Währungen eine "Ein-Wort-Lang-Schlangenformation" dar, aber eine "Ein-Wort-Schlagenformation". Der US-Dollar ist hoch und niedrig, rauf und runter, wann er schlägt, wann er tritt, völlig in den Händen des internationalen Spekulationskapitals; und die lange Schlangenformation der europäischen Währung ist wie ein stagnierender Stellungskrieg, kann nur passiv verteidigt werden, stellt sich als ein geschlagenes Gesicht dar!

Das größte Problem des "Serpentinen-Wechselkursmechanismus" besteht darin, dass er nur das Vergleichsverhältnis zwischen den Währungen der Länder in der Europäischen Gemeinschaft festschreibt, die Geld- und Finanzpolitik der Länder aber getrennte Wege geht, was so ist, als würde man neun große Schiffe in den Wellen mit einem Lasso einfangen, aber die Motorleistung jedes Schiffes und sogar die

Richtung des Ruders unterscheiden sich voneinander; sobald sie zusammen segeln, werden sie zwangsläufig miteinander kollidieren und sind schwer zu koordinieren. Wenn die Spekulationswelle des Dollars hereinbricht, wird das Eisenseil leicht von dem großen, heftig wogenden Schiffsrumpf zerrissen.

Im Sommer 1972 verkauften die Vereinigten Staaten Getreide an die Sowjetunion, von der man erwartete, dass sie dafür Gold verkaufte, um einen Trend zu sinkenden Goldpreisen und steigendem Vertrauen in den Dollar zu erzeugen, wodurch die Sowjetunion den Ostwind des europäischen Dollars ausnutzte und das Feuer der Inflation in die Vereinigten Staaten zurückschickte. Anfang 1973 zwang der zunehmende Inflationsdruck den Dollar, sich nicht mehr an die Smithsonian-Abwertungsgrenzen zu halten. Als sich die Bundesbank Mitte Februar gezwungen sah, die Zinssätze unter dem Inflationsdruck von 7,5% zu erhöhen, mündete die unterschwellige Dollarabwertung schließlich in eine rasante Verkaufswelle von Dollarwerten.

Großbritannien schloss sich 1972 kurzzeitig dem "Serpentinenmechanismus" an, wurde aber bald vom spekulativen Kapital verdrängt, und 1973 kam Premierminister Heath nach Bonn und bat das Pfund, sich dem "Serpentinenmechanismus" wieder anzuschließen. Deutschland ist natürlich dafür, und mit den beiden Armen des Pfunds und des Frankens wird die Fähigkeit, der Flutwelle des spekulativen Dollarkapitals zu widerstehen, stärker sein. Da die britische Regierung bei dem Versuch, den Wechselkurs an die europäische Währung zu koppeln, wiederholt gescheitert ist und mehrere Regierungen wegen der Unterstützung einer ähnlichen Politik zu Fall gebracht wurden, schlug Heath vor, dass Deutschland sich verpflichten müsse, das Pfund unbegrenzt zu stützen. Für die Deutschen ist dies gleichbedeutend mit der Aufforderung an die Deutschen, ihre eigenen Devisenreserven zu verwenden, um einen Blankoscheck für die Briten auszustellen, die mit diesem Talisman ihre Defizitzurückhaltung verlieren könnten. Die Deutschen, die nicht bereit waren, das Angebot direkt abzulehnen, machten ein Gegenangebot und schlugen vor, dass Großbritannien zunächst dem "Serpentinenmechanismus" beitreten sollte, um seine Entschlossenheit zu demonstrieren, die Stabilität des europäischen Wechselkurses zu verteidigen, indem es gegen alle Widerstände in den Krieg zog. Daraufhin machten die Briten einen Rückzieher.

Frankreich hätte die Gelegenheit genutzt, als die Briten wieder in den "Serpentinenmechanismus" eintraten, um den Deutschen die verlockenden Devisenreserven aus der Tasche zu ziehen und einen dem stabilen Wechselkurs ähnlichen Pool von Mitteln zu schaffen, um einen Teil des Drucks mit dem deutschen Silber zu teilen, falls sich der Franc nicht halten könnte, aber der französische Traum wurde durch den Rückzug der Briten zunichte gemacht. Eine Welle von Dollarspekulationen bricht über uns herein.

Am 1. März 1973 brach der "Smithsonian Dike" zusammen und das, was vom System der festen Wechselkurse von Bretton Woods übrig geblieben war, brach zusammen. Die Welt ist in eine chaotische Ära frei flottierender Währungen eingetreten.

Wenn die Vereinigten Staaten zertrümmert den festen Wechselkurs Fesseln um den Hals, begann für die dauerhafte "Ring" Gold als König der Währung vorzubereiten, um die Fertigstellung der US-Schatzanweisungen, um Gold zu ersetzen, zu den wichtigsten Vermögenswerte der internationalen Währungsreserven der letzten Akt.

Im Jahr 1976 beliefen sich die Staatsschulden der Vereinigten Staaten, die von Regierungen in aller Welt gehalten wurden, auf 90 Milliarden Dollar. Das ist ein schwieriges strategisches Rätsel. Die amerikanische Denkweise besteht darin, diese Schulden in internationale Währungsreserven umzuwandeln, so wie die Staatsschulden, die die Grundlage der nationalen Währung bilden, nicht zurückgezahlt werden müssen.

Im Juni 1974 schlugen die Vereinigten Staaten die Einrichtung eines sogenannten "Substitutionskontos" im IWF vor, dessen Hauptfunktion darin bestehen würde, die von den Ländern gehaltenen US-Schulden in Sonderziehungsrechte (SZR) umzuwandeln und [75]damit den Sprung von US-Staatsschulden zu internationalen Währungsreserven zu vollziehen. Die denaturierten US-Schulden, die keine Staatsschulden der Vereinigten Staaten mehr sind, sondern ein Kernbestandteil der internationalen Währungsreserve, werden dauerhaft in das internationale Währungssystem eingebettet und müssen niemals zurückgezahlt werden!

---

[75] Forschungsabteilung der Federal Reserve Bank of San Francisco, *Substitutionsrechnung*, 1980.

Die Vereinigten Staaten werden das Gold in vier Schritten "einkreisen": Erstens dürfen die Zentralbanken aller IWF-Mitgliedsländer den offiziellen Goldpreis nicht festlegen; zweitens muss die Wertbindung zwischen Gold und Sonderziehungsrechten aufgehoben werden, so dass Gold in den Währungsreserven der Zentralbanken die gesetzliche Preisgrundlage verliert und zu "wertlosen" Vermögenswerten wird; drittens wird das US-Finanzministerium eine Goldauktion durchführen; viertens wird der IWF mit dem US-Finanzministerium zusammenarbeiten, um den Weltgoldpreis zu drücken. Der Kerngedanke dabei ist, den Goldpreis so instabil wie möglich zu machen, so dass die Instabilität weniger wahrscheinlich ist und Gold als Währungsreserve unattraktiv wird.

Auf dringendes Ersuchen der US-Regierung stimmten die IWF-Mitglieder zu, Gold aus der Wertbasis der SZR zu streichen, die nicht mehr an den Wert des Goldes gebunden sind, sondern als Referenz zu einem "Korb" von 16 nationalen Währungen neu definiert wurden. Unmittelbar danach beschloss der IWF im Sinne der USA, ein Drittel seiner Goldreserven zu verkaufen, wovon die Hälfte an die Zentralbanken zurückging und die andere Hälfte öffentlich auf dem Markt verkauft wurde.

Mit der Abschaffung des festen Wechselkurses und der "Umzingelung" des Goldes sind in den Augen der Amerikaner vor allem die Länder des Nahen Ostens betroffen, die aufgrund des Ölpreisbooms seit der Ölkrise riesige Petrodollar-Einnahmen erzielt haben.

Die Überschüsse in Europa und Japan wurden durch die steigenden Ölpreise aufgefressen, und von 1974 bis 1976 flossen 40 Milliarden Dollar an Öldividenden in die Taschen der Länder des Nahen Ostens, und der Nahe Osten wurde zu einem wichtigen Kapitalexportland. Wenn der Nahe Osten sich Europa annähert und die Petrodollar-Kapitalakkumulation für den Bau von Großindustrieanlagen nutzt, wird Europa der beste Lieferant von Industrieausrüstungen und -technologien sein, und der Nahe Osten wird Europa seine Türen in Bezug auf die Ölversorgung und die Verbrauchermärkte öffnen. Auf diese Weise werden die amerikanischen Interessen an den Rand gedrängt. Die Schlüsselfrage ist, wie die USA die reichlich fließenden Petrodollars aus dem Nahen Osten zurück in die USA lenken können, um den eigentlichen Anreiz für den Nahen Osten zu schwächen, sich Europa anzunähern.

Der Ansatz der USA besteht nach wie vor darin, die Petrodollars aus dem Nahen Osten über US-Treasuries zu leiten, so dass der Nahe Osten die frühere Rolle Europas und Japans übernehmen und weiterhin das US-Defizit finanzieren kann. Zu diesem Zweck haben die Vereinigten Staaten zunächst die europäischen Banken gewarnt, keine Spareinlagen anzunehmen, die über die derzeit von ihnen gehaltenen 15 Milliarden Dollar hinausgehen, und so die Petrodollars aus dem Nahen Osten abgeschnitten, und dann die Saudis mit dem Köder der militärischen Zusammenarbeit und Sicherheitsgarantien dazu gezwungen, Petrodollars in US-Treasuries zu investieren.

Nach der "Usurpation des Goldes und der Eigenständigkeit" hat das US-Schuldenimperium einen dramatischen Schock erlitten, wie z. B. den frei schwankenden Wechselkurs, die Ölkrise, die Dollar-Rückflüsse im Nahen Osten, und ist schließlich standhaft geblieben. Inmitten dieses Chaos wurde die europäische Währungsunion schwer getroffen.

Der "Monnet-Kreis" löst sich auf und die Europäische Union schwächelt

Der Rücktritt von de Gaulle war ein großer Segen für den "Monnet-Kreis". Mit diesem Aktionärswind konnten Monets alte Mitstreiter, der deutsche Bundeskanzler Brandt und der britische Premierminister Heath, zusammen mit dem französischen Staatspräsidenten Pompidou die beiden großen Ereignisse der Erweiterung der Europäischen Gemeinschaft und des Wiener Berichts mit einem einzigen Glücksfall verwirklichen.

Die darauf folgenden Kriege im Nahen Osten und die Ölkrise unterbrachen jedoch das lange Wirtschaftswachstum Europas in der Nachkriegszeit, und der Beginn der Ära der freien Wechselkurse stürzte Europa in einen viel größeren wirtschaftlichen und politischen Strudel. Europas Politiker, die von der wirtschaftlichen Rezession und den politischen Unruhen im eigenen Land erschöpft sind, haben in ihrer Bereitschaft und ihrem Enthusiasmus für internationale Zusammenarbeit deutlich nachgelassen. Deutschland ist besorgt über die Inflation, Frankreich ist besorgt über das Wirtschaftswachstum, Großbritanniens Begeisterung für die "Serpentine-Mechanismus" hat mehr als genug zu spielen, Italien und anderen Ländern der Europäischen Gemeinschaft sehen die Führer der Streit, kein Führer, kann nur fegen ihre eigene Tür Schnee, schwierig, über andere auf den Frost kümmern.

Angesichts der ausweglosen Situation, in der sich die europäische Integration befand, schlug Monnet die Schaffung eines "Europäischen Ressourcenfonds" vor, in der Hoffnung, die Währungsunion wieder aus der Sackgasse zu führen, doch der deutsche Finanzminister lehnte den Vorschlag mit dem Argument ab, dass die wirtschaftliche Integration Vorrang vor der finanziellen Integration haben sollte. Nach dem Ausbruch der Ölkrise schlug Monnet vor, dass die Europäische Gemeinschaft einen kooperativen Mechanismus für die Verteilung der Öllieferungen unter den Ländern der Region einrichten sollte, dem Deutschland zustimmte, Großbritannien und Frankreich jedoch ablehnten und den sie stoppen mussten.

Im Mai 1974 wurde Destin, der dem "Monnet-Kreis" angehört, nach dem Tod von Georges Pompidou zum Präsidenten Frankreichs gewählt. Monnet, der bereits 80 Jahre alt ist, klärt den neuen Präsidenten, der noch keine 50 Jahre alt ist, darüber auf, dass "das, was in europäischen Angelegenheiten am meisten fehlt, die Macht ist. Für Diskussionen gibt es Regeln, aber nicht für Entscheidungen. "Diese Aussage inspirierte De Stein, der eine ähnliche Idee hatte, und mit Monnets Ermutigung schlug De Stein auf dem Pariser EG-Gipfel im Dezember einen wichtigen Plan vor: das System des "Europäischen Rates". [76]

Der "Europarat", der sich aus den Staatschefs der Gemeinschaft zusammensetzt, ist das höchste strategische Entscheidungsgremium der Gemeinschaft, das zwar keine Gesetzgebungsbefugnisse hat, aber dafür zuständig ist, die großen politischen Fragen in Europa zu lenken und politische Prioritäten zu setzen. Angesichts einer schweren wirtschaftlichen Rezession und einer Währungskrise braucht Europa dringend regelmäßige Treffen der Staats- und Regierungschefs. Die Einrichtung des "Europarats" bedeutet, dass die Staatsoberhäupter souveräner Staaten verpflichtet sind, der supra-souveränen EG politische Dienste zu leisten.

---

[76] Pascaline Winand, *Monnets Aktionskomitee für die Vereinten Nationen von Europa, seine Nachfolgerin und das Netzwerk der Europäer.*

Zu diesem Zeitpunkt hatte die EG bereits den ursprünglichen Prototyp der Vereinigten Staaten von Europa gebildet, wobei die Hohe Behörde der Montanunion unter der ersten Präsidentschaft Monets mit der Europäischen Wirtschaftsgemeinschaft und der Europäischen Atomgemeinschaft nach den Römischen Verträgen koexistierte und die drei suprastaatlichen Institutionen später zur Europäischen Gemeinschaft fusionierten, wobei ihre jeweiligen Befugnisse in einer einzigen Europäischen Exekutive, der Vorgängerin der heutigen Europäischen Kommission, zusammengefasst wurden. Sie ist das Äquivalent einer Kabinettsregierung in einem Land, die für das Tagesgeschäft der Europäischen Gemeinschaft verantwortlich ist.

Monnet entwarf die "Gemeinsame Versammlung" der Montanunion, die sich zum "Europäischen Parlament" entwickelte, dem Äquivalent eines nationalen Gesetzgebungs-, Kontroll- und Beratungsorgans.

Auf diese Weise bildeten der "Europarat", der "Exekutivausschuss der Europäischen Gemeinschaften" und das "Europäische Parlament" die drei Säulen des Gebäudes der künftigen Vereinigten Staaten von Europa, und fast alle diese Institutionen erhielten ihre ursprüngliche Form vom "Monnet-Kreis", und Monnet und andere werden in Zukunft sicherlich als die Gründer der Vereinigten Staaten von Europa angesehen werden.

1975 war das vom "Monnet-Kreis" gegründete "Aktionskomitee der Vereinigten Staaten von Europa" bereits 20 Jahre alt, und Monnet selbst war 87 Jahre alt. Er hatte nicht damit gerechnet, dass der Weg zu den Vereinigten Staaten von Europa so lang sein würde, und während der zehnjährigen Regierungszeit von de Gaulle verlor Monnet in Frankreich an Einfluss, obwohl er in Europa und Amerika immer noch einen hohen Status genoss. Für Monnet basierten die Vereinigten Staaten von Europa auf einem Zusammenschluss mit Großbritannien und den Vereinigten Staaten, wobei die Partnerschaft auf beiden Seiten des Atlantiks im Mittelpunkt stand, und wurden nicht geschaffen, um die amerikanische Hegemonie herauszufordern, sondern um die Macht mit den Vereinigten Staaten zu teilen und die Welt gemeinsam zu beherrschen. Die Ölkrise seit den 1970er Jahren, die Abwertung des Dollars, die chaotischen Wechselkurse in Europa und die Rezession in den Industrieländern haben zu Spannungen und sogar emotionalen Konfrontationen zwischen den Vereinigten Staaten und Europa geführt, die Monnet zutiefst enttäuschten. Die Laxheit der Integrationskräfte innerhalb Europas verstärkte seine Besorgnis, und als er älter und weniger energisch wurde, hatte Monnet das Gefühl, dass seine Mission erfüllt war. Einmal wollte er, dass der deutsche Bundeskanzler Brandt seine Nachfolge antrat, gab diese Idee aber schließlich auf. [77]

Unter den Mitarbeitern, die Monnet seit Jahren begleiten, ist seine Sekretärin, Frau Linger, völlig unbezahlt ehrenamtlich tätig. Sie arbeitete tagsüber für Baron Robert Rothschild und setzte ihre Arbeit in Monnets Büro nach 17 Uhr fort. Baron Robert Rothschild, ebenfalls ein Mitglied der Rothschilds, entschied sich nicht für die alte Bankkarriere der Familie, sondern für eine aktive Karriere als Diplomat. Er war der Hauptverfasser der Römischen Verträge von 1957 und damit einer der Begründer der Europäischen Gemeinschaft. In all den langen Jahren hatte Monnet engen Kontakt zur Familie Rothschild gehalten, und durch die Verbindung seines Privatsekretärs konnte jeder einzelne Schritt von Monnets Aktionskomitee Vereinigte Staaten von Europa die Ohren der Rothschilds mit rechtzeitigem und präzisem Feedback und Rat erreichen.

Als Monnet schließlich allen seinen Mitstreitern mitteilte, dass er beschlossen hatte, in den Ruhestand zu treten und das Aktionskomitee Vereinigte Staaten von Europa aufzulösen, waren alle äußerst schockiert. Nachdem sie ihren geistigen Führer verloren hatte, irrte die Bewegung der Vereinigten Staaten von Europa ein ganzes Jahrzehnt lang in Verlust und Orientierungslosigkeit umher. Erst 1985, nachdem Monets linke und rechte Armeen wieder die Fahne gehisst hatten und aktiv wurden, nahm die Europäische Wirtschafts- und Währungsunion wieder stark an Fahrt auf und führte direkt zum Vertrag von Maastricht.

In den Tagen nach Monets Pensionierung war die einzige bedeutende Entwicklung in der Europäischen Wirtschafts- und Währungsunion die Einrichtung des Europäischen Währungssystems (EWS) im Jahr 1979, ein konkretes Ergebnis des Wiener Berichts von 1970.

Das Herzstück des europäischen Währungssystems war die Europäische Währungseinheit (ECU), aus der sich schließlich der heutige Euro entwickelte. Zwischen Deutschland und Frankreich ist ein erbitterter Streit um die Währungseinheit entbrannt. Nach dem französischen Entwurf besteht die Europäische Währungseinheit aus

---

[77] Ebd.

einem "Währungskorb", der auf einem gewichteten Durchschnitt der Währungen der Länder der Europäischen Gemeinschaft beruht.

Auf der Grundlage der Europäischen Währungseinheit (EWU) darf die Währung eines Landes gegenüber der EWU um nicht mehr als 2,25% schwanken, während die italienische Lira, die weich ist, um bis zu 6% schwanken darf. Der neue Europäische Wechselkursmechanismus (WKM) wird als Europäischer Wechselkursmechanismus (ERM) bezeichnet.

Dieser französische Entwurf ist recht clever, und die Idee eines "Währungskorbs" für die europäische Währungseinheit ist im Falle einer starken Mark und eines schwachen Franc von Vorteil für den Franc. Denn das Währungsverhältnis im "Korb" wird nur alle fünf Jahre angepasst, nachdem es festgelegt wurde. Wenn die D-Mark in der Zwischenzeit zu schnell an Wert gewinnt, muss Deutschland zunächst mit seinen eigenen Devisenreserven am Markt intervenieren, um die D-Mark abzusenken, damit der Wert der D-Mark im "Korb" die Grenze nicht überschreitet. Auf diese Weise wird die D-Mark zu einem Schutzschild für die Währungen anderer Länder. Gleichzeitig wird der ECU für die Länder zu einem Instrument, um auf dem Devisenmarkt zu intervenieren und letztlich die durch Wechselkursschwankungen ihrer nationalen Währungen verursachten Auslandsschulden zu begleichen.

Die Deutschen lehnten eine solche Vereinbarung strikt ab, da sie der Meinung waren, dass sie "die Schaffung der deutschen Markwährung völlig unserer Kontrolle entziehen würde". Die Deutschen waren sich darüber im Klaren, dass Deutschland gezwungen sein würde, zusätzliche Mark auszugeben, um Dollar zu kaufen, wenn der abgewertete Dollar einströmen würde, um eine Aufwertung der Mark zu verhindern, während der Währungsanstieg außer Kontrolle geriet. Gleichzeitig wurde bei den Interventionen zur Stabilisierung der europäischen Devisenmärkte deutlich, daß die Währungsspekulanten diese Länder mit starker Mark nur dann retten konnten, wenn sie in der Lage waren, Deutschland in ihrer eigenen Währung über den ECU zu entschädigen, was gleichbedeutend damit war, Deutschland zu zwingen, das Angebot an Mark zu erhöhen.

Daher bestehen die Deutschen darauf, dass die Wechselkursstabilität Betrieb, muss die "Serpentine-Mechanismus", nationale Währung Float kann nicht relativ zu den ECU, aber der relative Wechselkurs von zwei Gruppen von Währungen kann nicht brechen die Decke, so dass die Länder können nur ihre eigenen

Devisenreserven, um den Wechselkurs anzupassen. Dieser Schachzug, die Mark in ein Schutzschild zu verwandeln, hat sich nicht bewährt. Darüber hinaus, obwohl die Intervention in den Devisenmarkt kurzfristige Kreditaufnahme hat deutlich zugenommen, aber Deutschland besteht auf die Rückzahlung der Anleihe, muss der Dollar, Mark oder Gold, die die Idee der anderen Länder versuchen, "Scheibe" aus der Mark bricht zu verwenden. Schließlich ist Deutschland auch nicht mit der Einrichtung einer gemeinsamen "Devisenreservebank" einverstanden.

Bei der Einführung des Europäischen Währungssystems scheint Frankreich einen konzeptionellen Sieg errungen zu haben, insbesondere mit der Einführung des ECU. Aber Deutschland ist in den Grundprinzipien auf halbem Wege stehengeblieben. Der neue Wechselkursmechanismus, der lediglich das "Serpentine Floating" legalisierte, hat die Belastung der Deutschen nicht erhöht und auch nichts an der Dominanz der Mark geändert.

Das europäische Währungssystem wurde in der Tat als Markwährungsgebiet eingerichtet.

Erneut die Monnet-Fahne hissen, "Europäischer Aktionsausschuss" in Aktion

Nach dem Zusammenbruch des "Monnet-Kreises" im Jahr 1975 wurde der geistige Antrieb, der die Vereinigten Staaten von Europa angetrieben hatte, gelähmt, was den Prozess der Europäischen Wirtschafts- und Währungsunion erheblich verzögerte. Der Kernkader des "Monnet-Kreises" ist jedoch nicht mürrisch und wartet auf den richtigen Zeitpunkt, um wieder einen neuen Kreis zu bilden und die Sache der europäischen Einheit fortzuführen.

In den frühen 1980er Jahren wurde Monets ursprünglicher Stellvertreter, der Niederländer Max Kohnstamm, allmählich zum neuen festen Kern. Er war lange Zeit stellvertretender Vorsitzender des Aktionskomitees der Vereinigten Staaten von Europa und wurde 1973 der erste Vorsitzende des europäischen Zweigs der von Rockefeller finanzierten Trilateralen Kommission. Kohnstamm war zwar nicht so rührig wie Monnet, aber er war seit langem in die spezifische Verbindungs- und Koordinierungsarbeit involviert, kannte wichtige europäische Persönlichkeiten und erklärte sich bereit, die Aufgabe zu übernehmen, den neuen Kreis ins Leben zu rufen. Die Menge brauchte dringend einen privaten Kreis zur Kommunikation und Diskussion europäischer Themen, und sobald Kohnstamm dazu aufrief, fand der alte Kreis sofort eine geistige Heimat und strömte zu ihm.

Im Oktober 1982 löste Kohl Schmidt als neuer Bundeskanzler der Bundesrepublik Deutschland ab, und Kohl, ebenfalls ein ehemaliges Mitglied der Monnet-Kommission, erklärte gleich nach seinem Amtsantritt, dass die europäischen Angelegenheiten und die europäische politische Union die vorrangige Politik der neuen Regierung seien. Kohnstamm war der Meinung, dass die Zeit endlich reif war, einen "neuen Kreis" zu gründen. Er begann, alte Mitstreiter anzusprechen, Schmidt, der gerade von seinem Amt als deutscher Bundeskanzler zurückgetreten war, und der belgische Bundeskanzler Tindermans, ein ehemaliges Mitglied der Monnet-Kommission und unter dem Einfluss von Kohnstamm stehend, begannen ebenfalls, alte Freunde des ehemaligen Kreises, die noch in Politik und Wirtschaft aktiv waren, anzuschreiben und sie zu fragen, ob sie dem neuen Kreis beitreten wollten, um sicherzustellen, dass die Ideen und Methoden von Jean Monnet weiterhin als geistiger Führer für die Europäische Union dienen". [78]

Um 1984 einen neuen Kreis zu bilden, begann Kohnstamm, durch Europa zu reisen und alte und neue Freunde zu besuchen, die sich nach und nach auf die Konferenz vorbereiteten und das Thema der Konferenz und die Plattform für die Zukunft mitbrachten.

Am 13. März 1984 eröffnete Kohnstamm in Brüssel in Anwesenheit des belgischen Bundeskanzlers Tindermans, des ehemaligen deutschen Bundeskanzlers Schmidt sowie von Vertretern verschiedener Länder aus den Bereichen Finanzen und Handel offiziell den neuen Kreis. Der deutsche Bundespräsident Karl Carstens war zwar nicht anwesend, erklärte aber, dass er sich nach seinem Ausscheiden aus dem Amt an dem neuen Gesprächskreis beteiligen werde. Es wurde ein Konsens darüber erzielt, den Geist von Monnet wiederherzustellen und eine neue Kommission unter den neuen Bedingungen zu schaffen. Schmidt zufolge sollte die Kommission "eine Gesamtstrategie entwickeln, um ein sinkendes Europa wiederzubeleben". Außerdem wurde empfohlen, dass Schmidt einen strategischen Bericht über das

---

[78] Ebd.

Europäische Währungssystem (EWS) vorlegt und dass andere Mitglieder thematische Berichte über die EG, den einheitlichen Markt, Sicherheit und Verteidigung sowie den Beitritt Spaniens und Portugals zur EG erstellen. Schmidt schloss mit einer besonderen Betonung: "Es ist wichtig zu erkennen, dass, obwohl (der französische Präsident) Mitterrand europäische Fragen in den Mittelpunkt seiner Überlegungen gestellt hat, es keinen solchen Konsens innerhalb der französischen sozialistischen Partei gibt. "Es sei daher notwendig, "einige Leute zu finden, die Mitterrand beeindrucken und seine taktische Unterstützung erhalten können", um sich zu engagieren.

Der beste Kandidat dafür ist Jacques Delors, der französische Finanzminister. Kohnstamm und Delors lernten sich 1976 kennen und blieben seitdem in engem Kontakt, wobei die Ideen und der mächtige Kreis von Monet eine unwiderstehliche Anziehungskraft auf den jungen Delors ausübten. Als ehemaliger hoher Beamter der französischen Zentralbank war Delors selbstbewusst und oft offen, und seine Fähigkeiten waren für alle offensichtlich, und selbst Mitterrand schätzte Delors sehr.

Im Juni 1984 teilte Delors Kohnstamm mit, dass Mitterrand zugestimmt hatte, ihn in einem von Kohnstamm initiierten neuen Kreis mitarbeiten zu lassen, und Kohnstamm schlug Delors zur Überraschung von Kohnstamm vor, die Wiederbelebung der europäischen Integration zu einem Hauptziel seiner Arbeit zu machen. Später wurde Delors mit der Unterstützung von Mitterrand und der Billigung des deutschen Bundeskanzlers Kohl zum "Präsidenten des Europarates" gewählt, was einem Kabinettschef der Europäischen Gemeinschaft entspricht. Für Mitterrand war Delors sein Vertreter in dem neuen Kreis, und das Hauptziel der Deutschen, Delors in den neuen Kreis zu ziehen, bestand gerade darin, Mitterrand zu beeinflussen, die europäische Integration mit aller Kraft voranzutreiben. Die stillschweigende Übereinkunft bestand darin, Delors in die Schlüsselposition des "Präsidenten der Europäischen Kommission" zu bringen, um sich gemeinsam für eine europäische Wirtschafts- und Währungsunion einzusetzen.

Der "neue Kreis" war natürlich überglücklich über die Nachricht, dass Delors das Amt übernommen hatte, und mit seinen eigenen Leuten in Schlüsselpositionen würde das Tempo der Europäischen Währungsunion viel schneller sein. Mit Delors als "Präsident des Europarates" wird der neue Kreis jedoch die Vakanz von Delors mit einem anderen Kandidaten der französischen Sozialistischen Partei besetzen müssen. Als Übergangsmaßnahme wird Delors als "Gast" an allen Aktivitäten des neuen Kreises teilnehmen. Als Delors als "Präsident des Europarates" in Brüssel eintraf, wurde der "Neue Kreis" sofort aktiv und empfahl ihn für die Zusammensetzung des Europarates.

Im September 1984 wurde der "Neue Kreis" offiziell in "Aktionskomitee für Europa" umbenannt, [79] und Mitte der 1980er Jahre unterscheidet sich die internationale Lage in Europa und der Welt stark von der in den 1950er Jahren, als die Monnet-Kommission gegründet wurde. Die Bedrohung durch die Sowjetunion fällt allmählich weg, das innere Fundament Europas und der Vereinigten Staaten, die gegen die Sowjetunion vereint waren, bröckelt allmählich, die Möglichkeit der Wiedervereinigung von West- und Ostdeutschland ist keine ferne Fantasie mehr, ein vereintes und mächtiges Deutschland wird wieder auf der Weltbühne erscheinen, nicht nur Frankreich und andere EG-Länder in Europa fühlen psychologischen Druck, auch Großbritannien und die Vereinigten Staaten sind besorgt, das europäische Währungssystem ist bereits zur Welt der Mark geworden, wenn die Vereinigung Deutschlands erreicht wird, wird das Gebiet des zerstückelten Deutschlands wieder zu einem politischen Riesen werden. Zu diesem Zeitpunkt würde die von den Deutschen vorangetriebene Bewegung "Vereinigte Staaten von Europa" in den Vereinigten Staaten den Verdacht auf das Entstehen einer weiteren Supermacht wecken und in Europa einen starken Nationalismus auslösen. Infolgedessen wurden die blendenden Worte "Vereinigte Staaten von Europa" durch ein verallgemeinertes Europa ersetzt.

Im Prozess der europäischen Integration ist Frankreich psychologisch am verwickeltsten. Die Franzosen wissen seit langem um die Tapferkeit der germanischen Nation, und das von Frankreich geführte "Bündnis für Kohle und Stahl" in den 1950er Jahren war für die Franzosen ein schönes Gefühl der Toleranz und des Wohlwollens, während die Europäische Union einen gerechten Akt der europäischen Solidarität im Kampf um die Unabhängigkeit zwischen den USA und der Sowjetunion darstellte. In den 1980er Jahren hatte Frankreich jedoch bereits Mühe, mit der deutschen Wirtschaftskraft mitzuhalten, und der Franc war zum Absatzmarkt für die Mark geworden. Der Gedanke an ein politisch geeintes, wirtschaftlich starkes Deutschland mit 80 Millionen Einwohnern, das mit einer starken Währung an der

---

[79] Ebd.

französischen Grenze auftauchen würde, ließ die Franzosen erschaudern.

Der französische Präsident Mitterrand reagierte darauf, indem er die wirtschaftliche und monetäre Macht Deutschlands mit der militärischen und politischen Position Frankreichs verband, um eine ausgewogenere Haltung sowohl für Frankreich als auch für Europa zu erreichen. Deutschland hat die Mark und Frankreich hat Atomwaffen, und eine weitere Vereinigung wäre für beide Seiten ein Gewinn, während ein Rückschritt und eine Spaltung eine echte Katastrophe wäre. Als die Franzosen dies begriffen und die Deutschen von diesem Motiv überzeugt waren, erhielten die Bemühungen um eine intensivere Zusammenarbeit zwischen beiden Seiten einen neuen Aufschwung. Delors spielt bei diesem Durchbruch zufällig eine Schlüsselrolle.

Kurz bevor Delors zum ersten Mal im Namen des "Europarats" vor dem Europäischen Parlament sprechen sollte, schrieb Kohnstamm einen langen Brief an Delors mit einer Reihe von Vorschlägen zum Inhalt dieser wichtigen Rede. Delors verstand dies, und in einer Rede im Januar 1985 formulierte er das große Ziel, den europäischen Binnenmarkt bis 1992 zu verwirklichen. Einige Monate später bestätigten die Staats- und Regierungschefs des "Europäischen Rates" formell die Ziele von Delors und beauftragten ihn mit der Ausarbeitung eines detaillierten Berichts über den Zeitplan für die Umsetzung. Die europäische Integration trat sofort in eine neue Phase ein.

Am 6. Juni 1985 stellte Delors auf der ersten offiziellen Sitzung des "Neuen Kreises" unter dem Vorsitz des deutschen Bundespräsidenten Karl Karstens Pläne für die künftige Stärkung des europäischen Währungssystems vor. Der deutsche Bundeskanzler Kohl setzt große Hoffnungen in den "neuen Kreis" und sieht die wichtigste Aufgabe des "Europäischen Rates für Verhaltenskontrolle" darin

> *„die historische Bedeutung des europäischen Einigungsprozesses an die jüngere Generation weiterzugeben. Nur wenn wir diesen geistigen Reichtum weitergeben, können wir den Prozess der europäischen Einigung unumkehrbar machen."*

Im Jahr 1986 wurde Delors enger mit dem "neuen Kreis" verbunden und er ersetzte ihn im "neuen Kreis" durch seinen engen Freund Henri Nallett, der Mitterrands landwirtschaftlicher Berater und späterer Landwirtschaftsminister gewesen war. Bei den Sitzungen des "neuen Kreises" "lieh" Delors Kohnstamm das Expertenteam der

Europäischen Kommission und sogar Übersetzer, um ihn über die neuesten Entwicklungen im europäischen Wirtschafts- und Währungsbereich zu informieren. Darüber hinaus stellt Delors 22.000 Europäische Währungseinheiten (ECU) pro Jahr für die Aktivitäten des "Neuen Kreises" zur Verfügung, die von der Europäischen Kommission finanziert werden.

Im September 1988 war der Neue Kreis auf 92 Mitglieder aus Regierungen, politischen Parteien, Wirtschaftsverbänden, dem Banken- und Finanzsektor und dem Europäischen Parlament angewachsen. Dreizehn der Mitglieder sind alte Hasen aus der Monnet-Ära. Die Entschließungen des "neuen Kreises", die die deutsche, französische, englische, italienische, niederländische und belgische Regierung sowie den Präsidenten des Europarates direkt erreichen, werden weitgehend direkt in Linien für Politiker auf der europäischen Bühne umgesetzt. Die Politiker können in kleinen privaten Kreisen frei sprechen und umfassend kommunizieren, was ihnen im diplomatischen Rahmen nur schwer möglich ist. Der "neue Kreis" treibt das Tempo der europäischen Integration vor allem hinter den Kulissen und mit wenig Öffentlichkeit in den Medien voran, was den Politikern viel Spielraum für innenpolitische Auftritte lässt. Diese Menschen sind aufgrund ihres hohen Maßes an geistiger Identität, viele von ihnen sind alte Freunde, die seit den 1950er Jahren zusammenarbeiten, sich gegenseitig vertrauen, gemeinsam stark sind, einander treu sind und niemals ihre Geheimnisse preisgeben, das Heilige Land des Glaubens an die unzerstörbaren Vereinigten Staaten von Europa bilden.

Die Delors-Kommission, ein Tritt in den Hintern der Europäischen Währungsunion

Im Jahr 1988 war die politische Infrastruktur der Europäischen Gemeinschaft als junger Staat bereits vorhanden: Der "Europarat", der "Europarat" und das "Europäische Parlament" bildeten die drei Säulen der künftigen Vereinigten Staaten von Europa. Ein echter Staat kann jedoch nicht ohne die Zentralbank errichtet werden, die zentrale Säule, die ohnehin die zentralste von allen ist.

Die Währungsunion als wichtigster Hebel für die europäische Einheit hat seit den 1950er Jahren eine wichtige Rolle bei der Stabilisierung der Wechselkursbeziehungen innerhalb der Gemeinschaft gespielt und war eine ständige Triebkraft für die Zusammenarbeit zwischen den europäischen Ländern.

Der wichtigste Durchbruch im europäischen Währungssystem, der 1979 eingeleitet wurde, war die Schaffung der Europäischen Währungseinheit (ECU), mit der der europäische Währungsstandard eingeführt wurde. Die Zentralbank, ein Schlüsselelement des späteren Währungssystems, hat jedoch nur langsam einen großen Durchbruch erzielt.

Wer die Macht hat, Geld auszugeben, hat de facto die Kontrolle!

In diesem Wettstreit der Schlüsselmächte kam es zu einem externen Spiel um nationale Interessen zwischen Deutschland, Frankreich und Großbritannien sowie zu einem internen Kampf zwischen den Finanzministerien und den Zentralbanken der einzelnen Länder.

Die Deutschen aufgrund ihrer bescheidenen diplomatischen Haltung in der Nachkriegszeit und ihres pazifistischen internationalen Images so zu beurteilen, als hätten sie das Streben nach dem Ideal der Welthegemonie für immer aufgegeben, würde bedeuten, den starken Willen der germanischen Nation zu unterschätzen. Deutschland lernt nur, es wird nicht besser!

Das Ziel Deutschlands bei der Unterstützung der europäischen Einheit war es, einen europäischen Kontinent unter deutscher Kontrolle zu schaffen. In der Verlegenheit, militärisch lahm zu sein und politisch so zu tun, als sei man ein Enkel, ist die einzige schwere Waffe, die die Deutschen in der Hand haben, die Währung! Die Deutschen sind außergewöhnlich klar, konsequent, kohärent und unerschrocken, wenn es darum geht, was sie erreichen wollen. Die monetäre Macht in Europa muss und kann nur von der deutschen Zentralbank maßgeblich kontrolliert werden. Der Zeitvorteil ist auf deutscher Seite, die EG ist faktisch bereits ein Markwährungsgebiet, die deutsche Wirtschaft steht über allen europäischen Ländern, die nationale Einheit steht kurz vor der Vollendung, die Zeit der politischen Zwerge geht zu Ende, und der Niedergang der Sowjetunion und Osteuropas hat der deutschen Machtphantasie großen Spielraum für eine Ausdehnung nach Osten gegeben. Der europäische Kontinent, angeführt von Deutschland, ist auf dem besten Weg, eine Weltsupermacht zu werden. Die Deutschen haben in den letzten hundert Jahren genug Eile walten lassen, und dieses Mal werden sie ihre eigene Zukunft mit großer Geduld und Beharrlichkeit gewinnen.

Frankreich wird immer strebsam und ehrgeizig sein, mit großen Plänen, die aber nicht ausreichend umgesetzt werden. Nach jedem seiner hitzigen Auseinandersetzungen mit Deutschland haben die Deutschen Frankreich stets eine gewisse Erleichterung ins Gesicht gezaubert, aber bei näherer Betrachtung hat sich herausgestellt, dass die Deutschen eigentlich keine wesentlichen Zugeständnisse gemacht haben. Die Freude des Franzosen am Ruhm und am Besitz der Symbole der Macht überwiegt bei weitem die trivialen Ärgernisse, die mit der Ausübung der Macht einhergehen. Frankreich will, dass die künftige Europäische Zentralbank nach seiner Pfeife tanzt, aber es fehlt ihm sowohl die Kraft als auch die Geduld.

Großbritannien ist in seiner Mentalität nie aus der "großen und glorreichen" Vergangenheit herausgekommen, und in den Augen der Briten unterscheidet sich das Europa des 20. Jahrhunderts nicht vom 19. Jahrhundert. Großbritannien stellte sich vor, dass es immer noch das Gewicht Europas sei, und dass, wenn es Deutschland begünstigte, die Ambitionen Frankreichs untergehen müssten, und dass, wenn es in Frankreich abrutschte, die Träume des germanischen Reiches verloren gingen. Ohne die Beteiligung Großbritanniens würde der Kontinent im Chaos versinken. Wie könnte London, das seit zwei Jahrhunderten das Zentrum der Währungsmacht in Europa war, dulden, dass Paris oder Frankfurt über sein Schicksal entscheidet?

Als sich die europäischen Mächte auf dem Gipfel der Europäischen Währungsunion 1988 auf einen gemeinsamen Kurs einschworen, entwickelte sich ein spannendes Drama.

Auf dem Europäischen Gipfel in Hannover im Juni 1988 gaben Deutschland und Frankreich offiziell den Startschuss für das Meisterschaftsfinale der EZB, eine Veranstaltung zur Währungsunion. Die Entscheidung des Gipfels, ein Expertengremium einzusetzen, das den endgültigen Kurs der Währungsunion ausarbeiten soll und dem die Zentralbankpräsidenten der 12 EG-Länder angehören, rückte in den Mittelpunkt des Interesses des Gipfels, und damit auch die Person, die weitgehend darüber entscheiden wird, an wen die Meisterschaftstrophäe letztendlich geht. Bundeskanzler Kohl zeigte schließlich seine Karten, und es war der Präsident des "Europarates", der französische Superstar Delors, der ihn vorschlug! Der französische Staatspräsident Mitterrand lächelte und nickte, und die britische Premierministerin Thatcher folgte verblüfft.

Die Deutschen waren bei diesem Schachzug sehr geschickt, und Cole wusste sehr wohl, dass die Franzosen so viel Wert auf Reputation legten, dass die französische Eitelkeit angemessen befriedigt werden konnte, indem die Deutschen ein Expertengremium anführten, das ein für die deutsche Zentralbank günstiges Programm entwickeln sollte, das von den Franzosen entschieden abgelehnt werden würde. Solange die Substanz für Deutschland spricht, wird Cole den Lorbeer auf dem Kopf des Franzosen mit einem Lächeln tragen. Dies ist der Hauptgrund, warum die Deutschen so hart daran gearbeitet haben, Delors in den "neuen Kreis" aufzunehmen.

Nicht alle sind über die Ernennung von Delors erfreut. Der deutsche Zentralbankpräsident Bohr ist voll des Lobes. Offensichtlich sieht sich Bohr als natürlicher Anführer der geldpolitischen Expertengruppe, und er ist zu Recht der Chef unter den 12 Zentralbankgouverneuren. Darüber hinaus ist die Währungsfrage das Meisterstück der Zentralbank, der Finanzminister aus Delors, tatsächlich wollen die Zentralbankgouverneure zu führen, um in der monetären Forschung zu engagieren, sowohl das Finanzministerium verlassen, um die Zentralbank des schlechten Eindrucks zu befehlen, sondern auch ein schlechter Präzedenzfall für Außenstehende zu führen Insidern. Er beklagte sich auch über den Mangel an politischem Feingefühl von Frau Thatcher: "Sie ging so weit, die Einrichtung eines Expertengremiums unter der Leitung von Delors zu begrüßen. Sie hätte wissen müssen, dass diese Vereinbarung besondere politische Erwägungen enthielt. "Irgendwann weigerte sich Ball sogar, an der Delors-Kommission teilzunehmen.

In dieser Frage gibt es einen mehr oder weniger fragwürdigen Zusammenhang zwischen Balls starker Abneigung gegen die Kommission und seiner späteren Würdigung des Kommissionsberichts. Gerade weil der alte Haudegen Thatcher Poes entschiedenen Widerstand gegen die Delors-Kommission sah, legte er kein Veto gegen Delors' Ernennung ein. Das Vereinigte Königreich will die EZB nicht sehen, aber es will auch nicht im Alleingang die gesamte EG in Frage stellen. Doch dann bereute Thatcher es, dass sie Poe leichtgläubig vertraut hatte.

Mit der Einsetzung der Delors-Kommission wurde die Hauptarbeit vollständig auf die Bank für Internationalen Zahlungsausgleich in der Schweiz übertragen. Die Bank für Internationalen Zahlungsausgleich, die als Zentralbank für Zentralbanker konzipiert wurde, ist natürlich von ihrer Philosophie bis zu ihrer Atmosphäre, von ihrem Hilfsteam bis zu ihrem Kern von Experten ein System, das ernsthaft das monetäre Monopol der Zentralbank allein begünstigt. Wer ist der Chef der EWG-Zentralbanken? Natürlich immer noch die Bundesbank. Das Monopol der Europäischen Zentralbank auf die Ausgabe von Währungen ist in der Tat das Monopol der Deutschen Bundesbank auf die monetäre Macht.

Es überrascht nicht, dass die Delors-Kommission im April 1989 den Delors-Bericht vorlegte, in dem sie sich eindeutig dafür aussprach, dass die künftige Europäische Zentralbank eine noch größere "Unabhängigkeit" als die Bundesbank erhalten solle. In dem Bericht heißt es, dass die EZB

> *„sollte eine föderale Form annehmen, die wir als Europäisches Zentralbankensystem (ESZB) bezeichnen können. Dieses neue System, das mit voller Autonomie ausgestattet werden sollte, ist eine Institution der Europäischen Gemeinschaft und untersteht keinem Staat. Das neue System besteht aus einer zentralen Agentur (mit eigener Bilanz) und nationalen Zentralbanken. Der Auftrag des neuen Systems besteht darin, die Preisstabilität zu gewährleisten. Der Rat des Systems muss von den nationalen Regierungen und den Befugnissen der EG unabhängig sein."*

Der Delors-Bericht enthält auch eine Reihe politischer Leitlinien wie die Liberalisierung der Kapitalströme, die Integration der Finanzmärkte, die dauerhafte Liberalisierung der Währungen, feste Wechselkurse usw. Aber der Inhalt ist nichts weiter als Plattitüden und nichts Neues. Am brisantesten ist das "föderale" System der Europäischen Zentralbank, das nicht nur für die vollständige Unabhängigkeit der Zentralbanken steht, sondern auch bedeutet, dass die Länder ihre "Währungssouveränität" aufgeben werden. Die Wirkung dieses Berichts war weitaus größer als die des Wiener Berichts von 1970.

Die Veröffentlichung des Delors-Berichts sorgte in verschiedenen Ländern und vor allem in Frankreich sofort für Kontroversen. Erst nachdem der französische Präsident Mitterrand den Bericht gesehen hatte, wurde ihm bewusst, wie viel mächtiger die Europäische Zentralbank war, als er gedacht hatte. Seine Beunruhigung und Verstrickung waren überwältigend.

Ich bin nicht gegen eine Zentralbank, aber gegen einen Teil ihrer Arbeitsweise. Die Bundesbank ist völlig frei von staatlicher Kontrolle. Unsere Zentralbank, die Banque de France, ist zwar auch unabhängig, aber die Wirtschafts- und Währungspolitik wird von der Regierung bestimmt. Was wird nötig sein, um die Franzosen dazu zu bringen, den Prozess der Währungsunion voranzutreiben? Ich habe den Eindruck, dass die Deutschen bereit wären, auf eine Währungsunion zu drängen, wenn sie glauben, dass dies ihre gute, gesunde wirtschaftliche Lage nicht beeinträchtigen würde. Ich bin jedoch nicht sehr bereit, mich darauf einzulassen. Ohne den Zwang der politischen Macht hätte die Europäische Zentralbank die Macht der nationalen Souveränität, und das wäre eine gefährliche Sache. Das europäische Währungssystem ist bereits ein Markwährungsraum. Zur Zeit hat die Bundesrepublik Deutschland nicht die Befugnis, unsere Wirtschaft zu steuern. Aber sobald die Europäische Zentralbank gegründet ist, wird sie diese Befugnis erhalten.

Der Präsident der Bank von Frankreich, de La Rossier, der an der Delors-Kommission teilnahm, wurde zum "Schuldigen" innerhalb der französischen Regierung. Nicht nur, weil sich die französische Regierung nie für die Unabhängigkeit der französischen Zentralbank eingesetzt hat, sondern auch, weil er die Verwaltung der französischen Wirtschaft an die Deutschen abtrat. Rückblickend betrachtet er diese Zeit als eine der härtesten Prüfungen seiner Karriere.

Ich wurde in den Saal des Finanzministeriums gerufen, nachdem das Finanzministerium die endgültige Fassung des Delors-Berichts erhalten hatte. Bérégovoy (Finanzminister), Trichet und einige andere Beamte saßen auf der einen Seite des Tisches und ich war allein auf der anderen. Bérégovoy hatte einen sehr kalten Gesichtsausdruck. Er sagte, das Finanzministerium sei schockiert und sehr verärgert über die Ergebnisse des Delors-Berichts. Dann überließ er dem stellvertretenden Finanzminister Trichet das Wort.

Die Kernaussage von Trichets Rede war, dass die Unabhängigkeit der Europäischen Zentralbank, wie im Delors-Bericht empfohlen, zu groß sei, mehr als die der Bundesbank. Er sagte, ich hätte in den Gesprächen mit der Delors-Kommission wohl zu viele Zugeständnisse gemacht.

Bérégovoy fragte mich dann: "Was wollen Sie sagen? Ich sagte, ich hätte das Wort "Zugeständnisse" gehört. Das soll heißen, dass ich bei der Erreichung einer Vereinbarung über die Währungsunion in der Delors-Kommission bestimmten Auffassungen nachgegeben oder Zugeständnisse an bestimmte Auffassungen gemacht habe. Das ist nicht wahr. Ich bin für die Unabhängigkeit der Zentralbanken, aber das bedeutet keineswegs ein Zugeständnis oder auf Kosten von Frankreich. Das künftige Währungssystem wird nur möglich sein, wenn die Zentralbank und die ihr angeschlossenen Einheiten unabhängig sind.

Jedes andere institutionelle Arrangement wäre instabil. Niemand hat mich gezwungen, das zu sagen, und ich habe es auch nicht gesagt, weil es eine deutsche Ansicht ist.

Das ist nichts anderes als ein Trick, den die Zentralbanker seit den 1920er Jahren anwenden. Die Zentralbanker einigen sich zunächst stillschweigend und im Konsens untereinander, dann gehen sie zurück und beeinflussen ihre jeweiligen Regierungen, damit diese ihrer Politik zustimmen. Im Spiel der politischen Macht gegen die Macht des Geldes sind es die raffinierten Politiker, die denken, sie hätten die Banker ausgetrickst, aber es sind die Banker, die die Politiker am Ende zu Tode spielen.

Als Großbritannien den Delors-Bericht sah, war Frau Thatcher so verärgert, dass sie zu erkennen begann, dass es ein schrecklicher politischer Fehler gewesen war, Delors an die Spitze der Währungsgruppe zu setzen, und dass die Haltung des Gouverneurs der Deutschen Bundesbank, Pohl, der die Delors-Kommission entschieden ablehnte, ihr die Illusion von ernsthaften Konsequenzen gegeben hatte, wobei sie zugab, dass "der größte Schaden darin bestand, dass Pohls Position gegen die Währungsunion, die sehr wohl bekannt war, in der Delors-Kommission überhaupt nicht zum Ausdruck kam". Der Gouverneur der Bank von England, Pemberton, war jedoch erfreut.

Ich erkenne an, dass die Schaffung und Ausweitung einer gemeinsamen Währung vom praktischen Standpunkt aus gesehen ein perfekter Plan ist. Ich möchte, dass die Menschen wissen, dass ich das Programm der Währungsunion unterstütze. Es wird der Bank of England helfen, ihre Unabhängigkeit wiederzuerlangen und ein stabileres Währungssystem im Vereinigten Königreich zu schaffen. Thatchers kurze Anweisung an mich war, Bohr (dem Chef der deutschen Zentralbank) zu folgen. Ich schrieb einen Brief an Thatcher, in dem ich sagte, dass ich, falls Poe zustimmen sollte, keinen Grund finden würde, ihn nicht zu unterzeichnen. Wenn ich der einzige Zentralbankgouverneur wäre, der den Delors-Bericht nicht unterschreibt, würde ich mich äußerst lächerlich und lächerlich machen und wie ein Thatcherscher Mops dastehen.

Als dies gelang, startete Deutschland eine sanfte Lobbykampagne gegen Thatcher. Thatcher hatte jedoch kein Vertrauen mehr in die Deutschen, nachdem sie einen großen Bissen von Poe abbekommen hatte. Also schlug der deutsche Verbündete, die Niederlande, zu. Die Niederländer waren noch nie die größten Verfechter der Mark, wenn es um die Währung ging. Als die Niederländer nach Großbritannien kamen, verstand Thatcher sofort, dass es sich um Lobbyisten handelte, die von den Deutschen geschickt worden waren, um Großbritannien davon zu überzeugen, die EZB zu akzeptieren. Nach einer bitteren Erwiderung der Niederländer bestand Thatcher darauf, dass die Mitgliedschaft Großbritanniens in der Europäischen Währungsunion es unflexibel machen würde. Die Niederländer entgegneten darauf mit der schlauen Bemerkung, der Beitritt zur europäischen Währung sei wie das Autofahren mit angelegtem Sicherheitsgurt, der die Geschwindigkeit nicht beeinträchtige und viel sicherer sei. Nach dem Treffen urteilte Thatcher über den Niederländer: "Die Rhetorik über den EPRM ist Unsinn! "Als der britische Schatzkanzler vorschlug, Großbritannien solle einen Zeitplan für den Beitritt zur europäischen Währung aufstellen, brach die Eiserne Lady in Wut aus: "Das ist ein besonders schädlicher Vorschlag. Sie dürfen das Thema nie wieder anschneiden, das muss ich sagen."

Der Kampf zwischen Politikern und Bankern reicht in Europa mindestens bis in die Renaissance zurück, aber es ist das erste Mal in der Geschichte Europas, dass die Regierungen die monetäre Souveränität, den zentralsten Teil der nationalen Souveränität, so gründlich an die Banker abgetreten haben. Im Kampf zwischen der Goldmacht und dem Regime hat die Goldmacht den endgültigen Sieg davongetragen. In Europa ist es nicht mehr der Staat, der das Kapital kontrolliert, sondern das Kapital kontrolliert den Staat!

Zwei Fronten: Deutsche Wiedervereinigung und Währungsunion

Im November 1989, als die Berliner Mauer fiel und Ostdeutschland im Begriff war, sich in die Arme Westdeutschlands zu stürzen, wurde Cole durch den enormen und plötzlichen Druck auf die deutsche Wiedervereinigung mit einem Schlag vom Motor der europäischen Integration auf die Bremse gestellt.

Im Krieg hatten die Deutschen genug davon, an zwei Fronten gleichzeitig zu kämpfen, und jetzt, in den beiden strategischen Richtungen der Währungsunion und der deutschen Einheit, zog Kohl es vor, sich zuerst auf die deutsche Einheit zu konzentrieren. Sie ist nicht nur das Kernstück des Hundertjahrplans der deutschen Nation, sondern auch das entscheidende Druckmittel, um in Zukunft auf dem Schlachtfeld der Währungsunion eine größere Dominanz zu erlangen.

Frankreich, England und sogar Deutschlands niederländischer Absatz spürten alle einen unsichtbaren Druck und ein Gefühl der Dringlichkeit.

Im Jahr 1948 hatte Frankreich das Ruhrgebiet in Deutschland unter internationales Kondominium gestellt (de facto unter französische Kontrolle) und im Gegenzug die westdeutsche Bundesregierung gegründet. Jetzt spielen die Franzosen denselben Trick, und Mitterrand hat Kohl nachdrücklich zu verstehen gegeben, dass eine Voraussetzung für die deutsche Wiedervereinigung darin besteht, die Mark aufzugeben, den Euro zu akzeptieren und das Tempo der Währungsunion zu beschleunigen. Andernfalls hätten die Franzosen ein abschreckendes Gericht serviert, und Deutschland wäre wie am Vorabend des Ersten und Zweiten Weltkriegs mit der Belagerung und Isolierung durch die "französisch-britisch-russische Allianz" konfrontiert worden. Angesichts einer solch extremen Bedrohung musste Cole nachgeben.

Deutschland war wieder einmal gezwungen, an zwei Fronten gleichzeitig zu kämpfen. Die Europäische Währungsunion, vereint mit Deutschland, war von den Franzosen zusammengehalten worden. Jeder Zentimeter Fortschritt auf dem Weg zur Wiedervereinigung muss mit einem gewichtigen Kompromiss bei der Währungsunion einhergehen. Der Preis für die deutsche Wiedervereinigung war die Aufgabe der D-Mark. Mitterrand sah in diesem Zugeständnis einen großen Sieg für Frankreich, und Kohl spielte die Tragödie des deutschen Volkes, das sich von der Mark trennen mußte, so, daß das ganze Publikum zur Besinnung kam. Da die BoE das Gesamtbild der EZB dominiert, ist der wirkliche Verlust für Deutschland nicht die Aufgabe der Mark, sondern der Verlust der Möglichkeit, weitere Zugeständnisse von Frankreich zu erhalten.

Dennoch war es Thatcher, die die Dinge klarer sah, als sie im März 1990 bei einem Bankett in London mit den zehn größten französischen Industriekonzernen sagte: "Deutschland ist bereits die dominierende Kraft in der europäischen Wirtschaft und wird nach der Vereinigung auch die dominierende Kraft in der europäischen Politik sein. "Sie argumentiert, dass "die europäische Integration keine Kontrolle über Deutschland darstellt. Frankreich muss sich mit Großbritannien zusammentun, um der deutschen Bedrohung zu begegnen. "Die Eiserne Lady wiederholte erneut ihre konsequente Ansicht, dass die europäische Integration "ein Europa ist, das Deutschland wie ein Stück Eisen gegeben wird", was Deutschlands dominante Position stärken würde.

Thatcher war in der Tat eines bedeutenden Staatsmannes würdig, und sie sah sehr nüchtern, dass der künftige Trend eines vereinten Europas eine wachsende deutsche Macht sein würde, und dass Großbritannien in seiner Wachsamkeit gegenüber Deutschland strategisch viel weitsichtiger war als Frankreich. Für Thatcher war Frankreich nur eine Mitgift für Deutschland und würde am Ende Menschen und Schätze mitschicken. Aber sie ist auch eine Superrealistin. Sie würde niemals dulden, dass die Deutschen einerseits die britische Wirtschaft über die EZB steuern und andererseits die Vorteile des Wechselkursmechanismus im Europäischen Währungssystem nutzen. In ihren Worten: "Großbritannien erwartete, dem europäischen Wechselkursmechanismus beizutreten, um den Status der Deutschen Mark zu nutzen, um eine Art Goldstandardähnlichen Mechanismus zu schaffen, der Großbritannien hilft, die Inflation zu kontrollieren". Mit anderen Worten: Die Eiserne Jungfrau lehnte einen Ehevertrag in Euro ab, sehnte sich aber nach einem Brautpreis mit einem stabilen Wechselkurs.

Im Oktober 1990 beschloss das Vereinigte Königreich, dem Europäischen Wechselkursmechanismus beizutreten. Die Deutschen hatten einen doppelten Trumpf in der Hand: Die Wiedervereinigung wurde am 3. Oktober offiziell vollzogen, und Großbritannien erhielt den Brautpreis des Wechselkursmechanismus. Das britische Empire, das nicht einmal zwei Weltkriege überstanden hatte, würde einen Schritt weiter in Europa unter deutscher Vorherrschaft integriert werden. Der deutsche Botschafter im Vereinigten Königreich war eifrig bemüht, Thatcher zu finden. Da das Vereinigte Königreich den Brautpreis akzeptierte, will Deutschland natürlich zuschlagen, solange das Eisen heiß ist, und zwar so schnell wie möglich, um das Vereinigte Königreich dazu zu bringen, die Zukunft der Euro-Hochzeit zu heiraten.

Thatcher:

> *„Deutschland ist jetzt vereint. Cole muss sehr glücklich gewesen sein. Er kann jetzt mehr Innenpolitik machen."*

Deutscher Botschafter:

> *„Bundeskanzler Kohl wird die europäische Integration, einschließlich der Schaffung einer Europäischen Währungsunion, weiter vorantreiben."*

Thatcher:

„Was haben Sie gesagt? Wollen Sie, dass ich zu Ihrer Majestät gehe und ihr erkläre, dass ihr Avatar in ein paar Jahren nicht mehr auf unseren Rechnungen erscheinen wird?"

Thatchers kalter Realismus steht dem von Churchill in nichts nach! Bei der Verteidigung der nationalen Interessen des britischen Empire gab es keinen Anschein von Zweideutigkeit oder Umherschweifen. Die Briten lieferten sich einen Kampf mit den Deutschen, die beide sehr vernünftig waren, ihre Ziele klar vor Augen hatten, beharrlich waren und niemals wankten. In Bezug auf Selbstbeherrschung und Urteilsvermögen klafft immer noch eine Lücke zwischen Frankreich und Großbritannien und Deutschland, weshalb Frankreich in den letzten 200 Jahren nur eine Zeit lang in der napoleonischen Ära gelebt hat und in der restlichen Zeit ständig von Großbritannien und Deutschland herumgestoßen wurde.

Auf jeden Fall unterschätzte Kohl, der zu dieser Zeit als der erfolgreichste Politiker Europas galt, die Schwierigkeiten der Wiedervereinigung in einer Zeit, in der er die historische und ehrgeizige Aufgabe der Wiedervereinigung Deutschlands in Händen hielt. Der größte Fehler, den Kohl während des Prozesses der deutschen Wiedervereinigung machte, war das gravierende Ungleichgewicht im Umtauschverhältnis zwischen Ost- und Westmark, das nicht nur 20 Jahre lang wirtschaftliche Folgen für Deutschland hatte, sondern auch das europäische Währungssystem fast zum Einsturz brachte.

Am 6. Februar 1990 verkündete Kohl ohne Rücksprache mit der Bundesbank, dem Finanzministerium und dem Reichstag und ohne den Rest der EG zu informieren, plötzlich die schockierende Nachricht, dass die Westmark Ostdeutschland beliefern würde. Die Weltöffentlichkeit war empört darüber, dass die D-Mark schon lange nicht mehr die Währung der Deutschen war, sondern der Eckpfeiler der Währungsstabilität der Europäischen Gemeinschaft. Die Nachricht löste einerseits Schockwellen auf den Devisenmärkten aus, andererseits beruhigte sie fast sofort die Aufregung in Ostdeutschland.

Nach dem Fall der Berliner Mauer im November 1989 geriet die Situation in Ostdeutschland weitgehend außer Kontrolle. Die Menschen jubelten, und es gab einen massiven Zustrom von westdeutschem "Tourismus", weniger als 20 Millionen Ostdeutsche, so viele wie 10 Millionen Menschen überquerten die Grenze, um das lang ersehnte kapitalistische "Paradies" zu besuchen, Ostdeutsche waren zutiefst schockiert von dem fortschrittlichen und wohlhabenden

Westdeutschland. Die gesellschaftliche Meinung in Ostdeutschland bildete eine einseitige Stimme, die die Wiedervereinigung mit Westdeutschland beschleunigen sollte. In einer solchen Atmosphäre gingen alle Bemühungen und Versuche der ostdeutschen Regierung, die bestehenden sozialen Mechanismen zu verändern, sofort in einer Welle der Verweigerung unter. Die Menschen hatten keine Lust mehr zu arbeiten, es gab Demonstrationen aller Art, die Regierung war am Rande der Lähmung, und die Ostdeutschen waren in einen allgemeinen Verzweiflungsrausch verfallen, um sofort so reich zu leben wie die Westdeutschen, als es schien, dass, sobald die Einheit vollzogen war, Reichtum und Wohlstand sofort und automatisch kommen würden.

Seit 1951 bestand die Regierung darauf, die Ostmark mit der Westmark gleichzusetzen, obwohl der Produktivitätsunterschied zwischen den beiden Ländern immer größer wurde. Der Zusammenbruch des Vertrauens in das Sozialsystem schlug sich unmittelbar im Schwarzmarktpreis der Währung nieder. Später wurde eingeräumt, dass der Umfang der ostdeutschen Auslandsverschuldung übertrieben war und dass die Wirtschaft nicht so schlecht war wie angenommen. Der Zusammenbruch des Vertrauens beschleunigte jedoch die Abwertung der D-Mark und untergrub die Grundlagen der ostdeutschen Wirtschaft. [80]

Um die Ostmark zu stabilisieren, vereinbarte Kohl im November 1989 mit der DDR-Regierung, dass die westdeutsche Zentralbank 3,8 Milliarden Mark für ostdeutsche Touristen zum Umtauschverhältnis von 3:1 anbieten würde, und da dieses Verhältnis weitaus günstiger war als der Schwarzmarktpreis, trieb die große Verlockung der Arbitrage mehr Ostdeutsche nach Westdeutschland, die die Westmark zum Verhältnis 3:1 umtauschten und zurückkehrten, um sie zu einem höheren Preis loszuwerden. Infolgedessen traf das Angebot an Westmark auf eine rasende "Nachfrage" seitens der Ostdeutschen, was wahrscheinlich Kohls "monetärer Trick" war, dass Deutschland, wenn die Westmark in Ostdeutschland in vollem Gange war, tatsächlich zuerst seine "wirtschaftliche Wiedervereinigung" vollenden würde, und dass andere Länder darauf bestehen würden, sich der deutschen Wiedervereinigung zu widersetzen, und nicht in der Lage sein würden,

---

[80] Jonathan R. Zatlin, *Die Wiedervereinigung neu denken: Die deutsche Währungsunion und die europäische Integration.*

den durch die starken Bande der monetären Interessen gebundenen Prozess der nationalen Wiedervereinigung umzukehren.

Die Ostdeutschen verfielen in ein monetäres Missverständnis, in dem sie die Westmark als Reichtum selbst ansahen, ohne zu erkennen, dass der Wert des Geldes in der dahinter stehenden Produktivität liegt. Die Vorstellung, dass man harte Arbeit aufgibt und reich wird, nur weil man Geld hat, durchzog die gesamte ostdeutsche Gesellschaft. Die ostdeutsche Wirtschaft geht mit einer solchen allgemeinen Mentalität zunehmend unter. Gleichzeitig steigt die Nachfrage nach Westmark. Der Ruf nach der Währungsunion hat in Ostdeutschland ein großes soziales Problem geschaffen. Die Ostdeutschen riefen: "Westdeutschland, wenn wir die Mark nicht rüberschicken, ziehen wir rüber!"

Und deshalb steht Cole unter dem Druck, Mark Redemption schnell auf den Weg zu bringen.

Am 1. Juli 1990 betrug das von Kohl erklärte Verhältnis von Mark zu Mark nicht 4:1 oder 3:1, wie alle vermutet hatten, sondern ein schwindelerregendes 1:1![81] Hätten die Ostdeutschen fleißig gearbeitet, wäre die westdeutsche Wirtschaft allmählich entlastet worden, aber das war später bei weitem nicht der Fall. Als der "monetäre Wohlstand" plötzlich eintrat, waren die Ostdeutschen weit weniger fleißig als die Westdeutschen in den 20 Jahren nach dem Krieg gewesen waren. Der Glanz der D-Mark wurde bis zur Einführung des Euro nicht vollständig wiederbelebt.

Deutschland war gezwungen, das wirtschaftliche Loch in der ostdeutschen Wirtschaft durch Gelddrucken zu stopfen, was unweigerlich zu einer Inflation führte. Im August 1991 näherte sich die Inflation in Deutschland der seltenen Marke von 5 Prozent. Die Zentralbank sah sich gezwungen, die Zinssätze kräftig anzuheben. Noch vor drei Jahren waren die Zinssätze in Deutschland 3 Prozent niedriger als in den Vereinigten Staaten, und mehr als ein Jahr lang nach der deutschen Wiedervereinigung lagen sie 6 Prozent höher! Dies ist die größte Umkehrung der Währungslage auf beiden Seiten des Atlantiks seit dem Zweiten Weltkrieg!

---

[81] Ebd.

Die steigenden Zinssätze in Deutschland haben die Währungen der EG-Länder in Unordnung gebracht. Die Länder waren gezwungen, Deutschland bei der Anhebung der Zinssätze zu folgen, was zu einer weiteren Verschlimmerung der Rezession der frühen 90er Jahre führte. Das Vereinigte Königreich, das gerade erst dem Europäischen Wechselkursmechanismus (EWS) beigetreten war, bevor es die Vorteile der Wechselkursstabilität zu spüren bekam, ließ zu, dass das Pfund von Leuten wie Soros unter Druck gesetzt wurde, und wurde unter dem Druck der deutschen Zinserhöhungen zum Austritt aus dem EWS gezwungen. Auch Italien, Spanien und Frankreich wurden nacheinander vom Mob der Wechselkursspekulanten blutig geschlagen.

Im Dezember 1991, inmitten von Rezession und Krise, versammelten sich die europäischen Staats- und Regierungschefs im niederländischen Maastricht, um den Vertrag von Maastricht mitzuunterzeichnen, und aus der EG wurde die EU. Die Zentralbanker, angeführt von der Bundesbank, entwarfen die Charta der Europäischen Zentralbank, entsprechend dem Delors-Bericht. Die endgültige Vollendung der Währungsunion wird laut Mayo auf 1997 oder 1999 datiert. Die Haushaltsdefizite der Länder, die Inflation, die Zinssätze, die Verschuldung und andere Indikatoren werden zum Maßstab dafür, ob sie dem Euro-Reich beitreten oder nicht.

Der Countdown für die Geburt des Euro läuft endlich.

Euro Empire Genesis

Obwohl die EZB in der Theorie eine überstaatliche Institution ist, ist es in der Praxis schwierig, sich dem Eindringen des Souveränitätsbewusstseins zu entziehen, und 1994 wurde der Streit zwischen Deutschland und Frankreich über die Einrichtung der Europäischen Währungsagentur, dem Vorläufer der EZB, wieder aufgenommen.

Zunächst einmal stellt sich die Frage nach dem Sitz der EZB, denn davon hängt ab, in wessen Einflussbereich sich die EZB in Zukunft befindet. Deutschland war gezwungen, Frankfurt als beste Option vorzuschlagen, da dies der Sitz der Deutschen Bundesbank ist und die EZB unter dem wachsamen Auge der Deutschen Bundesbank angesiedelt ist, was die Ausübung von materiellem und immateriellem Einfluss erleichtert. Es handelte sich um ein umfangreiches

Arrangement, und der deutsche Bundeskanzler Kohl lehnte es kompromisslos ab, andere Städte wie London, Amsterdam und Bonn in Betracht zu ziehen. Die Franzosen waren letztendlich nicht in der Lage, diese Linie zu halten.

Was die Funktionsweise der Europäischen Währungsagentur anbelangt, so bestehen die Deutschen darauf, daß die Währungsagentur die Funktion von Offenmarktgeschäften haben muß, d.h. im wesentlichen die Rolle einer Zentralbankintervention auf dem Devisenmarkt spielen soll. Die Franzosen sind jedoch besorgt, daß Frankfurt durch eine große Anzahl von Devisentransaktionen Paris als größtes Finanzzentrum auf dem europäischen Kontinent ablösen könnte, und schlagen daher vor, das Modell der Europäischen Zentralbank und der nationalen Zentralbanken zu verwenden, um gemeinsam zu operieren und zu versuchen, die Offenmarktgeschäfte zu "dezentralisieren". Da die Deutschen jedoch die wichtigsten Währungsreserven für das Currency Board bereitstellten, war es letztlich das Geld, das sprach.

1995 gewann Chirac die französischen Präsidentschaftswahlen und der de Gaullismus gewann wieder an politischem Gewicht. Chirac war zwar nicht so ausgeprägt französisch wie de Gaulle, aber er war sensibel für die Frage der französischen Souveränität. Er ist kein Gegner des Euro, aber er ist ein Skeptiker, um es vorsichtig auszudrücken. Vor allem Chirac ist stets besorgt über die enorme Macht der EZB. Sobald die EZB ihre Arbeit aufgenommen hat, wird Frankreichs nationale Souveränität über Währung, Wechselkurse und Zinssätze verloren gehen, und das Schicksal der französischen Wirtschaft wird von denen in Frankfurt entschieden werden, eine sehr verworrene Situation für Chirac, der an den Nationalismus glaubt. Mit Unterstützung von Chirac schlug der französische Finanzminister Dominique Strauss-Kahn eine europäische "Wirtschaftsregierung" vor, um die EZB politisch zu kontrollieren. Es handelt sich um denselben Kahn, der später Präsident des IWF wurde und von den USA wegen des Skandals zu Fall gebracht wurde.

In dieser unkritischen Frage waren die Deutschen bereit, Zugeständnisse zu machen. Dies ist die "Euro-Gruppe", die 1997 gegründet wurde. Die "Eurogruppe" setzt sich aus den EU-Finanzministern zusammen, die regelmäßig Wirtschaftsfragen, insbesondere Wechselkursfragen, mit Beamten der Europäischen Zentralbank erörtern. Die Franzosen hoffen, die "Eurogruppe" zu nutzen, um die politische Macht des Etatismus in den Kern der

Währungsmacht unter internationalistischer Kontrolle einzuschleusen. Kahn drückte Frankreichs politischen Imperativ aus, die staatliche Regulierung der EZB zu stärken: "Ohne die Existenz substanzieller und legitimer politischer Institutionen wird die Europäische Zentralbank von der Öffentlichkeit bald als die einzige Institution behandelt werden, die für die makroökonomische Politik verantwortlich ist. "

Die Deutschen klammern sich an die reale Macht der Geldemission, und die so genannten "checks and balances" der "Eurogruppe" gegenüber der EZB sind lediglich ein unverbindlicher "regelmäßiger Austausch". Die Deutschen hingegen waren viel praktischer und aßen nicht nur das "fette Fleisch" des Rechts auf Geldausgabe, sondern steckten auch ihre Stäbchen in die "fiskalische Macht" des Topfes.

1995 schlugen die Deutschen einen Stabilitätspakt vor, der Ländern mit einem Haushaltsdefizit von mehr als 3% des BIP Geldbußen auferlegen sollte. Das verärgert den französischen Ministerpräsidenten Chirac. Was nun? Begehren die Deutschen immer noch die französische Haushaltsmacht? Ein Bußgeldsystem würde es Frankreich nicht nur unmöglich machen, seine Finanzkraft zur Ankurbelung der Wirtschaft und zur Verbesserung der Beschäftigungslage zu nutzen, sondern es würde das Land auch bei den EU-Ländern und der Weltöffentlichkeit in Verruf bringen, wenn es dies tun müsste, wobei der Franc vor der Einführung des Euro auf dem Wechselkursmarkt vom spekulativen Kapital blutig abgeschlachtet würde. Unter dem Geschrei von Chirac haben die Deutschen die Messlatte ein wenig gesenkt und den Stabilitäts- und Wachstumspakt in Stabilitäts- und Wachstumspakt umbenannt, wodurch die Wirkung der harten Strafe abgeschwächt wurde.

Der Streit zwischen Deutschland und Frankreich über die Ernennung des EZB-Präsidenten erreichte im November 1997 seinen Höhepunkt, als die Zentralbanker der EU-Mitgliedstaaten einstimmig Duisenberg, den Leiter der Europäischen Währungsagentur, als neuen EZB-Präsidenten vorschlugen. In der Praxis liegt die letzte Entscheidungsgewalt über die Auswahl der Präsidenten jedoch weiterhin in den Händen der französischen und deutschen Politiker. Duisenberg ist der Vertreter der Niederlande, die noch nie die Ferse der Deutschen waren. In der Tat hat die "Verfassung" der EZB das System der Bundesbank vollständig umgesetzt und gestärkt, und wer auch immer in diesem Amt ist, kann nur die Politik der Bundesbank umsetzen. Dies wird nicht nur durch die Macht der deutschen

Wirtschaft und Währung bestimmt, sondern auch durch alle weichen Unterstützungssysteme, die Frankfurt zu bieten hat, verstärkt. Die Franzosen konnten sich jedoch nicht darauf einlassen und bestanden darauf, den Gouverneur der französischen Zentralbank, Trichet, in diese Position zu bringen.

Der so genannte supersouveräne Internationalismus ist von Grund auf vom Etatismus durchdrungen. Die Tatsache, dass es nur eine Macht gibt und ein ganzes Bündel von Leuten, die um diese Macht wetteifern, und dass die Konkurrenten alle vom souveränen Staat empfohlen werden, schafft eine logische Falle, der man nicht entkommen kann.

Im Mai 1998 waren sich die europäischen Staatsoberhäupter über die Wahl des Präsidenten der Europäischen Zentralbank uneinig und trennten sich beinahe unglücklich. Deutschland und Frankreich gingen getrennte Wege, wobei die Franzosen darauf bestanden, dass Duisenberg, falls er Gouverneur werden sollte, im Juli 2002, d.h. sechs Monate nach dem Start der Euro-Note, ausscheiden müsste. Während der 12-stündigen Debatte bespuckten sich die Staatsoberhäupter Deutschlands, Frankreichs, Englands und der Niederlande auf komische Weise gegenseitig.

> *Chirac*: "Wer hat uns dazu gebracht, die ganze Zeit darüber zu reden, wie viele Wochen er noch arbeiten könnte?"
> *Cole*: "Du fragst 'wer', er kommt nicht einfach von der Straße, das weißt du auswendig."
> *Chirac*: "Er (Duisenberg) ist eine Kuh!"
> *Cole*: "Ich mag es nicht, wenn man so etwas über ihn sagt. Ich glaube, er hat sowohl Tugenden als auch Talente. Es ist notwendig, dass wir mit Respekt darüber sprechen."
> *Chirac*: "Es waren die Medien, die ihn so genannt haben, und wir haben erfahren, dass er diesen Spitznamen hat. Ich kann nicht zulassen, dass die Medien mich so nennen. Wir haben die Tatsache akzeptiert, dass die EZB in Frankfurt angesiedelt ist."
> *Tony Blair* (britischer Premierminister, Vorsitzender): "Es hat keinen Sinn, dass wir diese Diskussion führen."
> *Chirac zu Blair*: "Es ist auch nicht seriös. Sie sind ein so weiser und strenger Mann, aber das Verfahren ist überhaupt nicht weise und streng."

Nachdem Chirac damit gedroht hatte, ein Veto gegen Duisenbergs Kandidatur einzulegen, und Kohl angekündigt hatte, dass Deutschland zu einem vorzeitigen Austritt bereit sei, kam es zu einem weiteren Gerangel und schließlich zu einem Kompromiss, und am 3. Mai 1998 wurde Duisenberg offiziell zum Präsidenten der Europäischen

Zentralbank ernannt. Duisenberg seinerseits gab sofort eine Erklärung ab, in der er erklärte, dass er seine achtjährige Amtszeit als Gouverneur nur "freiwillig" beende und zumindest bis zur Einführung des europäischen Papiergeldes nicht zurücktreten werde.

Am 1. Januar 1999 wurde der lang erwartete Euro nach fast einem halben Jahrhundert voller Schwierigkeiten endlich geboren. Witzigerweise wird der Euro immer noch als "zartes und kränkliches Frühchen" bezeichnet.

Die nationalen Währungen der EU, die auf der Europäischen Währungseinheit (ECU) von 1 Euro basieren, werden zum Marktwechselkurs vom 31. Dezember 1998 umgerechnet. Zu diesem Zeitpunkt ist der Euro auch eine abstrakte, nicht greifbare Währung, die hauptsächlich auf den Finanzmärkten, im Bankwesen und im elektronischen Zahlungsverkehr verwendet wird. Erst am 1. Januar 2002, als die neuen Euro-Banknoten und -Münzen eingeführt wurden, wurde der Euro offiziell zum gesetzlichen Zahlungsmittel der Eurozone.

Der Euro leitet sich aus der Europäischen Währungseinheit (EWU) ab, die sich aus einem "Korb" europäischer Landeswährungen zusammensetzt. Die Währungsreserven hinter jeder Landeswährung sind nach wie vor hauptsächlich Devisen und Staatsschulden, so dass der Euro im Wesentlichen die Staatsschulden und Devisenreserven der Mitgliedstaaten als Sicherheiten für die ausgegebene Währung darstellt.

Daraus ergibt sich ein dem Euro inhärentes Problem: Die Staatsverschuldung der Mitgliedstaaten ist eng mit ihrer jeweiligen wirtschaftlichen Entwicklung und Finanzpolitik verknüpft, so dass die Ursache für den Wert des Euro in der wirtschaftlichen und fiskalischen Gesundheit der einzelnen Länder liegt. Ohne Kontrolle über die Wirtschaft und die Finanzen der Staaten kann der Wert des Euro nicht garantiert werden. Hier liegt der Knackpunkt für die derzeitige Schieflage des Euro.

Der Euro wurde eingeführt und es gibt kein Zurück mehr, und ein einheitliches europäisches Schatzamt ist eine Voraussetzung für seine weitere Entwicklung. Die derzeitige Euro-Krise bietet eine Gelegenheit für "krisenbedingte Reformen". Die Kräfte, die die europäische Integration vorantreiben, haben längst Wurzeln geschlagen, und die Einrichtung des europäischen Schatzamtes ist keine Frage des Ob, sondern des Wann.

Wenn endlich ein einheitliches europäisches Finanzministerium am Horizont auftaucht, ist dann die Geburt der Vereinigten Staaten von Europa nicht mehr weit entfernt?

KAPITEL VII

Die Schuldenmacherei, die Zerbrechlichkeit des amerikanischen Zeitalters

Seit der Gründung des "amerikanischen Schuldenimperiums" im Jahr 1971 sind die amerikanischen Schulden als zentraler Vermögenswert in den Währungssystemen der Welt verankert worden. Während die US-Schulden an Deutschland, Japan und Frankreich gingen, flossen die realen Ersparnisse dieser Länder in die Vereinigten Staaten. Diese Ersparnisse wurden geplündert, als der Dollar gegenüber den nationalen Währungen erheblich abwertete. Als die Deutschen und Japaner dies herausfanden, konnten sie es nur tolerieren, weil sie einen starken militärischen Schutz durch die Vereinigten Staaten brauchten; als die Franzosen dies herausfanden, war Charles de Gaulle wütend und schwor, das Dollarsystem zu zerschlagen; als die Europäer es schließlich herausfanden, übernahmen die ölreichen Länder des Nahen Ostens die Führung; als die Ersparnisse der Länder des Nahen Ostens fast abgeschöpft waren, steckten die Vereinigten Staaten den Chinesen, die sowohl reich als auch arm waren, die Spritze der amerikanischen Schulden, das "Ersparnisblut", an.

Der globale Dollarüberschuss schafft international nach und nach einen großen "finanziellen heterogenen Raum". Diese "wurzellosen" Dollars, die ohne Regulierung umherwandern, machen Geld in alarmierendem Tempo, tauschen Sachwerte gegen riesige Blasen und rauben der Gesellschaft mit hoher Hebelwirkung den Wohlstand.

Die Globalisierung des Finanzwesens ist im Wesentlichen die Globalisierung der auf Dollar lautenden Schulden, die dazu geführt hat, dass die Finanzanlagen viel schneller und stärker gewachsen sind als das reale Vermögen, was bedeutet, dass ein erheblicher Teil dieser Anlagen mangels eines Gegenwerts in Form von Vermögen in Wirklichkeit nur riesige Schulden sind. Die Stagnation der Weltwirtschaft wird allmählich die Geldströme, die diese Schulden stützen, aufzehren. Wenn das Risiko eines Zahlungsausfalls steigt, wird sich eine große Zahl von Vermögensinhabern unweigerlich auf den Verkauf konzentrieren, um Bargeld zu erhalten, was zu einem Einbruch der Vermögenspreise, einer Lähmung des Finanzsystems und einer anschließenden Rezession der Realwirtschaft führen wird. Die Rezession in den Vereinigten Staaten im Jahr 1990, der globale Finanz-Tsunami im Jahr 2008 und die Schuldenkrise in Europa im Jahr 2011 waren das unvermeidliche Ergebnis des Zusammenbruchs des schuldengetriebenen Wirtschaftswachstumsmodells.

Schuldenwährung, das "Krebsgen" des Wirtschaftswachstums

Der Fluss von Geld impliziert den Transfer von Vermögenswerten. Im Rahmen des Bretton-Woods-Systems vor 1971 würde sich der Austausch von Dollars und Rohstoffen schließlich in der Übertragung von Goldwerten manifestieren, was die Ursache für die Erschöpfung der Goldreserven der Vereinigten Staaten und den weltweiten Ansturm auf den Dollar als Folge des wachsenden Zahlungsbilanzdefizits der Vereinigten Staaten war.

Nach der Errichtung des US-Schuldenimperiums im Jahr 1971 wurden die Kernaktiva hinter dem Dollar zu reinen US-Schulden, und der Fluss des Dollars bedeutete einfach den Transfer von US-Schuldenaktiva. Die US-Schulden wurden in der Tat zum ultimativen Zahlungsmittel für den Handel mit wichtigen Waren und Dienstleistungen auf dem internationalen Markt!

Für die Vereinigten Staaten und die Welt als Ganzes würde eine so weitreichende Änderung des Währungsmechanismus unweigerlich zu einer Entfremdung des Wirtschaftswachstumsmodells führen.

In der Ära des Goldstandards ging die treibende Kraft für das Wirtschaftswachstum von den in den nationalen Ersparnissen angesammelten Investitionen aus, während sich in der Ära des US-Schuldenstandards der instinktive Impuls für die wirtschaftliche Expansion allmählich von den Investitionen auf die Verschuldung verlagerte. Der Kerngedanke von Kapital und Kredit hat sich von der Anhäufung von Ersparnissen hin zur Schaffung von Schulden verändert.

Das investitionsgetriebene und das schuldengetriebene Modell des Wirtschaftswachstums stellen einen großen Unterschied in der wirtschaftlichen Weltanschauung dar. Die Rezession von 1990 in den

Vereinigten Staaten, der globale Finanz-Tsunami von 2008 und die Schuldenkrise von 2011 in Europa haben ihre Wurzeln in dem fragilen wirtschaftlichen Wachstumspfad, den die Welt seit 1971 eingeschlagen hat. Die derzeitige Weltfinanzkrise ist die totale Liquidierung eines 40 Jahre lang praktizierten schuldengetriebenen Wirtschaftswachstumsmodells!

Was sind Ersparnisse? Was ist eine Investition? Was ist Konsum? Was ist Reichtum? Die heutige Gesellschaft ist in Bezug auf diese grundlegenden Begriffe immer mehr eingerostet, Begriffe, die im Alltag so häufig verwendet werden, dass man sich oft nicht die Mühe macht, sie zu vertiefen. Legen Sie den schwindelerregenden Begriff des Geldes beiseite und kehren Sie zum primitivsten Zustand der Wirtschaft zurück, und alles wird auf einen Blick klar sein.

In primitiven Gesellschaften musste ein Jäger, wenn er mit einem einfachen Hecht jagte, mindestens drei Hasen pro Tag erlegen, um zu überleben, und er musste den Hasen hinterherlaufen, was körperlich anstrengend war, während er nur sehr wenig Beute machte. Bald entdeckte er von seinen Gefährten, dass die Jagd mit Pfeil und Bogen und die Möglichkeit, die Beute auf Distanz zu erlegen, nicht nur die Tarnung und die Effizienz der Jagd verbesserte, sondern auch viel Körperkraft sparte, weil er nicht in schnellem Tempo laufen musste. Mit etwas Glück war es auch möglich, auf den Elch zu schießen und eine gute Mahlzeit zu bekommen.

Dieser Jäger beschloss, auch Pfeil und Bogen selbst herzustellen, aber das würde nicht lange dauern. Er musste zuerst über die Berge gehen, um zähes, leichtes Holz zu finden, dann das gefällte Holz beschatten, um ein dichtes Holz zu erhalten, und dann einen Bogen aus dem Holz machen. Er musste auch eine sehr elastische Kuhsehne finden und sie immer wieder zerschlagen, um eine Bogensehne herzustellen. Schließlich musste er auch eine gewisse Zeit damit verbringen, viele Pfeile herzustellen. Nach der letzten Zählung brauchen Jäger mindestens fünf Tage, um die technische Aufrüstung von Jagdwerkzeugen abzuschließen. In dieser Zeit konnte er nicht mehr auf die Jagd gehen, also konnte er nicht mit hungrigem Magen arbeiten, also stand der Jäger früh auf und jagte fleißig, und als er schließlich 15 Kaninchen gesammelt hatte, genug Nahrung für fünf Tage, konnte er mit der Herstellung von Pfeil und Bogen beginnen.

Die 15 Kaninchen, die garantiert fünf Tage lang ohne Jagd überleben, sind die "Ersparnisse" des Jägers, und der Bau von Pfeil und

Bogen ist die "Investition" des Jägers. Die "Investition" zielt darauf ab, effizientere Jagdergebnisse zu erzielen, vorausgesetzt, es gibt genügend "Ersparnisse".

Die "Investition" des Jägers hat sich also gelohnt: Mit Pfeil und Bogen kann er täglich mehr als fünf Kaninchen und mit etwas Glück auch einen Elch erlegen. Der Jäger hat nicht nur einen vollen Magen, sondern auch die Möglichkeit, die zusätzliche Beute gegen dringend benötigte Kleidung einzutauschen, und das ist der Moment, in dem er zu "konsumieren" beginnt. Die Essenz des Konsums ist also ein Tausch! Die Voraussetzung für den Konsum ist, dass der Jäger einen Sparüberschuss hat.

Am Ende blieb den Jägern mehr als genug Nahrung, die notwendige Verbesserung von Pfeil und Bogen als "Investition", der notwendige Lebensunterhalt als "Verbrauch", und das ist der "Reichtum", den die Jäger angesammelt hatten. Beute lässt sich nicht lange lagern, also müssen die Jäger ein Mittel finden, mit dem sie ihren Reichtum langfristig aufbewahren können, nur für den Fall, dass sie ihn in der Zukunft brauchen. Im Markthandel stellen die Jäger fest, dass Gold und Silber sehr beliebt sind, und alle Menschen sind bereit, ihre Waren gegen Gold und Silber einzutauschen, die lange gelagert werden können, aber auch leicht zu schneiden, zu tragen und zu berechnen sind - die begehrten Waren werden zur "Währung". Die beste Eigenschaft von Liquidität ist, dass es Menschen gibt, die sie wollen, wann immer sie sie wollen, also ist "Liquidität" am besten. Gold und Silber erfüllten dann alle Anforderungen des Jägers an die Aufbewahrung von Reichtum, nämlich langfristige Erhaltung, leichte Konvertierbarkeit und einfache Verwendung.

Gold und Silber sind von der Entdeckung über den Abbau und die Verhüttung bis hin zur Verarbeitung gleichermaßen arbeitsintensiv, so dass diese besondere Währung, Gold und Silber, in Markttransaktionen mit anderen Früchten der Arbeit ausgetauscht wird, und dieser Austausch ist ein Austausch ehrlicher Arbeit. Die Magie von Gold und Silber im Handel besteht darin, dass sie den komplexen Austausch von Waren unterschiedlicher Natur in reine und einfache Zahlenverhältnisse abstrahieren und so die Transaktionskosten senken, die Größe des Marktes vergrößern und die soziale Arbeitsteilung fördern. Gold und Silber haben sich allmählich zu dem am meisten akzeptierten "ehrlichen Geld" auf dem Markt entwickelt und dienen als Tauschmittel, Wertmaßstab und Vermögensspeicher.

Wenn der Hersteller von Gold und Silber, der die Währung verfälscht und sie durch die Ware ersetzt, das verfälschte Gold und Silber auf dem Markt im Austausch für die ehrliche Arbeit anderer verwendet, dann begeht diese Person Betrug! Diese Währung ist die Währung des Betrugs! Wenn sie vom Markt erwischt werden, werden diejenigen, die gefälschtes Gold und Silber herstellen, verprügelt. Wenn es sich bei dieser Person um die Regierung handelt, die die Gewaltmaschinerie des Staates beherrscht, und die Marktteilnehmer nicht in der Lage sind, sich dagegen zu wehren, ist niemand bereit, sich betrügen zu lassen, also steht Betrug gegen Betrug, die Qualität der Waren wird sich verschlechtern und die Handelsordnung wird im Chaos versinken. Die Schwächung des Geldes als Wertaufbewahrungsmittel, der Zerfall der Bereitschaft zum langfristigen Sparen, die Vorherrschaft des kurzfristigen Verhaltens, die Zunahme der Spekulation und die Verbreitung der sozialen Ungeduld. Geld ist ein Vermögensvertrag, und den Wert des Geldes zu zerstören, bedeutet, den Vertrag über die soziale Gerechtigkeit des Vermögens zu zerstören, mit dem Ergebnis, dass die Transaktionskosten auf dem Markt steigen, was die wirtschaftliche Entwicklung behindert und die Schaffung von Wohlstand erstickt.

Die Vermögenswerte hinter dem Dollar, die das ehrliche Gold durch die weißen Barren der Schulden ersetzen, stören die Marktwirtschaft grundlegend, demontieren die soziale Gerechtigkeit, beschleunigen die Spaltung zwischen Arm und Reich und untergraben die moralische Grundlage!

Wenn Schulden zu Geld werden, wird dieses "Kaninchen fütternde" weiße Papier das Bankensystem überschwemmen, und die so genannten "Ersparnisse" werden nicht mehr die Anhäufung der Früchte der ehrlichen Arbeit der Menschen sein, sondern "Kaninchen", die jetzt nicht existieren und vielleicht auch in Zukunft nicht existieren werden. Wie könnte ein Jäger für die "Investition", einen Pfeil und Bogen herzustellen, hungern? Wo gäbe es echte Ersparnisse für den ehrlichen Tausch "Konsum"?

Dem US-Schuldenimperium selbst fehlt es zunehmend an Ersparnissen, sowohl um den Konsum zu überziehen als auch um Geld für Investitionen zu leihen. Das Wirtschaftsmodell, auf das es sich für sein Wachstum stützt, ist nichts anderes als das "Ausleihen" der Ersparnisse anderer Leute und das Genießen einer höheren Lebensqualität, während es gleichzeitig schnelle Investitionen in Finanzanlagen tätigt, um "Geld zu verdienen". Die amerikanische

Verschuldung dient als Beweis, um sich die Ersparnisse anderer Länder zu leihen, die die Amerikaner nie ernsthaft zurückzahlen wollen, und wenn die "weiße Anleihe" den Jäger entwertet, werden die realen Ersparnisse des Jägers, der die weiße Anleihe hält, nach und nach entzogen.

Die US-Schulden sind als zentraler Vermögenswert in die Währungssysteme von Ländern auf der ganzen Welt eingebettet. Während die US-Schulden an Deutschland, Japan und Frankreich gingen, flossen die realen Ersparnisse dieser Länder in die Vereinigten Staaten. Diese Ersparnisse wurden geplündert, als der Dollar gegenüber den nationalen Währungen erheblich abwertete. Als die Deutschen und Japaner das herausfanden, konnten sie es nur tolerieren, weil sie den militärischen Schutz der Vereinigten Staaten brauchten; als die Franzosen das herausfanden, war Charles de Gaulle wütend und schwor, das Dollarsystem zu zerschlagen; als die Europäer es schließlich herausfanden, übernahmen die ölreichen Länder des Nahen Ostens die Führung; als die Ersparnisse der Länder des Nahen Ostens fast abgeschöpft waren, setzten die Vereinigten Staaten die Spritze der amerikanischen Schulden, die "das Blut aus den Ersparnissen saugt", bei den Chinesen ein, die reich, aber nicht arm waren.

Nach der Finanzkrise von 2008 hat Bernanke eine Gelddruckorgie gestartet, die weder die "realen Ersparnisse" der Amerikaner erhöhen noch den "realen Konsum" auf dem Markt fördern konnte, geschweige denn "echte Investitionen". Denn das Drucken von Geld erschafft keinen "Jagdhasen" aus dem Nichts. Das Einzige, was es bewirkt, ist, dass die Länder, die ihre realen Ersparnisse den Vereinigten Staaten geliehen haben, einen erheblichen Verlust an Ersparnissen erleiden.

Im Jahr 1976 besaß die Welt 90 Milliarden Dollar an US-Staatsschulden, und im Jahr 2011 waren es 4,5 Billionen Dollar! Das ist eine 50-fache Steigerung in nur 35 Jahren! Würde irgendjemand noch glauben, dass ein solcher Vermögenswert erhalten werden kann? Wie hoch wird diese Zahl also in weiteren 35 Jahren sein? Wie viele nationale Währungen werden die Länder mit einer solchen Währungsreserve als Sicherheiten schaffen? Die realen Ersparnisse der Gesellschaft werden durch die Inflationierung des Geldes ständig verwässert und umgeschichtet, so dass schließlich immer mehr Ersparnisse in den Händen der 1% auflaufen.

Wenn das amerikanische Schuldenimperium der "blutsaugenden" Sucht verfällt, wird die blutbildende Funktion der eigenen Wirtschaft geschwächt. Anstatt einen Großteil der geliehenen ausländischen Ersparnisse in der US-Realwirtschaft auszugeben, um die Wettbewerbsfähigkeit von Industrieprodukten zu stärken und das Handelsdefizit zu verbessern, wurde es für eine beispiellose finanzielle Vermögensbildung ausgegeben. Während die Wall Street schwindelerregende Gewinne einfuhr, blieben eine rückläufige, wettbewerbsfähige Industriewirtschaft, eine schrumpfende Mittelschicht mit schrumpfenden Einkommen, eine stark wachsende Zahl von Armen und ein überschuldeter Staat und eine überschuldete Gesellschaft zurück. All der Wohlstand, der durch Ausgaben für Schulden entsteht, ist eine Fata Morgana, und wenn die Schulden nicht mehr tragbar sind, wird der Wohlstand der Vergangenheit angehören.

Anfang der 1970er Jahre verbot das US-Schuldenimperium Gold, schaffte den festen Wechselkurs ab und band die Ölpreise, aber der Dollar war weit davon entfernt, zu gewinnen. Das Misstrauen gegenüber dem Dollar hat zu einem Wettlauf um den Besitz von Gold, Silber, Öl und anderen Rohstoffen geführt, wobei die Inflation wie ein loderndes Feuer durch alle Ecken der Welt fegt und das amerikanische Schuldenimperium in Aufruhr ist.

Das "alternative SZR-Konto": ein unblutiger Finanzputsch

Als die Sicherheiten hinter dem Dollar von schwerem Gold zu leichten US-Schulden übergingen, reagierten alle Dollar-Inhaber instinktiv mit "Vermögensverlust". Die Quelle der US-Schulden ist das Haushaltsdefizit der USA, und die langjährige "wohlwollende Vernachlässigung" des Defizitproblems durch die Amerikaner hat den Europäern lange das Herz gebrochen.

Die Folge des Haushaltsdefizits ist die wachsende Inflation, die durch die Überentwicklung des Dollars verursacht wird. Von 1958 bis 1964, obwohl das Problem des Haushalts- und Zahlungsbilanzdefizits der Vereinigten Staaten allmählich aufgedeckt wurde, hielten die Amerikaner immer noch große Goldreserven und das Vertrauen in den Dollar blieb erhalten, so dass die Inflation fast bei Null lag; 1964 begann das Vertrauen in den Dollar zu schwanken, da die Ausländer zum ersten Mal mehr Dollar hielten als die Goldreserven der Vereinigten Staaten, und in den folgenden vier Jahren stieg die Inflation auf 2 Prozent; 1968 stieg die Inflation auf 4 Prozent, als die strategische Verteidigung der Goldreserven der Vereinigten Staaten, der "Goldfonds auf Gegenseitigkeit", völlig zusammenbrach. Als Nixon die vollständige Abkopplung des Dollars vom Gold ankündigte, schnellte die Inflation von 1972 bis 1978 auf 10 Prozent hoch, und 1979 erreichte die Inflation schwindelerregende 14 Prozent!

Die beiden Ölkrisen von 1973 und 1979 haben den Ölpreis um mehr als das Zehnfache ansteigen lassen. Als wichtigster Energie- und Industrierohstoff für die europäische und amerikanische Wirtschaft ist der Ölpreis in die Höhe geschnellt und hat den gesamten Wirtschaftszug der Industrieländer ernsthaft zum Entgleisen gebracht. Der Dollar ist das Feuer, der Ölpreisanstieg ist der Wind, der frei schwankende Wechselkurs ist das Öl, das Feuer durch den Wind, der Wind zur Unterstützung der Feuerkraft, das Feuer auf dem Öl, die Inflation und die Rezession mit einem Prärieeffekt, der die Welt erfasst.

Zieht man das Gold heraus, eine monetäre Zaubernadel, wird das Weltwirtschaftssystem sofort auf den Kopf gestellt und das Chaos in einen Topf mit Brei verwandelt.

Eine unaufhaltsame, chronische Hyperinflation verzerrt das wirtschaftliche Denken der Menschen und untergräbt die Vorstellungen der Gesellschaft vom Wohlstand. Schulden zu machen war keine schlechte Idee mehr, da die Inflation den Druck, sie zurückzuzahlen, abschwächte; Überziehungskredite wurden schnell zur Mode, um die Kaufkraft des Geldes zu genießen, da es weiter verrotten würde; Sparer wurden zu Dummköpfen, und der Genügsame wurde zum altmodischen Ignoranten; die Tradition der ehrlichen Anstrengung wurde aufgegeben, und die Spekulation mit Reichtum wurde weithin zelebriert; jede langfristige Planung wurde anachronistisch, und alles kurzfristige Verhalten wurde zum Mainstream. Die Hyperinflation hat die traditionellen moralischen Werte der Gesellschaft zersetzt und den industriellen Geist der Gründung der Vereinigten Staaten zerstört.

Als der Dollar abwertete und die Inflation vorherrschte, führte das Gewinnstreben des Kapitals dazu, dass mehr Kapital in die Spekulation auf schnelle Gewinne floss und nicht mehr in die langwierigen, mühsamen und risikoreichen Investitionen der Industrie. Von 1947 bis 1973 betrug das Produktivitätswachstum in den Vereinigten Staaten 3%, während es von 1973 bis 1979 auf 0,8% einbrach. Die Inflation, der natürliche Feind der Produktivität!

Auf internationaler Ebene ist der Dollar zwar an den Ölpreis gebunden, aber selbst in den Erdöl exportierenden Ländern des Nahen Ostens zögert man, in einer Zeit der Hyperinflation, in der der Dollar an Wert verliert, Dollar-Anlagen weiter zu halten. Die Europäer haben schon lange ihre Ungeduld mit dem Dollar gezeigt, und die Japaner bereiten sich insgeheim darauf vor, Dollar-Anlagen zu verlagern. Im Jahr 1979 stand die Welt kurz davor, den Dollar aufzugeben.

Im August 1979 gaben die Ölländer eine ernste Warnung heraus, dass sie ernsthaft in Erwägung zögen, die Ölpreisbildung in Dollar zugunsten von Sonderziehungsrechten (SZR) des IWF aufzugeben.[82] Diese Nachricht beunruhigte zweifellos die Vereinigten Staaten, denn wenn die Ölpreisbildung in Dollar aufgegeben würde, bestünde die große Gefahr, dass das amerikanische Schuldenimperium in sich zusammenfällt. Wer würde noch am Dollar festhalten wollen, wenn die Welt bereits stark überversorgt ist? Ein Zusammenbruch des Vertrauens in den Dollar würde dazu führen, dass alles, was nicht mit dem Dollar zu tun hat, verrückt wird und die Hyperinflation außer Kontrolle gerät.

Das neu geschaffene Europäische Währungssystem (EWS), das von den Deutschen angeführt wird, ist inmitten der Abwertung des Dollars zu einer Insel der Währungsstabilität geworden und läuft Gefahr, von einer Spekulationswelle verschlungen zu werden. Der deutsche Bundeskanzler Schmidt hat sich in Rage geredet und den Amerikanern unmissverständlich mitgeteilt, dass die Deutschen genug von der langjährigen "wohlwollenden Vernachlässigung" und Untätigkeit der Vereinigten Staaten bei der Lockerung des Dollars haben! Auch Europa hat genug!

Anthony Solomon, stellvertretender Finanzminister der Vereinigten Staaten, rief in einem internen Memo aus:

> *„Die USA befinden sich derzeit in einer absolut extremen und gefährlichen Situation auf den internationalen Devisenmärkten... Der Hauptgrund für den enormen Druck auf den Dollar ist folgender: Es wird fast allgemein angenommen, dass es zu einem ernsten Konflikt zwischen den USA und Deutschland über die Wechselkurspolitik kommen wird und dass die Zusammenarbeit zwischen den beiden Ländern zerbrochen ist. Die amerikanische Seite möchte, daß der Dollarkurs stabil bleibt oder aufwertet, während Deutschland eine Abwertung des Dollarkurses wünscht oder erwartet... Eine gewaltige Lawine privaten Geldes ist seit langem ungewöhnlich nervös und bereit,*

---

[82] Forschungsabteilung der Federal Reserve Bank of San Francisco, *Substitutionsrechnung*, 1980.

aus dem Dollar zu fliehen. Der Druck auf den Dollar wird wahrscheinlich den Kipppunkt überschreiten... In Übereinstimmung mit der gegenwärtigen Situation auf den Devisenmärkten und den psychologischen Erwartungen der Investoren sind die Vereinigten Staaten nicht mehr mit einem spezifischen taktischen Problem konfrontiert, sondern mit der Möglichkeit, dass sich die Situation schnell zu einer ausgewachsenen, verheerenden Krise entwickelt."

Inmitten der schlimmsten Krise, die der Dollar in der Nachkriegszeit erlebt hat, hat die Fed sogar die Befürchtung geäußert, dass das Gebäude zusammenbrechen könnte. Angesichts der Tatsache, dass die Welt den Dollar aufgibt, haben die USA dringend einen Ersatzplan zur "Rettung des Dollars" ausgearbeitet, und zwar durch den Plan des IWF, den Dollar durch Sonderziehungsrechte (SZR) zu ersetzen. Der Kern dieses Plans besteht darin, den US-Dollar durch SZR zu ersetzen und mit den zurückgewonnenen Dollars in US-Staatsanleihen zu investieren.

Dieser Plan der Amerikaner läuft darauf hinaus, den Dollar zu "elektrifizieren" und seinen Status als internationale Reservewährung aufzugeben, um den Zorn der Welt gegen den Dollar zu entschärfen. Die tatsächliche Herrschaft über das amerikanische Schuldenimperium bleibt jedoch fest in den Händen der Amerikaner! In der Vergangenheit gab es für die Dollarreserven der Länder neben dem Kauf von US-Anleihen auch andere Anlagemöglichkeiten. So gesehen ist SDR nur eine Haut, das Futter sind immer noch US-Schulden, keine Medizin! Der Dollar-Standard ist dem Namen nach zum "SZR-Standard" geworden, und die Sicherheiten für die Ausgabe von Währungen sind immer noch US-Schatzpapiere. Am Ende werden die US-Staatsschulden der eigentliche Vermögenswert hinter der Einheitswährung der Welt sein und müssen niemals zurückgezahlt werden! [83]

1979 stand die Weltwährung an einem wichtigen Wendepunkt. Das Bretton-Woods-System unter der Dollar-Regentschaft im Jahr 1944 war eine Zeit, in der der Dollar in vollem Gange war und die Vereinigten Staaten über die höchsten Goldreserven und die stärkste Militärmacht der Welt verfügten. Vor diesem mächtigen Hintergrund

---

[83] Ebd.

wagten die Vereinigten Staaten nicht, den kaiserlichen Thron des Goldes übereilt abzuschaffen, sondern sie haben die Strategie "Geisel Gold, um die Vasallen zu machen" verfolgt und schließlich die Währungen der Welt erobert. Heute liegt das US-Schuldenimperium am Boden, der Dollar ist eine Straßenratte, und alle schreien auf. Im Inland ist die Wirtschaft im Niedergang begriffen, die Arbeitslosigkeit ist hoch und die Inflation grassiert. In der internationalen Arena, die europäische Rückgrat erschienen ist, springt Japan zu versuchen, den Nahen Osten pro-europäischen antiamerikanischen, Russland Tiger Auge Beute, nicht genug internationale Unterstützung, der Dollar "Macht nach unten" einfach, SDR Befehl der hart! [84]

Der einzige Ausweg aus dem US-Schuldenimperium besteht derzeit darin, die Inflation zu bekämpfen, zunächst das Vertrauen in den Dollar zu stabilisieren und dann alles auf lange Sicht zu betrachten.

Es ist sehr bemerkenswert, dass dieses Paket, obwohl es letztendlich nicht umgesetzt wurde, schon vor langer Zeit, etwa 1980, als Reserve für den Fall eines Zusammenbruchs des Dollars vorbereitet wurde.

Seit dem Finanz-Tsunami im Jahr 2008 ist das Konzept der "alternativen Konten" der SZR wieder auf der internationalen Bühne aufgetaucht. Die Wut der Welt über die beiden Runden der quantitativen Lockerung des Dollars ist nicht geringer als die Blamage, die der Dollar 1979 erlitt. Für die asiatischen Länder, die über große Dollarreserven verfügen, ist die Frage, wie sie aus dem Dilemma des Dollars herauskommen können, zu einer nationalen Strategie geworden. Die Vereinigten Staaten haben nun das "SZR-Alternativkonto"-Programm wieder eingeführt und behaupten, eine Lösung für das Problem der Diversifizierung der Reservewährungen zu bieten und die globalen wirtschaftlichen Ungleichgewichte zu mildern, obwohl die neue Flasche in Wirklichkeit nur alter Wein ist.

Bisher war der IWF ein begrenzter Pool nationaler Währungsreserven, der hauptsächlich dazu diente, Empfängerländer mit "überschüssiger" Liquidität aus anderen Ländern zu versorgen, um den unmittelbaren Bedarf zu decken. Mit anderen Worten: Der IWF kann nur auf vorhandene Mittel zurückgreifen, aber keine Kredite

---

[84] Ebd.

schaffen. Der IWF ist also noch nicht der "Kreditgeber letzter Instanz" der Welt, und es besteht eine kritische Lücke in der Positionierung der Zentralbanken der Welt. Für die Zukunft kann der IWF die Möglichkeit nicht ausschließen, den "Korb" der SZR-Währungen zu einem Konzept ähnlich dem der Europäischen Währungseinheit (ECU) weiterzuentwickeln und gleichzeitig als "Weltwechselkurspolizei" zu fungieren und das System fester Wechselkurse wiederherzustellen. Wenn der IWF eine kreditschöpfende Funktion erhält, wird er zu einer vergrößerten Version der "Europäischen Zentralbank". Im weiteren Verlauf befürchte ich, dass das SZR zum "Welt-Euro" aufgewertet werden wird. Die geldpolitische Souveränität der einzelnen Länder wird zwangsweise an den IWF übergeben werden.

Dies wird ein unblutiger internationaler Finanzputsch sein!

Neoliberalismus, der Schrei der 1% Reichen

Der Petrodollar ist ein zweischneidiges Schwert, und die hohen Ölpreise haben zur Stagnation der US-Industriewirtschaft beigetragen und gleichzeitig die internationale Nachfrage nach dem Dollar gestärkt. Die Position der US-Realwirtschaft auf dem Weltmarkt verliert gegenüber der harten Konkurrenz aus Europa und Japan an Boden. Die Unternehmensgewinne schrumpfen, das Produktivitätswachstum stagniert und die Kapitalstruktur verschlechtert sich aufgrund der hohen Inflation. Die industrielle Stärke der Vereinigten Staaten ist seit dem Krieg am stärksten geschwächt worden. Die Dollarkrise hat die Mechanismen, mit denen die Wall Street die Verteilung des weltweiten Reichtums beherrschte, weiter geschwächt, und 1975 war der Anteil des reichsten 1% der amerikanischen Bevölkerung am gesellschaftlichen Reichtum auf den niedrigsten Stand seit 1922 gefallen.

Die 1% der Reichen haben beschlossen, dass die Spielregeln völlig verändert werden müssen, um die Verteilung des Reichtums wieder zu ihren Gunsten zu beeinflussen. Die amerikanische herrschende Elite mit den Rockefellers an der Spitze war entschlossen, das seit der Großen Depression der 1930er Jahre in den Vereinigten Staaten etablierte System des Wohlfahrtsstaates sowie die verschiedenen Beschränkungen für die Vermehrung des Reichtums durch die Wohlhabenden grundlegend umzustoßen.

Mitte der 1970er Jahre veröffentlichte John Rockefeller das Buch *"The Second American Revolution"*, in dem er die Notwendigkeit einer radikalen Reform des Staates deutlich machte, indem er dessen Befugnisse beschnitt und "die Funktionen und Verantwortlichkeiten des Staates so weit wie möglich auf den privaten Sektor übertrug". In dem Buch wählt Rockefeller bewusst wirtschaftliche Fälle aus, die deutlich machen, dass eine staatliche Regulierung des Finanzwesens und der Wirtschaft unnötig ist, dass die Unterstützung der Sozialfürsorge eine Geldverschwendung ist und dass nur das uneingeschränkte Gewinnstreben der Unternehmen und das damit verbundene Finanzsystem die treibende Kraft hinter Amerikas Wachstum ist. Präsident Reagan sagte in den 1980er Jahren: "Die Regierung kann die Probleme nicht lösen, die Regierung selbst ist das Problem."[85] Diese Worte sind der zentrale Gedanke des Rockefeller-Buches, ohne den Reagan von der Golden Power Group nicht gewählt worden wäre, fürchte ich.

Die Idee der "zweiten amerikanischen Revolution" hat den Angriff der amerikanischen Medien auf die Regierung eingeläutet, wobei Ineffizienz, Inkompetenz, Verschwendung, Defizite, Inflation und die Regierung als Schuldige für die wirtschaftliche Rezession ausgemacht werden. Das eine Prozent der Reichen ist bereit, die regulatorischen Fesseln der Regierung für die Finanzindustrie und die transnationalen Konzerne zu sprengen und die Unzufriedenheit der amerikanischen Bevölkerung mit Inflation und Arbeitslosigkeit auszunutzen. Kurz gesagt, die staatliche Umverteilung des gesellschaftlichen Reichtums und die Unterstützung der öffentlichen Wohlfahrt verhindert die Freiheit des einen Prozent der Reichen, sich noch mehr Reichtum anzueignen, die einen Urwald der Schwachen und der Starken wollen, in dem die Regierung die Reichen nicht daran hindern kann, den Reichtum der Armen auszuquetschen, sondern die Pflicht hat, die Armen daran zu hindern, sich dagegen zu erheben.

1976 trat die "zweite amerikanische Revolution" in die Umsetzungsphase ein. Die Trilaterale Kommission, eine von den Rockefellers finanzierte Eliteorganisation, könnte man als "zentrale Abteilung" bezeichnen, die hochrangige Kader in die Regierung der Vereinigten Staaten entsandte. Mit der Unterstützung der Trilateralen Kommission wurde der unscheinbare Gouverneur von Georgia, Jimmy

---

[85] William Engdahl, *Götter des Geldes: Wall Street und der Tod des amerikanischen Jahrhunderts*, Wiesbaden, 2009, S. 276-279.

Carter, zum Präsidenten gewählt. Präsidenten ohne Hintergrund neigen dazu, gefügiger zu sein, vor allem, wenn große politische Veränderungen eingeführt werden müssen, und solche schwachen Präsidenten werden gebraucht. Noch bevor Carter ins Weiße Haus einzog, hatten die hohen Tiere 26 Kader der "Trilateralen Kommission" in Schlüsselpositionen der Regierung eingesetzt, von denen Carter die meisten noch nie getroffen hatte. Carters gesamte Außenpolitik und die wichtigsten innenpolitischen Maßnahmen stammten weitgehend von der Trilateralen Kommission. Während Carters Amtszeit begann die Regierung mit der Deregulierung der Finanzindustrie, und es kam zu einer Vielzahl von Finanzinnovationen. Als Reagan zum Präsidenten gewählt wurde, gelobte er, Deregulierung und Privatisierung zum Schwerpunkt seiner Regierung zu machen. In der Reagan-Ära brach die Finanzrevolution aus, mit dem Ergebnis, dass die Goldmächte die Regierung revolutionierten!

In der akademischen Welt wird der Geist der "zweiten amerikanischen Revolution" durch die Ideologie des "Neoliberalismus" bereichert, der die wichtigsten Bestrebungen des einen Prozent der Reichen verkörpert.

Die Universität von Chicago, die Heimat des Monetarismus, hat sich selbst mit finanzieller Unterstützung der Rockefellers entwickelt, und die Geldpolitik, die der Monetarismus geprägt hat, hat viel zu den 1% der Reichen beigetragen. Friedman, der Guru des Monetarismus, wurde geschickt, um Präsident Reagan persönlich zu unterrichten und gleichzeitig "einen kleinen Fuchsbau" für die britische Premierministerin Thatcher zu öffnen, damit die 1% der Reichen sich im Denken und Handeln vereinen und die finanziellen Megaveränderungen in den Vereinigten Staaten und Großbritannien koordinieren können. Friedmans Monetarismus begann sich durchzusetzen, indem er argumentierte, dass "Inflation letztlich ein monetäres Phänomen ist" und dass der Kern der Inflationsbekämpfung in der Verknappung der Geldmenge besteht. Der Dollar ist das zentrale Instrument des einen Prozents der Reichen, um die Welt zu beherrschen und den Reichtum zu verteilen, und muss daher ohne Zögern verteidigt werden. Zu diesem Zweck war eine deutliche Anhebung der Zinssätze und eine Aufwertung des Dollars notwendig. Da die wichtigsten Reichtumsformen der Reichen Finanzanlagen sind, ist ein starker

Dollar eine Voraussetzung für stabile Finanzmärkte. Daher liegt ein starker Dollar im Kerninteresse der 1% der Reichen in den USA. [86]

Ein entferntes Echo des Monetarismus ist die Schule des Angebots, die nachdrücklich Steuersenkungen und Sozialabbau fordert. Sie behaupten, dass eine große Steuersenkung die US-Wirtschaft auf "magische Weise" zu einer massiven Produktivitätssteigerung führen wird, während Wohlfahrtskürzungen die Arbeitnehmer zwingen werden, ihre faule Abhängigkeit aufzugeben und hart zu arbeiten, um die Produktion zu steigern. In Wirklichkeit sind die größten Nutznießer der Steuersenkungen natürlich die 1% der Reichen, während die Opfer der Sozialkürzungen eindeutig die 99% der Mittelschicht und der Armen sind. In den 1980er Jahren, als die gesamte Angebotsschule ihre Blütezeit erlebte, kam es nicht zu der "magischen" Produktivitätsexplosion, und die mit deutschen und japanischen Waren vollgestopfte amerikanische Industriewirtschaft hat die internationale Wettbewerbsfähigkeit der frühen 1970er Jahre nie wieder erreicht.

Sowohl die monetaristische als auch die angebotsorientierte Schule, die sich entschieden gegen staatliche Eingriffe ausspricht, fordern nachdrücklich die Privatisierung. Mit diesen theoretischen Grundlagen ist Amerikas herrschende Elite in der Lage, in verschiedene Richtungen zu gehen und die Macht über die Verteilung des Reichtums zurückzuerobern.

Bei einer solchen Gestaltung würde die Verteilung des Reichtums in der Gesellschaft eindeutig zugunsten der 1% der Reichen ausfallen.

All dies muss mit einer Straffung der Währung und einer Stärkung des Dollars beginnen. An diesem Punkt wird die Position des Vorsitzenden der Federal Reserve umso wichtiger. Paul Volcker ist ein idealer Kandidat.

Volckers Währungs-"Chemotherapie", das US-Schuldenimperium wird zum Frieden

Am 6. Oktober 1979 berief der Vorsitzende der Federal Reserve, Paul Volcker, der erst seit zwei Monaten im Amt war, eine geheime

---

[86] Ebd.

Sitzung des Offenmarktausschusses im Federal Reserve Building ein, um zu erörtern, wie die Inflation eingedämmt werden könnte. Volcker war ein Rockefeller, der seine Karriere bei der Chase Manhattan Bank der Familie von L.A. (dem Vorgänger der heutigen JP Morgan Chase) begann und vom obersten Minister der Familie von L.A., Robert Roosa, für eine Ausbildung im Finanzministerium ausgewählt wurde.[87] Rosa war der Generalarchitekt der Verwendung von US-Anleihen zur Absicherung der europäischen Dollarreserven in den 1960er Jahren, als die Europäer gezwungen waren, US-Staatsanleihen anstelle von Gold als Hauptanlageoption für Devisenreserven zu akzeptieren. Unter Rosas Anleitung plante und beteiligte sich Volcker, der während der Nixon-Ära Unterstaatssekretär im Finanzministerium war, persönlich an dem "Coup" zur Abschaffung des Goldes. Nach dem Erfolg wurde Volcker von der Rothschild-Familie in die Schlüsselposition des Gouverneurs der Federal Reserve Bank of New York befördert und hatte damit die "militärische Macht" der Federal Reserve inne.

Um die Inflation wirksam einzudämmen, beschloss Volcker, den Ansatz der Fed zur Kontrolle der Geldmenge des Dollars grundlegend zu ändern, indem er die Geldmenge (MS) direkt kontrollierte und die Zinsen nicht mehr zur indirekten Regulierung der Währung verwendete.[88] Direkte Kontrolle der Geldmenge bedeutet, das Wachstum der Geldmenge unter Kontrolle zu halten und die Zinssätze zu liberalisieren, egal wie hoch sie ansteigen, was eher einer "Chemotherapie" gleicht, die Krebszellen direkt abtötet, was kühl und gewalttätig ist. Die Idee ist, den Zinssatz beizubehalten, die Währung zu liberalisieren und den Kredit so wachsen zu lassen, wie er sollte. Indirekte Kontrolle ist wie die Einnahme traditioneller chinesischer Medizin, die sich auf die Ernährung konzentriert und durch die Stimulierung der inneren Funktion der Wirtschaft wirksam ist. Die direkte Steuerung der Geldmenge hat den Vorteil, dass sie schnell und kraftvoll ist, obwohl die Nebenwirkungen auf die Wirtschaft beträchtlich sein werden, da die Zinssätze dramatisch schwanken werden.

---

[87] Joseph B. Treaster, *Paul Volcker: the making of a financial legend*, John Wiley & Sons, Inc. 2004.

[88] Steve Solomon, *The Confidence Game: How Unelected Central Bankers Are Governing the Changed World Economy*, Simon & Chester, 1995, S. 139-140.

Warum versagen die herkömmlichen Mittel der Zinskontrolle? Die Ursache liegt auch hier in der übermäßigen Überbezahlung des Dollars! Das lange und enorme Zahlungsbilanzdefizit der Vereinigten Staaten seit den 60er Jahren hat dazu geführt, dass die Vereinigten Staaten Dollars gedruckt haben, um nach Übersee zu exportieren, Lieferungen aus anderen Ländern zu beziehen, den Betrieb kostspieliger Militärbasen in Übersee und die Kosten des Krieges in Vietnam zu bezahlen, was zur Bildung einer alarmierenden Kraft der europäischen Dollarspekulation geführt hat, deren Umfang rasch von 315 Milliarden Dollar im Jahr 1973 auf 4 Billionen Dollar im Jahr 1987 anschwoll! Diese "wurzellosen" Dollars, die im Ausland umherwandern, haben sich zu einer "finanziellen Heterogenität" entwickelt, die die Grenzen der Staaten überschreitet. Sie werden zwar in den Finanzsystemen souveräner Länder gelagert, aber die ihnen innewohnenden Triebkräfte der Expansion sind von der Notwendigkeit der Kreditausweitung für das Wirtschaftswachstum in jedem Land losgelöst und manifestieren sich in erster Linie in der Profitgier des transnationalen Spekulationskapitals. Sie wuchern zwischen den Ländern, werden von keiner souveränen Zentralbank reguliert und reproduzieren sich rasch in einem separaten Finanzraum.

Dies ist die bedeutendste Veränderung in der internationalen Finanzlandschaft seit dem 20. Jahrhundert!

Der europäische Dollar war der Grund dafür, dass sich das amerikanische Bankensystem in den 1970er Jahren dramatisch veränderte. Im Rahmen des orthodoxen fraktionierten Reservesystems verlangt die Zentralbank von den Geschäftsbanken, etwa 10% ihrer Einlagen als Reserven "einzufrieren", die bei der Zentralbank hinterlegt oder von den Banken selbst gehalten werden können, um den gelegentlichen Abhebungsbedarf der Sparer zu decken. Wenn Banken Kredite vergeben, schränkt der Mindestreservesatz ihre Kreditvergabe ein. Wenn jedoch europäische Dollars bequem und billig geliehen werden können, sind die Banken nicht mehr an gebietseigene Einlagen und Reserven gebunden und neigen dazu, zuerst Kredite zu vergeben und dann auf dem europäischen Dollarmarkt Geld zu leihen, um Reserveanforderungen oder Abhebungen von Einlegern zu erfüllen - eine Finanzinnovation, die als "verwaltete Verbindlichkeiten" bekannt ist.

Unter dem Druck des europäischen Dollars stellte die Fed plötzlich fest, dass die traditionelle Zinspolitik die Ausweitung der Geldmenge nicht eindämmen konnte, da ein ständiger Strom von Dollars aus

Übersee in das US-Bankensystem floss und die Banken nicht knapp an Geld waren!

Nachdem Volcker verstanden hatte, warum die Zinspolitik scheiterte, richtete er seine volle Aufmerksamkeit auf die Geldmenge und insbesondere auf das Wachstum der Geldmenge. Die so genannte MS ist die Summe aus dem Bargeld in den Händen der Bürger und ihren Einlagen auf einem Girokonto bei der Bank (Checking Account). Girokonten sind in den Vereinigten Staaten sehr beliebt, und die Menschen legen in der Regel Geld auf Girokonten an, das sie bald ausgeben müssen, z. B. für Miete, Hypothekenzahlungen, Stromrechnungen und Ausgaben des täglichen Lebens. Der MS stellt also den Gesamtbetrag des Geldes dar, den die Menschen in Kürze verbrauchen werden, was sich direkter auf die Inflation auswirkt.

Volcker entwarf ein inflationäres "Chemotherapie"-Programm, er sperrte das MS-Wachstumsziel zwischen 4% ~ 6,5%, mit "High-Energy-Geld" als Mittel zur Regulierung, wenn die Kreditexpansion durch spekulative Nachfrage verursacht, mehr als die MS-Kontrollzielwert, wird die Federal Reserve Vertrag der "High-Energy-Geld", was in Bankkrediten Mittel knapp, die Federal Funds Rate wird automatisch steigen, Eindämmung der spekulativen Kreditexpansion. Wenn das Wachstum der MS wieder in die Zielzone zurückfällt, werden auch die Zinssätze automatisch sinken.

Um seine Bemühungen zu verstärken, kündigte Volcker außerdem eine Erhöhung des Rediskontsatzes von 11 auf 12% an und forderte einen Reservesatz von 8% für europäische Dollaranleihen der Banken, große Spareinlagen und andere Tricks des "Haftungsmanagements".

Am Ende der ersten Sitzung stellte Volcker fest, dass die Federal Funds Rate von 11,5% auf 14% gestiegen war, dass die spekulative Kreditvergabe immer noch in beschleunigtem Tempo zunahm und dass die Inflation im Januar 1980 17% erreicht hatte! Von Februar bis April stieg der Leitzins weiter auf 18%, und der Kreditzins der Bank für Premium-Kunden stieg gleichzeitig auf 20%!

Anstatt die Inflation zu bekämpfen, führte Volckers erste "Chemotherapie" dazu, dass die Wirtschaft in den letzten Zügen lag.

Im zweiten Quartal 1980 brach das BSP der Vereinigten Staaten um 9,4 Prozent ein, und die Arbeitslosenquote stieg von 6,1 Prozent auf 7,5 Prozent. Das Wachstumsziel der Geldmenge MS, das in einer

Spanne von 4-6,5 Prozent festgeschrieben werden sollte, hat nun 15 Prozent überschritten!

Angesichts einer so schlechten Situation war Volcker sprachlos. In der Tat liegt das Problem immer noch beim europäischen Dollar. Die steigenden US-Zinsen, auf der Übersee "finanziellen heterogenen Raum" hat eine starke Arbitrage Stimulus, einen großen Zustrom von europäischen Dollar, nicht nur auf die "Chemotherapie" durch die Währung Mangel verursacht füllen, brechen die MS-Obergrenze, sondern auch beschleunigt die Geschwindigkeit der Währungsströme, die Förderung der Anstieg der Inflation.

Die Inflation hängt nicht nur von der Größe der Währung ab, sondern wird auch stark von der Geschwindigkeit der Geldströme beeinflusst, die bei weitem nicht so einfach sind, wie in den Lehrbüchern angenommen. Es ist wie mit der Fähigkeit der US-Armee, eine Million Soldaten schnell über die verschiedenen Schauplätze zu bewegen, um die Kampfkraft von fünf Millionen Soldaten zu entfalten. Schnellere Währungsströme werden es einem Dollar ermöglichen, die Rolle von ein paar Dollar zu spielen. Volcker hat offenbar nicht mit der abrupten Veränderung der Geschwindigkeit der Währungsströme gerechnet, die durch den beschleunigten Zustrom europäischer Dollars verursacht wird.

Als der Leitzins die schwindelerregende Höhe von 18 Prozent erreichte, standen alle Verschuldeten vor dem Aus, sie mussten ihre Schulden schneller zurückzahlen, die Aktiva der Banken schrumpften automatisch mit ihrer Rückzahlung, und die entsprechende Geldmenge MS begann allmählich zu sinken.

Der entscheidende Moment ist gekommen. Solange Volcker dabei bleibt, ist ein Zinssatz von 18% wie eine Megadosis "Chemo", die nach einer gewissen Zeit eine tödliche Wirkung auf die inflationären Krebszellen hat und somit die Inflationserwartungen auslöscht, und ein anhaltender Rückgang der MS wird schließlich zu einem Rückgang der Zinssätze führen. Zu diesem Zeitpunkt jedoch drehte und wendete sich die Wirtschaft in Agonie, die Menschen schrien um Hilfe, und die Politiker begannen, in Tiraden auszubrechen. Ein amerikanischer Kongressabgeordneter sprach eine strenge Warnung aus: "Volcker, Sie werden der Erste sein, der vorgeführt und brutal verprügelt wird!"

Es ist ein großes Glücksspiel! Wagen Sie es nicht, weiter zu wetten! Wenn es nicht innerhalb von sechs Monaten klappt, wird Volcker der erbärmlichste Vorsitzende in der Geschichte der Federal

Reserve, ohne Gesicht, ohne Glaubwürdigkeit, und wird schließlich von der Gesellschaft auf ewig ausgepeitscht werden.

Volkers Hand wurde weich und der Kredit begann sich zu lockern.

Zu diesem Zeitpunkt wird jeder Rückzug Markt super Verstärkung sein, die Anti-Inflation Entschlossenheit der Fed wurde als "aber irren" interpretiert, so dass der gesamte Markt Inflationserwartungen sofort umgedreht, spekulative Psychologie wieder gesalzen Fisch umdrehen! In den nächsten zwei Monaten sank der Leitzins um die Hälfte auf 9%, und da die Inflation immer noch bei 11% lag, fielen sowohl die langfristigen als auch die kurzfristigen Zinssätze in den negativen Bereich.

Die Kreditexpansion an den Märkten kocht wieder über und die Fed ist auf einmal außer Kontrolle!

Im Sommer 1980 erholte sich die Wirtschaft rasch von der Kreditexpansion, und die Inflation kehrte zurück. Das Wachstum der Geldmenge MS übertraf überraschenderweise 22,8%, doppelt so viel wie die Inflation. Volkers erste "Chemotherapie" war ein völliger Fehlschlag.

Anti-Inflation, keine Wirtschaft; Anti-Inflation, kein Dollar! Nach Abwägung des Für und Wider hat Volcker seine antiinflationäre Entschlossenheit erneuert.

Ab Herbst 1980 bis zum Sommer 1982 leitete Volcker eine zweite "Chemotherapie" zur Inflationsbekämpfung ein und erhöhte am 25. September 1980 den Diskontsatz erneut auf 11% und den Bundeszinssatz auf 14%. Präsident Carters Traum von der Wiederwahl wurde zu Volckers erstem Schlag gegen die Inflation.

Ein ganzes Jahr Hochzinspolitik, der Dollarkurs begann zu steigen, vor allem nach Volcker begann die zweite "Chemotherapie", begann der Markt zu glauben, dass dieser verzweifelte Mann spielt für real. Zu diesem Zeitpunkt begannen Deutschland und Japan unter dem Druck von Volcker, die Zinssätze zu senken. Um die Erwartungen eines stärkeren Dollars weiter zu verstärken, straffte Volcker im Mai 1981 erneut die Geldmenge, und von Mai bis November sank die Wachstumsrate der MS zum ersten Mal auf Null, während der Bundeszinssatz auf 19% kletterte! Der europäische Dollar zog wieder an, und die Aufwertung des Dollars beschleunigte sich. Dieses Mal hat der europäische Dollar keine dramatische Ausweitung der Gesamtgeldmenge ausgelöst, weil niemand mehr Kredite vergibt.

In dem Jahr, das seitdem vergangen ist, ist der Dollar um 34% gestiegen!

Volckers zweite Runde der "Chemotherapie" setzte nicht nur die Verknappung der Geldmenge und die Beibehaltung hoher Zinssätze fort, sondern eröffnete auch ein zweites Schlachtfeld der "Aufwertung gegen die Inflation". Der prozentuale Anteil der US-Importe am BSP liegt bei etwa 7%, und der durch die Aufwertung bedingte Preisrückgang bei den importierten Gütern dürfte sich nicht allzu sehr auf das allgemeine Preisniveau in den USA ausgewirkt haben, aber Volcker hat das Wesen der Inflationsbekämpfung verstanden, nämlich einen psychologischen Krieg zu führen! In einem Umfeld hoher Zinssätze wird es zu komplizierten psychologischen Veränderungen in der Wahrnehmung der Menschen kommen, wenn die Preise für importierte Waren fallen. In einer Zeit, in der immer mehr Menschen ihre Schulden abbezahlen und das Geldmengenwachstum fast bei Null liegt, wird der Rückgang der Importpreise die Menschen zu der Überzeugung bringen, dass weitere Preiserhöhungen eher unwahrscheinlich sind. Die Aufwertung des Wechselkurses zu diesem Zeitpunkt hatte den Effekt, dass er vier oder zwei Pfund abwarf!

Die Fed schätzt, dass eine 10-prozentige Aufwertung des Dollars zu einem Rückgang der Inflation um 1,5% führen würde, wovon die Hälfte auf einen Preisrückgang bei importierten Waren und die andere Hälfte auf rein psychologische Gründe zurückzuführen sein dürfte. Und eine Aufwertung des Dollars um 34% würde die Inflation um 5,1% senken. Von 1980 bis 1982 ging die Inflation in den Vereinigten Staaten von 13,5 Prozent auf 6,1 Prozent zurück, wobei die Aufwertung des Dollars etwa zwei Drittel des Rückgangs von 7,4 Prozent ausmachte. [89]

Volcker's zweite Runde der "Chemotherapie" Denken ist es, auf das Ziel der Geldmenge zu halten, halten hohe Zinsen, zwingt die Menschen, ihre Schulden zurückzuzahlen, reduzieren MS; zur gleichen Zeit, hohe Zinsen führen zu der Rückkehr des europäischen Dollar, stärken die Dollar-Aufwertung Erwartungen, zwingt Deutschland und Japan, die Zinsen zu senken, was zu einer starken Aufwertung des Dollars; in der Geldmengenreduzierung und hohe Zinsen von "negativen Währungsdruck", die Aufwertung des Wechselkurses der

---

[89] Ebd., S. 148.

Preisrückgang Wirkung, wird der Markt psychologische hohe Zeiten Verstärkung, letztlich Umkehrung der Inflationserwartungen.

Die massiven Steuersenkungen, die enormen Defizite, das Star-Wars-Programm und die Wirtschaftstheorien der Angebotsschule, die Präsident Reagan einführte, lassen Volcker jedoch befürchten, dass die wertvollen Möglichkeiten, die durch den Sieg im Anti-Inflationskrieg gewonnen wurden, nicht lange anhalten werden.

Geliehener Wohlstand

Der Wirtschaftsboom der Reagan-Ära war letztlich das Ergebnis einer "Überziehung" in dreifacher Hinsicht: Anleihen bei der Zukunft, Anleihen bei ausländischen Ersparnissen und "Abgreifen" von billigen Rohstoffen aus der Dritten Welt.

Fast drei Jahre lang, vom Herbst 1979 bis zum Sommer 1982, schwang Volcker mit religiöser Inbrunst den geldpolitischen Knüppel, um die Inflationserwartungen zu zerschlagen, während er die Realwirtschaft in eine tiefe Erschütterung stürzte. Von 1980 bis 1985 wertete der Dollar dramatisch um 50 Prozent auf! Dies ist das heftigste Währungserdbeben in der modernen Wirtschaftsgeschichte eines großen Landes! Infolgedessen wurde die industrielle Wirtschaft der Vereinigten Staaten ausgelöscht. Die Arbeitslosigkeit ist auf 10,8 Prozent gestiegen, der chemischen Schwerindustrie wurde das Rückgrat gebrochen, fast ein Drittel der Beschäftigten in der Stahlindustrie wurde entlassen, Automobilfabriken wurden geschlossen, Produktionslinien für die Herstellung von Ausrüstungen wurden weitgehend stillgelegt, die petrochemische Industrie wurde drastisch verkleinert, Bergwerke wurden aufgegeben und selbst landwirtschaftliche Erzeugnisse verloren ihre internationale Wettbewerbsfähigkeit.

Fünf Jahre sind vergangen, und die Menschen haben das "Wunder" noch nicht einmal bemerkt. In den Vereinigten Staaten gibt es immer mehr japanische Autos, Fabriken mit fortschrittlicherer deutscher Ausrüstung, die Regale der Geschäfte sind voll mit billigen asiatischen Konsumgütern. Schließlich wurde der Aufschwung der industriellen Beschäftigung durch Reagans "Star Wars"-Militäraufträge ermöglicht. Die Angebotsschule, die behauptet, gegen staatliche Eingriffe in die Wirtschaft zu sein, stolperte aus einer tiefen Rezession mit den höchsten Staatsdefiziten der Nachkriegszeit heraus.

Die Zeit von 1983 bis 1988 war das goldene Zeitalter der Wirtschaftsmythologie der Reagan-Ära. Bei näherer Betrachtung stellt man fest, dass Reagans wirtschaftlicher Wohlstand aus der Zukunft "geliehen" war. Während dieser Zeit erreichte das Haushaltsdefizit der USA über 200 Milliarden Dollar pro Jahr, was mehr als 5 Prozent des BSP entspricht. Die US-Nettoinlandssparquote ist von 6,5 Prozent in den 1970er Jahren auf 2,5 Prozent gesunken, und das riesige Haushaltsdefizit ist dafür verantwortlich, dass die inländischen Ersparnisse aufgezehrt werden. Die Nettoersparnis eines Landes ist das "Kaninchen des Jägers", das die Voraussetzung für Konsum und Investitionen ist. Konsum ist, wenn der Jäger einen Teil der Ersparnisse nimmt und sie mit jemand anderem tauscht; Investitionen sind die anderen Ersparnisse, die der Jäger verbraucht, um Pfeil und Bogen herzustellen. Seit dem Ende des Zweiten Weltkriegs beliefen sich die Nettoinvestitionen in den Vereinigten Staaten auf 7% des BSP, und erfolgreiche Investitionen führen zu einer effizienteren Produktion, so dass die Investitionen den Anstoß zum Wirtschaftswachstum geben. Doch in den acht Jahren der Reagan-Regierung sanken die Nettoinvestitionen in den Vereinigten Staaten auf lediglich 5% des BSP. Die Angebotsschule hatte zuversichtlich versprochen, dass ihre Politik die Sparquote in den USA erhöhen und die Nettoinvestitionen steigern würde, was eindeutig ein Trugschluss war!

Als Reagan zum Präsidenten der Vereinigten Staaten gewählt wurde, belief sich die gesamte private und öffentliche Verschuldung der Vereinigten Staaten auf 3,87 Billionen Dollar, und Ende der 1980er Jahre waren es bereits 10 Billionen Dollar!

Da die inländischen Ersparnisse unzureichend waren, hat die Reagan-Regierung nicht nur zu viel Geld in die Zukunft transferiert, um den Lebensstandard der amerikanischen Gesellschaft aufrechtzuerhalten, sondern auch riesige Mengen ausländischer Ersparnisse aus dem Ausland geliehen, und zwar in einer Größenordnung von 14% der gesamten US-Ersparnisse! Im Jahr 1984 stiegen die ausländischen Käufe von festverzinslichen US-Anlagen (hauptsächlich US-Schatzanleihen) um das Dreifache auf 37,4 Milliarden Dollar. Japans Kapitalströme in die USA beliefen sich allein in einem Jahr auf schwindelerregende 50 Milliarden Dollar!

Amerikanische Wissenschaftler kokettieren damit, dass die USA in den 1980er Jahren endlich ihren komparativen Vorteil gefunden haben, und zwar durch den Export von US-Schatzpapieren!

Der Zufluss ausländischen Kapitals verstärkte die Aufwertung des Dollars, senkte die Preise für importierte Waren, stimulierte den US-Verbrauch und vergrößerte das US-Handelsdefizit. Infolgedessen wies die US-Leistungsbilanz 1980 einen Überschuss auf, und seit 1984 verzeichnen die USA ein jährliches Defizit von 100 Milliarden Dollar, das auf 3 Prozent des BSP hochschnellt! Die amerikanische Industrie wurde gezwungen, sich in großem Umfang nach außen zu orientieren, und die wichtigsten Industrieanlagen, die den nationalen Wohlstand schaffen, wurden grundlegend geschwächt.

Man lieh sich Geld aus der Zukunft, man lieh sich Geld von Ausländern, und anstatt das geliehene Geld in erster Linie für Reinvestitionen in die industrielle Wirtschaft zu verwenden, wurde es von der Wall Street dazu benutzt, eine große Blase von schnell wachsenden Finanzanlagen zu schaffen. Industrielle Investitionen in langfristiges Kapital wurden in den Vereinigten Staaten weitgehend aufgegeben, wobei das Exportwachstum von 1983 bis 1984 nur halb so hoch war wie während des vorangegangenen Wirtschaftsaufschwungs und die Einfuhren doppelt so hoch. Kein Wunder, dass die amerikanischen Medien dies kommentierten,

> *„Das 'Wunder' der Angebotsschule ist endlich da: Es besteht darin, dass Ausländer den Großteil der Waren und das meiste Geld bereitstellen. Wenn die US-Politik in den 60er und 70er Jahren 'ausgeben und hoch besteuern' war, dann war es in den 80er Jahren 'ausgeben und hoch besteuern'."*

Nachdem Volcker die Inflation unter Kontrolle gebracht hatte, erholte sich die US-Wirtschaft kräftig um 5%, aber die Beschäftigung in der Industrie erreichte nie wieder das Niveau der 1970er Jahre. 1985-1986 ging die Auslastung der Industrieanlagen in den USA erneut zurück.

In einer Zeit, in der die industrielle Wirtschaft der USA in Trümmern liegt, erntet die Wall Street die Lorbeeren. Volcker senkte den Diskontsatz in den sechs Monaten vom Sommer 1982 bis zum Jahresende siebenmal hintereinander, und der Leitzins des Bundes fiel direkt von 14 Prozent auf 8,8 Prozent. Der Anleihemarkt und der Aktienmarkt beginnen eine große Hausse. Von 1982 bis 1987 schoss der Aktienmarkt an der Wall Street um 200% in die Höhe! Der Mythos der finanziellen Vermögensbildung begann sich in den Vereinigten Staaten durchzusetzen.

Das Jahr 1984 war ein Wendepunkt in den finanziellen Megatrends der Vereinigten Staaten, als sich das inländische Kapital massiv von den Banken zu den Anleihemärkten zu verlagern begann und sich die internationalen Kapitalzuflüsse von Europa nach Asien verlagerten. Im Jahr 1985 stellte Volcker fest, dass die Geldmenge in den USA wieder explosionsartig anstieg, die Inflation in den USA jedoch von 4,4% im Jahr 1984 auf 3,5% im Jahr 1985 zurückging. Dank einer Fülle von Finanzinnovationen sind die MS als Indikator für die Inflation immer ungenauer geworden. Der Bankensektor begann Ende 1984 in großem Umfang in den Geldmarkt einzusteigen, und die Zinskomponente der Girokonten stieg erheblich an, was darauf hindeutete, dass das Geld eher "investiert" als "konsumiert" wurde und dass die Ausweitung der MS nicht mehr auf eine Anhäufung von "Verbraucherimpulsen, die bereit sind, Geld sofort auszugeben", hindeutete. Infolgedessen gab die Fed die zielgerichtete Geldpolitik des Wachstums der MS ab 1984 stillschweigend auf.

Die Ausweitung der Geldmenge seit 1984 wurde von der expansiven Kreditnachfrage, die durch das reale Wirtschaftswachstum erzeugt wurde, abgelenkt und spiegelt sich zunehmend in der Nachfrage nach Finanztransaktionen wider, die durch die Finanzinnovation angeregt wurde; vor Mitte der 80er Jahre lag der Marktwert der US-Aktien als Anteil am BSP gewöhnlich in einer Größenordnung von 8-20 Prozent, aber bis 1986 war dieser Anteil stark auf 100 Prozent angestiegen! Dieses Phänomen deutet darauf hin, dass sich die Kreditexpansion den Zwängen des realen Wirtschaftswachstums entzogen hat und zum unvermeidlichen Ergebnis einer Selbstinflation der Finanzanlagen geworden ist. Das amerikanische Schuldenimperium ist in eine neue Entwicklungsphase eingetreten, und der Dollar ist inzwischen zu einem Instrument geworden, "das aus Finanztransaktionen abgeleitet und ihnen um ihrer selbst willen untergeordnet ist".

Die Globalisierung des Finanzwesens ist im Wesentlichen die Globalisierung der Dollar-Schulden, die dazu geführt hat, dass das Finanzvermögen viel schneller und in einem viel größeren Umfang wächst als das reale Vermögen, was bedeutet, dass ein erheblicher Teil des Vermögens mangels eines Gegenwerts in Form von Vermögen in Wirklichkeit nur riesige Schulden sind. Vor den 1980er Jahren betrug die Gesamtverschuldung privater, nicht-finanzieller Unternehmen und des Staates in den Vereinigten Staaten etwa 140 Prozent des BSP, und Mitte der 1980er Jahre hatte sie 165 Prozent überschritten, den höchsten

Schuldenstand seit der Großen Depression in den 1930er Jahren! Gleichzeitig ist die Zahl der Armen in den Vereinigten Staaten von 24 Millionen im Jahr 1979 auf 32 Millionen im Jahr 1988 gestiegen.

Unter dem Einfluss des europäischen Dollars hat das außerbilanzielle Geschäft des Bankensystems mit Vermögenswerten einen beispiellosen Boom erlebt, mit Finanzinnovationen wie Zinsswaps, Währungsswaps, Kreditgarantien, variabel verzinslichen Hypotheken, Verbriefung von Vermögenswerten, fremdfinanzierten Übernahmen, Termingeschäften und Optionen auf Finanzprodukte usw. Allein 1982 flossen 230 Milliarden Dollar an Ersparnissen des Bankensystems in den boomenden Anleihemarkt. Das geldpolitische "Bremssystem" der Zentralbank für die exzessive Kreditvergabe an den Finanzmärkten versagt allmählich, und die systemischen Risiken nehmen von Tag zu Tag zu.

In dem von Volcker geführten Anti-Inflationskrieg wurden auch zahlreiche Länder der Dritten Welt wie Mexiko, Argentinien, Brasilien, Nigeria, der Kongo, Polen und Jugoslawien "getötet", die alle das Pech hatten, in die "Schuldenfalle" des US-Dollars zu geraten. In den 1970er Jahren flossen die durch den Ölboom entstandenen Petrodollars aus dem Nahen Osten in die "finanzielle Heterogenität" der Wall Street und Londons zurück. In der Strategie der "Zweiten Amerikanischen Revolution" ist die Umverteilung des internationalen Reichtums ein Hauptanliegen des reichen 1 Prozent, und der Transfer von Rohstoffen aus der Dritten Welt in die Industrieländer zu niedrigen Preisen ist ein strategisches Ziel, das erreicht werden muss.

Mit dem Petrodollar begannen internationale Bankiers, in großem Umfang Kredite an Länder der Dritten Welt zu vergeben, die dringend teures Öl importieren mussten, aber die US-amerikanisch-britischen Banken machten es zur Bedingung, dass der Zinssatz für die Kredite mit der London Bank Offered Rate (LIBOR) schwanken musste.

Die Hochzins-"Chemo"-Kampagne der Vereinigten Staaten und des Vereinigten Königreichs gegen die Inflation hatte den wunderbaren Effekt, dass sie mehrere Fliegen mit einer Klappe schlug. Der IWF als "internationale Schuldenpolizei" des Dollars wurde an die vorderste Front der Verschuldung gedrängt, und die zeitgenössischen "Sherlockianer" wollen den Ländern der Dritten Welt ein Vielfaches an "Frischfleisch" abschneiden, und das Rezept des IWF für die Dollar-Schuldnerländer der Dritten Welt ist nur ein von den Ärzten der Wall Street zubereitetes "Abführmittel": Je mehr man isst, desto schneller kollabiert der Körper. Der IWF verlangt von den Schuldnerländern, die Importe bis zum Anschlag zu kürzen, der Steuerhaushalt schrumpft auf ein knappes Existenzminimum, die Währungsabwertung führt dazu, dass der Export von Rohstoffen auf den niedrigen Preis gesprungen ist, so dass die wirtschaftlichen Ressourcen der Entwicklungsländer in einem noch nie dagewesenen Umfang an die entwickelten Länder übertragen werden. Infolge der Umschuldung durch den IWF hatten die Entwicklungsländer, die 1980 nur 430 Milliarden Dollar Schulden hatten, 1987 1,3 Billionen Dollar neue Schulden bei den heutigen "Scheichs", ohne die bereits gezahlten 658 Milliarden Dollar an Kapital und Zinsen. Die Länder der Dritten Welt haben weitaus größere Verluste erlitten als in den beiden Weltkriegen zusammen.

Im Jahr 1987 fielen die Weltrohstoffpreise sogar auf das Niveau von 1932 zurück! Die niedrigen Rohstoffpreise, die in den frühen 80er Jahren begannen, hielten ganze 20 Jahre an! Erst zu Beginn des 21. Jahrhunderts, als Chinas Wirtschaft zu florieren begann, kehrte sich dieser Trend um. [90]

Seit fast 30 Jahren hat das eine Prozent der Reichen eine in der modernen Wirtschaftsgeschichte noch nie dagewesene "Fleischernte" von der amerikanischen Mittelschicht und den Ländern der Dritten Welt eingefahren, und die Verteilung des weltweiten Reichtums hat das Muster der ersten 70 Jahre des zwanzigsten Jahrhunderts umgekehrt und seine Konzentration in einer winzigen Minderheit beschleunigt; die Occupy-Wall-Street-Bewegung, die sich seit September 2011 rasant auf der ganzen Welt ausbreitet, ist der Grund dafür, dass die 99 Prozent der Armen, die nicht mehr die schweigende Mehrheit sind, bereit sind, auf ihre Weise eine vernünftige Umverteilung des gesellschaftlichen Reichtums zu fordern, da sie sich des langfristigen Schadens bewusst sind, den die "goldene Welt" ihren vitalen Interessen zufügt.

Der Neoliberalismus der Reagan-Ära hat die Vereinigten Staaten innerhalb weniger Jahre vom größten Gläubiger zum größten Schuldner der Welt gemacht. Es war der atemberaubende Kriegsverbrauch des Ersten Weltkriegs, der das Britische Empire vom Thron des weltweiten Gläubigerhegemons stürzte, und es waren die Vereinigten Staaten, die

---

[90] F. William Engdahl, *Götter des Geldes: Wall Street und der Tod des amerikanischen Jahrhunderts*, Wiesbaden, 2009, S. 292.

die Macht der aufstrebenden Gläubigerstaaten nutzten, um die europäischen Schuldnerstaaten zu zwingen, die Hegemonie des Dollars zu akzeptieren. In fast derselben Zeitspanne hat der Neoliberalismus die durch den Ersten Weltkrieg ausgelöste große Umkehrung des globalen Verschuldungsverhältnisses nachgeholt. Als Großbritannien zum Schuldnerland wurde, ging das britische Empire unter, und als die Vereinigten Staaten zum größten Schuldnerland wurden, war die Hegemonie stattdessen gefestigt. Dies deutet darauf hin, dass die Verschuldung das neue Zepter der Weltherrschaft abgelöst hat und dass Investitionen der Verschuldung als Haupttriebkraft des Wirtschaftswachstums Platz gemacht haben, was eine gefährliche Ära für ein schuldengetriebenes Wirtschaftsentwicklungsmodell eröffnet.

Dollar auf Eis und Feuer

Bis 1985, als Volcker die Inflation schließlich auf 3,5 Prozent senkte, hatte der Dollar die weltweite Dollarkrise von 1979 weitgehend hinter sich gelassen. Die geldpolitische Strategie der an den Dollar gekoppelten hohen Ölpreise stützte das schwächelnde US-Schuldenimperium und bewahrte den Dollar vor der Panik, sein Gold zu verlieren, während die US-Wirtschaft den hohen Preis einer Hyperinflation und einer schweren Rezession zahlte. Erschwerend kam hinzu, dass die Sowjetunion, ein wichtiger Ölexporteur, während der Ölkrise der 1970er Jahre ein Vermögen machte und ihre militärische Macht stärkte, um mit den Vereinigten Staaten einen Krieg der Sterne zu führen. Nachdem die USA die hegemoniale Basis des Dollars stabilisiert hatten, gaben sie ihre Hände frei und bereiteten sich darauf vor, die Sowjetunion zusammenzupacken.

Von 1981 bis 1984 war der Erdölexport die einzige Möglichkeit für die sowjetische Regierung, harte Devisen durch Exporte zu erwirtschaften. 1975 betrug die sowjetische Erdölproduktion 93,1 Millionen Tonnen, und bis 1983 war sie auf 130 Millionen Tonnen angewachsen, aber seit Ende der 70er Jahre hatte die Überausbeutung des Erdöls durch die Sowjetunion zu einem Mangel an nachfolgenden Produktionskapazitäten geführt; 1985 ging die sowjetische Erdölproduktion zum ersten Mal in der Geschichte um 12 Millionen Tonnen zurück, was auf den Anstieg der Förderkosten und den Mangel an Mitteln zurückzuführen war und mit dem kritischen Zeitpunkt zusammenfiel, an dem die Vereinigten Staaten die Inflation besiegten.

Bereits am 26. März 1981 befasste sich Präsident Reagan in seinem privaten Tagebuch mit der Frage, wie man die sowjetische Wirtschaft und ihre Abhängigkeit von westlichen Krediten ausnutzen könne, um der sowjetischen Wirtschaft einen tödlichen Schlag zu versetzen, und im November 1982 erließ Präsident Reagan eine Direktive zur nationalen Sicherheit (NSDT-66), in der der geheime Auftrag, der sowjetischen Wirtschaft Schaden zuzufügen, klar dargelegt wurde, und im März 1985 erwähnte Außenminister Schultz in einer geheimen Botschaft an die US-Botschaft in London, dass "der Außenminister äußerst interessiert an der Studie ist, die das Außenministerium über die Auswirkungen des Ölpreisverfalls durchführt".[91] Im September begannen die Vereinigten Staaten, Druck auf die Saudis auszuüben, damit sie ihre Ölproduktion drastisch auf unter 20 Dollar erhöhen. Im April 1986 kam Vizepräsident Bush Sr. in die saudische Hauptstadt Riad, um den König zu ermahnen, dass "die Marktkräfte, nicht die OPEC, der beste Weg sind, um die Ölpreise und die Produktion festzulegen".[92] Dies bedeutet, dass Saudi-Arabien alles daran setzt, das Ölangebot zu erhöhen und die Weltölpreise zu drücken.

Als Saudi-Arabien die Produktion hochfuhr, ließen die "Marktkräfte" den Ölpreis von 35 Dollar pro Barrel auf unter 10 Dollar im Frühjahr 1986 fallen. Infolgedessen brachen die sowjetischen Exporte ein, die westlichen Kreditkanäle wurden geschlossen, die Lebensmittelimporte gingen verloren, die städtischen Lebensmittelversorgungsquoten waren knapp, die Korruption grassierte durch die Hintertür und die regierungsfeindliche Stimmung in der sowjetischen Bevölkerung wuchs. Gleichzeitig brach das Öl als Bindeglied der osteuropäischen Länder weg, so dass diese sich unter dem Druck der riesigen westlichen Schulden von Deutschland abwandten, was den wirtschaftlichen Zusammenbruch beschleunigte und schließlich den Zerfall des Sowjetblocks einleitete.

Die industrielle Wirtschaftsbasis der Vereinigten Staaten und des Westens nach dem Krieg war in hohem Maße von der Ölversorgung abhängig, und niedrige Ölpreise brachten Wirtschaftswachstum und Marktwohlstand, während steigende Ölpreise die Wirtschaft in die

---

[91] Ebd., S. 295-296.

[92] Ebd.

Inflation und Entwicklungsstagnation trieben. Die durch Volckers geldpolitische Maßnahmen erzielte Inflationsbekämpfung hatte dauerhafte Auswirkungen, die durch den Ölpreisverfall von 1986 noch verstärkt wurden.

Die Inflation ging 1986 auf 2% zurück, und mit ihr fielen auch die Zinssätze stark ab. Die Wall Street kocht über.

Doch während die US-Aktien- und Anleihemärkte boomen, sammelt sich unter der Oberfläche der Finanzmärkte leise eine riesige vulkanische Geldlava mit explosiver Eruptionskraft.

Die Aufwertung des Dollars in den frühen 1980er Jahren war so weit von den Grundlagen der US-Wirtschaft entfernt. Unter der Last des starken Dollars hat sich das US-Handelsdefizit rapide ausgeweitet, die Industriewirtschaft hat eine unheilbare Verletzung erlitten, und die Produktion des verarbeitenden Gewerbes in den USA muss um mindestens 30 Prozent steigen, um die Wirtschaft wieder ins Gleichgewicht zu bringen, aber der starke Dollar steht dem wirtschaftlichen Gleichgewicht im Weg. Die Finanzblase an der Wall Street blähte sich rasch auf, als große Mengen heißen Geldes aus Übersee in die Vereinigten Staaten strömten, angezogen vom hohen Dollarkurs. Billige Kredite sind so billig wie billiges Öl und lassen die amerikanischen Verbraucher in Schulden schwelgen. Angestachelt durch neue Finanzinstrumente wie Junk Bonds und fremdfinanzierte Übernahmen haben die US-Unternehmen einen beispiellosen Fusionsboom von noch nie dagewesenem Ausmaß erlebt, wobei allein die Emission von Junk Bonds in den 80er Jahren die schwindelerregende Summe von 170 Milliarden Dollar erreichte.

Das fatale Problem bei fremdfinanzierten Unternehmensübernahmen ist, dass sie jahrelang hart erarbeitetes Kapital durch Schulden ersetzen. Seit der Großen Depression wurde bei der Kapitalbildung amerikanischer Unternehmen noch nie ein so hoher Verschuldungsgrad erreicht. Von grundlegenderer Bedeutung ist auch das Haushaltsdefizit, das die US-Regierung nicht eindämmen kann und das sowohl das Evangelium als auch der Fluch der Dollar-Hegemonie ist. Da die Vereinigten Staaten den Weg einer Schuldenwährung gewählt haben, da die Schulden zur Wurzel der Macht im amerikanischen Schuldenimperium geworden sind und Haushaltsdefizite das unvermeidliche Ergebnis sind, da Überschüsse die Schulden tilgen und damit die Grundlage dieser Macht zerstören, wie kann man da erwarten, dass sich das amerikanische

Finanzministerium wirklich in Richtung Sparsamkeit und Verantwortung bewegt?

Das Vereinigte Königreich deregulierte 1979 seinen Devisenhandel, und Japan folgte 1980. Da das Vereinigte Königreich der größte Markt für den Dollar in Europa ist und Japan über schnell wachsende Dollarreserven verfügt, haben diese beiden Länder die Schleusen für den freien Fluss des internationalen Kapitals geöffnet, und die Finanzmärkte der Welt sind seitdem noch unbeständiger und dunkler geworden. Die unzureichenden Ersparnisse in den USA und der Überschuss in Japan haben in den 1980er Jahren die gravierenden Ungleichgewichte in der Weltwirtschaft offengelegt.

1986 stand die US-Wirtschaft am Rande einer weiteren Rezession, aber Washington erkannte nicht das Ausmaß des Problems.

Zu diesem Zeitpunkt war der Finanzminister der Reagan-Administration durch James Baker ersetzt worden, den aufstrebenden Star der US-Herrscherelite, und die Familie Baker hatte seit vier Generationen Verbindungen zum Rockefeller-Ölimperium sowie tiefe Verbindungen zur Familie Bush. Er wurde von Reagan mit dieser Aufgabe betraut, obwohl er sich zuvor im Wahlkampf gegen ihn gestellt hatte. Baker ist sich darüber im Klaren, dass der Dollar abwerten muss, zögert aber, sich mit Volckers pessimistischster Vorhersage auseinanderzusetzen, dass der Dollar den Alptraum des weltweiten Ausverkaufsrausches von 1978 wiederholen wird. Sollte dieses pessimistische Szenario eintreten, wäre Walker gezwungen, die Zinssätze anzuheben und den freien Fall des Dollars zu stoppen. Und Zinserhöhungen sind Bakers große Sorge, denn er hat aus Volckers anti-inflationärem Irrsinn kategorischer Zinserhöhungen gelernt, was einen weiteren wirtschaftlichen Holocaust bedeuten würde. Sein knallharter Bruder, Vizepräsident George W. Bush sen. hat beschlossen, 1988 für das Amt des Präsidenten zu kandidieren, und die Rezession wird die Aussichten von Bush sen. zerstören, während er auch sein politisches Leben beenden wird. Baker ist entschlossen, eine geordnete Abwertung des Dollars mit seinen eigenen Methoden zu erreichen.

Zu diesem Zweck schlug Baker ein zweistufiges Programm vor: zunächst die Einrichtung einer ähnlich erweiterten Version des Europäischen Wechselkursmechanismus (WKM), der den wichtigsten Währungen eine Schwankungsbreite von 10 bis 15 Prozent gegenüber dem Dollar erlauben würde, in der Hoffnung, dass dies die anderen

Länder zwingen würde, den Dollar zu verteidigen und einen möglichen Zusammenbruch zu vermeiden. Dann wurde ein Mechanismus zur Koordinierung der Wirtschaftspolitiken der einzelnen Länder geschaffen, um das Ungleichgewicht zwischen der US-Wirtschaft und Europa und Japan zu beseitigen. Mit anderen Worten: Baker hofft auf ein Währungssystem, das größer und komplexer ist als die Eurozone. Zentralbanker, die die Irrungen und Wirrungen der europäischen Währungsunion miterlebt haben, schütteln den Kopf, ganz zu schweigen von der Tatsache, dass Baker eine Weltwährungsunion schaffen will, die von den G5-Finanzministern geleitet und von Zentralbankern gespielt wird. Wie können sich die Zentralbanker dem Diktat des Finanzministers beugen, wenn die Wechselkurse der Länder gebunden sind, die Geldpolitik sich um sie drehen muss und die Zentralbanken sich dazu verpflichten müssen, die Zinspolitik den Wechselkursänderungen anzupassen?

Am 15. September 1985 ließ der mächtige Baker die Zentralbankgouverneure einfach abblitzen und berief eine geheime Sitzung der Finanzminister der fünf Länder ein, um den US-Vorschlag zu erörtern, der eine Woche später in das "Plaza-Abkommen" mündete. Dieses Abkommen enthält keine spezifischen Anforderungen an die Zentralbank; alles, was Baker will, ist die Tendenz zu einem abwertenden Dollar. Die Zentralbankgouverneure waren erleichtert. Infolgedessen hatte Bakers "Square Deal" selbst eine enorme Auswirkung auf die Märkte, da der Dollar eine Woche später gegenüber der Mark um 12% und gegenüber dem Yen um 8% abwertete, im Januar 1986 sogar um rund 20%.

Bakers Zuversicht wurde durch seinen anfänglichen Sieg gestärkt, und im Januar 1986 setzte er seine Bemühungen fort, Deutschland und Japan davon zu überzeugen, die Wirtschaft zu stimulieren und die Zinssätze gleichzeitig mit den Vereinigten Staaten zu senken, um die Gewinne aus der Abwertung des Dollars zu schützen. Bakers Idee ist es, dass alle gemeinsam die Zinsen senken, der Dollar nicht wieder ansteigt und die Wirtschaft davon profitiert. Der fiskalische Stimulus wiederum setzt darauf, dass Deutschland und Japan ihre Importe in die Vereinigten Staaten erhöhen und die US-Wirtschaft wieder ins Gleichgewicht bringen. Bakers Konjunkturpaket wurde auf der Stelle abgelehnt, und die Deutschen behaupteten, dass es uns keine Inflation aufzwinge, dass Deutschland eine hohe Arbeitslosigkeit von 9% tolerieren könne, aber dass die bitteren Lehren der Geschichte Deutschland dazu zwingen würden, niemals eine Inflation zu tolerieren.

Nachdem er gegen die Wand gefahren war, drehte sich Baker um und forderte Volcker auf, die Zinssätze zu senken, was Volcker rundweg ablehnte. Infolgedessen nutzte Baker den Wechsel zweier Fed-Gouverneure, um Bush Sr. "seine eigenen Leute" einzusetzen, wobei die Einstellungsbedingung lautete: "Wage es nicht, Nein zu Volcker zu sagen". Nach dem Wechsel war Reagan Bush Sr. gegenüber Volcker in der Fed in der Überzahl. Auf der Fed-Sitzung am 24. Februar 1986 wurde Volcker plötzlich "in die Enge getrieben". Die meisten Direktoren empfahlen, den Diskontsatz von 7,5% auf 7% zu senken. Volcker, der psychologisch überhaupt nicht vorbereitet war, stürzte überraschend aus der Tür, was das erste Mal in der Geschichte der Federal Reserve war, dass er einen "Coup" machte.[93] Baker ist ebenfalls überrascht über das Ausmaß der Kehrtwende. Er will Volcker nicht "abschaffen", sondern ihn durch "Ermahnung" zum Einlenken zwingen. Er wusste, dass Volckers Anteil an der Wall Street, wenn er an die Börse ginge, die Aktien- und Anleihemärkte am nächsten Tag zusammenbrechen würden, und andere Zentralbanken würden sich zurücklehnen und zusehen, wie der Dollar von der Klippe stürzt, und Baker wäre dann aus der Tasche. Baker musste einen Kompromiss eingehen, und obwohl Volcker nichts sagte, hasste er den "Staatsstreich" bis auf die Knochen.

Die Abwertung des Dollars nach dem "Square Deal" führte nicht zu einer sanften Landung der US-Wirtschaft, der Abwertungsdruck auf den Dollar nahm stark zu, und der von Volcker befürchtete Absturz des Dollars zeigte bereits deutliche Anzeichen: Daten aus dem zweiten Quartal 1986 zeigten, dass ausländische Zentralbanken keine US-Schulden mehr kauften und dass die privaten Kapitalzuflüsse aus dem Ausland zurückgingen. Die Renditen für langfristige US-Anleihen sind bereits in Alarmbereitschaft.

Baker wurde unruhig, die Deutschen waren weitaus schwieriger zu handhaben als die Japaner, die sich hartnäckig weigerten, sich auf eine fiskalische Stimulierung einzulassen, und Baker musste den Vereinigten Staaten anbieten, im Gegenzug das Haushaltsdefizit zu verringern, und die sturen Deutschen blieben ungerührt. Der US-Dollar stürzte in der dunklen Wolke der Marktabwertung stark ab und

---

[93] Steve Solomon, *The Confidence Game: How Unelected Central Bankers Are Governing the Changed World Economy*, Simon & Schuster, 1995, S. 309-310.

durchbrach infolgedessen den Schirm des "Europäischen Wechselkursmechanismus" (WKM), den Deutschland mühsam betrieben hat, deutsche Unternehmen, die mit der Dollarabwertung konfrontiert waren, gerieten in Panik, haben aufgehört zu investieren, die Dynamik des deutschen Wirtschaftswachstums brach sofort zusammen.

Die Deutschen hatten keine andere Wahl, als das "Louvre-Abkommen" vom Februar 1987 zu akzeptieren, in dem Baker verlangte, dass die Zinssätze auf das Niveau der Vereinigten Staaten gesenkt werden sollten, um ein Schutznetz gegen den freien Fall des Dollars zu bilden. Im Gegenzug versprach Baker natürlich, das Haushaltsdefizit der USA auf 2,3% des BSP zu senken. Volcker äußerte sich eher ablehnend zu Bakers Versprechen: "Sie hätten damals den Glauben verloren, weil Sie genau wussten, dass Sie dieses Ziel nicht erreichen konnten. Warum sagen Sie nicht eine zweideutige Zahl? "Baker gab dies privat zu, aber da Präsident Reagan öffentlich erklärte, er wolle das Ziel einer Defizitreduzierung von 2,3% erreichen, hätte er öffentlich nicht das Gegenteil behaupten können. Die USA haben dieses Versprechen natürlich nicht eingelöst, denn als es darum ging, es zu erklären, wollte Baker es nicht ernst nehmen. Zum "Louvre-Abkommen" war der britische Kommentar am treffendsten: "Das ist der direkte Nachkomme des 'Square Deal', als wir alle dachten, der Dollar sollte abgewertet werden, und jetzt sind wir uns alle einig, dass der Dollar Stabilität braucht".

Nach dem "Louvre-Abkommen" fiel der Dollar weiter, und die Zentralbanken setzten ihre Milch ein, um den Dollar vor dem Absturz zu bewahren, und bis September 1987 hatten die Länder satte 70 Milliarden Dollar verschlungen! Sie mussten sogar die Landeswährung drucken, um Dollar zu kaufen. Die Zentralbanken, die ihre Unabhängigkeit vor allem damit begründen, dass sie sich weigern, Geld für Staatsdefizite zu drucken, drucken in diesem Moment wie wild Geld für die Defizite der US-Regierung.

Selbst das konnte den weltweiten Börsenkrach von 1987, der durch den Zusammenbruch des Dollars ausgelöst wurde, nicht aufhalten.

Greenspan: Der letzte Retter der Finanzmärkte

Volcker verließ das Amt, weil der künftige Präsident Bush Sr. der Meinung war, man könne ihm nicht trauen. Im Juni 1987 bot Volcker wissentlich seinen Rücktritt an und verzichtete damit auf die Peinlichkeiten, die eine Wiederwahl mit sich bringen würde. Greenspan kam mit einer Rundheit ins Amt, die den Eindruck erweckte, er könnte gehorsamer sein als Volcker, die Wall Street mochte ihn, Washington akzeptierte ihn, und Greenspan war eher ein erfahrener Politiker als ein Erdfresser wie Volcker. Volcker trat sein Amt gerade rechtzeitig an, als der Dollar in einer großen Krise zusammenbrach, er gilt als souverän, Greenspan, der sein Amt antrat, traf erneut auf die außer Kontrolle geratene Dollarkrise, acht Jahre Geschichte beendeten gerade einen Zyklus, der Dollar stieg in jenem Jahr wild an und fällt jetzt wild herunter.

Baker stand bereits unter Schock, als er auf der Jahrestagung der Weltbank und des IWF am 30. September 1987 unerwartet die Verwendung von Rohstoffpreisen, einschließlich Gold, als Inflationsindikator vorschlug, um die Volatilität der Wechselkurse zu verringern, und viele im Wahlkampfteam von Bush sen. schlugen vor, die Monetarisierung von Gold zu überdenken. Wenn der Dollar aus dem Ruder läuft, werden die Vorteile eines festen Wechselkurses und einer starken Währung natürlich die Politiker auf den Plan rufen. Die Gouverneure der Zentralbanken waren noch bestürzter über die Äußerungen des Schatzkanzlers, der so weit ging, einen radikaleren "permanenten und anpassungsfähigen Wechselkursmechanismus" vorzuschlagen. Das Bretton-Woods-System, vertreten durch Gold, ist das Schatzamt als die Macht der zentralen Mechanismus, sind die Zentralbanken nur eine unterstützende Rolle, während der Europäische Wechselkursmechanismus (WKM) schrittweise über den Wechselkurs Macht an die Zentralbank übergeben, auf die Euro-Ära, ist die Europäische Zentralbank vollständige monetäre Zentralisierung, der britische Schatzkanzler Vorschlag ist der Weg von Bretton Woods, können die Zentralbanken nicht zustimmen?

Als der Bericht über das weit über den Erwartungen liegende US-Handelsdefizit veröffentlicht wurde, begannen sogar die Japaner, die mit dem US-Schuldenimperium am kooperativsten waren, hektisch US-Dollar-Anlagen zu verkaufen, und die Rendite der 30-jährigen US-Schatzpapiere dürfte die psychologische Marke von 10% durchbrechen. Zu diesem Zeitpunkt sind die Renditen von Staatsanleihen fast viermal so hoch wie die Renditen von Aktien!

Die größte Hoffnung für einen kühl kalkulierenden Baker besteht darin, dass andere Länder die Zinssätze senken und auf wirtschaftliche Anreize drängen, um dem Dollar etwas Luft zu verschaffen. Und die

USA mit bestenfalls unveränderten Zinssätzen, einer hoch verschuldeten Wirtschaft und einem stark aufgeblähten Aktienmarkt können den Anreiz einer Zinserhöhung nicht verkraften. Das störrische Deutschland bereitet Baker das größte Kopfzerbrechen, da es nicht bereit ist, die Wirtschaft anzukurbeln, aber die Zinsen zu erhöhen, und Baker sogar auf die Idee brachte, dass die Vereinigten Staaten "eine Rezession haben sollten", um das Problem des Ungleichgewichts zu lösen. Baker war so verärgert, dass er sich fast abwandte.

Am Sonntag, dem 18. Oktober 1987, sagte Baker, der sich viele Gedanken darüber machte, wie er die Deutschen zum Einlenken zwingen könnte, im nationalen Fernsehen versehentlich, dass die Vereinigten Staaten nicht "tatenlos zusehen würden, wie die Länder mit Handelsüberschüssen die Zinssätze anheben und die Hoffnungen auf ein weltweites Wirtschaftswachstum zunichte machen, und sie wollen erwarten, dass die Vereinigten Staaten diesem Beispiel folgen".[94] Dies wird vom Markt so interpretiert, dass das "Louvre-Abkommen" der Zusammenarbeit vor dem Scheitern steht, Deutschland und Japan die Zinsen anheben und die Vereinigten Staaten nicht nachziehen, dann wird der Dollar zwangsläufig den Absturz beschleunigen. Wer würde es in diesem Fall wagen, US-Schuldtitel zu halten? Die Leute stoßen US-Anleihen wie verrückt ab, die Renditen von US-Anleihen werden in die Höhe schießen und die Attraktivität von Aktienrenditen wird verschwinden!

Am Montag brach an der New Yorker Börse ein Börsensturm los, der zu einem der größten Abstürze der Geschichte führte. Der Dow Jones ist an einem Tag um 508,32 Punkte gefallen, ein Minus von 22,6 Prozent! Der Börsencrash ging um die ganze Welt: London, Frankfurt, Tokio, Sydney, Hongkong und Singapur erlitten starke Erschütterungen, die Aktien fielen um mehr als 10 Prozent. Der Börsencrash löste unter den Aktionären in den westlichen Ländern eine große Panik aus. Viele Millionäre verarmten über Nacht und Tausende von Menschen erlitten psychische Zusammenbrüche und stürzten sich in den Tod. Der Tag wurde von der Finanzwelt als "Schwarzer Montag" und von der New York Times als "der schlimmste Tag in der Geschichte der Wall Street" bezeichnet.

---

[94] Ebd.

Greenspan hatte sein Amt gerade erst angetreten, als er mit einer derartigen Krise konfrontiert wurde, und er wusste, dass ihn alle mit Volcker vergleichen würden, und die Zeit war gekommen, sich einen Namen zu machen! Er erklärte entschlossen: "In Erfüllung ihrer Rolle als Zentralbank und zur Unterstützung des ordnungsgemäßen Funktionierens der Wirtschaft und des Finanzsystems hat die Federal Reserve heute ihre Verpflichtung bekräftigt, die Liquidität im Finanzsystem zu gewährleisten. "Diese Aussage deutet darauf hin, dass die Zentralbank bereit ist, Gelddruckmaschinen einzusetzen, um den Aktienmarkt zu retten, eine Aussage, die impliziert, dass die Federal Reserve nicht nur der Kreditgeber der letzten Instanz für das Bankensystem ist, sondern auch der letzte Retter der Finanzmärkte wird.

Der Aktienmarkt hat die Panik vorübergehend stabilisiert, aber der Dollar wird weiter unter Druck geraten, da die Rettungsaktion der Fed dazu geführt hat, dass die lang- und kurzfristigen US-Zinsen im Gleichschritt gesunken sind, wodurch sich der Abstand zu den deutschen Zinsen vergrößert hat. Werden die Deutschen einspringen, um den Dollar und den Weltaktienmarkt zu retten, während die Welt ihre Aufmerksamkeit auf Deutschland richtet?

Am 22. Oktober trat die deutsche Zentralbank wie üblich zusammen. Gouverneur Ball gab den Ton für die Sitzung vor, indem er die bescheidene erste Bemerkung machte: "Baker ist in Schwierigkeiten geraten, wir haben nur reagiert". Die Ratsmitglieder analysierten dann langsam und methodisch die wirtschaftliche Situation in Deutschland und schenkten dem weltweiten Börsendesaster wenig Beachtung. Der deutsche Finanzminister Stoltenberg, der so besorgt war, dass er die Bedeutung der internationalen Zusammenarbeit betonte: "Es war falsch, die Zinssätze (vor dem Crash) zu erhöhen", war von dem weltweiten Börsencrash schockiert, und seine häufige Teilnahme an internationalen Konferenzen ließ ihn die Ängste anderer Länder nachempfinden. Aber Poe ist ungerührt, und er traut der Regierung nicht zu, den Markt zu bestimmen. Schließlich kündigte die Bundesbank an, dass sie die Zinsen nicht senken werde und deutete sogar eine Zinserhöhung unter bestimmten Umständen an.

Die Weltbörsen sind in Aufruhr, und Baker knirscht hasserfüllt mit den Zähnen, als er endlich von der felsenfesten Unabhängigkeit der Bundesbank erfährt! Selbst wenn der Himmel einstürzt, solange die Bundesbank das Gefühl hat, im Recht zu sein, kann niemand an ihrer

Entschlossenheit rütteln. Im Vergleich dazu kann Greenspan viel besser reden.

Am selben Tag löste die Erklärung der deutschen Zentralbank sofort einen neuen Absturz des Dollars aus und der europäische Wechselkursmechanismus geriet in eine Krise. Die Lage stabilisierte sich jedoch bald, und es stellte sich heraus, dass die Japaner den Markt mit einem überwältigenden Appetit auf 2 Mrd. Dollar pro Tag überschwemmten, während die US-Aktien abstürzten und der Dollar vorübergehend Unterstützung erhielt. Die Kluft zwischen den Zinssätzen für lang- und kurzfristige US-Anleihen und den internationalen Marktniveaus vergrößert sich jedoch immer noch, als ob über dem Dollarkurs immer ein hoch hängendes Schwert schwebt und die internationalen Spekulanten immer noch wie Geier über dem maroden Dollar kreisen. Theoretisch ist die Zentralbank nicht direkt für die Manipulation des Devisenmarktes zuständig, und als Verteidiger der Marktwirtschaft sollte Greenspan untätig zusehen, wie der Markt zwischen Short und Long kämpft. Die Vereinigten Staaten beschuldigen oft andere Länder, den Wechselkurs zu manipulieren, aber wenn es jemand wagt, sich auf den Kopf des Dollars zu stellen, wird die Fed nicht zögern, das Schlachtermesser zu ziehen.

Ende 1987, als sich die Dollarkrise immer weiter zuspitzte, beschloss Greenspan, einen "Dollar-Short-Hanging-War" zu starten. Der Totalangriff war für Montag, den 4. Januar 1988, geplant, während die Devisenhändler verschiedener Länder gerade an den Handelstisch zurückkehrten und sie damit überraschten. Diesmal organisierte Greenspan persönlich den Angriff, die japanische und die deutsche Zentralbank erklärten sich bereit, ihre Kräfte zu bündeln, und die Federal Reserve Bank of New York wurde zum Haupthändler. Die Herausforderung für Greenspan besteht darin, die Markterwartungen eines fallenden Dollars umzukehren. Der internationale Devisenmarkt hat ein tägliches Handelsvolumen von 64 Milliarden Dollar, und wenn die Zentralbanken hart gegen den Markt vorgehen, werden die Milliarden oder Dutzende von Milliarden Dollar an Interventionsgeldern bald vom Markt geschluckt werden. Greenspan wusste, dass auf dem Schlachtfeld des Devisenhandels die psychologische Kriegsführung der wichtigste Weg zum Sieg ist. Zum richtigen Zeitpunkt wurde ein hochkarätiger Schuss abgegeben, um die wichtigsten Dollar-Shorts mit dem Schwung eines Tarzans zu zerquetschen, was eine Umkehrung des sheeple-Effekts auslöste, und die so genannte Niederlage war wie ein Erdrutsch, und der Rest der Arbeit wird vom Markt automatisch gelöst werden.

Montag, 4. Januar, die asiatischen Märkte sind kurz vor der Eröffnung, kurz nach dem Feiertag der Devisenhändler sind noch in der Feiertagslethargie, ihre Gehirne auf dem Markt Richtung hat noch keine Zeit gehabt, um ein klares Urteil zu bilden, scheint der Dollar noch in der Schwäche des Rückgangs werden. Im Moment ist es noch Sonntagabend in New York, und die Devisenhändler bei der Federal Reserve Bank of New York beobachten die Bewegungen an den Überseemärkten genau, "wie das Tor einer Rennbahn, bevor es geöffnet wird, und die unruhigen Pferde spüren nervös jede Bewegung um sich herum, die ein Signal für sie wäre, zu galoppieren".

In Erwartung der offiziellen Markteröffnung riefen die Händler der Federal Reserve Bank of New York sofort die Banken Japans und anderer asiatischer Länder an, um sie um Notierungen zu bitten. Die asiatischen Devisenhändler waren erstaunt, sie erhielten fast nie eine direkte Notierung von den Devisenhändlern der Federal Reserve Bank of New York, und egal, wie hoch der Dollarpreis ist, sehen Sie die Ware! Dies deutet darauf hin, dass der heutige Markt ungewöhnlich ist und wahrscheinlich ein wichtiger Schritt der Zentralbanken sein wird, um ihre Kräfte zu bündeln. Das ist die Art von öffentlichkeitswirksamen Maßnahmen, die Greenspan als erstes ergreifen will, um den Markt zu schocken. Die Legeanordnungen der Fed nehmen zu und treiben den Dollar sowohl an den Devisentermingeschäften als auch am Kassamarkt zeitweise in die Höhe. Die großen Dollar-Shorts an den asiatischen Märkten spürten schnell, dass etwas im Busch war, und sie zogen sofort die Beine an und rannten um ihr Leben. Der Devisenmarkt in den kleinen und mittleren Kleinanlegern sind nicht sicher, nur um zu sehen, die kurze große ist der Rückzug, der Devisenmarkt zu einer Zeit, die Menschen umgedreht, Chaos. Unmittelbar danach begannen die großen Medien zu rennen, um die starke Rallye des Dollars in den Devisenmarkt zu berichten, weiter verstärkt Greenspan die Erwartung der psychologischen Schock des Marktes, die Schafe Wirkung sofort umgekehrt. Die europäischen und US-amerikanischen Märkte weiteten die Schlacht aus, und die Dollar-Shorts wurden in einem Blutbad getötet. In nur zwei Handelstagen, am Montag und Dienstag, wurden die Short-Aufträge auf dem internationalen Devisenmarkt für den Dollar nahezu ausgelöscht. Der Dollar legte gegenüber dem Yen um 8,3% zu und erholte sich innerhalb von zwei Tagen sogar um 10,4%

gegenüber der Yen-Marke. Der Aktienmarkt in New York stieg um 4%, während der Preis für 30-jährige US-Staatsanleihen zur gleichen Zeit stark anstieg.

Später enthüllte die Federal Reserve, dass Greenspan auf dem Devisenterminmarkt unter dem seltsamen Soldaten eine Art von "Innovation" ist. Greenspans Strategie, mit einem positiven Ergebnis und einem Überraschungssieg zu gewinnen, gepaart mit psychologischer Kriegsführung, öffentlicher Meinungsmache, Luftangriffen und einem Großangriff auf die asiatischen Märkte, war ein großer Erfolg im Krieg zur Verteidigung des Dollars. Der tatsächliche Geldbetrag, den die Zentralbanken tatsächlich in die Intervention steckten, war überraschend gering und belief sich auf insgesamt weniger als 4 Milliarden Dollar, wobei die Bank of Japan wahrscheinlich 1 Milliarde Dollar, die Bundesbank etwa 800 Millionen Dollar und die Federal Reserve nur 685 Millionen Dollar beisteuerten. Bei so geringen Kosten und einer so großen Wirkung kann man sagen, dass die Zentralbanken auf dem Devisenmarkt interveniert haben, eine beeindruckende Leistung. [95]

In dieser Schlacht zur Verteidigung des Dollars kommt Greenspans Überlegenheit gegenüber Volcker zum Vorschein. Greenspan einfach nicht brauchen, um die Zinsen zu erhöhen, um den Dollar zu schützen dumm Ansatz, sondern verwendet die Devisen-Termingeschäfte dieser strategischen Luftmacht, in den Dollar kurz hinter dem Bombardement, und in Devisen, Aktien, Anleihen mehrere große Schlachtfeld konzertierten Kampf, und erzielte eine kostengünstige hohe Ausbeute von seltsamen und gute Ergebnisse. Während Volcker den teuren, tödlichen Vietnamkrieg führte, kämpfte Greenspan im Golfkrieg mit Präzisionsschlägen und ohne Kontakt. Seitdem ist die strategische Taktik, um die Position des Dollars zu stärken, nicht mehr auf die traditionelle Zinserhöhung verlassen, aber in Devisen, Futures, Aktien, Anleihen, Rohstoffe, Medien, Rating-Agenturen, Ökonomen, geopolitischen, militärischen, diplomatischen und anderen Bereichen zur Durchführung eines hoch koordinierten "über die Grenze Krieg". im Mai 2011, wie die Welt im Allgemeinen Baisse auf den Dollar, lang auf Gold, die Vereinigten Staaten plötzlich

---

[95] Ebd.

eine neue Dollar-Verteidigung Krieg gestartet, verkörpert einmal mehr das Wesen dieser Strategie.

Aber Greenspans Dollar-Verteidigungskrieg legt auch ein größeres Problem offen, nämlich die Intervention der Zentralbank auf dem Devisenmarkt, oder ist es eine freie Marktwirtschaft? Die Zentralbank als Devisenmarkt-Schiedsrichter sollte beim Spiel der kurzen und langen Seiten der Mauer gewesen sein, um die Marktordnung aufrechtzuerhalten, aber jetzt ist sie eigentlich direkt neben dem Spielfeld und hält den Fußball direkt in das Tor der einen Seite.

Die so genannte Wechselkursmanipulation, Greenspan ist der erste Preis!

Die Informationsrevolution, warum ist das Leben kurz?

Von Reagan bis Bush Sr. beruhte das gesamte US-Wirtschaftswachstum der 1980er Jahre weitgehend auf der Ausweitung der Verschuldung. Aufgeblähte Vermögenswerte führen zu aufgeblähten Schulden, die letztlich von der Realwirtschaft finanziert werden. In einer Zeit, in der die Realwirtschaft nicht mehr für ausreichenden Cashflow sorgen kann und die Kreditaufnahme ausländischer Ersparnisse zu versiegen droht, wird das Platzen der Vermögensblase die hässlichen Verbindlichkeiten ans Licht bringen, die zuvor durch den Boom verdeckt wurden. Die Rezession wird dann zu einem unausweichlichen Feindbild.

Als der japanische Aktienmarkt 1990 zusammenbrach und die Wirtschaft in eine lang anhaltende Depression stürzte, wurde Amerikas wichtigste Quelle für ausländische Ersparnisse abgeschnitten. Deutschland war mit der nationalen Wiedervereinigung beschäftigt, wobei inländische Gelder in die ostdeutsche Region umgeleitet wurden, um die Wirtschaft wiederzubeleben, und konnte keine weiteren Ersparnisse exportieren. Für das amerikanische Schuldenimperium, das in hohem Maße auf ausländische Ersparnisse angewiesen ist, könnte dies eine Katastrophe bedeuten.

Das Wachstum der Verbindlichkeiten der US-Unternehmen hat das Wachstum der Sachanlagen wie Ausrüstungen und Fabriken bei weitem übertroffen, was zu einem Rückgang des Nettovermögens der Unternehmen von 94,5% des BSP im Jahr 1980 auf nur noch 74,3% im Jahr 1988 führte, da die durch die Sachanlagen erwirtschafteten

Gewinne nicht mehr in der Lage waren, die enormen Schulden zu tragen. Als die Vermögensblase platzte, verdoppelte sich der Druck zur Rückzahlung von Kapital und Zinsen der Unternehmensschulden. Der 200 Milliarden Dollar schwere Markt für Ramschanleihen ist in einen Winter des Liquiditätsverlustes gestürzt. Gewerbliche Immobilien sind in Schwierigkeiten, allgemeine Immobilien sind in Schwierigkeiten, und der Markt für hypothekarisch gesicherte Wertpapiere in Höhe von 1 Billionen Dollar ist in Gefahr, ausgelöscht zu werden. Überschuldete Verbraucher sind gezwungen, den Gürtel enger zu schnallen und die Rückzahlung ihrer Schulden zu beschleunigen. Immobilienschrumpfung, Verzögerungen bei Verbraucherkrediten, Zahlungsausfälle bei Unternehmensschulden, was zu einem gefährlichen Bankensystem führt, fast ein Viertel der Banken sind in der Todesfalle, sie kontrollieren 750 Milliarden Dollar an problematischen Vermögenswerten, so die nächtliche Warnung der Federal Reserve. Noch tödlicher ist, dass das Haushaltsdefizit der US-Regierung eine horrende Summe von 400 Milliarden Dollar erreicht hat, das sind 6,5 Prozent des BSP! Ein Industrieland, das einst unglaublich mächtig war, ist zu einem "Wirtschaftskranken" geworden, der allmählich seine Wettbewerbsfähigkeit auf dem Weltmarkt verliert; ein Industrieland, das einst der größte Kapitalexporteur der Welt war, ist zu einer "wirtschaftlichen Lähmung" geworden, die es schwierig macht, ohne ausländische Ersparnisse und Bluttransfusionen aus eigener Kraft zu leben; ein Mittelstandsparadies, das einst 99 Prozent der einfachen Leute die Hoffnung auf ein reiches Leben durch harte Arbeit gab, ist zu einem Paradies geworden, in dem nur 1 Prozent der Finanziers, die von Spekulation und Risiko profitieren, Privilegien haben.

Dies ist das vollständige Erbe des Übergangs des US-Schuldenimperiums zu einem schuldengetriebenen Wirtschaftswachstumsmodell ab den 1980er Jahren!

Greenspan steht vor der ersten Schuldenimplosion der Nachkriegszeit, und dies ist nur das Anfangsstadium der Entwicklung einer solchen Krise, ohne zu wissen, wie viel einfacher sie ist als die viel tiefere Schuldenkrise von 2008! Immerhin beträgt die Gesamtverschuldung der USA zu diesem Zeitpunkt nur 180 Prozent des BIP, viel weniger als die 300 Prozent im Jahr 1929 und die 350 Prozent im Jahr 2008.

Die einzige Möglichkeit, die Krise zu überwinden, besteht darin, die Schulden zu reduzieren, damit Unternehmen und Verbraucher sich wieder leicht verschulden können. Dennoch war die Rezession von 1990-1991 komplizierter und die Erholungsphase länger als bei anderen Nachkriegsrezessionen, und die Immobilienpreise von 1990 erholten sich erst zehn Jahre später allmählich. Der gesamte Wirtschaftsboom setzte erst Mitte der 1990er Jahre wieder ein.

Und die treibende Kraft hinter diesem Wirtschaftsboom ist das träumerische Zeitalter der Informationsrevolution.

Der wissenschaftliche und technologische Fortschritt der Menschheit braucht oft eine lange Zeit, um sich zu akkumulieren, und wenn technologische Durchbrüche in verstreuten Bereichen zu einem gemeinsamen Schwerpunkt konvergieren, kommt es zu einer plötzlichen Explosion der Produktivität. Das Gleiche gilt für die Explosion der Informationstechnologie. Nach dem Zweiten Weltkrieg öffnete die Entwicklung von Halbleitern den Vorhang der Informationsrevolution, die Erfindung des integrierten Schaltkreises im Jahr 1958, der Computer wurde zum Mittelpunkt der Informationsrevolution, Mikroprozessoren, Netzwerke, Satelliten, optische Fasern, Laser und andere Bereiche der technologischen Durchbrüche im Bereich der Kommunikation bildeten einen Konvergenzeffekt und legten den Grundstein für die Internet-Technologie. Als 1995 der erste grafische Browser, Netscape, erschien, war der erste Höhepunkt der Informationsrevolution mit einem Paukenschlag erreicht.

Dieser Prozess ist sehr ähnlich wie die Nachkriegszeit petrochemischen Industrie auf die Industrialisierung einen großen Schub, Öl-und Chemieindustrie in verschiedenen Bereichen jeweils angesammelt Jahrzehnte der Forschungsergebnisse, wenn Tausende von technologischen Durchbrüchen im Nahen Osten gefunden billiges Öl unter dem Konvergenzeffekt, sofort den Ausbruch der petrochemischen Industrie ausgelöst, grundsätzlich durch den Engpass der industriellen Energie und Rohstoffe zu brechen, wodurch die europäischen und amerikanischen Nachkriegszeit Wirtschaft 20 Jahre anhaltenden Wohlstand.

Die enormen Auswirkungen dieser beiden großen technologischen Revolutionen auf die Wirtschaftsleistung sind aus den Produktivitätsdaten der Vereinigten Staaten für mehr als 100 Jahre ersichtlich, wobei die Vereinigten Staaten während des 111-jährigen Zeitraums 1889-2000 drei Perioden hoher Produktivität erlebten: die erste, von 1917 bis 1927, mit einem Produktivitätsanstieg von 3,8

Prozent; die zweite, von 1948 bis 1973, mit einem Anstieg von 2,8 Prozent; und die dritte, von 1995 bis 2000, mit einem Anstieg von 2,4 Prozent. Der Abstand zwischen den drei Produktivitätsschüben, etwa 20 bis 25 Jahre, beträgt genau eine Generation. [96]

Sowohl die Petrochemie als auch die Informationstechnologie haben einen direkten und weitreichenden Einfluss auf alle Aspekte der menschlichen Gesellschaft gehabt. Die verschiedenen neuen Materialien, die durch die Petrochemie geschaffen wurden, haben fast alles verändert, was der Mensch anfassen kann, und die riesige Menge an Informationen, die durch die Informationstechnologie hervorgebracht wurde, hat dem menschlichen Gehirn eine nahezu unbegrenzte Erfahrung ermöglicht. Gemeinsam ist ihnen, dass sie die alten Versorgungsengpässe durchbrechen und eine Reihe neuer Industrien entstehen lassen, die in alle Ecken des traditionellen Bereichs vordringen und neue Produkte und Dienstleistungen schaffen, die von der Gesellschaft allgemein akzeptiert werden, die die Produktivität anderer Industrien erheblich steigern, wenn sie diese mit Rohstoffen, Ausrüstungen oder Dienstleistungen versorgen, und die ein sehr hohes Wachstum aufweisen, wenn sie neue Industrien bilden. Sie berühren die Nerven der Wirtschaft auf allen Ebenen, sie bringen Erfindungen in zahlreichen Bereichen von Wissenschaft und Technik hervor und haben einen dauerhaften und unumkehrbaren Einfluss auf die Lebensqualität der Menschen.

Worin liegt jedoch der Grund für eine so große Kluft zwischen dem anhaltenden Impuls der Petrochemie für den weltweiten Wohlstand über volle 20 Jahre und dem bemerkenswerten Beitrag der Informationstechnologie zum Wirtschaftswachstum, der nur fünf Jahre gedauert zu haben scheint?

Der Grund dafür ist eine Veränderung im Muster des Wirtschaftswachstums! Während der zwei Jahrzehnte des Wirtschaftsbooms der Nachkriegszeit hielt die Weltwirtschaft im Rahmen des Bretton-Woods-Systems ein stabiles Wechselkurssystem und den inneren Wert des Geldes aufrecht, und die treibende Kraft der wirtschaftlichen Entwicklung in allen Ländern beruhte auf realen

---

[96] Laurence H. Meyer, *A Term At the Fed: An Insider's View*, Harper Business, 2004, Kapitel 9.

inländischen Ersparnissen und einem relativen Gleichgewicht zwischen Investitionen und Konsum. Der "finanzielle heterogene Raum", der durch das riesige Kapital ohne Grenzen geschaffen wurde, ist noch klein, und die Macht des spekulativen Kapitals ist noch nicht vorhanden. Investitionen sind ein praktischer Beitrag zur Schaffung von Erfindungen, zur Verbesserung der Technologie, zur Einsparung von Rohstoffen und zur Verringerung des Energieverbrauchs, und der wirtschaftliche Wohlstand beruht auf dem stetigen Wachstum der Realwirtschaft. Dieses Modell des investitionsgetriebenen Wirtschaftswachstums schafft in einem stabilen monetären Umfeld einen bedeutenden und realen gesellschaftlichen Wohlstand. Im Rahmen eines relativ gerechten Mechanismus zur Verteilung des gesellschaftlichen Reichtums können Arme und Reiche, die herrschende Elite und die Mittelschicht die Früchte des Wirtschaftswachstums teilen, was zu einer sozial ausgewogenen Produktion und einem sozial ausgewogenen Verbrauch führt, der es ermöglicht, den wirtschaftlichen Wohlstand auf Dauer zu erhalten. Diesem Umstand ist es zu verdanken, dass die 20 Jahre andauernde Expansion der petrochemischen Industrie dem wirtschaftlichen Wohlstand der Industrie einen nachhaltigen Impuls verliehen hat.

Nach 1980 leiteten die Vereinigten Staaten und das Vereinigte Königreich einen Paradigmenwechsel im Wirtschaftswachstum ein, bei dem das investitionsgetriebene Modell einer gesunden Entwicklung durch ein fragiles, schuldengetriebenes Wachstumsmodell ersetzt wurde. Die anhaltende Überholung des US-Dollars in den 1980er Jahren schuf einen noch nie dagewesenen "finanziellen heterogenen Raum", in dem eine Gruppe gieriger und riesiger Finanzmonster mit einem übergroßen Hunger nach Profit und normalen Erträgen aus der Realwirtschaft ihren rasch wachsenden Appetit auf Selbstinflation einfach nicht stillen konnte. Sie erzeugen Geld in alarmierendem Tempo, ersetzen Sachwerte durch riesige Blasen und rauben der Gesellschaft mit hohem Leverage den Wohlstand. Sie unterbrechen den normalen Wachstumszyklus der Industrie, sie setzen "Finanzhormone" ein, um die Früchte der Technologie zu produzieren, die noch nicht reif sind, sie missachten die wirtschaftliche Logik des koordinierten Wachstums der Industrie, ihr Schlüssel zum Geldverdienen ist, dass alles schneller, schneller und schneller sein muss.

Das Unglück der Informationstechnologie besteht darin, daß sie in einem Stadium, in dem sie noch lange nicht ausgereift ist, auf eine rasende Überinvestition von Kapital gestoßen ist, und während die

Informationstechnologie noch allmählich in andere Industrien vordringt und noch keine nennenswerten Gewinne erzielt hat, hat sie in ihrer eigenen Industriekette einen schwerwiegenden Überschuß gebildet, der keine ausreichenden Erträge bringen kann. Die Überinvestitionen haben zu einer irreparablen Verschwendung von Ersparnissen geführt, und das Platzen der Blase hat den Ruhm der Informationsrevolution überschattet. Die negativen Auswirkungen des Ausreißens der Saat haben die guten Aussichten des Informationszeitalters um mehr als 10 Jahre zurückgeworfen.

Nach dem Zusammenbruch der NASDAQ im Jahr 2000 löste das US-Schuldenimperium eine noch größere Immobilienblase und eine Finanzkrise aus, die weitaus größer war als die Schuldenblase von 1990-1991, und verschob den Aufschwung der Informationsrevolution in eine noch fernere Zukunft.

Die Wirtschaft wird wachsen, und die technologische Revolution wird sich wie ein Lauffeuer verbreiten. Doch bei einem schuldengetriebenen Wachstumsmodell wird auch der nächste Boom nur ein kurzes Aufflackern sein!

KAPITEL VIII

Der Drache bereut es, China Model 3.0 Upgrade

In den 30 Jahren vor der Reform und Öffnung folgte Chinas Industrialisierung dem Weg der Sowjetunion, der Ära des "China-Modells 1.0". China hat die Planwirtschaft der Sowjetunion sehr ernsthaft studiert, aber weil die Grundlagen zu schlecht waren, die Gehirne der Menschen zu aktiv waren und die Qualität der Bevölkerung nicht den Anforderungen einer strikten Planwirtschaft entsprach, war sie am Ende nicht so starr, dass sie unveränderlich war. Infolgedessen wurde der sowjetische Herrscher von starr zu zombiehaft.

Nach der Reform und Öffnung empfanden Chinas intellektuelle Eliten den Westen plötzlich als die Welt der Glückseligkeit, in der alle Ideen so neu, alle Produkte so fortschrittlich, alle Systeme so vernünftig und alle Kulturen so modisch und trendy waren, dass sie bedauerten, rückständig gewesen zu sein, weil sie den falschen Meister verehrt hatten. Jetzt, da die Tür offen ist, sind sie entschlossen, den Westen als Lehrmeister zu nehmen, insbesondere das amerikanische Modell als das ultimative "andere Ufer", und mit der Erforschung des sensationellen "China-Modells 2.0" zu beginnen. Sie zögern nicht, sich in die tiefen, angeschwollenen Gewässer der Globalisierung zu stürzen und hart auf die "andere Seite" zu schwimmen. Je näher man der anderen Seite kommt, desto aufgeregter wird man, als würden alle Schwierigkeiten automatisch verschwinden, wenn man dieses neue Land erreicht.

Plötzlich überschwemmte der Finanz-Tsunami von 2008 die "andere Seite", und auch der amerikanische Meister fiel ins Wasser und hatte zu kämpfen. Nachdem die Flut zurückgegangen war, füllte sich die Occupy Wall Street mit Demonstranten der anderen Seite. Was war zu tun? Die intellektuelle Elite zögerte, und einige bestanden darauf, weiter auf die "andere Seite" zu schwimmen und sich vorzustellen, dass, wenn sie dort ankommen, alles wieder perfekt sein würde. Immer mehr

Menschen haben begonnen, rückwärts zu schwimmen und entdeckt, dass es besser ist, zum Ufer zurückzukehren, und sie haben nach und nach die Leuchttürme nationaler und ethnischer Interessen in der tückischen Flut der Globalisierung ausgemacht und sind entschlossen, eine neue Entdeckungsreise zu unternehmen.

Als die beiden Herren, die Sowjetunion und die Vereinigten Staaten, zu Boden gingen, sah sich der fleißige Student Chinas plötzlich mit dem Verlust und der Angst konfrontiert, den Weg nach vorne zu verlieren. In den vergangenen 170 Jahren war China ein gewöhnlicher Student, der nie darauf vorbereitet war, Mr. Thought zu werden. Doch die Realität hat China an die Spitze der Weltströmung gedrängt: Die USA stecken in der Rezession, Europa in der Schuldenkrise, und Asiens Handelspartner starren alle auf Chinas Geldsäcke und zählen darauf, dass China seine Konjunkturpolitik wieder in Gang bringt und die Welt vor Feuer und Wasser rettet.

Diesmal wird Chinas Wahl des Weges die wirtschaftliche Landkarte der Welt beeinflussen! Chinas Modell, das die Aufmerksamkeit aller Nationen auf sich ziehen wird, besteht darin, dass Chinas Schicksal zum ersten Mal in der jüngeren Geschichte untrennbar mit dem der Welt verbunden ist!

Die Geschichte könnte Chinas Entscheidung als "China-Modell 3.0" bezeichnen.

"Schwieriger Start für den Wurf"

Der Ursprung dessen, was der Westen das 30-jährige "chinesische Wunder" nennt, ist in Wirklichkeit eine stark gealterte und anfällige industrielle Basis.

Die Gewinne aus der Verbreitung industrialisierter Technologien, die China in den 1950er Jahren rasch an das Weltniveau herangeführt hatten, sind in den folgenden zwei Jahrzehnten inmitten von altem Kapital und politischen Unruhen weitgehend stagniert. Anstatt sich zu verbessern, hat sich die enorme Diskrepanz zwischen Akkumulation und Konsum, die das Ergebnis eines gravierenden Ungleichgewichts zwischen Schwer-, Leicht- und Agrarindustrie ist, weiter verschärft. Chinas Industrialisierung hat nach dem "wirtschaftlichen Exil" der Vereinigten Staaten und ihrer Feindseligkeit gegenüber der Sowjetunion den Zugang zu billiger und schneller technologischer Diffusion verloren. Mit nur 30 Jahren eigener technologischer

Akkumulation ist es für die Chinesen, egal wie klug und fleißig sie in einem geschlossenen Umfeld sind, unmöglich, den Rückstand von 200 Jahren industrialisierter Sedimentation im Westen aufzuholen. Dieser Rückstand spiegelt sich nicht nur in der industriellen Technologie selbst wider, sondern vor allem im gesamten industriellen System, dem ein Pool von Humanressourcen, Produktionsorganisation, Infrastruktur, Ausrüstungsherstellung, Rohstoff- und Energieversorgung, aber auch Finanzinstitutionen, Kapitalmärkte, Rechtsnormen, Forschung und Innovation, Bildung und Ausbildung, Gesundheitsfürsorge, an die industrielle Wirtschaft angepasste Sozialsysteme und vor allem die landwirtschaftliche Basis entsprechen. Ohne die Garantien eines integrierten Systems fehlt der Industrialisierung im Alleingang, wie z.B. der Stahlerzeugung, ohne Berücksichtigung der Koordinierung anderer Industrien, nicht nur die Dynamik, sondern sie hat auch unendliche Folgen. Der Rückschlag bei der Industrialisierung in den Schwellenländern besteht oft darin, nur die Industrie selbst zu sehen und nicht das komplette soziale Dienstleistungssystem, das dahinter benötigt wird, und dann, nachdem die Wirtschaft "gegen die Wand gefahren" ist, muss sie wieder umkehren und den Rückstand aufholen.

Zu Beginn der Reform- und Öffnungspolitik war der größte Engpass, der die Industrialisierung behinderte, die Landwirtschaft. Achtzig Prozent der Bevölkerung Chinas sind Landwirte, die nicht nur die Nahrungsmittel für sich selbst und die Stadtbevölkerung liefern müssen, sondern auch die wichtigsten Rohstoffe für die Leichtindustrie vor dem Durchbruch der Petrochemie. Diese beiden Berge, die auf der Landwirtschaft lasten, sind bereits überwältigend, und wenn die Akkumulationsquote mehr als 25% erreicht, wird die Agrarwirtschaft erstickt und die Industrialisierung gelähmt. In den zehn Jahren nach 1970 lag die Akkumulationsrate jedes Jahr über 30 Prozent, und 1978, als der "ausländische Sprung nach vorn" erneut eingeleitet wurde, erreichte die Akkumulationsrate 36,5 Prozent, was dem Niveau des dreijährigen großen Sprungs nach vorn (39 Prozent) nahekommt!

Die so genannte Akkumulation sind die "Hasen"-Ressourcen, die in der Geschichte des Jägers in die Herstellung von Pfeil und Bogen investiert werden, und wenn dieser Prozentsatz zu hoch ist, zwingt der Mangel an Ersparnissen den Jäger dazu, mit leerem Magen zu arbeiten. Und die chinesische Wirtschaft, insbesondere die ländliche, befindet sich seit 1957 in einem Zustand starker Überschuldung. Darüber hinaus haben die Überinvestitionen dazu beigetragen, dass nicht genügend ländliche Ersparnisse im Austausch für industrielle Konsumgüter vorhanden sind, was die Verbesserung der Lebensqualität und den Wohlstand auf dem Markt stark beeinträchtigt hat. In Verbindung mit einem verzerrten Preissystem ist es für die Landwirte unmöglich, einen angemessenen Ausgleich für die Früchte ihrer Arbeit in Form von Konsumgütern zu erhalten, was ihren Produktionsanreiz stark verringert.

Die Wiederbelebung der Landwirtschaft ist ein Test auf Leben und Tod für den Erfolg von Chinas Reform und Öffnung!

Um die langjährige Verschuldung der Landwirtschaft zu beseitigen, begann die Regierung 1979 damit, die Ankaufspreise für 18 Arten von landwirtschaftlichen Erzeugnissen um 30,5 Prozent für Getreide, 25 Prozent für Baumwolle und 38,7 Prozent für Öle und Fette anzuheben, und erhöhte im selben Jahr die Preise für acht Arten von Lebensmitteln, darunter Vieh, Wasserprodukte und Gemüse. In den sechs Jahren seither sind die Einkaufspreise für landwirtschaftliche Erzeugnisse fast jedes Jahr gestiegen und die Einkommen der Landwirte haben einen historischen Aufschwung erlebt. Gleichzeitig wurde die Reform der ländlichen Wirtschaft, in deren Mittelpunkt das Familienunternehmen steht, offiziell eingeleitet, und die Landwirte erhielten das Recht, ihr Land zu bewirtschaften und ihre landwirtschaftlichen Erzeugnisse autonom zu vermarkten. Die Politik der "Garantie für den Staat, genug für das Kollektiv und den Rest für sich selbst" hat eine große Versuchung für die Bauern geschaffen, deren Begeisterung für die Produktion vollständig freigesetzt wurde, die landwirtschaftliche Produktion hat weiter zugenommen, und ihr Nettoeinkommen wurde schnell erhöht. Der Bann der Mangelwirtschaft wurde durch die rasch wachsende ländliche Verbrauchskapazität gebrochen, die den Aufschwung der Leichtindustrie stark stimulierte, und der Markt wurde immer besser versorgt.

Die rasante Dynamik des "ausländischen Aufschwungs", die 1978 begann, wurde 1981 endgültig gebremst. Die Investitionen in der Schwerindustrie wurden zurückgefahren, und die wirtschaftlichen Ressourcen begannen sich stark auf die Landwirtschaft und die Leichtindustrie zu verlagern, wobei der kumulierte Anteil unter 30% fiel. Bis 1984 wurden die Verhältnisse zwischen Schwerindustrie, Leichtindustrie und Landwirtschaft allmählich angeglichen, und Chinas Wirtschaft befand sich auf dem besten Stand seit der Reform und Öffnung. Der erste Schritt der Reform bestand darin, die Landwirte direkt an den Vorteilen teilhaben zu lassen. Angetrieben durch das Wachstum der Landwirtschaft kam die Leichtindustrie in Schwung, der ländliche Raum florierte gemeinsam mit den Städten, und Reformen, die den Menschen echte und greifbare Vorteile brachten, gewannen die Herzen und Köpfe der Menschen.

In einer Zeit, in der sich die Lage verbesserte, kam der chronische "Investitionshunger und -durst" der Schwerindustrie wieder zum Vorschein, und die Anlageinvestitionen in Universaleigentum stiegen 1984 auf 21,8% und 1985 auf 39,3%, wobei die Investitionen in Kollektiveigentum noch dramatischer zunahmen. In der Euphorie des Produktions- und Absatzbooms wurden die Lohnprämien für die Industrieunternehmen allmählich abgebaut, die Bankkredite liefen allmählich aus dem Ruder, und im vierten Quartal 1984 stieg das Kreditvolumen im Vergleich zum Vorjahr um 164%, und die Prämien verdoppelten sich! Der politische Ausgleich für die seit langem bestehenden Defizite in der Landwirtschaft hat dazu geführt, dass die Einkommen der Landwirte schneller gestiegen sind als die landwirtschaftliche Produktion. Mehrere Faktoren führen dazu, dass die Summe aus Akkumulation und Konsum das Volkseinkommen übersteigt, und das Haushaltsdefizit wird zu einem großen Problem. Die hohen Defizite führten zu einer starken Überemission von Devisen, die zwischen 1983 und 1988 um das 2,5- bis 3-fache anstieg! Dies führte unmittelbar zu einer zweistelligen Inflation im Jahr 1988.

Inflationsbekämpfung oder Preisliberalisierung? Das ist eine brisante Frage.

Im Falle einer ernsthaften Währungsüberschreitung ist die Liberalisierung der Preise, die wie die Menschen, die durch zweistellige Preiserhöhungen erschreckt wurden, den "Schlachtruf" der Bankeinlagen und den wahnsinnigen Ansturm auf die Waren blies!

Inflation, wann und wo auch immer sie auftritt, ist immer der Todfeind der wahren Produktivität.

Was ist die Währung? Geld ist ein Vertrag über gesellschaftlichen Reichtum! Die Menschen glauben, dass sie in der Zukunft, wenn sie es brauchen, diesen Vertrag gegen Produkte oder Dienstleistungen desselben Wertes eintauschen können, und sie glauben, dass die "Gegenparteien", die sich noch nie auf dem Markt getroffen haben, nicht ausfallen werden, und dass die Währung, der Vertrag über den Wohlstand, Zehntausende von Marktteilnehmern im Rahmen von "einander nicht kennen, aber einander vertrauen" halten wird. Eine stabile Währung, die die Transaktionskosten in der Gesellschaft senkt, fördert die soziale Arbeitsteilung und stimuliert die Schaffung von

Wohlstand. Den Wert des Geldes zu untergraben, bedeutet, die Integrität des Wohlstandsvertrages zu untergraben, und ist gleichbedeutend mit der Demontage der Grundlage des gegenseitigen Vertrauens in der Gesellschaft! Die Abwertung der Währung wird letztendlich die Transaktionskosten auf dem Markt erhöhen und die Schaffung von Wohlstand beeinträchtigen.

Inflation, die das Geld in ein Betrugsinstrument verwandelt, in eine Urkunde des Reichtums, in einen Gutschein für uneinbringliche Forderungen. Wer auf dem Markt betrügt, wird nur noch mehr betrügen, der Wind des guten Glaubens wird sich verziehen, die Spekulation wird die Oberhand gewinnen, langfristige Planung wird durch kurzfristiges Verhalten ersetzt, vorsichtiges Sparen wird durch unkontrollierte Überziehung ersetzt. Die vorherrschende Ungestümtheit der Gesellschaft ist die unvermeidliche Folge der Inflation.

Jede Gesellschaft, die fair und ehrlich ist, sollte keine Inflation dulden! Wer auch immer, unter welchem Vorwand auch immer, die Inflation befürwortet, ist ein Zerstörer des ehrlichen Geldes und ein Fußabtreter des moralischen Grundgedankens des Geldes.

In dieser Hinsicht kann die "Hartnäckigkeit und Sturheit" der deutschen Zentralbank gegen die Inflation, auch wenn sie nicht perfekt ist, ein Modell für alle Länder sein.

Viele Menschen gehen davon aus, dass die wirtschaftliche Entwicklung Chinas zwangsläufig mit einer Inflation einhergeht, weil die Wirtschaft immer stärker monetarisiert wird, aber das ist keineswegs eine logische Erklärung. Was früher kein Geld wollte, kam auf den Markt, und während es die Nachfrage nach Geld schuf, erhöhte es auch das Angebot an Rohstoffen, und dieser passende Monetarisierungsprozess sollte den Handelspreis anderer Rohstoffe nicht beeinflussen. Das Phänomen der monetären Überziehung ergibt sich hauptsächlich aus der Monetarisierung von Haushaltsdefiziten und der Monetarisierung von aufgeblähten Finanzanlagen.

Die Hauptursache für die schwere Inflation von 1988 war das Haushaltsdefizit. Und das Haushaltsdefizit ist auf das uralte Problem der Ineffizienz, der Verschwendung und der Doppelarbeit im Bauwesen zurückzuführen. China scheint in einen seltsamen Kreislauf geraten zu sein: Immer dann, wenn das Streben nach einer rasanten Entwicklung die Koordinierung der Wirtschaft gefährdet, wird der Wunsch nach Geschwindigkeit nicht erfüllt. Und wenn der Wunsch nach Wachstum reduziert wird, wächst die Wirtschaft gesünder und schneller. Dies kann nur das Problem verdeutlichen, dass Industriegesellschaften hochkomplex sind und die kognitiven Grenzen derjenigen, die die Wirtschaft planen, überschreiten. Das ständige "Hin und Her" von wirtschaftlicher Überhitzung und Notkühlung verdeutlicht immer wieder die unüberwindbaren Widersprüche des alten Systems.

Es gibt eine klassische Zeile aus dem Film Jurassic Park: "Life Finds a Way! "Gerade als die Reform des Wirtschaftssystems der Stadt in einem Sumpf steckte und durchgeschleppt werden musste, begann ein neuer, bisher unbemerkter Lichtblick auf dem Bildschirm von Chinas Wirtschaftsradar leise immer heller zu leuchten.

Chinas Rakete der ersten Stufe des wirtschaftlichen Aufschwungs - die Industrialisierung des ländlichen Raums

Wenn Chinas explosives Wirtschaftswachstum während der 30 Jahre der Reform und Öffnung von einer zweistufigen Rakete angetrieben wurde, so hat die ländliche Industrialisierung die schwere Last der ersten Stufe übernommen.

In den frühen 1980er Jahren erwarb die Agrarwirtschaft eine seltene Kapitalakkumulation im Rahmen einer Politik der Neigung der wirtschaftlichen Ressourcen des Landes; in den 1950er Jahren begann Chinas Industrialisierung mit sowjetischer Technologie und Kapitaleinsatz, während in den 1980er Jahren die ländliche Industrialisierung mit der Ausbreitung der städtischen Industrialisierung begann. Die Industrialisierung des ländlichen Raums ist eine in den 200 Jahren der Industriellen Revolution noch nie dagewesene Initiative in der Welt. Chinas ländlicher Raum ist sowohl ein Land mit großer Bevölkerung und großer Armut als auch ein magischer Ort mit großer Vitalität und explosivem Potenzial. Die chinesische Revolution begann auf dem Land und entwickelte sich schließlich zu einem Präriefeuer, mit der Strategie "die Städte mit dem Land zu umzingeln und schließlich die Macht zu ergreifen", eine Strategie, die sich der Westen nicht hätte vorstellen können, die aber in China sehr erfolgreich war.

In Wirklichkeit beruht alles auf der einfachen und tiefgreifenden Tatsache, dass die Mehrheit der chinesischen Bevölkerung auf dem Land lebt und Chinas Schicksal unweigerlich mit dem Land verbunden ist. In der Antike gab es keinen dynastischen Wechsel ohne bewaffnete

Rebellion mit bäuerlicher Beteiligung; in jüngster Zeit konnte es keine vollständige Revolution ohne bäuerliche Beteiligung geben; und im wirtschaftlichen Aufbau bedeutet Entwicklung ohne wesentliche Vorteile für die meisten Bauern ein schwaches und nicht nachhaltiges Wachstum. Wenn man das Land ignoriert, wird es zu einem unüberwindbaren Hindernis für die Entwicklung; wenn man sich auf das Land konzentriert, wird es zu einer unaufhaltsamen Kraftquelle. Die Wurzeln der Entwicklung Chinas liegen auf dem Lande, und die Quelle der Stärke Chinas liegt ebenfalls auf dem Lande. Dieser einfache "Weg" ist auch die Initialzündung für Chinas wirtschaftlichen Aufschwung.

Da die Planwirtschaft nicht in der Lage war, die hohe Komplexität der industriellen Wirtschaft tiefgreifend, gründlich und umfassend zu verstehen, wies sie stets strukturelle Irrationalitäten in ihrer Planung auf, die durch die inhärenten Widersprüche in den Institutionen und Mechanismen noch verstärkt wurden und es der staatlichen Industrie ermöglichten, nur die "großen Städte und Verkehrsachsen" auf dem Markt zu besetzen, während im Hinterland des Marktes große Leerstände zurückblieben, was zum Phänomen der so genannten "Mangelwirtschaft" führte.

Als auf dem Land eine bescheidene Kapitalakkumulation einsetzte, entstanden ländliche Unternehmen mit flexiblen Mechanismen und einem ausgeprägten Sinn für den Markt. Sie nutzten gebrauchte Ausrüstungen, die von der städtischen Industrie ausgemustert wurden, staatliche Unternehmen, die in den Ruhestand gingen, aber immer noch reich an "Restwärme"-Technikern waren, und nahmen die riesige Lücke auf dem Verbrauchermarkt ins Visier, indem sie schnell Produktionsmaschinen in Betrieb nahmen, die mit niedrigen Preisen und minderwertigen Produkten schnell einen Teil des Marktanteils der Verbrauchsgüter eroberten.

Diese Unternehmen sind groß, Hunderte von Menschen, klein, ein paar Leute, die meisten des Anlagevermögens sind nur Zehntausende oder Hunderttausende von Yuan, in der orthodoxen Wirtschaftsstatistik, sie sind nur die gleiche Größe wie einzelne Haushalte, kann die "Guerilla" in der Marktwirtschaft genannt werden. Sie sind qualitativ minderwertig, schlecht ausgestattet, schwach finanziert, zahlenmäßig klein, und es fehlen sogar Bankkredite für die "Luftwaffenunterstützung", verglichen mit der "nationalen Armee" der staatlichen Industrien, einfach schäbig bis unattraktiv. Doch das Spektakel stürzte ab, die titelgebende "nationale Armee" kann die "Guerilla" nicht wirklich schlagen, Millionen von

Gemeindeunternehmen in die Haltung von Ameisen und Soldaten, in allen Bereichen des Marktes, allmählich in die "nationale Armee" Umsatzanteil zu essen. Die Baustoff-, Metallurgie-, Weinbau-, Bekleidungs-, Textil-, Chemie- und andere Industrien, die auf dem Markt stark nachgefragt werden, stehen in voller Blüte und bilden allmählich eine nicht zu übersehende Kraft in Chinas Wirtschaftssektor.

Der wichtigste Schlüssel zum Sieg für die "Guerilla" ist "strategische und taktische Flexibilität". Strategisch gesehen betritt die "Guerilla" das Feld der kleinen Investitionen, der schnellen Ergebnisse, der hohen Rendite, eines gewissen Ressourcenvorteils, der starken Nachfrage auf dem Produktmarkt. In taktischer Hinsicht hat sich das Management der "Guerilla"-Operation als sehr flexibel, praktisch und effizient erwiesen, so dass der Betreiber in der Lage ist, rechtzeitig Entscheidungen in Übereinstimmung mit dem Markt zu treffen. Auch die interne Struktur und der Personalbestand der Unternehmen werden entsprechend dem tatsächlichen Bedarf festgelegt; es gibt keine Beschränkungen hinsichtlich der Personalausstattung und der Einstellungsziele; Kader können auf- und absteigen, Arbeiter können ein- und ausgehen. Im Beschäftigungssystem gibt es in der Regel Vertragsarbeiter, Zeitarbeiter und Leiharbeiter, mit einer kleinen Anzahl unproduktiver Mitarbeiter. Wenn sie einen guten Job machen, bleiben sie, wenn nicht, gehen sie nach Hause. Die Unternehmen können sich ihre Mitarbeiter aussuchen, und die Mitarbeiter können sich die Unternehmen aussuchen. Was das Verteilungssystem anbelangt, so werden die Löhne im Allgemeinen von den Unternehmen selbst festgelegt, wobei die meisten Löhne an die Produktion und die Effizienz gekoppelt sind; die Höhe der Löhne schwankt je nach Höhe des Beitrags und der Rentabilität des Unternehmens; die Vergütung kann hoch und niedrig sein; das Einkommen der Arbeitnehmer liegt in einer anderen Klasse; je mehr man arbeitet, desto mehr bekommt man; und die Konzentration auf die Effizienz mobilisiert die Motivation der Arbeitnehmer vollständig. Noch wichtiger ist, dass sich die "Guerilla" auf die starke Unterstützung der lokalen Gemeinschaft, ausreichende Landressourcen, niedrige Arbeitskosten und die lokale Regierung stützt, um eine Interessengemeinschaft zu bilden, die eine solide "Basis" bildet, angreifen kann, den Rückzug verteidigen kann und einen großen Handlungsspielraum hat.

In den rund 16 Jahren von 1980 bis 1996 hat die ländliche Industrialisierung erstaunliche 130 Millionen Arbeitsplätze geschaffen, die ein Drittel der landwirtschaftlichen Arbeitsplätze und die Hälfte der überschüssigen landwirtschaftlichen Arbeitskräfte ausmachen, mit Ausfuhren von 60,8 Milliarden Yuan und einer Gesamtproduktion von 1,8 Billionen Yuan! Zwischen 1980 und 1988 stieg der Anteil der Marktversorgungskapazität für Leichtindustrieprodukte auf nationaler Ebene, wobei der Beitrag der Township-Unternehmen 32% ausmachte; 1988 betrug der Anteil der Township-Unternehmen an der Produktion der wichtigsten Konsumgüter 45,5%, der Anteil der Seidenstoffe 68,7% und der Anteil von Nylonsamt 52,1%. Im Jahr 1997 machten die von den Gemeindebetrieben gezahlten Steuern 17,7% der gesamten Steuereinnahmen des Landes und 35,8% der lokalen Steuereinnahmen aus. Dort, wo die ländliche Industrialisierung fortgeschritten ist, sind auch die lokalen Einnahmen besser. Neben ihrem Beitrag zu den Steuereinnahmen haben die Gemeindebetriebe auch die wichtige Aufgabe der Subventionierung und des Aufbaus der Landwirtschaft mit Arbeit übernommen und die Entwicklung der lokalen Landwirtschaft finanziell unterstützt; von 1978 bis 1997 haben die Gemeindebetriebe die Landwirtschaft mit Arbeit aufgebaut und die Landwirtschaft mit 73,66 Milliarden Yuan subventioniert, und die ländliche Industrialisierung hat eine enorme Rolle bei der Unterstützung der Landwirtschaft gespielt.

In der Hochphase der ländlichen Industrialisierung stammt etwa ein Drittel des Einkommens der Landwirte aus den Gemeindebetrieben. In dieser Zeit verdoppelte sich das Einkommen der Landwirte fast alle fünf Jahre, und ihr Beitrag zum BIP erreichte mehr als 50%, womit sie zu einem bestimmten Zeitpunkt die Hälfte der chinesischen Wirtschaft stützten!

Von Anfang der 1980er Jahre bis Mitte der 1990er Jahre war die Industrialisierung des ländlichen Raums wohl die zentrale Triebkraft des chinesischen Wirtschaftswachstums, wobei der Wohlstand auf dem Land und die neue Kaufkraft eine starke Dynamik in die städtische Wirtschaft brachten. Seit mehr als einem Jahrzehnt ist eine Konsumrevolution ausgebrochen, die sich auf Haushaltsgeräte und Konsumgüter konzentriert. Entgegen der landläufigen Meinung ist es nicht der städtische Boom, der die ländlichen Gebiete antreibt, sondern die Hunderte von Millionen von Bauern, die sich der Flut der Industrialisierung durch ein einzigartiges Modell angeschlossen haben, das durch höhere Produktivität enormen sozialen Wohlstand geschaffen hat. Wenn die ländlichen Gebiete diese gewaltigen neuen "Ersparnisse" mit den Städten austauschen, werden sie angeregt, diese Nachfrage mit neueren Produkten, besseren Dienstleistungen, mehr

Produktionsmitteln, einer fortschrittlicheren Infrastruktur und einem schnelleren Energie- und Stromwachstum zu befriedigen. Der Erfolg der ländlichen Industrialisierung hat die Erwartungen der Planwirtschaft weit übertroffen.

Gleichzeitig macht die Industrialisierung der Städte einen schmerzhaften und dramatischen Wandel durch, und die Reform der staatlichen Unternehmen wird Tag für Tag vertieft. Nach einer kurzen Anpassungsphase von 1989 bis 1991 entfachte Deng Xiaopings Reise in den Süden im Jahr 1992 die Leidenschaft für Wirtschaftsreformen in China neu, und diesmal ersetzte die Marktwirtschaft die Planwirtschaft vollständig und wurde zur grundlegenden staatlichen Politik Chinas. Die asiatische Finanzkrise von 1997-1998 verursachte einen vorübergehenden Gegenwind für Chinas Wirtschaftswachstum.

Zu diesem Zeitpunkt war auch der Treibstoff für die Erstlingsrakete der ländlichen Industrialisierung allmählich aufgebraucht. In dem Maße, wie die Mangelwirtschaft der Vergangenheit angehört und der internationale Wettbewerb in China immer stärker in Erscheinung tritt, werden die Schwächen der ländlichen Industrialisierung von Tag zu Tag offenkundiger, und die Schwierigkeiten der Unternehmen in Bezug auf Größe, Technologie, Kapital, Talente, Informationen, Kanäle, Institutionen usw. lassen immer weniger Handlungsspielraum zu. Die Erfahrung des "Guerillakrieges" ist vorbei, und die Ära des "dreidimensionalen Krieges" von Kapital, Technologie und Information ohne Grenzen hat begonnen.

In Ermangelung eines neuen Raketenschubs begann Chinas Wirtschaft in den späten 1990er Jahren einen deutlichen Abwärtstrend. Die Produktivitätsgewinne der ländlichen Industrialisierung stießen an ihre Grenzen, und die neuen "Ersparnisse" der Landwirte, die mit den Städten ausgetauscht werden können, begannen zu schrumpfen, während die Produktivitätsgewinne in den Städten noch keine neuen Grenzen erreicht hatten. Als ein größerer Austausch zwischen den beiden Seiten nicht möglich war, begann sich Chinas Verbrauchermarkt rasch abzukühlen und die Unternehmensgewinne schrumpften. Die Schwäche des Rohstoffhandels hat zu einer schwachen Geldmenge geführt. Zu dieser Zeit waren Finanztransaktionen bei weitem nicht die Hauptnachfrage nach Geldmenge, und in diesem Zusammenhang begann der Nebel von Deflation und Rezession die chinesische Wirtschaft zu durchdringen, verstärkt durch die asiatische

Wirtschaftskrise, die zweifellos die Terms of Trade um China verschlechterte.

Ab Oktober 1997 begann in China ein 27-monatiger Rückgang des allgemeinen Einzelhandelspreisindex bis Ende 1999, während der Verbraucherpreisindex ab März 1998 22 Monate lang weiter sank. Die Deflation, über die sich die Menschen gewöhnlich beklagen, ist im Grunde genommen kein monetäres Problem und kann nicht durch eine Ausweitung der Geldmenge gelöst werden. Die Hauptursache der Deflation ist die Stagnation des gesellschaftlichen Produktivitätswachstums. In China verlief sie fast synchron mit der Stagnation der ländlichen Industrialisierung Mitte der 90er Jahre.

Letztendlich wird die Gesamtproduktivität der chinesischen Industrialisierung ohne den Anreiz einer weiteren starken externen Technologiediffusion keinen grundlegenden Durchbruch erzielen.

Damals hatten die Einwohner Chinas bereits 5 Billionen Yuan gespart, und es wurde vorgeschlagen, dass ein wirtschaftlicher Aufschwung eintreten könnte, wenn diese Ersparnisse für den Kauf eines Hauses ausgegeben würden. Auf diese Weise wird die Kommodifizierung von Immobilien genutzt, um den Tausch von Häusern gegen Ersparnisse zu erreichen, wodurch die riesige Immobilienindustrie in Gang gesetzt und das Wirtschaftswachstum gefördert wird. Dies ist eine effektive Monetarisierung des Wohnraums, die die Vergabe von Hypothekenkrediten fördert und gleichzeitig eine massive Geldschöpfung betreibt, um die Wirtschaftsleistung mit Geldmengensteigerungen zu stimulieren und gleichzeitig die Auswirkungen der Deflation auszugleichen. Wenn wir diese Politik und die Wirkung der Geldfreisetzung durch die Regierung analysieren, indem wir die Kaufpreise für landwirtschaftliche Produkte anheben, um die Konsumkraft der Landwirte in den frühen 1980er Jahren zu stimulieren, werden wir feststellen, dass die Wirkung in jenem Jahr sogar noch größer war; die Politik in den frühen 1980er Jahren hatte unbeabsichtigt zwei Vorteile: Erstens stieg das Einkommen der Landwirte, was zu einem Anstieg der Nahrungsmittelproduktion führte, als die Landwirte mit den Städten tauschten, was nicht nur die Versorgung mit Rohstoffen für die Leichtindustrie löste, sondern auch die Nachfrage nach Konsumgütern anregte; zweitens setzte die anfängliche Bildung von Kapitalakkumulation auf dem Lande eine unerwartete Flut von ländlicher Industrialisierung in Gang, die im folgenden Jahrzehnt oder so florierte, 130 Millionen Menschen traten der Armee der Erhöhung der Arbeitsproduktivität bei, eine große

Menge an Wohlstandsbildung stimulierte wiederum den Wohlstand der städtischen Wirtschaft. Und die Monetarisierung von Immobilien kann zwar eine Sogwirkung auf die betreffenden Branchen ausüben und die Gefahr eines wirtschaftlichen Abschwungs mildern, aber sie ist noch nicht in der Lage, den Engpass der gesamten Gesellschaft zu durchbrechen und die Produktivität weiter zu steigern.

Die zweite große Revolution in der sozialen Produktivität fand 1999 statt, als China der Welthandelsorganisation (WTO) beitrat.

Chinas zweite Stufe der Rakete für den wirtschaftlichen Aufschwung - Globalisierung

Bis 1999, den ersten 20 Jahren der Reform und Öffnung Chinas, beschränkte sich die Industrialisierung weitgehend auf den engen Raum des Binnenmarktes. Es heißt, der Hauptgrund für den engen Inlandsmarkt sei die geringe Produktivität und die Unfähigkeit, genügend Wohlstand zu schaffen, um einen großen Inlandsmarkt zu schaffen.

Nach dem Beitritt zur WTO eröffnete sich für China sofort ein nahezu grenzenloser Weltmarkt. Genau wie im Japan der Nachkriegszeit konnte der enge Inlandsmarkt die industrielle Produktivität nicht weiter verbessern, und als sich der riesige internationale Markt öffnete, begannen die japanischen Unternehmen, ihren Produktionsumfang rasch auszuweiten, während die Produktionskosten drastisch sanken und die Arbeitsproduktivität auf ein atemberaubendes Niveau stieg. Nach seinem Beitritt zur WTO setzte in China ein ähnlich abrupter Produktivitätswandel ein.

Seit dem Jahr 2000 sind die meisten der 500 größten Unternehmen der Welt in China ansässig, und heute produzieren fast alle berühmten Marken der Welt in China - eine seltene Gelegenheit für die Verbreitung von Technologien. 156 Großprojekte in den 1950er Jahren, die mit sowjetischer Hilfe für China durchgeführt wurden, spielten eine entscheidende Rolle für den Beginn der Industrialisierung Chinas. Mit der praktischen Hilfe Zehntausender sowjetischer Experten fand China erstmals heraus, worum es in der modernen Industrie geht und wie eine industrialisierte Gesellschaft funktionieren sollte. Tausende von technischen Patenten wurden China fast kostenlos überlassen, und zahllose technische Probleme wurden von chinesischen Technikern mit Hilfe von detaillierten Zeichnungen und der Erfahrung sowjetischer

Experten Stück für Stück gelöst. Aber so etwas Gutes wie eine Torte im Himmel kann nur einmal in hundert Jahren passieren.

Unabhängig davon, welche Absichten die TNKs haben, wenn sie nach China kommen, werden sie zwangsläufig eine große Anzahl chinesischer Mitarbeiter beschäftigen, was gleichbedeutend damit ist, dass China die technologischen Kapitalinvestitionen der TNKs nutzt, um einheimischen Technologen die Möglichkeit zu geben, sich westliche Technologie "praktisch" anzueignen. Diese jungen Forscher haben einen großen Teil der fortgeschrittenen Technologie am Arbeitsplatz erlernt, und auch wenn es sich nicht um die Kernforschung handelt, so sind sie doch in der Lage, die Grundlagen der heutigen Spitzentechnologie zu erlernen, wie man wissenschaftlich geregelte Experimente durchführt, wie man fortgeschrittene Instrumente und Werkzeuge benutzt, wie man Standardforschungsberichte schreibt, wie man Spitzenforschungsergebnisse abruft, wie man die verschiedenen Forschungsabteilungen koordiniert, usw. Sie werden nicht ewig in multinationalen Unternehmen arbeiten, und wenn sie es tun, wird die Verbreitung dieser Technologien weite Bereiche der chinesischen Unternehmen durchdringen. Ohne transnationale Unternehmen befürchtet China, dass es nicht die Möglichkeit haben wird, Millionen von Forschern eine solche systematische und fortgeschrittene Ausbildung zukommen zu lassen. Die langfristigen Vorteile für Chinas Zukunft, die sich allein daraus ergeben, überwiegen bei weitem die kurzfristigen Gewinne, die multinationale Unternehmen in China erzielen können.

Davor war die Kluft zwischen Chinas technischem Personal und dem fortgeschrittenen Industrialisierungsniveau der Welt zu groß, ob es sich nun um staatliche oder private Unternehmen handelte, die große Diskrepanz in der wissenschaftlichen und technologischen Forschung und Entwicklung gegenüber dem Weltniveau verursachte den größten Engpass in Chinas wirtschaftlicher Entwicklung. In diesem Fall ist es unwahrscheinlich, dass der enorme Engpass bei der technologischen Akkumulation überwunden werden kann, egal wie radikal die Unternehmensreformen sind und egal wie gut das Unternehmenssystem perfektioniert wird. Selbst Huawei, das der technologischen Forschung und Entwicklung in China die größte Bedeutung beimisst, besteht darauf, jedes Jahr 10% seines Umsatzes für Forschung und Entwicklung auszugeben, beschäftigt mehr als 25.000 Forscher und stellt jedes Jahr 7 bis 8 Milliarden Yuan zur Verfügung, und nach jahrelanger harter Arbeit ist noch keine einzige originelle Erfindung gemacht worden! Wenn diese Situation anhält, selbst wenn die Gesamtgröße der chinesischen Wirtschaft die der Vereinigten Staaten übersteigt, die Top-500-Unternehmen der Welt alle Chinesen sind, können sie das Grundmuster Chinas unter der Kontrolle der Vereinigten Staaten immer noch nicht loswerden!

Nach Angaben der Weltorganisation für geistiges Eigentum meldeten chinesische Erfinder im Jahr 2008 203 481 Patente an, nach Japan (520 054) und den Vereinigten Staaten (400 769). Es mag den Anschein erwecken, dass Chinas Erfindungen einen "großen Sprung nach vorn" machen, aber wenn man genau hinschaut, ist das überhaupt nicht der Fall. Mehr als 95 Prozent der chinesischen Patentanmeldungen werden von den inländischen Ämtern für geistiges Eigentum angenommen, von denen die meisten nur unter dem Deckmantel der "Innovation" laufen und in Wirklichkeit nur geringfügige Änderungen an bestehenden Designs vornehmen. Eine überzeugendere Beurteilung wäre die Anerkennung von Patentanmeldungen und -erteilungen, die von Ländern außerhalb Chinas akzeptiert werden, insbesondere von den Patentämtern der Vereinigten Staaten, Europas und Japans. So wurden von den 200 000 Patenten in China im Jahr 2008 nur 473 Patentanmeldungen von den drei genannten Patentämtern angenommen oder erteilt, während es in den Vereinigten Staaten 14 399, in Europa 14 525 und in Japan 15 446 waren. 2010 wurden nur 1% aller chinesischen Patentanmeldungen von ausländischen Patentämtern angenommen oder erteilt!

Chinas Rückgriff auf multinationale Unternehmen zur Kultivierung technischer Talente ist ein bisschen wie der Kuckuck, der seine Eier ins Nest legt: So wie China damals das Auslandsstudium energisch förderte, beklagten sich viele, dass die Politik des Auslandsstudiums zu einem Braindrain führte. Der Einsatz von transnationalen Unternehmen zur Förderung von Talenten hat dieses Modell des "Auslandsstudiums" um eine Größenordnung erweitert. Unabhängig davon, ob diese Talente, die im Ausland studieren, ihr eigenes Unternehmen gründen oder in andere Wirtschaftszweige eintreten, werden sie die Zukunft der Wirtschaft maßgeblich mitbestimmen.

Die Globalisierung hat Talente für China hervorgebracht, und die Verbreitung von Technologien, die aus der Verbreitung dieser Talente resultiert, kann nur allmählich in das heimische Wirtschaftssystem eindringen, und es wird Zeit brauchen, bis ein wirklich origineller technologischer Durchbruch gelingt.

Die Globalisierung der Wirtschaft hat auch fortschrittliche Unternehmensführungsstrukturen und Geschäftsmodelle nach China gebracht. Im Zuge der Vernetzung mit der Welt geben die Menschen die alten und ineffizienten Methoden der Produktionsorganisation auf und beseitigen damit ein weiteres wichtiges Hemmnis, das lange Zeit das effiziente Funktionieren der Wirtschaft behindert hat. Als Walmart und Carrefour ihre Ketten in China eröffneten, sahen traditionelle Geschäftsleute und einfache Menschen, was ein fortschrittliches Geschäftsmodell ist. In der Vergangenheit hatten die Menschen nur indirekt über das Fernsehen und die Zeitungen erfahren, wie ein hochgradig integriertes und effizientes System des Handelsverkehrs aussah, und als diese Ketten vor ihre Haustür kamen, konnten die Menschen zum ersten Mal die Bequemlichkeit und Erschwinglichkeit des modernen Handels direkt erleben und allmählich verstehen, wie dieses komplexe System tatsächlich aufgebaut ist. Das Kopieren und Nachahmen von Geschäftsmodellen hat auch zu einer dramatischen Veränderung der wirtschaftlichen Landschaft Chinas geführt.

Seit dem Jahr 2000 hat die "Made in China"-Revolution mit dem Ostwind ausländischer Investitionen das Bohai-Meer, das Jangtse-Delta und das Perlflussdelta zu einem Produktionszentrum von Weltrang gemacht. In mehr als 100 Produktions- und Fertigungsbereichen wird der Thron des weltweit ersten "Made in China"-Etikettenstapels in den Regalen der Welt besetzt. Die zweite Stufe der Globalisierungsrakete hat die chinesische Wirtschaft auf eine neue "kosmische Geschwindigkeit" gebracht.

Das explosive Wachstum der exportorientierten Wirtschaft hat China enormen neuen Wohlstand beschert. Anhaltende Jahre massiver Auslandsinvestitionen zusammen mit einem schwindelerregenden Handelsüberschuss haben Chinas Währungsreserven von über 160 Milliarden Dollar im Jahr 2000 auf einen Schlag auf 3 Billionen Dollar im Jahr 2011 anschwellen lassen! Bildlich gesprochen gleicht Chinas Exportwirtschaft eher der eines Jägers, der mit Hilfe der Technologie anderer Jäger und unter dem starken Anreiz einer massiven Auslandsnachfrage die Treffsicherheit und Reichweite seines Pfeils und Bogens dramatisch verbessert hat und damit eine große Jagdausbeute erzielt hat, obwohl er gezwungen war, die Hälfte der Ausbeute an andere zu verleihen, ihm aber immer noch die Hälfte der zusätzlichen "Ersparnisse" blieb. Als er diese Ersparnisse auf den Markt brachte und eintauschte, wurde der Markt stark stimuliert.

Als die enormen neuen "Ersparnisse", die Chinas Exportsektor generierte, auf dem Inlandsmarkt ausgetauscht wurden, regte dies alle Wirtschaftssektoren dazu an, das Produktionsangebot auszuweiten, was eine Kettenreaktion des Konsums in der gesamten Gesellschaft auslöste und die Produktivitätssteigerung in allen Produktions- und Dienstleistungssektoren beschleunigte. Vom täglichen Bedarf bis zu Haushaltsgeräten, vom Internet bis zu Telekommunikationsdiensten, vom Autokonsum bis zu hochwertigen Luxusgütern, von Immobilien bis zu Stahl und Zement, von der Geräteherstellung bis zur Petrochemie, von Energie und Elektrizität bis zur Kohlemetallurgie, vom Transportwesen bis zur Infrastruktur sind alle industriellen Ketten der Industrialisierung und Urbanisierung gleichzeitig in vollem Gange, produzieren rasch eine Vielzahl von Waren und Dienstleistungen und nehmen an den immer heftigeren Markttransaktionen teil. Die einfließenden Gewinne wurden zu einem größeren Wohlstandseffekt auf den Aktien- und Finanzmärkten vergrößert, wo die Geldmenge im Gleichschritt mit der Aufwertung des Wechselkurses in die Höhe schoss und die Immobilienpreise ebenfalls in die Höhe schnellten. Der enorme Erfolg des China-Modells 2.0 vor dem Finanz-Tsunami von 2008 führte zu einem Boom, wie es ihn seit der Gründung des Landes nicht mehr gegeben hat.

Viele sind der Meinung, dass Chinas Wirtschaftswachstum auf drei Säulen ruht: Exporte, staatliche Investitionen und Konsum. Tatsächlich besteht eine inhärente logische Abhängigkeit von allen dreien, wobei die Exporte die eigentliche Triebkraft sind, höhere Produktivität und breitere Märkte zusätzliche Ersparnisse schaffen, während sie das Wachstum der Steuereinnahmen des Staates vorantreiben und die Grundlage für Investitionen bilden. Der Konsum ist ein Tauschmittel, das ebenfalls aus zusätzlichen Ersparnissen resultiert. Daher sind Exporte mit höherer Produktivität die eigentliche Rakete, die die Wirtschaft ankurbeln wird.

Die Globalisierung der chinesischen Wirtschaft seit dem Jahr 2000 hat im Gegensatz zur ländlichen Industrialisierung nach 1980 diese in Tiefe, Breite, Dauerhaftigkeit und Ausgereiftheit weit übertroffen. Die ländliche Industrialisierung befindet sich auf einem niedrigen Niveau, und das Produktivitätswachstum beruht nicht auf wissenschaftlichem und technischem Fortschritt, sondern ist weitgehend auf die von der Planwirtschaft hinterlassene Marktlücke zurückzuführen.

Die zweite Stufe der Rakete hat jedoch auch schwerwiegende Nebenwirkungen, die da wären: China hat seine Produktivität gesteigert, aber nur einen Bruchteil des Gewinns erzielt; China hat sich vollständig geöffnet, aber es ist schwierig, in andere Länder einzudringen; China stellt berühmte Produkte her, aber niemand kennt chinesische Marken; China hat eine große Wirtschaft, aber nur wenige originelle Technologien; Chinas BIP wächst schnell, aber es hat nicht viel davon; China hat riesige Ersparnisse aus dem Handel, aber die Vereinigten Staaten haben sich das meiste davon geliehen; China hat eine große Menge an Dollar, aber die Welt kann keine guten Dinge kaufen; China hat die Umwelt geopfert, um die Lebensqualität zu senken, aber der Westen hat Fleisch gegessen und Schüsseln hingestellt, um die Mutter zu verfluchen. Kurz gesagt, China scheint sehr reich zu sein, aber in Wirklichkeit ist es sehr arm.

Im Strudel der Globalisierung ist die rätselhafteste Frage für die Chinesen: Was wollen wir, damit andere zufrieden sind? Und die amerikanische Art, Dinge zu tun, lautet: Ich habe es getan, ob ihr es mögt oder nicht.

Es gibt einen Unterschied zwischen gut sein und Selbstverbesserung. Die Guten und Starken konkurrieren um das Urteil der anderen, während die Selbstverbesserung das einzige ist, was zählt. Ein guter und starker Mensch scheint selbstbewusst zu sein, hat aber in Wirklichkeit einen Minderwertigkeitskomplex, der auf das Fehlen eines inneren Wertesystems zurückzuführen ist, und muss sich auf externe Beurteilungsmaßstäbe verlassen. Menschen, die sich selbst verbessern wollen, scheren sich nicht darum, was andere sagen, weil sie nicht glauben, dass irgendjemand qualifiziert ist, über sie selbst zu urteilen, wenn es um ihr Innerstes geht. Das heutige China ist in vielerlei Hinsicht sehr stark, macht sich große Sorgen um die internationale Bewertung und hat Angst, vor dem Ausland sein Gesicht zu verlieren. Die Wurzel des Problems liegt in der Tatsache, dass das chinesische Wertesystem noch nicht ausgereift ist und fremde Gesichter zu Richtern über die chinesische Würde geworden sind! Eine Person ohne Persönlichkeit ist nicht charismatisch, und ein Land ohne Persönlichkeit ist nicht anziehend.

Die beiden wichtigsten Exportkategorien Chinas: Rohstoffe und Ersparnisse

Bereits in den 1980er Jahren sagten amerikanische Wissenschaftler, dass die Vereinigten Staaten endlich ihren "komparativen Vorteil" entdeckt hätten, nämlich den Export von US-

Schatzanleihen. Seit den 1950er Jahren übernahmen zunächst die Deutschen, dann die Ölexporteure des Nahen Ostens, dann Japan und jetzt China die Aufgabe, inländische Ersparnisse in die Vereinigten Staaten zu exportieren.

Der Exportsektor ist wie ein Jäger, dessen Beute der Export von Devisen ist, und dessen Beute, in welcher Form auch immer, im Wesentlichen die neuen Ersparnisse Chinas sind. Wenn China US-Staatsanleihen kauft, bedeutet dies, dass inländische Ersparnisse in die Vereinigten Staaten fließen. Die Jäger hätten diese Ersparnisse verwenden können, um ihre Bögen zu verbessern, um mehr andere Güter auf dem Markt zu tauschen, um ihre eigene Lebensqualität zu verbessern und um einen stärkeren inländischen Konsum anzuregen und mehr Arbeitsplätze zu schaffen, aber jetzt werden die zusätzlichen Ersparnisse der Jäger zur Hälfte ausgeliehen, was zu einer gleichzeitigen Erosion der inländischen Kapazität für neue technologische Fortschritte, des Umfangs des Konsums und der Möglichkeiten für Beschäftigung führt.

Als diese chinesischen Ersparnisse in die USA flossen, gelangten sie nicht in die US-Industrie, um amerikanischen Jägern zu helfen, ihre Bögen und Pfeile zu modifizieren, das Niveau der Jagd zu erhöhen, die geliehenen ausländischen Ersparnisse mit mehr Trophäen zurückzuzahlen und das amerikanische Handelsdefizit auszugleichen. Dieses geliehene Geld floss tatsächlich in den US-Finanzsektor und trieb die Preise für Vermögenswerte in den USA in die Höhe. Vom "9/11"-Vorfall 2001 bis zum Irak-Krieg 2003 senkte die Federal Reserve 13 Mal hintereinander die Zinssätze, um das Wirtschaftswachstum anzukurbeln, doch das Ergebnis war die größte Immobilienblase in der 200-jährigen Geschichte der Vereinigten Staaten, chinesische Ersparnisse wurden zur Blase der US-Immobilienorgie und zum Rauch des Irak-Krieges.

Die Immobilienblase schürte die Flammen der Finanzinnovation, und die Amerikaner konnten einen Teil des Wertzuwachses ihrer Häuser mit Leichtigkeit zu Geld machen. Wenn eine alte Amerikanerin im letzten Jahr ein Haus für 400.000 Dollar gekauft hat und der Preis in diesem Jahr auf 500.000 Dollar gestiegen ist, wird die Bank sie ermutigen, 100.000 Dollar des Wertzuwachses des letzten Jahres in Form einer "Mehrwert-Hypothek" mit einem Abschlag von 70.000 Dollar auszugeben, ohne dass sich ihr Einkommen erhöht hat - die alte Amerikanerin hat umsonst 70.000 Dollar zusätzliche Kaufkraft gewonnen,000 Dollar an Kaufkraft umsonst, sie fing an, wild auszugeben, die Küche zu renovieren, den Blumengarten zu erneuern, Filme zu sehen, in Restaurants zu gehen, herumzureisen, in Einkaufszentren einzukaufen, als sie das Geld ausgab, regte es den amerikanischen Konsum an, was Beschäftigung und Wirtschaftswachstum brachte. Das Ergebnis, wohlhabendere Wirtschaftsindikatoren, brachte eine größere Börsenblase und steigende Immobilienpreise, und die älteren Amerikaner hatten im nächsten Jahr mehr Geld zum Ausgeben. Infolgedessen hörten ältere Amerikaner auf zu sparen, und zum ersten Mal seit der Großen Depression in den 1930er Jahren stieg die Sparquote in den Vereinigten Staaten von 2005 bis 2007 drei Jahre in Folge negativ an - warum also sparen? Wenn alte chinesische Frauen arbeiten und sparsam sparen, fließen die Ersparnisse ohnehin in die Taschen alter amerikanischer Frauen, wäre ein solches Modell also nicht für alle ein Gewinn? Chinas alte Dame ist für das Sparen verantwortlich, Amerikas alte Dame für den Konsum, Chinas Wirtschaftswachstum und Amerikas wirtschaftlicher Wohlstand, ist diese Art der "sino-amerikanischen" Zusammenarbeit nicht der "Himmel und die Erde" Amerikas?

Chinas exportgetriebenes Wirtschaftswachstum passt perfekt zum vermögensinflationierten Boom in den Vereinigten Staaten. Im Wesentlichen ist es die Inflation der US-Vermögenswerte, die Chinas Wirtschaftswachstum antreibt, und es ist die US-Vermögensblase, die Chinas zweite Raketenstufe antreibt. Die Frage, die sich dabei stellt, ist brisant: Kann die Inflation der Vermögenswerte unbegrenzt anhalten?

Vergessen Sie nicht, dass jedes Mal, wenn die alte Amerikanerin am Geldautomaten Geld abhebt, ihre Schulden zunehmen, während ihr Einkommenswachstum bei weitem nicht mit den steigenden Schulden mithalten kann; hinter den steigenden Vermögenswerten stehen in Wirklichkeit die steigenden Schulden, und die zunehmende Schuldenlast macht den Schuldendienst für die alte Amerikanerin immer stressiger, und sie muss damit rechnen, dass der Zinssatz ewig niedrig bleibt, weil ihre finanzielle Situation an der Belastungsgrenze liegt. Was schließlich kam, waren die sieben aufeinanderfolgenden Zinserhöhungen der Fed von 2004 bis 2005.

Was ist, wenn die Fed ihre ultraniedrige Zinspolitik fortsetzt? Dann wird die Immobilienblase noch größer und das Platzen der Blase wird noch tödlicher sein. Die "Schuldenlagune" der alten Amerikaner begann schließlich 2007 zu bröckeln, 2008 zahlten mehr alte Amerikaner ihre kollektiven Schulden nicht mehr, und Amerikas vermögensaufgeblähter Boom kam zu einem Ende!

Bernanke versuchte, durch das Drucken von Geld "Vermögenswerte zu reflationieren", um den wunderbaren, durch Vermögenswerte aufgeblähten Wohlstand wiederherzustellen. Aber führt das Drucken von Geld zu einem echten Wachstum der Ersparnisse? Können reale Investitionen und Konsum geschaffen werden? Zusätzlich zu der ursprünglichen schweren Schuldenlast hat die amerikanische alte Dame die enormen sozialen Kosten für die Rettung der Wall Street erhöht, die ansteigende Staatsverschuldung für den "Schuldentigerstuhl" der amerikanischen alten Dame fügte einen großen Ziegelstein hinzu, der Schmerzindex der amerikanischen Gesellschaft stieg auf den höchsten Stand seit den 1930er Jahren, unerträgliche Amerikaner sind auf die Straßen gestürmt und haben den weltweiten Sturm von "Occupy Wall Street" ausgelöst. Die hohe Arbeitslosigkeit, die mit einer lähmenden Verschuldung einhergeht, hat zusammen mit den schrumpfenden Geldvermögen auf den Rentenkonten jeden Gedanken an weitere überzogene Ausgaben älterer Amerikaner zunichte gemacht. Die ultraniedrige Zinspolitik der Federal Reserve, Runde um Runde der quantitativen monetären Lockerung, kann die Bankkreditmanager wie den Fuchs nicht vertreiben, wie die Vögel einer Feder, kann auch nicht die alte Dame in den Vereinigten Staaten ankurbeln, in Immobilien zu spekulieren Wunsch und Fähigkeit.

Dies ist das Ende einer Ära, dies ist das Ende eines Musters!

Seit den 1980er Jahren hat das schuldengetriebene Wirtschaftswachstum der Vereinigten Staaten zu einer Aufblähung der Vermögenswerte geführt, und dieses neue Wirtschaftsmodell hat den Vereinigten Staaten in den ersten sieben Jahren des 21. Jahrhunderts eine unbeschwerte Zeit beschertund reichlich Treibstoff für die zweite Rakete geliefert, die Chinas Wirtschaft abheben wird. Jetzt, da dieses wunderbare wirtschaftliche "Perpetuum mobile" ausgelöscht ist, werden "China und die Vereinigten Staaten" zwangsläufig auseinanderbrechen.

Was tun mit den Ersparnissen, die die alte chinesische Dame der alten amerikanischen Dame leiht? Die Methode der Fed ist QE1, QE2 und in Zukunft QE3 oder sogar QE (n+1). Das Wesen der so genannten quantitativen Lockerung des Geldes besteht darin, die Kaufkraft der Währung zu verwässern, getarnt als Ausgleich für den Druck der Verschuldung, und der Hauptzweck der Abwertung des Dollars gegenüber anderen Währungen ist das Auffressen der Ersparnisse anderer Länder!

Neben dem erheblichen Verlust an realen Ersparnissen, den die zweite Stufe der Rakete für das chinesische Wirtschaftswachstum mit sich brachte, ist noch viel gravierender, dass der Treibstoff für die zweite Stufe der Rakete aufgebraucht ist! Chinas Fähigkeit, neue Ersparnisse zu schaffen, wird immer mehr erschöpft. Ohne signifikante neue Produktivitätssteigerungen gibt es keine Quelle für neue Ersparnisse, und es sind keine echten Investitionen und kein Konsum möglich. Die größte Auswirkung der fiskalischen Anreize und des Investitionsschubs der chinesischen Regierung wird unweigerlich ein Inflationsdruck sein, der die Wirtschaft lediglich am Laufen hält und nicht zu echtem Wohlstand führt!

Das China-Modell 3.0: Der größte Verbrauchermarkt der Welt entsteht!

Die Notwendigkeit der Transformation Chinas ist nicht nur eine Voraussetzung für seine eigene wirtschaftliche Entwicklung, sondern - was noch wichtiger ist - es hat keine andere Wahl. Dies wirft eine Reihe wichtiger Fragen auf: Was genau soll das China-Modell 3.0 erreichen? Und was ist der Weg? Wie kann dieser neue Weg beschritten werden?

Seit fast 170 Jahren ist China ein fleißiger und guter Schüler, der zunächst dem Beispiel des Westens, dann des Ostens und der Sowjetunion folgte und sich schließlich in Amerika verliebte. China hat von allen Ländern der Welt gelernt und festgestellt, dass es problematisch ist, ein beliebiges Modell in China zu reproduzieren, und dass China nur seinen eigenen Weg gehen und von den Erfahrungen anderer Länder lernen kann und muss.

Zunächst muss klargestellt werden, dass China nicht Deutschland oder Japan ist, geschweige denn die vier kleinen Drachen Asiens, und dass nur die Vereinigten Staaten für China eine Referenz bei der Positionierung der nationalen Ziele darstellen. Das exportorientierte Wirtschaftsentwicklungsmodell ist keineswegs der grundlegende Weg für die großen Länder. Das Lernen aus der amerikanischen Erfahrung sollte sich vor allem auf die Zeit des industriellen Aufstiegs der USA vor 1971 beziehen, insbesondere auf den entscheidenden Weg zum Überholen der USA im 19. Jahrhundert. Das amerikanische Modell der schuldengetriebenen Wirtschaftsentwicklung seit den 1980er Jahren war dagegen sehr schädlich und sollte sorgfältig vermieden werden.

Das Herzstück von Amerikas Aufstieg zur Macht ist es, immer die Kontrolle über sein eigenes Schicksal zu haben! Unter der Führung dieses Gründergeistes basiert die gesamte Innen- und Außenpolitik der Vereinigten Staaten auf dem Prinzip des Pragmatismus, und alles, was im Interesse der Vereinigten Staaten ist, wird ohne die geringste Zweideutigkeit eingesetzt, wenn es nützlich ist, und verworfen, wenn es nicht nützlich ist. Die Vereinigten Staaten sind wohl das "klarste" aller Länder, mit einer klaren und kompromisslosen Vision dessen, was sie wollen, und einem fast paranoiden Beharren darauf, dieses Ziel zu erreichen, wobei sie stets Optionen durchsetzen, die nicht in ihrem Interesse liegen.

Im Zuge ihres wirtschaftlichen Aufstiegs bestehen die Vereinigten Staaten darauf, ihr Schicksal stets selbst in die Hand zu nehmen, was sich darin widerspiegelt, dass die Vereinigten Staaten bewusst ihren eigenen Binnenmarkt schützen, die so genannte Freihandelstheorie der Briten verzweifelt ignorieren und die Idee hoher Zölle, hoher Löhne, schwerer Technologie, starker Industrie und eines großen Marktes umsetzen. Die Befürworter und Verfechter des Freihandels und der Theorie des komparativen Vorteils sind keine anderen als die Welthegemonialmächte selbst, deren Ziel es ist, den enormen Wettbewerbsvorteil, den sie erworben haben, in einem System zu verewigen. Kein Land, das aufholt, kann durch solche schädlichen Doktrinen gezwungen werden, seine eigenen Meridiane abzuschneiden, und der Grundsatz der Globalisierung, den China aufstellen muss, lautet: Nutze, was gut für mich ist, und wirf weg, was schlecht für mich ist.

Als sich Amerika, geleitet von diesem Pragmatismus, zum größten Markt der Welt entwickelte, hatte es sein Schicksal fest in der Hand! Der Grund, warum Roosevelt es wagte, die Londoner Wirtschaftskonferenz von 1933 zu unterlaufen und die Abwertung des Dollars zuzulassen, um die Währungsstabilität Europas zu zerstören, war, dass die amerikanischen Exporte nur 3% des gesamten Wirtschaftsvolumens ausmachten, und selbst 2010, 77 Jahre später, nur 8,8%! Als die Briten in den 1930er Jahren die amerikanische Macht vom Kontinent vertrieben, wies Roosevelt zu Recht den falschen Namen einer "verantwortungsvollen Macht" zurück und untergrub das Pfund-Imperium, was seine eigentliche Absicht war. Nach dem Zweiten Weltkrieg ignorierten die Vereinigten Staaten den Wunsch der Europäer nach Währungsstabilität, oder lag es daran, dass der US-Binnenmarkt groß genug war und die europäischen Länder nur über einen begrenzten Marktraum verfügten, so dass Währungsstabilität für Europa weitaus wichtiger war als für die Vereinigten Staaten. Es liegt im Interesse Amerikas, dass der Dollar abgewertet wird, ohne von den europäischen Märkten abhängig zu sein, was Amerika natürlich nicht scheut.

Als Schulden noch eine Waffe waren, zerschlugen die Vereinigten Staaten das Britische Empire mit dem Stab der Schulden, und als die Vereinigten Staaten eine Schuldnernation wurden, verwandelten sie Schulden in Macht und jagten die Gläubigernationen mit dem Zepter der Schulden. Wann immer China seine Bestände an US-Staatsanleihen reduziert oder auch nur zu wenig davon gekauft hat, passiert in der Umgebung Chinas etwas Seltenes und Merkwürdiges. Zum Beispiel kündigte der Präsident der Vereinigten Staaten plötzlich ein Treffen mit dem Dalai an, verkaufte Waffen an Taiwan, stiftete Unruhe im Südchinesischen Meer oder ermutigte Japan, sich im Ostchinesischen Meer zu behaupten. Sobald China seine Bestände an US-Staatsanleihen deutlich erhöht, wird es für eine Weile ruhig um das Land werden. Das ist die Schuldendiplomatie der USA! In der Tat kassieren die USA über die Staatsverschuldung Schutzgeld von China. Nein? Das ist es, was Sie wach hält!

Warum sind die Vereinigten Staaten so tyrannisch? Weil sie damit rechnen, dass China stärker von den USA abhängig ist als die USA von China. Ohne den US-Markt würde die chinesische Produktion zusammenbrechen und die Massenarbeitslosigkeit wäre für Peking jede Nacht ein Alptraum. Der Grund, warum in den Vereinigten Staaten mit dem Staffelstab der Schulden oder der Verschuldung frei herumgewedelt werden kann, liegt letztlich darin, dass alle Länder den US-Markt brauchen, und wer vom US-Markt abgewiesen wird, kommt einem "wirtschaftlichen Exil" gleich. Wenn der Euro den Dollar herausfordert, ist die Quelle der Stärke nicht die Währung, sondern der vereinte Megamarkt der EU! Wenn die EU-Länder nicht auf den US-Markt angewiesen sind, kann Europa sein Schicksal wirklich selbst in die Hand nehmen. Das ist genau der Grund, warum Roosevelt Churchills Pfund-Zone in jenem Jahr sehr verächtlich gegenüberstand.

Das Traurige an Japan ist, dass es zwar über starke eigene Produktionskapazitäten verfügt, aber nicht mit einem riesigen Inlandsmarkt ausgestattet ist. Nach seinem ursprünglichen Versuch, die Rohstoffbasis und den riesigen Markt in Asien mit Hilfe des Krieges zu besetzen, war Japan gezwungen, zu den Vereinigten Staaten überzulaufen, dem dominierenden Akteur auf dem Weltmarkt, ohne den Japan nichts gewesen wäre.

Chinas Verwundbarkeit rührt auch zu einem großen Teil von seiner starken Abhängigkeit von den internationalen Märkten her: 2010 machten die Exporte 26,8 Prozent des BIP aus, verglichen mit 8,8 Prozent in den Vereinigten Staaten, und es ist klar, wer von wem mehr abhängig ist. In einer derartig gegensätzlichen Situation kann China nicht unkontrolliert von den USA bleiben und sein Schicksal nicht wirklich selbst in die Hand nehmen!

Alle mächtigen und erfolgreichen Menschen in der Gesellschaft mögen unterschiedliche Persönlichkeiten, Temperamente, Hobbys usw. haben, aber sie haben immer ein gemeinsames Merkmal, und das ist "ihr eigenes Schicksal, ihre eigene Kontrolle"! Kein mächtiger Mensch hat jemals den endgültigen Erfolg erreicht, indem er sein Schicksal in die Hände eines anderen Meisters gelegt hat. Wenn ein Land, vor allem ein so großes wie China, den Export als Haupttriebfeder der Entwicklung betrachtet, kommt das einer Preisgabe der Schicksalsherrschaft gleich! Wenn 26,8% des BIP direkt von den Außenmärkten abhängen, kann China nicht sein eigenes Schicksal in die Hand nehmen, geschweige denn eine Macht von Weltrang werden!

Die starke Abhängigkeit von externen Märkten kann Chinas Wirtschaft nur noch anfälliger machen, die chinesische Diplomatie erschweren und die nationalen Sicherheitsbedenken verstärken. Sie führt nicht nur zu heftigen Handelskonflikten mit anderen Ländern und gefährlichen politischen Konfrontationen, sondern hindert China auch daran, einen wirklichen Zusammenhalt zu entwickeln und seine Kräfte zu bündeln. Der größte Teil der chinesischen Exportproduktion könnte innerhalb eines Jahrzehnts nach Indien, Mexiko, Vietnam oder in andere Länder abwandern, nur um zu sehen, wer billiger ist. Wenn die chinesische Währung an Wert gewinnt, die Arbeitskosten, die Weltmarktpreise für Rohstoffe und die Umweltverschmutzung einen bestimmten kritischen Wert erreichen, werden die multinationalen Unternehmen China verlassen, als ob sie ihre Arbeitsplätze aufgeben würden, ohne das geringste Zögern oder Erbarmen. Das Schicksal des Landes auf ein solches Wachstumsmodell zu setzen, ist gefährlich und beunruhigend!

Das Kernstück von Chinas künftigem Entwicklungsmodell sollte nicht zögern, der Entwicklung des Binnenmarktes oberste strategische Priorität einzuräumen, die Exportabhängigkeit konsequent auf einen sicheren Bereich unter 10% des BIP zu reduzieren und die Hauptressourcen der Volkswirtschaft nicht mehr ins Ausland, sondern auf den Binnenmarkt zu lenken. Der von den Chinesen geschaffene gesellschaftliche Reichtum, der Arbeit, Zeit, Energie, Ressourcen, Land, Rohstoffe, Nahrungsmittel und Strom verbraucht und durch Verkehrsstaus und Umweltverschmutzung belastet wird, sollte vorrangig von den chinesischen Verbrauchern selbst genutzt werden.

Der Aufstieg der Vereinigten Staaten in jenen Tagen drehte sich um die Idee hoher Zölle, hoher Löhne, schwerer Technologie, starker Industrie und großer Märkte, wobei große Märkte im Mittelpunkt standen. Ohne den Schutz durch hohe Zölle wird die kindliche Industrialisierung der Vereinigten Staaten durch die britische Fertigungsindustrie zerstört werden, es fehlt eine starke Produktionsgesellschaft, und es wird kein großer Verbrauchermarkt entstehen können; ohne hohe Löhne wird es keine Kaufkraft geben und keinen florierenden Markt bilden können, es kann nur zu einer Polarisierung der Profite der Kapitalisten kommen, indem die Einkommen der Arbeiter unterdrückt werden, wie in Großbritannien, das Bewusstsein des Humankapitals, so dass die Vereinigten Staaten erkannt haben, dass hohe Einkommen für die Qualität der Arbeiter, die Gesundheit, den geistigen Zustand, die Begeisterung für die Arbeit und die Motivation für Innovation notwendig sind. Löhne sind nicht nur Kosten, sondern auch Kapital, und langfristige Investitionen in das Humankapital können höhere Renditen bringen; eine starke Wissenschaft und Technologie kann technologische Innovationen hervorbringen, den Produktivitätsanstieg beschleunigen, die Schaffung von sozialem Reichtum in größerem Umfang verwirklichen, enorme Einsparungen bewirken und letztlich zu einer größeren Marktgröße und mehr Investitionen führen; Eine starke Industrie war schon immer der Schlüssel zum Aufstieg der Vereinigten Staaten, eine hohe industrielle Produktivität ist die Voraussetzung für die Schaffung eines florierenden Marktes. Ohne eine große Produktionskapazität konnten die Vereinigten Staaten weder Großbritannien ersetzen, noch konnten sie in den beiden Weltkriegen zum "Arsenal der demokratischen Länder" werden, um nach dem Krieg die "neue Ordnung unter amerikanischer Herrschaft" zu schaffen.

Abgesehen von den hohen Zöllen ist die US-Strategie der hohen Löhne, der Hochtechnologie, der starken Industrie und der großen Märkte heute perfekt auf China anwendbar.

Wenn der internationale Markt durch den Binnenmarkt ersetzt wird, der chinesische Verbrauch durch den amerikanischen ersetzt wird und die Exportressourcen ins Inland verlagert werden, werden sich die Beziehungen Chinas zu allen Nationen dramatisch verändern, Handelskonflikte werden zu Handelsfrieden, heftige Ablehnung wird in herzliche Zusammenarbeit umgewandelt, die Feindseligkeit gegenüber China wird durch die Verlockungen des chinesischen Marktes gebrochen, und die Allianz aus politischer Belagerung und militärischer Eindämmung wird unaufhaltsam sein. Der größte Markt, bedeutet die größte Macht!

Die Schlüsselfrage bei der Schaffung des größten Verbrauchermarktes der Welt ist, wo man anfangen soll. Kann der Produktionsumfang der auf den Weltmarkt ausgerichteten Exportindustrie die überschüssigen Produktionskapazitäten der schwer anlaufenden Inlandsnachfrage aufnehmen?

Die Antwort lautet: Es liegt an den Menschen!

Chinas Rakete der dritten Stufe des wirtschaftlichen Aufschwungs - die zweite Industrialisierung der Landwirtschaft

Die Engpässe, die Chinas Wirtschaft verursacht haben, sind oft der Ausweg.

Die Erfahrung seit der Gründung des Landes hat gezeigt, dass ein wohlhabendes Land ein wohlhabendes Land und ein reiches Land eine reibungslose Industrialisierung ist, wie es in den 1950er Jahren und erneut in den 1980er Jahren der Fall war. Umgekehrt ist der ländliche Raum im Niedergang begriffen und die wirtschaftliche Entwicklung wird zwangsläufig unter Wachstumsengpässen leiden.

Die Bevölkerungsstruktur Chinas diktiert, dass die Bauern die dominierende Gruppe in der Zukunft des Landes bleiben werden, und ein Wirtschaftswachstum, das den ländlichen Raum ignoriert, ist weder moralisch noch nachhaltig. Die Vergrößerung der wirtschaftlichen Kluft zwischen Stadt und Land ist auch eine versteckte Ursache für soziale Instabilität. Nachdem die Agrarwirtschaft Mitte der 1990er Jahre in eine langsame Entwicklung verfiel, verdoppelte sich die Wachstumsrate der Einkommen der Landwirte von alle fünf Jahre auf alle 10 Jahre. Obwohl die Regierung die Agrarsteuer abgeschafft hat, haben verschiedene Umlagen und unsichtbare Ausgaben die wirtschaftlichen Ressourcen der Landwirtschaft, die sich in einem ständigen Zustand des Blutverlustes befindet, aufrechterhalten. Die Anhäufung wertvollen landwirtschaftlichen Kapitals, das in den ersten 15 Jahren der Reform und Öffnung gebildet worden war, hat sich in den letzten 15 Jahren allmählich aufgelöst.

Wenn die ländliche Wirtschaft nicht angekurbelt wird, ist die Belebung der Binnennachfrage nur eine leere Phrase. Es ist unmöglich, einen großen Binnenmarkt zu schaffen, ohne dass das Einkommen der Mehrheit der Bevölkerung einer Gesellschaft steigt.

Die Einkommenssteigerung der Landwirte darf jedoch niemals durch finanzielle Subventionen oder Transferzahlungen erreicht werden, und die Entwicklung einer Agrarwirtschaft mit der Mentalität, eher die Armen als die Bedürftigen zu retten, ist zum Scheitern verurteilt. Wirksames und nachhaltiges Wachstum muss und kann nur durch eine deutliche Steigerung der Produktivität erreicht werden! Die Landwirte müssen ihren Lebensstandard verbessern, indem sie mehr Wohlstand schaffen.

Angesichts der Aussicht auf eine lange Periode wirtschaftlicher Flaute in Europa und den Vereinigten Staaten in der Zukunft wird der Durchbruch zur Ankurbelung der Binnennachfrage darin bestehen, den Prozess der zweiten Industrialisierung der ländlichen Gebiete einzuleiten. Nur die Industrialisierung kann eine höhere Produktivität als die Landwirtschaft bewirken, und nur wenn sie tiefer geht als die erste Industrialisierung des ländlichen Raums, kann die ländliche Wirtschaft wirklich wiederbelebt werden.

Die moderne städtische Industrialisierung, insbesondere die Informatisierung, die Hochtechnologie und fortschrittliche Geschäftsmodelle, sollten die Technologie wieder in großem Umfang auf dem Land verbreiten. Wenn die Industrialisierung des ländlichen Raums in den 1980er Jahren eine Aufforderung an die Landwirte war, sich proaktiv an die Städte zu wenden, um die Technologie zu verbreiten, dann sollte es diesmal Aufgabe der Regierung und der Städte sein, das Land proaktiv und kostengünstig zu versorgen.

Was wird auf dem Lande derzeit am meisten gebraucht? Die Verringerung der Gewinneinbußen bei der Vermarktung und dem Vertrieb landwirtschaftlicher Erzeugnisse. Ausgehend von der Modernisierung des Kreislaufs landwirtschaftlicher Erzeugnisse, der Verdrängung der ineffizienten und verlustreichen Ausbeutung durch die Zwischenhändler, der Realisierung der direkten Verbindung landwirtschaftlicher Erzeugnisse vom Land zu den Stadtbewohnern, wird der größte Teil der Kreislaufgewinne, die den Landwirten gehören sollten, an die Landwirte zurückgegeben, was das Nettoeinkommen der Landwirte schnell erhöhen und erhebliche Verbrauchsenergie freisetzen wird. Dies ermöglicht nicht nur einen effizienten und kostengünstigen Vertrieb von Agrarprodukten, sondern gewährleistet auch die Lebensmittelsicherheit an der Quelle. Ein solches Geschäftsmodell könnte eine Anlehnung an das Kettenmodell von Wal-Mart sein, bei dem der Marktzugang für private Unternehmen Vorrang hat, die Gewinne dieser Unternehmen gedeckelt werden und ihnen ein Wachstumspotenzial in großem Maßstab eingeräumt wird. Auf den Finanz- und Kapitalmärkten werden ad hoc grüne Kanäle für die Börsennotierung von landwirtschaftlichen Unternehmen eingerichtet, um diese Unternehmen zu einer vorrangigen Börsennotierung zu ermutigen. Nach diesem "Sesam öffne dich"-Kapitalmantra wird eine große Zahl von Fonds auf den Markt drängen, und nach einem harten Wettbewerb wird die beste Wahl getroffen werden.

Wenn Alibaba 6 Millionen KMU mit Informationen über die Nachfrage auf dem internationalen Markt versorgen kann, warum sollte es dann nicht auch Unternehmen geben, die bereit sind, Hunderten von Millionen Landwirten Informationen über die Marktnachfrage zur Verfügung zu stellen? Data Mining mit aussagekräftigen Marktinformationen wird es den Unternehmen ermöglichen, hohe Gewinne zu erzielen und gleichzeitig die größten Informationsdefizite der Landwirte zu beheben. Vergessen Sie nicht, dass die Informationsagitation auch neue Geschäftsmöglichkeiten schaffen kann. Aufgrund des bedeutenden strategischen Werts dieser Datensammlung und -analyse der nationalen Landwirte werden auch Regierungen, Forschungseinrichtungen, Banken, Maklerfirmen und Fonds überall interessierte Kunden sein. Gegenwärtig wächst die Zahl der ländlichen Gebiete Chinas mit Internetzugang rapide, und auch die Verbreitung von Mobiltelefonen in ländlichen Gebieten nimmt zu, so dass Gebiete, die über die entsprechenden Voraussetzungen verfügen, als erste mit dem Informationsprozess beginnen können, während Gebiete, in denen die Voraussetzungen vorerst nicht gegeben sind, schrittweise durch staatlich geführtes Privatkapital erschlossen werden können. Die Regierung muss nur wieder den "Sesam öffne dich" lesen und sich nicht darum sorgen, dass kein privates Kapital aktiv eingreift.

Die erste ländliche Industrialisierung hat nicht die landwirtschaftliche Produktion, den Vertrieb, die Verarbeitung und die

Intensivierung industrialisiert, sondern die Marktlücke der städtischen Industrialisierung gefüllt; die zweite ländliche Industrialisierung sollte sich auf die Industrialisierung von Lebensmitteln mit chinesischen Merkmalen konzentrieren.

Die moderne Hightech-Landwirtschaft wird die Produktivität erheblich steigern und den Verbrauch von Wasser, Düngemitteln und Pestiziden senken. Der berühmteste Fall ist die israelische Tröpfchentechnologie, bei der ein israelischer Landwirt 1962 auf eine undichte Wasserleitung stieß und seine Ernte außergewöhnlich gut wuchs. Der Grund dafür ist, dass die kontinuierliche Infiltration von Wasser in den Boden an der gleichen Stelle der effektivste Weg ist, um die Verdunstung zu reduzieren, die Bewässerung effizient zu gestalten und den Verbrauch von Wasser, Dünger und Pestiziden zu kontrollieren. Diese Entdeckung wurde sofort von der Regierung unterstützt, und so entstand 1964 die weltberühmte Tropfbewässerungstechnologie. 30 Jahre lang blieb der Wasserverbrauch in der israelischen Landwirtschaft weitgehend stabil, aber die landwirtschaftliche Produktion verdoppelte sich um das Fünffache! Das Prinzip der Tröpfchenbewässerung ist einfach, doch die gleichmäßige Verteilung des Wassers auf die einzelnen Pflanzen ist sehr kompliziert. Die starren, verstopfungsfreien Kunststoffschläuche, Verbindungsstücke, Filter und Steuergeräte, die in Israel entwickelt wurden, sind das Ergebnis von Hochtechnologie. In Israel ist "Wasser das Lebenselixier der Landwirtschaft", und zwar nicht im Sinne des Aushebens von Gräben, sondern im Sinne wissenschaftlicher Bewässerung und effizienter Wassernutzung. Die Tröpfchenbewässerung macht jeden Zentimeter Land zu Hightech, und computergesteuerte Tröpfchenbewässerungssysteme für Wasser, Dünger und Pestizide sind typisch für die Verbreitung der modernen Industrialisierung in der Landwirtschaft.

Israels "Tropfbewässerungstechnologie" hat die Wüste in eine landwirtschaftliche Oase verwandelt; Japans "Ein Dorf, ein Produkt"-Kampagne hat das Land in ein Paradies auf Erden mit einer schönen Umwelt und einer entwickelten Wirtschaft verwandelt; Südkoreas "neuer ländlicher Aufbau" hat die Einkommenskluft zwischen städtischen und ländlichen Gebieten verringert; und die "effiziente Landnutzung" der Niederlande hat das Wunder vollbracht, auf einem schmalen Land mit der höchsten Bevölkerungsdichte der Welt der drittgrößte Exporteur landwirtschaftlicher Produkte zu sein. Jedes dieser Länder befindet sich in einer ähnlichen Lage wie China, aber die

Landwirtschaft hat einen beispiellosen Produktivitätssprung gemacht, der durch die Verbreitung von Technologie, Informatisierung und modernem Handel unterstützt wird und es den Landwirten in diesen Ländern ermöglicht hat, sich dem Einkommen der Stadtbewohner anzunähern oder es zu übertreffen. Wie das Sprichwort sagt, liegt es am Menschen, und solange die Regierung bereit ist, die wirtschaftlichen Ressourcen in großem Umfang zugunsten des ländlichen Raums umzuschichten, ist es nicht undenkbar, dass die Produktivität im ländlichen China steigt.

Eine höhere Produktivität wird die Verbrauchernachfrage steigern, das Entstehen ländlicher Dienstleistungen fördern, eine große Zahl überschüssiger ländlicher Arbeitskräfte anziehen und eine Situation schaffen, in der die landwirtschaftliche Bevölkerung aufgeteilt ist und Landwirtschaft, landwirtschaftliche Industriecluster, städtische Teilzeitarbeitskräfte und ländliche Dienstleistungen Hand in Hand gehen; gleichzeitig wird der Städtebau beschleunigt, das System der Haushaltsregistrierung abgeschafft, die Unterverpachtung und der Umlauf von Landnutzungsrechten ermöglicht und die landwirtschaftliche Intensivierung verstärkt.

Eine der Hauptursachen für die ländliche Rückständigkeit ist der gravierende Mangel an Infrastruktur. Wasser, Strom und Transport bilden Engpässe in der landwirtschaftlichen Entwicklung. Unzureichende Bildungsressourcen, schlechte Gesundheitsversorgung und eintönige Kultur- und Freizeitpraktiken haben die Bedingungen für die zweite ländliche Industrialisierung verschärft. Vor allem die Qualität der Bevölkerung ist ein Hemmschuh für das Produktivitätswachstum. Die Amerikaner haben dies bereits im 19 Jahrhundert erkannt, und Japan hat seit der Meiji-Restauration Bildung für alle eingeführt. Auch China sieht jetzt die schwerwiegenden Folgen der strategischen Kurzsichtigkeit. Wenn man jetzt nicht entschlossener ist, die Ressourcen in großem Umfang zugunsten des ländlichen Humankapitals umzuschichten, wird sich diese schwere Schuld an der Qualität der Bevölkerung in der Zukunft in Form eines gewinnbringenden Ausgleichs verdoppeln.

Alle Visionen von einer zweiten Industrialisierung des ländlichen Raums erfordern Geld, und zwar Geld in schwindelerregender Menge, und ohne die Investition von Mitteln ist alles nur leeres Gerede. In den nächsten fünf Jahren wird der Umfang der Investitionen allein in Wasserprojekte 2 Billionen Yuan erreichen! Dies ist ein Ausgleich für die Stagnation der ländlichen Wasserentwicklung in den letzten 20

Jahren. Der Finanzbedarf für eine zweite ländliche Industrialisierung wird also mindestens ein Vielfaches davon betragen.

Die entscheidende Frage ist, wie eine so große Summe aufgebracht werden soll. Im Moment sind Landzuweisungen die vorherrschende Idee, aber sie sind nicht die beste Option. Die Idee, die Bodenpreise in die Höhe zu treiben, ist die Idee der Monetarisierung von Land und Immobilien, in Ermangelung einer wesentlichen Steigerung der Produktivität, kann letztlich nur zu einer ernsthafteren Überemission der Währung führen, bei der Förderung von Vermögensblasen und Spekulationen vorherrschend zur gleichen Zeit, Inflation und Hauspreise, der Anstieg der Rohstoffe, wird auch die Gewinnspanne der Industrie drücken, wodurch die reale Wertschöpfung unterdrückt wird, die Quelle des Wirtschaftswachstums zu schwächen. Die Vorstellung von der Wertsteigerung des Bodens und die Fantasie über den vom Himmel fallenden Reichtum ist dasselbe wie die Vorstellung einer alten amerikanischen Frau, die ihr Haus als Geldautomat benutzt. Amerikanische alte Damen können ihre Ersparnisse an chinesische alte Damen abheben, während China nur "falsche Ersparnisse" schaffen kann, indem es Geld druckt.

Ein Teil des Kapitals für die zweite Industrialisierung des ländlichen Raums kann durch den Kapitalmarkt getragen werden, die mit kurzen Investitionen, hohe Renditen, können auf dem Geschäftsmodell aufgeführt werden, brauchen nicht die Regierung, um Geld beizutragen, solange die Politik des Gebens genug Versuchung, profit-seeking Kapital ist da. Bei langfristigen Investitionen in die ländliche Infrastruktur und in das Bildungs- und Gesundheitswesen greifen die Kapitalmärkte im Allgemeinen nicht ein, und kurzfristiges Kapital strebt nach Renditen von mindestens dem Zehnfachen innerhalb von drei Jahren, was für Investitionen, die erst nach fünf bis zehn Jahren Früchte tragen, nicht attraktiv ist.

Für langfristige Investitionen in ländlichen Gebieten ist die Ausgabe von "speziellen Agrarschuldverschreibungen" oder lokalen Agrarschuldverschreibungen ein sinnvollerer Ansatz als die Gewährung von Landzuschüssen. Diese Agraranleihen unterscheiden sich grundlegend von den Schulden der lokalen Finanzierungsplattform. Im Jahr 2010 erlitt China durch Überschwemmungen und Dürren direkte Verluste in Höhe von Hunderten von Milliarden Yuan und noch größere Verluste durch indirekte Produktionsstillstände und Unterbrechungen der Geschäftsabläufe. Der Bau von landwirtschaftlichen Wasser-Projekte werden die Verluste von Katastrophen, die direkt erhöht die sozialen Gewinne und die Produktivität, die Cash-Flow schafft es, wenn auch nicht so intuitiv wie die Vorteile des Projekts, aber die gesamten sozialen Nutzen sind offensichtlich und dauerhaft, die Zinszahlungen auf die landwirtschaftliche Schulden der Staatskasse, wird durch Steuern aus der erhöhten wirtschaftlichen Gewinne der gesamten Gesellschaft überkompensiert werden.

Es kann 10 bis 20 Jahre dauern, bis sich Investitionen in Bildung und Gesundheitsversorgung in ländlichen Gebieten auszahlen. Allerdings können solche Investitionen die ländliche Bevölkerung langfristig von Schulden in Kapital umwandeln, und die Vorteile werden mit der Zeit immer deutlicher. Für solche Investitionen könnte die Ausgabe spezieller Anleihen mit sehr langer Laufzeit (20 Jahre oder mehr) in Erwägung gezogen werden, die Steuererleichterungen auf Investitionserträge bieten und die Investoren dazu ermutigen, nicht nur wirtschaftliche Erträge zu erzielen, sondern auch sozialen Nutzen zu schaffen.

Es gibt zwei Arten von Schulden: die einen sind Produktionsschulden, die anderen Konsumschulden. Erstere sind wie Muskeln, während letztere wie Fett sind. Wenn die Investitionsaussichten klar sind und die Verschuldungsquote innerhalb sicherer Grenzen liegt, spielt die produktive Verschuldung eine positive Rolle für die wirtschaftliche Entwicklung.

Der umfassende Nutzen der Emission von Agrarobligationen ist in zweierlei Hinsicht zu sehen: Erstens kann sie in großem Umfang die seit einem Jahrzehnt stark überhöhte Geldmenge absorbieren und die schwerwiegenden Auswirkungen von Vermögensblasen und Spekulationen, die durch die Liquiditätsüberflutung verursacht werden, verringern; zweitens kann sie die Tiefe und Vielfalt des Interbankenmarktes erhöhen, den Aufbau des Finanzsystems verbessern und die Aktien- und Schuldenmärkte ausgewogener gestalten. Kurzfristig kann die Staatsverschuldung im Verhältnis zum BIP stark ansteigen, aber das ist kein Grund zur Beunruhigung, denn die Agrarverschuldung ist eine harmlose Verschuldung und unterscheidet sich grundlegend von den überzogenen Konsummustern in Europa und den USA. Agrarinvestitionen werden die ländliche Infrastruktur verbessern, die Betriebskosten der Agrarwirtschaft senken, die Produktivität der Landwirtschaft erhöhen, zusätzliche landwirtschaftliche Ersparnisse schaffen, die Produktion in der städtischen Wirtschaft ankurbeln, allmählich Überkapazitäten in der nach außen gerichteten Wirtschaft absorbieren, den Binnenmarkt vergrößern und die Steuereinnahmen erhöhen.

Der wichtigste Ausgangspunkt ist der wachsende Binnenmarkt, der Chinas Macht stärkt, sein eigenes wirtschaftliches Schicksal zu bestimmen!

Das zweite Schlachtfeld für die Schaffung von Arbeitsplätzen und die Ausweitung des Marktes

Die Schwierigkeiten bei der Finanzierung kleiner und mittlerer Unternehmen im Rahmen der restriktiven Geldpolitik haben die derzeitige Situation der schwerwiegenden irrationalen Allokation von Finanzmitteln in China deutlich gemacht. Kleine und mittlere Unternehmen (KMU), die die meisten Arbeitsplätze schaffen, die meisten Steuereinnahmen beisteuern und eine wichtige Rolle in der Volkswirtschaft spielen, befinden sich in der Krise, weil sie keinen Zugang zu Krediten des Bankensystems haben. In ihrer Hilflosigkeit, auf normalem Wege keine Mittel erhalten zu können, sind die KMU auf Wucherbanken im Untergrund angewiesen, um die Nachfrage nach Liquidität oder Überbrückungskrediten aufrechtzuerhalten; und im Falle eines kleinen Unfalls können Wucherfallen mit Jahreszinssätzen von 30%, 50% oder sogar 100% ein Unternehmen, das seit Jahren fleißig betrieben wird und einen guten Ruf hat, leicht zerstören. Die wahllose Ausbreitung von Untergrundbanken hat allmählich zu einer potenziellen Krise mit einer Kettenreaktion von "Subprime-Krediten" nach chinesischem Vorbild geführt.

Der Ruf nach einer Lösung für die Finanzierungsschwierigkeiten kleiner und mittlerer Unternehmen wird seit vielen Jahren laut, und die Ursache für die Verzögerung bei der Lösung des Problems liegt in der natürlichen Vorliebe der Geschäftsbanken in einer Marktwirtschaft, "Armut zu verdächtigen, die Reichen zu lieben und Risiken zu vermeiden". Dies ist vergleichbar mit der vorherrschenden "Kreditknappheit"-Mentalität der Geschäftsbanken in den Vereinigten Staaten nach dem Finanz-Tsunami, nicht dass es in den Vereinigten Staaten keine Unternehmen und Einzelpersonen gäbe, die Kredite erhalten wollen, sondern dass die Banken nach dem Erleiden schwerer Verluste eine paranoide Risikoscheu entwickelt haben, was zu einem Rückgang der Verbraucher- und Hypothekenkredite in den Vereinigten Staaten geführt hat.

Ein weiteres Beispiel ist die Große Depression in Deutschland in den 1930er Jahren, als einerseits 30 Prozent der Bevölkerung arbeitslos waren und andererseits eine große Menge an ungenutzten industriellen Produktionskapazitäten vorhanden war. Wenn Geld hereinkäme, um beides zu kombinieren, würde es neue Ersparnisse schaffen, die eine Produktionsausweitung in anderen Bereichen anregen würden, der Marktaustausch würde stattfinden und die deutsche Wirtschaft würde wieder zum Leben erwachen. Aber die deutschen Geschäftsbanken haben sich geweigert, Kredite zu vergeben, um den wirtschaftlichen Aufschwung in Gang zu bringen. Die Banken waren in Krisenzeiten stets übermäßig vorsichtig und haben in Blasenzeiten missbräuchlich Kredite vergeben. Von privaten Banken zu erwarten, dass sie die deutsche Wirtschaft ankurbeln, erscheint weitgehend unzuverlässig. Die gerade an die Macht gekommene Nazi-Regierung war der Ansicht, dass "unsere wirtschaftlichen Probleme nicht auf einen Mangel an Produktionsmitteln zurückzuführen sind, sondern darauf, dass die vorhandenen Produktionsmittel nicht voll genutzt werden. Um die Arbeitslosigkeit zu verringern, ist es heute die dringendste Aufgabe, die ungenutzten Produktionsmittel zu nutzen. "Die Lösung liegt in der "Investition in produktive Kredite". Die deutsche Regierung beschloss, von den traditionellen Theorien der Kreditschöpfung durch die Banken abzurücken und sich nicht an Gold und Devisen zu binden, sondern eine neue Form von Währung durch die Regierung zu schaffen, den berühmten "Mefo-Schein" (Arbeitsbeschaffungsschein). Die deutsche Regierung zahlt kurzfristige Wechsel mit einem Zinssatz von 4,5% für einen Zeitraum von drei Monaten direkt an staatliche Käufer und sieht vor, dass die Wechsel bei allen Banken des Landes "diskontiert" werden können und dass die Banken sie zur "Wiederdiskontierung" gegen Bargeld zur Zentralbank bringen oder sie bis zur Fälligkeit halten können. Dieser Schritt läuft auf die direkte Ausgabe von Reichsmark durch die Regierung hinaus, die durch "Arbeitsbeschaffungswechsel" gesichert sind, wobei das risikoscheue Bankensystem vollständig umgangen wird und der Wille der Regierung, Arbeitsplätze zu schaffen, durch diese Wechsel direkt in die deutsche Wirtschaft eingespeist wird. Nachdem die ungenutzten Arbeitskräfte mit den ungenutzten Produktionsmitteln zusammengeführt worden waren, begann die deutsche Wirtschaft sofort, sich zu beleben, und in nur fünf Jahren hatte sie fast Vollbeschäftigung erreicht, die Arbeitslosigkeit war auf 1,3 Prozent gesunken, das Bruttosozialprodukt hatte sich verdoppelt, und sie war wieder ein starkes Industrieland in Europa.

Dieses Beispiel zeigt, dass Regierungen, wenn das kommerzielle Bankensystem aus verschiedenen Gründen zögert, Kredite für die Schaffung von Arbeitsplätzen bereitzustellen, das Bankensystem umgehen und den Willen des Staates über das Instrument der Finanzinnovation direkt in die Wirtschaft einbringen können.

China sieht sich derzeit mit einem ähnlichen Paradoxon konfrontiert, da arbeitsplatzschaffende KMU aufgrund eines außerordentlichen Kapitalmangels in Konkurs gehen, während die Geschäftsbanken es vorziehen, sich abzusichern, indem sie Geld an große Staatsunternehmen verleihen, denen es nicht an Geld mangelt. Das Problem dabei ist, dass die Regierung, wenn die marktwirtschaftlichen Prinzipien der Geschäftsbanken respektiert werden, nicht in der Lage sein wird, von den Banken zu verlangen, Kredite direkt an KMU zu vergeben, da es sonst in Zukunft zu komplexen Verwicklungen zwischen Banken und der Regierung kommen wird. Gleichzeitig sind kleine und mittlere Unternehmen zu klein, um sich durch die Ausgabe von Anleihen Mittel zu beschaffen, denn zum einen ist dies gesetzlich nicht erlaubt, zum anderen ist kein Makler bereit, einige Millionen Yuan an Zeichnungsgebühren und mühsamen Bemühungen zu verdienen. Wenn mehrere kleine und mittlere Unternehmen zusammengelegt werden, um "gepoolte Anleihen" zu emittieren, ergeben sich weitere Bonitätsprobleme und operative Probleme, z. B. die Frage, was mit den anderen Unternehmen geschehen soll, wenn eines von ihnen zahlungsunfähig wird. Auch die Anleger halten dies für riskant und zögern, zu investieren.

An diesem Punkt sieht sich die Regierung mit einer strategischen Analyse konfrontiert: Wenn die Vergrößerung des Inlandsmarkts höchste Priorität hat, dann wird die Schaffung von mehr Arbeitsplätzen direkt die Konsumkapazität des Inlandsmarkts erhöhen. Eine Finanzinnovation ist notwendig, um das Dilemma der Finanzierung von KMU zu lösen. Die grundlegenden Merkmale dieser Innovation sind zweierlei: zum einen die Umgehung der Banken und zum anderen die staatliche Unterstützung. Das Ziel ist, dass KMU, die bereit sind, mehr Arbeitsplätze zu schaffen, Zugang zu kostengünstigen Finanzierungen erhalten.

In diesem Bereich der Finanzinnovation sind Entwürfe zur Schaffung von Arbeitsplätzen, kurzfristige Handelspapiere und Schrottanleihen allesamt Ansätze, die es wert sind, eingehend untersucht zu werden.

Was die ausländischen Direktinvestitionen betrifft, so wären mehr Arbeitsplätze, die zu Steuereinnahmen führen, und die Verbreitung von Technologie natürlich zu begrüßen, aber es könnte einige Anpassungen im Ansatz geben. Da Chinas Devisenreserven eindeutig überstrapaziert sind, wissen diese ausländischen Währungen nicht einmal, was sie kaufen sollen, und mehr ausländische Währungen, die ins Land kommen, erhöhen stattdessen die Belastung der chinesischen Devisenreserven. Was für ausländische Unternehmen am wertvollsten ist, sind nicht ihre Devisen, sondern ihre Technologie, ihr Management, ihre Marke und ihre internationalen Marketingkanäle.

Mit anderen Worten, wenn es darum geht, gewöhnliche ausländische Investitionen anzuziehen, kann die Regierung sagen: "Willkommen". Aber wir brauchen kein Geld von Ihnen, unsere Devisen-Investmentgesellschaft ist bereit zu investieren, Sie nehmen Technologie, Management, Marke, Kanal in die Aktie, wir sind der große Aktionär, Sie sind der kleine Aktionär.

Wenn es sich um ein wirklich gutes Projekt handelt, das Geld einbringt, werden ausländische oder inländische Investmentgesellschaften um Anteile konkurrieren, so dass die Devisenreserven eine weitere Verwendungsmöglichkeit im Lande haben. Warum sind die Ausländer bereit zu kommen? Vor 30 Jahren waren die chinesischen Devisen knapp, und ausländische Direktinvestitionen waren die richtige Entscheidung. Aber 30 Jahre östlich, 30 Jahre westlich, jetzt ist China besorgt über zu viele Devisen. Devisenreserven werden im Inland verwendet, indem Devisen gegen eine Mehrheitsbeteiligung an ausländischem Kapital getauscht werden. Da es für China nicht einfach ist, gute Anlagen im Ausland zu finden, kann jemand anderes eine gute Investition ablehnen, die ihm vor die Haustür geliefert wird? Um es kurz zu machen: Wir kommen, um zu fahren, und sie sind die Pferde.

Diejenigen multinationalen Unternehmen, die bereits im Land tätig sind, sollten, wenn sie gute Gewinne erzielen und ein Monopol in Chinas führender Industrie haben, die Gelegenheit nutzen, ihre Anteile zurückzukaufen. Ziel ist es, monopolistische Auslandsinvestitionen auf einen Nichtmonopolstatus zu reduzieren und ausländische Großaktionäre in Kleinaktionäre zu verwandeln. Sind Sie nicht besorgt, dass Sie Ihre Devisenreserven nicht ausgeben können? Sie können im Ausland keine guten Anlagen kaufen und im Inland keine Wolle scheren? Sie haben so viele Jahre lang Geld verdient, dass es an der Zeit gewesen wäre, einen Teil des Gewinns an die chinesische Gesellschaft zurückzugeben.

Der Rückkauf von Beteiligungen der TNK in China aus den Devisenreserven sollte natürlich auf "freiwilliger" Basis erfolgen, und das Hauptproblem besteht darin, Wege zu finden, ausländische Investoren dazu zu bringen, ihre Beteiligungen freiwillig zu einem angemessenen Preis zu verkaufen. In der Tat kann die Regierung die verschiedene "Rhetorik", auf die chinesische Unternehmen bei Fusionen und Übernahmen im Ausland gestoßen sind, zitieren und in umgekehrter Weise nutzen. Zum Beispiel die allgegenwärtigen nationalen Sicherheitsbedenken, der modische Umweltschutz und die Steuerprüfung. Die Lösung ist immer schwieriger!

Sind Immobilien eine Vermögensblase oder eine Stütze des Wirtschaftswachstums?

Um diese Frage zu beantworten, ist es besser, sich die einfachste Geschichte des Jägers anzuschauen und sie genauer zu analysieren.

Der Jäger jagt auf traditionelle Weise und bildet so eine "Ersparnis" an seiner Beute, und wenn er diese Ersparnis verwendet, um in die Herstellung von Pfeil und Bogen zu "investieren", erhöht er seine Produktivität. Und eine höhere Produktivität bringt mehr Beute, was es ihm ermöglicht, die verbleibenden "Ersparnisse" auf dem Markt einzutauschen. Benötigt er ein Kleidungsstück, so wird der Schneider durch die Produktion "angeregt", die Herstellung des Kleidungsstücks zu beschleunigen und den Bedarf des Jägers zu decken, wodurch die Produktivität des Kleidungsstücks steigt. Da sowohl Jäger als auch Schneider einen zunehmenden Überschuss an Ersparnissen generieren, werden ihre zusätzlichen Ersparnisse auf dem Markt ausgetauscht, was wiederum weitere Industrien dazu anregt, die Produktion zu beschleunigen, was zu einer größeren Bandbreite an Produktivitätsgewinnen führt.

Infolgedessen begann sich das Wirtschaftswachstum von den Sektoren, die den Produktivitätszuwachs eingeleitet hatten, auf periphere Industrien "auszuweiten", was zu einer allgemeinen Steigerung der gesellschaftlichen Produktivität führte. In diesem Prozess spielen die Sektoren mit hoher Produktivität die Rolle einer "Wirtschaftslokomotive", während die Sektoren mit niedriger Produktivität durch ihre Nachfrage dazu angeregt werden, Wachstum zu generieren und dann schrittweise ihre eigene Produktivität zu steigern.

Wenn der Jäger der "Motor des Wirtschaftswachstums" ist, dann ist die Entwicklung der Bekleidungs- und anderer Industrien der "gezogene" Sektor. Die allgemeine Produktivitätssteigerung der Gesellschaft als Ganzes hat eine große Menge an überschüssigem Reichtum hervorgebracht und damit den Bedarf an "Reichtumskellern" geschaffen. Bevor die Jäger Pfeil und Bogen herstellten, gab es in der Gesellschaft keinen überschüssigen Reichtum, das Land des gesamten Stammes war nicht viel wert, und wer kümmert sich schon um die Erschließung von Land, wenn er sich nicht einmal die Bäuche vollschlagen kann? Erst wenn es in der Gesellschaft eine Nachfrage nach "Reichtumskellern" gibt, spielen Gold, Schätze, Schmuck und auch das Land die Rolle eines Behälters für den Überfluss an Reichtum. So begann das Land an Wert zu gewinnen. Zunehmend wohlhabende Jäger und Bekleidungshersteller entwickelten allmählich eine Nachfrage nach Wohnraum, und die Bauträger wurden zum Bau von Häusern "angeregt", was wiederum die Maurer-, Holz-, Möbel- und andere Industrien "stimulierte".

In dieser Kette sind die Jäger die Quelle der Nachfrage und die treibende Kraft ist die Herstellung von Pfeil und Bogen. Nur eine Produktivitätsrevolution ist die wahre Quelle der Wertschöpfung.

Die ganze Idee, sich auf die Aufwertung von Grund und Boden und die Entwicklung von Immobilien zu verlassen, um die wirtschaftliche Kette zu ziehen, ist fragwürdig. Die Aufwertung von Grund und Boden und die Entwicklung von Immobilien sind eine natürliche Folge von Produktivitätssteigerungen, nicht deren ursprüngliche Ursache. Die Umkehrung dieser Logik hat den falschen wirtschaftlichen Effekt.

Ohne einen revolutionären Produktivitätsdurchbruch wird das einseitige Streben nach Wertsteigerung von Grund und Boden zu höheren Kosten für den Industriesektor führen. Die Monetarisierung des Bodens und der Immobilien führt also zu einem Anstieg der Geldmenge, der den Produktivitätszuwachs übersteigt, mit der Folge, dass die allgemeine Inflation, die Verteuerung von Boden, Rohstoffen, Energie und Arbeit, begleitet von einem scharfen Wettbewerb bei den Marktpreisen, die Gewinne des gesamten Industriesektors, der noch keinen Produktivitätsdurchbruch erzielt hat, drücken wird. Das Endergebnis ist, dass der unrentable Industriesektor, ohne die notwendigen "Ersparnisse" zu akkumulieren, die Fähigkeit verliert, die "Pfeil- und Bogenproduktion" zu verbessern und das Potenzial für Produktivitätssteigerungen schwächt.

Das Wachstum des Gesamt-BIP ist nicht das eigentliche Ziel der wirtschaftlichen Entwicklung, und ein gesundes Wirtschaftswachstum muss auf die Steigerung der Produktivität ausgerichtet sein. Das BIP, das durch Immobilien und ihre industrielle Kette generiert wird und das eigentlich das Ergebnis von Produktivitätswachstum sein sollte, ist nun zur Ursache für die Unterdrückung der Produktivität geworden. Hunderte Millionen Tonnen Stahl, Zement und Rohstoffe sind in "Geistergebäuden" voller Spekulationen und mit einer ungewöhnlich hohen Leerstandsquote eingefroren, was wie die großen Stahlraffinerien der 50er Jahre und der "ausländische Sprung nach vorn" der 70er Jahre eine Verschwendung wertvoller wirtschaftlicher Ressourcen ist, was gleichbedeutend damit ist, dass man den Jägern die Anhäufung, die zur Herstellung von Pfeil und Bogen verwendet wird, vorenthält und sie in einen Zustand der Untätigkeit und Verschwendung versetzt.

Die Monetarisierung von Grundstücken und Immobilien hat zu einer Kreditschöpfungsorgie geführt, und die zunehmende Entwertung der Kaufkraft des Geldes hat die rationale Verteilung des Wohlstands in der Gesellschaft verzerrt. Der Reichtum der Sparer wird in großem Umfang in die Taschen einiger weniger verlagert, und es wird ein schlechtes Beispiel für "schnell reich werden" gegeben. Mitten in der großen Veränderung des Wohlstandsflusses übertraf die Wertsteigerung von Grund und Boden leicht die mageren Gewinne der industriellen Produktion und zerstörte schnell den Willen der Industriellen, hart zu arbeiten, und erschütterte die Entschlossenheit der Industrie, die "Herstellung von Pfeil und Bogen" ständig zu verbessern. Wer will schon in der Industrie weiterhin bodenständig und fleißig sein, wenn der Kauf eines Grundstücks, auf dem man auf den Wertzuwachs wartet, schneller und profitabler ist als langweilige, schmerzhafte, hirntötende und riskante technologische Innovationen? Diese kurzsichtige und ungestüme gesellschaftliche Atmosphäre hat dazu geführt, dass das "Made in China" zunehmend flache Wurzeln schlägt und anfällig für Wind und Wellen ist.

Die rasche Aufwertung von Grund und Boden und die abnorme Entwicklung der Immobilienbranche zerstören das Potenzial des industriellen Produktivitätswachstums sowohl in materieller als auch in geistiger Hinsicht. Das von ihnen geschaffene BIP ist reich an Giften,

Nebenwirkungen und Schaum und ist eine "hoch verschmutzte" Industrie in der wirtschaftlichen Entwicklung.

Eine normale Immobilienentwicklung trägt zur Verbesserung der Lebensqualität der gesamten Gesellschaft, zu einem gesunden Wirtschaftswachstum, zur Förderung des sozialen Konsums und zur Vergrößerung des Binnenmarktes bei und sollte daher gefördert werden. Der monströse Immobilienboom ist jedoch keineswegs ein Segen für China.

Nach dem 11. September 2001 wurde die informationstechnische Revolution in den Vereinigten Staaten durch exzessive Kapitalspekulationen unterbrochen, und der Prozess der Produktivitätsexplosion kam zu einem abrupten Ende. In Ermangelung neuer technologischer Durchbrüche haben sich die Vereinigten Staaten auf das Modell der "Vermögensblase" eingelassen und den Immobilienboom angekurbelt, um das Wirtschaftswachstum anzukurbeln. Die übermäßige Kreditausweitung und die Finanzinnovation führten schließlich zur schlimmsten Wirtschaftskrise seit der Großen Depression in den 1930er Jahren. Japans monströser Immobilienboom nach Mitte der 1980er Jahre löste eine 20-jährige wirtschaftliche Stagnation aus, und die Immobilienblase der "Four Little Dragons" in Asien wurde durch die asiatische Finanzkrise von 1997 schwer bestraft. Die Hand, die die Immobilienblase zugedrückt hat, darf nicht weich werden!

Es gibt keinen Grund, die westliche "hohe Meinung", dass das Platzen der Immobilienblase die Finanzkrise in China auslösen wird, zu überdenken. Alle Finanzkrisen sind eine Kettenreaktion von Liquiditätsengpässen, die durch Zahlungsausfälle verursacht werden, die wiederum die Vermögenswerte der Finanzinstitute zerstören. Es ist nicht schwer, den Finanzinstituten ausreichend Liquidität zuzuführen, sie zu retten und die Ausbreitung von Zahlungsausfällen zu stoppen. Die USA haben es bereits getan, Europa bereitet sich darauf vor. Das Schwierige ist, dass die anhaltend hohe Verschuldung den Wunsch und die Fähigkeit der Verbraucher unterdrückt, ihre Kredite auszuweiten. Ohne eine Ausweitung der Kreditvergabe wird es keinen dauerhaften Impuls für die wirtschaftliche Erholung geben, und es wird schwierig sein, einen positiven Kreislauf von Beschäftigung und Produktion zu schaffen. Und die Tatsache, dass die Regierung keine Macht hat, das Verhältnis zwischen Schulden und Bindung in der Gesellschaft mit Gewalt zu korrigieren, ist der springende Punkt!

In den Vereinigten Staaten setzt Washington im Rahmen des Systems der "Goldmacht" die Politik der Wall Street um, und die Schulden sind für die Banken das wichtigste Gut. Die Schulden sind also "sakrosankt"! Infolgedessen hat die US-Regierung den irrationalsten und verschwenderischsten Weg gewählt, um die Finanzkrise zu retten. Die Hauptursache für faule Bankschulden ist, dass die Kreditgeber nicht in der Lage sind, die durch Ausfälle verursachte Schuldenlast zu tragen, der einfachste und effizienteste Weg sollte sein, dass die US-Regierung mit Rettungsgeldern direkt die uneinbringlichen Schulden streicht, das Schuldenverhältnis wird abgeschrieben, so dass die Verbraucher ohne Schuldendruck in der Lage sein werden, leicht aufzusteigen, die wirtschaftliche Erholung wird bald wieder in Gang kommen. Aber die Banker sind damit nicht einverstanden: Wie können die Banken durch den Abbau der Verbraucherschulden Geld verdienen? Die Banker bestehen darauf, Staatsgelder zu nehmen, um die Banken zu kapitalisieren und die verschuldeten Verbraucher als Sklaven der Schulden zu halten, umso mehr, bevor sie die Regierung dazu bringen können, weiterhin mit der Staatskasse zu subventionieren, wobei zwei Häuser das offensichtliche Beispiel sind. Das Ergebnis ist, dass das Geld der Regierung die Verluste der Banken ausgleicht, die Schuldner weiterhin durch hohe Schulden unter Druck gesetzt werden, die Regierung subventioniert, wenn sie nicht zahlen können, und das ganze Geld der Regierung kommt aus der Überziehung der zukünftigen Staatsschulden, der Druck der steigenden Staatsschulden wird letztendlich von den Steuerzahlern getragen. Der Anteil der Gesamtverschuldung am BIP der Wirtschaft nimmt nicht ab, sondern zu. Die durch die höhere Verschuldung belasteten Verbraucher sind nicht mehr in der Lage, ihren Konsum auszuweiten, die Wirtschaft steckt in einem Sumpf, und es besteht kaum Hoffnung auf eine Erholung der Beschäftigung.

Der grundlegende Unterschied zwischen China und dem Westen besteht darin, dass die Regierung eine Umstrukturierung des Verhältnisses von Schulden zu Schulden erzwingen kann. In der Anfangszeit der Jinggang-Bergbasis war die wirtschaftliche Entwicklung aufgrund der hohen Verschuldung der Bauern im Niedergang begriffen. Die von der Roten Armee vorgeschlagene Politik lautete: "Alle Schulden, die die Arbeiter und Bauern bei Tendong haben, sind zu streichen und nicht zurückzuzahlen". Als die schweren Fesseln der bäuerlichen Schulden beseitigt waren, blühte die Wirtschaft des Stützpunkts bald auf.

Die Abschaffung des Schuld-Schuld-Verhältnisses bedeutet eine Umverteilung des gesellschaftlichen Reichtums, was in der Tat eine soziale Revolution ist! Der Eckpfeiler der Herrschaft der westlichen Gesellschaft sind die Interessen der Finanzkonzerne, und die Änderung des Schuld-Schuld-Verhältnisses ist gleichbedeutend mit der "Ruinierung ihres Lebens", was natürlich nicht funktionieren wird.

Da in China die Regierung das Zentrum der gesellschaftlichen Macht ist, kann sich in Krisenzeiten alles ändern! Das gilt auch für das Verhältnis von Schulden zueinander, das jederzeit angepasst werden kann, so dass eine westliche Finanzkrise in China nur schwer möglich ist. Und dieser institutionelle Unterschied ist für westliche Gelehrte schwer zu verstehen. Wenn die Immobilienblase platzt, kann die Regierung direkt Immobilien kaufen und sie billig an Menschen mit niedrigem Einkommen vermieten, nicht nur, um einen Boden für die Vermögenspreise zu schaffen, sondern auch, um die Kosten für den Bau einer großen Zahl von Mietwohnungen zu sparen. Wenn sich die Wirtschaft erholt, werden sich die Immobilienpreise auf gesunde Weise erholen und die faulen Kredite des Bankensystems werden sich deutlich verringern.

Weg mit dem Dollar, der Yuan braucht eine Kur

Das Konzept der "Devisenreserven", das vom Gouverneur der Bank of England, Norman, auf der Konferenz von Genua im Jahr 1922 erfunden wurde, ist ein zweifelhaftes und unwirksames Währungssystem. Da es den Briten nach dem Ersten Weltkrieg an Gold fehlte, erfanden sie den Währungstrick "Wasser in Öl", legten das Pfund und den Dollar zusammen als Währungsreserven der Zentralbank vor und unterstützten die Ausgabe nationaler Währungen, was das Wesen des Goldstandard-Systems ausmacht. Die nationalen Währungen sind an zwei Kernwährungen, das Pfund Sterling und den US-Dollar, gekoppelt, die ihrerseits einen freien Umtausch in Gold versprechen. Dieses Währungssystem trug in den 1920er Jahren zur weltweiten Liquiditätsschwemme bei, die in der Großen Depression der 1930er Jahre ihren Höhepunkt fand.

Das Bretton-Woods-System von 1944 verbesserte die globale Version des Systems, wobei die Kernwährung zum Dollar und die Dollarreserve zum Eckpfeiler der nationalen Währungen wurde, was 1971 zum Zusammenbruch des globalen Währungssystems führte.

Nach der Geburt des amerikanischen Schuldenimperiums im Jahr 1971 und insbesondere nach dem Einsatz der monetären "Chemotherapie" durch den Vorsitzenden der Federal Reserve, Volcker, zur Festigung der Vorherrschaft des Dollars im Jahr 1979 setzten sich die Dollarreserven wieder durch, bis zur Geburt des Euro.

In der Tat besteht ein unüberwindbarer logischer Widerspruch in der Verwendung souveräner nationaler Währungen und der Staatsverschuldung der dahinter stehenden Vermögenswerte als Grundlage für die Ausgabe der Währungen der Welt, das berühmte "Triffin-Dilemma" von damals, das auch heute noch gilt. Logischerweise wird das Dollarsystem früher oder später wieder kollabieren, und keines der Länder, die den Dollar und die US-Schulden als Kernaktiva für die Devisenreserven nutzen, wird verschont bleiben. Es ist eine Frage des Wann, nicht des Ob.

In diesem Wissen wäre es ein Verstoß gegen den Grundsatz, dass "ein Gentleman nicht unter einer Mauer der Gefahr baut", die Dollarreserven als Grundlage für die Ausgabe des Yuan zu verwenden. Das Halten von US-Schulden ist gleichbedeutend mit dem Export inländischer Ersparnisse und der Unterdrückung der Expansion des heimischen Marktes. Das Halten von Dollars, d.h. das indirekte Halten von US-Staatsanleihen hinter Dollars, ist ebenfalls gleichbedeutend mit der Finanzierung des US-Defizits.

Aber was genau kann man mit diesen Dollars kaufen? Das Ausmaß der angehäuften Devisenreserven Chinas ist so groß, dass es plötzlich einen riesigen Überschuss an Dollars in den Händen hält, obwohl es in Wirklichkeit nichts Gutes kaufen kann, außer US-Staatsanleihen. Sollte China an diesem Punkt nicht seinerseits fragen, ob diese Exportgenerierung noch Sinn macht? Die tatsächliche Kaufkraft von Dollarwerten verliert jedes Jahr an Wert, läuft das nicht darauf hinaus, dass ein Teil der exportierten Waren direkt in den Pazifik fließt? Verbraucht China Ressourcen, Energie, Arbeitskraft und materielle Mittel, um Arbeitsplätze zu erhalten, nur um seine Produkte schubweise ins Meer zu kippen? Ist es möglich, etwas Sinnvolles zu tun? Einige argumentieren, dass China weiterhin US-Staatsanleihen kaufen muss, da sonst die von ihm gehaltenen US-Staatsanleihen schrumpfen werden. Die Logik ist ebenfalls fehlerhaft: Wenn Sie Aktien eines Unternehmens mit Verlusten hielten und wüssten, dass es in Zukunft Geld verlieren würde, würden Sie dann weiterhin wie verrückt kaufen, um den Aktienkurs zu halten? Es sei denn, Sie sind bereit, das hohe Schiff zu verlassen! Aber das Schlimmste ist, dass Sie plötzlich herausfinden, dass Sie eigentlich der größte, letzte und dümmste Fang sind.

Vor 1994 war die Refinanzierung die wichtigste Form der Renminbi-Anlage, und von 1983 bis 1993 machte sie 70 bis 90 Prozent der Renminbi-Basiswährungsanlage aus. In diesem Zeitraum war der Renminbi für die wirtschaftliche Entwicklung des Landes von großer Bedeutung, da die Refinanzierung ein Kredit war, den die inländischen Finanzinstitute von der Zentralbank erhielten und der in den inländischen Wirtschaftskreislauf einfloss. Die Unabhängigkeit der Renminbi-Emission wurde durch die allmählichen Änderungen des Mechanismus der Renminbi-Emission nach der Wechselkurskonvergenz im Jahr 1994, den zunehmenden Anteil der Devisen, die zunehmende Abhängigkeit von den Devisenreserven als Sicherheit für die Basiswährung des Renminbi und die allmähliche Erosion der Renminbi-Emission allmählich geschwächt.

Die Ausgabe des Yuan ist zunehmend an den Kredit ausländischer Währungen, insbesondere ausländischer Regierungen, gebunden, unabhängig vom wirtschaftlichen Entwicklungsstand des Landes. In diesem Zusammenhang hat sich Chinas wirtschaftliches Entwicklungsmodell erheblich verändert, von der Abhängigkeit vom heimischen Markt zur Abhängigkeit vom internationalen Markt. In den 1950er Jahren schlug Chen Yun vor, den Renminbi weder an den US-Dollar, das Pfund Sterling und das Gold noch an den sowjetischen Rubel zu binden, da die ältere Generation die schwerwiegenden Folgen der zunehmenden Kolonialisierung der nationalen Wirtschaft miterlebt hatte, nachdem die französische Währung von Chiang Kai-shek an das Pfund Sterling und den US-Dollar gekoppelt worden war und die Währungssouveränität auf der Strecke blieb und die finanzielle Grenze verloren ging.

In der gesamten Geschichte der Währungen bestand der Aufstieg einer jeden Großmacht darin, ihren eigenen Reichtum als Währungsreserve einzusetzen, um die eigene Wirtschaft oder den von ihr beherrschten Weltwirtschaftskreislauf mit Krediten zu versorgen. Als das britische Empire die Welt beherrschte, nutzte es Gold als Währungsreserve; als der US-Dollar die Welt beherrschte, nutzte er US-Staatsanleihen als Währungsbasis; als der Euro entstand, nutzte er europäische Staatsanleihen als Emissionsbasis; wenn der RMB in Zukunft die Welt beherrscht, würde er dann lange Zeit unter den Fittichen von US-Staatsanleihen kämpfen können?

Die Devisenreserven sind ein Zeichen dafür, dass Länder am Rande der Währungsgrenzen von den Kernwährungsmächten beherrscht werden, und keineswegs ein Symbol für geldpolitische Unabhängigkeit; sie stehen nicht für die Stärke der Währung, sondern spiegeln lediglich die Tiefe der Währungsabhängigkeit wider.

Die Frage der Devisenbuchhaltung ist kein technisches Detail, sondern eine strategische Weichenstellung für Chinas Währung.

Damit der Renminbi wieder die Vorherrschaft bei der Ausgabe von Devisen erlangt und die inländische Kreditschöpfung dem inländischen Wirtschaftskreislauf dient, ist es notwendig, den Zentralbanken den Zugang zu Devisen zu versperren. Der spezifische Ansatz besteht darin, einen "Devisenausgleichsfonds" einzurichten, der spezielle "Devisenanleihen" auf Staatskredit ausgibt, RMB-Mittel aufnimmt und die Rolle des "Käufers der letzten Instanz" für Devisen auf dem chinesischen Interbankenmarkt spielt, den Kanal des Devisenflusses zur Zentralbank blockiert und den erheblichen Anstieg der Basiswährungsinvestitionen allein zum Zweck des Erwerbs von Devisen beseitigt. Gleichzeitig können diese "Devisenanleihen" auch die Vielfalt des Anleihemarktes erheblich bereichern und Versicherungsgesellschaften, Banken, Fonds und anderen Anlageinstituten neue Investitionsmöglichkeiten bieten.

Zu den Hauptaufgaben des "Devisenparitätsfonds" gehören: Interventionen auf dem Devisenmarkt, um die Wechselkursstabilität des Renminbi zu erreichen; als größte Devisenkonzentration Vergabe von Krediten an Institutionen, die Devisen nachfragen; solange die Krediteinnahmen die Kosten für die Ausgabe von "Devisenanleihen" übersteigen, kann der Fonds natürlich Gewinne erzielen. Der Fonds selbst tätigt keine direkten Deviseninvestitionen, die an die CIC oder andere neu gegründete Deviseninvestitionsgesellschaften ausgelagert werden können, sondern er handelt nur mit Deviseninvestitionsverwaltungsgesellschaften als Kreditgeber.

Was die bereits bei der Zentralbank vorhandenen Devisenreserven betrifft, so können sie schrittweise durch den Tausch von Vermögenswerten aufgelöst werden. Um beispielsweise umfangreiche Baumittel für die zweite Industrialisierung der ländlichen Gebiete zu beschaffen, kann der Staat spezielle "Agraranleihen" mit sehr langer Laufzeit auf Staatskredit ausgeben, die als Ersatz für die Devisenreserven dienen und den Renminbi eng mit der wirtschaftlichen Transformation im Inland verbinden. In ähnlicher Weise können neue

Anleihearten wie "Arbeitsbeschaffungsanleihen" zur Lösung des Beschäftigungsproblems, "nationale Innovationsanleihen" zur Entwicklung technologischer Innovationen, "Gesundheitsanleihen" zur Verbesserung des schwierigen Zugangs zu medizinischer Versorgung in Chinas städtischen und ländlichen Gebieten, "Anleihen für preisgünstigen Wohnraum" zur Lösung des Wohnungsproblems und "nationale Rohstoffreserven" zur Sicherung der Rohstoffquellen für das Wirtschaftswachstum die Devisenanlagen der Zentralbank schubweise ersetzen. Auf diese Weise wird der Yuan wirklich zur "Währung des Volkes", die "dem Volk" und der chinesischen Wirtschaft dient.

Nur wenn wir uns ein für alle Mal aus dem Dilemma des Dollars befreien, wird die künftige Internationalisierung des RMB auf einer soliden und verlässlichen wirtschaftlichen Grundlage stehen und endlich sein Schicksal selbst in die Hand nehmen können!

KAPITEL IX

Das Zeitalter der kriegführenden Staaten, Spannungen am Horizont

In den letzten zehn Jahren beruhte die Beziehung zwischen "China und den Vereinigten Staaten" auf der Bündelung von Interessen - chinesische Produktion, amerikanischer Genuss, chinesische Ersparnisse, amerikanischer Konsum -, die eine Voraussetzung dafür ist, dass die Vereinigten Staaten den wirtschaftlichen Wohlstand Chinas tolerieren. In den nächsten zehn Jahren werden sich in den Vereinigten Staaten drei große Zyklen überschneiden: Schuldenabbau, schwacher Konsum aufgrund der Überalterung und produktivitätssteigernde Engpässe, so dass ein längerer wirtschaftlicher Abschwung vorprogrammiert ist. Das schuldengetriebene Konkursmodell der Vereinigten Staaten, Europas und Japans ist ähnlich wenig aussichtsreich, und der anhaltende Abschwung in den Industrieländern macht Chinas nach außen gerichtetes Wirtschaftsmodell unhaltbar, und China wird gezwungen sein, eine wirtschaftliche Umgestaltung vorzunehmen. Der Rückgang des inländischen Sparwachstums und die Hinwendung zum Inland würden die Grundlage für eine "chinesisch-amerikanische" Zusammenarbeit untergraben. Nach Ansicht der Vereinigten Staaten schrumpft der Nutzungswert Chinas.

Eine schleppende US-Wirtschaft kann das Vertrauen der USA schwächen, und Hegemonien, denen es an Vertrauen mangelt, neigen dazu, empfindlicher und aggressiver zu werden. Wenn Chinas Wirtschaft weiter floriert, werden die USA die Probleme im Ost- und Südchinesischen Meer voll ausnutzen, um China zu schwächen und sogar lokale Kriege zu provozieren, um das Land zu schwächen; wenn Chinas Wirtschaft auf der Stelle tritt, werden die USA den Schwung nutzen, um diesen größten potenziellen Rivalen aufzugreifen. "Amerikas pazifisches Jahrhundert" ist eine wichtige Proklamation der nationalen strategischen Umgestaltung der USA.

Die Grundlage der wirtschaftlichen Prosperität Chinas ist in der Tat recht brüchig: Öl, Rohstoffversorgung und Seehandelswege liegen im Wesentlichen in den Händen der USA, und das Wirtschaftsmodell ist stark außenorientiert und stützt sich in hohem Maße auf den europäischen und den amerikanischen Markt, was alles kein Problem ist, wenn die Interessen beider Seiten miteinander verbunden sind; alles wird jedoch zum Problem, wenn die gemeinsamen Interessen der USA und Chinas geschwächt werden.

Bevor sich das äußere Umfeld verschlechtert, sollte China proaktiv handeln, aus den europäischen Erfahrungen lernen, die asiatische Wirtschaftsgemeinschaft aktiv fördern, potenzielle asiatische Rivalen in Verbündete mit einer Interessengemeinschaft verwandeln und die Währungsstrategie des asiatischen Dollars nutzen, um die politischen und wirtschaftlichen Ressourcen Asiens zu integrieren und gleichzeitig die Internationalisierung des Yuan stetig voranzutreiben. Wie die Erfahrungen mit dem Yen und der D-Mark zeigen, ist es unwahrscheinlich, dass die Währungen der nach außen orientierten Volkswirtschaften zur dominierenden Weltwährung werden.

China sollte den asiatischen Dollar-Prozess anführen und den Währungshebel des asiatischen Dollars nutzen, um die volle Kooperation Asiens zu erlangen und schließlich einen Triumph über den Dollar und den Euro zu erzielen.

Das "sino-amerikanische" Dilemma

Im Jahr 2009 prägte Neil Ferguson, ein führender britischer Finanzhistoriker, in seinem Buch *The Ascent of Money* den Begriff "Sino-American", um die wirtschaftliche "Ehe" zwischen China und den Vereinigten Staaten zu beschreiben. Die Menschen im östlichen Teil der "China-Amerika"-Region (China) sparen, während die Menschen in der westlichen Region konsumieren und aus China importieren, was die Inflationsrate in den Vereinigten Staaten drückt, Chinas Ersparnis senkt den Zinssatz in den Vereinigten Staaten, Chinas Arbeit dämpft die Lohnkosten in den Vereinigten Staaten, und das Ergebnis ist eine blühende Wirtschaft in "China-Amerika".

Der Investitionsboom der multinationalen Unternehmen in China hat sich in den Bereichen Kapital, Technologie, Management, Märkte und Marken niedergeschlagen, die Gesamtproduktivität der chinesischen Gesellschaft erhöht und die chinesische Wirtschaft zu einer zweiten Stufe der Rakete werden lassen, die sie zum Abheben gebracht hat. In diesem Sinne hat China eine enorme wirtschaftliche Dividende geerntet. Im Gegenzug forderten die USA China auf, einen beträchtlichen Teil dieser Dividende mit den USA zu "teilen". Durch den Kauf von US-Schulden flossen die von China geschaffenen Ersparnisse zurück in die US-Kapitalmärkte, was den Wert der US-Vermögenswerte in die Höhe trieb und die US-Zinsen drückte. Neben der lockeren Geldpolitik hat die Finanzinnovation den Wertzuwachs von Vermögenswerten in einen "Geldautomaten" für die US-Verbraucher verwandelt und den US-Wirtschaftsboom angekurbelt, was zu einer größeren Nachfrage nach chinesischen Produkten geführt hat.

Das "sino-amerikanische" Wohlstandsmodell ist jedoch weder solide noch nachhaltig. Der Preis für den "Markt für Ersparnisse" in den Vereinigten Staaten ist die unvermeidlich steigende Verschuldung der gesamten Wirtschaft, und der Engpass des schuldengetriebenen Wirtschaftswachstums ist der immer schärfer werdende Widerspruch zwischen den Einkommen der Verbraucher und dem Druck der Verschuldung, der schließlich unhaltbar wird und zum Zusammenbruch führt. Der Kern des so genannten Ungleichgewichts in der Weltwirtschaft ist das schuldengetriebene Wirtschaftsmodell der Industrieländer, das weltweit zu einem weit verbreiteten Bankrott geführt hat.

In den letzten 10 Jahren hat die Wall Street eine riesige Vermögensblase geschaffen, bei der die 1% Superreichen 20% des Nationaleinkommens genießen, doppelt so viel wie bei Reagans "neoliberaler" Aufklärung in den 1980er Jahren! Gleichzeitig verfügen die 1 Prozent der Reichen über 43 Prozent des gesamtgesellschaftlichen Reichtums, das größte Vermögensgefälle seit der Gründung der Vereinigten Staaten! "Die Occupy-Wall-Street-Bewegung stellt genau dieses irrationale System der Vermögensverteilung in Frage. Ausgelöst durch den Reichtumseffekt gingen Amerikas beste Talente in Wissenschaft und Technologie an die Wall Street, und die Patentanmeldungen für Erfindungen in fast allen Bereichen der Technologie in den USA wiesen ein negatives Wachstum von über 20 Prozent auf. Gleichzeitig stammen 40 Prozent der US-Unternehmensgewinne aus dem Finanzsektor, und die High-Tech-Produktion weist einen langfristig rückläufigen Wachstumstrend auf. Das Interesse des amerikanischen Jägers am Bau von Pfeil und Bogen schwindet, während seine Besessenheit, sich die Ersparnisse anderer

Jäger anzueignen, zunimmt, und die Mittel und Techniken werden ständig auf vielfältige Weise verdrängt. Dies ist in Wirklichkeit eine versteckte "Steuer" auf andere Länder durch Dollar-Mittel, je mehr Ärger die Vereinigten Staaten haben, desto höher ist die "versteckte Steuerlast" der Entwicklungsländer.

Nach der Krise schlug Obama die "House on the Rock"-Strategie zur wirtschaftlichen Erholung vor, die darauf abzielt, das Fundament der US-Wirtschaft von einem finanziellen "Treibsand" in einen industriellen "Felsen" zu verwandeln, wobei die Rückkehr zu Produktion, Innovation und Export den Kern der Strategie bildet. Konzept "Haus auf dem Felsen", aus einer Rede Obamas an der Georgetown University 2009. In dieser gut vorbereiteten Rede zitierte Obama ein biblisches Gleichnis: Ein Haus, das auf Sand gebaut ist, wird einstürzen, ein Haus, das auf Fels gebaut ist, wird stehen bleiben. Obamas Gedanken sind sicherlich gut, aber die Anpassung des Wirtschaftswachstumsmodells bedeutet, dass das Wohlstandsverteilungssystem des Landes umgebaut werden muss, und die Finanzmächte müssen einen Teil des Fettes aus ihrem Mund ausspucken.

Die Vereinigten Staaten brauchen nicht nur einen starken politischen Willen und den Konsens der herrschenden Elite zur Anpassung ihres Wirtschaftsmodells als institutionelle Garantie, sondern auch eine realistische und realistische Grundlage und wirtschaftliche Ressourcen. Zumindest in den nächsten zehn Jahren werden die Vereinigten Staaten nicht über die notwendigen Voraussetzungen für eine wirtschaftliche Umgestaltung verfügen. Dieser kritische Zeitraum fällt mit der ungünstigsten Überschneidung der drei großen Wirtschaftszyklen in den Vereinigten Staaten zusammen.

Erstens würde der wirtschaftliche "Unleveraging"-Zyklus mindestens 10 Jahre benötigen, um die durch den "Schuldenüberhang" verursachte riesige Vermögenskatastrophe wirksam zu beseitigen. Die Revolution in der Informationstechnologie, die 1996 begann, brachte einen großen Produktivitätssprung in der amerikanischen Gesellschaft mit sich und führte zu einem erstaunlichen Wohlstandseffekt, der wiederum den Aufschwung und die Prosperität des Immobiliensektors förderte. Bis 2001 befanden sich die US-Immobilienbranche und die ihr nachgelagerte Industriekette im Wesentlichen in einer Phase angemessenen Wachstums. Ab 2002 jedoch, als Ersatz für den abgeschalteten Wachstumsmotor der Informationstechnologie und als

Reaktion auf die starke Nachfrage nach wirtschaftlichen Ressourcen im "Krieg gegen den Terror" nach dem 11. September 2001, starteten die Vereinigten Staaten ein Programm zur Stimulierung der Immobilienblase, zur Lockerung der Geldmenge, zur Intensivierung der Finanzinnovation und zur Beschleunigung der Abschöpfung der Ersparnisse anderer Länder, wodurch ein künstlich schillernder Wirtschaftsboom mit dem doppelten Nutzen von Kanonen und Butter geschaffen wurde.

Als die Vermögensblase 2007 schließlich platzte, fielen die Immobilienpreise um bis zu 33%, also stärker als während der Großen Depression in den 1930er Jahren, und die Immobilienpreise in den USA werden in den nächsten fünf Jahren wahrscheinlich weiter um 10% bis 25% fallen. Das Platzen der Vermögensblase führte zu schweren Verlusten für das US-Finanzsystem, wobei die außerbilanziellen Vermögenswerte der Banken, die Aktien-, Anleihe- und Rohstoffmärkte sowie der Handel mit Finanzderivaten in Trümmern lagen und der Wert von Rentenkrankenkassen, Einzelinvestitionen und Rentenkonten in Schutt und Asche gelegt wurde, so dass sich die Gesamtverluste des Finanzsystems auf erstaunliche 9 Billionen Dollar beliefen!

Bei der US-Immobilienblase der späten 1980er Jahre dauerte es sechs oder sieben Jahre vom Platzen bis zur Überwindung der Flaute, und das Platzen der Immobilienblase im Jahr 2007 übertraf die Immobilienkrise der frühen 1990er Jahre in Bezug auf Umfang, Ausmaß und Intensität sowie in Bezug auf das Gefahrenprofil, die Höhe der Verluste und die Dauerhaftigkeit bei weitem. Diesmal werden die Vereinigten Staaten nicht weniger als 10 Jahre brauchen, um den Preisverfall bei Vermögenswerten zu überwinden, und der Prozess der vollständigen Beseitigung von schlechten und problembehafteten Vermögenswerten durch das Finanzsystem wird lang und schmerzhaft sein.

Die Politik der quantitativen Lockerung der Fed ist nichts anderes als ein Versuch, "Vermögenswerte zu reflationieren" und dem Finanzsystem dabei zu helfen, den toxischen Schrott von Vermögenswerten zu beseitigen. Ein Teil dieser schädlichen Vermögenswerte wird von den Inhabern von US-Anleihen aufgenommen und fließt somit ins Ausland, während ein anderer Teil von der US-Wirtschaft selbst getragen wird, was sich in Staatsdefiziten, chronischer Arbeitslosigkeit, anhaltend schwacher Verbrauchernachfrage, fragilem Wirtschaftsaufschwung usw.

manifestiert. Die Entgiftung und Entschlackung von Giftmüll, in welcher Form auch immer, ist ein langer Prozess.

Der Prozess der Beseitigung des enormen Drucks auf die Wirtschaft aus der "Schuldenlagune" wird als "Unleveraging" bezeichnet. Aus der Erfahrung der Großen Depression der 1930er Jahre in den Vereinigten Staaten erwies sich die Diskrepanz zwischen der Gesamtverschuldung und dem BIP im Jahr 1933, die bis zu 299,8 Prozent betrug, als ein unerträglicher Kollaps "Ebene" der Wirtschaft, ohne eine Senkung der Schulden, wird der Wirtschaftsmotor schwer wieder zu starten sein. Die Vereinigten Staaten brauchten mehr als ein Jahrzehnt, um ihre Gesamtverschuldung im Verhältnis zum BIP nach dem Zweiten Weltkrieg auf eine sichere Zone von 120% bis 150% zu senken, und im Jahr 2008 überschritten die Vereinigten Staaten erneut die Krisenschwelle (358,2%), die schlimmste Schuldenquote in den Vereinigten Staaten seit fast 80 Jahren!

Die US-Bailout-Methode ist eine falsche Denkweise, denn sie hat nicht nur die gefährliche Schuldenquote nicht gesenkt, sondern der Umfang der Staatsverschuldung ist auf ein Niveau angestiegen, das in etwa mit dem BIP vergleichbar ist, der Wasserstand des "Schuldenüberlaufsees" ist sogar höher als vor der Krise. Die US-Wirtschaft kann nicht normal und nachhaltig funktionieren, wenn die Gesamtverschuldung nicht deutlich unter die sichere 150-Prozent-Grenze des BIP fällt. Ohne einen mindestens 10 Jahre dauernden schmerzhaften "Schuldenabbau" wird es für die Gesamtverschuldung der Vereinigten Staaten schwierig sein, in eine sichere wirtschaftliche Betriebszone zurückzufallen.

Zweitens sagt die Altersstruktur der US-Bevölkerung einen Zyklus des schrumpfenden Verbrauchs in den nächsten zehn Jahren voraus. Die 77 Millionen "Babyboomer", die Durchschnittsbevölkerung der frühen 1960er Jahre, haben bereits das Alter erreicht, in dem der Konsum schrumpft (47 Jahre als Höchstalter).

Die Baby-Boomer in den Vereinigten Staaten haben noch nie Geld gespart, und die erste Hälfte ihres Lebens kommt gerade rechtzeitig, um die Vereinigten Staaten zu dem hegemonialen Imperium zu machen, das die Welt beherrscht, und sie sind im Allgemeinen super-optimistisch, was die Zukunft angeht, wobei Ausgaben und Extravaganz zur Norm werden und Rücksichtslosigkeit und Nachsicht zu den Merkmalen ihrer Generation gehören. Sie haben nicht die mürrischen Erinnerungen an die Große Depression ihrer Väter oder die brutale Taufe des Zweiten Weltkriegs, wo du stirbst und ich lebe, alles ist so glatt und alles ist so brillant.

Als die in den frühen 1960er Jahren geborene Generation der "Babyboomer" nach 47 Jahren luxuriösen Lebensstils den Finanz-Tsunami erlebte, war es mit dem wirtschaftlichen Wohlstand plötzlich vorbei, und eine Welle der Arbeitslosigkeit brach über sie herein, gerade als sie aus dem Zeitalter des Hochkonsums allmählich abzusteigen begann. Sie stellen fest, dass ihre Renten an der Börse schwerwiegende Verluste erlitten haben und ihre Bankkonten aufgrund ihrer ganzjährigen Extravaganz nie "so dünn wie ihre Flügel" waren, während ihre Genussgewohnheiten und übermäßigen Ausgaben sie lange Zeit in Schulden stürzten. In einem solchen Szenario wird ihr Konsum als Reaktion auf die bevorstehende brutale wirtschaftliche Kältewelle von der normalen alternden Konsumkurve abfallen.

Das Jahr 2009 liegt genau am Rande der Klippe auf der Verbrauchskurve der Bevölkerung, ein Schritt nach vorne ist der "Verbrauchswasserfall", und dann folgt ein starker Rückgang im Verbrauchszyklus, dessen Dauer gerade bis 2024 reicht. Dies wird ein 14 Jahre dauernder Zyklus des rückläufigen Verbrauchs sein. Bei einer hohen Verschuldung steht dem amerikanischen Verbrauchermarkt eine lange Eiszeit bevor!

Weder die Geld- noch die Fiskalpolitik werden eine spürbare Wirkung auf eine alternde Generation haben, denn diese Politiken werden einen nicht in die Kindheit zurückversetzen. Es ist unrealistisch, ältere Menschen zu ermutigen, mutig Kredite aufzunehmen, um Geld auszugeben, und der jährliche Rückgang des Verbrauchs wird den "grünen Trieben" der derzeit scheinbar glänzenden wirtschaftlichen Erholung den Nährboden für Kredite entziehen. Immerhin ist der Konsum der Motor für 72% des Wirtschaftswachstums in den USA!

Noch gravierender ist, dass der demografische Zyklus Europas mit dem der USA zusammenfällt und beide Wirtschaftssektoren in Europa und den USA gleichzeitig in eine langfristige Konsum-Eiszeit fallen werden. Dies wird für alle Schwellenländer mit den europäischen und amerikanischen Märkten als Hauptexportzielen und gravierenden Überkapazitäten eine noch nie dagewesene Katastrophe im wirtschaftlichen und ökologischen Umfeld bedeuten.

Drittens erfordert eine neue Produktivitätsrevolution auch Zeit und Technologieakkumulation. Während des 111-jährigen Zeitraums von 1889 bis 2000 erlebten die Vereinigten Staaten drei Perioden hoher

Produktivität: die erste von 1917 bis 1927 mit einem Produktivitätswachstum von 3,8 Prozent, die zweite von 1948 bis 1973 mit einem Produktivitätswachstum von 2,8 Prozent und die dritte von 1995 bis 2000 mit einem Produktivitätswachstum von 2,4 Prozent. Der Abstand zwischen den drei Produktivitätsschüben, etwa 20 bis 25 Jahre, entspricht genau einer Generation. Es ist kein Zufall, dass die Zyklen solch konzentrierter technologischer Durchbrüche mit den demografischen Zyklen zusammenfallen, und wenn die Kaufkraft altersabhängig ist, dann ist es auch die Kreativität der Menschen.

Im Allgemeinen handelt es sich um einen relativ festen Anteil der kreativsten Menschen in einer Gesellschaft. Eine Erhöhung des Bildungsniveaus verändert nur den Ausgangspunkt der kreativen Genies, nicht aber ihren Anteil an der Gesamtbevölkerung. Das kreativste Alter eines Menschen liegt zwischen 25 und 40 Jahren und sollte im Durchschnitt Anfang 30 sein, wenn seine Erfahrung, Intelligenz und Energie auf dem Höhepunkt seines Lebens sind. Die Generation der "Baby-Boomer" wurde im mittleren Alter Anfang der 1960er Jahre geboren, während die innovativen Genies unter ihnen ihr höchstes Alter Anfang der 1990er Jahre erreichten. 2011 näherten sie sich dem Alter von 50 Jahren, und ihre Innovationsfähigkeit würde zwangsläufig drastisch abnehmen. Die nächste Generation, die um den Medianwert von 1990 herum geboren wird, hat das Potenzial, im Zeitraum zwischen 2020 und 2025 eine neue Produktivitätsrevolution herbeizuführen.

Betrachtet man die drei Zyklen der wirtschaftlichen Freisetzung, des Bevölkerungsverbrauchs und des Produktivitätsdurchbruchs zusammen, so zeigt sich, dass der nächste echte Wohlstandszyklus in den Vereinigten Staaten nach 2020 eintreten dürfte, wobei das Jahr 2024 einen entscheidenden Wendepunkt darstellt. Davor wird es jedoch ein "verlorenes Jahrzehnt" für die Wirtschaft der Vereinigten Staaten geben. Dieses Jahrzehnt wird auch die beste Zeit für China sein, um in der ersten Hälfte des 21. Jahrhunderts zu den Industrieländern aufzuschließen. Danach wird sich das Problem der Überalterung in China rapide verschärfen.

Der so genannte "Aufstieg Chinas" hat in Wirklichkeit ein Zeitfenster, genau wie der Start einer Rakete; das beste "Zeitfenster", um einen Start zu verpassen, kann nur auf die nächste Gelegenheit warten. Chinas nächstes "Fenster zum Aufstieg" wird wahrscheinlich in der zweiten Hälfte des 21.

Die Geschichte hat China eine ziemlich knappe Zeit für seinen Aufstieg gelassen, wenn es nicht innerhalb von 10 bis 15 Jahren den Rückgang der europäischen und amerikanischen Stärke nutzen kann, um einen raschen wirtschaftlichen Aufschwung zu erreichen, um sich von der "westlichen Anziehungskraft" zu befreien und die "dritte kosmische Geschwindigkeit" zu erreichen, dann wird China nach 2025 wieder in die Umlaufbahn der von Europa und Amerika dominierten Weltwirtschaft zurückfallen. Chinas Traum von einer starken Nation wird noch 30 bis 50 Jahre warten müssen!

10 Jahre der Gefahr nach 2012

Die nächsten 10 Jahre werden ein Jahrzehnt tiefgreifender Veränderungen im Gefüge der Großmächte sein, aber auch ein Jahrzehnt der Gefahren und Herausforderungen. Die Grundlage für die Zusammenarbeit zwischen "China und den Vereinigten Staaten", die in den letzten 30 Jahren aufgrund geopolitischer und wirtschaftlicher Interessen geschaffen wurde, wird sich grundlegend ändern.

Die US-Wirtschaft wird auch mit der schweren Last einer alternden Bevölkerung konfrontiert sein, die unter dem Schuldenabbau leidet, während die stagnierende Produktivität Schwierigkeiten hat, neue Quellen des Wohlstands zu schaffen. Infolgedessen wird der allgemeine Trend in der US-Wirtschaft ähnlich wie in Europa und Japan von wirtschaftlicher Schwäche, hoher Verschuldung, schleppender Beschäftigung, geringem Konsum, einer Verschlechterung der Haushaltslage und hohen Defiziten geprägt sein. Ohne Produktivitätssteigerungen wird es keine ausreichenden zusätzlichen Ersparnisse geben, um realen und nachhaltigen Verbrauch und Investitionen zu stimulieren.

Die Vereinigten Staaten haben nur zwei Möglichkeiten: entweder ihre Wirtschaft umzugestalten und das "Haus auf den Klippen" wieder aufzubauen, was jedoch aufgrund des politischen Widerstands und der wirtschaftlichen Schwäche schwierig ist - eine Strategie, die nicht nur schwer umzusetzen ist, sondern auch nur langsam zum Tragen kommt - oder den Motor der Vermögensinflation wieder anzuwerfen und den schuldengetriebenen Boom der letzten 30 Jahre wiederherzustellen. Dann gäbe es nicht nur wenig politischen Widerstand, sondern auch andere Länder würden das Leid der Wirtschaft mittragen.

Es besteht kein Zweifel daran, dass der zweite Weg eher den grundlegenden Interessen der herrschenden Gruppe der Vereinigten Staaten, der "goldenen Welt", entspricht und daher eine natürliche Wahl für die Vereinigten Staaten ist. Allerdings gibt es hier ein Problem, nämlich dass sowohl die Vermögensinflation als auch die Schuldenblase zu Ende gegangen sind und die amerikanischen Verbraucher nicht mehr in der Lage sind, eine höhere Verschuldung zu tragen.

Dies ist der unvermeidliche Widerspruch zwischen den wunderbaren Idealen der amerikanischen Führungselite und der harten Realität. Um eine "Reflationierung der Vermögenswerte" zu erreichen, müssen die inländischen Ersparnisse in China und anderen Entwicklungsländern mit größerer Intensität "abgezogen" werden. Chinas fortgesetzter Export inländischer Ersparnisse ist eine Grundvoraussetzung für die Bereitschaft der USA, Chinas Entwicklung zu tolerieren, und bildet die Grundlage der "China-US"-Ehe. Dies führt jedoch zu einer logischen Sackgasse: Chinas Hauptantrieb zur Schaffung inländischer Ersparnisse kommt vom US-Konsum, der wiederum von chinesischen Ersparnissen abhängt, und im Falle einer unhaltbaren US-Vermögensinflation endet auch die "China-US"-Interessengemeinschaft.

Damit China sein Wirtschaftsmodell umgestalten kann, muss es zwangsläufig die Hauptressourcen seiner Volkswirtschaft vom Ausland auf die Binnenmärkte verlagern, und auch Chinas Exportorientierung in Bezug auf Rohstoffe und Ersparnisse wird sich ändern. Die Expansion des chinesischen Binnenmarktes wird zwangsläufig mit einer nachlassenden Exportabhängigkeit und einer schrumpfenden Nachfrage nach US-Staatsanleihen einhergehen, was die strategischen Interessen des US-Schuldenimperiums ernsthaft gefährden wird. Ein boomender chinesischer Markt könnte zwar die US-Exporte ankurbeln, aber dieser Impuls ist im Verhältnis zur Größe der US-Wirtschaft zu gering.

Die Entstehung der Eurozone hat den Dollar auf dem europäischen Kontinent allmählich aus dem Verkehr gezogen, wodurch das Dollar-Imperium stark geschrumpft ist, und der im Ausland umlaufende Dollar sieht sich mit einem zunehmenden Überschuss konfrontiert, was die Ursache für den weltweiten Rohstoff- und Ölpreisboom seit 2000 ist. Der Mangel an internationaler Nachfrage nach US-Anleihen hat die Federal Reserve gezwungen, allmählich zum größten Käufer von Staatsanleihen zu werden. Sollte China seine Käufe von US-

Schuldtiteln einschränken, würde sich die finanzielle Ökologie der Vereinigten Staaten noch weiter verschlechtern.

Wenn im nächsten Jahrzehnt 77 Millionen "Babyboomer" in den Ruhestand gehen, werden die Sozialversicherungs- und Medicare-Systeme in den USA unweigerlich zusammenbrechen. Allein in diesen beiden Bereichen führen die von der US-Regierung versprochenen Wohlfahrtsgarantien zu einer "versteckten Superverbindlichkeit" von 100 Billionen Dollar. Die hohen Medicare-Ausgaben werden die US-Finanzen in einem noch nie dagewesenen Ausmaß belasten, und riesige Haushaltsdefizite in den nächsten 10 Jahren sind unvermeidlich. Nach den optimistischsten Schätzungen könnte die Staatsverschuldung der USA bis zum Jahr 2020 leicht 23 Billionen Dollar übersteigen, eine Zahl, die sich nur noch verschlimmern wird, wenn die wirtschaftliche Erholung der USA nicht so optimistisch ausfällt wie von der Regierung geschätzt.

In den nächsten 10 Jahren werden die Vereinigten Staaten gewaltige Geldbeträge benötigen, um ihr Haushaltsdefizit zu decken, ein Bedarf, der die Grenzen der Exportersparnisse der Länder bei weitem übersteigen wird!

Der Kern der wirtschaftlichen Probleme Amerikas ist der Mangel an Ersparnissen, und wenn es nicht genügend reale Ersparnisse gibt, kann die Fed nur ihre Gelddruckmaschinen anwerfen, um die Illusion von Geldreichtum zu schaffen, mit der Folge, dass die Kaufkraft des Dollars weiter abnimmt und der Kredit des Dollars weiter zusammenbricht. Dies ist ein sich selbst beschleunigender Prozess der Verschlechterung, bei dem die Vereinigten Staaten umso mehr Geld drucken müssen, je mehr es an Ersparnissen mangelt, und die zunehmende Geldvermehrung beschleunigt die Kapitalflucht weg von Dollarwerten, wodurch die Vereinigten Staaten die Fähigkeit verlieren, Ersparnisse aus anderen Ländern anzuziehen.

Kann in den USA ein neuer Volcker auftauchen, der den Dollar mit hohen Zinsen und hohen Wechselkursen rettet? Die Antwort lautet nein. Anfang der 1980er Jahre waren die Vereinigten Staaten noch einer der größten Gläubiger und der größte Sparer der Welt und in der Lage, die kurzfristigen drastischen Schocks hoher Zinsen und Wechselkurse zu verkraften. Aber die Vereinigten Staaten von Amerika werden in den nächsten 10 Jahren unter dem Druck der Superverschuldung die "wirtschaftlichen Torpedos", die durch die Politik der hohen Zinsen und hohen Wechselkurse abgefeuert werden, als erste die amerikanische

Wirtschaft selbst versenken, was einem wirtschaftlichen Selbstmord gleichkommt!

Alles wird zum Weltwährungschaos der 1970er Jahre zurückkehren, und die Wurzel des Problems wird dieselbe sein: das Fundament des Weltwährungsgebäudes, das durch den US-Staatsschuldenstandard geschaffen wurde, der ursprünglich auf einem "Treibsand" gebaut war. Die Welt wird schließlich erkennen, dass das heutige Weltwährungssystem nicht frei vom Bann des "Triffin-Dilemmas" ist.

Die Versorgung der Welt mit Dollars als Reserve- und Handelswährung durch die Vereinigten Staaten und die Versorgung mit Staatsschulden der Vereinigten Staaten als Reservewährung des Weltwährungssystems entspricht derselben Logik, die zum Zusammenbruch des Bretton-Woods-Systems aufgrund des Missverhältnisses zwischen Dollars und Goldwerten führte, und demselben inhärenten Missverhältnis zwischen Dollars und Schuldenwerten der Vereinigten Staaten, nämlich dem unüberbrückbaren Widerspruch zwischen der Forderung nach unbegrenzter Ausweitung der Dollars und der Schulden der Vereinigten Staaten und dem begrenzten Wachstum der Steuereinnahmen der Vereinigten Staaten.

Damit die Weltwirtschaft und der Handel weiter wachsen können, müssen die Vereinigten Staaten mehr Dollar bereitstellen, und der wichtigste Vermögenswert hinter dem Dollar sind die US-Schulden, die daher weiter wachsen müssen. Der Dollar ist jedoch die Währung der Vereinigten Staaten, die US-Schulden sind eine Verbindlichkeit der US-Regierung, und das Wachstum der US-Schulden hängt vom Wachstum der Steuereinnahmen der US-Regierung ab, und wenn der Umfang der US-Schulden die Grenze dessen erreicht, was die Steuereinnahmen tragen können, wird das gesamte Weltwährungssystem zusammenbrechen.

Wo liegt die Grenze der US-Verschuldung? Das heißt, der Anteil der Zinszahlungen auf die US-Schulden an den Steuereinnahmen darf einen bestimmten Schwellenwert nicht überschreiten!

Wie der Harvard-Professor Neil Ferguson in seinem Buch The Decline of Empire (Der Niedergang des Imperiums) darlegt, hat die historische Erfahrung gezeigt, dass sich ein Land in einer ernsten Krise befindet und eine Hyperinflation unvermeidlich ist, wenn 20 Prozent der Steuereinnahmen eines Landes für Zinszahlungen auf die

Staatsschulden aufgewendet werden. Wenn dieses Verhältnis 50 Prozent übersteigt, steht das Imperium am Rande des Zusammenbruchs.

In Spanien führte die hohe Schuldenlast zwischen 1557 und 1696 zu 14 Zahlungsausfällen bei den Staatsschulden, was zum Untergang des spanischen Reiches führte; in Frankreich wurden am Vorabend der bürgerlichen Revolution von 1788 62% der Steuereinnahmen zur Begleichung der Hauptschuld und der Zinsen für die Staatsschulden verwendet, was zum Zusammenbruch der Dynastie führte; im Osmanischen Reich wurden 1875 50% der Steuereinnahmen für die Tilgung und Verzinsung der Staatsschulden verwendet, was fast zur Auflösung des Reiches führte; im Britischen Reich wurden 1939, am Vorabend des Zweiten Weltkriegs, 44% der Steuereinnahmen für die Tilgung und Verzinsung der Staatsschulden verwendet, was dazu führte, dass man der Herausforderung durch Nazi-Deutschland nicht gewachsen war.

Die USA werden auch mit einer Krise konfrontiert sein, in der die Zinszahlungen für die Staatsverschuldung unweigerlich die Schwelle überschreiten. Nach Angaben des U.S. Congressional Budget Office machten die Zinszahlungen für die US-Staatsverschuldung im Jahr 2011 9 Prozent der Steuereinnahmen aus, erreichten im Jahr 2020 20 Prozent, überstiegen 2030 36 Prozent und werden 2040 voraussichtlich 58 Prozent erreichen!

Kann es in einem Land, in dem die bloße Zahlung von Zinsen auf die Staatsschuld einen großen Teil der Steuereinnahmen verschlingt, überhaupt einen Staatskredit geben? Die Schätzungen des Kongresses sind nur die optimistischsten Projektionen, denn es bedurfte einer ultraniedrigen Zinspolitik in den Vereinigten Staaten, bei der die Fed direkt in den Ankauf von Staatsanleihen eingriff, um den Zinssatz für zehnjährige Staatsanleihen künstlich auf etwa 2% zu senken. Ausgehend von der durchschnittlichen Rendite von 5,7% für US-Staatsanleihen in den letzten 30 Jahren wird es zwischen 2020 und 2030 wahrscheinlich zu einer totalen Krise des Dollars und des Weltwährungssystems kommen.

Man kann sagen, dass China in den nächsten zehn Jahren mit noch nie dagewesenen Chancen und Gefahren konfrontiert sein wird. Ein Mensch, dessen Selbstvertrauen brüchig ist, wird dazu neigen, außerordentlich empfindlich und aggressiv zu sein; ebenso wird ein Welthegemonialstaat, dessen Stärke und Selbstvertrauen schwinden, gefährlicher sein. Die US-Politik der Rückkehr nach Asien ist nicht nur eine verbale Proklamation, sondern könnte eine umfassende Neuausrichtung der nationalen Strategie bedeuten. Wenn China bei seiner künftigen wirtschaftlichen Transformation erfolgreich ist und weiterhin inländische Ersparnisse in die USA "einbringt", werden die USA wahrscheinlich eine "No-Huddle"-Strategie gegenüber China verfolgen und dessen weitere Entwicklung in einer verworrenen Denkweise entgegenkommen. Wenn China sich jedoch weigert, in großem Umfang US-Schulden zu kaufen, werden sich die USA nicht länger "zurücklehnen" und dem Erfolg Chinas zusehen können. Die Auseinandersetzungen um China werden immer explosiver werden, und selbst China wird gezwungen sein, sich an einem oder mehreren lokalen Kriegen zu beteiligen, wodurch der rauchlose "Währungskrieg" zu einem rauchgefüllten "Währungskrieg" eskalieren wird!

Wer kann den Euro retten?

Wenn Amerikas Probleme wirtschaftlicher Natur sind, sind Europas Probleme politischer Natur.

Als Achse der Macht in der EU haben Deutschland und Frankreich grundlegende konzeptionelle Unterschiede. Politisch wollte Frankreich immer der "Motor" der EU sein, während Deutschland weiterhin das "Pferd" der EU-Wirtschaft ist. Nach dem Krieg hat Deutschland ein halbes Jahrhundert lang unter dem psychologischen Druck der Schuld des Zweiten Weltkriegs fleißig die übliche zurückhaltende und kompromisslose Haltung des "Pferdes" an den Tag gelegt, was jedoch keineswegs dem Wesen der deutschen Nation entsprach. Mit der Vollendung der Wiedervereinigung und der Übernahme der Kontrolle über die Ausgabe von Währungen durch die Europäische Zentralbank trat Deutschland allmählich aus dem Schatten des Krieges heraus und begann, die Zügel des "Motors" mehr und mehr in die eigenen Hände zu nehmen. Die politische Vormachtstellung Frankreichs wurde durch den Fall der Währungsmacht immer weiter abgebaut, und ohne die Unterstützung der EZB ist Frankreich in fast allen Fragen machtlos. Um das Kräfteverhältnis auszugleichen, drängte der französische Präsident Sarkozy darauf, die "Euro-Gruppe" zum "einheitlichen europäischen Finanzministerium" aufzuwerten, um die Macht der Europäischen Zentralbank unter deutscher Führung einzuschränken, aber die Wirkung bleibt abzuwarten.

Der luxemburgische Premierminister Jean-Claude Juncker sagte über die "Eurogruppe":

> „Ich glaube, dass die Eurogruppe ihre Aufgabe erfüllen kann, ohne die EZB stark einzuschränken... Es ist Zeitverschwendung, für die Geldpolitik und die EZB zu streiten. Frankreich konnte sich mit seiner Idee nicht durchsetzen. Der Vorschlag von Präsident Sarkozy für eine strengere politische Kontrolle der EZB konnte von keinem der europäischen Finanzminister unterstützt werden, und selbst wenn die Staats- und Regierungschefs einiger Länder diese Ansicht teilen, wird sie nicht verschwinden, weil die Deutschen fest entschlossen sind."

In wirtschaftlicher Hinsicht ist Deutschland ein klassischer "Pfeil und Bogen"-Diktator, der glaubt, dass der Wohlstand auf der Schaffung von Produktion beruht, während Frankreich sich mehr um die rationale Verteilung des Wohlstands kümmert. Um es mit den Worten von Jean Peyrelevade, dem französischen Bonzen des Finanzsektors, auszudrücken,

> „Die deutsche Öffentlichkeit ist sich bewusst, dass die Industrieproduktion eine gesunde Struktur hat und für das Wirtschaftswachstum und die Steigerung der Kaufkraft unerlässlich ist. In Frankreich hingegen ist die Unterstützung für die Steigerung der Produktionskapazitäten nicht populär. Deutsche Unternehmen haben eine um 20% höhere Gewinnspanne als französische. Die von Sarkozy vorangetriebene Politik spiegelt seine konsequente Auffassung wider, dass der Schlüssel zum Wirtschaftswachstum darin liegt, die Kaufkraft der Menschen durch Einkommensverteilung und Senkung der persönlichen Steuerlast zu erhöhen. Sarkozy glaubt an seine Politik, aber er wird einen großen Fehler machen."

Sarkozy hat nicht erkannt, dass Produktivitätssteigerungen die Wurzel allen Wohlstands sind, dass die Einkommensverteilung nur mit höherer Produktivität funktioniert und dass es wichtiger ist, einen großen Kuchen zu backen als ihn gleichmäßig zu verteilen. Während die französische Mentalität, das Leben zu genießen, sicherlich bewundernswert ist, ist die deutsche Entscheidung, hart zu arbeiten, sogar noch bewundernswerter. Frankreichs Kampf um die Vorherrschaft in der EU mit Deutschland ist zum Scheitern verurteilt, und wie die frühere britische Premierministerin Thatcher schon vor langer Zeit feststellte, ist Frankreich nichts weiter als eine Mitgift für Deutschland, die letztlich ein komplettes Europa in deutsche Hände legt. Der frühere deutsche Bundeskanzler Gerhard Schröder reagierte daraufhin unerbittlich:

> „Wenn Frankreichs politisches Ziel darin besteht, die Einführung des Euro als Teil eines Plans zur Schwächung Deutschlands zu betrachten und damit unsere (deutsche) so genannte wirtschaftliche Dominanz zu verringern, dann wird das Gegenteil passieren. Eine gesteigerte deutsche Wettbewerbsfähigkeit bedeutet, dass Deutschland stärker und nicht schwächer ist. Man kann sagen, dass dies offensichtlich und notwendig ist, weil wir die stärkste Wirtschaft in Europa sind."

Der Machtkampf zwischen souveränen Staaten ist nur eine helle Linie in der Geschichte der EU und des Euro, aber hinter der Oberfläche des politischen und wirtschaftlichen Kampfes arbeiten die Regisseure des Prozesses der "Vereinigten Staaten von Europa" stets an einer dunkleren Linie der Handlung. Oberflächlich betrachtet scheint es, dass das "einheitliche europäische Finanzministerium" die Macht der Europäischen Zentralbank und der Deutschen einschränken soll, was mehr Menschen in den EU-Ländern dazu bringen wird, sich Sorgen um Deutschland zu machen und ihren Widerstand gegen das "einheitliche europäische Finanzministerium" zu schwächen, um dann pflichtbewusst ihre eigene haushalts- und steuerpolitische Souveränität an die supersouveräne EU abzutreten, wie es sich für eine "Täuschung" gehört. Die Politiker agieren zwar und sind dabei so engagiert, dass sie oft vergessen, ob sie im Spiel sind oder nicht.

In der Tat haben die Planer der "Vereinigten Staaten von Europa" einen strategischen Fehler begangen, als sie eine europäische Währungsunion anstrebten, die nicht so groß ist, wie sie sein sollte, sondern so nah wie möglich an der wirtschaftlichen Ebene. In der Anfangsphase sollten sich die Euro-Länder auf Deutschland, Frankreich, die Niederlande und Rumänien beschränken und zunächst die interne wirtschaftliche Integration vollenden und dann ein einheitliches Finanzministerium einführen. Aufgrund der geringen Größe des Bündnisses und des ähnlichen wirtschaftlichen Entwicklungsniveaus sind die Kommunikationskosten relativ gering und realisierbar. Wenn alles gut funktioniert und die Regeln ausgereift sind, können auch Italien und Belgien einbezogen werden, die größere Finanz- und Schuldenprobleme haben, deren Bewältigung mindestens einige Jahre dauern wird. Eine weitere Ausweitung kann erst danach in Betracht gezogen werden. Das Ergebnis ist, dass die Eurozone jetzt ein

Sammelsurium von guten und schlechten Menschen mit unterschiedlichen Meinungen ist, und Deutschland wird viel wertvolle Zeit damit verbringen, zu versuchen, zu koordinieren, und Zeit hat ihren Preis! Wenn wir die Eurozone wirklich stark machen wollen, sollten wir aufgeben, wenn wir aufgeben. Die Kompromisse nicht zu kennen, kann nur zu einem selbstzerstörerischen Chaos führen.

So wie sich das Phänomen "Mittelamerika" herausgebildet hat, bei dem die Menschen im Osten (China) für die Produktion und die Menschen im Westen (die USA) für den Konsum zuständig sind, hat sich auch die Europäische Union als "Nord-Süd-Europa" herausgebildet, bei dem die Länder des Nordens, angeführt von Deutschland und den Niederlanden, für die Produktion und die Schaffung von Gütern zuständig sind, während die Länder des Südens, vertreten durch Griechenland, Italien und Spanien, für den Konsum verantwortlich sind. Die Probleme, die in der südlichen EU entstanden sind, sind die gleichen wie in den USA, die den Weg zu einer schuldengetriebenen Wirtschaft, die von Vermögensblasen angetrieben wird, eingeschlagen haben und nicht mehr zurück können. Sie nutzten die niedrigen Zinsen und die niedrige Inflation, die durch den Beitritt zur Eurozone entstanden sind, um die Immobilienblase kräftig anzukurbeln und die Wertsteigerung von Vermögenswerten für einen Konsumboom zu nutzen. Im ersten Jahrzehnt des Bestehens der Eurozone wuchs die spanische Wirtschaft um durchschnittlich 3,6 Prozent, die griechische um 4 Prozent und die irische um 6 Prozent, also wesentlich stärker als die nördliche EU. Der Anstieg der Vermögenspreise geht zwangsläufig mit einer Ausweitung der Verbindlichkeiten einher, und der Konsumboom ist nicht auf Produktivitätsgewinne zurückzuführen, sondern lediglich ein Anreiz für die Inflation der Vermögenswerte. Ihre Konsumnachfrage war der Motor des deutschen Wirtschaftswachstums zwischen 2004 und 2008. Infolgedessen sind innerhalb der EU schwerwiegende wirtschaftliche Ungleichgewichte entstanden, wobei Länder wie Spanien, Griechenland, Italien und andere eine erhebliche Verschlechterung ihrer Handels- und Haushaltsdefizite zu verzeichnen haben, während Länder wie Deutschland und die Niederlande riesige Handelsüberschüsse angehäuft haben.

Als die Vermögensblase 2008 weltweit zusammenbrach, war das schuldengetriebene Wachstumsmodell der Südeuropäischen Union bankrott. Als die Flut des Wohlstands abebbte, blieb ein Wrack aus unbezahlbaren Schulden zurück. Im Zeitalter von Vermögensblasen und Konsumrausch haben sich diese Länder dafür entschieden, die Industrie aufzugeben und hochwertige, billige industrielle Konsumgüter aus den Ländern der Nordeuropäischen Union zu kaufen, wodurch sie beträchtliche "Pfeil und Bogen"-Produktionskapazitäten schwächten oder sogar dauerhaft verloren. Hohe Verschuldung, eine schrumpfende Wirtschaft, hohe Arbeitslosigkeit, erschöpfte Steuereinnahmen und fiskalischer Bankrott sind genau die volle Liquidation des falschen Modells des Wirtschaftswachstums.

Die entscheidende Frage ist, wer die südlichen EU-Länder retten soll. Ganz Europa blickt auf Deutschland, das viel Geld in der Tasche hat, und hofft, dass Deutschland zu den inländischen Ersparnissen, die durch die Exporte entstehen, "beitragen" und allen helfen wird, die Krise zu überstehen. Kluge Deutsche würden ihre Ersparnisse nie leichtfertig zur Rettung anderer einsetzen.

Wenn man auf die mehr als 50-jährige Geschichte der Europäischen Union zurückblickt, ist Deutschland immer ein Land gewesen, das sich sehr gut auskennt, seine eigenen Interessen klar sieht und sehr zurückhaltend vorgeht. Die Grundvoraussetzung dafür, dass die Deutschen andere Länder retten, ist, dass die anderen Länder zuerst alle ihre finanziellen Ressourcen aufbrauchen müssen, und Deutschland ist nie dumm, andere Länder zu retten! Großbritannien und Frankreich haben wiederholt versucht, Deutschland "auszunutzen", und jedes Mal sind sie daran gescheitert, nachdem sie gegen eine Mauer gefahren waren.

Großbritannien schloss sich 1972 kurzzeitig dem "Serpentinenmechanismus" an, wurde aber bald vom spekulativen Kapital verdrängt, und 1973 kam Premierminister Heath nach Bonn und bat das Pfund, sich dem "Serpentinenmechanismus" wieder anzuschließen. Deutschland ist natürlich dafür, und mit den beiden Armen des Pfunds und des Frankens wird die Fähigkeit, der Flutwelle des spekulativen Dollarkapitals zu widerstehen, stärker sein. Die britischen Bedingungen haben die Deutschen jedoch zögern lassen, denn die britische Regierung ist mit ihren Versuchen, den Wechselkurs an die europäische Währung zu binden, wiederholt gescheitert, und die nachfolgenden Regierungen wurden durch ihre Unterstützung einer ähnlichen Politik zu Fall gebracht. Für die Deutschen ist dies gleichbedeutend mit der Aufforderung an die Deutschen, mit ihren eigenen Devisenreserven einen Blankoscheck für die Briten auszustellen, die mit diesem Talisman ihre Defizitzurückhaltung verlieren dürften. Die Deutschen, die nicht bereit waren, das Angebot direkt abzulehnen, machten ein Gegenangebot und schlugen vor, dass Großbritannien zunächst dem "Serpentinenmechanismus" beitreten sollte, um seine Entschlossenheit zu demonstrieren, die Stabilität des europäischen Wechselkurses zu verteidigen, indem es gegen alle Widerstände in den Krieg zog. Daraufhin machten die Briten einen Rückzieher.

Als das Europäische Währungssystem (EWS) 1978 ins Leben gerufen wurde, schlug Frankreich die Schaffung einer Europäischen Währungseinheit (ECU) mit einem "Währungskorb" als Kernstück vor, wobei die nationalen Währungen bis zu 2,25% gegenüber der ECU als Referenzpunkt schwanken sollten. Dieser französische Entwurf ist ziemlich genial, und da die Mark stark und der Franc schwach ist, begünstigt die Idee des Floatings gegenüber dem ECU den Franc. Der Grund dafür ist, daß das Verhältnis der Währungen im "Korb" nur alle fünf Jahre angepaßt wird, nachdem es festgelegt worden ist. Wenn die D-Mark in der Zwischenzeit zu schnell aufwertet, muß Deutschland, damit der Wert der D-Mark im "Korb" nicht die Grenze überschreitet, zunächst mit seinen eigenen Devisenreserven am Markt intervenieren, um die D-Mark zu senken. Auf diese Weise werden die deutschen Devisenreserven zu einer gemeinsamen Ressource für das europäische Währungssystem. Gleichzeitig wird der ECU zu einem Instrument für die Länder, um auf dem Devisenmarkt zu intervenieren und letztlich die durch Wechselkursschwankungen der nationalen Währung verursachten Auslandsschulden zu begleichen.

Die Deutschen durchschauten die französischen Absichten auf den ersten Blick und bestanden darauf, daß die Wechselkursstabilisierungsoperation den "Serpentinenmechanismus" übernehmen muß, daß das Floaten der nationalen Währungen nicht auf dem ECU basieren darf, daß aber der relative Wechselkurs zweier Währungsgruppen die Obergrenze nicht überschreiten darf, so daß die Länder nur ihre eigenen Devisenreserven verwenden können, um zuerst in den Wechselkurs einzugreifen. Damit war der Weg frei für den französischen Trick, die deutschen Devisenreserven zu berechnen. Darüber hinaus besteht Deutschland darauf, dass die Länder bei der Rückzahlung von Anleihen, die aus Wechselkursinterventionen resultieren, in Dollar, Mark oder Gold zahlen müssen. Gleichzeitig ist Deutschland nicht mit der Einrichtung eines gemeinsamen "Devisenreservepools" einverstanden. Infolgedessen musste Frankreich nur auf Drängen Deutschlands nachgeben.

Die Schaffung einer Währungsunion war ursprünglich eine strategische Entscheidung, um die Interessen Deutschlands zu maximieren, die Einbindung Großbritanniens und Frankreichs stand im Mittelpunkt des Aufbaus der Währungsunion, und Deutschland nahm gegenüber den britischen und französischen Versuchen, auf die inländischen Ersparnisse Deutschlands zuzugreifen, eine Null-Beschwichtigungshaltung ein, wenn Großbritannien und Frankreich nicht ihre gesamten finanziellen Ressourcen ausschöpften, um Gelder von Deutschland zu erhalten? Nicht einmal eine Tür!

Um die südliche EU zu retten, müssen zwei Schritte unternommen werden: erstens die Stabilisierung des europäischen Finanzsystems und zweitens die Reaktivierung des Wirtschaftsmotors.

Die Südeuropäische Union hat im Zuge des Platzens der Vermögensblase Vermögensverluste in Höhe von mindestens 2 Billionen Euro erlitten, und diese faulen Finanzschulden haben die Bankensysteme dieser Länder überschwemmt und sich in Form von Staats- und Unternehmensanleihen in der gesamten Eurozone verbreitet. Auch wenn die finanziellen Probleme Europas keine ähnliche Vergrößerungswirkung wie der riesige US-Finanzderivatemarkt hatten, ist es nie leicht, eine faule Schuld dieses Ausmaßes zu verdauen.

Die eine besteht darin, über die EZB Geld zu drucken und die uneinbringlichen Forderungen über die Inflation abzuschreiben, was der fast schon paranoiden Anti-Inflationshaltung der Deutschen zuwiderläuft und auch zu einem Verlust der deutschen Ersparnisse führen wird. Die andere besteht darin, einen Europäischen Stabilitätsfonds (EFSF) zu schaffen, der die uneinbringlichen Forderungen übernehmen wird.

Zwischen Deutschland und Frankreich ist ein neuer Streit über die Funktionsweise des Europäischen Stabilitätsfonds entbrannt, bei dem es einzig und allein darum geht, wessen Ersparnisse zum Füllen des Lochs verwendet werden. Der französische Vorschlag, den Europäischen Stabilitätsfonds in eine Bank umzuwandeln, erinnert an Keynes' Vision des IWF von damals, als Länder ohne Geld immer einen Überziehungskredit wollten und die Hauptaufgabe der Banken darin bestand, Kredite zu schaffen. Die Franzosen verlassen sich darauf, dass die Banken des Fonds die faulen Vermögenswerte aufkaufen, sie zur EZB bringen, um die Mittel zu besichern, und sie dann weiter aufkaufen, um sie allmählich aus dem Bankensystem in die Bilanz der

EZB zu transferieren, was im Endeffekt darauf hinausläuft, dass die EZB den toxischen Schrott monetarisiert, wobei der letzte Rechnungszahler weiterhin die deutschen Sparer sind.

Die Deutschen tun das natürlich nicht, und was sie vorschlagen, ist ein gehebeltes Garantiefondsmodell, bei dem der Europäische Stabilitätsfonds 20 Prozent der Verluste garantiert, Geld aufnimmt, um es mehrfach zu verstärken, und die Ersparnisse anderer Länder auf dem Markt absorbiert, was den deutschen Reichtum schützen und die Ersparnisse anderer Länder in Gefahr bringen würde. Wenn man bedenkt, dass die Schulden Griechenlands um bis zu 50 Prozent reduziert werden und der Europäische Stabilitätsfonds nur 20 Prozent der Verluste garantiert, ist klar, dass das Investitionsrisiko erheblich ist.

Das Problem liegt auch nicht nur in den kurzfristigen Risiken von Finanzinvestitionen, sondern in der Tatsache, dass das Modell der wirtschaftlichen Entwicklung der südlichen EU-Länder zusammengebrochen ist, eine lang anhaltende Rezession unvermeidlich geworden ist und die Fähigkeit, Schulden zu bedienen, grundlegend untergraben wurde. Während es relativ einfach ist, die Finanzsysteme zu stabilisieren, ist es keineswegs einfach, die Wirtschaftsmotoren dieser Länder wieder in Gang zu setzen, wie das Sprichwort "rettet die Armen, nicht die Bedürftigen" besagt. Im Rahmen des Euro-Systems können diese Länder ihre Exporte nicht mehr durch eine Abwertung ihrer Landeswährung ankurbeln, und ihre eigenen Industrien sind angesichts der erheblichen Wettbewerbsvorteile der deutschen Industrie, von der sie bei inländischen Konsumgütern zunehmend abhängig sind, allmählich zerfallen. Ohne Währungs- und Zollschutz, ohne fiskalische und steuerliche Unterstützung wird es für die südlichen EU-Länder schwieriger sein, die "Pfeil- und Bogenproduktion" wieder aufzunehmen und mit den mächtigen deutschen Industrieprodukten zu konkurrieren. Alles, was sie tun können, ist, die Steuerausgaben weiter zu kürzen und die Verbrauchernachfrage zu unterdrücken, und die Wirtschaft wird in einen Teufelskreis der Austerität geraten. Die faule Verschuldung der südlichen EU-Länder ist wie das Schneiden von Lauch, eine Pflanze wird wachsen und eine andere wird wachsen. In der Tat ist es wahrscheinlich ein Fass ohne Boden voller Verluste.

Ob es nun die Vereinigten Staaten oder Europa sind, die gierigen Augen der "Monster" sind auf Chinas Ersparnisse gerichtet, Chinas Devisenreserven sind zu den Augen der anderen geworden, "das Fleisch des Tang-Mönchs". Die "Monster" bieten alle möglichen Verlockungen an, wie z. B. die Finanzierung in Yuan, die Gewährung des Status einer

Marktwirtschaft für China, die Bekämpfung der Hegemonie des Dollars usw., die verlockend klingen, aber oft auffällig und unwahr sind.

Ja, die Vereinigten Staaten begannen ihre erste Dollar-Expedition nach dem Ersten Weltkrieg mit der Hegemonie ihrer Dollar-Gläubiger, aber sie endete mit einem Misserfolg, denn die Grundlage der monetären Hegemonie liegt in der Größe des Marktes, den sie beherrscht, und angesichts der Trennung der Sterling- und Franc-Zone scheiterte die erste Expedition des Dollars. Erst im Zweiten Weltkrieg ergab sich durch die Zerstörung der europäischen Nationen gegeneinander eine historische Chance für die Vorherrschaft des Dollars. Die aktuelle Situation ist, dass die Größe der Euro-Zone ist viel größer als das Pfund Sterling abgeschnitten, Abfluss des Yuan in Übersee ist schwierig, den Handel Siedlung der abgeschnittenen Einflussbereich zu bilden. Bis sich in China ein ausreichend großer Inlandsmarkt gebildet hat, sollten die chinesischen Ersparnisse zu Hause bleiben und eine größere Rolle spielen. Wenn KMU aufgrund von Kapitalmangel am Rande des Bankrotts stehen, führt die Abwanderung inländischer Ersparnisse nach Europa unweigerlich zu einem "moralischen Risiko".

Der Marktwirtschaftsstatus beseitigt nicht das Antidumping-Problem im Handel, der Handelskonflikt zwischen Japan und Europa und den Vereinigten Staaten in den 1980er Jahren, Japan hat kein Problem mit dem Marktwirtschaftsstatus, die eigentliche Ursache ist immer noch ein Interessenkonflikt, der Marktwirtschaftsstatus ist nur einer der vielen Vorwände für einen Handelskrieg.

Die Anti-Dollar-Hegemonie-Rhetorik ist auch sehr verdächtig, das europäische und amerikanische Finanzsystem ist ursprünglich das Gleichgewicht der Interessen der großen Familien in den letzten 200 Jahren, nach wiederholten Spielen, gibt es Widersprüche und Interessenkonflikte zwischen ihnen, und es gibt auch den Grundkonsens, dass die Waffe die gleiche ist wie die Außenseite. Für einen Außenstehenden überwiegen leider ihre gemeinsamen Interessen gegenüber ihren internen Konflikten.

Chinas Rolle in der europäischen Schuldenkrise sollte noch mehr von den klugen Deutschen lernen.

Chinas nahe und ferne Sorgen

Die chinesische Wirtschaft im Jahr 2012 wird bald die kalte Flut der gleichzeitigen Abkühlung der drei großen entwickelten Volkswirtschaften in Europa, den Vereinigten Staaten und Japan zu spüren bekommen, da der zweiten Stufe der Rakete, die die chinesische Wirtschaft gestartet hat - der Globalisierung - der Treibstoff ausgegangen ist. Es wäre ein Zustand des Gleitens, der an Kraft verliert, ähnlich dem, was geschah, nachdem die erste Stufe der ländlichen Industrialisierungsraketen 1997-1999 abstarb. Kurzfristig sieht sich Chinas Wirtschaft mit einer schwachen Auslandsnachfrage, einer schwachen internen Kreditexpansion, einem schleppenden Konsum, sinkenden Preisen, schrumpfenden Gewinnen, gravierenden Verschuldungsproblemen und einer Verschlechterung der Vermögenslage konfrontiert, was das Jahr 2011 für die inflationsgeplagte chinesische Wirtschaft plötzlich zu einem noch unlösbareren deflationären Dilemma machen wird.

Traditionell wird davon ausgegangen, dass die wirtschaftliche Entwicklung Chinas auf drei Säulen ruht: Exporte, Investitionen und Konsum, die der chinesischen Wirtschaft auch dann noch zu einem hohen Wachstum verhelfen können, wenn die Exporte scheitern. Diese Analyse ignoriert die logische Unterordnung zwischen den dreien. Das Wirtschaftswachstum wird durch Produktivitätssteigerungen angetrieben, und die Logik des Wachstums besteht darin, dass die Sektoren mit der schnellsten Produktivitäts-"Beschleunigung" genügend zusätzliche Ersparnisse schaffen, um eine wirtschaftliche Basis für Konsum und Investitionen zu schaffen, wenn die Nachfrage auf langsamere Sektoren übergreift. In den drei Waggons ist der Sektor, der den raschen Produktivitätsanstieg wirklich herbeigeführt hat, der Export, der auf den Weltmarkt ausgerichtet ist, sich auf Technologie und Ausrüstung stützt, die dem Weltniveau nahe kommen, auf Kosten niedriger Arbeits- und Ressourcenkosten, sich auf die Unterstützung der lokalen Regierungen in allen Aspekten der engen Zusammenarbeit stützt, mit der besten Produktionsorganisation als Garantie, mit dem industriellen Clustereffekt als treibendem Punkt, um eine Qualität und einen niedrigen Preis auf dem internationalen Markt zu schaffen, ist der Mythos "Made in China" unbesiegbar. Ohne das vom Exportsektor geschaffene Produktivitätswunder hätten die inländischen Ersparnisse nicht ausgereicht, um die enormen Infrastrukturinvestitionen der Regierung und den florierenden Marktkonsum zu finanzieren. Aus dieser Perspektive sind die Exporte die eigentliche Lokomotive der chinesischen Wirtschaft, während Investitionen und Konsum "angekurbelt" werden.

Während Europa, die Vereinigten Staaten und Japan mit dem Debakel des schuldengetriebenen Modells konfrontiert sind, haben auch sie mit Schuldenproblemen, einer alternden Bevölkerung und Produktivitätsengpässen zu kämpfen, die nicht kurzfristig gelöst werden können und auch nicht in zehn Jahren zu bewältigen sein werden, wenn sie ihre Volkswirtschaften wieder ankurbeln wollen. Die wirtschaftliche Misere der Industrieländer hat Chinas Exportsektor stark belastet, ein neues Problem, das in den 30 Jahren der Reform und Öffnung noch nie aufgetreten ist, und die Exportwirtschaft wurde durch die enorme Aufwertung des Yuan noch verschärft.

Der Exportsektor wird natürlich vollständig in die Schwellenländer vordringen und recht produktiv sein. Gleichzeitig kann die Kapazität der Märkte der Industrieländer mit niedrigem und mittlerem Niveau eine Mindestgarantie für eine Basiszahl für Exporte bieten. Infolgedessen wird der chinesische Exportsektor in der Lage sein, seine Größe beizubehalten, auch wenn das inkrementelle Wachstum allmählich nachlässt und die Funktion des wirtschaftlichen Aufschwungs schwächer wird.

Die Produktivitätssteigerungsrate stellt die Grundtendenz des sozialen Fortschritts dar, während die "Beschleunigung" der Produktivität große technologische Durchbrüche und Fortschritte bei den Produktionsmethoden voraussetzt. Daher ist die "Beschleunigung" der Produktivität viel aussagekräftiger als die wirtschaftliche Größenordnung. Dies ist die eigentliche Ursache dafür, dass Chinas BIP im 18. Jahrhundert ein Drittel des weltweiten BIPs betrug und das Land dennoch passiv blieb und geschlagen wurde.

Mit dem Abflauen des Exportbooms wird sich das Wachstum der realen inländischen Ersparnisse allmählich verlangsamen, was zu einer schwächeren Verbrauchernachfrage führen wird. In Bezug auf den Konsum unterliegen die Menschen oft dem Irrglauben, dass eine Ankurbelung des Konsums zu Wirtschaftswachstum führen wird, was die Logik der Beziehung zwischen beiden völlig umkehrt. Wenn ein Bauer 100 Eier auf den Markt bringt, um sie zu tauschen, verlangt er dafür Kleidung zum Wechseln, also das, was er mit seinen Ersparnissen ausgibt. Der Konsum ist im Wesentlichen ein Akt des Austauschs, und der Konsum setzt die Produktion voraus, ohne die es keinen Konsum gäbe. Um mehr Konsum zu erzeugen, muss mehr produziert werden. Wenn der Landwirt seine Eierproduktion steigert, indem er seine Produktivität erhöht, bereichert er das Marktangebot, wenn er 200 Eier auf den Markt bringt, um sie zu tauschen, und er verlangt, dass mehr als nur Kleidung getauscht wird, was das Wirtschaftswachstum anregt. Die Stimulierung des Konsums wird nicht zu einem nachhaltigen Wirtschaftswachstum führen, und nur eine erhöhte Produktivität wird zu mehr Konsum und damit zu Wirtschaftswachstum führen.

Kann es zu Wirtschaftswachstum führen, wenn man die Einwohner dazu anregt, die großen Geldbeträge auf der Bank auszugeben? Einlagen sind die monetäre Verkörperung des Sparens, und die Eier der Bauern sind die wirklichen Ersparnisse. Das Wesen des Sparens ist ein Maß dafür, wie lange die Menschen in der Gesellschaft überleben können, wenn sie nicht mehr in der Produktion tätig sind. Eine Spareinlage ist lediglich ein aufgeschobener Konsum, dessen Wesen nach wie vor der Austausch von Produkten ist. In Ermangelung von Produktivitätsgewinnen kommt das Ausgeben von Bankeinlagen einer Verkürzung des "sozialen Lebens" gleich, was die Wirtschaft zwar aufrechterhalten kann, aber nicht zu einem echten Wachstum führt.

Der Verbrauch muss aus einem erheblichen Produktivitätsanstieg in einem Wirtschaftszweig resultieren, der eine große Zahl neuer, billigerer Produkte hervorbringt, die mehr Austausch in Markttransaktionen erfordern, um die Entwicklung in anderen Sektoren anzuregen. Die explosive Entwicklung der Wirtschaft wurde immer durch das Entstehen neuer Industrien vorangetrieben, als die Petrochemie in den 1950er Jahren aufkam und die Informationstechnologie in den 1990er Jahren die Gesellschaft eroberte, schufen neue Produkte und Dienstleistungen neuen Konsum in Markttransaktionen, die eine neue Nachfrage anregten. Da man bei Null anfängt, sind die Produktivitätsgewinne in neuen Industrien stärker ausgeprägt.

Wenn der chinesische Verbrauchermarkt zu schwächeln beginnt, kann die Idee, den Konsum anzukurbeln, so verlockend und aufrührerisch sie auch sein mag, nicht blindlings in die Welt gesetzt werden, ist aber keineswegs ein Heilmittel für das Problem.

Die wirtschaftliche Abkühlung und die Deflation werden sich verstärken, wenn die Regierungen nichts unternehmen. An diesem Punkt werden die Rufe nach fiskalischen Impulsen ohrenbetäubend sein. Die Frage ist, wie richtig die Regierung die Wirtschaft ankurbeln sollte, und viele der seit 2009 ergriffenen Maßnahmen werden bei künftigen wirtschaftlichen Problemen keine nachhaltige Wirkung haben; sie sind nichts anderes als Versuche, die Lebensdauer einer Rakete der zweiten Stufe zu verlängern. Erhöhte staatliche Investitionen können das Wirtschaftswachstum aufrechterhalten, aber Chinas Schuldenproblem wird akut, wenn sie in Bereichen ausgegeben werden, die die Produktivität nicht erhöhen, oder in Wirtschaftssektoren, die kurzfristig nur schwer einen Nutzen bringen können. Letztlich kann eine untragbare Verschuldung nur durch eine Erhöhung der Geldmenge gelöst werden, was die inflationären Probleme in einer sich abkühlenden Wirtschaft noch verschärfen wird. Deflation und Inflation können Hand in Hand gehen, werden aber in unterschiedlichen Bereichen auftreten. Anhaltend niedrige Preise auf dem Verbrauchermarkt und ausufernde Preise im Vermögenssektor könnten Chinas Wirtschaft in eine schwierige Lage bringen.

Der Schlüssel zur wirtschaftlichen Transformation liegt in der Zündung einer dritten Raketenstufe, und die staatlichen Investitionen müssen in die richtigen Bereiche fließen, um eine nachhaltige Wirkung zu erzielen. Für die Bereiche, die Chinas anhaltendes Wirtschaftswachstum vorantreiben können, muss eine Reihe von Voraussetzungen gegeben sein: Erstens besteht ein großes Potenzial für eine Produktivitätssteigerung, zweitens gibt es erhebliche Skaleneffekte, die der Mehrheit der Bevölkerung in der Gesellschaft zugute kommen, und schließlich ist ein breites Spektrum von Branchen betroffen und eine umfassende Anziehungskraft auf alle Sektoren der Wirtschaft gegeben.

Von den drei Wirtschaftssektoren, die diese drei Bedingungen erfüllen, steht die Landwirtschaft eindeutig an erster Stelle. Der Kern der zweiten ländlichen Industrialisierung ist die Informatisierung, Intensivierung, Hochtechnologie und Urbanisierung. Die niedrige ländliche Produktivität ist der potenzielle Vorteil dieser "Beschleunigung". Umfangreiche staatliche Investitionen in die ländliche und landwirtschaftliche Infrastruktur werden die Rahmenbedingungen der Agrarwirtschaft verbessern, die Produktionskosten senken und die Gewinne der Agrarwirtschaft steigern. Gleichzeitig wird die Investition wirtschaftlicher Ressourcen in die Kapitalmärkte zu Produktivitätssteigerungen in der Landwirtschaft führen, die viel höher sind als in anderen Wirtschaftssektoren. Mehr als die Hälfte der chinesischen Bevölkerung lebt nach wie vor auf dem Lande und wird durch Produktivitätssteigerungen in großem Umfang neue Ersparnisse schaffen. Wenn gesündere, grünere, sicherere, reichhaltigere und nahrhaftere landwirtschaftliche Produkte den Markt überschwemmen, werden die Landwirte den Austausch von qualitativ besseren, billigeren, energieeffizienteren, vielfältigeren und innovativeren industriellen Konsumgütern fordern und damit die Leichtindustrie anregen, ihre eigene Produktivität zu steigern. Während die Leichtindustrie zunehmend nach Rohstoffen und Ausrüstungen verlangt, wird sie wiederum die Entwicklung der chemischen Schwerindustrie vorantreiben. Wohlhabendere ländliche Gebiete würden natürlich den Wunsch nach Verstädterung wecken, um die Lebensqualität weiter zu verbessern, was nicht nur die verzerrte Verteilung der Bevölkerung verbessern und die "Stadtkrankheit" der übermäßigen Konzentration in den Großstädten lindern würde, sondern auch eine nachhaltigere Nachfrage für alle Industriesektoren erzeugen würde.

Die dritte Stufe der Rakete wird dafür sorgen, dass China allmählich den größten Verbrauchermarkt der Welt bildet, eine echte Machtbasis für die Großmächte gewinnt und Chinas Schicksal fest in die eigenen Hände nimmt!

Asiatische Wirtschaftsgemeinschaft

Amerikas Problem ist die Wirtschaft, Europas Problem ist die Politik, und Asiens Problem ist die Geschichte!

Die Geschichte Asiens ist nicht kürzer als die Europas, und seine politische Weisheit war für die Asiaten stets eine Quelle des Vertrauens. Die reiche und tiefgreifende kulturelle Akkumulation, die langjährige konfuzianische Tradition und der Geist der Offenheit und Toleranz im Buddhismus haben eine solide Plattform der Zivilisation und des Glaubens für die asiatische Wirtschaftsgemeinschaft geschaffen.

China steht im nächsten Jahrzehnt vor großen Herausforderungen bei der wirtschaftlichen Umgestaltung, und Stabilität und Zusammenarbeit in Ostasien sind eine unverzichtbare externe Garantie für die chinesische Wirtschaft. Wenn Europas Generationsfeinde, Deutschland und Frankreich, ihren früheren Groll überwinden und zu den beiden treibenden Kräften der Europäischen Gemeinschaft werden können, können dann China, Japan und Korea, die ebenfalls einen jahrhundertealten Groll hegen, den Knoten der Geschichte lösen und zum Vorreiter der asiatischen Wirtschaftsgemeinschaft werden?

Der Schlüssel zur deutsch-französischen Annäherung war die Gründung einer Interessengemeinschaft "Montanunion". Da Kohle und Stahl in den 1950er Jahren sowohl unverzichtbare Materialien für die nationale Kriegsführung als auch die primäre Energie- und Rohstoffquelle für die Industrie waren, würde die Unterstellung des wirtschaftlichen Lebensnervs beider Länder unter das "Kohle- und Stahlbündnis" der "Supersouveränität" die Absicht und Fähigkeit beider Seiten, Krieg zu führen, grundlegend beseitigen, denn das Ziel des Schumann-Plans war es, "Krieg nicht nur undenkbar, sondern auch materiell unmöglich zu machen". Es kann argumentiert werden, dass eine echte Aussöhnung ohne eine vollständige Bündelung der Interessen beider Seiten nur schwer zu erreichen sein wird. Noch wichtiger ist, dass die Montanunion ein realistisches und lebensfähiges "supersouveränes" Wirtschaftsmodell erforscht und damit den Grundstein für den gemeinsamen europäischen Markt gelegt hat. Ohne einen Markt, der groß genug ist, um mit den Vereinigten Staaten zu konkurrieren, kann Europa nicht die ultimative Macht erlangen, um sein eigenes Schicksal zu beherrschen.

Seit dem Ende des Zweiten Weltkriegs ist in Europa kein größerer Krieg mehr ausgebrochen. Damit wurden fast 500 Jahre Bruderkrieg beendet, und die Europäer genießen heute die reichen Früchte des Friedens. Frieden ist, im Gegensatz zu Krieg, immer ein zivilisatorischer Fortschritt.

Die von den Europäern vor mehr als 60 Jahren geschaffene Allianz für Kohle und Stahl ist für Asien heute eine realistischere, wenn nicht gar dringendere Referenz. Asien hat zwar den Krieg schon lange hinter sich gelassen, aber die Kriegsmentalität ist noch nicht überwunden. Der erbitterte Hass zwischen China, Japan und Südkorea hat sich in jüngster Zeit nicht gelegt, sondern ist mit heftigen Rachegefühlen in den jeweiligen Völkern aufeinander geprallt. Die drei Länder sind auf der Hut voreinander und sind auf der Hut voreinander, was erhebliche diplomatische, militärische und politische Ressourcen verschlingt.

In der Vergangenheit bestand Großbritanniens grundlegende Strategie, um den Kontinent in Schach zu halten, darin, Kriege zwischen kontinentaleuropäischen Ländern zu provozieren. Wenn Frankreich stark war, zog es Russland, Deutschland und andere Länder an, um eine antifranzösische Belagerung zu errichten; wenn

Deutschland stark war, unterstützte es andere europäische Mächte, um Deutschland zu belagern, und inmitten des gegenseitigen Verbrauchs des europäischen Kontinents festigte es Großbritanniens Position der Welthegemonie. Nach dem Aufstieg der Vereinigten Staaten wurde die britische Strategie der "Kombination des Starken mit dem Schwachen" auf ein höheres Niveau gebracht. Während des Kalten Krieges wurde Europa in die erste Belagerungslinie der Sowjetunion gestellt, die nicht nur Europa kontrollierte, sondern auch die Sowjetunion aufzehrte; in der Zeit der Isolation Chinas brachten die Vereinigten Staaten Japan, Südkorea, Australien, die Philippinen und andere Länder zusammen, wobei Taiwan den Kern der ersten Inselkette bildete, und schnürten Chinas Seeweg ab. Hegemoniale Staaten versuchen immer, Streitigkeiten zwischen anderen Staaten zu schüren, um zu teilen und zu erobern.

Jetzt, da China "leider" zur zweitgrößten Volkswirtschaft der Welt geworden ist, war es für die beiden ältesten nie eine gute Zeit, und die Wachsamkeit des Chefs und die Eifersucht der drei ältesten machen es ihnen leicht, eine gemeinsame Front gegen die beiden ältesten zu bilden. Deutschland zu Beginn des 20. Jahrhunderts, die Sowjetunion im Kalten Krieg und Japan in den 1980er Jahren wurden ausnahmslos von den angelsächsischen, englischsprachigen Völkern besiegt, die scheiterten, weil sie zu stark und begierig darauf waren, die Bosse herauszufordern, und weil es ihnen nicht gelang, die strategische militärische, politische und wirtschaftliche Einkreisung zu durchbrechen, die von den Bossen und den älteren Drei errichtet worden war.

Die Vereinigten Staaten haben die Kriege im Irak und in Afghanistan beendet, was in Verbindung mit Regimewechseln in zahlreichen Ländern Nordafrikas und des Nahen Ostens zu einer beispiellosen Stärkung ihrer Kontrolle über die weltweiten Ölressourcen geführt hat. Für China, das jedes Jahr mehr als die Hälfte seines Erdöls importieren muss, haben die Amerikaner den Lebensnerv der chinesischen Wirtschaft fest im Griff, und ihre extreme Abhängigkeit von den Überseemärkten, insbesondere von denen in Europa und den USA, hat dazu geführt, dass Chinas vermeintlicher Wohlstand in Wirklichkeit auf einem eher schwachen Fundament steht.

Außenministerin Hillary Rodham Clinton gab in ihrer Foreign Policy vom 11. Oktober 2011 eine wichtige politische Erklärung zu "Amerikas pazifischem Jahrhundert" ab, in der sie behauptete, dass die Politik der Zukunft von Asien abhängen wird, dass eine der wichtigsten

Aufgaben der außenpolitischen Strategie der USA in den nächsten zehn Jahren darin bestehen wird, deutlich mehr Investitionen in den asiatisch-pazifischen Raum zu tätigen, dass die Beziehung zu China eine der schwierigsten und einflussreichsten bilateralen Beziehungen ist, die die USA je zu verwalten hatten, und dass es keinen Leitfaden für die Entwicklung der Beziehungen zwischen den USA und China gibt. China gibt, doch darf der Einsatz nicht scheitern.

Es ist klar, dass die USA begonnen haben, den Schwerpunkt ihrer globalen Strategie auf die Grenzen Chinas zu verlagern, und ihre Absichten, China zu schützen und einzudämmen, wurden deutlich gemacht. Japan, Indien, Australien und die Länder am Südchinesischen Meer begannen, ermutigt durch ihre eigenen Interessen und die Vereinigten Staaten, allmählich eine gemeinsame Front zu bilden, die für China sehr ungünstig war. Eine Situation, in der sich die ostasiatischen Länder um die Ölvorkommen im Ost- und Südchinesischen Meer streiten, ist nicht mehr unerreichbar. Sobald China in einen lokal begrenzten Krieg gezwungen wurde, tappte es zweifellos in die strategische Falle der Vereinigten Staaten und wiederholte den historischen Fehler, dass französische und deutsche Strandläufer gegeneinander kämpften und britische Fischer gewannen.

Um dieses historische Schicksal zu durchbrechen, müssen die ostasiatischen Länder aus ihrer traditionellen Denkweise ausbrechen und mutig von den erfolgreichen Erfahrungen der Europäischen Währungs- und Wirtschaftsunion lernen und ihre Differenzen in Frieden umwandeln, um des Friedens in der asiatisch-pazifischen Region willen.

Jedes der drei großen ostasiatischen Länder, China, Japan und Südkorea, hat eine Schwachstelle. Chinas Schwachstelle liegt in seiner Wirtschaft, Japans Schwachstelle liegt in seiner Politik und Südkoreas Schwachstelle liegt in seinem Militär, und alle diese Schwachstellen sind mit den Vereinigten Staaten verbunden. Wenn sich die drei ostasiatischen Länder zusammenschließen, werden ihre jeweiligen Schwächen durch ein starkes Bündnis geschützt, und es ist das gemeinsame Bestreben aller asiatischen Länder, einen gemeinsamen Markt in Asien zu schaffen, in dessen Mittelpunkt die drei Länder stehen und der frei von der Vorherrschaft Europas und Amerikas über die Geschicke Asiens ist.

Anstatt sich auf dieses Nullsummenspiel einzulassen, konkurrieren die Länder um nichts anderes als um Vorteile, und die

Vorteile sollten geteilt werden. Deng Xiaoping hat schon vor langer Zeit das Konzept "Souveränität zurückstellen und sich gemeinsam entwickeln" vorgeschlagen, ein strategisches Prinzip, das im grundlegenden Interesse der asiatischen Länder liegt. Es ist an der Zeit, diese Idee zu konkretisieren und mutig genug zu sein, sie in die Praxis umzusetzen. Der Streit um die Diaoyu-Inseln zwischen China und Japan und die Dokdo-Frage zwischen Japan und Südkorea betreffen nicht nur heikle Souveränitätsstreitigkeiten, sondern auch die lebenswichtigen Interessen der riesigen unterseeischen Ölvorkommen. Die Pattsituation zwischen den Parteien hat das friedliche Umfeld in der asiatisch-pazifischen Region fast zerstört und die wirtschaftliche Entwicklung der Länder an den Rand der Entgleisung gebracht.

Wenn sich die Kohle- und Stahlallianz in der europäischen Praxis bewährt hat, dann kann dieses Modell der "Supersouveränität" auch in den umstrittenen Regionen Asiens angewandt werden. Wenn eine Institution ähnlich der "Asiatischen Wirtschaftsgemeinschaft" der Europäischen Union gegründet wird, mit der "Ölunion" als Ausgangspunkt, werden die umstrittenen unterseeischen Ölressourcen an diese neue Institution der "Übersouveränität" abgetreten, um den heiklen und unüberbrückbaren Widerspruch der Souveränität grundlegend zu lösen und einen Mechanismus für gemeinsame Investitionen zu bilden, So werden die Interessen aller Länder zutiefst miteinander verbunden und der Ausbruch eines Krieges wird "weder denkbar noch erreichbar" sein, und die Menschen in Asien werden für immer in den Genuss von Friedensdividenden kommen.

Durch die Gründung der "Asiatischen Wirtschaftsgemeinschaft" wird China die politische, wirtschaftliche und militärische Belagerung durch die Vereinigten Staaten durchbrechen, Japan wird sich einer zuverlässigen Ölversorgung sicher sein, Südkorea wird eine gemeinsame Sicherheitsverpflichtung von China und Japan haben und ASEAN und Indien werden Zugang zu einem einheitlichen asiatischen Markt haben. Dies wäre eine strategische Allianz von großem Interesse für alle asiatischen Länder!

Der Zweck der Erinnerung an die Geschichte ist nicht, in ihr zu leben, sondern zu verhindern, dass sie sich wiederholt! Was die Asiaten am meisten interessiert, ist die Souveränität, denn hinter der Souveränität steht die Macht des Staates, sein eigenes Schicksal zu bestimmen! Es sind die Interessen, die den Asiaten am meisten am Herzen liegen, denn die gemeinsamen Vorteile überwiegen die konkurrierenden Interessen selbst!

Wenn Asien einst die Geburtsstätte der ältesten Zivilisation der Menschheit war, dann darf die Weisheit der Asiaten nicht an die Europäer verloren gehen! Wenn die Geschichte Asiens unter den Großmächten gelitten hat, dann darf Asien heute nie wieder sein Schicksal einer Hegemonie überlassen!

Asien als Ganzes wird auf der internationalen Bühne einen noch nie dagewesenen Status und eine noch nie dagewesene Unabhängigkeit haben und eine strategische Landschaft bilden, die im Widerspruch zu den Vereinigten Staaten und Europa steht.

Aufbau des asiatischen Dollar-Marktes: Hongkong ist ein Brückenkopf

Die erste Aufgabe der "Asiatischen Wirtschaftsgemeinschaft" sollte darin bestehen, mit der "Öl-Allianz" zu beginnen, die Lunte aus dem Pulverfass des Krieges im asiatischen Raum vollständig zu entfernen und das Schicksal der asiatischen Länder in einer Gemeinschaft mit den großen Interessenbindungen des U-Boot-Öls zu binden. Das ist eine große und riskante Investition, woher soll das Geld kommen?

Die Antwort ist der asiatische Dollarmarkt!

Der europäische Dollar, wie er genannt wird, bezog sich zunächst auf die Dollars, die nach Europa flossen und dort umherwanderten. Sie stammten in erster Linie aus den Handelsüberschüssen Europas mit den Vereinigten Staaten und den Militärausgaben in US-Dollar auf europäischen Militärstützpunkten, die im Laufe der Jahre immer größer wurden. Später zahlten auch die Sowjetunion, der Nahe Osten und andere Länder Dollars aus Ölexporten in das europäische Bankensystem ein, was den "finanziellen heterogenen Raum" des europäischen Dollars weiter vergrößerte, und später strömten auch die Dollars anderer Länder und Regionen nach Europa. Später wurden alle Dollar, die außerhalb der Vereinigten Staaten im Umlauf waren, als europäische Dollar bezeichnet.

Der internationale Bankier Sigmund Warburg begann, sich auf den europäischen Dollar zu stürzen, der so groß und unreguliert war, dass das Dollargeld, das ausschließlich für Investitionen in US-Treasuries verwendet wurde, zu wenig Rendite abwarf. In den frühen 1960er Jahren leistete er Pionierarbeit mit der europäischen Dollaranleihe, einem neuen Anlageinstrument, bei dem ungenutzte oder niedrig verzinste europäische Dollars zur Finanzierung europäischer Unternehmen und EG-Projekte verwendet wurden. Die Bedeutung der europäischen Dollaranleihe besteht darin, dass die Europäer begannen, Dollar-Ressourcen zu nutzen und gleichzeitig ihre eigene Kreditkraft zu entwickeln, ohne in die niedrig verzinste Falle der US-Schatzanleihen zu tappen und zum passiven Zahler der US-Defizitfinanzierung zu werden.

In den letzten zehn Jahren hat sich die asiatische Region zur größten Dollarreserve der Welt entwickelt, wobei die Handelsüberschüsse weiterhin jedes Jahr rollende Dollars nach Asien zurückbringen, für die es keinen besseren Ort zu geben scheint, als US-Staatsanleihen und niedrig verzinste Anleihen anderer Staaten zu kaufen. Tatsächlich wurde dieses Problem bereits in den 1960er Jahren durch die Innovation der Eurodollar-Anleihen gelöst.

Warum sollten Dollar-Ersparnisse in Asien unbedingt in die Finanzmärkte der Vereinigten Staaten oder Europas fließen? Warum sollte ich nur in europäische und amerikanische Staatsanleihen mit niedrigen Renditen investieren? Wenn sich die Wirtschaft Asiens wesentlich schneller entwickelt als die Europas und der Vereinigten Staaten, werden diese Gelder dann nicht in Asien bleiben, um dort hohe Renditen zu erzielen?

Hochverzinsliche, risikoarme Projekte mit staatlicher Bonität - passt die "Öl-Allianz" da nicht perfekt ins Bild? Damals wollte Sigmund Warburg ursprünglich das Projekt "Kohle- und Stahlunion" nutzen, um die erste europäische Dollar-Anleihe zu begeben. Die "Asiatische Wirtschaftsgemeinschaft" kann direkt Dollar-Anleihen ausgeben, die Mittel werden für die Erkundung und Erschließung von Unterwasser-Öl in der asiatischen Region verwendet, was die EU noch nicht getan hat das EU-Anleihemodell. "Die von der Asiatischen Wirtschaftsgemeinschaft emittierten Dollar-Anleihen werden durch die Devisenreserven der einzelnen Länder garantiert und haben eine Bonitätseinstufung, die derjenigen der staatlichen Kreditwürdigkeit der asiatischen Länder entspricht. Dies wird die weitere Finanzierung von Projekten in anderen asiatischen Ländern und Regionen in der Zukunft ermöglichen, die riesigen Dollar-Vermögenswerte Asiens vollständig revitalisieren, einen direkten Beitrag zur wirtschaftlichen Entwicklung Asiens leisten und höhere und zuverlässigere Investitionserträge erzielen.

Hongkong befindet sich in bester Lage, verfügt über ein gut entwickeltes Rechtssystem und eine Fülle von Finanztalenten. In den 60 Jahren seit dem Krieg hat Hongkong eine Fülle von Erfahrungen auf den internationalen Finanzmärkten gesammelt, die es zum London Asiens machen! Gegenwärtig ist Hongkongs Positionierung als Weltfinanzzentrum noch unklar: Soll es seinen Aktienmarkt, seine Immobilienfinanzierung, seine Handelsfinanzierung oder sein RMB-Offshore-Zentrum in Zukunft energisch ausbauen? Die Regierung von Hongkong scheint unentschlossen zu sein. Tatsächlich sind das Asian Dollar Convergence Centre und das Asian Dollar Bond Issuance and Trading Centre die großen Schritte für Hongkong! In Asien gibt es derzeit Billionen von Dollar an Vermögenswerten, die in Zukunft bald die Größe von 10 Billionen Dollar überschreiten werden! Jedes andere Geschäft wäre ein Kinderspiel, wenn man dieses große Geschäft in den Händen halten würde.

Hongkongs Hauptkonkurrenten werden Tokio und Singapur sein, und wenn China auf eine "Asiatische Wirtschaftsgemeinschaft" drängt, wird Hongkong eindeutig das bevorzugte Zentrum für Finanzoperationen sein, so wie Deutschland und Frankreich auf die Gründung der Europäischen Gemeinschaft gedrängt haben, aber Paris und Frankfurt es nicht geschafft haben, das Zentrum des europäischen Dollars zu werden, und London, das finanziell stärker reguliert und internationalisiert ist, das aktivste Zentrum des europäischen Dollars bleibt. Die Bedingungen in Tokio, Peking, Seoul, Shanghai und Singapur sind nicht so gut wie in Hongkong, wobei der Grad der Internationalisierung und die Erfahrung auf dem Finanzmarkt die wichtigsten Unterschiede sind.

Mit der Emission und dem Handel von asiatischen Dollar-Anleihen als Kernstück, ergänzt durch RMB, japanische Yen, koreanische Won und andere auf Währungen lautende Anleihen, wird sich Hongkong zu einem internationalen Finanzzentrum entwickeln, das es in Zukunft mit New York und London aufnehmen kann!

Die beispiellose institutionelle Innovation von Chinas einzigartigem Konzept "ein Land, zwei Systeme" für Hongkong hat Hongkong einen unverwechselbaren internationalen Charakter unter allen asiatischen Städten verliehen, und seine psychologische und geografische Nähe zu den asiatischen Ländern ist gerechtfertigt.

Asiatische Währungsunion: Strategische Ausrichtung des Asiatischen Währungsfonds (AMF)

Die Finanzturbulenzen von 1997, die die asiatischen Länder einem heftigen Wechselkurssturm aussetzten, hatten verheerende Auswirkungen auf die asiatischen Finanzmärkte, die bis heute nachwirken. Die wirtschaftliche Entwicklung der asiatischen Länder, die im Allgemeinen ein exportorientiertes Wirtschaftsmodell verfolgen, erfordert dringend eine Stabilität der Devisenmärkte, um sich gegen internationale Handelsrisiken abzusichern. Da es in Asien keinen gemeinsamen Wechselkursmechanismus gibt, verlassen sich die Länder in der Regel auf den Internationalen Währungsfonds (IWF) als letztes Mittel. Nach den Finanzturbulenzen in den Jahren 1997-1998 hat jedoch jeder eine bittere Erinnerung an die Art der IWF-"Rettung": Der IWF-Rettungsmechanismus unter der Führung Europas und der Vereinigten Staaten löschte nicht das Feuer, sondern glich eher einem Raubüberfall.

Nachdem die asiatischen Länder auf die harte Tour gelernt haben, haben sie vorgeschlagen, den Asiatischen Währungsfonds (AMF) zu gründen. Natürlich ist es durchaus vorstellbar, dass diese Initiative sofort vom IWF und dem US-Finanzministerium abgelehnt wurde. Mit der Einrichtung des Arabischen Währungsfonds und des Lateinamerikanischen Reservefonds ist es jedoch nur eine Frage der Zeit, bis der AMF eingerichtet wird, und der Ausbruch des Finanz-Tsunamis im Jahr 2008 und die europäische Schuldenkrise im Jahr 2011 haben die Notwendigkeit und Dringlichkeit des AMF erneut deutlich gemacht.

Der AMF ist derzeit als Wechselkursstabilisierungsfonds positioniert, enthält aber keinen langfristigen Plan, der mit dem Europäischen Wechselkursmechanismus vergleichbar wäre. Dies ist einer der Gründe, warum es dem AMF schwer fällt, die Aufmerksamkeit der asiatischen Länder zu gewinnen; er ist lediglich ein Instrument zur Rettung der Lage und nicht ein zentraler Bestandteil künftiger Währungsstrategien. Wenn ein gemeinsamer asiatischer Markt geschaffen werden soll, dann ist eine gemeinsame Währung für Asien eine logische Notwendigkeit, und die Stabilisierung der Wechselkurse ist nur ein Schritt in diesem Prozeß.

Die erste Phase ist die Einrichtung des Asiatischen Wechselkursmechanismus (AERM, Asian Exchange Rate

Mechanism), der dem europäischen "Serpentinen-Wechselkursmechanismus" ähnelt und dessen Hauptzweck darin besteht, die Wechselkurse der Länder im Rahmen eines Mechanismus zu stabilisieren. Zu diesem Zweck muss ein gemeinsamer Reservefonds eingerichtet werden. Nach den Turbulenzen auf den asiatischen Finanzmärkten hat die Chiang-Mai-Initiative vorgeschlagen, dass Asien 120 Milliarden Dollar aus den Devisenreserven der Länder als Soforthilfe bereitstellt, um den in Not geratenen Ländern zu helfen, ihre Wechselkurse zu stabilisieren. Davon steuern China und Japan jeweils 32 Prozent des gesamten Reservepools bei, Korea 16 Prozent und die ASEAN-Länder 20 Prozent. Die Höhe der von den ASEAN-Ländern beigesteuerten Mittel variiert ebenfalls: Indonesien, Malaysia, Thailand und Singapur tragen alle 4,77 Milliarden Dollar bei, die Philippinen 2,64 Milliarden Dollar. Als die Finanzkrise ausbrach, konnten die fünf ASEAN-Mitgliedstaaten die Situation mit Mitteln überbrücken, die dem 2,5-fachen ihrer nationalen Beiträge entsprachen. Während des Finanz-Tsunamis von 2008, als einige Länder der Region in Liquiditätsschwierigkeiten gerieten, war die Umsetzung des Reservefonds jedoch schwierig, da es keine unabhängige regionale Überwachungsstelle gab.

Die Schuldenkrise, die 2011 in Europa ausbrach, wird in den kommenden Jahren wahrscheinlich auch die asiatischen Finanzsysteme treffen, und der asiatische Wechselkursmechanismus sollte beschleunigt werden. Das Tempo des Prozesses hängt jedoch von der politischen Einstellung der asiatischen Länder ab, und die Einrichtung des asiatischen Wechselkursmechanismus innerhalb von fünf Jahren ist möglich, wenn sich die Länder auf eine Strategie zur Schaffung einer asiatischen Gemeinschaft einigen können.

Das Herzstück dieses Mechanismus ist die Stabilisierung der Wechselkursschwankungen in den asiatischen Ländern, und nur eine relative Stabilität der Währungen der Region kann das Wachstum des internationalen Handels wirksam fördern und die Grundlage für die letztendliche Verwirklichung eines gemeinsamen asiatischen Marktes schaffen. Wenn der Wechselkurs eines Währungspaares über diese Grenze hinaus schwankt, sind die Länder, die unter die Untergrenze fallen, verpflichtet, ihre eigenen Devisenreserven einzusetzen, um auf dem Markt zu intervenieren und die Wechselkursstabilität ihrer Währungen wiederherzustellen. Im äußersten Notfall wird der Devisenreservefonds der AMF eine Notfallrettung einleiten. Diese

Rettung kommt einem Devisenkredit gleich, den das Empfängerland zurückzahlen muss, sobald es die Krise überwunden hat.

Die zweite Phase des Auftrags der AMF ist der Aufbau des Asiatischen Währungssystems (AMS). Dies hängt in erster Linie von der Gründung der Asiatischen Gemeinschaft und der Weiterentwicklung des Asiatischen Gemeinsamen Marktes ab. Wenn die asiatischen Länder einen Konsens über Zölle, Subventionen, Landwirtschaft, freien Kapital- und Personenverkehr erzielen, wird die einheitliche Asiatische Währungseinheit (ACU, Asian Currency Unit) als Währungseinheit für die Abwicklung des intraregionalen Handels dienen. Die ACU setzt sich auch aus einem "Korb" asiatischer Währungen zusammen, die ein ihrem wirtschaftlichen und handelspolitischen Status entsprechendes Gewicht haben und zusammen einen Maßstab für den Wert der asiatischen Währungen bilden, der alle fünf Jahre angepasst wird, um Veränderungen ihres wirtschaftlichen Status widerzuspiegeln.

Mit der Schaffung der ACU wird der asiatische Wechselkursmechanismus von einem maximalen Floaten zwischen beliebigen Währungspaaren auf ein Floaten der nationalen Währungen gegenüber der ACU umgestellt, wodurch den großen Devisenreserveländern eine größere Verantwortung auferlegt wird, um mehr Länder für eine Teilnahme zu gewinnen.

Die ACU wird die historische Rolle des Ankers für den Wert der asiatischen Währungen übernehmen und die Grundlage für die Entstehung des asiatischen Dollars in der Zukunft sein.

Die dritte und kritischste Phase der AMF ist die Festlegung des Wechselkurses zwischen den nationalen Währungen und dem ACU. Nach einer gewissen Vorbereitungszeit wird die ACU als Referenzwährung für den asiatischen Dollar verwendet, wenn die politischen Bedingungen und das wirtschaftliche Umfeld dies zulassen und die reifen Länder bei der Umstellung ihrer Währungen auf den asiatischen Dollar die Führung übernehmen können.

Die AMF hätte den asiatischen Dollar und die Einrichtung der asiatischen Zentralbank von Beginn ihres Bestehens an mit einer langfristigen Perspektive fördern sollen, und sei es nur als unterstützende Rolle für den Devisenhilfsfonds und den IWF, die eindeutig zu niedrig positioniert ist, die AMF sollte eine zentrale Rolle bei der Förderung politischer Allianzen und der wirtschaftlichen Integration in Asien spielen, nicht eine "getriebene" Institution. Dies erfordert, dass die AMF der aktivste, wirksamste und aktivste Kommunikator zwischen Regierungen, Zentralbanken, Finanzministerien, Forschungseinrichtungen, akademischen Organisationen, Medien und der Öffentlichkeit sein sollte.

Auch der Vormarsch des asiatischen Dollars sollte eine Lehre aus dem Euro ziehen, anstatt abzuwarten. China, Japan und Südkorea können die Führung bei der Einrichtung eines Wechselkursstabilitätsmechanismus übernehmen, China und Japans Devisenreserven sind vergleichbar, Südkorea ist nicht schwach, diese drei Allianzen werden keine Streitigkeiten und Tauziehen darüber, wer wen retten wird, produzieren, um zu vermeiden, dass Deutschland in den Prozess der Förderung des europäischen Wechselkursmechanismus, immer Sorgen um ihre eigenen Devisenreserven werden Frankreich und anderen Ländern die Sorge der "Abnehmen". Das langsame Tempo, mit dem der Europäische Wechselkursmechanismus vorankommt, ist in der Tat größtenteils auf diese deutsche Besorgnis und das endlose Feilschen zurückzuführen, wodurch viel wertvolle Zeit vergeudet wurde. Wenn erst einmal ein politischer Konsens zwischen China, Japan und Südkorea erreicht ist und die Erfahrungen mit dem Euro im Hinblick auf operationelle Details zur Verfügung stehen, dürfte die asiatische Wechselkursunion viel schneller vorankommen als Europa.

Nach einer Zeit des stabilen Funktionierens wurde das Wechselkursbündnis zwischen China, Japan und Korea schrittweise für die ASEAN-10 und andere asiatische Länder geöffnet. Diese Länder sind der Wechselkursunion (Exchange Rate Union, ERU) vor allem um ihrer selbst willen beigetreten: erstens in der Hoffnung, dass der Wechselkursmechanismus im Falle einer unangenehmen Situation für ihre Währungen eine große Hilfe sein wird, und zweitens aus dem Wunsch heraus, einem größeren gemeinsamen asiatischen Markt beizutreten. An diesem Punkt muss eine bestimmte Schwelle für die Einhaltung festgelegt werden.

Die schwierigste Zeit war die Anfangsphase der Währungsunion, und diese Schwierigkeit war nicht so sehr durch die Schwierigkeiten bei den operativen Details oder gar den politischen Willen Chinas, Japans und Südkoreas verursacht, sondern durch den enormen Druck der Vereinigten Staaten. Ob sie diesem Druck standhalten können und es wagen, ihr Schicksal selbst in die Hand zu nehmen, ist das größte Fragezeichen für den Erfolg oder Misserfolg der Asiatischen Währungsunion und das größte Fragezeichen für das Schicksal Asiens!

RMB oder asiatischer Dollar? Das ist ein Problem

Wäre es für China vorteilhafter, die Internationalisierung des Yuan voranzutreiben, oder würde es die besten Ergebnisse erzielen, den asiatischen Dollar zu fördern? Dies ist eine entscheidende Frage.

Historisch gesehen waren das Pfund und der Dollar die wichtigsten Weltreservewährungen, während die Mark und der Yen selbst in ihrer wirtschaftlichen Blütezeit nie mehr als 10% der internationalen Reservewährungsposition innehatten, was durch das exportorientierte wirtschaftliche Entwicklungsmodell Deutschlands und Japans bedingt war.

Aufgrund der begrenzten Kapazität ihrer eigenen Märkte mussten Deutschland und Japan den Weltmarkt als Hauptexpansionsraum für ihr Wirtschaftswachstum nutzen, und der Prozess des Exports von Produkten ging zwangsläufig mit einer Rückkehr der internationalen Währung einher. Umgekehrt muss die Währung eines Landes, das zur wichtigsten Handels- und Reservewährung der Welt werden will, seine eigene Währung dauerhaft exportieren, und zwar nur durch Handelsdefizite und Investitionen im Ausland. Wenn Deutschland und Japan zu Handelsdefizitländern werden, die große Mengen an Mark und Yen exportieren, werden die Importe ausländischer Produkte bald ihre relativ kleinen Inlandsmärkte überschwemmen, während ihre eigenen Industriekapazitäten abgebaut werden, wodurch sie ihren Status als Wirtschaftsmächte begraben. Japan hat bereits in den 80er Jahren Yen-Investitionen und Yen-Kredite im Ausland gefördert, und seine Bemühungen in den letzten 30 Jahren haben keine nennenswerten Fortschritte gebracht, so dass es für den Yen schwierig ist, zu verschwinden. Der Hauptgrund, warum die Menschen bereit sind, den Yen zu halten, ist der Wunsch, in Zukunft Waren auf dem japanischen Markt zu kaufen, und wenn der Inlandsmarkt nicht groß genug ist, wird der Anreiz, den Yen zu halten, stark abnehmen.

Folglich ist es unwahrscheinlich, dass ein Land mit einem kleinen Inlandsmarkt, egal wie stark seine Wirtschaft ist, eine Währung hat, die eine wichtige internationale Währung ist. Internationale Währungen können nur von Ländern mit großen Märkten gespielt werden.

Das britische Weltreich hatte früher einen riesigen Markt, der sich über ein Fünftel des Kontinents und ein Viertel der Weltbevölkerung erstreckte, und das durch die Ausfuhr von Pfund Sterling verursachte Defizit war in absoluten Zahlen groß, machte aber keinen großen Anteil an der Gesamtwirtschaft des britischen Weltreichs aus. In den 1930er Jahren machte der Außenhandel der Vereinigten Staaten nur 3 bis 5% der Gesamtwirtschaft aus, und der riesige Binnenmarkt machte den Vereinigten Staaten die Schwankungen des Dollarkurses egal. Die Ausfuhr von Devisen muss kapitalisiert werden, und Länder mit großen Familien können diesem Druck zunächst standhalten und dann seine Vorteile genießen.

In China macht der Inlandsverbrauch derzeit nur ein Drittel des BIP aus, und die Märkte in Übersee sind die Hauptstütze des chinesischen Wirtschaftswachstums. Dieses nach außen gerichtete Wirtschaftsmuster und die geringe Kapazität des Inlandsmarkts werden es der Internationalisierung des RMB schwer machen, einen wesentlichen Durchbruch zu erzielen, solange die wirtschaftliche Transformation Chinas nicht erfolgreich ist. Der beste Effekt wäre lediglich, dass die Position der Mark und des Yen in der internationalen Währung in diesem Jahr nicht ausreichen würde, um China größere reale Vorteile zu bringen.

Chinas wirtschaftlicher Wohlstand hängt in hohem Maße von den Erdöl- und Rohstofflieferungen aus Übersee sowie von der Nachfrage auf den europäischen und amerikanischen Märkten ab, und das Fundament dieses Wohlstands hat eine schwache Seite. Wenn das schuldengetriebene Modell der europäischen und amerikanischen Volkswirtschaften nicht tragfähig ist, wie kann dann Chinas wirtschaftlicher Wohlstand aufrechterhalten werden, wenn lokale Kriege zu Unterbrechungen der Öl- und Rohstoffversorgung führen? Gleichzeitig sind die Versorgung des RMB und des US-Dollars eng miteinander verknüpft. Ist nicht die Internationalisierung des RMB oder die Wiederausfuhr des US-Dollars unter dem Deckmantel des RMB vor der Fertigstellung des RMB "das Kratzen am Knochen, um das Gift zu heilen"? Wäre der auslaufende RMB auf einer relativ schwachen wirtschaftlichen Basis mit einem relativ kleinen Inlandsmarkt eine starke und robuste Währung? Die Aufwertung des Yuan hat mehr Aufregung bei Währungsspekulanten als aufrichtiges Vertrauen bei den Nationen der Welt hervorgerufen.

Je stärker die Internationalisierung des Renminbi ist, desto wachsamer und aggressiver werden die USA gegenüber China sein, desto mehr Länder der Eurozone werden sich freuen, dass der Renminbi zum Hauptziel von US-Schlägen wird, während die asiatischen Länder wachsam gegenüber Chinas Versuchen sein werden, eine "neue Ordnung des Renminbi" zu etablieren.

Angesichts der unausgereiften Stärke wird der Yuan bei einem öffentlichkeitswirksamen Angriff wahrscheinlich allein gelassen, was in Ermangelung von Verbündeten zu einer Belagerung durch die Währungshegemonisten einlädt.

Daher ist die öffentlichkeitswirksame Internationalisierung des Yuan vor dem Erfolg der wirtschaftlichen Transformation Chinas eine radikale Strategie.

Relativ gesehen scheint das von China geführte Bestreben, den asiatischen Dollar voranzutreiben, radikal zu sein, ist aber konservativ.

Wenn die Wirtschaft in den USA und in Europa lange Zeit nur schleppend vorankommt und China gezwungen ist, sich wirtschaftlich umzuwandeln, wird China nicht in der Lage oder nicht willens sein, den USA weiterhin inländische Ersparnisse zur Verfügung zu stellen, und wird in den Augen eines pragmatischen, souveränen Amerikas seinen Nutzen verlieren. In den letzten zehn Jahren beruhte die Toleranz der USA gegenüber Chinas wirtschaftlichem Wohlstand auf der chinesischen Produktion für die USA und den chinesischen Ersparnissen für den US-Konsum, und sobald die gemeinsamen Interessen verloren gehen, wird die "China-USA"-Ehe zwangsläufig scheitern.

Die von den USA proklamierte neue Strategie des "pazifischen Jahrhunderts" hat China faktisch als strategischen Rivalen eingeschlossen, ohne es beim Namen zu nennen, und eine Reihe von Konflikten in jüngster Zeit über territoriale Seefragen in Asien haben sich verschärft, was die Präventivdynamik der Vereinigten Staaten zeigt. In dem Spiel "Asiaten gegen Asiaten" erzielen die Vereinigten Staaten sehr hohe Gewinne zu sehr niedrigen Kosten. Während die Vereinigten Staaten Chinas Ölversorgung, den Zugang zum Meer und die marktabhängige wirtschaftliche Lebensader in der Hand halten, haben sie die asiatischen Länder dazu angestiftet, China seiner Interessen zu berauben, was China in das Dilemma "kein Krieg, kein Frieden" bringt. In den nächsten 10 Jahren wird das schwache Selbstvertrauen, das durch den anhaltenden wirtschaftlichen Abschwung in den USA verursacht wird, die USA gegenüber China empfindlicher und aggressiver machen.

China braucht mehr Verbündete und weniger Gegner in dem scharfen und komplexen Spiel zwischen den USA und China. Die Schaffung einer Einheitsfront in Asien, um aus potenziellen Gegnern Freunde mit Interessen zu machen, ist ein "taiji pusher", um die erdrückende Belagerung durch die Vereinigten Staaten zu beenden. In diesem Sinne ist die Förderung des Subdollars nicht nur eine Währungsstrategie, sondern auch eine geopolitische und militärische Strategie.

Durch den Zusammenschluss von Japan, Südkorea und den zehn ASEAN-Ländern, unter Verwendung der "Öl-Allianz" als Ausgangspunkt und des Währungsmechanismus als Hebel, wird das Konzept eines gemeinsamen asiatischen Marktes mobilisiert, um Konfrontation in Kooperation und Interessenkonflikte in Vorteilsausgleich zu verwandeln. Der gemeinsame asiatische Markt braucht eine gemeinsame Währung, und eine gemeinsame Währung wird den gemeinsamen Markt erweitern. Wenn die Technologie Japans, die Produktion Chinas, die Innovation Südkoreas und die Ressourcenvorteile der ASEAN zusammengeführt werden, wird der asiatische Dollar zu einer der drei wichtigsten Währungen der Welt werden, da er sich auf einen so großen gemeinsamen Markt stützt.

Für die USA wird es nicht schwer sein, den Yuan anzugreifen, weil sie damit nur ein Land, nämlich China, verletzen, aber den asiatischen Dollar anzugreifen, wird alle asiatischen Länder verletzen, und die Kosten und der Nutzen werden schwer zu vergleichen sein. Die Asiatische Gemeinschaft und der Asiatische Dollar bieten den asiatischen Ländern nicht nur mehr Raum für Entwicklung und mehr Autonomie, sondern bilden auch einen wirksamen Schutz für China. Politisch ist China stärker auf Asien angewiesen; wirtschaftlich kann der gemeinsame Markt mehr Raum für wirtschaftliche Umgestaltung bieten; militärisch hat China in Asien keine Rivalen, sondern nur Verbündete, und der militärische Vorteil der USA wird effektiv neutralisiert.

Die Strategie des asiatischen Dollars ist in der Tat eine Strategie, mit der China sich schützen will, und es lohnt sich, daran festzuhalten, egal wie lange es dauert oder auf welche Schwierigkeiten es stößt. Kurzfristig sind die Ergebnisse der RMB-Internationalisierungsstrategie nicht vielversprechend, und die Folgeerscheinungen sind zahlreich. Es besteht jedoch kein grundsätzlicher Konflikt zwischen den beiden Strategien, der konservativen und der radikalen, und ein ständiges Vorantreiben der Internationalisierung des Renminbi und die Ankurbelung des asiatischen Dollar-Prozesses könnten durchaus Hand in Hand gehen. Die Internationalisierung des RMB kann letztlich nur einen Effekt haben, nämlich die Stärkung des Einflusses Chinas im asiatischen Dollarsystem.

Die Deutschen haben die Mark aufgegeben, aber sie kontrollieren jetzt den Euro; die Deutschen haben den Schutz ihres eigenen Marktes aufgegeben und beherrschen jetzt den großen Markt in der EU. Der so genannte "Scheingewinn" bedeutet, dass es ohne Scheingewinn keinen Gewinn gibt, und ohne kleinen Scheingewinn kann es keinen Gewinn geben. Auch die Chinesen müssen von den Deutschen lernen, wie sie ihre Interessen verfolgen können.

Die Ära der Streitenden Staaten, des Dollars, des Euros und des asiatischen Dollars

Das Dilemma des Dollars ist, dass souveräne Währungen nicht dauerhaft die Last der Weltwährung tragen können. Das Weltwährungsgebäude, das auf Staatsschulden als Kernstück aufgebaut ist, wird schließlich zusammenbrechen, wenn die Staaten mit ihren Steuereinnahmen überfordert sind. Die Geschichte hat wiederholt bewiesen, dass der letztendliche Zusammenbruch des Dollarsystems eigentlich eine logische Notwendigkeit ist.

Die Frage ist, wer den Dollar als neue Weltwährung ersetzen kann, wenn das Dollarsystem unhaltbar ist? Der Euro, der Renminbi, der Yen oder irgendeine andere Währung? Die Antwort ist, dass es für den Dollar keinen Ersatz für irgendeine souveräne Währung gibt. Der Dollar wird der "letzte Kaiser" der Ära sein, in der die souveräne Währung die Weltwährung sein wird.

In den letzten Jahrzehnten des Dollar-Imperiums wird die Weltwirtschaft angesichts einer zunehmend volatilen Währungskrise immer wieder heftige Stöße erleben. Der Trend zur Regionalisierung der Währungen, der durch den Euro repräsentiert wird, wird sich in Asien, dem Nahen Osten, Afrika und Südamerika fortsetzen. Eine solche regionalisierte Währung würde ihrerseits den Umlauf des Dollars stark einschränken und seinen Niedergang beschleunigen.

Das Dollar-Imperium wird natürlich, wie alle anderen Kaiser auch, dem Zerfall des Dollars nicht tatenlos zusehen, sondern alle politischen, wirtschaftlichen und militärischen Mittel einsetzen, um diese "Währungsrevolte" zu unterdrücken. Vielleicht kann dieses harte Durchgreifen etwas bewirken, und die "Währungsbanden" der Welt sind vorübergehend zur Ruhe gekommen. Hinter dieser kurzen Ruhe braute sich jedoch eine größere Krise der Rebellion zusammen. Mehr Rebellion löste mehr Repression aus, bis das Dollarimperium erschöpft war. An diesem Punkt begann sich der Konflikt zwischen der "souveränen Währungsfraktion", die schon immer innerhalb des Dollar-Imperiums existierte, und der "weltweiten einheitlichen Währungsfraktion" zu verschärfen, und die politische Waage kippte allmählich in die letztere Richtung.

Wenn der Dollar geht an die "Macht nach unten" den letzten Moment, die Vereinigten Staaten ist seit langem bereit für die Welt der Währung "Ersatzreifen" entstehen wird, die der IWF Sonderziehungsrechte (SZR) ist. in den späten 1970er Jahren, als der Dollar ist in der stürmischen und gefährlichen Moment, "SZR alternative Konto" war etwa in Betrieb genommen werden, wenn nicht die Federal Reserve Chairman Volcker schnell, in einer Krise, um den Dollar zu retten, ist die Welt Angst zu haben, leben in einem anderen Währungsraum.

Das SZR ist in hohem Maße auf die Europäische Währungseinheit (ECU) abgestimmt, die eine aus einem Währungskorb bestehende monetäre Referenzeinheit darstellt. Die Ersetzung nationaler souveräner Währungen durch SZR ist so einfach und schmerzlos wie die Ersetzung europäischer Währungen durch den Euro, solange die Wechselkurse der nationalen Währungen an das SZR gebunden sind. Solange die USA den IWF dominieren, gibt es keinen grundsätzlichen Unterschied, ob sie in Dollar oder SZR das Sagen haben. Die Aufgabe des Dollars würde den Vereinigten Staaten ein mächtigeres SZR bescheren, das die Vereinigten Staaten natürlich mit ihren europäischen Partnern teilen müssten, wenn Europa den Euro aufgibt, was die "souveränen Monetaristen" in den Vereinigten Staaten, die seit langem daran gewöhnt sind, zu diktieren, nicht tolerieren würden.

Gegenwärtig hat das SZR einen großen Fehler, nämlich das Fehlen des RMB im Währungskorb des SZR, und angesichts der Größe und des Potenzials der chinesischen Wirtschaft kann das Spiel nicht gespielt werden, ohne China ins Boot zu holen. Vielleicht wird China ein eigenes neues Währungssystem einführen, und dann wird es Ärger geben. Um dem SZR beizutreten, muss der RMB frei konvertierbar sein, was der Ausgangspunkt für das künftige Interesse Europas und der Vereinigten Staaten sein wird, die Vorteile einer freien Konvertierung des RMB aus allen möglichen Blickwinkeln mit allen harten Worten und Drohungen darzulegen.

Die Frage ist, was die Aufnahme in den Währungskorb des SZR für China bedeutet. Wenn nach den Plänen Europas und der USA der IWF die künftige Weltzentralbank wird und das SZR als weltweite Einheitswährung die souveräne Währung eines jeden Landes ersetzt, sind die USA und Europa natürlich die Hauptaktionäre mit Vetorecht, während China und andere Länder die kleinen Aktionäre sind, die mitspielen. China verliert das Recht, eine Währung auszugeben, ohne ein größeres Gegengewicht zu bekommen. Auf diese Weise werden Europa und Amerika die Geschicke Chinas lenken.

Die Vereinigten Staaten geben den Dollar auf, Europa gibt den Euro auf, beide werden an Dominanz gewinnen, sie geben auf, bekommen aber mehr, China und andere Länder geben auf, und es bleibt nichts übrig.

Wenn das Entstehen einer einheitlichen Weltwährung der große Trend der weltwirtschaftlichen Entwicklung ist, die so genannte unaufhaltsame Weite, dann sollte China danach streben, diesen Trend zu dominieren, nicht von ihm dominiert zu werden.

China muss erkennen, dass der RMB als souveräne Währung nicht in der Lage sein wird, die objektiven Gesetze des Dollars zu ersetzen, und gleichzeitig nicht von anderen Ländern akzeptiert werden wird. Angesichts der Situation des schwachen RMB und des Willens der europäischen und amerikanischen Währungen kann China nur die Macht Asiens unter dem Schutzschild des asiatischen Dollars integrieren, um dem Schwert des Dollars und des Euro entgegenzuwirken, indem es eine dreigliedrige Haltung einnimmt. Ohne den asiatischen Dollar werden die Währungen der asiatischen Länder von den Vereinigten Staaten zerschlagen, und schließlich werden die asiatischen Währungen der Nachzügler vollständig vom IWF absorbiert werden. Mit dem asiatischen Dollar und einer breiteren Währungsallianz mit Südamerika, Afrika, dem Nahen Osten und anderen Regionen, um sich gegenseitig die Hörner aufzusetzen, wird eine größere Hebelwirkung auf die Währungen erzielt.

Wenn die Zeit für eine einheitliche Weltwährung in der Zukunft gekommen ist, wird Asien mindestens ein Drittel der Welt besitzen, und die Macht wird der von Europa und den Vereinigten Staaten gleich sein, mit den gleichen Anteilen und der gleichen Macht, die sich die Welt teilen!

Ob die Weltwährungslandschaft heute richtig verstanden wird oder nicht, wird nicht nur über das künftige Schicksal des RMB, sondern auch über das Chinas und Asiens entscheiden!

Die Starken, die immer ihr eigenes Schicksal haben, sind sich selbst ausgeliefert!

Zeugnisse und Anerkennungen

Als ich im Frühwinter endlich meinen Stift weglegte, aber meine hektischen Gedanken nicht unterdrücken konnte, war die Nacht in Xiangshan so lang und still. Mit geschlossenen Augen werden die Fragmente der Geschichte in der Gosse des Gedächtnisses verstreut und können nicht weggeräumt werden, und die Inspiration, die von Zeit zu Zeit auftaucht, ist wie ein elektrischer Strom, der das Gehirn in seinem verzweifelten Bedürfnis nach Ruhe stimuliert, und die Worte der Leidenschaft jagen, kollidieren und quetschen sich gegenseitig, um schließlich in einer Masse von zähflüssigem Ausdruck des Verlangens im unkontrollierten Bewusstsein zusammenzulaufen. Die nächtelange Arbeit, die mehr als ein halbes Jahr andauerte, schien, einmal beendet, sofort in einen Zustand geistiger Schwerelosigkeit zu fallen, der schmerzhafter war als selbst die Freude über die Befreiung.

Erinnern Sie sich an ein Zitat von Steve Jobs:

> *„Wenn du weißt, dass dein Leben zu Ende geht, wenn du jeden Tag vor dem Spiegel stehst und dich fragst, ob das, was du heute getan hast, dich ohne Klagen oder Bedauern zurücklässt, wenn die Antwort jedes Mal ja lautet, dann ist das dein Geburtsrecht."*

Als ich versuchte, mich vor den Spiegel zu stellen und mich während meiner Tage am Fragrant Hill mit denselben Fragen zu quälen, spürte ich, dass ich vielleicht wirklich meine Berufung im Leben gefunden hatte.

Ich erinnere mich, als ich noch sehr jung war, sagten meine Eltern und Lehrer, ich sei nicht stark, obwohl mich diese Kommentare nie interessierten. Als ich aufwuchs, wurde mir klar, dass gut zu sein und sich selbst zu verbessern zwei Persönlichkeiten sind. Die Guten und die Starken konkurrieren um die Bewertung der anderen; die Menschen, die sich selbst verbessern, kümmern sich nur um die Bewertung ihrer selbst: Die Guten und die Starken scheinen selbstbewusst zu sein, haben aber in Wirklichkeit einen Minderwertigkeitskomplex, dessen Ursache darin liegt, dass sie kein eigenes inneres Wertesystem haben und sich auf äußere Kriterien verlassen müssen; den Menschen, die sich selbst verbessern, ist es egal, was die anderen sagen, denn sie haben einen Kompass für die Positionierung ihres eigenen Wertes in ihren Knochen. Wenn die Gesellschaft Ihren Wert überschätzt, sollten Sie sich auf dünnem Eis bewegen und vorsichtig sein; wenn Ihr Wert von der Gesellschaft unterschätzt wird, sollten Sie ruhig und entspannt sein, lachen und die Wolken vorbeiziehen sehen.

Bleiben Sie bei dem, was Sie sehen. Ich habe keine Angst vor Sarkasmus und Sarkasmus; ich habe keine Angst, kurz und lang zu sein; ich versuche nicht, aus einem Moment einen Erfolg zu machen; ich versuche nicht, ein Strohmann oder eine unangemessene Person zu sein. Das ist eine lebenslange Überzeugung von mir. Diese Überzeugung hat mich während meiner Zeit bei Fragrant Hill gestärkt.

Meine Forschung und mein Schreiben haben mich davon überzeugt, dass ich einen Wert für die Gesellschaft schaffe. Der Wert eines Menschen hängt davon ab, wie viel er zur Gesellschaft beiträgt, nicht wie viel er hat.

Dieses Buch ist ohne die Fürsorge und Hilfe vieler Freunde entstanden, ohne die ich nichts getan hätte.

Zheng Yingyan hat einen Großteil der spezifischen und mühsamen Vorbereitungen für die Entstehung dieses Buches übernommen. Ohne ihre fruchtbare Arbeit bei der Kommunikation mit dem Verlag würde ich mich in einer Fülle von Transaktionsdetails verzetteln und mich nicht auf die Recherche und das Schreiben konzentrieren können. Gemeinsam mit dem verantwortlichen Lektor des Verlags sichtete sie fast hundert Entwürfe für Buchumschläge, um die Farben und Muster zu finden, die am besten zur Persönlichkeit der Autorin passen. Sie plädiert nachdrücklich dafür, den auffälligen und auffälligen populären Stil der heimischen Finanzbücher abzulehnen und stattdessen die klassische und stimmungsvolle Struktur zu betonen. Sie lehnt eine große Textmenge auf dem Einband ab und besteht auf Einfachheit und Schlichtheit. Nach monatelanger, unermüdlicher Kommunikation mit dem Verleger über Details wie Buchgestaltung, Papierbeschaffenheit, Preisgestaltung, Werbung, Zeitplan usw. hat sie hart gearbeitet, um die Qualität des Buches zu gewährleisten. Nach dieser Tortur bewunderte der Leiter des Yangtze River Literary Publishing House aufrichtig, dass es dem Verleger eine Menge Ärger ersparen würde, wenn sie ein professioneller Verlagsagent würde.

Präsident Kim und Präsident Lai von Yangtze River Literary Press haben mich beim Schreiben nach Kräften unterstützt und ermutigt, und ihr Enthusiasmus und ihre Aufmerksamkeit haben mich durch die harte Arbeit getragen. Herr Lang Shiming vom Verlag ist der engagierteste Lektor, den ich mir vorstellen kann, und seine enge Zusammenarbeit mit Zheng Yingyan hat mich fast vollständig von allen Unwichtigkeiten abgeschirmt. Das Verlagswesen als Dienstleistungsbranche hat es mir ermöglicht, einen nahezu perfekten Qualitätsservice zu genießen.

Beruflich habe ich von vielen gelehrten Vorgängern und Lehrern profitiert.

Auf einem Finanzseminar profitierte ich von der Feststellung des Vizepräsidenten der Bank of China, Wang Yongli, dass reale Dollarpositionen niemals aus dem US-Bankensystem abfließen werden. Bei einem späteren Austausch gab mir Herr Wang einen umfassenden Überblick über die Abläufe und Abrechnungsdetails virtueller Dollarpositionen außerhalb der Vereinigten Staaten, und ich habe seine ausführlichen Artikel in diesem Bereich wiederholt gelesen. Auf seine Anregung hin suchte ich nach Jacques Rueffs Buch "The Original Sin of Western Money", einem Buch des berühmten französischen Wirtschaftswissenschaftlers, und stellte fest, dass die Ansichten von Herrn Wang Yongli die moderne Verkörperung von Rueffs These sind. Diese Ansicht wurde von mir in den Abschnitt über die inhärenten Mängel des Goldstandards in Kapitel 1 aufgenommen.

Herr Zhang Yuyan vom Institut für Weltwirtschaft der Chinesischen Akademie der Sozialwissenschaften ist einer der Wissenschaftler, denen ich am meisten folge, und seine zahlreichen Ansichten über den Währungsumlauf, die historischen Auswirkungen der Silberströme auf den Aufstieg und Niedergang Europas, die Beziehung zwischen dem Aufstieg und Niedergang der alten chinesischen Währungen und Regime und die Internationalisierung des RMB haben mich erleuchtet. Diese Beobachtungen hatten einen tiefgreifenden Einfluss auf einige der Schlussfolgerungen in diesem Buch.

Herr Xia Bin vom Forschungszentrum für Entwicklung des Staatsrats ist ebenfalls ein Wissenschaftler, vor dem ich großen Respekt habe. Am Silvesterabend dieses Jahres, als alle zu Hause waren, sprachen Herr Xia Bin und ich in einem leeren Café über sein Buch China Financial Strategy 2020, und seine ganzheitliche Sichtweise und seine tiefgreifende Analyse waren überzeugend. Viele seiner Ideen haben meine Überlegungen zur künftigen Finanzstrategie Chinas in diesem Buch beeinflusst.

Ich muss jeden Artikel von Herrn Yu Yongding von der Akademie der Sozialwissenschaften lesen. Vor kurzem habe ich auf einem Seminar von Yu Yongding, der sich seit zehn Jahren mit der wirtschaftlichen und währungspolitischen Zusammenarbeit in Asien befasst, die Idee des asiatischen Dollars zur Sprache gebracht und mit einem bitteren Lächeln beklagt, dass die Verwirklichung des asiatischen Dollars nicht einfach sein würde. Obwohl wir in dieser Frage nicht einer Meinung sind, weckt dies mein Interesse an einem tieferen Verständnis der Realitäten des Dilemmas bei der Verwirklichung des Subdollars.

Am dankbarsten und am meisten verpflichtet bin ich den Ehefrauen und Töchtern, die weit weg sind und die im Dienste meiner Ideale mehr geopfert haben, als ich je wieder gutmachen könnte. Meine Tochter Jinjin konnte früher kein Chinesisch lesen, aber um die von ihrem Vater geschriebenen Bücher lesen zu können, arbeitet sie besonders hart daran, gut Chinesisch zu lernen, und sie ist jetzt in der Lage, mir täglich E-Mails auf Chinesisch zu schreiben, und ich bin so gerührt von ihren Bemühungen. Der Vater ist ein ständiges Idol im Herzen meiner Tochter, und um sie nicht zu enttäuschen, muss ich weiter vorankommen.

Autor.
11. November 2011,
Xiangshan, Peking

Andere Titel

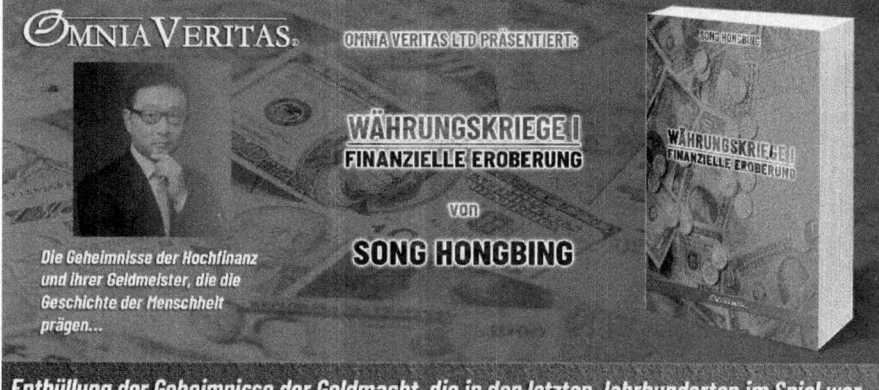

AUF DEM KRIEGSPFAD

www.ingramcontent.com/pod-product-compliance
Lightning Source LLC
Chambersburg PA
CBHW071940220426
43662CB00009B/928